Eckhard Plümacher

Geschichte und Geschichten

Aufsätze zur Apostelgeschichte
und zu den Johannesakten

Herausgegeben von

Jens Schröter und Ralph Brucker

Mohr Siebeck

ECKHARD PLÜMACHER: Geboren 1938; Studium der Ev. Theologie und der Geschichte in Bonn, Zürich und Göttingen; 1967 Promotion bei Hans Conzelmann; ab 1968 im wissenschaftlichen Bibliotheksdienst; 1974–1993 Bibliotheksdirektor der Kirchlichen Hochschule Berlin, 1993–2003 der Theologischen Fakultät der Humboldt-Universität zu Berlin; 1993–2003 stellvertretender Leiter des Instituts für Urchristentum und Antike der Theologischen Fakultät der Humboldt-Universität; 2003 Pensionierung.

ISBN 3-16-148275-1
ISSN 0512-1604 (Wissenschaftliche Untersuchungen zum Neuen Testament)

Die Deutsche Bibliothek verzeichnet diese Publikation in der Deutschen Nationalbibliographie; detaillierte bibliographische Daten sind im Internet über *http://dnb.ddb.de* abrufbar.

© 2004 Mohr Siebeck Tübingen.

Das Buch wurde von Ralph Brucker in Hamburg aus der Times New Roman gesetzt, von Gulde-Druck in Tübingen auf alterungsbeständiges Werkdruckpapier gedruckt und von der Großbuchbinderei Josef Spinner in Ottersweier gebunden.

Vorwort

Mit der vorliegenden Herausgabe einschlägiger Aufsätze aus dem Œuvre Eckhard Plümachers kommt ein Projekt zum Abschluß, dessen Anfänge bereits einige Jahre zurückliegen. Ursprünglich sollte dieser Band zum 65. Geburtstag Eckhard Plümachers vorgelegt werden, den er im Oktober des vergangenen Jahres begehen konnte.[1] Verschiedene Umstände, vor allem gesundheitliche Komplikationen, haben dazu geführt, daß die Publikation nunmehr etwas später erfolgt. Die Idee, das Werk Eckhard Plümachers anläßlich der Beendigung seiner aktiven Berufstätigkeit als Direktor der Seminarbibliothek, zunächst der Kirchlichen Hochschule Berlin-Zehlendorf, später dann der Theologischen Fakultät der Humboldt-Universität Berlin, durch eine Veröffentlichung einiger wichtiger Arbeiten aus seiner Feder in einem Sammelband zu würdigen, sei an dieser Stelle gleichwohl ausdrücklich genannt.

Als Eckhard Plümacher zum ersten Mal mit dem Vorhaben konfrontiert wurde, war er sogleich davon überzeugt, daß eine Wiederveröffentlichung bereits publizierter Aufsätze nur dann sinnvoll sei, wenn sie überarbeitet und gegebenenfalls ergänzt würden. Er hat sich deshalb in den zurückliegenden Jahren intensiv der Aufgabe einer solchen Revision gewidmet, dabei manche seiner Auffassungen präzisiert, anderes angesichts des aktuellen Forschungsstandes neu formuliert und eigens für diesen Band noch einen bisher unveröffentlichten Beitrag (*Rom in der Apostelgeschichte*) fertiggestellt. Seine Arbeiten, die neben einschlägigen Studien zu zentralen Aspekten der Apostelgeschichte auch solche zu den Johannesakten umfassen[2], stellen auf diese Weise einen Forschungsbeitrag dar, der auch die gegenwärtige Diskussion bereichert und zur Auseinandersetzung herausfordert. Die Herausgeber legen den Band deshalb in dem Bewußtsein vor, daß er wesentliche Impulse zur Erforschung der Anfänge christlicher Geschichtsschreibung sowie zu einer wichtigen Schrift aus dem Bereich der apokryphen Apostelakten liefert.

Die nach unterschiedlichen formalen Vorgaben (entsprechend ihrem jeweiligen ursprünglichen Erscheinungsort) erstellten Beiträge wurden für den vorliegenden Band vereinheitlicht. Dabei richten sich die Abkürzungen für Zeitschriften, Reihen usw. nun durchgängig nach Siegfried M. Schwertner,

---

[1] Vgl. den diesem Ereignis gewidmeten Band: C. Breytenbach/J. Schröter (Hg.), Die Apostelgeschichte und die hellenistische Geschichtsschreibung. Festschrift für Eckhard Plümacher zu seinem 65. Geburtstag (AGJU 57), Leiden 2004.

[2] Eine ausführliche Bibliographie der Arbeiten Eckhard Plümachers, zusammengestellt von Anja Sakowski, findet sich in der erwähnten Festschrift (s. vorige Anmerkung).

Internationales Abkürzungsverzeichnis für Theologie und Grenzgebiete, Berlin/New York [2]1992 (= IATG[2]); die Abkürzungen für Werke antiker Autoren orientieren sich (in dieser Reihenfolge) an den Verzeichnissen im ThWNT, im Neuen Pauly und in der RGG[4], sind jedoch auch über das Stellenregister leicht aufzulösen.

An der Erstellung des Manuskriptes haben viele Personen mitgewirkt, denen an dieser Stelle Dank zu sagen ist. Sebastian Carp, inzwischen Pfarrer in Bretten (Baden), hat die Aufsätze eingescannt und damit die Grundlage für deren elektronische Verarbeitung bereitgestellt. Wir danken ihm des weiteren für die Anfertigung der Formatvorlage sowie für verschiedene Hilfestellungen in technischen Fragen. Christian Becker hat während seiner Zeit als wissenschaftlicher Mitarbeiter am Fachbereich Evangelische Theologie der Universität Hamburg an der elektronischen Einarbeitung der Ergänzungen sowie an der formalen Vereinheitlichung der Aufsätze gearbeitet. Auch ihm sagen wir herzlichen Dank. Axel Horstmann vom Fachbereich Evangelische Theologie der Universität Hamburg danken wir für sein in bewährter Weise gründliches Korrekturlesen sowie seine Vorschläge zur einheitlichen Zitierweise antiker Autoren, Kathrin Mette und Heiko Grünwedel von der Theologischen Fakultät der Universität Leipzig für ihre maßgebliche Mitarbeit an den Registern. Bei der Übersetzung der *Summaries* ins Englische waren wir auf die Hilfe von Muttersprachlern angewiesen. Professor Dr. David Moessner (University of Dubuque, Theological Seminary) sowie John Norton (Wolfson College, Oxford) haben uns hier entscheidende Hilfestellung geleistet. Auch ihnen sei unser aufrichtiger Dank ausgesprochen.

Professor Dr. Martin Hengel, damals noch Herausgeber der Reihe *Wissenschaftliche Untersuchungen zum Neuen Testament*, hat der Aufnahme des Bandes in die Reihe sofort und vorbehaltlos zugestimmt. Dafür sei ihm herzlich gedankt, ebenso den mit diesem Band befaßten Mitarbeiterinnen und Mitarbeitern im Verlag Mohr Siebeck, für die D. Georg Siebeck, Dr. Henning Ziebritzki und Frau Ilse König stellvertretend genannt seien.

Es ist der Wunsch der Herausgeber, daß die in diesem Band zugänglichen, überarbeiteten Studien Eckhard Plümachers die Forschung an der Apostelgeschichte sowie an den Johannesakten befruchten und unsere Kenntnisse von den Anfängen des Christentums auf ihre Weise bereichern mögen. Eckhard Plümacher, dem geschätzten Kollegen und Freund, wünschen wir viele weitere Jahre, geprägt von Gesundheit und Lebensfreude, erfüllt von interessanten Entdeckungen *in Actis* und anderswo, bereichert durch die ihm eigene Heiterkeit.

Jens Schröter, Leipzig   Ralph Brucker, Hamburg

Wissenschaftliche Untersuchungen
zum Neuen Testament

Herausgeber / Editor
Jörg Frey

Mitherausgeber / Associate Editors
Friedrich Avemarie · Judith Gundry-Volf
Martin Hengel · Otfried Hofius · Hans-Josef Klauck

170

Inhaltsverzeichnis

Einleitung der Herausgeber

I. Zur Apostelgeschichte (Jens Schröter)

1. Die Entdeckung der lukanischen Perspektive: Martin Dibelius und die deutsche Actaforschung im 20. Jahrhundert

Die historisch-kritische Forschung an der Apostelgeschichte hat im 20. Jahrhundert eine grundlegende Neuorientierung erfahren. Im deutschsprachigen Raum wurde, ausgelöst durch die Arbeiten von Martin Dibelius, ein Interpretationsmodell entwickelt, das die Frage nach dem Abfassungszweck der zweiten Schrift des Lukas sowie ihre Einordnung in das Spektrum der antiken Historiographie in den Vordergrund rückte.[1] Ausgangspunkt war Dibelius' Überzeugung, zunächst müßten die „schriftstellerischen Bemühungen" des Actaverfassers untersucht werden, bevor Aussagen über vorausliegende Überlieferungen und deren Geschichtswert getroffen werden können. Es ging ihm also darum, mit Hilfe der „stilkritischen Betrachtung" herauszuarbeiten, wie Lukas seinen Stoff komponiert und ihm vorliegende Quellen und Überlieferungen in die Darstellung integriert hat.[2] Dabei formulierte er für die weitere Forschung wegweisende Einsichten: Lukas habe in der Apostelgeschichte sein Material zu Zusammenhängen geordnet, den berichteten Ereignissen einen Richtungssinn verliehen und auf diese Weise ein Bild vom Verlauf der ersten Jahrzehnte des Christentums entworfen. Weil Lukas also „mehr getan hat, als Traditionsgut zu sammeln", indem er die berichteten Ereignisse „in einem bedeutungsvollen Zusammenhang" miteinander verknüpfte, könne er als „erster christlicher Historiker" bezeichnet werden.[3]

---

[1] Vgl. M. DIBELIUS, Aufsätze zur Apostelgeschichte, hg. von H. Greeven (FRLANT 60), Göttingen 1951 ([5]1968). Vgl. auch DERS., Zur Formgeschichte des Neuen Testaments (außerhalb der Evangelien), ThR NF 3 (1931), 207–242: 233–241. Etwa zeitgleich zu den Aufsätzen von DIBELIUS entstanden im angelsächsischen Raum die wichtigen Arbeiten von H. J. CADBURY sowie das grundlegende Werk "The Beginnings of Christianity. Part I: The Acts of the Apostles" (5 Bände, hg. von F. J. Foakes Jackson/K. Lake, London 1920–1933), an dem CADBURY mit diversen Beiträgen zu Band 2, 3 und 5 sowie der gemeinsam mit LAKE besorgten Übersetzung und dem Kommentar zur Apostelgeschichte (Band 4) beteiligt war. In dem genannten ThR-Beitrag weist DIBELIUS ausdrücklich auf CADBURYS Studie "The Making of Luke-Acts" (New York 1927) hin, deren Untersuchung der Apostelgeschichte „unter dem Gesichtspunkt literarischer Wertung" er nachhaltig begrüßt (241).

[2] M. DIBELIUS, Stilkritisches zur Apostelgeschichte, in: DERS., Aufsätze, 9–28.

[3] Vgl. DERS., Der erste christliche Historiker, in: DERS., Aufsätze, 108–119: 110. DIBELIUS

Dies wird durch eine weitere Beobachtung unterstützt: Bei etlichen der in der Apostelgeschichte begegnenden Reden bediene sich Lukas des in der antiken Geschichtsschreibung gängigen, von Thukydides methodisch reflektierten Prinzips, mit Hilfe von ihm selbst verfaßter Reden die berichteten Ereignisse und Situationen zu deuten.[4] Es gehe bei den Reden also nicht in erster Linie um die Frage, ob sie tatsächlich gehalten wurden, auch eine Charakterisierung der Redner stehe nicht im Vordergrund. Entscheidend für Lukas sei vielmehr, „mit diesen Reden dem Augenblick erhöhte Bedeutung [zu] verleihen und die Kräfte sichtbar [zu] machen . . . , die hinter den Ereignissen wirksam sind".[5]

Bezüglich der der Apostelgeschichte zugrundeliegenden Quellen schließlich hält Dibelius die Benutzung eines Itinerars für wahrscheinlich, durchlaufende Quellen für den ersten und letzten Teil des Buches dagegen für nicht erweisbar.[6] An die Stelle der literarkritischen Sichtweise, die in größerem Umfang mit vorausliegenden Quellenschriften rechnete[7], tritt so eine an der Intention des Actaverfassers orientierte, dessen eigener schriftstellerischer Tätigkeit wesentlich mehr Raum gebende Perspektive, die erst auf dieser Grundlage nach vorausliegenden, zum Teil bereits geformten Überlieferungen fragt.

Die von Dibelius formulierte Position wurde in der Folgezeit in den Kommentaren von Ernst Haenchen und Hans Conzelmann aufgenommen und in einer bestimmten Richtung ausgearbeitet.[8] Beide legten besonderen Wert auf die Herausstellung der Erzählintention des Lukas, wogegen die Frage nach dem historischen Quellenwert der Apostelgeschichte zunehmend in den Hintergrund trat.[9] Dies war bei Dibelius noch anders, der die Frage nach dem schriftstellerischen Anteil des Lukas von derjenigen nach dem Geschichtswert der Apostelgeschichte ausdrücklich unterschieden hatte. In diesem Zusam-

---

stellt dies der Tätigkeit des Lukas im Evangelium gegenüber, wo er nur Traditionsgut gesammelt habe. Diese Auffassung wäre aus heutiger Sicht zu reformulieren.

[4] Vgl. DERS., Die Reden der Apostelgeschichte und die antike Geschichtsschreibung, in: DERS., Aufsätze, 120–162. DIBELIUS rechnet hierzu ausdrücklich nicht die sog. „Missionsreden", bei denen Lukas vielmehr ein „von dieser Technik wesentlich verschiedenes Mittel", nämlich dasjenige der Wiederholung eines gemeinchristlichen Predigtschemas durch verschiedene Redner, angewandt habe (142f.). Diese Auffassung ist in der Folgezeit, nicht zuletzt durch die Arbeiten Eckhard Plümachers, modifiziert worden. Vgl. dazu Näheres unten unter Abschnitt 2.

[5] A. a. O., 142.

[6] Zur Quellenfrage vgl. DERS., Die Apostelgeschichte als Geschichtsquelle, in: DERS., Aufsätze, 91–95.

[7] So etwa noch A. HARNACK, Die Apostelgeschichte (Beiträge zur Einleitung in das Neue Testament 3), Leipzig 1908.

[8] E. HAENCHEN, Die Apostelgeschichte (KEK 3), Göttingen [10]1956; [16(7)]1977; H. CONZELMANN, Die Apostelgeschichte (HNT 7), Tübingen 1963; [2]1972.

[9] So besonders E. HAENCHEN, Die Apostelgeschichte als Quelle für die christliche Frühgeschichte, in: DERS., Die Bibel und wir. Gesammelte Aufsätze II, Tübingen 1968, 312–337.

menhang ist auch daran zu erinnern, daß Dibelius die Wir-Passagen als Hinweise auf einen Paulusbegleiter interpretierte, den er – in Übereinstimmung mit der altkirchlichen Tradition und Forschern wie z. B. John Barber Lightfoot oder Adolf von Harnack – mit dem in Kol 4,14; Phlm 24; 2Tim 4,11 erwähnten Lukas gleichsetzte.[10]

Der entscheidende Fortschritt der durch Dibelius inaugurierten, durch Haenchen und Conzelmann aufgenommenen und weitergeführten Forschungsrichtung besteht in der Herausarbeitung des Zusammenhangs von allgemeinem kulturellem Wissen, konkreter Kenntnis von Personen und Ereignissen sowie bereits schriftlich formulierten oder geformten Überlieferungen einerseits, deren literarischer Verarbeitung zu einem von einer bestimmten Intention geleiteten Geschichtsentwurf durch den Verfasser der Apostelgeschichte andererseits. Nur wenn diese Aspekte gemeinsam betrachtet werden, führen sie zu einer der Apostelgeschichte angemessenen Interpretation. Damit war zugleich der Weg bereitet, den Actaverfasser als kreativen Schriftsteller, seine Schrift als ersten Geschichtsentwurf von christlicher Hand zu würdigen.

2. Lukas unter den Historikern: Der Beitrag Eckhard Plümachers zur Erforschung der Apostelgeschichte

Die mit diesen Bemerkungen nur grob umrissene Forschungssituation stellt den Hintergrund für die Arbeiten Eckhard Plümachers dar, auf die im folgenden etwas näher einzugehen ist. In seinem Erstlingswerk zur Apostelgeschichte, der bei Hans Conzelmann angefertigten und 1972 unter dem bezeichnenden Titel „Lukas als hellenistischer Schriftsteller" erschienenen Dissertation[11], widmet sich Plümacher literarischen Phänomenen der Apostelgeschichte: der Funktion ihrer Gestaltung im Blick auf das vorausgesetzte Bild vom Christentum, der Stellung der Missionsreden innerhalb der hellenistischen Literatur sowie dem „dramatischen Episodenstil". Lukas wird als Schriftsteller wahrgenommen, der vertraut ist mit der hellenistischen Literatur, wobei eine besondere Nähe zur Geschichtsschreibung zu konstatieren sei.[12]

Plümachers Untersuchung ist in der Folgezeit in für eine Dissertation außergewöhnlicher Weise zu einem Standardwerk der Actaforschung geworden, das in nahezu jeder größeren Arbeit zu den genannten Themen zitiert wird. Die Stellung, die er sich damit in der kritischen Actaforschung erarbeitet hat, wird durch drei übergreifende Artikel zur Apostelgeschichte bzw. zu Lukas generell dokumentiert, die z. T. in engem zeitlichem Anschluß an die Dissertation erschienen sind.

---

[10] DIBELIUS, Aufsätze, 92. 119.

[11] E. PLÜMACHER, Lukas als hellenistischer Schriftsteller. Studien zur Apostelgeschichte (StUNT 9), Göttingen 1972.

[12] A. a. O., 36f.

Hinzuweisen ist zunächst auf den Beitrag für „Pauly's Realencyclopädie der classischen Altertumswissenschaft". Dieser trägt – in signifikanter Präzision desjenigen der Dissertation – den Titel „Lukas als griechischer Historiker" und faßt etliche der in der Dissertation erarbeiteten Sichtweisen zusammen.[13] Darüber hinaus kommt hier die zu dieser Zeit in der deutschsprachigen Forschung gängige Perspektive auf Lukas zum Ausdruck: Der Verfasser von Lukasevangelium und Apostelgeschichte war kein Paulusschüler oder -gefährte, der zweite Teil seines Werkes ist vor dem Hintergrund des Nachlassens der eschatologischen Naherwartung zu interpretieren, die Zeit der Kirche schließt sich als dritte Phase der Heilsgeschichte an die Zeit Jesu an. Auf diese Publikation folgt der große Artikel zur Apostelgeschichte in Band 3 der „Theologischen Realenzyklopädie"[14], der alle wichtigen Einleitungsfragen der Apostelgeschichte kundig und präzise diskutiert. In dem Artikel "Luke as Historian" für das "Anchor Bible Dictionary" schließlich treten noch einmal diejenigen Merkmale in den Vordergrund, die Lukas als hellenistischen Historiker charakterisieren.[15]

Die im vorliegenden Band publizierten Aufsätze zur Apostelgeschichte zeichnen sich dadurch aus, daß sie einzelne Aspekte des von Dibelius, Haenchen und Conzelmann eingeschlagenen Weges zur Interpretation der Apostelgeschichte, die zum Teil in Plümachers Dissertation bereits angeklungen waren, aufgreifen und in gediegenen, an althistorischer Gelehrsamkeit reichen Aufsätzen einer vertiefenden Analyse unterziehen. Auf diese Weise wird eine für die Actaforschung überaus ertragreiche Perspektive erarbeitet. Eine weitere Stärke besteht darin, daß Plümacher die Entwicklungen in der Forschung stets aufmerksam verfolgt hat[16], was sowohl in der Überarbeitung seiner früher erschienenen Aufsätze, die zu mancher Präzision, Modifikation, ggf. auch Korrektur früherer Auffassungen geführt hat, als auch in der Gesamtsicht auf den Abfassungszweck der Apostelgeschichte zum Tragen kommt. Dies sei anhand der Einzelbeiträge etwas näher entfaltet.

Aufgrund seines literarisch orientierten Zugangs stellte sich für Plümacher sehr bald die Frage nach der Gattung der Apostelgeschichte. Dieser ist der erste der hier publizierten Beiträge gewidmet. Plümacher knüpft an Conzelmanns Definition der Apostelgeschichte als „historische Monographie" an und grenzt diese von einer Zuweisung zur Gattung „Biographie" ab. Damit wird ein Standpunkt eingenommen, der das zweite Werk des Lukas konsequent als Geschichtsschreibung versteht. Die genannte Gattungsbestimmung,

---

[13] E. PLÜMACHER, Lukas als griechischer Historiker PRE.S 14 (1974), 235–264.

[14] E. PLÜMACHER, Apostelgeschichte, TRE 3 (1978), 483–528. Vgl. die Würdigung durch G. KLEIN, Neues Testament – enzyklopädisch, in: VF 29/1 (1984), 75–85: 82f.

[15] E. PLÜMACHER, Luke as Historian, ABD 4 (1992), 398–402.

[16] Vgl. etwa seinen Literaturbericht zur Apostelgeschichte: E. PLÜMACHER, Acta-Forschung 1974–1982, ThR 48 (1983), 1–56; 49 (1984), 105–169.

die Plümacher mit dem Verweis auf den Brief Ciceros an Lucceius, die beiden Werke des Sallust sowie die Einteilung des Stoffes in Monographien bei Diodor begründet, findet bis in die Gegenwart weitgehende Zustimmung und kann unter allen Versuchen einer gattungsmäßigen Erfassung als diejenige mit der größten Plausibilität gelten.[17]

Hinzuweisen ist in diesem Zusammenhang auf eine nicht unwesentliche Präzisierung des hier publizierten Beitrags gegenüber seiner Erstveröffentlichung: Hatte Plümacher dort noch von den „beiden historischen Monographien" des Lukas gesprochen, die dieser „zu einem zweibändigen Gesamtwerk verband", also sowohl Lukasevangelium als auch Apostelgeschichte dieser Gattung zugewiesen[18], so spricht er nunmehr zurückhaltender von den als λόγοι bezeichneten Monographien des Lukas, die dieser zu einem Gesamtwerk verknüpft habe. Dabei sei jedoch nur der zweite λόγος – also die Apostelgeschichte – im eigentlichen Sinn als historische Monographie zu bezeichnen, wogegen der erste zwar die *Funktion*, nicht jedoch die *Form* einer solchen besitze.[19] Angesichts der aktuellen Diskussion um die Gattung des lukanischen Gesamtwerkes ist diese vorsichtige Formulierung angebracht und zeigt Plümachers Gespür für die bei einer Gattungsbestimmung der beiden lukanischen Schriften zu beachtenden Gesichtspunkte.

Ein weiterer wichtiger Aspekt dieses Zugangs ist: Wenn Lukas Geschichte – und zwar: Heilsgeschichte – schreibt, dann bedeutet dies, daß er die Geschichte Jesu sowie diejenige der nachösterlichen Zeugen innerhalb des allgemeinen Verlaufs der geschichtlichen Ereignisse versteht und sie aus dieser Perspektive mit einer eigenen Deutung versieht. Innerhalb des lukanischen Werkes wird folglich ein eigener Zugang zum Sinn der Geschichte überhaupt entwickelt. Gerade darin kann die spezifische theologische Leistung des Historikers Lukas gesehen werden.

Der zweite Beitrag, *Cicero und Lukas*, zieht diese Linie weiter aus. Dabei wird zum einen neuere Literatur berücksichtigt, zum anderen, ausgehend von dem bereits erwähnten Cicero-Brief, die Gattung der historischen Monographie näher charakterisiert. Es zeigt sich, daß für eine solche Abhandlung die für die „pragmatische" Richtung der Historiographie geltenden – und von Cicero durchaus anerkannten – Gesetze bewußt außer Kraft gesetzt werden konnten. Die von ihm erwünschte historische Monographie gerät damit in

---

[17] Vgl. etwa M. HENGEL, Zur urchristlichen Geschichtsschreibung, Stuttgart 1979, 19. 37; D. W. PALMER, Acts and the Ancient Historical Monograph, in: B. W. Winter/A. D. Clarke (Hg.), The Book of Acts in Its First Century Setting, Volume 1: Ancient Literary Setting, Grand Rapids/Carlisle 1993, 1–29.

[18] Die Apostelgeschichte als historische Monographie, *in:* J. Kremer (Hg.), Les Actes des Apôtres. Traditions, rédaction, théologie (BEThL 48), Gembloux/Leuven 1979, 457–466: 466.

[19] Vgl. in diesem Band S. 13.

denjenigen Bereich der Geschichtsschreibung, der von verlebendigender, durchaus auch bewußt überzeichnender Darstellung geprägt war und als „mimetische" oder „tragisch-pathetische" Geschichtsschreibung bezeichnet wird. Als Beispiele solcher Werke nennt Plümacher das 2. Makkabäerbuch, das von Cicero selbst verfaßte Ὑπόμνημα über die Ereignisse während seines Konsulatsjahres sowie schließlich die Apostelgeschichte des Lukas. Damit ist die Gattungsbestimmung des ersten Beitrags in einer Hinsicht präzisiert, die für Plümachers Gesamtbild von der Apostelgeschichte noch wichtig werden wird.

Der mit Τερατεία überschriebene Beitrag präzisiert, hierauf aufbauend, die Stellung der Apostelgeschichte innerhalb der hellenistischen Geschichtsschreibung. Plümacher grenzt sich dazu einerseits von der gelegentlich vertretenen Auffassung ab, die Apostelgeschichte sei aufgrund der in ihr begegnenden Berichte wunderhafter Ereignisse als Roman zu klassifizieren, hebt sie jedoch andererseits auch von Geschichtswerken von der Art eines Thukydides oder Polybios ab. Zur genaueren Erfassung der Stellung der Apostelgeschichte innerhalb der griechisch-römischen Geschichtsschreibung greift er statt dessen die in der althistorischen Forschung gängige Unterscheidung von mimetischer und pragmatischer Richtung auf und macht sie für die Form der lukanischen Geschichtsdarstellung fruchtbar.[20] Die von Duris von Samos begründete, möglicherweise von der aristotelischen Poetik beeinflußte Richtung griechischer Geschichtsschreibung war von einer Annäherung von Historiographie und Dichtung gekennzeichnet – und stellte sich damit in Gegensatz zu Aristoteles selbst, der beide dezidiert voneinander abgegrenzt hatte. Die mimetische Geschichtsschreibung ist also gerade nicht von dem von Aristoteles, später dann auch von Lukian geforderten Prinzip geleitet, zu berichten, was tatsächlich geschehen sei, sondern legt statt dessen Wert auf verlebendigende Darstellung (μίμησις) des Erzählten, dem die Orientierung am tatsächlich Geschehenen nachgeordnet wird. Zu dieser Richtung, der zahlreiche – vermutlich sogar die weitaus meisten – griechisch-römischen Historiker angehörten, sei auch Lukas zu rechnen.

Der gegenüber seiner Erstveröffentlichung wesentlich erweiterte Beitrag führt dies zunächst anhand der Auseinandersetzung des Polybios mit Phylarch vor und geht sodann auf die Apostelgeschichte ein. In ausführlicher und überzeugender Weise wird dargelegt, daß Lukas durch seine Erzählung „unmöglicher" Wunder keineswegs aus dem Spektrum hellenistisch-römischer Geschichtsschreibung herausfällt, sondern sich vielmehr innerhalb dessen bewegt, was – wie Lukians ausführliche Kritik an der Historikerzunft seiner Zeit belegt – unter Historikern gängige Praxis war. Für die Intention des Lukas, seine Leser nicht nur zu informieren, sondern von der Lenkung der Ge-

---

[20] Auch diese Sicht deutet sich in früheren Arbeiten bereits an: Lukas als hellenistischer Schriftsteller, 111–136; Lukas als hellenistischer Historiker, 257–259; Apostelgeschichte (TRE 3), 509–513.

schichte durch das Wirken Gottes zu überzeugen, bot sich diese Form der Geschichtsdarstellung geradezu an.

Der Aufsatz *Wirklichkeitserfahrung und Geschichtsschreibung* behandelt ein dorniges Problem der Actaforschung: das Rätsel der sog. „Wir-Passagen". Bekanntlich gibt es kein Modell, das alle im Umfeld dieses Phänomens liegenden Fragen zufriedenstellend klären würde. Nicht zufällig werden deshalb bis in die Gegenwart verschiedene Lösungsvorschläge angeboten, wobei es sich nicht selten lediglich um Variationen bereits bekannter Erklärungen handelt. Im Nachtrag zu dem hier publizierten Beitrag werden neuere Arbeiten zu den Wir-Passagen genannt und den verschiedenen Modellen (literarisches Stilmittel, Verarbeitung einer Quelle, Hinweis auf Augenzeugenschaft) zugeordnet. Plümacher hatte seinerzeit dafür plädiert, das „Wir" als ein literarisches Phänomen zu verstehen, das nicht auf einer tatsächlichen Beteiligung des Verfassers an den betreffenden Ereignissen beruhe, sondern eine Fiktion darstelle, durch die sich dieser seinen Lesern als Historiker präsentieren wolle. Diese Lösung, für die Plümacher geltend macht, daß das „Wir" vornehmlich im Zusammenhang von Seereisen begegnet, überzeugt darin, daß sie nach der Absicht fragt, mit der Lukas das ominöse „Wir" in seinen Bericht einführt und ebenso unvermittelt wieder abtreten läßt. Unabhängig davon, wie die historische Frage nach einer zeitweiligen Beteiligung des Verfassers an den Paulusreisen beantwortet wird, kann nämlich nicht zweifelhaft sein, daß sich hinter dem mehrfachen Wechsel von der 3. in die 1. Person eine Intention verbirgt, die aufzuhellen im Blick auf den impliziten Autor der Apostelgeschichte von Bedeutung ist. Die von Plümacher vorgeschlagene Lösung besitzt deshalb nach wie vor Erklärungskraft, auch wenn das mit den Wir-Passagen verbundene historische Problem damit nicht erledigt ist.

Der Artikel über die *Missionsreden in der Apostelgeschichte* wendet sich einem weiteren zentralen Bereich der Actaforschung zu. Wie bereits angedeutet, war durch Dibelius herausgestellt worden, daß der Actaverfasser Kenntnis von der Praxis griechisch-römischer Historiographie besaß, die erzählten Ereignisse durch Reden der Protagonisten zu deuten. Plümacher bringt nun jedoch eine wichtige Korrektur an Dibelius an: Auch und gerade bei den sog. Missionsreden handle es sich um von Lukas selbst formulierte Reden, mit denen er den von ihm geschilderten Handlungsverlauf deute und vorantreibe. Hatte Dibelius diese Reden nicht auf die antike historiographische Tradition, sondern auf ein urchristliches Predigtschema zurückgeführt, so erkennt Plümacher deren eigene inhaltliche Funktion durchaus an, interpretiert sie aber gleichwohl vor dem Hintergrund der historiographischen Praxis der Antike. Hierzu analysiert er die Reden des Petrus und Paulus in Apg 10 bzw. 13 und vergleicht sie mit Dionys von Halikarnass, der in seiner „Römischen Archäologie" auf eine dem Actaverfasser vergleichbare Weise Reden zur Verursachung im folgenden berichteter Ereignisse einsetzt. Die von Dionys geübte

Kritik an anderen Historikern – gemeint ist wahrscheinlich Thukydides – unterstreicht dieses Verständnis der Funktion von Reden innerhalb von Geschichtswerken. Dionys kritisiert, diese anderen (τινες) hätten die Reden im Zusammenhang ihrer Kriegsberichte nicht wiedergegeben, obwohl durch sie doch Entscheidendes bewirkt worden sei. Ein analoges Verständnis der Reden läßt sich, so Plümacher, auch bei dem Actaverfasser nachweisen, dessen Verbindung zur zeitgenössischen historiographischen Praxis damit einmal mehr zutage tritt. Der Vergleich von Dionys und Lukas gewinnt schließlich dadurch zusätzlich an Plausibilität, daß es sich in beiden Fällen um legitimierende „Gründungsgeschichten" handelt – hier der Überlegenheit Roms über Griechenland, dort der heidenchristlichen Kirche.

Eine Detailfrage greift der Beitrag über das „Agraphon" innerhalb der Abschiedsrede des Paulus in Milet in Apg 20,35 auf. Um die Frage zu beantworten, wie Lukas dazu kommt, Paulus hier ein ansonsten nirgendwo belegtes Herrenwort zitieren zu lassen, geht Plümacher der – auch in Nestle/Alands *Novum Testamentum Graece* am Rand notierten – Thukydides-Stelle nach. Dort heißt es, die Barbaren hätten der Maxime gefrönt, lieber zu nehmen als zu geben: λαμβάνειν μᾶλλον ἢ διδόναι. Doch nicht nur die Wendung selbst, auch die jeweiligen Kontexte erweisen sich als vergleichbar: In beiden Fällen geht es um den Empfang von Gold, Silber und wertvoller Kleidung (bzw. Stoffen). Der Bekanntsheitgrad des Thukydides zur Zeit des Lukas läßt es als einleuchtend erscheinen, daß dieser hier einen „Thukydideismus" formuliert hat, den er Paulus als Herrenwort zitieren läßt. Angesichts der Rezeption der Jesusüberlieferung im Urchristentum nähme dies nicht wunder: Es ging den urchristlichen Autoren darum, die *Intention* der Lehre Jesu zu bewahren, nicht deren exakten Wortlaut. Wenn Lukas deshalb die Paulusrede mit einer als Herrenwort deklarierten literarischen Wendung enden läßt, kann dies – so ließen sich Plümachers Beobachtungen weiterführen – als eine dem versierten Stilisten Lukas angemessene Weise einer gleichzeitigen Jesus- und Paulusrezeption betrachtet werden.

Der hier zum ersten Mal veröffentlichte Aufsatz *Rom in der Apostelgeschichte* beschließt die Beiträge zur Apostelgeschichte. In Aufnahme früherer Überlegungen zum Abfassungszweck der Apostelgeschichte lenkt Plümacher das Augenmerk auf den Umstand, daß Rom von Apg 19,21 an als derjenige Ort in den Blick kommt, den Paulus gemäß dem göttlichen Plan erreichen muß (δεῖ). Diese Betonung erstaunt angesichts der Spärlichkeit der sich in Rom zutragenden Ereignisse: Paulus gründet dort keine Gemeinde, Personaltraditionen scheint Lukas nicht zu kennen, ebensowenig wie die römische Gemeinde zum Kreis derjenigen zu gehören scheint, die für das lukanische Bild vom Christentum der ersten Jahrzehnte eine maßgebliche Rolle spielen. Gerade dann tritt die einzige ausführlicher geschilderte römische Episode besonders hervor: Paulus spricht dort das Verstockungswort aus Jes 6,9f. über die Juden und stellt dem die Sendung des Heils zu den Heiden gegenüber, die – anders als die Juden – auch hören, es also auch annehmen werden (Apg 28,28). Damit ist die in der Apostelgeschichte geschilderte Epoche der Israel-mission an ihr Ende gelangt: Erweisen sich die Juden als von Gott verstockt, wird sich die Mission fortan ausschließlich den Heiden widmen.

Daß Lukas Paulus dieses gewichtige Wort in Rom sprechen läßt, ist Plümacher zufolge nun keineswegs zufällig, sondern in der besonderen Be-deutung Roms als derjenigen Stadt begründet, in der die für die Geschichte entscheidenden δόγματα erlassen werden. Dies wird anhand der in Lk 2,1 – gegen den historischen Befund – als δόγμα παρὰ Καίσαρος Αὐγούστου bezeichneten, also als *Reichscensus* deklarierten, Steuerschätzung erläutert, die dort mit der Geburt Jesu synchronisiert wird. Dem korrespondiert das gewichtige, den bisherigen Geschichtsverlauf resümierende und zugleich auf dessen künftige Fortsetzung vorausblickende Pauluswort in Apg 28,25–28. Am Beginn wie am Ende des lukanischen Werkes wird auf diese Weise ein Bild Roms als der „anordnenden, sich weltweit Geltung verschaffenden *urbs*" entworfen (168).

Zwei Aspekte dieses neuesten Beitrags von Eckhard Plümacher seien be-sonders hervorgehoben: Zum einen wird ausdrücklich auf die Nähe der luka-nischen Lösung des Israelproblems zu derjenigen des Paulus im Römerbrief hingewiesen und sogar die Möglichkeit erwogen, der Schluß der Apostel-geschichte sei in Kenntnis des Römerbriefs verfaßt. Dies bedeutet gegenüber derjenigen Forschungsrichtung, die den lukanischen Geschichtsentwurf als auf dem Weg zum „Frühkatholizismus" befindlichen Abfall von der Höhe pauli-nischen Denkens beurteilte, eine gewichtige Verschiebung des Blickwinkels. Dies ist um so mehr hervorzuheben, als die Anfänge der Acta-Studien Eck-hard Plümachers im Umkreis eben jener Lukasperspektive lagen. Zweitens tritt in diesem Beitrag die Israelfrage als für das lukanische Geschichtsdenken zentrales Problem hervor. Gegenüber den eingangs erwähnten Arbeiten aus den siebziger Jahren des vorigen Jahrhunderts, in denen die Parusieverzöge-rung und das Nachlassen der eschatologischen Naherwartung als *moventes* genannt wurden, die Lukas zu seiner Fortsetzung der Jesusgeschichte gedrängt hätten, tritt nunmehr ein anderes Thema in den Vordergrund. Dies zeigt, daß sich Eckhard Plümacher aufmerksam mit den Forschungen zum Abfassungs-zweck der Apostelgeschichte auseinandergesetzt hat, die eben jenes Thema als ein für das Verständnis der lukanischen Geschichtsperspektive zentrales her-ausgestellt haben.

3. Eckhard Plümacher unter den Actaforschern: Forschungsperspektiven im Anschluß an Plümachers Arbeiten

Daß Eckhard Plümachers Beschäftigung mit der Apostelgeschichte die kriti-sche Actaforschung wesentlich bereichert hat, dürfte hinlänglich deutlich geworden sein.[21] Die Einordnung der Apostelgeschichte in die antike Literatur wird künftig an seinen Arbeiten nicht vorbeigehen können. Die Zuweisung zur hellenistischen Geschichtsschreibung in ihrer gängigen – nämlich der mimetischen – Ausprägung besitzt hohe Plausibilität. Seine Beobachtungen zum „dramatischen Episodenstil", zur Funktion der Reden sowie schließlich die Gattungsbestimmung als historische Monographie dürften sich bewähren. Anderes, wie die These zu den Wir-Berichten oder zum Agraphon in Apg 20,35, liefert anregende, gut begründete Anstöße zur Auseinandersetzung und befruchtet damit die Forschung auf seine Weise. Die Gesamtsicht lukanischer Geschichtstheologie als Sicherung der Kontinuität und Legitimität der heidenchristlich gewordenen Kirche durch den Rückgriff auf die Geschichte Israels stellt die Bedeutung des Actaverfassers, der als einziger der urchristlichen Autoren die Frage nach der Identität des Christentums im Gegenüber zu Judentum und paganer Welt mit historiographischen Mitteln zu lösen unternahm, in überzeugender Weise heraus.

Das Werk Eckhard Plümachers lädt dazu ein, weitergeführt und in künftige Forschungsperspektiven eingearbeitet zu werden. Herkommend von einer Richtung, die die Evangelien als „Kleinliteratur" beurteilte und deshalb zwischen Lukasevangelium und Apostelgeschichte eine deutliche Differenz konstatierte, hat sich Plümacher vornehmlich in seinem letzten Beitrag in die Richtung einer Gesamtperspektive auf das lukanische Werk bewegt. Mit den zahlreichen Forschungen zum lukanischen Doppelwerk seit Henry Joel Cadbury ist dieser Weg fortzusetzen, indem danach gefragt wird, wie beide Teile des lukanischen Werkes als einheitliches Geschichtswerk interpretiert werden können, ohne ihre jeweilige Eigenart zu nivellieren. Dabei darf der Blick nicht durch eine „synoptische Sicht" auf das Lukasevangelium verstellt werden: Auch wenn Lukas in seiner ersten Schrift auf Vorläufer zurückgreift, wird die Jesusgeschichte in eigener, auf die Fortsetzung durch den zweiten λόγος hin ausgerichteter Weise erzählt. Lukas hat dabei, auch dies ist bemerkenswert, zum ersten Mal eine Lösung für das die neutestamentliche Forschung bis heute umtreibende Problem „Jesus und Paulus" entwickelt.

Ein weiterer Gesichtspunkt betrifft den Zusammenhang von literarischer Gestaltung und Geschichtswert der Apostelgeschichte. Eckhard Plümacher hat sich vornehmlich mit dem ersten Aspekt befaßt, zugleich aber auch den letzteren in eine neue Perspektive gerückt. Nach Dibelius, Haenchen, Conzelmann und Plümacher dürfte es kaum noch möglich sein, den Beitrag der Apostelgeschichte zur Erforschung der Geschichte des Urchristentums unter Absehung

---

[21] Vgl. hierzu auch die Würdigung durch M. HENGEL, Der Historiker Lukas und die Geographie Palästinas in der Apostelgeschichte, ZDPV 99 (1983), 147–183: 159, Anm. 69. HENGEL bezeichnet Plümachers Arbeiten dort als „die wichtigsten deutschsprachigen Beiträge zur Actaforschung seit Dibelius".

von einer sorgfältigen literarischen Analyse des Actatextes, einschließlich der dabei zutage tretenden Intention des Lukas, zu erheben.

Ein letzter Aspekt bezieht sich schließlich auf die Intention des lukanischen Werkes. Mit den Stichworten der Kontinuität und Legitimität hat Plümacher eine Richtung eingeschlagen, die sich unschwer mit Tendenzen der gegenwärtigen Forschung vermitteln läßt. Im Umfeld dessen liegt auch eine Neubewertung des „Paulinismus" der Apostelgeschichte. Immer deutlicher tritt zutage, daß die Apostelgeschichte – neben Kolosser- und Epheserbrief sowie den Pastoralbriefen – eine dritte Linie urchristlicher Paulusrezeption darstellt, die dem Paulus der Briefe nicht ferner steht als die beiden zuerst genannten. Vielmehr handelt es sich um eine eigene, am Geschichtskonzept des Lukas ausgerichtete – und also: heilsgeschichtliche – Verarbeitung des Wirkens des Paulus, der hier als Gemeindegründer und Redner, nicht als Briefschreiber, in den Blick kommt. Daß Lukas dabei von den Inhalten paulinischer Verkündigung durchaus Kenntnisse besaß, läßt er in seiner Darstellung mehrfach erkennen, auch wenn er diese Inhalte nicht einfach wiederholt, sondern der seinem Werk eigenen Perspektive integriert.

Das Werk Eckhard Plümachers, von dem in diesem Band ein wichtiger Teil vorgelegt wird, hält so durch seine facettenreiche Einheitlichkeit viele Anstöße bereit, die die künftige Actaforschung befördern werden. Auf weitere Arbeiten aus seiner Feder darf man deshalb gespannt sein.

II. Zu den Johannesakten (Ralph Brucker)

Als eine Art Seitenstück zu dem oben[22] erwähnten Beitrag für „Pauly's Realencyclopädie der classischen Altertumswissenschaft" hat Eckhard Plümacher 1978 für dasselbe Werk einen Artikel „Apokryphe Apostelakten" vorgelegt.[23] Dieser widmet sich speziell den fünf alten, im 2./3. Jahrhundert entstandenen Apostelgeschichten (Johannesakten, Petrusakten, Paulusakten, Andreasakten und Thomasakten), die von späteren Erzeugnissen deutlich zu unterscheiden sind.

Auf den ersten Blick lassen sich Berührungen der apokryphen Apostelakten zur kanonischen Apostelgeschichte ausmachen: Abgesehen davon, daß beide inhaltlich von den Aposteln, ihren Reisen, Wundertaten und Missionserfolgen handeln, sind ihnen in der stilistischen Gestaltung besonders der von Plümacher herausgearbeitete „dramatische Episodenstil"[24] und die häufige Ein-

---

[22] Siehe Anm. 13.

[23] E. Plümacher, Apokryphe Apostelakten, PRE.S 15 (1978), 11–70.

[24] Dieser ist allerdings in hellenistischer Literatur weit verbreitet. Siehe bereits Plümacher, Lukas als hellenistischer Schriftsteller, 135f, wo u. a. die apokryphen Apostelakten genannt werden (136 mit Anm. 43). Vgl. spezieller Ders., Apokryphe Apostelakten, 65f.

schaltung von Redestücken (insbesondere Predigten der Apostel) gemeinsam. Aber bei näherer Betrachtung lassen sich die gravierenden Unterschiede nicht übersehen: Geht es in der Apostelgeschichte um Geschichtsschreibung und ein theologisches Programm, so treten in den apokryphen Apostelakten ganz andere Elemente in den Vordergrund, nämlich Stilisierung jeweils eines Apostels zur übermenschlichen Heldenfigur, Darstellung krassester Wundertaten zur Befriedigung des Unterhaltungsbedürfnisses der Leser, religiöse Propaganda für bestimmte (vornehmlich enkratitisch-asketische) ethische Verhaltensweisen sowie ein Hang zur Übernahme esoterisch-gnostischer Anschauungen.[25] Die Redestücke dienen nicht dazu, die Handlung zu deuten und voranzutreiben, sondern eher dazu, die theologischen Anschauungen des Verfassers seinen Lesern nachdrücklich einzuprägen, und hemmen oft durch ihre Länge den Erzählfluß.[26]

Somit stellt sich die Frage nach der Gattung dieser Textgruppe. Plümacher bestimmt diese zunächst „als von bestimmten religiösen Anliegen geprägte und für diese werbende volkstümliche Unterhaltungsliteratur, die zahlreiche Elemente aus dem Bereich der romanhaften hellenistischen Literatur, insbesondere aus dem Liebesroman sowie der Philosophen- bzw. Missionsaretalogie, entlehnt hat", und betont etwas weiter unten noch stärker die Nähe zur „Gattung des hellenistischen Liebesromans".[27] Mit dieser Gattungsbestimmung bewegt sich Plümacher im Rahmen dessen, was sich in der deutschsprachigen Forschung als weitgehender Konsens herauskristallisiert hat. War die Nähe der apokryphen Apostelakten zum antiken Roman seit Anfang des 20. Jahrhunderts bereits vereinzelt behauptet[28] bzw. zugunsten der postulierten Gattung „Aretalogie" bestritten worden[29], so wurde diese Diskussion 1932 durch die sorgfältige Arbeit von Rosa Söder[30] zu einem gewissen Abschluß gebracht. Wichtiger noch als ihre differenzierende Verhältnisbestimmung, wonach die Apostelakten zwar motivisch, aber nicht gattungsmäßig der romanhaften Literatur zugeordnet werden[31], ist ihre minutiöse Untersuchung von

---

[25] Vgl. PLÜMACHER, Apokryphe Apostelakten, 13.

[26] Vgl. ebd. 66–68.

[27] Ebd. 12 bzw. 61–65.

[28] E. VON DOBSCHÜTZ, Der Roman in der altchristlichen Literatur, Deutsche Rundschau 28 (1902), 87–106; O. STÄHLIN, in: W. von Christ's Geschichte der griechischen Litteratur II/2 (HAW VII/2,2), München [6]1924, 1199–1210: 1200.

[29] R. REITZENSTEIN, Hellenistische Wundererzählungen, Leipzig 1906 (= Darmstadt [3]1974), 55; F. PFISTER, Apostelgeschichten (Legenden), in: NTApo[2] (1924), 163–171: 163–167.

[30] R. SÖDER, Die apokryphen Apostelgeschichten und die romanhafte Literatur der Antike (Würzburger Studien zur Altertumswissenschaft 3), Stuttgart 1932 (Repr. Darmstadt 1969).

[31] Zur Kritik s. bes. P. VIELHAUER, Geschichte der urchristlichen Literatur, Berlin/New York 1975 (= [2]1978), 713–718; PLÜMACHER, Apokryphe Apostelakten, 61–65 (vgl. oben bei Anm. 27). Beide zählen die Apostelakten literarisch zur Gattung des antiken Romans (so auch C. ANDRESEN, Art. Roman, LAW [1965] 2670–2673: 2673; F. BOVON, Art. Apostelakten,

fünf für die Apostelakten und ihre Verbindungslinien zur hellenistischen Literatur besonders wichtigen Motivkomplexen[32]: das Motiv der Wanderung (die Reisen der Apostel), das aretalogische Motiv (das Auftreten der Apostel als Wundertäter), das teratologische Motiv (wunderbare Begebenheiten wie sprechende Tiere u. ä.), das tendenziöse Motiv (v. a. in den Predigten der Apostel) und das erotische Motiv (sowohl in der Darstellung geschlechtlicher Verfehlungen als auch in der Bekehrung zur Keuschheit als Ideal).

Mit gebührendem Abstand zum Lexikonartikel – ab 1992 – hat sich Plümacher in drei Studien, die in diesem Band wiederabgedruckt werden, speziell den Johannesakten gewidmet. Zu diesen waren in der Zwischenzeit insbesondere die ausgiebig kommentierte kritische Neuedition von Eric Junod und Jean-Daniel Kaestli (1983) sowie die Neubearbeitung der Übersetzung von Knut Schäferdiek für die 5. Auflage der „Neutestamentlichen Apokryphen" (Hennecke/Schneemelcher, 1989), erschienen.[33]

Die Aufsätze zeigen an einzelnen Episoden aus den Johannesakten den Einfluß der paganen Umwelt auf diesen etwa ein Jahrhundert nach der Apostelgeschichte entstandenen christlichen Roman auf.[34] Dabei kommen literarische, popularphilosophische und gesellschaftliche Aspekte in den Blick, aber auch solche der römischen Kaiserideologie sowie der Provinzialverwaltung. Von den oben aufgeführten fünf Motivkomplexen treten jeweils unterschiedliche in den nun vorzustellenden Aufsätzen in den Vordergrund.

Unter dem Titel *Paignion und Biberfabel* geht Plümacher im ersten der drei Beiträge dem literarischen und popularphilosophischen Hintergrund zweier Episoden der Johannesakten nach: der Anekdote von den gehorsamen Wanzen (c. 60f.) sowie der Erzählung von dem sich selbst entmannenden Ehebrecher und Vatermörder (c. 48–54). Hinter der ersten, vom teratologi-

---

RGG[4] I [1998], 640f.). – W. Schneemelcher, Apostelgeschichten des 2. und 3. Jahrhunderts. Einleitung, in: NTApo[5] (1989), 74–79, referiert die Forschungspositionen seit Söder („ein buntes Bild": 78) und kommt selbst zu folgender Gattungsbestimmung: „Die Verfasser der [apokryphen Apostelakten] schufen mit ihren Werken ‚zweifellos einen neuen Typus fiktionaler Prosaerzählung, den man mit einem gewissen Recht als frühchristlichen Roman bezeichnen könnte. Zur Gattung des antiken Romans wird man ihn freilich nicht mehr zählen, sondern mit ihm dessen Rezeptionsgeschichte beginnen lassen'." (78, im Anschluß an N. Holzberg, Der antike Roman. Eine Einführung [Artemis Einführungen 25], München 1986, 29).

[32] Vgl. die Referate bei Vielhauer, Literatur, 694f.; Plümacher, Apokryphe Apostelakten, 56–61; Schneemelcher, in: NTApo[5], 74f.

[33] E. Junod – J.-D. Kaestli, Acta Iohannis (CChr.SA 1–2), 2 Bde. (fortlaufend paginiert) Turnhout 1983; K. Schäferdiek, Johannesakten, in: NTApo[5] II (1989), 138–190.

[34] Einleitungsfragen und Inhaltsübersicht bei Plümacher, Apokryphe Apostelakten, 14–19; ferner Vielhauer, Literatur, 706–710; Junod – Kaestli, Acta Iohannis, 71–107. 679–702; Schäferdiek, in: NTApo[5] II, 138–155; ders., Art. Johannes-Akten, RAC 18 (1998), 564–595. Umstritten sind insbesondere Abfassungszeit und -ort der Schrift; dazu unten.

schen (in Verbindung mit dem aretalogischen) Motiv dominierten Episode macht Plümacher ein mimisches „Paignion" aus, in dem Tiere sich wie Menschen betragen; ein solches ist etwa in dem unter den Schriften Lukians überlieferten Eselsroman (Λούκιος ἢ ὄνος, c. 46–50) belegt. Im Hintergrund der zweiten, vom erotischen Motiv bestimmten Episode stehen, wie Plümacher zeigen kann, nicht nur eine Reihe bereits bekannter Romanmotive und -reminiszenzen, sondern auch eine in der antiken Literatur bis hin zum christlichen *Physiologus* weit verbreitete Fabel – nämlich die vom Biber, der sich um seiner Rettung willen selbst kastriert. Wichtig ist indes, daß der Verfasser der Johannesakten in beiden Fällen die paganen Texte nicht um ihrer selbst willen aufgegriffen hat, sondern um sie zu Trägern ihnen ursprünglich völlig fern liegender Aussagen zu machen – wodurch beide Episoden motivisch durch das tendenziöse Motiv überlagert werden: Das Wanzenpaignion dient dazu, einmal mehr das popularphilosophische Ideal des Abgeschiedenseins von aller durch weltliche Passion hervorgerufenen Emotion und Ambition zu illustrieren. Im Kontext dieses (natürlich christianisierten) Ideals wird auch das Tun des Bibers auf das Handeln des Ehebrechers übertragen, welches aber zugleich scharf verurteilt wird; damit nimmt der Verfasser Stellung gegen einen exzessiven Enkratismus, dessen Vertreter die positiv gewertete Biberfabel für sich reklamieren konnten.

Im zweiten Beitrag dieses Blocks, *Apostolische Missionsreise und statthalterliche Assisetour*, wird das Motiv der Wanderung unter einem besonderen Aspekt näher betrachtet. Wohl werden die Reisen des Apostels in den Johannesakten (wie auch in den übrigen apokryphen Apostelakten) von Gott gelenkt, aber angesichts des verzögerten Aufbruchs von Ephesus nach Smyrna wird doch mehrfach (c. 37; 45; 55 und 58,1–6) die Frage nach der angemessenen Verweildauer des Heil gewährenden Apostels in den einzelnen Orten seines Missionsgebiets thematisiert. Dabei geht es darum, daß nach Gottes Willen keiner dieser Orte bevorzugt bzw. benachteiligt werden darf. Indem der Verfasser der Johannesakten seinen Apostel dieses Problem einvernehmlich mit allen Betroffenen lösen läßt, hebt er, so führt Plümacher aus, dessen Handeln vorteilhaft von dem der römischen Statthalter ab: Diese reisten nämlich zum Zweck der Rechtsprechung (Assise) ebenfalls von (Gerichts-)Ort zu (Gerichts-)Ort durch ihre Provinzen; anders als der Apostel der Johannesakten gewährten sie jedoch ihre für Status und Wirtschaft einer Polis äußerst förderliche Anwesenheit den einzelnen Conventsstädten nicht immer nach dem Prinzip der Gleichbehandlung aller Betroffenen. Dies führte immer wieder zu Rivalitäten zwischen den Poleis des kaiserzeitlichen Kleinasien, wovon insbesondere Smyrna und Ephesus betroffen waren.

Mit einem Hapaxlegomenon der Johannesakten, das im Zusammenhang der eben genannten Diskussion um die angemessene Verweildauer des Apostels vorkommt, befaßt sich schließlich der Beitrag *Der θεὸς ἄφθονος von*

Acta Johannis 55 und sein historischer Kontext. Ausgehend von der Feststellung, daß der Verfasser der Johannesakten als Adressaten seines Werkes insbesondere die Gruppe der Polishonoratioren vor Augen hat, die in c. 55 auch expressis verbis zu Wort kommen, deutet Plümacher die Bezeichnung Gottes als ἄφθονος im Kontext des Erfahrungshorizontes dieser Gruppe. Dabei stellt er heraus, daß der Verfasser der Johannesakten hier in polemischer Absicht einen antithetischen Bezug zwischen dem θεὸς ἄφθονος des Johannes und einem anderen ‚Gott‘, nämlich dem Kaiser, geknüpft hat: Dieser kann, im Unterschied zu dem von Johannes verkündeten Gott, die von ihm geweckten Hoffnungen nicht erfüllen, rückhaltlos zu schenken und dabei zugleich allen zu Beschenkenden gegenüber strikte Verteilungsgerechtigkeit zu üben (so die beiden Aspekte, für die das Wort ἄφθονος in ActJoh 55 steht). Niemand kannte die Kluft zwischen kaiserlicher Verheißung und tatsächlicher Erfüllung besser als eben die Polishonoratioren, und so soll die versteckte Polemik besonders ihnen die Überlegenheit des von Johannes verkündeten Gottes plausibel machen.

Alle drei Beiträge ziehen in reichem Maße Belegmaterial heran, wodurch das pagane Umfeld plastisch wird; ausgewertet werden die verschiedenen Bereiche antiker Literatur ebenso wie Inschriften und Papyri sowie Münzen. Die Gründlichkeit von Plümachers Arbeitsweise zeigt sich auch bei diesen Aufsätzen nicht zuletzt in mancher Ergänzung, Präzisierung oder Modifizierung gegenüber den Erstveröffentlichungen. Besonders erwähnenswert sind an dieser Stelle die in der Forschung umstrittenen Fragen nach Abfassungszeit und -ort der Johannesakten: Hatte Plümacher in seinem Aufsatz *Paignion und Biberfabel* aufgrund der Beobachtung, daß die Mehrzahl der Zeugnisse zur Auseinandersetzung um die Selbstentmannung aus dem alexandrinischen Milieu stammt, zunächst für Alexandria als Entstehungsort der Johannesakten votiert[35], so nimmt er diese These im vorliegenden Wiederabdruck zurück; dem Beitrag *Apostolische Missionsreise und statthalterliche Assisetour* ist zudem ein Absatz neu hinzugefügt, in dem Plümacher feststellt, daß seine hier vorgelegte Interpretation „durchaus als Argument für eine kleinasiatische Herkunft der Johannesakten verstanden werden kann"[36]. In der Frage der Abfassungszeit hat Plümacher sich seit 1978 vom dritten Jahrhundert schrittweise dem zweiten Jahrhundert angenähert.[37]

---

[35] Apocrypha 3 (1992), 69–109: 102; mit JUNOD – KAESTLI, Acta Iohannis, 689–694. Anders die entsprechende Stelle im vorliegenden Band S. 200.

[36] Siehe in diesem Band S. 228 (so aber auch schon PLÜMACHER, Apokryphe Apostelakten, 18f.); mit P. J. LALLEMAN, The Acts of John. A Two-Stage Initiation into Johannine Gnosticism (Studies on the Apocryphal Acts of the Apostles 4), Leuven 1998, 264f. – Dagegen tritt SCHÄFERDIEK (NTApo⁵ II, 154f.; RAC 18, 577–580) für Syrien ein.

[37] Vgl. PLÜMACHER, Apokryphe Apostelakten, 19 („Älter als das 3. Jhdt. sind sie jedenfalls nicht"); DERS., Paignion und Biberfabel, Apocrypha 3, 102 („wohl am ehesten gegen Ende des [zweiten] Jahrhunderts oder um das Jahr 200"); schließlich DERS., Der θεὸς ἄφθονος von

Die Forschung ist hier also in Bewegung, wozu auch Eckhard Plümacher seinen Teil beigetragen hat. Seine bisher letzte einschlägige Äußerung ist der kürzlich erschienene zusammenfassende Artikel für die 4. Auflage der „Religion in Geschichte und Gegenwart"[38]. Bedenkt man, daß von den Johannesakten knapp 100 Kapitel erhalten sind, von denen Plümacher in seinen Aufsätzen gerade 13 durchpflügt hat, so tut sich hier noch ein weites Feld auf, von dem man wünscht, daß es von ihm mit derselben Gründlichkeit noch weiter beackert wird.

Acta Johannis 55 und sein historischer Kontext, in: D. Wyrwa (Hg.), Die Weltlichkeit des Glaubens in der Alten Kirche. Festschrift für Ulrich Wickert zum siebzigsten Geburtstag (BZNW 85), Berlin/New York 1997, 249–301: 264 (im vorliegenden Band S. 241) („im 2. Jahrhundert, aus dessen zweiter Hälfte die Johannesakten stammen"; mit Junod – Kaestli, Acta Iohannis, 694–700). Die Datierung ins zweite Viertel des zweiten Jahrhunderts durch Lalleman, The Acts of John, 270, bezeichnet Plümacher aber als „entschieden zu früh" (unten S. 200, Anm. 48). – Für die erste Hälfte des dritten Jahrhunderts votiert Schäferdiek (NTApo[5] II, 154f.; RAC 18, 580f.).

[38] E. Plümacher, Art. Johannesakten, RGG[4] IV (2001), 539f. – Vgl. auch ders., Art. Paulusakten, RGG[4] VI (2003), 1069f., und Art. Petrusakten, ebd. 1177f., womit der Bogen zurück zum eingangs erwähnten PRE-Artikel geschlagen wird.

Die Apostelgeschichte als historische Monographie

I

Über die Möglichkeit, die Apostelgeschichte einer der in der hellenistischen Welt gebräuchlichen literarischen Gattungen zuzuordnen, urteilt die neutestamentliche Forschung weithin äußerst skeptisch. „Es gibt ... keine Gattung, die er [sc. Lukas] bei der Gestaltung der Apg hätte nachahmen können" – so ein Urteil für viele.[1]

Im Gegensatz hierzu scheint es mir jedoch – an eine gewichtige Beobachtung Hans Conzelmanns anknüpfend[2] – durchaus möglich, die literarische Form der Apostelgeschichte wie darüber hinaus auch des ganzen lukanischen Werkes im Rahmen seinerzeit gängiger Formen zu bestimmen, und zwar, wie dies Charles H. Talbert[3], Walter Radl[4] und Vernon K. Robbins[5] zu Recht versucht haben, gerade solcher der hellenistischen Literatur, zu der eine Brücke zu schlagen Lukas doch so offensichtlich bestrebt gewesen ist.

Die von Talbert, Radl und Robbins jeweils vorgenommenen Gattungsbestimmungen können als solche freilich nicht überzeugen. Dies sei im folgenden begründet.

Von der Annahme eines für das Doppelwerk seiner Meinung nach konstitutiven Formprinzips – des sich in zahlreichen Parallelen sowohl zwischen Evangelium und Apostelgeschichte als auch innerhalb der beiden Teile des Werkes[6] dokumentierenden "law of duality" bzw. "principle of balance" – ausgehend (vgl. 2f.134f.), schlägt Talbert vor, die Form der Lukasschriften von der Gattung der ähnlich zweigliedrigen (stets sowohl die Geschichte des Schulgründers wie auch die seiner Schüler umfassenden) Philosophenbiographie herzuleiten.

Angelpunkt der Argumentation sind die Philosophenviten des Diogenes Laertius. Sie stehen freilich im Zusammenhang ausgedehnter διαδοχαί-Reihungen, die eine überbordende Stofffülle nach Art von Stammbäumen systematisch ordnen wollen, während Lukas die Ge-

---

[1] A. Wikenhauser – J. Schmid, Einleitung in das Neue Testament, Freiburg/Basel/Wien [6]1973, 351. Ebenso W. G. Kümmel, Einleitung in das Neue Testament, Heidelberg [17]1973, 132f., und P. Vielhauer, Geschichte der urchristlichen Literatur. Einleitung in das Neue Testament, die Apokryphen und die Apostolischen Väter, Berlin/New York [2]1978, 400.

[2] H. Conzelmann, Die Apostelgeschichte (HNT 7), Tübingen [2]1972, 7.

[3] C. H. Talbert, Literary Patterns, Theological Themes, and the Genre of Luke-Acts (SBL.MS 20), Missoula (MT) 1974, 125–140.

[4] W. Radl, Paulus und Jesus im lukanischen Doppelwerk. Untersuchungen zu Parallelmotiven im Lukasevangelium und in der Apostelgeschichte (EHS.T 49), Frankfurt a. M. 1975, 352–355.

[5] V. K. Robbins, Prefaces in Greco-Roman Biography and Luke-Acts, SBL.SP 1978, Vol. 2, 193–207.

[6] Vgl. dazu insbesondere Talberts tabellarische Übersichten S. 16–18.23f.26f.35f. u. ö.

schichte lediglich *eines* ‚Schulhauptes' und der dazugehörigen ‚Schule' behandelt hat. Zudem ist das Gestaltungsprinzip des Diogenes in der Regel nicht zwei- sondern dreigliedrig (Leben des Schulgründers, Liste bzw. Geschichte der Schüler, Zusammenfassung der Lehre des Schulhauptes oder der Schule). Talbert kann jedoch auf die durch Fragmente belegte Existenz sowohl von Viten einzelner Philosophen als auch von solchen διαδοχαί verweisen, die beide nur ein zweigliedriges Schema (ohne doxographisches Summarium) zeigen.[7] Von ihnen sieht Talbert (133f.) sowohl Lukas als auch Diogenes abhängig, der jene in der Tat oft genug als Quellen für seine Schilderung von Gründervita und Schulgeschichte benutzt hat, so daß Talbert Diogenes' Gestaltungsprinzipien sowie vor allem dessen Philosophenbild durchaus guten Gewissens für den Vergleich mit dem lukanischen Werk heranziehen zu können meint. Springender Punkt ist hierbei das Bild vom Philosophen und seiner Schule, das Talbert Diogenes unterstellt. Wie Lukas vom Stifter einer religiösen Gemeinschaft und deren Geschichte handele, so sei auch "Diogenes Laertius' discussion of founders of philosophical schools ... a narrative about divine figures, his treatment of their followers ... the story of religious communities" (127). Die Belege, die Talbert für den angeblich auch bei Diogenes zum θεῖος ἀνήρ mit einer ihn verehrenden Gemeinde erhobenen Philosophen beibringt, stammen indes, sofern sie stringent sind, sämtlich nicht aus Diogenes, sondern vornehmlich aus Lukrez, Plutarch und insbesondere aus der Aretalogie (Jamblich, Porphyrius, Philostrat). Zudem hat Jørgen Mejer kürzlich darauf hingewiesen, daß die διαδοχαί ebenso wie die philosophischen Einzelviten ein eigentlich doxographisches Interesse gar nicht besessen haben: "Diogenes' interests lay primarily in the philosophers and their lives, not their philosophy, that is the men, *not* their thoughts."[8] Daraus folgt, daß die Vergleichbarkeit von Diogenes' Viten mit den lukanischen Schriften auch generell entfällt, da Lukas an den Individuen Jesus oder Paulus sowie an deren Lebensumständen zumindest nicht in erster Linie interessiert war. Wenn Talbert schließlich noch einräumt, daß auch der Roman auf die Apostelgeschichte eingewirkt haben könnte, "so that a mixed form, a biography with motifs from the romance, lies before us" (132), wird vollends deutlich, wie wenig sein Vorschlag zur Klärung der Gattungsfrage hilft.

Ebenso unfruchtbar ist Radls Versuch, aufgrund der lukanischen Parallelisierungen (hier: der Jesus-Paulus-Parallelen) zu einer Gattungsbestimmung des Doppelwerks zu gelangen. Sein Vorschlag, Evangelium und Apostelgeschichte in eine Tradition einzuordnen, in der auch Plutarch mit seinen *Vitae parallelae* gestanden habe, steht und fällt mit der Rolle, die man dem Element der Synkrisis – der wertenden, stets auch an den Unterschieden (διαφοραί) zwischen den einander parallelisierten Personen interessierten Gegenüberstellung[9] – in jenen Lebensbeschreibungen zuteilt. Es dürfte konstitutiv gewesen sein und im lukanischen Werk zumindest in dem spezifischen Sinn, der einen literarischen Vergleich ermöglichen würde, fehlen.[10]

Im biographischen Bereich möchte auch Robbins die Lukasschriften ansiedeln: Sie gehörten zur Gattung der „didaktischen Biographie" und hätten als solche das Ziel, bei dem durch die Widmung Geehrten bereits vorhandene Kenntnisse über den in der Folge zu behandelnden Gegenstand zu präzisieren (Parallele: Plutarch, *Arat.* 1). Zweck des Unternehmens:

---

[7] A. a. O. 130f.133; vgl. Hermippos, Sotion und dessen Epitomator Herakleides Lembos sowie Philodems Σύνταξις τῶν φιλοσόφων.

[8] J. MEJER, Diogenes Laertius and His Hellenistic Background (Hermes.E 40), Wiesbaden 1978, 2 (Hervorhebung MEJERS); vgl. 64f.91 sowie F. WEHRLI, Gnome, Anekdote und Biographie, MH 30 (1973), 193–208: 194.

[9] Vgl. z. B. *Numa* 23(1); *Cato maior* 28(1).

[10] Vgl. RADL selbst (wie Anm. 4), 352.

Theophilus solle in die Lage versetzt werden, "to inform his superiors of the innocence of Christians" (206). Man muß jedoch davor warnen, aufgrund von Einzelbeobachtungen – Widmung und Angabe von „didaktischen" Zielsetzungen sind in historiographischen Proömien unüblich, begegnen aber in biographischen – auf dem Felde der Biographie literarische Untergattungen zu entdecken: „Angesichts des Trümmerfeldes unserer Überlieferung wird man sich in Sachen der Formgeschichte [sc. der Biographie] vorerst besser mit einem ignoramus begnügen."[11]

Anders als Talbert, Radl und Robbins meine ich, daß man sich bei der Suche nach den literarischen Vorbildern des Autors der lukanischen Schriften nicht im Bereich der Biographie, sondern in dem der Geschichtsschreibung umzusehen hat. „Der Verfasser der kanonischen Apg will Historiker sein, Geschichte schreiben und verfügt über manches technische und literarische Mittel der Historiographie."[12] Schon aus der im Evangelienproömium benutzten Begrifflichkeit geht dieser Anspruch deutlich hervor[13]; πράγματα – geschichtliche Geschehnisse – nennt er seinen wie auch schon seiner Vorgänger Stoff. Entsprechend hatte bereits Thukydides den Gegenstand seiner Darstellung definiert, wenn er von den ἔργα τῶν πραχθέντων sprach (I 22), und nicht anders bezeichnet noch Lukian in seiner Kritik an Theopomp den Stoff dieses Historikers als τὰ πεπραγμένα.[14] Erst die fertige, rhetorisch oder dramatisch oder gar in der einen wie der anderen Weise literarisch gestaltete Ausarbeitung dieses Materials ist ein Geschichtswerk; sie heißt, wie man z. B. aus Lukian oder aus Polybios ersehen kann, διήγησις.[15] Auch dieser terminus technicus findet sich im Lukasproömium wieder – von anderen zu schweigen.

Und Lukas hat in der Tat Geschichte geschrieben – freilich: Heilsgeschichte. Charakteristisch ist jedoch, daß diese Heilsgeschichte durchaus als im Kontext des allgemeinen geschichtlichen Geschehens stehend gedacht und keineswegs als von diesem abgelöster bzw. neben ihm verlaufender Prozeß begriffen werden soll. Das geht aus den Synchronismen und Datierungen in Lk 2,1f. und 3,1f. sowie in Apg 11,28 und 18,12 ebenso hervor wie dies, daß die Heilsgeschichte – man vgl. noch Apg 26,26 οὐ γάρ ἐστιν ἐν γωνία πεπραγμένον τοῦτο – keine quantité négligeable ist, sondern im Gegenteil beanspruchen kann, zur Weltgeschichte gerechnet zu werden. Nicht zuletzt zeigt auch die selbstverständliche Benutzung der Begrifflichkeit hellenistischer Historiographie im Lukasproömium, daß der Autor *ad Theophilum*

---

[11] A. DIHLE, Studien zur griechischen Biographie (AAWG 3,37), Göttingen ²1970, 8; vgl. WEHRLI (wie Anm. 8), 193.

[12] VIELHAUER (wie Anm. 1), 399f.

[13] Vgl. z. B. WIKENHAUSER – SCHMID (wie Anm. 1), 264; zum Proömium insgesamt s. G. KLEIN, Lukas 1,1–4 als theologisches Programm, in: E. Dinkler (Hg.), Zeit und Geschichte (FS R. Bultmann), Tübingen 1964, 193–216, und W. C. VAN UNNIK, Once more St. Luke's Prologue, Neotest. 7 (1973), 7–26.

[14] *Quomodo historia conscribenda sit* c. 59, vgl. c. 47.

[15] *Hist. conscr.* c. 55. Zu Polybios: VAN UNNIK (wie Anm. 13), 23, Anm. 55.

einen wie auch immer beschaffenen Unterschied zwischen ‚profaner' und Heilsgeschichte kaum gekannt hat.[16]

II

Im Rahmen unserer Fragestellung ist nun ein Blick auf die Struktur des lukanischen Geschichtsbildes nötig.[17] Ihm zufolge trägt die Heilsgeschichte bei aller prinzipiellen Kontinuität[18] keineswegs die Züge einer einschnittloskontinuierlichen Entwicklung. Vielmehr muß sie als ein markante Wendepunkte, wenn nicht gar Neu-Ansätze einschließendes Geschehen gelten, das sich in deutlich voneinander abgegrenzte, eigengewichtige Epochen gliedert: die Zeit Israels, die Zeit der Wirksamkeit Jesu und die Zeit der Kirche[19], jede,

---

[16] Anders freilich A. GEORGE, Tradition et rédaction chez Luc. La construction du troisième Évangile, EThL 43 (1967), 100–129: 120.

[17] Ob es original lukanisch ist oder nur vorlukanische Traditionen und Ansätze fortschreibt, ist in unserem Zusammenhang ohne Bedeutung; vgl. dazu etwa J. REUMANN, Heilsgeschichte in Luke. Some Remarks on Its Background and Comparison with Paul, StEv 4 (TU 102), Berlin 1968, 86–115; W. G. KÜMMEL, Luc en accusation dans la théologie contemporaine, EThL 46 (1970), 265–281: 273f. (= DERS., Lukas in der Anklage der heutigen Theologie, ZNW 63 [1972], 149–165: 157f., auch in: G. Braumann [Hg.], Das Lukas-Evangelium. Die redaktions- und kompositionsgeschichtliche Forschung [WdF 280], Darmstadt 1974, 416–436: 426f.).

[18] Sie findet z. B. im Schriftbeweis oder in der Kennzeichnung der Kirche als Volk Gottes (Apg 15,14) beredten Ausdruck. Weiteres bei H. CONZELMANN, Die Mitte der Zeit. Studien zur Theologie des Lukas (BHTh 17), Tübingen [5]1964, 139–144, und U. WILCKENS, Die Missionsreden der Apostelgeschichte. Form- und traditionsgeschichtliche Untersuchungen (WMANT 5), Neukirchen-Vluyn [3]1974, 94f. Zu den Verbindungslinien zwischen Lk 24,44–49 und der Apostelgeschichte: GEORGE (wie Anm. 16), 119.

[19] So insbesondere CONZELMANN (z. B. Mitte [wie Anm. 18], 140), doch vgl. etwa auch E. GRÄSSER, Das Problem der Parusieverzögerung in den synoptischen Evangelien und in der Apostelgeschichte (BZNW 22), Berlin [3]1977, 215; GEORGE (wie Anm. 16), 101, Anm. 4, und S. 129; E. HAENCHEN, Die Apostelgeschichte (KEK 3), Göttingen [7]1977, 107–109; WIKENHAUSER – SCHMID (wie Anm. 1), 270f.; U. WILCKENS, Lukas und Paulus unter dem Aspekt dialektisch-theologisch beeinflußter Exegese, in: DERS., Rechtfertigung als Freiheit, Neukirchen-Vluyn 1974, 171–202: 177f. Zweifel an der Angemessenheit einer solchen Dreigliederung der lukanischen Heilsgeschichte z. B. bei H. FLENDER, Heil und Geschichte in der Theologie des Lukas (BEvTh 41), München 1965, und W. G. KÜMMEL, „Das Gesetz und die Propheten gehen bis Johannes" – Lukas 16,16 im Zusammenhang der heilsgeschichtlichen Theologie der Lukasschriften, in: O. Böcher – K. Haacker (Hg.), Verborum Veritas (FS G. Stählin), Wuppertal 1970, 89–102 (auch in: WdF 280 [wie Anm. 17], 398–415). Beide müssen allerdings einräumen, daß bei der von ihnen auf Grund von Lk 16,16 für richtiger gehaltenen Gliederung der lukanischen Heilsgeschichte in nur zwei Epochen die zweite (den beiden λόγοι des Lukas entsprechend) nochmals unterteilt werden muß: FLENDER 113; KÜMMEL, ZNW 63 (wie Anm. 17), 158 (= WdF 280, 428).

wie Ulrich Wilckens treffend bemerkt, „eine in sich geschlossene Einheit"[20] und jede mit spezifischen Charakteristika begabt.[21]

Es versteht sich von selbst, daß dieses Geschichtsbild auf die lukanische Geschichtsdarstellung allenthalben prägend eingewirkt hat. Es ist aber auch für die Form der lukanischen Geschichtsschreibung von wesentlicher Bedeutung. Dies gilt in doppelter Weise. Zunächst: Aufgrund seiner Einsicht in die Strukturen der Heilsgeschichte war Lukas nicht a priori genötigt, eine Gesamtgeschichte des Heilsgeschehens zu bieten, sondern konnte sich statt dessen an die Darstellung lediglich einzelner Partien dieser Geschichte wagen. So schrieb er, wie Apg 1,1 in erneuter Anlehnung an historiographische Begrifflichkeit[22] formuliert, περὶ πάντων ... ὧν ἤρξατο ὁ Ἰησοῦς ποιεῖν τε καὶ διδάσκειν seine erste Abhandlung; eine weitere galt der unter Leitung des Heiligen Geistes und im Dienst der Zeugen erfolgten Ausbreitung des Evangeliums von Jerusalem ἕως ἐσχάτου τῆς γῆς – so die programmatische Erklärung von Apg 1,8[23]. Nicht geschildert hat er die Epoche Israels, ebensowenig den Zeitraum, der sich vom Ende des apostolischen Zeitalters bis zu ihm selbst hin erstreckte – ganz anders als später Euseb, der neben seiner bis tief in die eigene Gegenwart reichenden *Historia ecclesiastica* (und der *Demonstratio evangelica*) auch die zur christlichen Offenbarung hinführende *Praeparatio evangelica* schrieb.

Darüber hinaus war Lukas durch sein die Epochen differenzierendes Geschichtsbild aber auch dazu instand gesetzt, seine beiden λόγοι als von einander relativ unabhängige, abgerundete und in sich einheitliche Geschehensabläufe darzustellen. Diese Tendenz tritt am deutlichsten in der zweimaligen Schilderung der Himmelfahrt zutage.[24] Sie ist das Ende der Geschichte Jesu und soll daher als eindrucksvolles Schlußbild die Erzählung der πράγματα

---

[20] Wilckens (wie Anm. 19), 178; vgl. George (wie Anm. 16), 118f.129.

[21] Mit Gesetz und Propheten (Lk 16,16), mit der Freiheit vom Wirken Satans und der Gegenwart des Heils (Lk 4,13; 22,3) bzw. mit dem Geist, der der Kirche geschenkt ist (Apg 1,8; 2,1ff.). Weitere *notae ecclesiae*: George (wie Anm. 16), 124–128.

[22] Vgl. W. C. van Unnik, Éléments artistiques dans l'Évangile de Luc, EThL 46 (1970), 401–412: 407f. Neuerdings hat man das ποιεῖν τε καὶ διδάσκειν in Apg 1,1 allerdings auch mit der Terminologie der χρεία-Literatur in Verbindung gebracht: J. Kürzinger, Die Aussage des Papias von Hierapolis zur literarischen Form des Markusevangeliums, BZ.NF 21 (1977), 245–264: 250.255–258.

[23] Dieser Vers wird häufig als Thema-Angabe für die Apostelgeschichte verstanden: George (wie Anm. 16), 128; Haenchen (wie Anm. 19), 150f.; Conzelmann (wie Anm. 2), 27; Wikenhauser – Schmid (wie Anm. 1), 349. Siehe auch schon P. H. Menoud, Le plan des Actes des Apôtres, NTS 1 (1954/55), 44–51 (= ders., Jésus-Christ et la foi, Neuchâtel 1975, 84–91).

[24] Hierzu: P. A. van Stempvoort, The Interpretation of the Ascension in Luke and Acts, NTS 5 (1958/59), 30–42; Flender (wie Anm. 19), 16–18; C. K. Barrett, Luke the Historian in Recent Study, London 1961, 56: "in Acts the ascension is recounted de novo" und ist nicht etwa Teil der vorhergehenden *recapitulatio* des Lukasevangeliums.

Jesu beschließen; sie ist jedoch zugleich mit dem Beginn der Kirchen-
geschichte (Pfingsten!) verknüpft und muß darum, abermals in szenischem
Gewand und dazu ohne Rücksicht auf die frühere Darstellung in Lk 24, die
Ouvertüre zur Apostelgeschichte bilden.

Die Frage lautet also: Hat Lukas die hier skizzierte Form seiner Ge-
schichtsdarstellung nicht vielleicht doch erst selbst geschaffen – als formale
Konsequenz aus seinem Geschichtsbild? Oder hat es in der hellenistischen
Historiographie literarische Formen gegeben, die zur Aussage der lukanischen
Vorstellungen geeignet waren und die sich Lukas darum bei der Verwirk-
lichung seiner historiographischen Pläne zum Vorbild nehmen konnte?

III

Ein erster Hinweis darauf, daß das letztere der Fall sein dürfte, findet sich in
einem Brief Ciceros, den dieser im Jahre 56 v. Chr. an seinen mit Geschichtsschreibung beschäftigten Freund Lucceius richtete.[25] Darin bat Cicero ihn,
seine historiographischen Talente einmal auch in den Dienst der Verbreitung
von Ciceros Ruhm zu stellen, der offenbar schon erheblich zu verblassen begonnen hatte.

Wir gewinnen aus diesem Brief zunächst ein Bild von Art und Umfang der
Schriftstellerei des Lucceius; Cicero spricht von *continentibus tuis scriptis, in
quibus perpetuam rerum gestarum historiam complecteris*, von „deiner zusammenhängenden Darstellung, in der du die geschichtlichen Ereignisse fortlaufend schilderst" (12,6,2f.). Die Beschreibung des Italischen und des Bür-
gerkrieges war darin schon fast vollendet, Lucceius wird sich nunmehr den
darauf folgenden Ereignissen zuwenden können (*reliquas res ordiri*, 12,2,
3–5), darunter jenen, in denen Cicero eine so große Rolle gespielt hatte und
um eben deren Schilderung er Lucceius jetzt bittet. Aber – und das ist Ciceros
eigentliches Anliegen – dies soll nicht eingebettet im Zusammenhang der
lucceischen Gesamtgeschichte geschehen, *coniuncte ... cum reliquis rebus*
(12,2,6). Worum er bittet, ist vielmehr, daß Lucceius den einschlägigen Stoff
– *hanc quasi fabulam rerum eventorumque nostrorum* (12,6,3f.) – aus jener
zusammenhängenden Gesamtdarstellung lösen möge – *a continentibus tuis
scriptis ... secernas*[26], um eine diesem Stoff[27] allein gewidmete Abhandlung

---

[25] *Fam.* V 12; im folgenden zitiert nach D. R. Shackleton Bailey (Hg.), M. Tulli Ciceronis
epistulae ad familiares, Stuttgart 1988, p. 143–147.

[26] 12,6,1–3; vgl. 12,2,7–9.

[27] *Materies*: 12,3,12.

zu schreiben, ein in sich geschlossenes Werk von maßvollem Umfang (*modicum quoddam corpus*).[28]

Wir sehen: Wie bei Lukas waltet bei Cicero die Tendenz, einen aus welchen Gründen auch immer als in sich abgeschlossen empfundenen Teilabschnitt der Geschichte auch formal als in sich abgeschlossene Einheit darzustellen – die Epoche der irdischen Wirksamkeit Jesu bzw. die der Ausbreitung des Evangeliums über die Welt ebensogut wie die Wechselfälle *a principio enim coniurationis usque ad reditum nostrum*.[29]

Die formale Kongruenz des von Cicero skizzierten historischen Werkes mit der lukanischen Geschichtsschreibung ist nun keineswegs zufällig. Denn es sind keine originalen Gedanken, die Cicero darlegt, er zeichnet vielmehr die Formen einer literarischen Gattung nach: die der historischen Monographie. Diese besaß bereits eine lange Tradition, auf die Cicero Lucceius hinzuweisen denn auch nicht vergißt: *multi Graeci* (12,2,7–9) seien mit ihren Stoffen ebenso verfahren wie zu verfahren er jetzt seinen Freund bittet. Drei Beispiele führt Cicero an: die Beschreibung der Pyrrhoskriege, die Timaios nicht in seiner großen Geschichte des griechischen Westens, sondern getrennt davon gegeben hat[30], das gleichfalls nicht in die Universalgeschichte eingegliederte, sondern monographisch abgehandelte *Bellum Numantinum* des Polybios[31], schließlich die Monographie des Kallisthenes von Olynth über den dritten Heiligen Krieg.[32] Die sämtlich der Gattung der historischen Monographie zuzurechnenden Machwerke, über die Lukian in seiner Schrift zur Geschichtsschreibung beißenden Spott ausgegossen hat[33], zeigen, daß sich auch nach Cicero noch *multi Graeci* gefunden haben, die sich dieser Form der historischen Schriftstellerei bedienten und nicht der der Universalhistorie oder der der Ἑλληνικά bzw. *perpetuae historiae*.[34] Von diesen und zahlreichen

---

[28] 12,4,3. – *Corpus* in der Bedeutung „in sich geschlossenes Werk, Buch" auch Cicero, *Quint.* II 11,4; Ovid, *Trist.* II 535 (= die ganze Aeneis); vgl. außerdem Frontinus, *Strategemata* I praef. 2; Columella I 14 und Vitruvius II 1,8.

[29] 12,4,1f.; Wechselfälle (*casus*): 12,4,9 *casus nostri*; 12,5,11 *viri saepe excellentis ancipites variique casus*. Aus 12,5 geht auch hervor, daß Cicero seine Rückkehr aus dem Exil als *conclusio* jener Ereignisse betrachtet hat.

[30] Vgl. FGrHist 566, T 9 und F 36 sowie R. Laqueur, Art. Timaios von Tauromenion, PRE 6 A (1937), 1076–1203: 1081f. Laqueur denkt freilich eher an einen Appendix als an eine Monographie.

[31] Vgl. FGrHist 173; K. Ziegler, Art. Polybios von Megalopolis, PRE 21 (1952), 1440–1578: 1474.

[32] Vgl. FGrHist 124, F 1; F. Jacoby, Art. Kallisthenes von Olynth, PRE 10 (1919), 1674–1707: 1685f.1697.

[33] *Hist. conscr.* c. 14; 15 (Titel!); 16 (Titel!).

[34] Zur Gattungsdifferenzierung: F. Jacoby, Über die Entwicklung der griechischen Historiographie und den Plan einer neuen Sammlung der griechischen Historikerfragmente, Klio 9 (1909), 80–123: 96f.102f. (= Ders., Abhandlungen zur griechischen Geschichtsschreibung, Leiden 1956, 16–64: 34f.41f.). Die historische Monographie definiert Jacoby ebd. (S. 102

weiteren Monographien hat sich indes bis auf einzelne in Jacobys Fragmentensammlung zusammengestellte Trümmer[35] so gut wie nichts erhalten[36], und den meisten der einschlägigen Werke der römischen Historiographie ist es nicht besser ergangen; das gilt, um wenigstens zwei Beispiele zu nennen, für die Historien des Coelius Antipater, des „Begründers der historischen Monographie in Rom"[37] und Zeitgenossen des Polybios ebenso wie die etwa anderthalb Jahrhunderte später entstandene *Temporum nostrorum historia* des älteren Plinius, von der dieser in der *praefatio* seiner Naturgeschichte spricht und die auch sein Neffe in einem Katalog der Werke seines Onkels erwähnt hat.[38]

Erhalten sind allerdings die beiden wohl bedeutendsten historischen Monographien der Antike: die *Coniuratio Catilinae* und das *Bellum Iugurthinum* Sallusts. Darin gilt das eigentliche Interesse des Autors nicht den behandelten *res gestae* der römischen Geschichte als solchen, sondern dem, was sich in diesen dokumentiert: dem zunehmenden innenpolitischen und moralischen Verfall des römischen Staates auf Grund der *superbia nobilitatis*[39], die schließlich in *facinus* und *scelus* gipfelt.[40] Ebensowenig wie die römische Geschichte jener Jahrzehnte hat Sallust aber auch diese Verfallsgeschichte[41] in ihrer Gänze beschreiben wollen; seine „Grundtendenz" geht vielmehr – so Wolf Steidle – dahin, „im beschränkten Rahmen der Monographie das Schicksal und die bewegenden Kräfte eines größeren Zeitabschnittes wie in einem Brennpunkt zusammenzufassen".[42] Bedacht wählt Sallust hierfür geeignete und durch eine Reihe von anachronistischen Antizipationen[43] einheitlich und geschlossen gestaltete Geschehensabläufe aus dem Kontinuum der

---

bzw. 41) „als die künstlerisch abgerundete Darstellung eines bestimmten Ereignisses der griechischen Geschichte um seiner überragenden Bedeutung willen".

[35] Vgl. Nr. 106–226: Spezialgeschichten und Monographien. Instruktiv z. B. Nr. 174: Philinos von Agrigent, Monographie über den ersten Punischen Krieg; Nr. 197: Q. Dellius, Monographie über den Partherkrieg 36/35 v. Chr.; Nr. 200: ein gewisser Kriton mit einer Monographie über Trajans dakische Kriege. Auch das 2. Makkabäerbuch gehört hierher, weniger Jason von Kyrene selbst, auf den freilich JACOBY hingewiesen hat (Nr. 182). Die – dem Wesen der Monographie entsprechende – Konzentration der Handlung (hier: auf das mit dem Tempel in Beziehung stehende Geschehen) stammt erst von Jasons Epitomator: H. CANCIK, Mythische und historische Wahrheit. Interpretationen zu Texten der hethitischen, biblischen und griechischen Historiographie (SBS 48), Stuttgart 1970, 122.

[36] Einzig Ciceros Ὑπόμνημα wäre noch zu nennen, s. u. Anm. 46.

[37] P. GENSEL, Art. L. Coelius Antipater (7), PRE 4 (1901), 185–194: 185.

[38] *Hist. nat.*, praef. 20, bzw. Plinius d. J., *Epist.* III 5,6.

[39] *Iug.* 5,1.

[40] Vgl. *Catil.* 4,4.

[41] Daß es sich um eine solche handelt, geht schon aus der Begründung für die Wahl des Themas in *Catil.* 4, 4 hervor: *sceleris atque periculi novitas*.

[42] W. STEIDLE, Sallusts historische Monographien. Themenwahl und Geschichtsbild (Hist.Einzelschr. 3), Wiesbaden 1958, 84.

[43] Vgl. W. WIMMEL, Die zeitlichen Vorwegnahmen in Sallusts ‚Catilina', Hermes 95 (1967), 192–221.

römischen Geschichte aus. Damit bringt er diese Stoffe in die gleiche formale Distanz zu ihrem historischen Kontext wie sie seinerzeit Cicero für die Darstellung seiner *casus* von Lucceius erbeten hatte: *statui res gestas populi Romani carptim, ut quaeque memoria digna videbantur, perscribere*[44]; Sallust will die Geschichte des römischen Volkes in Auswahl, wörtlich: ‚in herausgepflückter Weise', beschreiben, wobei sich *carptim*, ‚herausgepflückt', auf das bezieht, was Sallust des Gedächtnisses wert, d. h. zur Konstruktion seines Geschichtsbildes brauchbar erschien.[45]

IV

Angesichts Ciceros programmatischer Skizze für die Abfassung einer historischen Monographie, der beiden diesem Programm[46] strukturell entsprechenden Monographien Sallusts[47] sowie der weiten Verbreitung dieser Gattung in der hellenistischen Historiographie halte ich es für zwingend, auch die Apostelgeschichte und – dieses freilich nur im Blick auf seine Funktion im Rahmen des lukanischen Doppelwerks, kaum hinsichtlich seiner Form – das Lukasevangelium als historische Monographien zu definieren. Lukas hat sich dieser Gattung, für die die antike Literaturtheorie einen terminus technicus allerdings nicht besaß[48], für seine Zwecke bedient; er fand hier eine literarische Form, die ihm zur Darstellung seines Geschichtsbildes, das die Heilsgeschichte in voneinander abgegrenzte, eigengewichtige Epochen gliederte, äußerst passend erscheinen mußte.[49]

---

[44] *Catil.* 4,2.

[45] Vgl. STEIDLES Bemerkungen zu Sallusts Themenwahl (wie Anm. 42), 1f. Zur Interpretation und Wirkungsgeschichte von *carptim* s. noch B. R. VOSS, Carptim, in: H.-Th. Johann – M. Lausberg (Hg.), Festgabe für O. Hiltbrunner (masch.), Münster 1973, 162–166.

[46] Einmal hat Cicero selbst es verwirklicht: in seinem in griechischer Sprache verfaßten Ὑπόμνημα περὶ τῆς ὑπατείας. Das in Ciceros Briefen an Atticus (I 19,10; II 1,1f.) erwähnte Werk ist nicht erhalten, läßt sich aber aus c. 10–23 der Cicero-Vita Plutarchs, dem es als Quelle diente, rekonstruieren: O. LENDLE, Ciceros ὑπόμνημα περὶ τῆς ὑπατείας, Hermes 95 (1967), 90–109. Die derart wiedergewonnene Schrift zeigt, daß sich ihr Verfasser an die in *Fam.* V 12 dargelegten historiographischen Grundsätze gehalten hat.

[47] Vgl. R. REITZENSTEIN, Hellenistische Wundererzählungen, Leipzig 1906 (= Darmstadt ³1974), 84–88.

[48] Vgl. jedoch REITZENSTEIN, der a. a. O. 90f. unter Verweis auf die den Begriff ἀληθὴς ἱστορία betreffenden Definitionen des Grammatikers Asklepiades von Myrlea (bei Sextus Empiricus, *Math.* I 252f.) als „das technische Wort für die Monographie" ἀληθὴς ἱστορία περὶ πρόσωπον vorgeschlagen hat.

[49] Nur am Rande sei hier die Möglichkeit erwogen, ob die historische Monographie nicht vielleicht eine Domäne der tragisch-pathetischen Geschichtsschreibung gewesen sein könnte. Deren Einfluß ist jedenfalls im 2. Makkabäerbuch ebenso wie bei Sallust deutlich spürbar (CANCIK [wie Anm. 35], 117–124; C. HABICHT, 2. Makkabäerbuch, JSHRZ I/3 [1976], 189f.;

Darüber hinaus empfahl sich diese historiographische Form dadurch, daß sie die Freiheit des Historikers nicht einschränkte, weitere (Teil-)Darstellungen aus dem Bereich des zum Gegenstand der Schriftstellerei gewählten Gesamtzusammenhanges zu verfassen. Daß Lukas mehr als nur ein einziges Buch geschrieben hat, spricht darum nicht gegen die Definition der Apostelgeschichte als einer historischen Monographie.[50] Denn wie er außer der in der Apostelgeschichte geschilderten heilsgeschichtlichen Epoche im Evangelium zuvor noch eine weitere solche, nämlich die Epoche der Wirksamkeit Jesu, dargestellt hat, so hat auch Sallust neben der in der *Coniuratio* beschriebenen noch eine frühere Phase jener ihn so faszinierenden Verfallsgeschichte monographisch behandelt: den Jugurthinischen Krieg. Könnte man diese beiden Monographien als ein planvoll aufeinander abgestimmtes Ganzes verstehen[51], das die *res gestae populi Romani* zwischen 146 und 63 v. Chr. in Ausschnitten – *carptim* – schildern sollte, wäre die formale Affinität zwischen lukanischer und sallustischer Geschichtsschreibung noch größer. Wie Lukas hätte dann auch Sallust seine Monographien in den Zusammenhang eines übergreifenden Rahmens gestellt, so daß der Gedanke der prinzipiellen Kontinuität des geschilderten Geschehens, der das sallustische Geschichtsbild ebenso kenn-

---

K. Vretska, Studien zu Sallusts Bellum Jugurthinum [SÖAW.PH 229,4], Wien 1955, 146–158; A. D. Leeman, Formen sallustianischer Geschichtsschreibung, Gym. 74 [1967], 108–115); seit hat Ciceros Programm und dessen Durchführung im Hypomnema geprägt (Lendle [wie Anm. 46], 93.105f.; s. auch meinen Beitrag *Cicero und Lukas. Bemerkungen zu Stil und Zweck der historischen Monographie*, im vorliegenden Band S. 15–32), und ihr ist auch der dramatische Episodenstil des Lukas zu verdanken (E. Plümacher, Art. Lukas als griechischer Historiker, PRE.S 14 [1974], 235–264: 255–261). – Gemeinsam ist allen diesen Werken übrigens auch die Überschaubarkeit des Umfangs. Auf sie hat Cicero Wert gelegt – Lucceius soll ein *modicum quoddam corpus* schreiben (*Fam.* V 12,4,3) – und ebenso ausdrücklich macht Sallust sie sich zur Pflicht: *paucis absolvam ...* (*Catil.* 4,3). Vgl. noch das von Lukian, *Hist. conscr.* c. 30, angeführte Beispiel einer – freilich zu kurzen! – Monographie (oder Epitome?).

[50] Gegen G. Schneider, Der Zweck des lukanischen Doppelwerkes, BZ.NF 21 (1977), 45–66: 63.

[51] Vgl. Steidle (wie Anm. 42), 1, und W. Allen, The Unity of the Sallustian corpus, CJ 61 (1965/66), 268f. Allen zufolge wäre es sogar Sallusts Absicht gewesen, den gesamten Verlauf der zwischen 146 und 63 v. Chr. stattgehabten Ereignisse in einer einzigen zusammenhängenden Darstellung zu schildern, die auch Sisennas und die eigenen *Historiae* umfaßt hätte (146–104 *Iugurtha*; 104–78 Sisenna; 78–67 Sallusts *Historiae*; 66–63 *Catilina*). Zur Kritik s. K. Vretska, De Catilinae coniuratione (Kommentar), 1. Halbbd., Heidelberg 1976, 112, der mit Recht z. B. darauf verweist, daß Sallusts Historien, wie schon der Titel zeige, ein „inhaltlich-kompositionelles Zentrum" fehle, so daß sie mit anderen Schriften des Historikers nur schlecht zusammengepaßt haben würden. Zum von den Monographien völlig unterschiedlichen – von Thukydides beeinflußten – Kompositionsprinzip der *Historiae* vgl. G. Perl, Das Kompositionsprinzip der Historiae des Sallust (zu Hist. fr. 2,42), in: Actes de la XIIe conférence internationale d'études classiques « Eirene », Bukarest/Amsterdam 1975, 317–337, bes. 320f.

zeichnet[52] wie das lukanische, auch hier einen angemessenen formalen Ausdruck gefunden haben würde.

Um die Verbindung mehrerer in sich geschlossener historischer Monographien zu einem größeren schriftstellerischen Ganzen als historiographisch gebräuchliche Form nachzuweisen, sind wir allerdings nicht auf Sallust allein angewiesen. Die kumulierende und dadurch verbindende, gleichzeitig aber auch präzise gliedernde und dadurch differenzierende Darstellung geschichtlicher Ereignisse dürfte seinerzeit verbreiteter gewesen sein.[53] Erschließen läßt sich das aus diversen Proömien der *Historischen Bibliothek* Diodors. In demjenigen zum 16. Buch heißt es: „In jedem [sc. mehrbändigen] historischen Werk soll der Geschichtsschreiber in den [sc. einzelnen] Büchern die Taten (πράξεις) sei es der πόλεις, sei es der Könige von Anfang bis Ende in sich selbst abgeschlossen darstellen (αὐτοτελεῖς ἀπ᾽ ἀρχῆς μέχρι τοῦ τέλους) … Die nur halbvollständig (berichteten) Geschehnisse nämlich, bei denen das Ende nicht mit dem Anfang zusammenhängt (ἡμιτελεῖς πράξεις οὐκ ἔχουσαι συνεχὲς ταῖς ἀρχαῖς τὸ πέρας), unterbrechen das Interesse der Leser; hingegen eignet solchen Geschehnissen, bei denen die [sc. sachliche] Konti-

---

[52] Hier liegt ALLENS Ausgangspunkt; vgl. aber auch VRETSKA (wie Anm. 51), 111f. Besonders treffend STEIDLE (wie Anm. 42), 2: Sallust versteht die römische Geschichte als ein „von vornherein bestehendes Kontinuum, das als einheitliches Ganzes im Moment der Formulierung gegenwärtig ist".

[53] E. Bammel hat mich in diesem Zusammenhang freundlicherweise auf die fünf Bücher aufmerksam gemacht, die Philo von Alexandria nach Eusebs Zeugnis (*Hist. eccl.* II 5,1) über die Judenverfolgungen zur Zeit Caligulas verfaßt hat. Als Fragmente dieses Werkes bzw. dessen drittes und viertes Buch sind häufig Philos *In Flaccum* und *Legatio ad Gaium* angesehen worden, vgl. E. SCHÜRER, Geschichte des jüdischen Volkes im Zeitalter Jesu, Bd. 3, Leipzig ⁴1909, 679–682; H. KRAFT, Eusebius von Caesarea. Kirchengeschichte, München 1967, 122, Anm. 22. Erwogen wurde auch, ob nicht lediglich die *Legatio* Partien jenes Werkes enthält oder gar mit ihm identisch ist (O. STÄHLIN, Die hellenistisch-jüdische Litteratur, in: W. von Christ's Geschichte der griechischen Litteratur II/1 [HAW VII/2,1], München ⁶1920, 535–656: 650, bzw. F. H. COLSON, Philo. The Embassy to Gaius, London/Cambridge (MA) 1962 [Repr. 1971], xxiv–xxvi; A. PELLETIER [Hg.], Legatio ad Caium [in: R. Arnaldez u. a. (Hg.), Les œuvres de Philon 32], Paris 1972, 18–21). Aber: Handelt es sich bei diesen Schriften überhaupt um historische Monographien? PELLETIER (Hg.), In Flaccum (in: Arnaldez u. a., Les œuvres de Philon 31) Paris 1967, 16, definiert die Schrift gegen Flaccus als Aretalogie, K.-H. GERSCHMANN (in: L. Cohn u. a. [Hg.], Philo von Alexandria. Die Werke in deutscher Übersetzung, Bd. 7, Berlin 1964, 125) sieht in ihr eine Biographie. Nicht minder schwer fällt die literarische Einordnung der aspektreichen *Legatio* (dazu F. W. KOHNKE, ebd. 168f.), die jedenfalls GERSCHMANN zufolge aus Gründen der unterschiedlichen literarischen Form mit *In Flaccum* nicht in einem gemeinsamen Rahmen gestanden haben kann. Vielleicht – so eine Erwägung PELLETIERS (Legatio, 21) – handelt es sich bei beiden Schriften gar nur um sekundäre Arrangements von Texten aus jenem größeren Werk Philos, gruppiert jeweils um eine der beiden Verfolgergestalten. Das würde z. B. die ungeordnete Struktur der *Legatio* (vgl. KOHNKE, 169) erklären können, Aufschlüsse über die literarische Form der Quelle allerdings äußerst erschweren.

nuität der Erzählung (διήγησις) bis zum Ende reicht, eine fesselnde Darstellung (ἀπαγγελία) der Ereignisse."[54]

Was Diodor dem Historiker hier abverlangt, verdankt sich nun freilich weniger Diodors eigener Invention als vielmehr seiner Interpretation eines aus
der Theorie griechischer Historiographie stammenden Programms, das bei der
Darstellung ausgedehnterer Geschichtsstoffe für eine nach sachlichen Zusammenhängen ordnende monographische Aufgliederung des Stoffes eintrat.
Aus einem weiteren Proömium Diodors, dem zum 5. Buch, ist zu entnehmen,
wem Diodor die Kenntnis dieses Programms, das er wo möglich auch selbst
zu verwirklichen gedachte[55], verdankt: Ephoros von Kyme. Dieser sei, so
führt Diodor hier aus, mit seiner Universalgeschichte nicht nur wegen des
Stils, in dem er sie schrieb, erfolgreich gewesen, sondern auch wegen der Anordnung des Stoffes (οἰκονομία), die er in dem Werk vornahm und die darin
bestanden habe, jedes Buch des Werkes so anzulegen, „daß es Geschehnisse
umfaßte, die einem bestimmten γένος zugehörten" (τῶν γὰρ βίβλων
ἑκάστην πεποίηκε περιέχειν κατὰ γένος τὰς πράξεις).[56] Auch wenn umstritten ist, was Diodor unter der von ihm bei Ephoros beobachteten Stoff-
anordnung nach dem κατὰ-γένος-Prinzip genau verstand[57] – eine Gliederung
der Darstellung nach den verschiedenen Schauplätzen des Geschehens oder
eine solche nach thematisch in sich abgeschlossenen Geschehenskomplexen
entsprechend der von Diodor im Proömium zum 16. Buch erhobenen Forderung –, so ist doch soviel deutlich, daß bereits Ephoros darauf zielte, die gesamte von ihm zu schildernde Geschichte in eine Reihung historischer Ein-

---

[54] XVI 1,1f.; vgl. XVII 1,1f. – Die Forderung, zusammengehörige Stoffe in der Erzählung
nicht auseinanderzureißen, beschäftigt auch Dionys von Halikarnass in seiner Auseinandersetzung mit Thukydides; diesem wirft er z.B. vor, sein ganzes drittes Buch „zusammenge-
stückelt und den ununterbrochenen Fortgang der Erzählung [sc. durch das Dazwischenschie-
ben nicht hinzugehöriger Stoffe] zerstört" zu haben (*De Thuc.* 9 [p. 337,16–18 Usener –
Radermacher]). Diese, wie Dionys wohl meinen würde, Unordnung in der Darbietung des
Stoffes und, daraus folgend, das Auseinanderreißen des sachlich Zusammengehörigen begegnet bei Thukydides nun aber nicht allein innerhalb der einzelnen Bücher, sondern – ein Ge-
genbild zu dem von Diodor propagierten Programm – durchaus auch buchübergreifend. Der
Beginn der Belagerung Plataias etwa wird noch im zweiten Buch (c. 71–78) berichtet; von
deren Fortgang sowie dem Fall und der Vernichtung der Stadt erfährt der Leser hingegen erst
im Verlauf des dritten Buches, in c. 20–24 bzw. 52–68.
[55] Vgl. V 1,4. Gelungen ist dies Diodor allerdings nur schlecht, s. R. LAQUEUR, Ephoros,
Hermes 46 (1911), 161–206.321–354: 321–323; M. KUNZ, Zur Beurteilung der Prooemien in
Diodors historischer Bibliothek, Diss. phil. I Zürich 1935, 88f.
[56] V 1,4. „Es kann kein Zweifel darüber bestehen, daß die Ausführungen bei Diodor
16,1,1–2, in denen dieses κατὰ-γένος-Prinzip erläutert und begründet wird, ebenfalls auf
Ephoros basieren": K. MEISTER, Die synchronistische Darstellung des Polybios im Gegensatz
zur Disposition des Ephoros und Theopomp, Hermes 99 (1971), 506–508: 507.
[57] Dazu R. DREWS, Ephorus and History Written κατὰ γένος, AJP 84 (1963),
244–255.

zeldarstellungen zu zerlegen. Nicht anders ist auch Lukas noch verfahren; als er sich anschickte, das gesamte (Heils-)Geschehen von der Geburt Johannes des Täufers bis zur Bezeugung des Evangeliums durch Paulus in Rom zu schildern, teilte auch er seinen Stoff in von ihm als λόγοι bezeichnete (Apg 1,1) Einzeldarstellungen auf – eine von der *historia Jesu*, eine weitere vom Weg des Evangeliums von Jerusalem nach Rom handelnd – und verband diese beiden Monographien dann zu einem durch das Proömium Apg 1,1–3.(8) miteinander verknüpften Gesamtwerk. Eine historische Monographie im eigentlichen Sinne – d. h. im Sinne Diodors, Ciceros oder Sallusts – stellt freilich allein der zweite der beiden lukanischen λόγοι dar; der erste besitzt im Rahmen des Doppelwerks zwar die Funktion, nicht jedoch die Form einer solchen.[58] Warum dies so ist, läßt sich leicht erklären: Die Freiheit, sein erstes Buch in eine andere Form als die eines Evangeliums zu kleiden, besaß Lukas schon nicht mehr, da diese Form aufgrund der literarischen Leistung des Markus als die zur Wiedergabe erzählender Jesusstoffe einzig angemessene zum Zeitpunkt der Abfassung des lukanischen Werkes offenbar bereits feststand.

Dem Evangelium eine historische Monographie folgen zu lassen, die die Anfänge der Kirchengeschichte als eine weitere Epoche des Heilsgeschehens schildern würde, war eine kühne, später sogar einmal als „Tactlosigkeit von welthistorischen Dimensionen"[59] apostrophierte Tat, die nach Lukas niemand mehr wagen sollte: Keine der zahlreichen späteren Apostelakten ist als Fortsetzung eines der nicht minder zahlreichen apokryphen Evangelien geschrieben worden. Der Kühnheit seines Vorhabens war sich Lukas durchaus bewußt, und deshalb hat er auch versucht, es im Proömium der Apostelgeschichte zu legitimieren.[60] Dies gelang ihm dadurch, daß er die Inhaltsangabe der Apostelgeschichte im Gegensatz zum Rückblick auf das Evangelium (1,1–3) nicht als eigene Aussage formulierte, sondern sie in 1,8 einer *persona dramatis*, nämlich dem auferstandenen Herrn, in den Mund legte. Damit beging der zur Abfassung regelrechter Proömien erwiesenermaßen fähige Autor

---

[58] Das heißt freilich nicht, daß Lukas sich nicht bemüht hätte, auch im Evangelium als Historiker aufzutreten, wovon insbesondere die Datierungen Lk 1,5; 2,1–3 und 3,1f. zeugen, vgl. nur R. BULTMANN, Die Erforschung der synoptischen Evangelien (AWR.NF 1), Berlin [5]1966, 48. Daß und warum Lukas hier scheitern mußte, hat bereits F. OVERBECK klar erkannt und seinen Collectaneen anvertraut: „Lucas behandelt historiographisch, was keine Geschichte und auch so nicht überliefert war. Je mehr er sonst die Tradition respectirt, um so ersichtlicher ist die Kluft, welche zwischen dem Stoff und der ihm aufgedrungenen Form klafft" (A 207, s. v. Lucasevangelium [Characteristik]. Historicismus, n 4; zit. nach J.-C. EMMELIUS, Tendenzkritik und Formengeschichte. Der Beitrag Franz Overbecks zur Auslegung der Apostelgeschichte im 19. Jahrhundert [FKDG 27], Göttingen 1975, 190).
[59] OVERBECK (wie Anm. 58), n 2 (zit. nach EMMELIUS [wie Anm. 58], 182). Zur Interpretation dieser aus der „Giftbude" – so hieß J. Kaftan zufolge das „Triumvirat Nietzsche, Overbeck, Rohde" in Basel, vgl. A. VON ZAHN-HARNACK, Adolf von Harnack, Berlin [2]1951, 61 – stammenden Invektive s. EMMELIUS 182–186 sowie VIELHAUER (wie Anm. 1), 404f.
[60] VIELHAUER (wie Anm. 1), 384f.

– vgl. Lk 1,1–4! – zwar einen groben Verstoß gegen die literarischen Konventionen[61]; was er auf solch stilwidrige Weise jedoch gewann, war die von ihm offenbar erstrebte Möglichkeit, den Ausblick auf das im zweiten Buch seines Werkes zu schildernde Geschehen nunmehr als autoritatives Verheißungswort Jesu[62] gestalten zu können, so daß das im folgenden Dargestellte die Dignität eines Erfüllungsgeschehens erhielt.[63] Dessen Schilderung dem zuvor im Evangelium erzählten Erfüllungsgeschehen (vgl. Apg 3,18 und 13,32f.!) in einer historischen Monographie gleichgewichtig an die Seite zu stellen, konnte aber kaum illegitim sein, wenn das in dieser Monographie zu schildernde Geschehen – die Anfänge der Kirchengeschichte – die gleiche heilsgeschichtliche Dignität besaß wie die zuvor im Evangelium geschilderte Geschichte Jesu.

---

[61] Die Inhaltsangabe des folgenden Buches konnte fehlen (s. die bei HAENCHEN [wie Anm. 19], 146, Anm. 7, genannten Belege). Dafür, daß sie wie in Apg 1,8 von einer anderen Person als dem Autor gegeben wurde, ist mir kein Beispiel bekannt.

[62] Es ist zugleich das letzte von Jesus auf Erden gesprochene Wort, was dessen Autorität nochmals steigert.

[63] Vgl. HAENCHEN (wie Anm. 19), 151: „Das, was eine normale Inhaltsangabe in V. 3 genannt hätte, wird nun vom Herrn selber als das gottgewollte Geschehen der Gemeinde ans Herz gelegt. Damit bekommt die Geschichte, welche das zweite Buch des Lukas darstellt, das göttliche Siegel: den Weg der Kirche hat der Herr selbst ihr vorgezeichnet."

Cicero und Lukas

Bemerkungen zu Stil und Zweck der historischen Monographie

Die Frage, welcher literarischen Form bzw. Gattung die Apostelgeschichte zuzurechnen sei, wird in der Actaforschung, wie schon ein flüchtiger Blick in den 1996 zur Sache erschienenen Forschungsbericht von Alexander J. M. Wedderburn zeigen kann, nach wie vor intensiv und vor allem kontrovers diskutiert.[1]

An dieser Diskussion habe auch ich mich beteiligt, als ich vor nunmehr bereits über zwei Dezennien im Anschluß an Hans Conzelmann vorschlug, die Apostelgeschichte als eine historische Monographie zu verstehen, in der Lukas einen bestimmten Teilabschnitt aus dem größeren Ganzen der Heilsgeschichte, nämlich die ‚Zeit der Kirche', dargestellt hat.[2] Da Lukas die Heilsgeschichte nicht als ein kontinuierlich-einschnittlos verlaufenes, sondern als ein durch markante Neueinsätze gegliedertes Geschehen verstand[3], war es ihm von der Sache her durchaus möglich, so zu verfahren, wie er verfahren ist, d. h. die Apostelgeschichte als eine in sich geschlossene Erzähleinheit zu konzipieren, in der davon zu berichten war, wie das Evangelium durch den Zeugendienst der mit dem πνεῦμα ἅγιον begabten Apostel und Apostelschüler (Paulus!) heilsplangemäß von Jerusalem nach Rom gelangte und wie dabei zugleich jenes heidenchristlich bestimmte Kirchentum entstand, das die Gemeinden, für die Lukas gegen Ende des 1. Jahrhunderts schrieb, entscheidend geprägt haben muß. Zur Darstellung dieses historischen Prozesses hat sich Lukas, so meinte ich seinerzeit und meine es noch, der oben bereits genannten

---

[1] A. J. M. Wedderburn, Zur Frage der Gattung der Apostelgeschichte, in: H. Cancik – H. Lichtenberger – P. Schäfer (Hg.), Geschichte – Tradition – Reflexion (FS M. Hengel), Tübingen 1996, Bd. 3, 303–322; bei Wedderburn noch nicht berücksichtigt: C. H. Talbert, The Acts of the Apostles: monograph or 'bios'?, in: B. Witherington (Hg.), History, Literature, and Society in the Book of Acts, Cambridge 1996, 58–72, und K. Yamada, A Rhetorical History: The Literary Genre of the Acts of the Apostles, in: S. E. Porter – T. H. Olbricht (Hg.), Rhetoric, Scripture and Theology. Essays from the 1994 Pretoria Conference (JSNT.S 131), Sheffield 1996, 230–250.

[2] E. Plümacher, Die Apostelgeschichte als historische Monographie, in: J. Kremer (Hg.), Les Actes des Apôtres. Traditions, rédaction, théologie (BEThL 48), Gembloux/Leuven 1979, 457–466 (im vorliegenden Band S. 1–14); vgl. H. Conzelmann, Die Apostelgeschichte (HNT 7), Tübingen ²1972, 7.

[3] Vgl. Plümacher (wie Anm. 2), 458–460 (im vorliegenden Band S. 4–6), und die dort genannte Literatur.

literarischen Form bedient: der der historischen Monographie[4], die im Bereich
der hellenistisch-römischen Geschichtsschreibung wenn nicht dem Begriff, so
doch der Sache nach wohlbekannt war und die auch Sallust[5] und vor ihm bereits der Verfasser des 2. Makkabäerbuches[6] benutzt haben.[7]

---

[4] Der Vorschlag YAMADAS, das lukanische Geschichtswerk "as a general history or a uni-
versal history which covers a history of a certain community from descriptions of its origin to
its recent events" zu definieren ([wie Anm. 1], 239, unter Berufung auf D. E. AUNE, The New
Testament in Its Literary Environment, Philadelphia 1987), scheitert daran, daß der um das
Jahr 90 schreibende Acta-Verfasser (so u. a. auch AUNE, 139) kein einziges Ereignis aus der
Zeit nach dem Eintreffen des Paulus in Rom mehr berichtet hat. Den "recent events" bringt
Lukas keinerlei historiographisches Interesse entgegen. Hinzu kommt, daß die Darstellung der
Apostelgeschichte in erster Linie auf den Erweis der Legitimität der heidenchristlichen Kirche
fixiert ist (dazu unten S. 28–30) und insofern auch thematisch kaum als "universal history"
gelten kann.

[5] Vgl. W. STEIDLE, Sallusts historische Monographien. Themenwahl und Geschichtsbild
(Hist.Einzelschr. 3), Wiesbaden 1958, 1; A. D. LEEMAN, Formen sallustianischer Geschichtsschreibung, Gym. 74 (1967), 108–115: 108f.

[6] Vgl. C. HABICHT, 2. Makkabäerbuch (JSHRZ I/3), Gütersloh 1976, 189f.; J. GEIGER,
Form and Content in Jewish-Hellenistic Historiography, SCI 8/9 (1985/88), 120–129: 121f.;
D. W. PALMER, Acts and the Ancient Historical Monograph, in: B. W. Winter – A. D. Clarke
(Hg.), The Book of Acts in Its Ancient Literary Setting (BAFCS 1), Grand Rapids (MI)/
Carlisle 1993, 1–29: 20f. Siehe auch unten S. 26f..

[7] PALMER hat zu zeigen versucht, daß die historischen Monographien zumeist mehr-, wenn
nicht gar vielbändige Werke gewesen seien ([wie Anm. 6], 5–8.11–14). Dabei sind ihm allerdings gravierende Interpretationsfehler unterlaufen, die die Stringenz seiner These von der
Mehr- bzw. Vielbändigkeit als dem Normalfall der hellenistischen historischen Monographie
einigermaßen relativieren. So meint PALMER (a. a. O., 6) zu Polybios VII 7: "The accounts
of the fall of Hieronymus (7,7,1), taken as examples, are multi-volume monographs (τὰς
βύβλους, 7,7,7)." Das trifft indes nicht zu. Der Plural τὰς βύβλους resultiert an der genannten
Stelle nicht daraus, daß die über Hieronymos von Syrakus berichtenden Monographienverfas-
ser (VII 7,6 οἱ τὰς ἐπὶ μέρους γράφοντες πράξεις) mehrbändige Werke geschrieben hätten,
sondern daraus, daß es mehrere Historiker (VII 7,1 τινὲς τῶν λογογράφων τῶν ὑπὲρ τῆς
καταστροφῆς τοῦ Ἱερωνύμου γεγραφότων; VII 7,6 ἔνιοι) waren, die in ihren Monographien für Polybios' Geschmack zuviel Platz auf den unbedeutenden Hieronymos verschwen-
det hatten; vgl. die Interpretation von F. W. WALBANK, A Historical Commentary on Polybios,
Vol. 2, Oxford 1967, 41: "How much more sensible indeed would it be, if a writer were to ap-
ply that amplification of the narrative, which serves to fill out the book, to Hiero and Gelo."
Unter ihnen dürfte sich auch Baton von Sinope befunden haben (s. WALBANK, a. a. O., 39),
dessen Monographie nach Ausweis eines bei Athenaeus befindlichen Testimoniums
(VI 251e–f = FGrHist 268, F 4) aller Wahrscheinlichkeit nach aus nur einem Band bestand –
was PALMER, a. a. O., 14, selbst zur Kenntnis gibt. Ebenso mißversteht PALMER eine von Polybios in Buch III 32 gemachte Aussage. Wenn Polybios hier bemerkt, daß die Werke einer
ganzen Reihe von Monographienschreibern (III 32,3 αἱ τῶν κατὰ μέρος γραφόντων συν-
τάξεις) den vielfachen Umfang der – vierzigbändigen (32,2) – polybianischen Historien auf-
wiesen (32,4 τὸ πολλαπλασίους αὐτὰς ὑπάρχειν τῶν ἡμετέρων ὑπομνημάτων), dann
meint Polybios damit natürlich nicht, daß der Umfang jeder einzelnen dieser Monographien
den des polybianischen Werkes übertraf (so aber PALMER, a. a. O., 6: "His own work ...
stands complete at forty books [3,32,2]; but the particular histories, about which he com-

In diesem Zusammenhang war seinerzeit und ist auch jetzt wieder über den berühmten Brief Ciceros an Lucceius[8] zu handeln, in dem er den ihm befreundeten Historiker im Jahre 56 v. Chr. aufgefordert hatte, seine historiographischen Talente in den Dienst von Ciceros Interessen zu stellen und möglichst bald einmal über jenen die Jahre 66 bis 57 umfassenden Abschnitt der römischen Zeitgeschichte zu schreiben, in dem Cicero zunächst eine überragende Rolle gespielt hatte, dann in äußerste Bedrängnis geraten war, um schließlich erneut zu triumphieren: den Zeitraum vom Beginn der Verschwörung Catilinas bis zu Ciceros Rückkehr aus dem Exil.[9] Hinsichtlich der Form des von Lucceius erbetenen Werkes besaß Cicero sehr genaue Vorstellungen; was er verlangte, war ein in sich geschlossenes Werk von mäßigem Umfang (*modicum quoddam corpus*), eine historische Monographie der kürzeren Sorte also.[10] Darüber hinaus hat Cicero aber noch eine ganze Reihe weiterer Forderungen an Lucceius gerichtet, die insbesondere die Frage der *ornatio* des von diesem darzustellenden Stoffes betreffen. Ihnen und ihrer Interpretation möchte ich mich im folgenden zuwenden.

Ut ornes me postulem – Lucceius möge ihn in der geplanten Darstellung der Ereignisse *a principio ... coniurationis [sc. Catilinae] usque ad reditum nostrum* ordentlich herausstreichen, so lautet die zentrale Forderung, die Cicero an Lucceius stellt. Wie wichtig ihm solche *ornatio* war, geht daraus hervor, daß er die Forderung alsbald mit gesteigerter Intensität wiederholt: *te plane etiam atque etiam rogo ut ... ornes ea* („wieder und wieder bitte ich dich nachdrücklich darum, meine Taten herauszustreichen"), wobei es

---

plains, are many times as long [πολλαπλασίους, 3,32,4]. Thus, according to Polybius, a 'monograph' may be much longer than a 'universal history'." Vgl. PALMER a. a. O., 7: "Since Polybius complains about 'the multitude of the books' [τῷ πλήθει τῶν βύβλων (XXIX 12,2)], it is clear that he envisages multi-volume monographs as at 3,32 and 7,7."), sondern behauptet dies nur von der Gesamtheit der mit seinen Historien konkurrierenden Monographien. Es kann keine Rede davon sein, daß historische Monographien "*generally* even longer than Polybius's universal history" waren (PALMER, a. a. O., 8; Hervorhebung E. P.), womit keineswegs bezweifelt sein soll, daß es lange und sogar überlange Monographien gab wie z. B. das siebenbändige Werk des Coelius Antipater über den zweiten Punischen Krieg (vgl. P. GENSEL, Art. L. Coelius Antipater [7], PRE 4 [1901], 185–194: 184) oder die *Temporum nostrorum historia* des älteren Plinius (*Hist. nat.*, praef. 20), die dem jüngeren Plinius zufolge einunddreißig Bände umfaßte (*Epist.* III 5,6).

[8] *Fam.* V 12. – Der Brief wird im folgenden nach der Ausgabe von D. R. Shackleton Bailey – M. Tulli Ciceronis epistulae ad familiares, Stuttgart 1988, p. 143–147 – zitiert. Die Übersetzung entspricht in der Regel derjenigen von H. KASTEN, Marcus Tullius Cicero an seine Freunde, München [3]1980, 259–267.

[9] Vgl. hierzu M. GELZER, Cicero. Ein biographischer Versuch, Wiesbaden 1969, 80–166, und C. HABICHT, Cicero der Politiker, München 1990, 43–67.

[10] *Fam.* V 12,4,1–3: *a principio enim coniurationis usque ad reditum nostrum videtur mihi modicum quoddam corpus confici posse.*

Lucceius sogar erlaubt sein soll, „die Gesetze der Geschichtsschreibung außer acht zu lassen" (*rogo ut et ornes ea vehementius etiam quam fortasse sentis et in eo leges historiae neglegas*).[11] Was diese Bitte um Unterordnung der *leges historiae* (sowie eigener Ansichten zur Sache) unter das Ziel der *ornatio* konkret bedeutet, läßt Cicero den Freund wenige Zeilen später wissen: Es geht darum, Cicero in dem geplanten Werk „ein klein wenig mehr, als es die Wahrheit gestattet, zukommen zu lassen" (*plusculum etiam quam concedet veritas largiare*).[12]

Natürlich mußte der Leser eine solche *ornatio* auch ‚schlucken'. Hier hat Cicero voll und ganz auf die psychagogische Wirkung einer dramatischen Darstellung gesetzt, was ihm umso leichter fiel, als er davon überzeugt war, daß der zur Darstellung anstehende Stoff, die *res eventusque nostri*, ohnehin die Qualität einer *fabula*, eines Dramas also, besaß, das mit von gegensätzlichstem Geschehen handelnden Aufzügen (*varios actus*) und zahlreichen Peripetien (*multasque mutationes*) ausgestattet war.[13] Von Lucceius literarisch fixiert, würde die bunte Mannigfaltigkeit von Ciceros Schicksalen ein derart hohes Maß an Möglichkeit zur Lustempfindung bieten, daß Lucceius' Darstellung kaum verfehlen könne, die Leser in ihren Bann zu ziehen: *multam etiam casus nostri varietatem ... suppeditabunt plenam cuiusdam voluptatis, quae vehementer animos hominum in legendo te [sc. Lucceio] scriptore tenere possit*. Denn, so fährt Cicero fort, nichts sei ja besser geeignet, den Leser zu fesseln (*aptius ad delectationem lectoris*), als der bunte Wechsel von Ereignissen und Schicksalen (*temporum varietates fortunaeque vicissitudines*)[14], wofür Cicero u. a. auf das Schicksal des Themistokles verweist, von dem niemand lesen könne, ohne auf das heftigste gepackt zu werden: *cuius studium in legendo non erectum Themistocli fuga interituque retinetur?*[15]. Und noch ein drittes Mal schärft Cicero Lucceius ein, worauf es bei der ihm gestellten historiographischen Aufgabe ankomme: darauf, bei der Schilderung der äußerst wechselhaften und gefährlichen Schicksale eines hervorragenden Mannes an die Gefühle der Leser zu appellieren, damit sie Bewunderung, Spannung, Freude, Unbehagen, Furcht und Hoffnung empfinden könnten (*viri*

---

[11] Ebd. 2,19–3,5.

[12] Ebd. 3,9f.

[13] Ebd. 6,3–5. – „*Fabula* ist bei den Römern die offizielle Bezeichnung kunstmäßiger dramatischer Dichtungen jeder Art, sowohl der Tragödie wie der Komödie": G. Wissowa, Art. Fabula 2, PRE 6 (1909), 1943f.: 1943. Vgl. Cicero, *Brut.* 71f.; *Tusc.* I 3; *Cato* 70. In übertragenem Sinne wie hier: Cicero, *Phil.* II 34; vgl. Plutarch, *Demetrius* 53,10, wo die soeben beendete Vita des Demetrius Poliorketes als Μακεδονικὸν δρᾶμα, die folgende des Mark Anton als Ῥωμαϊκὸν (δρᾶμα) bezeichnet wird. – Zu *actus* in der Bedeutung *de fabularum partibus*, s. die Belege TLL, Vol. 1, 450f. (z. B. Cicero, *Phil.* II 34 und *Cato* 70).

[14] *Fam.* V 12,4,9–14.

[15] Ebd. 5,8f. Zur Konjektur *interituque* statt des unsinnigen *redituque*, s. D. R. Shackleton Bailey (Hg.), Cicero. Epistulae ad familiares, Vol. 1, Cambridge 1977, 321 z. St.

*saepe excellentis ancipites variique casus habent admirationem, exspectatio-
nem, laetitiam, molestiam, spem, timorem).*[16]

Was Cicero Lucceius hier nahelegt, ist nun nichts anderes, als sich bei der
Abfassung des geplanten Werkes der zu dramatischer Darstellung befähigen-
den Gestaltungsprinzipien der mimetischen Historiographie zu bedienen[17],
wobei es auch Cicero zuvörderst um das ἐκπλῆξαι καὶ ψυχαγωγῆσαι der
Leser ging, das Polybios vordem als das vorrangige Ziel der mimetischen Geschichtsschreiber erkannt und, weil mit den Grundsätzen der (pragmatischen!)
Geschichtsschreibung unvereinbar, verworfen hatte. In seinen Augen waren
jene – Geschichtsschreiber wie z. B. der von Polybios auf das heftigste attak-
kierte Phylarch – nämlich weniger Historiker als vielmehr τραγῳδιογράφοι,
Leute, die ihren Lesern Ähnliches zu bieten wünschten wie die Dramatiker ihren Zuschauern und die sich infolgedessen nur allzuoft dazu bereitgefunden
hatten, etwas zu tun, was Historikern anders als Dramatikern nicht gestattet
war: um einer möglichst spektakulären Darstellung willen auf die gewissen-
hafte Wiedergabe allein des tatsächlich Geschehenen zu verzichten und stattdessen mittels einer lediglich potentiellen, dafür aber umso packender geschilderten Lebenswahrheit der Darstellung beim Leser Glaubwürdigkeit und
Wirkung zu erzielen.[18] Damit hatten die mimetischen Geschichtsschreiber
jedoch, wie Polybios empört feststellte, dem Element des Fiktiven Einlaß in
die Gefilde der Historiographie gewährt[19], und eben dies verlangte nunmehr
auch Cicero von Lucceius, wenn er ihn dazu aufforderte, um der *ornatio* von
Ciceros *fabula* willen die Gesetze der Geschichtsschreibung außer acht zu
lassen.[20]

Das der mimetischen Historiographie entstammende Verständnis von Geschichtsschreibung, das Cicero in seinem Brief an Lucceius offenbart, findet
sich in seinem gesamten schriftstellerischen Werk sonst nirgends mehr. Wohl

---

[16] *Fam.* V 12,5,11–13. Die Fortsetzung des Satzes (5,13f.: *si vero exitu notabili conclu-
duntur, expletur animus iucundissima lectionis voluptate*) zeigt, daß hier tatsächlich auf die
Gefühle des Lesers spekuliert wird.

[17] K.-E. Petzold, Cicero und Historie, Chiron 2 (1972), 253–276: 272–274; vgl.
A. D. Leeman, Le genre et le style historique à Rome: Théorie et pratique, REL 33 (1955),
183–208: 190f., und Shackleton Bailey (wie Anm. 15), 321, mit Verweis auf A. H.
McDonald, The Style of Livy, JRS 47 (1957), 155–172: 163.

[18] Vgl. Polybios II 56,1–12; III 47,6–48,9; XV 34,1; 36,1–7. Ἐκπλῆξαι καὶ ψυχαγωγῆσαι: II 56,11; τραγῳδιογράφοι: II 56,10; III 48,8; XV 36,7. – Zur mimetischen Geschichtsschreibung s. meinen Beitrag *Τερατεία. Fiktion und Wunder in der hellenistisch-
römischen Geschichtsschreibung und in der Apostelgeschichte*, im vorliegenden Band
S. 33–83: 34–38, und insbesondere die dort genannte Literatur.

[19] Polybios II 56,1–12; 58,12; 59,1–3; III 47,6–8.

[20] Vgl. M. von Albrecht, Geschichte der römischen Literatur von Andronicus bis Boe-
thius, Bern 1992, Bd. 1, 437: „die Bitte, es mit der Wahrheit nicht allzu genau zu nehmen,
[klingt] für uns eher peinlich; der antike Leser wird darin die Prinzipien einer ‚tragischen' Geschichtsschreibung [gemeint ist die mimetische Historiographie, E. P.] erkannt haben".

aber finden sich andere Äußerungen zur Geschichtsschreibung, die belegen, daß sich Cicero ohne wenn und aber zur pragmatischen Geschichtsschreibung bekannte, wie sie Polybios einst getrieben hatte und Lukian sie später propagieren sollte.[21] Wie diese wußte auch er: *alias in historia leges observandas putare, alias in poemate*[22], und *De oratore* II 62 ist zu entnehmen, daß die *prima lex historiae* auch für Cicero darin bestand, nichts Unwahres zu sagen und nichts Wahres zu verschweigen.[23] Wenn Cicero aber, woran kein Zweifel besteht, ernsthaft dieser Ansicht war[24], wie konnte er dann von Lucceius verlangen, die *leges historiae* in der geplanten Darstellung zugunsten einer Ciceros Zwecken dienlichen *ornatio* zu vernachlässigen?

Zur Beantwortung dieser Frage gilt es zunächst, eine von Cicero gegen Ende des Lucceiusbriefes zweimal benutzte Formulierung genauer zu betrachten. Cicero unterrichtet Lucceius hier von seiner Absicht, die von diesem erbetene Abhandlung im Falle von dessen Weigerung eventuell selbst schreiben zu wollen. Die Notwendigkeit, sich dann selbst loben zu müssen, mißfällt Cicero allerdings sehr; dem Zwang zum Eigenlob sei er indes enthoben, fährt Cicero fort, *si recipis causam nostram* („wenn du meine Sache übernimmst")[25] – eine Formulierung, die Cicero im letzten Absatz des Briefes noch einmal, leicht variiert, aufgreift: Lucceius werde von ihm eine Zusammenstellung aller einschlägigen Fakten erhalten, *si enim suscipis causam* („falls du die Sache übernimmst").[26]

Die Wendung *causam recipere* bzw. *suscipere* begegnet bei Cicero auch sonst; sie entstammt dem juristischen Bereich und bedeutet fast stets „als Anwalt einer Prozeßpartei einen Fall übernehmen", dies entweder aufgrund einer Verpflichtung oder Bitte (*recipere*) oder aufgrund eigenen freien Entschlusses

---

[21] PETZOLD (wie Anm. 17), 259f.264–272. Vgl. noch P. A. BRUNT, Cicero and Historiography, in: Φιλίας χάριν. Miscellanea di studi classici in onore di Eugenio Manni, Tom. 1, Roma 1980, 309–340: 318: "Cicero's conceptions of the purpose and substance of history agree well with those of Polybius."

[22] *Leg.* I 5. Vgl. Lukian, *Hist. conscr.* 8: ποιητικῆς μὲν καὶ ποιημάτων ἄλλαι ὑποσχέσεις καὶ κανόνες ἴδιοι, ἱστορίας δὲ ἄλλοι (p. 102,17–19 Homeyer) und μέγα ... κακόν, εἰ μὴ εἰδείη τις χωρίζειν τὰ ἱστορίας καὶ τὰ ποιητικῆς, ἀλλ' ἐπεισάγοι τῇ ἱστορίᾳ τὰ τῆς ἑτέρας κομμώματα (ebd. p. 104,13–16).

[23] *Quis nescit primam esse historiae legem, ne quid falsi dicere audeat? Deinde ne quid veri non audeat?* Vgl. Polybios I 14,6: ὥσπερ γὰρ ζῴου τῶν ὄψεων ἀφαιρεθεισῶν ἀχρειοῦται τὸ ὅλον, οὕτως ἐξ ἱστορίας ἀναιρεθείσης τῆς ἀληθείας τὸ καταλειπόμενον αὐτῆς ἀνωφελὲς γίνεται διήγημα, und Lukian, *Hist. conscr.* 39: ἐν γὰρ ... τοῦτο ἴδιον ἱστορίας, καὶ μόνῃ θυτέον τῇ ἀληθείᾳ, εἴ τις ἱστορίαν γράφων ἴῃ, τῶν δὲ ἄλλων ἁπάντων ἀμελητέον αὐτῷ (p. 146, 3–6 Homeyer).

[24] Dazu vgl. z. B. die in Anm. 17 und 21 genannten Arbeiten von PETZOLD und BRUNT. Zur Beteuerung historiographischer Wahrheitsliebe als bloßem Lippenbekenntnis s. die Belege bei G. AVENARIUS, Lukians Schrift zur Geschichtsschreibung, Meisenheim 1956, 43f.

[25] *Fam.* V 12,8,1–9,2.

[26] Ebd. 10,2f.

(*suscipere*).[27] Cicero bittet Lucceius hier also nicht nur erneut darum, eine seine Taten preisende Darstellung zu verfassen, sondern auch darum, bei der Erledigung der ihm angetragenen Aufgabe gewissermaßen als Anwalt zu verfahren, der einen Fall übernommen hat. Die Identität des Vokabulars, in dem Cicero seine Bitte vorträgt, mit demjenigen, das gewöhnlich zur Bezeichnung der Übernahme eines Prozesses dient, macht diesen Schluß unausweichlich. Auf Bitten der Sizilier hatte Cicero einst deren Fall – den Prozeß gegen Verres – übernommen: *hanc causam Siculorum rogatu recepissem*[28]; nun bittet er mit denselben Worten Lucceius, das entsprechende für ihn zu tun: *idque [sc. recipere causam nostram] ut facias rogamus.*[29] Selbst die in Ciceros Prozeßreden so häufig zu beobachtende feine Differenzierung zwischen *recipere* und *suscipere* kehrt im Brief an Lucceius wieder; aus Gründen der Höflichkeit muß es ihm geraten erschienen sein, die im Schlußabschnitt des Briefes Lucceius letztmalig vorgetragene Bitte um Abfassung der in Rede stehenden Darstellung so zu formulieren, als könne dieser Ciceros ‚Fall' noch allein aus eigener Initiative übernehmen (*causam suscipere*) – ganz so, als ob ihn Cicero nicht längst wie z. B. in 2,5–14 darum gebeten hätte, *causam illam totam* zu vertreten, in der es um die angemessene Würdigung von Ciceros Taten im Horizont der catilinarischen Verschwörung ging.[30] Wozu Cicero, der zum Zeit-

---

[27] *Recipere* in Verbindung mit *suscipere*: *Verr.* I 34; *Div. in Caec.* 26; *De orat.* II 101; vgl. auch *Fam.* V 8,1.5; *recipere*: *Brut.* 155; *Att.* XIII 49,1; vgl. noch *Att.* XV 14,3; *suscipere*: *Cluent* 43f. Zur – nicht stets genau gegeneinander abgrenzbaren (A. S. WILKINS, M. Tulli Ciceronis de oratore libri tres, Oxford 1892, 279) – Bedeutung von *recipere* und *suscipere* s. A. D. LEEMAN – H. PINKSTER – E. RABBIE, M. Tullius Cicero, de oratore libri III. Kommentar, Bd. 3, Heidelberg 1989, 39, sowie OLD s. v. *recipio* 10a und *suscipio* 8c.

[28] *Verr.* I 34.

[29] *Fam.* V 12,9,1f.

[30] In ganz ähnlicher Weise wie im Lucceiusbrief hat Cicero die Begriffe *recipere* und *suscipere* auch in *Fam.* V 8 benutzt, einem an M. Licinius Crassus gerichteten Brief, in dem er sich dem nach Syrien abgereisten Konsular als Anwalt von dessen Interessen anbot. Wie im Brief an Lucceius geht es auch hier nicht um die Führung von Prozessen, sondern um Interessenwahrung im weiteren Sinne. In seinem Schreiben läßt Cicero Crassus zunächst wissen, mit welch großem Einsatz er sich bereits für dessen *dignitas* eingesetzt habe (*quanta numquam antea ulla in causa*), um ihm im Anschluß daran zu versichern, daß er es „auf sich genommen" habe, „ein für alle Mal für die Erhaltung aller deiner Ehren zu kämpfen" (*suscepique mihi perpetuam propugnationem pro omnibus ornamentis tuis; 1,1–7*). Da die Initiative hierzu von ihm selbst ausgeht, wählt Cicero zur Bezeichnung der Tatsache, daß er die Vertretung von Crassus' Interessen zu übernehmen gedenkt, das Verb *suscipere*. Am Schluß des Briefes schlägt Cicero Crassus dann vor, den Brief als förmlichen Vertrag (*foedus*) anzusehen, der Cicero dazu verpflichte, „das, was ich dir verspreche und auf mich nehme, unverbrüchlich einzuhalten und gewissenhaft auszuführen". Hiernach resultiert die von Cicero übernommene Wahrung der Interessen des Crassus aus einer vertraglichen Verpflichtung, und infolgedessen formuliert Cicero jetzt: *meque ea quae tibi promitto ac r e c i p i o sanctissime esse observaturum diligentissimeque esse facturum (5,1–3)*. Da diese Verpflichtung jedoch eine Selbstverpflichtung Ciceros darstellt (vgl. 5,9: *mea sponte id esse facturum*), kann er in 5,4 mit glei-

punkt der Abfassung des Lucceiusbriefes ganz unter dem Eindruck seiner als katastrophal empfundenen politischen Lage stand[31], Lucceius veranlassen wollte, war also dies: sich in seiner Eigenschaft als Historiker zugleich auch als Anwalt Ciceros zu betätigen, was bedeutete, das ins Auge gefaßte Geschichtswerk über den Zeitraum *a principio coniurationis usque ad reditum nostrum* als apologetisches Plädoyer in Sachen Cicero zu gestalten[32] und diesem auch dadurch zu dienen, daß er „das perfide, intrigante, verräterische Treiben vieler" gegen ihn, wie es Pflicht des plädierenden Prozeßredners war, „mit allem Freimut (*liberius*[33]) anprangerte".[34]

Es ist leicht zu verstehen, daß bei solchen Absichten die verpönte Vernachlässigung der *leges historiae* kaum zu vermeiden war. Wenn sich Lucceius aber, wie von Cicero erbeten, den Anwaltstalar überzog und sich der *res nostra* nicht nur als Historiker, sondern auch als einer ‚*causa Ciceronis*' annahm, in der es durchaus parteilich zu plädieren galt, brauchte er wegen der damit verbundenen Verstöße gegen die *leges historiae* keinerlei Vorwürfe zu befürchten. Nach Ciceros Überzeugung würde Lucceius nämlich, wenn er wie gebeten verfuhr, nur etwas tun, was ihm – nicht als Historiker, wohl aber als Anwalt, der er nach Ciceros Willen ja auch sein sollte – schlicht zustand. Mit aller Klarheit geht dies aus einer Aussage Ciceros hervor, die er in seinem von der Entwicklung der römischen Redekunst handelnden Dialog *Brutus* gemacht hat. Cicero kommt in der betreffenden Passage zunächst auf das Ende Coriolans zu sprechen und dichtet diesem um der Schlüssigkeit seiner Argumentation willen einen Tod an, den er in Wirklichkeit nicht gestorben war. Zu diesem – vorsätzlichen – Verstoß gegen die historischen Fakten läßt Cicero dann den Dialogpartner Atticus, der sich in seinem *Liber annalis*[35] offenbar

---

chem Recht auch formulieren: *quae a me s u s c e p t a defensio est te absente dignitatis tuae.* Summa: Cicero verspricht hier, für Crassus das zu tun, was er *Fam.* V 12 von Lucceius für sich selbst verlangt, und verwendet in beiden Fällen auch das gleiche Vokabular.

[31] Siehe *Att.* IV 6,1f.: *quid foedius nostra vita, praecipue mea? ... ego vero, qui, si loquor de re publica, quod oportet, insanus, si, quod opus est, servus existimor, si taceo, oppressus et captus, quo dolore esse debeo?*, und 4 (Erwähnung des Briefes an Lucceius); vgl. GELZER (wie Anm. 9), 171–173; HABICHT (wie Anm. 9), 70. Überraschend zutreffend hat übrigens bereits Quintilian Ciceros damalige Lage und sein Agieren in ihr beurteilt; Cicero habe sich seinerzeit einiger Mißgunst (*invidia*) gegenüber gesehen: *cui tamen non fuit par, servatae patriae poenam passus exilium, ut illorum, quae egerat in consulatu, frequens commemoratio possit videri non gloriae magis quam defensioni data* (*Inst. orat.* XI 1,18).

[32] Vgl. O. LENDLE, Ciceros ὑπόμνημα περὶ τῆς ὑπατείας, Hermes 95 (1967), 90–109, der ebd. 105 von der „apologetischen Konsulatsschriftstellerei" Ciceros spricht (ebenso 103).

[33] Vgl. Cicero, *Cluent.* 142 (*honeste hanc causam et libere defendere*); *Sest.* 4, sowie Forcellini s. v. *libere* = μετὰ παρρησίας (wie Demosthenes, *Or.* VI 31; IX 3).

[34] *Fam.* V 12,4,7–9: *... et, si liberius, ut consuesti, agendum putabis, multorum in nos perfidiam, insidias, proditionem notabis.*

[35] Dazu M. FLECK, Cicero als Historiker (Beiträge zur Altertumskunde 39), Stuttgart 1993, 162–178.

korrekt über Coriolans Ende geäußert hatte, folgendermaßen Stellung nehmen: *concessum est rhetoribus ementiri in historiis, ut aliquid dicere possint
argutius*[36], den Rhetoren – die im Rom Ciceros ausschließlich ihrer Anwalts-
tätigkeit sowie der Politik zu leben pflegten[37] – stehe die Freiheit zu, im Kontext ihrer Plädoyers historische Fakten zu manipulieren (oder gar: zu er-
dichten), um auf solche Weise pointierter argumentieren zu können.[38] Cicero
hat seine oben skizzierten Ansichten zur Geschichtsschreibung, die ihn als
Anhänger der pragmatischen Historiographie ausweisen, im Lucceiusbrief also keineswegs desavouiert; allerdings war er zugleich der Auffassung, daß eine plädierende Geschichtsschreibung, wie er sie sich von Lucceius erhoffte,
den strengen Regeln, die etwa Polybios in der Historiographie angewandt wissen wollte, nicht zu gehorchen brauchte und um ihrer apologetischen Ziele
willen stattdessen von den zur Psychagogie tauglichen schriftstellerischen
Mitteln und Lizenzen der mimetischen Geschichtsschreibung Gebrauch machen durfte.

Die zur Psychagogie fähige Darstellungskunst der mimetischen Geschichtsschreibung ist für Cicero nun aber auf das engste mit der Form der historischen Monographie verknüpft gewesen. Das ergibt sich zunächst aus dem
zweiten Abschnitt des Lucceiusbriefes. Hier bittet Cicero den Freund darum,
seine Taten nicht im Kontext von dessen gerade im Entstehen begriffenen und
einen längeren Zeitraum behandelnden Werk zu schildern (*coniuncte ... cum
reliquis rebus nostra [res] contexere*), sondern lieber nach dem Vorbild einiger griechischer Historiker zu verfahren und so, wie diese bestimmte historische Sachkomplexe außerhalb ihrer *perpetuae historiae* behandelt hatten
(*separaverunt*), auch den Stoff, um dessen Darstellung es Cicero ging, die
civilis coniuratio, von den sonstigen Geschehnissen der Zeit, namentlich den
auswärtigen Kriegen, getrennt zu behandeln (*seiungere*).[39] Wenige Zeilen
später gibt Cicero dann zu erkennen, weshalb er für die Darstellung seiner
causa[40] einzig die zweite Möglichkeit als geeignet ansieht: Bei der Konzentration der Darstellung auf ein Thema (*uno in argumento*) und eine Person

---

[36] *Brut.* 42.

[37] Vgl. *De orat.* II 55: *nemo enim studet eloquentiae nostrorum hominum, nisi ut in causis
atque in foro eluceat.*

[38] Die Lizenz *in historiis ementiri* bezieht sich also nicht auf die Geschichtsschreibung,
sondern auf die historischen *exempla*, die die Rhetoren in ihre Argumentation einflechten
konnten (PETZOLD [wie Anm. 17], 258; vgl. Cicero, *Orat.* 120: *commemoratio autem
antiquitatis exemplorumque prolatio summa cum delectatione et auctoritatem orationi affert
et fidem* und *De orat.* I 18), wobei ihnen, wie natürlich auch sonst, im Rahmen des
amplificare rem ornando (*De orat.* III 104) die *augendi minuendive causa veritatis supralatio
atque traiectio* gestattet war (*De orat.* III 203; vgl. *Orat.* 139).

[39] *Fam.* V 12,2,5–11.

[40] Ebd. 2,13f.: *causa illa tota et tempus,* „jene Epoche und der Verlauf der Sache in ihrer
Gesamtheit" (Übersetzung KASTEN, 261).

(*unaque in persona*), in einer historischen Monographie also, werde sich alles
– d. h. alles, was Cicero am Herzen lag, nämlich die Schilderung seiner Taten
und Schicksale im Horizont der catilinarischen Verschwörung – viel reicher
und schöner, *uberiora atque ornatiora*, ausnehmen.[41] Mit den Worten *omnia
uberiora atque ornatiora* kann sich Cicero nun kaum auf etwas anderes beziehen als auf das Ergebnis der im weiteren Text des Briefes so nachdrücklich
eingeforderten *ornatio* des von Lucceius zu behandelnden Stoffes, einer
ornatio, die, wie oben dargelegt, mit Hilfe der von der mimetischen Geschichtsschreibung gebotenen Stilmittel und Lizenzen erreicht werden sollte.[42]
Deren Wirkung würde sich jedoch, so möchte Cicero dem Freund hier durch
den Gebrauch der Komparative *uberiora* und *ornatiora* signalisieren, am besten in einer historischen Monographie entfalten können.[43]

Diese Sicht der Dinge läßt sich durch einen Blick auf die Abschnitte 4 bis 6
des Briefes bestätigen. Im Anschluß an eine längere Ausführung über das
psychagogische Wirkungspotential, das bestimmten Stoffen – denjenigen, die
von den *temporum varietates fortunaeque vicissitudines* handeln – inne-
wohne[44], kommt Cicero erneut auf die Frage zu sprechen, welche äußere Form
das Werk haben sollte, in dem Lucceius als Historiograph Ciceros ein Beispiel
für solche *temporum varietates fortunaeque vicissitudines* schildern würde.
Nunmehr geht es auch expressis verbis darum, in welcher historiographischen
Form das psychagogische Potential jener Stoffe am besten zur Wirkung gebracht und zur Erregung der Affekte der Leser benutzt werden könne. Eine
Aufreihung von Fakten in annalistischer Manier vermöge, so bemerkt Cicero
zunächst, gleich einer kalendarischen Tabelle nur mäßig zu fesseln: *etenim
ordo ipse annalium mediocriter nos retinet quasi enumeratione fastorum.*[45]
Die *viri saepe excellentis ancipites variique casus*, deren Schilderung im
Leser so viele – von Cicero einzeln benannte – Affekte wachrufen könne[46],

---

[41] *Fam.* V 12,2,14–16: *si uno in argumento unaque in persona mens tua tota versabitur,
cerno iam animo quanto omnia uberiora atque ornatiora futura sint.*

[42] Daß Cicero mit dem Begriff *ornatio* auf die Darstellungsweise der mimetischen Geschichtsschreibung zielt, geht auch aus *De orat.* II 54 hervor, wo ein der mimetischen Historiographie zuneigender römischer Geschichtsschreiber, Coelius Antipater (vgl. W. HERR-
MANN, Die Historien des Coelius Antipater. Fragmente und Kommentar [BKP 104], Meisenheim 1979, 208f.; D. FLACH, Römische Geschichtsschreibung, Darmstadt [3]1998, 81f.), zu jenen Historikern gezählt wird, die nicht lediglich *narratores*, sondern auch *exornatores rerum*
gewesen seien. Coelius war zudem „der Begründer der historischen Monographie in Rom":
VON ALBRECHT (wie Anm. 20), 307.

[43] Der Umstand, daß die historischen Monographien in hellenistischer Zeit in der Regel
Kriege behandelt haben (so PALMER [wie Anm. 6], 14), hat jedenfalls Cicero nicht davon
abgehalten, diese literarische Form auch für die Darstellung der *civilis coniuratio* (*Fam.*
V 12,2,10) als äußerst geeignet anzusehen.

[44] Ebd. 4,12–5,9.

[45] Ebd. 5,9–11.

[46] Ebd. 5,11–13.

erfordern, so ist zu schließen, einen anderen literarischen Rahmen. Und in der Tat bittet Cicero Lucceius im folgenden dann ein weiteres Mal ausdrücklich darum, das Drama seiner Erlebnisse und Schicksale, die *fabula rerum eventorumque nostrorum*, nicht in *continentibus tuis scriptis, in quibus perpetuam rerum gestarum historiam complecteris*, „nicht in deiner zusammenhängenden Darstellung, in der du die geschichtlichen Ereignisse fortlaufend wiedergibst", zu behandeln, sondern jenes Drama, das von mannigfaltigstem Geschehen geprägt sei und so viele Peripetien aufweise[47], unbedingt von seiner *perpetua historia* getrennt darzustellen (*secernere*), und das kann nur heißen: in einer historischen Monographie zu schildern.[48] Auch hier zeigt sich also, wie fest Cicero davon überzeugt war, daß die auf die Affekte der Leser zielende mimetische Historiographie am ehesten im Rahmen einer historischen Monographie jene durchschlagende psychagogische Wirkung würde erzielen können, deren es seiner Meinung nach bedurfte, um die apologetischen Zwecke, denen die geplante Darstellung seiner Taten und Schicksale dienen sollte, auch voll und ganz zu erreichen.[49] Zieht man zudem die Tatsache ins Kalkül, „dass sich in der hellenistischen Zeit mit dem Bestreben, die Historie der Dichtung ... anzunähern, eine Tendenz auf in sich geschlossene monographische Darstellungen von Ab- und Ausschnitten der Geschichte" herausgebildet hatte, „da nur so die dramatische Konzentration auf Höhepunkte und Peripetien hin erreicht werden konnte"[50], darf man Cicero wohl sogar die Überzeugung unterstellen, eine historische Monographie sei überhaupt nur im Stile der mimetischen Historiographie zu schreiben.[51]

Von der Lucceius abverlangten Monographie ist nichts überliefert, und so bleibt ungewiß, ob er sie tatsächlich geschrieben und wenn ja, auch so, wie

---

[47] *Fam.* V 12,6,4f.: *haec quasi fabula ... habet enim varios actus multasque mutationes et consiliorum et temporum.*

[48] Ebd. 6,1–5.

[49] Cicero empfand die historische Monographie als die für ein Produkt der mimetischen Historiographie bestmögliche äußere Form. Vor allem deswegen hat Cicero sie Lucceius als Rahmen für die Darstellung der ‚causa Ciceronis' empfohlen. Der Wunsch, sich so bald wie möglich gefeiert zu lesen, spielt demgegenüber, obwohl wiederholt ausgesprochen (*Fam.* V 12,1,7–14; 9,3–9), eine eher untergeordnete Rolle, dies auch deshalb, weil Lucceius in seiner *perpetua historia* von der Behandlung des Cicero interessierenden Zeitraumes nicht mehr allzuweit entfernt war (vgl. ebd. 2,3–5).

[50] K. VON FRITZ, Die Bedeutung des Aristoteles für die Geschichtsschreibung, in: Histoire et historiens dans l'antiquité (EnAC 4), Genève 1958, 83–128: 126. Vgl. VON ALBRECHT (wie Anm. 20), 291: In die historische Monographie „wirkt eine auf Affekterregung ausgehende Darstellungsweise herein, die sich zum Teil an der aristotelischen Tragödientheorie orientiert".

[51] Dies gilt insbesondere dann, wenn Cicero im Lucceiusbrief „eine hellenistische Theorie der historischen Monographie überliefert" hätte, wie dies LEEMAN (wie Anm. 5), 109 meint. So auch schon R. REITZENSTEIN, Hellenistische Wundererzählungen, Leipzig 1906 (= Darmstadt ³1974), 84–86.

von Cicero gewünscht, gestaltet hat. Doch gibt es zumindest drei Schriften, deren literarische Gestalt ganz der von Cicero im Lucceiusbrief skizzierten entspricht und die sämtlich gleichfalls apologetisch-propagandistischen Zwecken dienen.

Die älteste von ihnen ist das eingangs bereits erwähnte, in seinem Grundbestand frühestens um 124 v. Chr. entstandene 2. Makkabäerbuch.[52] Ganz wie Cicero dies später von Lucceius verlangen sollte, hat der Verfasser dieser historischen Monographie ebenfalls nur einen vergleichsweise kurzen Zeitabschnitt aus einem größeren historischen Kontinuum – hier: die Vorgeschichte sowie das erste Jahrzehnt der makkabäischen Erhebung (187–161 v. Chr.) – zur Darstellung gebracht und sich dabei auch der Lucceius von Cicero so nachdrücklich empfohlenen Stilmittel der mimetischen Historiographie bedient; Passagen wie 2Makk 3 oder 14,37–46 etwa sind eindrückliche Beispiele der in diesem Bereich der Geschichtsschreibung beliebten dramatischen, auf Psychagogie angelegten Erzählweise, zu der sich der Verfasser des Buches in 2Makk 2,25 sogar *expressis verbis* bekennt.[53] Ebensowenig fehlt im 2. Makkabäerbuch die bei mimetischen Geschichtsschreibern nicht unübliche und Lucceius von Cicero gleichfalls ans Herz gelegte Freiheit zur Manipulation historischer Fakten zugunsten der mit der Abfassung des jeweiligen Geschichtswerks verbundenen sachlichen Ziele.[54] Bestanden diese in dem einen Falle darin, daß Lucceius mit der von Cicero erbetenen Monographie dazu beitragen sollte, dessen politisches Ansehen wieder herzustellen bzw. zu fördern, so war der Verfasser des 2. Makkabäerbuches zuvor in vergleichbarer Weise bemüht gewesen, „für die [sc. Tempel-] Feste und den Tempel, dessen Weltgeltung (2,22; 3,12) und Heiligkeit (2,19; 3,2; 3,39; 5,19; 9,16; 10,1; 13,8; 13,23; 14,33; 15,32) immer wieder hervorgehoben wird, Stimmung zu

---

[52] Zur Datierung vgl. HABICHT (wie Anm. 6), 169–177; A. MOMIGLIANO, The Second Book of Maccabees, CP 70 (1975), 81–88: 81–84; R. DORAN, Temple Propaganda: The Purpose and Character of 2 Maccabees (CBQ.S 12), Washington (DC) 1981, 111–113, und K.-D. SCHUNCK, Art. Makkabäer/Makkabäerbücher, TRE 21 (1991), 736–745: 740.

[53] M. DELCOR, The apocrypha and pseudepigrapha of the Hellenistic period, in: W. D. Davies – L. Finkelstein (Hg.), The Cambridge History of Judaism, Vol. 2. The Hellenistic Age, Cambridge 1989, 409–503: 465f., charakterisiert den Stil des 2. Makkabäerbuches wie folgt: "The author ... knows how to pick out and present effectively those episodes which evoke deeply held feelings. His style is designed to arouse the emotions. Everything about him speaks of the orator: the cutting epithets; the biting remarks; the striving for effect; the ample, not to say bombastic, style. What we have in 2 Maccabees is a kind of writing, widespread in Hellenistic literature, which has rightly been called histoire pathétique, 'history with feeling'."

[54] Vgl. die Nachweise „tendenziöser Entstellungen" bei HABICHT (wie Anm. 6), 191, Anm. 129–131. Ein charakteristisches Beispiel hierfür ist die Behauptung von 2Makk 15,37, während des Makkabäeraufstandes sei Jerusalem seit dem Sieg über Nikanor nicht mehr in feindliche Hand gefallen, s. dazu A. MOMIGLIANO, Prime linee di storia della tradizione maccabaica, Torino 1931 (Repr. Amsterdam 1968), 99f. Die beschönigende Darstellung einer jüdischen Niederlage in 13,16; vgl. dagegen 1Makk 6,47!

machen".[55] Und wie Cicero von Lucceius erwartete, daß dieser die ‚causa Ciceronis' nicht nur als Historiker, sondern zugleich als Anwalt traktieren werde, so läßt sich durchaus auch von der Tempelpropaganda des 2. Makkabäerbuches behaupten: "The author pleads his cause like an advocate."[56]

Die zweite hier einschlägige Schrift stammt von Ciceros eigener Hand und ist das griechische Ὑπόμνημα über die Ereignisse seines Konsulatsjahres[57], das er einige Jahre zuvor mit der Bitte, *ut ornatius de iisdem rebus scriberet*, an Poseidonios von Apamea geschickt hatte[58] und das durchaus kein der schriftstellerischen *ornatio* noch entbehrender Rohentwurf im Sinne Lukians[59] war, sondern eine bereits nach allen Regeln der Kunst ausgeschmückte historische Monographie darstellte.[60] Da Plutarch das als solches nicht erhaltene Ὑπόμνημα in seiner Cicerovita intensiv ausgeschrieben hat[61], läßt sich noch erkennen, daß sich Cicero bei dessen Abfassung ganz an das historiographische Programm gehalten hat, das er später Lucceius zur Anwendung empfahl.[62] Wir finden hier die für die mimetische Geschichtsschreibung so charakteristischen dramatisch komponierten, psychagogischen Szenen[63], und wir finden hier auch die für jene nicht minder bezeichnende Manipulation mit historischen Fakten[64], das eine wie das andere dem Zweck dienend, Ciceros

---

[55] E. BICKERMANN, Art. Makkabäerbücher 1. Buch I und II, PRE 14 (1930), 779–797: 794. Konkreter Anlaß für diese Propaganda – BICKERMANN spricht a. a. O. sogar von Agitation – könnte die Absicht gewesen sein, gegen die Konkurrenz des Tempels von Leontopolis vorzugehen; so MOMIGLIANO (wie Anm. 52), 82f.; vgl. auch HABICHT (wie Anm. 6), 186f.

[56] DELCOR (wie Anm. 53), 465.

[57] *Att.* I 19,10: *commentarius consulatus mei Graece compositus*; II 1,2: *nostrum illud* ὑπόμνημα.

[58] Ebd. – Warum sich Cicero mit diesem Anliegen gerade an Poseidonios wandte, ist unbekannt. Eine plausible Annahme wäre, daß sich Poseidonios dem Römer durch seine den Usancen der mimetischen Geschichtsschreibung verpflichteten Historien (dazu F. JACOBY, FGrHist II C, 159, und O. LENDLE, Einführung in die griechische Geschichtsschreibung. Von Hekataios bis Zosimos, Darmstadt 1992, 236) empfohlen hätte, doch ist eine Bekanntschaft Ciceros mit den Historien nirgends nachweisbar: vgl. J. MALITZ, Die Historien des Poseidonios (Zet. 79), München 1983, 28. Poseidonios hat Ciceros Wunsch nicht erfüllt (*Att.* II 1,2).

[59] *Hist. conscr.* 48; dazu AVENARIUS (wie Anm. 24), 85–104. Vgl. auch Philostrat, *Vit. Ap.* I 3 (ein fiktives ὑπόμνημα im Sinne Lukians).

[60] Vgl. *Att.* II 1,1: *meus ... liber totum Isocrati myrothecium atque omnes eius discipulorum arculas ac non nihil etiam Aristotelia pigmenta consumpsit.*

[61] c. 10–23; dazu LENDLE (wie Anm. 32).

[62] Siehe ebd., 93f.

[63] Etwa c. 15; 22,1–4; 5–7; vgl. LENDLE (wie Anm. 32), 101f.

[64] Siehe die zeitliche Raffung des Geschehens in c. 19,4/20,4, deren Zweck nicht nur darin besteht, durch die Herstellung einer größeren dramatischen Konsequenz der Handlung den Leser verstärkt zu fesseln, sondern vor allem darin, nicht über für Cicero peinliche Umstände berichten zu müssen; s. LENDLE (wie Anm. 32), 101.

Handeln im Konsulatsjahr ins rechte Licht zu rücken und dadurch zu rechtfertigen sowie den in jenem Jahr gewonnenen Ruhm festzuhalten.[65]

Die dritte hier relevante Schrift endlich ist keine andere als die Apostelgeschichte des Lukas. Auch sie ist eine historische Monographie, und auch sie
dient apologetischen Zwecken. Wie Lucceius einen bestimmten Abschnitt der
römischen Zeitgeschichte zum Zweck der politischen Rechtfertigung und Glorifizierung desjenigen schildern sollte, der in diesem Zeitraum eine herausragende, aber von seinen Gegnern immer wieder heftig kritisierte Rolle gespielt
hatte, so unternahm es auch Lukas, einen bestimmten Abschnitt der Kirchen-
und darüber hinaus der Heilsgeschichte zu dem Zweck zu schildern, seine Leser – gewissermaßen seine Klienten – von einem entweder von ihnen selbst
empfundenen oder ihnen von anderer Seite vorgehaltenen Makel zu befreien:
dem Verdacht, daß es mit der Legitimität ihres (Heiden-)Christentums aufgrund mangelnder Kontinuität zu den judenchristlichen Anfängen der Kirche
und darüber hinaus zu Israel nicht zum besten stehe.[66] Cicero hatte sich der an
ihm geübten Kritik im Ὑπόμνημα dadurch zu erwehren gesucht, daß er die
Großtaten seines Konsulats als seinerzeit von den Optimaten vorbehaltlos anerkannt, vom Volke gefeiert und vom *consensus omnium bonorum* getragen
darstellte.[67] Lukas gelingt sein apologetisches Vorhaben ebenfalls durch die
Interpretation von Geschichte, nämlich durch die Interpretation der Geschichte

---

[65] Mit Recht bezeichnet LEEMAN (wie Anm. 17), 185, das Ὑπόμνημα darum als «un ouvrage de tendance nettement propagandiste», obschon Cicero selbst es nicht zu den
ἐγκωμιαστικά, sondern zu den ἱστορικά gezählt wissen wollte (*Att.* I 19,10). Zum apologetischen bzw. enkomiastischen Charakter einer ganzen Reihe weiterer, mit Ciceros einschlägi-
gem Werk vergleichbarer (nur fragmentarisch überlieferter) hellenistischer Hypomnemata-
Schriften s. J. ENGELS, Die ὙΠΟΜΝΗΜΑΤΑ-Schriften und die Anfänge der politischen Biographie und Autobiographie in der griechischen Literatur, ZPE 96 (1993), 19–36: 32–36.

[66] Aus Raumgründen kann diese Thematik hier nicht im einzelnen entfaltet werden;
Literatur zum Thema bei E. PLÜMACHER, Art. Apostelgeschichte, TRE 3 (1978), 483–528:
518–520; DERS., Acta-Forschung 1974–1982, ThR 48 (1983), 1–56: 45–51, und M. RESE,
„Die Juden" im lukanischen Doppelwerk. Ein Bericht über eine längst nötige „neuere" Diskussion, in: C. Bussmann – W. Radl (Hg.), Der Treue Gottes trauen (FS G. Schneider), Frei-
burg/Basel/Wien 1991, 61–79. Besondere Beachtung verdienen L. GASTON, Anti-Judaism and
the Passion Narrative in Luke and Acts, in: P. Richardson – D. Granskou (Hg.), Anti-Judaism
in Early Christianity, Waterloo, Ont. 1986, Vol.1, 127–153; K. LÖNING, Das Verhältnis zum
Judentum als Identitätsproblem der Kirche nach der Apostelgeschichte, in: L. Hagemann –
E. Pulsfort (Hg.), „Ihr alle aber seid Brüder" (FS A. T. Khoury), Würzburg/Altenberge 1990,
304–319; W. STEGEMANN, Zwischen Synagoge und Obrigkeit. Zur historischen Situation der
lukanischen Christen (FRLANT 152), Göttingen 1991, insbes. 271f.; D. MARGUERAT, Juden
und Christen im lukanischen Doppelwerk, EvTh 54 (1994), 241–264; H. MERKEL, Israel im
lukanischen Werk, NTS 40 (1994), 371–398; R. VON BENDEMANN, Paulus und Israel in der
Apostelgeschichte des Lukas, in: K. Wengst – G. Saß (Hg.), Ja und nein. Christliche Theologie im Angesicht Israels (FS W. Schrage), Neukirchen-Vluyn 1998, 291–303, und M. WOL-
TER, Die Juden und die Obrigkeit bei Lukas, ebd., 277–290.

[67] LENDLE (wie Anm. 32), 106.

der beiden ersten christlichen Generationen als eines Geschehens, in dem der seine Leser beunruhigende Zustand ihrer Kirche als einer Kirche, die keinerlei Verbindung zur Synagoge mehr besaß, von niemand anderem als der *providentia* selbst herbeigeführt worden war und somit legitim sein mußte.[68]

Vor allem aber: Um seine Leser von der Legitimität der heidenchristlichen Kirche zu überzeugen, hat Lukas in seiner historischen Monographie auch zu den gleichen schriftstellerischen Mitteln gegriffen, die Cicero *in explicandis causis rerum novarum* Lucceius empfohlen[69] und zuvor im Ὑπόμνημα selbst genutzt hatte – zu den für ein apologetisches Plädoyer unbedingt notwendigen psychagogischen Darstellungsmitteln, wie sie die mimetische Geschichtsschreibung bereithielt. In Gestalt des dramatischen Episodenstils, der die Erzählung der Apostelgeschichte weithin prägt, hat sich Lukas die Darstellungsweise jenes Zweiges der Historiographie kongenial zu eigen gemacht[70] und dabei gerade in solchen für seine apologetischen Absichten zentralen Episoden wie z.B. Apg 10,1–11,18 oder 15,1–33 Kabinettstücke dramatischpsychagogischer Erzählkunst geliefert.[71] Beide Passagen (und nicht nur sie) zeugen zudem von der Bereitschaft des Acta-Verfassers, um seiner apologetischen Zielsetzung willen – ganz so, wie Cicero dies von Lucceius verlangt hatte – auch von jener in der mimetischen Geschichtsschreibung gern genutzten Lizenz Gebrauch zu machen, derzufolge die Beachtung der auf die Wiedergabe allein der historischen Fakten dringenden *leges historiae* gegebenenfalls zugunsten lebenswahr geschilderter Fiktion hintangestellt werden konnte. In Apg 10–11 beschreibt Lukas kein auch nur im entferntesten so wie geschildert abgelaufenes historisches Ereignis, sondern trägt seinen Lesern „im Gewand der Historie" (Ernst Haenchen) ein die Legitimität der Heidenkirche sicherndes Argument vor: Sie sollen wissen, daß sich die Heidenmission (und damit deren Resultat, die heidenchristliche Kirche) ganz und gar dem alles lenkenden Willen Gottes verdankt.[72] Dasselbe apologetische Interesse leitet Lukas in Apg 15; auch hier geht es ihm nicht um eine korrekte Schilderung

---

[68] Vgl. die in Anm. 66 genannte Literatur.

[69] Lucceius soll ein *modicum quoddam corpus* schreiben, *in quo ... illa poteris uti civilium commutationum scientia vel in explicandis causis rerum novarum vel in remediis incommodorum (Fam.* V 12,4,3–5).

[70] Dazu E. PLÜMACHER, Lukas als hellenistischer Schriftsteller. Studien zur Apostelgeschichte (StUNT 9), Göttingen 1972, 80–136; DERS., Apostelgeschichte (wie Anm. 66), 509–513.

[71] Dazu PLÜMACHER, Lukas (wie Anm. 70), 86–89; LÖNING (wie Anm. 66), 315–318; J. WEHNERT, Die Reinheit des „christlichen Gottesvolkes" aus Juden und Heiden. Studien zum historischen und theologischen Hintergrund des sogenannten Aposteldekrets (FRLANT 173), Göttingen 1997, 55–58.

[72] E. HAENCHEN, Die Apostelgeschichte (KEK 3), Göttingen [7]1977, 349: Lukas „beschreibt nicht unmittelbar ein wirkliches Geschehen, sondern stellt eine Glaubensüberzeugung (Gott hat die Heidenmission herbeigeführt) im Gewand der Historie dar".

historischer Vorgänge, sondern wiederum um die dramatische Inszenierung einer für den Erweis der heidenchristlichen Legitimität fundamentalen Aussage: Die Leser der Apostelgeschichte sollen aus der lukanischen Schilderung des Apostelkonzils entnehmen, daß die – beschneidungsfreie – Heidenmission bereits von den judenchristlichen Autoritäten Jerusalems gebilligt worden ist.[73]

Der Vorschlag, in der Apostelgeschichte eine historische Monographie zu sehen, wie sie Cicero in seinem Brief an Lucceius konzipiert und, was gemeinhin übersehen wird, im Ὑπόμνημα auch selbst gestaltet hat und wie sie auch in Gestalt des 2. Makkabäerbuches vorliegt, ist, wie eingangs betont, nicht mehr neu. Im Mittelpunkt der hier vorgelegten Erwägungen stand etwas anderes, nämlich die Interpretation der Äußerungen Ciceros über die Art und Weise, in der Lucceius in dem von Cicero projektierten Werk dessen Taten und Schicksale in den Jahren 66 bis 57 schildern sollte. Wie bereits Karl-Ernst Petzold erkannt hat, empfahl Cicero Lucceius, sich dabei der auf psychagogische Wirkung angelegten Stilmittel der mimetischen Historiographie zu bedienen, um mit ihrer Hilfe ein Leser rundum überzeugendes historisches Plädoyer in Sachen Cicero zu verfassen. Von der Bitte um ein solches in mimetischer Manier gestaltetes Plädoyer ist nun freilich die weitere Bitte Ciceros an Lucceius, für die Schilderung seiner Taten und Schicksale unbedingt die Form der historischen Monographie zu wählen, nicht abzutrennen – dies deshalb nicht, weil Cicero in ihr diejenige literarische Form sah, in der sich das der mimetischen Geschichtsschreibung inhärente und Lucceius zu einschlägiger Nutzung empfohlene psychagogische Potential am eindrücklichsten zur Wirkung bringen lassen würde.

In Stil und Programm der mimetischen Geschichtsschreibung sowie der ihr verpflichteten historischen Monographie hat Cicero freilich keineswegs seine historischen Ideale gesehen; seine Vorstellungen davon, wie man Geschichte zu schreiben habe, waren, wie wir gesehen haben, andere. Wenn der römische Anwalt und Politiker für die Schilderung seines Tuns und Ergehens *a principio coniurationis usque ad reditum nostrum* von Lucceius dennoch die Abfassung einer im psychagogischen Stil der mimetischen Geschichtsschreibung gestalteten historischen Monographie verlangt hat, dann resultiert dies aus den speziellen Zwecken, denen jene Schilderung dienen sollte: den Zwecken einer

---

[73] Ebd., 446f.: „Die Konzeption, mit der Lukas die Legitimität der gesetzesfreien Heidenmission (und d. h. für ihn: ihre Anerkennung durch Jerusalem!) und das Ringen der Antiochener um die Anerkennung dieser ihrer Heidenmission versöhnt, ist eine imaginäre Konstruktion und entspricht keiner geschichtlichen Wirklichkeit." Das gilt völlig unabhängig davon, ob Lukas bestimmte Textbausteine in der Tradition vorgefunden hat oder nicht. Lukas formt überliefertes Gut gegebenenfalls in seinem Sinne um. Zur Traditionsgrundlage von Apg 10f. und 15 siehe G. LÜDEMANN, Das frühe Christentum nach den Traditionen der Apostelgeschichte. Ein Kommentar, Göttingen 1987, 136–138 und 176f.

Cicero-Apologie. Für deren Zwecke – aber eben nur für sie! – ist Cicero die in mimetischer Manier geschriebene historische Monographie als die am meisten taugliche literarische Form erschienen.

Die Eignung der den psychagogischen Darstellungsmitteln der mimetischen Geschichtsschreibung eng verbundenen, wenn nicht gar substantiell verpflichteten historischen Monographie[74] für apologetisch-propagandistische Zwecke hat nun genauso wie Cicero und vor diesem der Verfasser des 2. Makkabäerbuches auch Lukas, der Anwalt der Legitimität eines sich von seinen jüdischen Wurzeln immer weiter entfernenden Heidenchristentums, erkannt.[75] Das literarische Resultat dieser Erkenntnis liegt in der Apostelgeschichte vor[76], einem Werk, das auch auf andere Weise noch von der Neigung und der Fähigkeit des Lukas zeugt, zur Beförderung seiner apologetischen Absichten bei der hellenistisch-römischen Historiographie Anleihen zu machen. Ein charakteristisches Beispiel hierfür sei genannt: die Konzeption von den (Missions-)Reden als die (Kirchen-)Geschichte lenkenden Faktoren, die sich (mutatis mutandis) genauso wie in der Apostelgeschichte auch bei Dionys von Halikarnass und Livius findet und die Lukas dazu benutzt hat, um aufzuweisen, daß bei den zur Entstehung der heidenchristlichen Kirche führenden Geschehnissen das in den Missionsreden der Apostel und des Paulus zu Wort

---

[74] Auch Sallusts Monographien bezeugen den psychagogischen Charakter der historischen Monographie. Vgl. Leeman (wie Anm. 5), 114: Sallust versteht es, „φόβος und ἔλεος zu erregen, nicht im Dienste eines sensationellen Pathos . . . , sondern im Dienste einer κάθαρσις, die dem Leser den einzigen Weg zur Freiheit zeigen kann"; s. außerdem W. Avenarius, Die griechischen Vorbilder des Sallust, SO 33 (1957), 48–86: 58f.; K. Vretska, Der Aufbau des ‚Bellum Catilinae‘, in: V. Pöschl (Hg.), Sallust, Darmstadt ²1981, 74–101: 95f., und H. A. Gärtner, Erzählformen bei Sallust, Hist. 35 (1986), 449–473: 456–462. Schließlich sei hier noch auf das 2. Makkabäerbuch verwiesen, dessen Verfasser das ψυχαγωγεῖν gleichfalls zu seinen Zielen zählt (s. 2Makk 2,25).

[75] Entsprechend ist meine 1979 publizierte Äußerung zum Grund für das lukanische Interesse an der Form der historischen Monographie (wie Anm. 2, 463; im vorliegenden Band S. 9) zu ergänzen.

[76] Um nicht mißverstanden zu werden: Ich behaupte natürlich nicht, daß die weitgehende formale Kongruenz, die zwischen der Apostelgeschichte einerseits und Ciceros im Lucceiusbrief niedergelegten Vorstellungen von einer historischen Monographie sowie seinem Ὑπόμνημα andererseits besteht, aus lukanischer Cicero-Kenntnis resultiert. Mehr, als daß Lukas hier aus den Traditionen der hellenistisch-römischen Historiographie geschöpft hat, läßt sich – wie im Falle des 2. Makkabäerbuches auch – nicht feststellen. Immerhin sei vermerkt, daß das von Atticus in Griechenland verbreitete Ὑπόμνημα (*Att.* II 1,2) noch Lukas' Zeitgenossen Plutarch vorgelegen hat (s. o. S. 27) und der Lucceiusbrief von einem weiteren Zeitgenossen des Acta-Verfassers, dem jüngeren Plinius, in einem Brief an Tacitus nachgeahmt worden ist (*Epist.* VII 33): vgl. H. W. Traub, Pliny's Treatment of History in Epistolary Form, TPAPA 86 (1955), 213–232: 226–229; selbst im griechischen Roman hat er Spuren hinterlassen, vgl. Achilles Tatius VIII 4,4: ἔπειτα τῶν ἔργων παρελθόντων ἡ διήγησις τὸν οὐκέτι πάσχοντα ψυχαγωγεῖ μᾶλλον ἢ λυπεῖ mit *Fam.* V 12,4,15–5,1: *habet enim praeteriti doloris secura recordatio delectationem.*

kommende – Legitimität spendende! – Jesuszeugnis selbst das entscheidende
Movens der auch sonst von Gott gelenkten Ereignisse war.[77]

Schließlich: Man kann fragen, ob es sich denn überhaupt lohnt, in Erfahrung bringen zu wollen, welcher literarischen Form die Apostelgeschichte zuzurechnen sei. Skeptiker mögen es da mit Heinz Schürmann halten, der der
Meinung war, daß „ein ‚literarisches‘ Verständnis der lukanischen ‚Schrift‘
nur deren Außenseite" erfasse.[78] Angemessener scheint es mir jedoch, die
eben gestellte Frage mit dem folgenden Zitat zu beantworten: „Nur durch die
Form wird die Geschichte faßbar, und nur durch die Sprache dieser Form wird
sie mitteilbar. Die Form eines Geschichtswerkes verstehen heißt also das Wesentliche seines ‚Inhalts‘ verstehen." Mit dieser Einsicht hat Anton Daniel
Leeman den einleitenden Absatz eines dem „Großmeister ... der historischen
Monographie in Rom" gewidmeten und „Formen sallustianischer Geschichtsschreibung" betitelten Aufsatzes beschlossen.[79] Es kann nicht falsch sein,
Leemans Einsicht auch im Blick auf die lukanische Schriftstellerei gelten zu
lassen.

---

[77] Vgl. meinen Beitrag *Die Missionsreden der Apostelgeschichte und Dionys von Halikarnass*, im vorliegenden Band S. 109–125.

[78] H. SCHÜRMANN, Das Lukasevangelium. I. Teil (HThK III/1), Freiburg/Basel/Wien
²1969, 2, Anm. 9. SCHÜRMANN setzt den oben zitierten Satz mit der Bemerkung fort, „sie [sc.
die lukanische ‚Schrift‘] will ‚kanonisch‘ gewertet werden". Doch was heißt das?

[79] LEEMAN (wie Anm. 5), 108. So auch WEDDERBURN (wie Anm. 1), 304: „Die Frage der
Gattung eines Werkes ist deswegen besonders wichtig, weil die richtige Wahrnehmung der
Gattung eines Textes unentbehrlich ist für das Verstehen dieses Textes ... In der Frage nach
der Gattung der Apg geht es also um den Versuch, zu verstehen, was der Verfasser der Apg
wollte und beabsichtigte, als er sein Werk schrieb." Nicht anders GEIGER (wie Anm. 6), 122,
im Blick auf das 2. Makkabäerbuch: "Once a writer made up his mind to write a book, inevi-
tably he had to think in terms of literary genres, and had to make a decision as to the genre to
which his work was to belong ... In its turn, his decision would influence, to some degree at
least, the structure and contents of the work."

Τερατεία

Fiktion und Wunder in der hellenistisch-römischen Geschichtsschreibung
und in der Apostelgeschichte

"Had Thucydides lived in Luke's era and read Luke's account he would have
not been pleased with the amount of attention Luke gives to prophecies, por-
tents, signs, miracles, wonders and the like" heißt es in einem 1996 publizierten und "Finding its Niche: The Historical and Rhetorical Species of Acts"
betitelten Aufsatz aus der Feder von Ben Witherington.[1] Mit seinem Wissen
um die Ablehnung, die Lukas von einem antiken Historiker erfahren hätte,
wenn dieser die Apostelgeschichte hätte lesen können, steht Witherington
nicht allein. Richard I. Pervo, ein Landsmann Witheringtons, hatte bereits ein
Jahrzehnt zuvor einen weiteren antiken Geschichtsschreiber zu nennen gewußt, der Lukas seiner Meinung nach nur mit Befremden betrachtet haben
würde, hätte er von ihm Kenntnis nehmen können: Livius. "This writer",
meinte Pervo, "who shrank from neither propaganda nor little bits of fiction,
would not for a moment have considered Luke a colleague"[2], und gleich
Witherington nahm auch Pervo an der häufig zu beobachtenden Fiktionalität
der lukanischen Erzählung Anstoß: "Luke's congeries of miracles, impossible
statistics, and constant improbabilities exceeded even the most permissive
limits [sc. of ancient historiography]"[3], ein – wie sich zeigen wird: höchst an-
fechtbares – Urteil, das freilich wesentlich dazu beigetragen haben dürfte, daß
auch Pervo selbst in Lukas keinen Geschichtsschreiber mehr, sondern den
Verfasser eines (historischen) Romans nach Art der apokryphen Apostelakten
sehen wollte: "The canonical and apocryphal Acts treat similar material in
similar ways. Generically, they are representatives of a subgroup within the
broad category of the ancient novel."[4] Anders – erstaunlicherweise! – Witherington: "Of all the historians writing in Greek, Luke's work seems to me to
be most like the Greek historiography of someone like Polybios, and to lesser

---

[1] B. WITHERINGTON, Finding its Niche: The Historical and Rhetorical Species of Acts,
SBL.SP 132 (1996), 67–97: 74f.

[2] R. I. PERVO, Profit with Delight. The Literary Genre of the Acts of the Apostles, Philadelphia 1987, 7.

[3] Ebd.

[4] A. a. O. 135. Ähnlich bereits H. KÖSTER, Einführung in das Neue Testament im Rahmen
der Religionsgeschichte und Kulturgeschichte der hellenistischen und römischen Zeit, Ber-
lin/New York 1980, 484.

degree, Thucydides".[5] Obwohl ich diese Überzeugung Witheringtons nicht teile, bin ich mit ihm doch gegen Pervo darin einig, daß die Apostelgeschichte ein Stück antiker Geschichtsschreibung darstellt. Ein christlicher Polybios oder gar Thukydides war der Acta-Verfasser allerdings nicht – auch wenn ihn hinsichtlich der Reden einige Traditionslinien mit Thukydides verbinden.[6] Zu jener Geschichtsschreibung indes, die einer der Hauptströme der hellenistisch-römischen Historiographie gewesen ist, möchte ich Lukas unbedingt zählen: zur tragischen bzw. tragisch-pathetischen (gelegentlich auch peripatetisch genannten) Historiographie, die man allerdings, Klaus Meister und Otto Lendle folgend, besser als mimetische oder sensationalistische Geschichts-schreibung bezeichnen sollte.[7] Ein gewichtiger Grund für die Zuordnung der Apostelgeschichte zu dieser Geschichtsschreibung besteht nun aber, wie im folgenden dargelegt werden soll, gerade in jenem Faktum, das Witherington und Pervo dazu bewogen hat, Thukydides bzw. Livius bei ihrer hypotheti-schen Actalektüre Mißfallen zu unterstellen: in der dem Spektakulären zunei-genden, vor Fiktion und Mirakel nicht zurückscheuenden Erzählweise des Acta-Verfassers.[8]

I

Zunächst sei freilich kurz erläutert, worum es sich bei der mimetischen Ge-schichtsschreibung gehandelt hat. Als Archegeten dieser historiographischen Richtung mag man Duris von Samos ansehen, der bestimmte, in der griechi-schen Geschichtsschreibung schon stets vorhandene, in der Alexanderge-schichte dann deutlicher zutage tretende Tendenzen[9] in Anlehnung an „Ter-

---

[5] A. a. O. (wie Anm. 1), 76. Vgl. DERS., Editor's Addendum zu W. J. McCoy, In the shadow of Thucydides, in: B. Witherington (Hg.), History, Literature, and Society in the Book of Acts, Cambridge 1996, 3–32: 23–32.

[6] Vgl. z. B. M. DIBELIUS, Die Reden der Apostelgeschichte und die antike Geschichts-schreibung, in: DERS., Aufsätze zur Apostelgeschichte, hg. von H. Greeven (FRLANT 60), Göttingen [5]1968, 120–162: 141f., sowie E. PLÜMACHER, Art. Apostelgeschichte, TRE 3 (1978), 483–528: 503f.

[7] K. MEISTER, Die griechische Geschichtsschreibung. Von den Anfängen bis zum Ende des Hellenismus, Stuttgart/Berlin/Köln 1990, 99.101; O. LENDLE, Einführung in die griechische Geschichtsschreibung. Von Hekataios bis Zosimos, Darmstadt 1992, 189; s. aber auch schon K.-E. PETZOLD, Cicero und Historie, Chiron 2 (1972), 253–276: 264f.

[8] Zum historiographischen Kontext, in dem sich Lukas etabliert hat, vgl. die informativen Überblicke von E. GABBA, True History and False History in Classical Antiquity, JRS 71 (1981), 50–62, und T. P. WISEMAN, Lying Historians. Seven Types of Mendacity, in: C. Gill – T. P. Wiseman (Hg.), Lies and Fiction in the Ancient World, Austin (TX)/Exeter 1993, 122–146.

[9] Belege hierzu bei F. W. WALBANK, History and Tragedy, Hist. 9 (1960), 216–234: 230f. 231–233.

mini und Gedankengänge" der aristotelischen Poetik zu einem historiographischen Programm verdichtete.[10] Im Proömium seiner „Makedonika" hat er es in
Auseinandersetzung mit zwei zur rhetorischen Geschichtsschreibung zu zählenden Historikern formuliert: „Ephoros und Theopomp sind (in ihren Werken) am weitesten hinter den Ereignissen (τὰ γενόμενα) zurückgeblieben.
Ihre Darstellung läßt nämlich jegliche Nachahmung (der Wirklichkeit;
μίμησις) vermissen und entbehrt (infolgedessen) auch jeder (Möglichkeit zur)
Lustempfindung (ἡδονή). Ihre Sorge galt einzig dem Stil (αὐτὸ τὸ γρά-
φειν)".[11] Hieraus geht hervor, daß Duris selbst offenbar die Absicht besaß, die
vom Historiker zu behandelnden realen (historischen) Geschehnisse (τὰ
γενόμενα) in Analogie zu der Art und Weise und zudem mit gleicher Zielsetzung zu schildern, welche Aristoteles den Tragödiendichtern bei der Darstellung potentiellen Geschehens (οἷα ἂν γένοιτο) zugewiesen hatte: durch lebensnahe Nachahmung der Wirklichkeit (μίμησις) im Zuschauer eine – in der
Tragödie auf Mitleid und Furcht zielende – Lustempfindung (ἡδονή) zu erzeugen.[12] Natürlich bedeutet dies nicht zugleich, daß Duris etwa propagiert
hätte, der Geschichtsschreiber könne mit der Historie ebenso freizügig umge-
hen wie die Dramatiker mit ihren lediglich potentielles Geschehen abbilden-
den Stoffen. Denn daß der Historiker in seiner Wiedergabe der Ereignisse der
Wahrheit verpflichtet blieb, war zumindest prinzipiell durchaus auch Duris'
Überzeugung.[13] Wohl aber glich Duris die Aufgabe des Geschichtsschreibers
insofern derjenigen des aristotelischen Dichters an, als nun auch jener um der
– wie im einzelnen Falle auch immer gearteten – ἡδονή des Lesers willen die
„nachahmende Schilderung" der Wirklichkeit[14] anzustreben und dies Vorhaben durch möglichst lebensnahe Wiedergabe des den historischen Ereignissen
innewohnenden πάθος zu befördern hatte[15], um auf diese Weise die Emotio-
nen seiner Leser ansprechen und sie wie die Zuschauer einer Tragödie in den
Bann des dargestellten Geschehens schlagen zu können.

---

[10] Vgl. LENDLE (wie Anm. 7), 187.

[11] FGrHist 76, F 1. Zur Interpretation: K. MEISTER, Historische Kritik bei Polybios (Palingenesia 9), Wiesbaden 1975, 109–126; DERS. (wie Anm. 7), 95–102, und LENDLE (wie
Anm. 7), 185–189.

[12] *Poet.* 1451b4–7; 1453b11–14.

[13] Vgl. MEISTER (wie Anm. 11), 113f.

[14] LENDLE (wie Anm. 7), 188.

[15] Vgl. Duris' „geradezu programmatische Wendung" bei Diodor XX 43,7 (nach „allgemeiner Auffassung" schreibt Diodor hier Duris aus: MEISTER [wie Anm. 11], 112), „wonach
die geschichtliche Darstellung bedauerlicherweise zu Abgrenzungen in der Schilderung
gleichzeitiger Ereignisse genötigt sei und damit leider weit hinter ihrer Aufgabe zurückbleibe,
das πάθος der Begebenheiten voll widerzuspiegeln": G. A. LEHMANN, Polybios und die ältere
und zeitgenössische griechische Geschichtsschreibung. Einige Bemerkungen, in: Polybe
(EnAC 20), Genf 1973, 147–200: 150, Anm. 1. Siehe außerdem H. STRASBURGER, Die Wesensbestimmung der Geschichte durch die antike Geschichtsschreibung (SbWGF 5,3), Wiesbaden 1966, 47.

Freilich: Ein Programm ist eine Sache, seine Durchführung eine andere. Duris selbst hat wohl schon immer dann, wenn er seinem Stoff eine dramatische, den Leser durch Spannung bzw. Theatralik fesselnde Szene abgewinnen konnte, die historische Faktentreue seinem Interesse an dramatischer Gestaltung untergeordnet[16], und viele – wenn nicht sogar die meisten! – Historiker sind ihm hierin, wie er um der psychagogischen Wirkung willen dramatisierende Umformung, Übertreibung oder gar Erfindung nicht scheuend, gefolgt, ohne jedoch eine regelrechte Historiker-‚Schule‘ zu bilden: u. a. Phylarch[17], Agatharchides von Knidos[18], der Verfasser des 2. Makkabäerbuches[19], Poseidonios von Apamea[20], Coelius Antipater[21], Cicero[22], Sallust[23], Livius[24], Taci-

[16] Vgl. FGrHist 76, F 67 (= Plutarch, *Pericles* 28,1–3); F 70 (= Plutarch, *Alcibiades* 32,1–3); MEISTER (wie Anm. 11), 120–122 (zu Diodor XIX 2,3–8; 4,3–7 und XX 16,3–6, Passagen, die sämtlich aus Duris' Geschichte des Agathokles stammen). Duris zu unterstellen, er habe „keinen grellen Effekt ausgelassen" (so J. MALITZ, Das Interesse an der Geschichte. Die griechischen Historiker und ihr Publikum, in: H. Verdin – G. Schepens – E. de Keyser [Hg.], Purposes of History. Studies in Greek Historiography from the 4th to the 2nd Centuries B. C. [StHell 30], Louvain 1990, 323–349: 337), dürfte allerdings zu weit gehen.

[17] Vgl. Polybios II 56–59; Plutarch, *Themistocles* 32,4; LENDLE (wie Anm. 7), 195–202.

[18] Vgl. die bei Diodor III 12f.; 40 erhaltenen Fragmente aus seiner mit den Mitteln der mimetischen Geschichtsschreibung schildernden ethnographischen Schrift über das Rote Meer und dazu STRASBURGER (wie Anm. 15), 51, sowie MEISTER (wie Anm. 7), 152f.

[19] Vgl. 2Makk 3; 7; 14,37–46 sowie B. NIESE, Kritik der beiden Makkabäerbücher nebst Beiträgen zur Geschichte der makkabäischen Erhebung, Hermes 35 (1900), 268–307. 453–527: 300–303; H. CANCIK, Mythische und historische Wahrheit. Interpretationen zu Texten der hethitischen, biblischen und griechischen Historiographie (SBS 48), Stuttgart 1970, 108–126; C. HABICHT, 2. Makkabäerbuch (JSHRZ I/3), Gütersloh 1976, 189f.; M. DELCOR, The apocrypha and pseudepigrapha of the Hellenistic period, in: W. D. Davies – L. Finkelstein (Hg.), The Cambridge History of Judaism, Vol. 2. The Hellenistic Age, Cambridge 1989, 409–503: 465–467 (ebd. 466: "What we have in 2 Maccabees is a kind of writing, widespread in Hellenistic literature, which has rightly been called *histoire pathétique*, 'history with feeling'" [Hervorhebung des Autors]). Erhellend teilweise auch W. RICHNOW, Untersuchungen zu Sprache und Stil des zweiten Makkabäerbuches. Ein Beitrag zur hellenistischen Historiographie, Diss. phil. Göttingen 1966.

[20] Vgl. insbesondere die von Athenaeus überlieferte Athenionepisode (V 211d–215b = FGrHist 87, F 36 = Frgm. 253 Edelstein – Kidd = Frgm. 247 Theiler) sowie F. JACOBY, FGrHist II C, 159, und LENDLE (wie Anm. 7), 235–237.

[21] Vgl. W. HERRMANN, Die Historien des Coelius Antipater. Fragmente und Kommentar (BKP 104), Meisenheim 1979, 38f. (Frgm. 45 [= Livius XXIX 25,1–4]; 46 [= Livius XXIX 27,13–15]). 49. 183. 207–209; D. FLACH, Römische Geschichtsschreibung, Darmstadt ³1998, 80–82.

[22] Siehe das im Lucceius-Brief (*Fam.* V 12) vorgetragene historiographische Programm (dazu PETZOLD [wie Anm. 7], 272–274, und mein Beitrag *Cicero und Lukas*, im vorliegenden Band S. 15–32) sowie c. 10–23 der plutarchischen Cicero-Vita, deren Quelle Ciceros *Att.* II 1,1f. erwähnte, den Usancen der mimetischen Historiographie verpflichtete Konsulatsschrift war (dazu O. LENDLE, Ciceros ὑπόμνημα περὶ τῆς ὑπατείας, Hermes 95 [1967], 90–109).

[23] Beide seiner historischen Monographien „wandten die Maßstäbe der ‚tragischen Geschichtsschreibung‘ des Hellenismus an"; sie geben „der emotionalen Wirkung den Vorzug

tus[25.26] sowie, jedenfalls in den *Antiquitates*, Josephus[27] und eben auch Lukas[28].[29] Dies im einzelnen aufzuzeigen, ist indes nicht Absicht der hier vorgelegten Untersuchung. Im folgenden sollen vielmehr Wesen und Funktion eines bestimmten Begriffs vorgestellt werden, der in besonders prägnanter Weise von Polybios, dann – freilich nur auf die Verwendung bestimmter Stoffe zie-

---

vor Detailgenauigkeit oder Ausgewogenheit des Urteils" und zeigen „eine apolitische Indifferenz gegenüber der Wahrheit, wenn sie Drama oder Erregung verringern könnte": E. FANTHAM, Literarisches Leben im antiken Rom. Sozialgeschichte der römischen Literatur von Cicero bis Apuleius, Stuttgart/Weimar 1998, 90. Vgl. außerdem S. SCHMAL, Sallust, Hildesheim 2001, 146–148, sowie die in meinem Beitrag *Cicero und Lukas*, oben S. 16, Anm. 5 genannte Literatur.

[24] Vgl. die Nachweise in meinem TRE-Artikel (wie Anm. 6), 510f.; außerdem sei noch auf A. H. MCDONALD, The Style of Livy, JRS 47 (1957), 155–172, verwiesen.

[25] Vgl. z. B. *Hist.* III 67,2–68,3 sowie D. FLACH, Tacitus in der Tradition der antiken Geschichtsschreibung (Hyp. 39), Göttingen 1973, 45–51.119–121. – Ein überraschend zutreffendes Urteil über die taciteische Geschichtsschreibung stammt von keinem Geringeren als Napoleon; Tacitus, so hat er sich in seinen Gesprächen mit Goethe und Wieland geäußert, «c'est un peintre habile ... un coloriste hardi et séduisant; mais l'histoire ne veut point d'illusions, elle doit éclairer, instruire et non seulement amuser par des tableaux frappants» (s. B. SUPHAN, Napoleons Unterhaltungen mit Goethe und Wieland und Fr. von Müllers mémoire darüber für Talleyrand, Goethe-Jahrbuch 15 [1894], 20–30: 22; FLACH, a. a. O. 48).

[26] Bemerkenswerterweise sind es (neben Pompeius Trogus) gerade die drei zuletzt genannten Historiker, die der Verfasser der *Historia Augusta* als Belege für seine Behauptung anführt, noch jeder Geschichtsschreiber habe zum Fingieren geneigt: *me ... dicente neminem scriptorum, quantum ad historiam pertinet, non aliquid esse mentitum, prodente quin etiam in quo Livius, in quo Sallustius, in quo Cornelius Tacitus, in quo denique Trogus manifestis testibus convincerentur* (*Script. hist. Aug. Aurelian* 2,1).

[27] H. W. ATTRIDGE, The Interpretation of Biblical History in the Antiquitates Judaicae of Flavius Josephus (HDR 7), Missoula (MT) 1976, 51: "Josephus does not claim to be writing 'tragic' history, although that is often what he does." Vgl. z. B. *Ant.* XVIII 55–89 und dazu B. JUSTUS, Zur Erzählkunst des Flavius Josephus, Theok. 2 (1973), 107–136, bes. 125–127. Zum *Bellum* s. JUSTUS, ebd., sowie unten S. 43f.

[28] E. PLÜMACHER, Lukas als hellenistischer Schriftsteller. Studien zur Apostelgeschichte (StUNT 9), Göttingen 1972, 80–136; DERS. (wie Anm. 6), 509–513.

[29] Zu beachten ist allerdings, daß sich die Genannten die Usancen der mimetischen Historiographie in sehr unterschiedlicher Intensität zu eigen gemacht haben. So hat Livius zwar „den kontinuierlichen Ablauf des historischen Geschehens ... in eine Folge grosser Bilder und repräsentativer Szenen, die den Leser überwältigen" sollten, aufgelöst, hierbei jedoch nicht wie andere mimetische Historiker zum Mittel der schieren Erfindung bzw. dem der groben Verfälschung von Fakten gegriffen: „Er dichtet nicht hinzu ... er dichtet höchstens ein bisschen um und lässt weg" (H. TRÄNKLE, Livius und Polybios, Basel/Stuttgart 1977, 245 bzw. 71). Am anderen Ende der Skala befindet sich Phylarch, dessen Geschichtsschreibung bereits Plutarch wie folgt charakterisiert hat: „Phylarchos setzt, obschon er Geschichte schreibt, fast wie in einer Tragödie die Göttermaschine in Bewegung (μηχανὴν ἄρας), ... um dramatische Spannung zu erzeugen und Mitleid zu erregen (ἀγῶνα βούλεται κινεῖν καὶ πάθος). Da muß auch der Einfältigste merken, daß er alles erfunden hat (ὅτι πέπλασται)" (*Themistocles* 32,4; Übersetzung K. ZIEGLER).

lend – von Agatharchides und schließlich von Lukian benutzt worden ist, um mit seiner Hilfe das von ihnen mißbilligte Tun mancher Historiker zu charakterisieren, wenn nicht gar zu definieren. Die Einlassungen der Genannten sowie der analoge, wenngleich weniger polemische Gebrauch dieses Begriffs in Texten von Josephus, Plutarch und Strabo scheinen mir durchaus geeignet, einiges Licht auf die mimetische Geschichtsschreibung zu werfen und vor allem die Verbindungslinien erkennen zu lassen, die die Apostelgeschichte insbesondere mit dieser Art von Geschichtsschreibung verknüpfen (dazu die folgenden Abschnitte II bis IV). Einer eigenen Untersuchung bedarf es in diesem Zusammenhang der Position, die die hellenistisch-römische Historiographie (und zwar nicht nur die mimetische!) gegenüber dem Phänomen des krassen Wunders, dem Mirakel παρὰ φύσιν bzw. *praeter naturam*, wie es sich mehrfach in der Apostelgeschichte findet, eingenommen hat (Abschnitt V und VI). Die Frage, wo bzw. wie Lukas mit seinen historiographischen Vorbildern bekannt geworden sein könnte, sucht der Schlußabschnitt unserer Untersuchung, soweit dies überhaupt möglich ist, zu beantworten (VII).

II

Ich setze bei Polybios ein, der einer ganzen Reihe von Historikern vorgeworfen hat, etwas getan zu haben, worauf er selbst verzichtet habe, nämlich von der τερατεία Gebrauch zu machen[30], jenem Element, dessen Spuren in der Geschichtsschreibung wir verfolgen wollen. Was Polybios mit seinem Vorwurf meinte, sei zunächst mit Hilfe einer Passage aus Buch VII verdeutlicht, in der er sich mit den Berichten verschiedener seiner Kollegen über das Ende des syrakusanischen Tyrannen Hieronymos auseinandersetzt und sie beschuldigt, sie hätten in ihren Erzählungen von den σημεῖα, die Hieronymos' Regierungsantritt vorausgegangen seien, und dem Unglück, das er über die Syrakusaner gebracht habe, jede Menge τερατεία verbreitet (πολλήν τινα διατέθεινται τερατείαν) und des Königs

„perverse Grausamkeit, die Ruchlosigkeit seiner Handlungen, schließlich die ungewöhnlichen und entsetzlichen Umstände seines Todes so grauenhaft geschildert (τραγῳδοῦντες), daß weder Phalaris noch Apollodoros noch sonst ein anderer Tyrann ein schlimmerer Wüterich gewesen wäre als er. Nun war er jedoch, als er die Herrschaft antrat, noch ein Knabe und hat dann nach nur dreizehn Monaten sein Ende gefunden. Daß während dieser Zeit ein oder zwei Leute gefoltert, einige seiner Freunde und auch andere Syrakusaner

---

[30] XV 34,1; 36,1f. Zur Bedeutung der τερατεία bei Polybios vgl. neben den oben Anm. 7 und 11 genannten Arbeiten Meisters noch S. Mohm, Untersuchungen zu den historiographischen Anschauungen des Polybios, Diss. phil. Saarbrücken 1977, 107–116.

getötet worden sind, ist möglich; daß er Frevel und Ruchlosigkeiten im Übermaß begangen hätte, ist unwahrscheinlich".[31]

Die Passage zeigt zur Genüge, was Polybios hier mit dem Vorwurf τερατεία gemeint hat: das Aufbauschen eines eher unbedeutenden Stoffes, der mit den Mitteln der dramatischen Darstellungskunst – die kritisierten Geschichtsschreiber werden ja auch des τραγῳδεῖν bezichtigt – in maßloser Übertreibung der tatsächlichen Ereignisse zu einem erzählerischen Glanzstück aufgeputzt wurde, ein Verfahren, das Polybios im folgenden τὰ μικρὰ μεγάλα ποιεῖν καὶ περὶ τῶν μηδὲ μνήμης ἀξίων πολλούς τινας διατίθεσθαι λόγους genannt hat (7,6).

Eine ähnliche Kollegenschelte findet sich in Buch XV 34–36. Hier kritisiert Polybios die Darstellung, die einige Historiker von Machenschaften und Ende einer ptolemäischen Hofclique um einen gewissen Agathokles gegeben hatten, und wirft ihnen vor, ihre Erzählungen zum Zweck der Erschütterung der Leser (bzw. der Hörer, πρὸς ἔκπληξιν τῶν ἀκουόντων) dermaßen mit τερατεία angereichert zu haben, daß der Zutaten schließlich viel mehr gewesen seien als der vorgefundene Stoff Tatsachen enthielt (34,1). In seiner eigenen Darstellung der Geschehnisse hat Polybios auf eine derart ausschmückende Darstellungsweise (τὸν μετ' αὐξήσεως λόγον) verzichtet, und zwar „nicht zuletzt ... deshalb, weil alle diese erregenden Wechselfälle des Glücks (πᾶσαι αἱ ἐκπληκτικαὶ περιπέτειαι)", die sich in den Werken der Kollegen geschildert fanden, „nur beim ersten Lesen fesseln" könnten, ansonsten jedoch ohne Nutzen seien (36,1f.). Was es mit der τερατεία der solcherart gescholtenen Historiker auf sich hat, läßt der Polybiostext durchaus noch erkennen: Ihr Ziel war die gefühlsmäßige Involvierung der Leser in das geschilderte Geschehen (34,1), und das Mittel, dies zu erreichen, bestand, wie aus Polybios' Bezeichnung der περιπέτειαι als ἐκπληκτικαί hervorgeht, in der Gestaltung von (erregenden) Handlungsumschwüngen, von Peripetien eben. An ihnen fand Polybios zweierlei auszusetzen[32]: erstens, daß die kritisierten Geschichtsschreiber sich dieses Gestaltungsmittels im Übermaß bedient hatten, so daß ein πλεονασμὸς ὑπὲρ τῶν ἐκπληκτικῶν συμπτωμάτων zu beklagen war (36,3), und zweitens, daß die von jenen gestalteten Handlungsumschwünge inhaltlich so übertrieben waren, daß sie die Grenzen des Vernünftigen und Vorstellbaren weit hinter sich gelassen zu haben schienen.[33] Bei den Geschichtswerken, deren Verfasser Polybios hier wegen ihrer Verwendung der τερατεία tadelt, muß es sich also, wie auch aus dem Hinweis

---

[31] VII 7,1–5 (Übersetzung H. Drexler).

[32] Polybios' Überzeugung, daß sie weder Nutzen noch Genuß mit sich brächten (36,2–4), sei hier einmal beiseite gelassen.

[33] 36,4: οὐδὲ ... ἥδεται συνεχῶς οὐδεὶς τῶν παρὰ φύσιν γενομένων πραγμάτων καὶ παρὰ τὴν κοινὴν ἔννοιαν τῶν ἀνθρώπων.

auf die Tragödie als den für einen solchen συμφορᾶς πλεονασμός noch am ehesten in Frage kommenden literarischen Ort hervorgeht (36,7), um hochdramatische und, wie die Beschwerde über die Steigerung der Peripetien ins kaum mehr Nachvollziehbare anzeigt, vornehmlich am Spektakulären interessierte sowie auf psychagogische Wirkung (ἔκπληξις) berechnete Darstellungen gehandelt haben, die denjenigen, die Polybios in Buch VII kritisiert hatte, recht ähnlich gewesen sein dürften.

Den Vorwurf, sich der τερατεία bedient zu haben, hat Polybios jedoch mit besonderem Nachdruck gegen Phylarch gerichtet. Beide der von Polybios, Buch II, in diesem Zusammenhang vorgestellten Texte Phylarchs – sowohl der, der vom Schicksal des eroberten Mantinea handelt, wie der, der von der Folterung des Tyrannen Aristomachos berichtet[34] – werden von ihm als τερατεῖαι verdammt.[35] Im Unterschied zu den die τερατεία gleichfalls ablehnenden Aussagen von Buch VII und XV findet sich hier freilich ein Element, das dort lediglich unter dem Gesichtspunkt der Übertreibung anklingt: die Qualifizierung der τερατεία als ψεῦδος. Im Blick auf bestimmte Züge von Phylarchs ohnehin mit Ausschmückungen und Übertreibungen (μετ' αὐξήσεως καὶ διαθέσεως, 61,1) ausgestatteter Mantinea-Erzählung behauptet Polybios nämlich, jener habe hier um der τερατεία willen eine reine Erfindung (ein ψεῦδος τὸ ὅλον) aufgetischt (58,12), und die in 59,3 als τερατεία charakterisierte Szene, in der die entsetzte Reaktion unbeteiligter Bürger auf die Folterung des Aristomachos geschildert wird, läßt er Phylarch „erdichtet" haben (πλάττει, 59,2).

Aus welchen Gründen die τερατεία unter das Verdikt des ψεῦδος fiel, enthüllt Polybios in der Passage II 56,10–12. Zunächst stellt er hier, wie später dann auch in XV 34,1, fest, daß mit der Benutzung der τερατεία die Absicht verbunden war, die Leser oder Hörer in Erschütterung zu versetzen (ἐκπλήττειν[36]). Für derlei schien Polybios die Geschichtsschreibung jedoch nicht der rechte Ort: δεῖ τοιγαροῦν οὐκ ἐκπλήττειν τὸν συγγραφέα τερατευόμενον διὰ τῆς ἱστορίας τοὺς ἐντυγχάνοντας. Als den einzigen Ort, an dem das ἐκπλῆξαι καὶ ψυχαγωγῆσαι am Platze war, sah er die Tragödie an, deren τέλος ja gerade im Fesseln und Erschüttern des Zuschauers bestehe. Diesen Zweck erreiche die Tragödie διὰ τῶν πιθανωτάτων λόγων, das heißt: mit Hilfe der Glaubwürdigkeit des von ihr dargestellten Geschehens. Zum Wesen des ἔκπληξις produzierenden dramatischen πιθανόν gehöre indes nicht, so führt Polybios weiter aus, daß es auch wahr sei; das in der Tragödie überzeugend, weil glaubwürdig dargestellte Geschehen konnte also durchaus auf reiner Fiktion beruhen: ἐν ἐκείνοις [sc. τοῖς τραγῳδιογράφοις] ἡγεῖ-

---

[34] II 56,6 bzw. 59,1f.

[35] 58,12; 59,3.

[36] Konjektur aus ἐπιπλήττειν, dazu F. W. WALBANK, A Historical Commentary on Polybios, Vol. 1–3, Oxford 1957–1979: Vol. 1, 261.

ται τὸ πιθανόν, κἂν ᾖ ψεῦδος, heißt es in 56,12. Demgegenüber bestand die Aufgabe des Historikers Polybios zufolge jedoch gerade darin, einzig das tatsächlich Geschehene, mochte es auch völlig unspektakulär gewesen sein (κἂν πάνυ μέτρια τυγχάνωσιν ὄντα), so, wie es sich abgespielt hatte, κατ᾽ ἀλήθειαν, wiederzugeben (56,10) – und eben diese Aufgabe hielt Polybios für gefährdet, wenn Historiker wie Phylarch oder die in Buch VII und XV kritisierten Zunftgenossen darangingen, sich wie τραγῳδιογράφοι zu gebärden und zum Zweck der ἔκπληξις ihrer Leser die τερατεία samt den wie in XV 36,1f. auch in der Auseinandersetzung mit Phylarch verworfenen περιπέτειαι (II 56,13) in die Geschichtsschreibung einzuführen[37]; für Polybios bedeutete dies nichts Geringeres, als dem πιθανόν und damit der Lizenz zum ψευδολογεῖν Eingang in die Geschichtsschreibung zu gewähren.

Wie also ist der Begriff der τερατεία zu definieren? Die von Polybios aufgrund der Neigung ihrer Verfasser zum τερατεύεσθαι kritisierten Historikertexte sowie seine Auseinandersetzung mit Phylarch (und dessen Texten) weisen den Weg: Überall, wo Polybios diese Texte kritisiert, ist von Übertreibung und Erfindung um der Erschütterung des Lesers willen die Rede und davon, daß diese nach Art der Tragödie und mit Hilfe des stets ihr zugeordneten Stilmittels der Peripetie zu erreichen gesucht wurde. So wird man denn die τερατεία als eine auf das Spektakuläre zielende, wenn nicht gar zum Sensationellen strebende Darstellungsweise definieren können[38], zu deren Wesen unabdingbar auch gehörte, auf Wirkung bedacht zu sein und es deshalb mit der historischen Wahrheit nicht sonderlich genau zu nehmen, wenn die Gestaltung einer fiktiven Wirklichkeit der emotionalen Beteiligung des Lesers förderlicher zu sein schien als ein Bericht nur des tatsächlich Geschehenen. Vergegenwärtigt man sich nun das Interesse, das neben Phylarch und den von Polybios ohne Namensnennung kritisierten Historikern auch und gerade Autoren wie z. B. Duris, Agatharchides, Poseidonios, Coelius Antipater, Cicero oder Tacitus an Peripetien, bunten Bildern und psychagogischen Szenen besessen haben, ein Interesse, das auch bei ihnen mit dem Hang zur Übertrei-

---

[37] Ein Widerschein dieser Ansichten findet sich einmal auch bei dem der mimetischen Geschichtsschreibung sonst durchaus verpflichteten Livius. In V 21,8 distanziert er sich von einer ihm überkommenen Überlieferung dadurch, daß er sie als *fabula* definiert (vgl. dazu Quintilian, *Inst. orat.* II 4,2, wonach die *fabula* jene von drei *narrationum species* ist, *quae versatur in tragoediis atque carminibus non a veritate modo, sed etiam a forma veritatis remota*), um schließlich zu bemerken: *haec ad ostentationem scaenae gaudentis miraculis aptiora quam ad fidem*, „diese Geschichte eignet sich mehr zur Darstellung auf der Bühne, wo man an wunderbaren Begebenheiten seine Freude hat, als daß sie glaubhaft wäre" (21,9; Übersetzung H. J. HILLEN). Plutarch mißfällt die Geschichte übrigens ebenfalls, sie sehe allzusehr nach Erdichtung (μύθευμα) aus, s. *Camillus* 5,6 (Ende).

[38] „Kein anderer Begriff kennzeichnet diese Art der Geschichtsschreibung so treffend wie das Wort τερατεία, worunter ... eine auf das Sensationelle abzielende Darstellungsweise zu verstehen ist": MEISTER (wie Anm. 11), 123; vgl. DERS. (wie Anm. 7), 99f.

bung sowie mit einer nicht selten geradezu souveränen Verachtung der historischen Fakten bis hin zu bewußter Fiktion einherging[39], dann zeigt sich, daß
Polybios mit seiner Kritik am Gebrauch der τερατεία in der Geschichtsschreibung an den oben interpretierten Stellen nichts anderes kritisiert hat als
eben die mimetische Historiographie, deren Charakter mit dem – wie wir noch
sehen werden, nicht nur bei Polybios einschlägig verwendeten – Begriff der
τερατεία im Sinne von „Sensationshistorie"[40] zutreffend umschrieben ist.
Denn an der Aufrüstung der von ihnen erzählten Geschehnisse zu Sensationen
waren alle eben Genannten brennend interessiert: Duris, der eine unbedeuten-
de maritime Auseinandersetzung zwischen Syrakusanern und Karthagern mit
dem Nimbus von Salamis umgab[41] (ganz so übrigens, wie Lukas seinen Paulus
in Apg 17 mit dem Nimbus des Sokrates geschmückt hat[42]); Phylarch, der
behauptet hatte, das Los der von Antigonos Doson besiegten Mantineer sei so
hart gewesen, daß es ganz Griechenland zu Tränen gerührt habe[43], und ein so
schreckliches Ende wie der Tyrann Aristomachos von Argos habe noch nie
ein Mensch erlitten[44]; Agatharchides, von dessen Zwangsarbeitsschilderungen

---

[39] Dies im einzelnen zu dokumentieren, ist hier nicht der Ort; ich verweise auf die oben in
Anm. 20–22, 25 und 26 gegebenen Belege sowie die dazu genannte Literatur. Lediglich der
legere Umgang mit historischen Fakten sei hier durch ein – besonders eindrückliches – Beispiel illustriert: die von Cicero an Lucceius gerichtete Aufforderung, ihn in einer Monographie *a principio ... coniurationis [sc. Catilinae] usque ad reditum nostrum (Fam.* V 12,4,1f.)
„ordentlich herauszustreichen" (*ut ornes me postulem*, ebd. 2,19) und ihm „ein klein wenig
mehr zukommen zu lassen, als die Wahrheit gestattet" (*plusculum etiam quam concedet veritas largiare*, ebd. 3,9f.). Das heißt: Lucceius sollte genau das tun, was Polybios seinerzeit der
mimetischen Historiographie Phylarchs vorgeworfen hatte, nämlich um der τερατεία willen
das ψεῦδος in seine Geschichtsschreibung eingeführt zu haben (II 58,12).

[40] MEISTER (wie Anm. 11), 125; vgl. auch WALBANK (wie Anm. 36), Vol. 1, 183; Vol. 2, 40.

[41] Die aus Duris' Geschichte des Agathokles stammende ungemein dramatisch gestaltete
Episode (Diodor XX 16,3–6) handelt von einem griechischen Blockadebrecher, der sich im
Morgengrauen an den karthagischen Wachschiffen vorbei in den Hafen des von den Kartha-
gern zu Lande und zu Wasser belagerten Syrakus hineinschleichen will. Dabei läßt Duris die
Mannschaft des griechischen Dreißigruderers jedoch etwas für ihr Vorhaben äußerst Unpas-
sendes tun: Er läßt sie lauthals den Paian anstimmen – ganz so, wie dies die Vorfahren in der
Morgenfrühe von Salamis getan hatten (Aischylos, *Pers.* 384–394). Es ist also durchaus an-
gemessen, wenn der Demostheneskommentator Didymos eine ihm unglaubhaft erscheinende
Aussage des Duris mit der Bemerkung kritisiert: ἔδει γὰρ αὐτὸν καὶ (!) ἐνταῦθα τερατεύ-
εσθαι (Didymi in Demosthenem commenta, p. 45,50f. Pearson – Stephens = FGrHist 76,
F 36).

[42] Vgl. PLÜMACHER, Lukas (wie Anm. 28), 19; K. O. SANDNES, Paul and Socrates. The
Aim of Paul's Areopagus Speech, JSNT 50 (1993), 13–26.

[43] Polybios II 56,6: φησὶ ... τὴν ἀρχαιοτάτην καὶ μεγίστην πόλιν τῶν κατὰ τὴν
Ἀρκαδίαν τηλικαύταις παλαῖσαι συμφοραῖς ὥστε πάντας εἰς ἐπίστασιν καὶ δάκρυα
τοὺς Ἕλληνας ἀγαγεῖν.

[44] Polybios II 59,1: Ἀριστόμαχον τὸν Ἀργεῖόν φησιν ... ἀδικώτατα καὶ δεινότατα
παθόντα πάντων ἀνθρώπων.

Photius meinte, das darin beschriebene Elend sei nicht mehr zu steigern[45]; Poseidonios, der seinen vom schäbigen Philosophen zum στρατηγὸς ἐπὶ τῶν ὅπλων avancierenden Negativhelden Athenion den Athenern verkünden ließ, „was niemand je erwartet, ja nicht einmal im Traume sich vorgestellt" habe[46]; Coelius Antipater, der den Eindruck von der Größe des sich von Sizilien nach Afrika einschiffenden Heeres Scipios dadurch ins Unermeßliche zu steigern suchte, daß er behauptete, von dem dabei durch die Soldaten verursachten Lärm seien die Vögel vom Himmel gefallen und es habe geschienen, „als ob kein Sterblicher in Italien oder Sizilien zurückgeblieben sei"[47]; Cicero, der in der Catilina-Krise „den größten Umsturzversuch aller Zeiten" verhindert haben wollte[48], und Tacitus, der den Abdankungsversuch des Kaisers Vitellius mit den Worten kommentierte, so etwas habe man noch nie gesehen, auch nicht gehört.[49]

Eine vergleichbare Sensationsstory, die sogar ausdrücklich als solche vorgestellt wird, findet sich einmal auch im *Bellum* des Josephus, in einem Werk also, in dem der jüdische Historiker anders als später in den *Antiquitates* den Anspruch erhoben hat, den Maximen der pragmatischen Geschichtsschreibung gefolgt zu sein.[50] Josephus kündigt die Story, die einen spektakulären Fall von Kannibalismus im belagerten Jerusalem zum Inhalt hat (VI 201–213), folgendermaßen an: Wovon er nunmehr zu berichten habe, sei ein Geschehen, „wie es weder bei

---

[45] *Bibliothek*, Cod. 250, 447b37–40 (Vol. 7, p. 152f. Henry): Ὑπερβολὴν οὖν οὐδενὶ τὸ πάθος δυστυχήματι καταλιπεῖν ἐκτραγῳδήσας, τὸν τρόπον ἀπαγγέλλει τῆς περὶ τὸ χρυσίον ἐργασίας. Inwieweit Agatharchides tatsächlich übertreibt, zeigt D. WOELK, Agatharchides von Knidos. Über das Rote Meer. Übers. und Komm., Diss. phil. Freiburg i. Br. 1966, 111–117.

[46] Frgm. 253,71f. Edelstein – Kidd: τὰ μηδέποτε ἐλπισθέντα μηδὲ ἐν ὀνείρῳ φαντασθέντα. Wahl zum Strategen: ebd. 104–106.

[47] Frgm. 45 Herrmann (= Livius XXIX 25,3f.): *Coelius ... ita ad immensum multitudinis speciem auget: volucres ad terram delapsas clamore militum ait tantamque multitudinem conscendisse naves, ut nemo mortalium aut in Italia aut in Sicilia relinqui videretur.*

[48] Οὐ γὰρ τὸ κωλῦσαι τὰ πραττόμενα καὶ κολάσαι τοὺς πράττοντας ἐδόκει θαυμαστόν, ἀλλ᾽ ὅτι μέγιστον τῶν πώποτε νεωτερισμῶν οὗτος ἐλαχίστοις κακοῖς ἄνευ στάσεως καὶ ταραχῆς κατέσβεσε: Plutarch, *Cicero* 22,7; Quelle ist Ciceros Ὑπόμνημα περὶ τῆς ὑπατείας, s. o. Anm. 22.

[49] *Hist.* III 68,1: *nec quisquam adeo rerum humanarum inmemor, quem non commoveret illa facies* (Szene), *Romanum principem et generis humani paulo ante dominum relicta fortunae suae sede per populum, per urbem exire de imperio. nihil tale viderant, nihil audierant.*

[50] Vgl. *Bell.* I 1–16; VII 454f.; ATTRIDGE (wie Anm. 27), 45f.; DERS., Josephus and His Works, in: CRI, Sect. II, Vol. 2 (1984), 185–232: 195.217, und G. E. STERLING, Historiography and Self-Definition. Josephos, Luke-Acts and Apologetic Historiography (NT.S 64), Leiden/New York/Köln 1992, 241f. Für eine stärkere Differenzierung zwischen dem von Josephus ohne Zweifel erhobenen Anspruch, das *Bellum* als Thukydideer geschrieben zu haben, und seiner diesen Anspruch keineswegs immer erfüllenden Befolgung der von Thukydides für die pragmatische Geschichtsschreibung aufgestellten Normen plädiert G. MADER, Josephus and the Politics of Historiography. Apologetic and Impression Management in the Bellum Iudaicum (Mn. Suppl. 205), Leiden/Boston/Köln 2000, s. bes. 147–157.

Griechen noch bei Barbaren jemals bezeugt worden ist, schauerlich zu erzählen, unglaublich zu hören".[51] Im Anschluß hieran teilt Josephus seinen Lesern mit, daß er die Wiedergabe dieser Greuelgeschichte gerne unterlassen hätte; wenn er sie dennoch berichte, dann deshalb, weil zahllose Zeugen sie bestätigen könnten, aber auch deshalb, weil er seiner Vaterstadt einen unpassenden Dank abgestattet haben würde, wenn er auf die erzählende Wiedergabe des Leidens verzichtet hätte, das jene seinerzeit in der Realität habe erdulden müssen (200). Solche entfernt an die Mimesis-Vorstellungen des Duris[52] erinnernde literarische Treue gegenüber dem leidenden Jerusalem – eine Treue, deren Bewährung Josephus zudem eine weitere (und mit erheblichem schriftstellerischem Geschick genutzte) Gelegenheit zu antizelotischer Polemik verschaffte[53] – mußte den Verfasser des *Bellum* allerdings historiographischen Mißdeutungen aussetzen. In welcher Weise dies der Fall war, geht aus seiner Begründung dafür hervor, weshalb er die Erzählung der Kannibalismusstory lieber unterlassen hätte: Deren Wiedergabe könne die Späteren dazu verleiten, in ihm einen Erzähler unglaubwürdiger Geschichten zu sehen, als der er verständlicherweise nicht gelten wollte – ἔγωγε μὴ δόξαιμι τερατεύεσθαι τοῖς αὖθις ἀνθρώποις (200). Der Wortlaut dieses Protestes und die Erinnerung daran, daß die τερατεία bereits für Polybios „das zentrale Kriterium" der mimetischen Geschichtsschreibung gewesen ist[54], zeigen uns, wogegen sich Josephus hier wehrt: dagegen, aufgrund der Erzählung einer in der Tat eher für die Sensationshistorie charakteristischen Story als Vertreter der mimetischen bzw. sensationalistischen Geschichtsschreibung angesehen zu werden.[55]

---

[51] 199: εἶμι γὰρ αὐτοῦ [sc. τοῦ λιμοῦ] δηλώσων ἔργον οἷον μήτε παρ' Ἕλλησιν μήτε παρὰ βαρβάροις ἱστόρηται, φρικτὸν μὲν εἰπεῖν, ἄπιστον δὲ ἀκοῦσαι. – Μήτε … ἱστόρηται: Ob Josephus hier wissentlich übertreibt? Von den Vorgängen im belagerten Alesia (Caesar, *Gall.* VII 77f.) mußte er nicht wissen, doch fällt es schwer, anzunehmen, daß er 2Kön 6,26–29 (in *Ant.* IX 64–66 verarbeitet) zum Zeitpunkt der Abfassung des *Bellum* noch nicht gekannt haben sollte.

[52] Siehe oben S. 35.

[53] Vgl. die Interpretation von *Bell.* VI 193–219 durch MADER (wie Anm. 50), 138–146.

[54] MEISTER (wie Anm. 11), 125.

[55] Eine vergleichbare Distanzierung von der mimetischen Historiographie findet sich bei Diodor XIX 8,4 – freilich mit dem Unterschied, daß der Verfasser dieser Passage Josephus genau entgegengesetzt argumentiert. Nach einer ausführlichen Darstellung der bei dem Staatsstreich des Agathokles in Syrakus vorgekommenen Untaten (6,4–8,3) begründet jener seine Weigerung, auch über die anschließenden nächtlichen (8,5) Greuel noch zu berichten, folgendermaßen: „Wir müssen uns bei der Schilderung dieser Ereignisse der künstlichen, bei den Geschichtsschreibern gebräuchlichen tragischen Darstellungsweise enthalten, hauptsächlich aus Mitgefühl mit den Opfern (ἀφ' ὧν ἡμῖν περιαιρετέον ἐστὶ τὴν ἐπίθετον καὶ συνήθη τοῖς συγγραφεῦσι τραγῳδίαν, μάλιστα μὲν διὰ τὸν τῶν παθόντων ἔλεον)." Als Verfasser der Passage kommt wohl nur Diodor selbst in Betracht; mit „den Geschichtsschreibern" dürfte allein Duris gemeint sein (s. N. ZEGERS, Wesen und Ursprung der tragischen Geschichtsschreibung, Diss. phil. Köln 1959, 15). Zum Gebrauch des Plurals zur Bezeichnung nur einer einzigen Person vgl. den parallelen Fall Dionys von Halikarnass, *Ant. Rom.* VII 66,3: Mit τινες ist hier einzig Thukydides gemeint, s. *Die Missionsreden der Apostelgeschichte und Dionys von Halikarnass*, im vorliegenden Band S. 109–125: 115–117.

III

Was Polybios die Erzählungen einiger Historikerkollegen über das Ende des Agathokles und seiner Clique sowie die Berichte Phylarchs über die Schicksale Mantineas und des Aristomachos als τερατεία kritisieren ließ, war die Tatsache, daß er sie für maßlose Übertreibungen, wenn nicht gar reine Erfindungen hielt. Als solche waren sie der Unwahrheit zu zeihen, etwas Wunderhaftes, Mirakulöses enthielten sie jedoch nicht. Anders steht es indes schon mit jenen Geschichtsschreibern, die sich mit Hieronymos von Syrakus beschäftigt hatten und in deren τερατεία Polybios zufolge auch von wunderhaften Vorzeichen (σημεῖα) die Rede gewesen war, die dem Regierungsantritt des Königs vorausgegangen sein sollten (VII 7,1). Was sie getan hatten, nämlich πολύν τινα . . . λόγον καὶ πολλήν τινα . . . τερατείαν zu gebrauchen, findet sich wortgleich bereits in Buch II 17,6 als Vorwurf an bestimmte τραγῳδιογράφοι, die man mit Walbank getrost für " 'tragic' historians" halten darf.[56] Weshalb Polybios ihre Erzählungen über die Veneter der τερατεία bezichtigt, teilt er nicht mit; da er aber kurz zuvor (16,13f.) von einer im Po-Gebiet beheimateten und auf mythologischem Stoff – der Phaethonsage – fußenden Ätiologie berichtet und diese als „Stoff für Tragödien und dergleichen" bezeichnet hat, ist es sehr wahrscheinlich, daß die in 17,6 der τερατεία beschuldigten „Tragödiendichter" mit vergleichbaren Stoffen beschäftigt waren.[57]

Nicht als τερατεία, wohl aber mit dem Parallelbegriff παραδοξολογία[58] kritisiert Polybios die Berichte, die einige Geschichtsschreiber von Hannibals Alpenübergang gegeben hatten.[59] Diese hätten sich, so schreibt Polybios, durch maßloses und zugleich in sich unstimmiges Übertreiben in die Zwangslage gebracht, zweierlei tun zu müssen, was mit wahrer Geschichtsschreibung unvereinbar sei: „zu lügen (ψευδολογεῖν) und sich mit sich selbst in Widerspruch zu setzen" (III 47,6f.). Um aus ihren Lügen herauszufinden, seien diese Historiker[60] dann auch noch gezwungen gewesen, zur Lösung ihres dramatischen Plots, der καταστροφή, Götter und Göttersöhne in die Geschichtsschreibung einzuführen[61] bzw., wie es später heißt, „Heroen und Göt-

---

[56] WALBANK (wie Anm. 36), Vol. 1, 183.

[57] Den Zusammenhang von μῦθος, τερατεία und Tragödie bezeugen z. B. auch Diodor IV 56,1f.; Plutarch, *Theseus* 1,3–5, sowie Agatharchides (vgl. unten S. 47f.).

[58] Vgl. III 58,9, wo beide Begriffe in engstem Zusammenhang stehen. Außerdem ist der Zweck der παραδοξολογία hier (III 47,6) derselbe, den sonst die τερατεία hat: τοὺς ἀναγινώσκοντας ἐκπλήττειν. Siehe zudem MOHM (wie Anm. 30), 109–111, sowie die *Suda*, die die τερατεία als ψευδολογία und παραδοξολογία definiert (Vol. 4, p. 525,26 Adler, s. v. τερατεία).

[59] III 47,6–48,12; dazu MEISTER (wie Anm. 11), 155–159.

[60] Συγγραφεῖς: 48,4.9.

[61] 47,8: θεοὺς καὶ θεῶν παῖδας εἰς πραγματικὴν ἱστορίαν παρεισάγουσιν.

ter erscheinen lassen" zu müssen[62], die helfend eingreifen und Hannibal die rechten Wege weisen (47,9) – ganz wie die Dichter von Tragödien (τραγῳ-διογράφοι), die ja ebenfalls „alle für den Ausgang ihrer Stücke" – die κατα-στροφαὶ τῶν δραμάτων – „eines deus ex machina (θεοῦ καὶ μηχανῆς)" be-dürfen, „weil sie von Anfang an ihre Fabeln der Wahrheit und Vernunft zu-wider anlegen".[63]

Wen Polybios hier kritisiert, sagt er nicht; was er kritisiert, ist jedoch klar – ein oder mehrere charakteristische Erzeugnisse der mimetischen Historiogra-phie, deren wesentliche Ingredienzien sich hier sämtlich versammelt finden: die ἔκπληξις der Leser als Zweck historischer Schriftstellerei, die Nähe zur Tragödie, deren vorzüglichstes Gestaltungsmittel, die Peripetie (hier sogar in der Form des deus ex machina), sowie Übertreibung, Erfindung und der Vor-wurf der Lüge. Zugleich geht aus den kritischen Ausführungen Polybios' aber auch sehr deutlich hervor, wie offen hellenistische Geschichtsschreiber der Wiedergabe von Mirakulösem gegenüberstehen konnten – und dies allem An-schein nach, ohne den Wunsch nach distanzierender Berichterstattung, wie sie Lukian empfohlen hat[64], zu verspüren.[65]

Eine bemerkenswerte Parallele zu den von Polybios kritisierten Erzählungen über Hannibals Alpenübergang stellt jene u. a. bei Plutarch faßbare Tradition aus der Alexandergeschichte dar, derzufolge auch des Makedonen Marsch entlang der schwer passierbaren Küste Pamphy-liens von höheren Mächten begünstigt worden war.[66] Plutarch schreibt: „Der Marsch ... hat vielen Geschichtsschreibern (πολλοῖς τῶν ἱστορικῶν) Stoff zu einer höchst wirkungsvollen, staunenerregenden Schilderung (ὑπόθεσις γραφικὴ πρὸς ἔκπληξιν καὶ ὄγκον) geliefert, als ob durch eine göttliche Fügung (θείᾳ τινὶ τύχῃ) das Meer Alexander Platz gemacht hätte,

---

[62] 48,9: ποιεῖν ἥρωάς τε καὶ θεοὺς ἐπιφαινομένους.

[63] 48,8f. (Übersetzung H. Drexler).

[64] *Quomodo historia conscribenda sit* 60; weitere Belege bei G. Avenarius, Lukians Schrift zur Geschichtsschreibung, Meisenheim 1956, 163f. und J. Jervell, The future of the past. Luke's vision of salvation history and its bearing on his writing of history, in: Wither-ington (wie Anm. 5), 104–126: 113, Anm. 30.

[65] Scheu vor dem Bericht von Mirakulösem besaß auch Timaios von Tauromenion, Poly-bios' Lieblingsfeind (vgl. F. W. Walbank, Polemic in Polybius, JRS 52 [1962], 1–12: 7–11), nicht; jedenfalls warf dieser ihm vor, daß seine – ebenfalls von der mimetischen Historiogra-phie beeinflußte (Meister [wie Anm. 7], 133f.) – Geschichtsdarstellung von Träumen (ἐνύπνια), wunderbaren Zeichen (τέρατα), unglaubwürdigen Sagenerzählungen (μῦθοι ἀπίθανοι) und primitivem Aberglauben (δεισιδαιμονία ἀγεννής) nur so strotze (XII 24,5; Belege bei Walbank [wie Anm. 36], Vol. 2, 380.515); daß Polybios diesem Lasterkatalog auch die τερατεία hinzufügen konnte, wirft ein bezeichnendes Licht auf ihren Charakter, daß er sie außerdem noch mit dem Epitheton γυναικώδης – auf den Glauben alter Weiber speku-lierend – geschmückt hat, läßt den Inhalt der timäischen τερατεία sowie Polybios' Abnei-gung gegen ihren Verfasser überdeutlich werden.

[66] Vgl. außer Plutarch z. B. noch Josephus, *Ant.* II 347f.; Arrian, *Anabasis* I 26,1f., und den Anonymus FGrHist 151, F 1,2; s. zudem A. B. Bosworth, A Historical Commentary on Arrian's History of Alexander, Vol. 1, Oxford 1980, 165f.

das sonst stets heftig von der hohen See her heranbrande und nur selten unter den steilen, felsigen Abstürzen des Gebirges schmale ... Uferränder frei werden lasse."[67] Obschon Plutarch nie so scharf urteilt wie Polybios, läßt er uns doch nicht darüber im unklaren, was von solcher auf die ἔκπληξις der Leser zielenden Erzählung zu halten ist: Alexander selbst habe, gibt Plutarch zu bedenken, in seinen Briefen[68] nichts von derartigen Wundergeschichten geschrieben: αὐτὸς δ' Ἀλέξανδρος ἐν ταῖς ἐπιστολαῖς οὐδὲν τοιοῦτον τερατευσάμενος.[69] Wir sehen: Auch hier dient der Begriff der τερατεία[70] wieder zur Kennzeichnung einer auf Wirkung erpichten und zu diesem Zweck den Bericht von Mirakulösem keineswegs verschmähenden Historiographie.

Den Abscheu vor der Behandlung von mirakulösen bzw. mythisch-sagenhaften Stoffen teilte Polybios mit Agatharchides von Knidos, der freilich in seiner pathetischen, auf das Mitleid der Leser zielenden Darstellungsweise selbst der mimetischen Historiographie verpflichtet war.[71] In einem langen, von Photius intensiv exzerpierten Exkurs, den jener in sein Werk über das Rote Meer eingelegt hat[72], finden sich sämtliche Absurditäten der griechischen Götter- und Heldensage in karikierender Raffung versammelt.[73] Anlaß für diesen kritischen Ausbruch, der einem christlichen Apologeten des 2. Jahrhunderts alle Ehre gemacht hätte[74], war die von Agatharchides heftig bestrittene These, daß der Name des Roten Meeres mythischen Ursprungs sei, insofern er sich einem Nachkommen des Zeussohnes Erythras verdanke.[75] Die dergleichen behaupteten – und das dürfte der eigentliche Grund für den Zornesausbruch des Agatharchides gewesen sein –, waren Historiker, nämlich οἱ γὰρ περὶ Δεινίαν ἱστορικοί.[76] Auf diese Tatsache reagiert Agatharchides nun ganz ähnlich wie Polybios auf die Geschichtsschreibung Phylarchs (und aller seinesgleichen): er macht jenen ἱστορικοί den Vorwurf, sich in der Gattung geirrt zu haben. Denn wie Polybios Phylarch und Genossen das τραγῳδεῖν vorwarf, so beschuldigt Agatharchides den Deinias und Konsorten, sich in für Geschichtsschreiber unangemessener Weise der dichterischen Freiheit (τῆς ποιητικῆς ἐξουσίας bzw. τῆς τῶν μυθοποιῶν ἐξουσίας) bedient und somit

---

[67] Plutarch, *Alexander* 17,6 (Übersetzung K. ZIEGLER).

[68] Dazu J. SEIBERT, Alexander der Große (EdF 10), Darmstadt ²1981, 4f.

[69] *Alexander* 17,8.

[70] BOSWORTH (wie Anm. 66), 165, übersetzt "gross sensationalism".

[71] Vgl. oben Anm. 18.

[72] Frgm. 7 Woelk = Photius, *Bibliothek*, Cod. 250, 442b29–444b19 (Vol. 7, p. 138–143 Henry).

[73] Als μῦθος bezeichnet ebd. 442b34 und 444b17f. (p. 138 und 143 Henry). Selbst Frauen hätten für diese Absurditäten nur Spott übrig: ebd. 444a15–17 (p. 142 Henry). Vgl. das Urteil des Polybios über die τερατεία des Timaios: γυναικώδης (XII 24,5).

[74] Vgl. z. B. Aristides, *Apol.* 8–11; Athenagoras, *Suppl.* 20f., und Theophilus, *Autol.* I 9.

[75] Frgm. 4 Woelk = Photius, *Bibliothek*, Cod. 250, 442a11–21 (Vol. 7, p. 136 Henry).

[76] 442a12f. (p. 136 Henry). Deinias (FGrHist 306) war der Verfasser einer Argolika, dazu JACOBY, FGrHist IIIb (Text), 24–32, und IIIb (Noten), 13–17.

dem ψεῦδος gedient zu haben.[77] Allein dort nämlich, in der Dichtung, sei das ψεῦδος am Platze; Homer, Hesiod, Euripides oder Aischylos, den Agatharchides einen πολλοῖς διεψευσμένον nennt, dürfen ‚lügen‘, ὅτι πᾶς ποιητής ψυχαγωγίας μᾶλλον ἢ ἀληθείας ἐστὶ στοχαστής.[78] Dasselbe hatte auch Polybios in seiner Auseinandersetzung mit Phylarch schon vorgebracht: ἐκεῖ (in der Tragödie) μὲν γὰρ δεῖ διὰ τῶν πιθανωτάτων λόγων (die durchaus ein ψεῦδος sein konnten) ἐκπλῆξαι καὶ ψυχαγωγῆσαι.[79] Und schließlich: Agatharchides bezeichnet die von ihm bekämpften Historiker, die sich nicht an die Wahrheit hielten (οἱ … πόρρω τῆς ἀληθείας ἱστάμενοι), sondern sich mit den Dichtern vorbehaltenen Mythenstoffen abgaben, genauso, wie Polybios die sich mit τραγῳδιογράφοι verwechselnden Geschichtsschreiber bezeichnet hatte, nämlich als solche, die der τερατεία huldigen, als τερατευόμενοι.[80,81]

Ähnlich scheint auch Strabo die Dinge gesehen zu haben. Im ersten Buch seiner Geographie handelt er in c. 2,35 von nicht näher bezeichneten (geographischen?) Schriftstellern, deren Glaubwürdigkeit er nicht nur dadurch gemindert fand, daß sie Unglaubwürdiges berichteten, sondern eben auch dadurch, daß sie Mythisches und Historisches miteinander vermischten.[82] Im weiteren Verlauf seiner nicht immer leicht nachzuvollziehenden[83] Erörterungen kommt Strabo dann auf οἱ πεζῇ συγγράφοντες ἐν ἱστορίας σχήματι zu sprechen, auf „die Prosaschriftsteller im Habitus von Historikern". Auch bei ihnen beobachtet er, daß sie, und zwar ohne dies einzugestehen, gern Mythen (μύθους) in ihre Darstellung einflochten. Der Grund hierfür habe indes nicht etwa, so fährt er fort, in ihrer Unkenntnis des Wirklichen bestanden; sie hätten vielmehr das Unmögliche (τὰ ἀδύνατα) deshalb erfunden, weil sie an Sensation

---

[77] 442a13. 444b21. 442b29f. (Vol. 7, p. 136.143.138 Henry). Vgl. 442a21 (p. 136 Henry): σχεδιασμός.

[78] Frgm. 8 Woelk = Photius, *Bibliothek*, Cod. 250, 444b20–34 (Vol. 7, p. 143f. Henry).

[79] II 56,11f.

[80] 444b14f. (Vol. 7, p. 143 Henry). Dazu H. VERDIN, Agatharchide de Cnide et les fictions des poètes, in: H. Verdin – G. Schepens – E. de Keyser (wie Anm. 16), 1–15: 6: «La notion centrale, autour de laquelle Agatharchide a rassemblé une pléthore d'exemples, est exprimée vers la fin du fragment 7 dans le verbe τερατεύομαι.»

[81] Zur Kritik des Mythos als τερατεία in nichthistoriographischen Zusammenhängen s. Philo, *Decal.* 76; *Praem. poen.* 8; *Aet. mund.* 68; Plutarch, *Mor.* 379f; Pausanias VIII 2,7; Hermogenes von Tarsus, p. 391f. Rabe. Vgl. zudem Clemens von Alexandria, der seine These vom Diebstahl der Hellenen u. a. durch die Behauptung untermauert, diese hätten das, „was unter uns … von heilig lebenden Männern" – wie aus dem Folgenden hervorgeht, sind damit vor allem Mose und die Propheten gemeint – „in wunderbarer Weise (παραδόξως) bewirkt worden ist", entwendet und „zu Mirakeln der griechischen Mythologie gemacht" (Ἑλληνικῇ μυθολογίᾳ τερατευόμενοι, *Strom.* VI 28,1, p. 444,4f. Stählin – Früchtel).

[82] Entsprechende Vorwürfe richtet Strabo auch gegen den von ihm ansonsten durchaus geschätzten Historiker Ephoros (s. FGrHist 70, F 31b = *Geographica* IX 3,11f.), verkennt dabei jedoch die entmythologisierende Tendenz in Ephoros' Wiedergabe mythischer Stoffe (vgl. LENDLE [wie Anm. 7], 138; JACOBY, FGrHist II C, 49 [„rationalismus"]).

[83] Vgl. W. ALY, Strabon von Amaseia. Unters. über Text, Aufbau und Quellen der Geographika, Bonn 1957 (Strabonis Geographica, ed. W. Aly, Vol. 4 = Ant. Reihe 1,5), 372.374.

und der aus dieser resultierenden Unterhaltung der Leser interessiert gewesen seien, an τερατεία καὶ τέρψις.[84] Strabos Worten kommt Gewicht zu; da er auch selbst Geschichte geschrieben hat[85], urteilt hier nicht etwa ein Geograph über Angehörige einer Nachbardisziplin, sondern ein Historiker über seinesgleichen.

Wer sich die Freiheit der μυθοποιοί nehme, hatte Agatharchides gemeint, der entblöße sein Werk aller Stichhaltigkeit (ἔλεγχος) und mache es, da ihm die Glaubwürdigkeit fehle (τῆς πίστεως ἠρμένης), zu einer absolut wertlosen Schöpfung (οὐθὲν εὐτελέστερον).[86] Nicht anders urteilt später Lukian. Wie Agatharchides teilt auch er in c. 8 seiner Schrift über die Geschichtsschreibung zunächst einige Mythologumena als Beispiele dafür mit, was in der Dichtkunst, der ποιητική, zu behandeln bzw. zum Zweck des – schmeichelnden – Vergleichs heranzuziehen gestattet sei.[87] Derlei in der ἱστορία zu traktieren, gehe indes keinesfalls an; „es wäre schlimm, ja mehr als schlimm", schreibt Lukian, „wenn einer die Merkmale der Geschichtsschreibung und der Dichtung nicht auseinanderzuhalten wüßte und daher die Geschichtsschreibung mit poetischem Zierat wie Mythos und Lobrede und den zu beiden gehörigen Übertreibungen ausstattete".[88] Das Ergebnis, das bei einer solchen Mi-

---

[84] Da Strabo im Anschluß hieran bemerkt, daß wenigstens Theopomp ausdrücklich eingestehe, ὅτι καὶ μύθους ἐν ταῖς ἱστορίαις ἐρεῖ, und insofern eine bessere Figur mache als Herodot, Ktesias, Hellanikos und diejenigen, die eine Ἰνδικά verfaßt hatten, liegt es nahe, Strabos Ausführungen auf die zuletzt Genannten zu beziehen.

[85] Seine umfänglichen Ὑπομνήματα ἱστορικά (den Titel nennt Strabo selbst: *Geographica* I 1,23) sind bis auf die wenigen bei Jacoby (FGrHist 91) zusammengestellten Fragmente nicht erhalten.

[86] Frgm. 8 Woelk = Photius, *Bibliothek*, Cod. 250, 444b20–34 (Vol. 7, p. 143 Henry).

[87] H. HOMEYER, Lukian. Wie man Geschichte schreiben soll, hg., übers. und erl., München 1965, p. 102,20–104,9; vgl. Agatharchides, Frgm. 7 Woelk = Photius, *Bibliothek*, Cod. 250, 444b9–14 (Vol. 7, p. 143 Henry).

[88] p. 104,13–17: μέγα τοίνυν, μᾶλλον δὲ ὑπέρμεγα τοῦτο κακόν, εἰ μὴ εἰδείη τις χωρίζειν τὰ ἱστορίας καὶ τὰ ποιητικῆς, ἀλλ᾽ ἐπεισάγοι τῇ ἱστορίᾳ τὰ τῆς ἑτέρας κομμώματα, τὸν μῦθον καὶ τὸ ἐγκώμιον καὶ τὰς ἐν τούτοις ὑπερβολάς. „Das, was beide Genera [sc. Mythos und Enkomion] in Gegensatz zur Historiographie bringt, ist die Freiheit zu Übertreibungen und Erfindungen": HOMEYER (wie Anm. 87), 186 z. St. Die Zusammenstellung von Mythologie und Lobrede als beides nicht zur Geschichtsschreibung passend findet sich ebenso in c. 10, p. 106,16f. (τὸ κομιδῇ μυθῶδες καὶ τὸ τῶν ἐπαίνων μάλιστα) und p. 108,3 (μῦθοι καὶ ἔπαινοι) wie übrigens auch bei Plutarch (*Mor.* 855d) und Josephus, der *Ap.* I 25f. sowohl die ἐπὶ τὸ μυθολογεῖν τρεπόμενοι als auch die πρὸς χάριν ἢ τὰς πόλεις ἢ τοὺς βασιλέας ἐπαινοῦντες unter den Geschichtsschreibern vorwirft, sie betrieben das genaue Gegenteil von Geschichtsschreibung (ὅλως δὲ τὸ πάντων ἐναντιώτατον ἱστορίᾳ πράττοντες διατελοῦσι). Aus dem Proömium der *Antiquitates* (I 15f.) erfahren wir, daß Josephus den Verfasser des Pentateuch nicht zu diesen mißratenen Geschichtsschreibern zählen mochte: Mose habe sich der – andernorts üblichen – schändlichen Fabelei (τῆς παρ᾽ ἄλλοις ἀσχήμονος μυθολογίας) enthalten, obwohl es ihm wegen des hohen Alters der von ihm geschilderten Ereignisse doch ein leichtes gewesen wäre, ungestraft Lügen zu erfinden (ἐπὶ μήκει χρόνου καὶ παλαιότητι πολλὴν εἶχεν ἄδειαν ψευδῶν πλασμάτων).

schung von ποιητική und ἱστορία herauskommt, beschreibt Lukian, wie
Agatharchides von der Wertlosigkeit eines solchen Produkts überzeugt, im
Satz zuvor: „was sonst, als eine Prosa-Dichtung, der die erhabenen Töne fehlen"[89] – Kavallerie zu Fuß also, die Lukian dann gleich noch einmal definiert,
nämlich als „eine der metrischen Form beraubte und infolgedessen umso krasser wirkende τερατεία"[90], die ihm, wie seine Hinweise auf das Erhabene und
die Metrik anzeigen, gleich Polybios nur im Bereich der Dichtung möglich
scheint.

    Lukians Kritik an der Verwendung der τερατεία in der Geschichtsschrei-
bung ist nun keineswegs ohne Anlaß; sie richtet sich vielmehr an konkrete
Adressaten, und zwar an solche, wie sie bereits Polybios im Visier gehabt
hatte: an Vertreter der mimetischen bzw. „sensationell gefärbte[n] Historiographie".[91] Die einzelnen Beispiele, die Lukian als Demonstrationsobjekte für
seiner Meinung nach mißglückte historiographische Unternehmungen vor-
führt, beweisen diese Annahme als völlig zutreffend. Sie zeigen aber außerdem, daß Lukian nicht, wie Agatharchides, allein die Grenzüberschreitung des
Historikers in das Wunderhaft-Mythologische rügt, sondern wie schon Polybios auch solche Fiktion, die, ohne in die Welt des Übernatürlichen auszugrei-
fen, das Sensationelle gesucht hat – man denke nur an die „völlig unglaub-
haften Verwundungen und ausgefallenen Todesarten"[92], von denen in c. 20 als
von Lesefrüchten aus der historischen Literatur die Rede ist, an die Groteske
vom „dramatischen und Aufsehen erregenden Tod"[93] des Severian mit an-
schließendem Selbstmord seines Grabredners, mit der Lukian sich und seine
Leser in c. 25f. auf Kosten eines „stümperhaften Nachkömmlings" der „tragi-

---

[89] p. 104,10–12: τί ἄλλο ἢ πεζή τις ποιητικὴ γίγνεται, τῆς μεγαλοφωνίας ... ἐκείνης
ἐστερημένη. – Ähnlich, aber in positivem Sinne, Quintilian, *Inst. orat.* X 1,31: *historia ...
est enim proxima poetis et quodam modo carmen solutum est*; E. NORDEN, Die römische
Literatur, in: A. Gercke – E. Norden (Hg.), Einleitung in die Altertumswissenschaft, Bd. 1,
Leipzig/Berlin 1910, 451–530: 523, sieht Quintilian hier auf der „peripatetischen" Theorie
fußen; vgl. hierzu aber auch W. Ax, Die Geschichtsschreibung bei Quintilian, in: ders. (Hg.),
Memoria rerum veterum. Neue Beiträge zur antiken Historiographie und alten Geschichte (FS
C. J. Classen. Palingenesia 32), Stuttgart 1990, 133–168: 148–155. Ebenso positiv urteilt
Dionys von Halikarnass, *De Thucydide* 23 (p. 360,15–17 Usener – Radermacher), über die
dichterische Qualität von Herodots Geschichtsschreibung. PETZOLD (wie Anm. 7), 264, meint,
daß sich in diesem Urteil „eine Theorie niedergeschlagen hat, die eine Verbindung zwischen
Poesie und Historie anstrebt".
[90] p. 104,12f.: τὴν λοιπὴν δὲ τερατείαν γυμνὴν τῶν μέτρων καὶ δι' αὐτὸ ἐπισημο-
τέραν ἐκφαίνοντα.
[91] HOMEYER (wie Anm. 87), 54; vgl. ebd. 58.170 sowie F. WEHRLI, Die Geschichtsschreibung im Lichte der antiken Theorie, in: DERS., Theoria und Humanitas. Gesammelte Schriften
zur antiken Gedankenwelt, Zürich/München 1972, 132–144: 135.
[92] p. 120,26f.: τραύματα ... πάνυ ἀπίθανα καὶ θανάτους ἀλλοκότους.
[93] p. 128,2f.: τινα θάνατον ... τραγικὸν καὶ τῇ τόλμῃ ξενίζοντα.

schen Geschichtsschreibung"[94] erheitert, oder, ein Grenzfall zwischen Natürlichem und Übernatürlichem, an die verblüffende Nachricht von riesigen Drachen, die die Parther einem in c. 29 ridikülisierten Autor zufolge im Krieg gegen die Römer verwendet hätten. Die τερατεία umfaßt bei Lukian wie schon bei Polybios nicht nur das Übernatürliche, sondern überhaupt Erfundenes[95], kurz, alles, was dazu dienen konnte, der Geschichtsschreibung das Element des Spektakulären zu implantieren.

Alle Polemik, sei es die des Polybios, die des Agatharchides oder die Lukians, hat es indes nicht vermocht, den hellenistisch-römischen Historikern und ihren Lesern die Lust an Wiedergabe und Lektüre von Sensationellem im allgemeinen und Mirakelhaftem im besonderen auszutreiben. Das ergibt sich bereits aus der Existenz solcher Polemiken. Hält man Lukians in c. 7 getroffene Feststellung, daß die Geschichtsschreibung nicht einmal das kleinste ψεῦδος ertragen könne[96], neben eine andere seiner Aussagen zur ἱστορία, zeigt sich auch, wie das Tor zur Geschichtsschreibung wohl nur allzuoft wenigstens einen Spalt breit für das Fiktive geöffnet blieb; in c. 10 nämlich tadelt derselbe Lukian nur die *übermäßige* Verwendung von Mythos und Enkomion in der Geschichtsschreibung, nur das πέρα τοῦ μετρίου.[97] Das gleiche Bild vermittelt eine einschlägige Aussage Strabos: auch er äußert zunächst korrekt, die ἱστορία verlange nach dem Wahren (τἀληθές), das Wunderbare (τὸ τερατῶδες) enthalte sie hingegen nicht, um dann jedoch einzuräumen: „oder nur in geringem Maße (σπάνιον)".[98] Ein Historiker und Philosoph vom Range Poseidonios' scheute sich durchaus nicht, Mären von Strafwundern zu erzählen[99] und dies auch noch, wie Ulrich von Wilamowitz-Moellendorff etwas befremdet feststellt, „mit Genugtuung" zu tun[100], und ebensowenig hat es Cicero verschmäht, sein hartes Vorgehen gegen die Catilinarier, das post festum in einer für ihn äußerst bedrohlichen Weise kritisiert wurde, in seinem (von Plutarch überlieferten) ὑπόμνημα περὶ τῆς ὑπατείας auch dadurch zu verteidigen, daß er es durch die – wohlweislich gänzlich undistanziert gegebene – Erzählung von einem ihm und seinem Tun geltenden *prodigium* (σημεῖον) als göttlich autorisiert erscheinen ließ: Die ἱεραὶ παρθένοι der *Bona Dea*, die Vestalinnen, hätten ihm nämlich aufgrund jenes *prodigium* befohlen, teilt Cicero uns mit, „das, was er zu tun beschlossen habe, nunmehr zum Wohle des Vaterlandes ins Werk zu setzen, da die Göttin ihm zum Heil

---

[94] AVENARIUS (wie Anm. 64), 21, Anm. 22.

[95] Das gilt auch für Josephus, vgl. *Bell.* VI 200.297 und dazu oben S. 43f. sowie unten S. 52.

[96] p. 102,13f.: ἡ δὲ οὐκ ἄν τι ψεῦδος ἐμπεσόν ἡ ἱστορία οὐδὲ ἀκαριαῖον ἀνάσχοιτο.

[97] p. 108,2–5, vgl. p. 106,16–18.

[98] XI 5,3.

[99] Diodor XXXIV/XXXV 9 = Frgm. 142 Theiler.

[100] U. VON WILAMOWITZ-MOELLENDORFF, Athenion und Aristion, SPAW.PH 1923, 39–50: 48 (= DERS., Kleine Schriften, Bd. V/1, Berlin/Amsterdam ²1971, 204–219: 216).

und zum Ruhm ein großes Licht habe aufleuchten lassen".[101] Genauso undistanziert handelt Josephus im *Bellum* von einer ganzen Reihe von τέρατα und σημεῖα, die den Kundigen das Schicksal Jerusalems angekündigt hätten[102], darunter einem φάσμα τι δαιμόνιον, so unglaublich (μεῖζον πίστεως, 296), daß es, wäre es nicht auch von Augenzeugen berichtet worden, wohl als eine seiner Feder entsprungene τερατεία angesehen werden würde[103] – Josephus war sich der Problematik des Berichts von Wunderbarem in der Geschichtsschreibung also durchaus bewußt.[104] Schließlich: Selbst Tacitus, der in den *Historiae* (II 50) im Hinblick auf ein Mirakel, das sich beim Selbstmord des Kaisers Otho zugetragen haben sollte, zunächst noch beteuert: „Wundergeschichten anzusammeln und meine Leser mit Erdichtetem zu unterhalten (*conquirere fabulosa et fictis oblectare legentium animos*), scheint mir mit dem Ernst meines Werkes nicht vereinbar zu sein", fährt dann doch fort: „Dem aber, was sich herumgesprochen hat und überliefert ist (*volgatis traditisque*), möchte ich nicht wagen, die Glaubwürdigkeit (*fidem*) abzusprechen."[105]

So läßt sich denn durchaus verstehen, wie Seneca zu der Überzeugung gelangen konnte, um die Behauptung eines Historikers zu erschüttern, reiche die Feststellung *historicus est* aus – erwerbe sich eine ganze Reihe von Geschichtsschreibern ihre Reputation doch gerade dadurch, daß sie Unglaubwürdiges (*incredibilia*) zum Besten gebe und den Leser durch die Erzählung von Mirakelstoff (*miraculum*) begeistere und erbaue (*excitant*). Wenige Zeilen später fährt Seneca dann fort: *Haec in commune de tota natione, quae approbari opus suum et fieri populare non putat posse, nisi illud mendacio aspersit*, „soviel über die ganze Sippschaft, die meint, ihre Werke könnten nur dann Anklang und Verbreitung finden, wenn sie sie mit Lügen durchsetze".[106] Im-

---

[101] Plutarch, *Cicero* 20,1f. Dazu LENDLE (wie Anm. 22), 102: „Es ist ... nicht zu bezweifeln, daß hier in sehr massiver Form an das religiöse Gefühl des Lesers appelliert wird; er soll auf psychagogischem Wege ... in eine Stimmung versetzt werden, die ihn zu einer religiös unterlegten Beurteilung der historischen Vorgänge zwingt."

[102] VI 288–299.

[103] 297: τερατεία δὲ ἂν ἔδοξεν οἶμαι τὸ ῥηθησόμενον, εἰ μὴ καὶ παρὰ θεασαμένοις ἱστόρητο.

[104] Vgl. auch unten S. 68.

[105] Eine vergleichbare, freilich wesentlich vorsichtiger dosierte Glaubensbereitschaft beweist wenigstens einmal auch der sonst eher nüchtern urteilende Arrian. Im Blick zwar nicht auf ein Mirakel der jüngeren Vergangenheit, sondern auf τὰ ὑπὲρ τοῦ θείου ἐκ παλαιοῦ μεμυθευμένα räumt der Alexanderhistoriker zu Beginn des fünften Buches seiner *Anabasis* ein, daß das, was nach dem Maßstab der Wahrscheinlichkeit (κατὰ τὸ εἰκός) unglaubwürdig sei, dann als doch nicht völlig unglaubhaft erscheine, wenn man bei der Bewertung des im Mythos überlieferten Geschehens berücksichtige, daß hier eine Gottheit am Werke gewesen sei (V 1,2; vgl. BOSWORTH [wie Anm. 66], Vol. 2, 1995, 201f. z. St.).

[106] *Nat.* VII 16,1f. Auch Senecas in der *Apocolocyntosis* auf die Frage nach der Herkunft seines Wissens über die beim Eintreffen des Kaisers Claudius im Himmel stattgehabten Er-

merhin räumt Seneca ein, daß die von ihm kritisierten Historiker nur den Erwartungen ihrer Leserschaft entsprochen haben; verführen sie nämlich anders und berichteten von alltäglichem – also nicht-sensationellem bzw. nicht-wunderhaftem – Geschehen, den *cotidiana*, würden ihnen die Leser davonlaufen (*aliud acturum*).[107] Gewiß ist es eine Meinungsverschiedenheit mit Ephoros gewesen, die Seneca zu diesem Ausfall gegen die Historikerzunft veranlaßt hat. Alles übrige in der generalisierenden Schimpfkanonade weist jedoch darauf hin, daß Seneca hier die *natio* der mimetischen Geschichtsschreibung aufs Korn genommen hat[108], deren Vertreter ja in der Tat dem Bericht von *cotidiana* in demselben Maße abgeneigt waren, in dem sie ihrem Hang zum Spektakulären, der die Neigung zur Schilderung von *miracula* einschloß, nachgegeben haben.

IV

Der Blick auf die den Geschichtsschreibern der mimetischen Observanz eigene Neigung zum Spektakulären, die der Begriff der τερατεία umschreibt, sollte gezeigt haben, daß es keinerlei Grund dafür gibt, dem Autor der Apostelgeschichte den Status eines Historikers deswegen abzusprechen, weil sein Buch allzuviel fiktives Geschehen schildere. Sich der Fiktion zu bedienen, mochte sie nun in der Übertreibung oder gar der Erfindung von Fakten bzw. Geschehnissen bestehen, war in der mimetischen Geschichtsschreibung jener Zeit eine gebräuchliche Methode, um zur Darstellung des Spektakulären zu gelangen. Genau dieser Methode hat sich auch Lukas bedient, und viele Acta-

---

eignisse (1,1) gegebene Antwort *dicam quod mihi in buccam venerit. quis unquam ab historico iuratores exegit* („Ich werde sagen, was mir gerade einfällt. Wer hätte schon jemals von einem Historiker vereidigte Zeugen verlangt?" [1,2]) zeugt nicht gerade von Hochachtung für die Historikerzunft. Seneca verwechselt hier absichtlich Historiker mit Dichtern, vgl. Ovid, *Am.* III 12,19: *nec tamen ut testes mos est audire poetas* („Es ist nicht üblich, Dichter wie Zeugen zu hören"). Eine andere, jedoch ebenfalls dem Nachweis der Verachtung Senecas für die Historiographie dienende, Interpretation der Stelle bei FLACH (wie Anm. 21), 152f.

[107] VII 16,1. – Leser sind eben auch nur Menschen, möchte man sagen, denn was Seneca hier speziell den an der Lektüre (bestimmter) historiographischer Werke Interessierten ankreidet, nämlich ihre Sensationslust, hat er in den *Naturales quaestiones* zuvor bereits als eine der Menschheit generell eignende Untugend kritisiert: *ita enim compositi sumus ut nos cotidiana, etiamsi admiratione digna sunt, transeant, contra minimarum quoque rerum, si insolitae prodierunt, spectaculum dulce fiat ... si quid turbatum est aut praeter consuetudinem emicuit, spectamus interrogamus ostendimus; adeo naturale est magis nova quam magna mirari* (VII 1,1.4). Das wußte auch der Acta-Verfasser, der seine unfreundliche Bemerkung Apg 17,21 freilich nicht an die ganze Menschheit, sondern lediglich, wie es die von ihm aufgegriffene Redensart wollte, an alle Athener adressiert hat.

[108] Was Seneca den Historikern vorwirft, trifft auf Ephoros gar nicht zu, s. WEHRLI (wie Anm. 91), 138f.

texte zeigen, daß es ihm nicht schlechter als seinen paganen Kollegen gelungen ist, das anvisierte Ziel einer den Leser überwältigenden spektakulären Darstellung zu erreichen. Erinnert sei hier zunächst an die Geschichte vom Aufstand der ephesischen Silberschmiede, in der Lukas dem Leser nichts Geringeres mitteilt, als daß das Christentum dem mächtigen Artemiskult samt dem ihm verbundenen Devotionalienhandel so bedrohlich zugesetzt habe, daß darüber eine ganze Mittelmeermetropole in Aufruhr geraten sei, wobei aber der Repräsentant des Christentums von den Honoratioren der Stadt Schutz, die paganen Aufrührer hingegen harschen Tadel erfahren hätten.[109] Nicht minder spektakuläre Züge weist die Schilderung vom Ausgang der Ereignisse in Philippi auf, derzufolge die gestern noch mißhandelten christlichen Missionare den Schauplatz ihrer Leiden im Triumph, nämlich von den Entschuldigungen der Stadtväter begleitet, verlassen konnten.[110] Von einem anderen, noch wesentlich eindrücklicheren Triumph der christlichen Missionare hatte Lukas bereits zuvor aus Lystra zu erzählen gewußt: Hier hätten die ὄχλοι ein Heilungswunder des Paulus zum Anlaß genommen, in Paulus und Barnabas vom

---

[109] 19,23–40. Zum Formalen: Lukas hat hier eine Massenszene komponiert, wie solche für die mimetische Geschichtsschreibung charakteristisch waren, vgl. nur P. G. WALSH, Livy. His Historical Aims and Methods, Cambridge 1970, 170f.181f.185f., JUSTUS (wie Anm. 27), 127, die unten Anm. 111 herangezogene Szene aus Duris' Geschichte des Agathokles sowie insbesondere die bis in Einzelheiten hinein der lukanischen Erzählung vergleichbare Athenionepisode des Poseidonios (Frgm. 253 Edelstein – Kidd). Statt die lukanischen Massenszenen mit Romantexten zu vergleichen – so zuletzt R. S. ASCOUGH, Narrative Technique and Generic Designation: Crowd Scenes in Luke-Acts and in Chariton, CBQ 58 (1996), 69–81 –, nehme man doch zunächst von den einschlägigen Texten der mimetischen Historiographie eingehender Notiz!
Zum Sachlichen: Angesichts der Tatsache, daß der Kult der Artemis Ephesia gerade im 1. Jh. n. Chr. auf den Gipfelpunkt seines kaum zu überschätzenden Ansehens und Einflusses gelangt war (R. OSTER, The Ephesian Artemis as an Opponent of Early Christianity, JAC 19 [1976], 24–44; R. STRELAN, Paul, Artemis, and the Jews in Ephesus [BZNW 80], Berlin/New York 1996, 24–82), erweisen bereits die das Christentum zum gleichrangigen Gegner stilisierenden Befürchtungen, die der Acta-Verfasser dem Demetrius in 19,25–27 in den Mund gelegt hat, die ganze Erzählung als das, was sie in Wahrheit ist – als lukanische τεϱατεία.

[110] 16,35–40. Zum Formalen: Der Abschnitt ist Teil eines größeren Ganzen (16,16–40), für dessen erzählerische Gestaltung wie häufig in der mimetischen Historiographie das Stilmittel der Peripetie konstitutiv ist (vgl. z. B. Diodor XX 16,3–6; 33f. [Quelle: Duris]; Polybios XV 34,1; 36,1f.).
Zum Sachlichen: Paulus und Silas werden aus Philippi ausgewiesen (G. SCHNEIDER, Die Apostelgeschichte. II. Teil [HThK V/2], Freiburg i. Br./Basel/Wien 1982, 219), ein Umstand, den Lukas hinter dem von ihm konstruierten spektakulären Geschehen eines "shame-honor showdown" zwischen Paulus und dem städtischen Magistrat (L. T. JOHNSON, The Acts of the Apostles [Sacra Pagina Series 5], Collegeville [MN] 1992, 303) verbirgt, aus dem der Christ als Sieger, der Magistrat der römischen Kolonie Philippi hingegen gedemütigt hervorgeht. „Der Unterschied von facta und ficta ist nicht zu allen Zeiten gleich groß", hat E. HAENCHEN in der ersten Auflage seines Actakommentars am Ende der Auslegung von 16,11–40 hierzu bemerkt (Die Apostelgeschichte [KEK 3], Göttingen 1956, 448).

Himmel herabgestiegene Götter – Hermes und Zeus – zu sehen, denen ein veritables Opfer darzubringen die Volksmenge von Paulus kaum zu hindern gewesen sei.[111] Den Leser zu überwältigen dürfte das schriftstellerische Ziel schließlich auch jener fulminanten „Prunkszene"[112] gewesen sein, in der der Actaverfasser seinen Paulus nun nicht mehr mit der Menge, sondern mit der Crème der jüdischen und provinzialrömischen Gesellschaft kommunizieren läßt[113], und die, zugleich ein Quasi-Gerichtsverfahren darstellend, darin gipfelt, daß ein jüdischer König und ein römischer Provinzstatthalter (den als Rhetor auftretenden![114]) Paulus unisono von jedem verbrecherischen Tun freisprechen. Noch vieles weitere – etwa die Erzählung von der durch die *providentia specialissima* arrangierten Bekehrung eines ἀνὴρ Αἰθίοψ, den Lukas zum Hofbeamten der Kandake, einer zur Abfassungszeit der Apostelgeschichte die romantischen Gemüter fesselnden exotischen Königin, befördert hat[115], die Gallioszene, in der die Ankläger der Christen statt diese zu schädigen unversehens selbst Prügel einstecken müssen und dies, ohne daß der anwesende römische Statthalter einen Grund zum Eingreifen sieht, das Bild, das den auf den Spuren des Sokrates wandelnden Paulus im Kreise der Philosophen auf dem Areopag zeigt, die Erzählung vom Jerusalemer Komplott der Juden gegen Paulus und dessen Rettung durch die zu diesem Zweck die Hälfte

---

[111] 14,8–18. Auch hier eine der für die mimetische Historiographie so bezeichnenden Massenszenen, in der Lukas zudem das Stilmittel der Peripetie mit besonderer Meisterschaft handhabt: Den Umschwung der Handlung läßt er durch eine Rede des Paulus erst im letztmöglichen Moment eintreten; als Parallele hierzu vgl. die aus Duris' Geschichte des Agathokles stammende (Massen-)Szene Diodor XX 34,3–5. Zum sachlichen Grund für den spektakulären Triumphalismus der Szene s. E. HAENCHEN, Die Apostelgeschichte (KEK 3), Göttingen [7]1977, 417: „Dadurch, daß Lukas hier erzählt, wie ‚die Apostel' für Götter gehalten wurden, hat er einen Höhepunkt apostolischer Machtentfaltung geschaffen, der die folgende Passion [sc. die 14,19f. zu berichtende Steinigung des Paulus] völlig überstrahlt."

[112] 25,23–26,32; „Prunkszene": H. CONZELMANN, Die Apostelgeschichte (HNT 7), Tübingen [2]1972, 147.

[113] "Paul could scarcely appear before figures more 'well placed' in society": JOHNSON (wie Anm. 110), 425. Im einzelnen bietet Lukas auf: den König Agrippa II. und dessen Schwester Berenike, Witwe und Gattin von Königen sowie nachmalige Geliebte des Kaisers Titus (vgl. HAENCHEN [wie Anm. 111], 643, Anm. 2), die zudem „mit großem Gepränge" (μετὰ πολλῆς φαντασίας) erscheinen, weiter den Provinzstatthalter Porcius Festus, eine Reihe hoher Offiziere sowie die Honoratioren der Stadt Caesarea: 25,23. Für das zu schildernde Geschehen benötigt Lukas neben Paulus allerdings lediglich den König (als Fachmann für jüdische Angelegenheiten) sowie den Statthalter (der den Rat Agrippas sucht). Der Rest des Publikums ist bloße Staffage, die nur den Zweck haben kann, den Glanz der theatralischen Szene zu erhöhen – eine *amplificatio*, wie sie z. B. auch Duris in seiner freilich noch viel prunkenderen Schilderung von der Rückkehr des Alkibiades nach Athen vorgenommen hat, s. FGrHist 76, F 70 = Plutarch, *Alcibiades* 32,1–3.

[114] 26,1 ἐκτείνειν τὴν χεῖρα ist Rednergestus, vgl. z. B. CONZELMANN (wie Anm. 112), 147.

[115] 8,26–40; vgl. PLÜMACHER, Lukas (wie Anm. 28), 12f.

ihrer Jerusalemer Garnison aufbietenden Römer[116] – all dies verrät sich durch das bewußt Spektakuläre der Darstellung als gleichfalls dem Bereich der τερατεία zugehörig.

So sehr der Verfasser des lukanischen Geschichtswerkes auch am Element des Spektakulären und der mit dessen Hilfe ermöglichten psychagogischen Überwältigung des Lesers interessiert gewesen ist, so selten trifft man bei ihm doch auf ein bestimmtes, von den mimetischen Historikern gern genutztes psychagogisches Instrument: auf die der Erregung des Mitleids der Leser dienende und zu diesem Zweck höchst pathetisch gestaltete Schilderung von Elend, Unglück oder Schmerz, wie solche Schilderungen z. B. in Agatharchides' Schrift über das Rote Meer zu finden sind[117] und sie ganz ähnlich auch Phylarch verfaßt hat, um, so sein diese Schilderungen als übertrieben bzw. unangemessen verwerfender Kritiker Polybios, „die Leser durch seine Erzählung zum Mitleid zu stimmen und tiefes Erbarmen in ihnen zu wecken" (εἰς ἔλεον ἐκκαλεῖσθαι τοὺς ἀναγινώσκοντας καὶ συμπαθεῖς ποιεῖν τοῖς λεγομένοις).[118] Daß die *miseratione delectatio,* wie man solche vom Historiker angestrebte Gefühlserregung des Lesers im Anschluß an Formulierungen Ciceros[119] nennen kann, bei Lukas weitestgehend fehlt, hat sachliche Gründe – unterliegt doch das gesamte im lukanischen Werk geschilderte Geschehen dem Heilsplan Gottes[120], der den Seinen Leiden zuweist, sie aber nicht verläßt, während es sich bei den in Agatharchides' und Phylarchs Texten Leidenden um unrettbar an ihr Unheil Ausgelieferte, um ἀπολωλότες, Verlorene, handelt.[121] Diese verdienen das Mitleid (ἔλεος bzw. οἶκτος καὶ συμπάθεια), wie es ihnen die in den Texten imaginierten Zeugen ihres Unglücks reichlich zuteil werden lassen[122] und es ihnen die Leser nicht minder entgegenbringen sollen, vollauf; der Gottes Heilsplan gemäß leidende Paulus[123] aber, um nur ihn zu nennen, bedarf solcher συμπάθεια nicht, zumal er zu keinem Zeitpunkt ein von Gott Verlassener ist.[124]

Dennoch hat sich Lukas der Gestaltung von Szenen, die durch ihr Pathos eine *miseratione delectatio* im Sinne Ciceros ermöglichen, nicht gänzlich enthalten. Die kurzen Passagen, in denen der Actaverfasser den Abschied des Paulus von seinem Missionsfeld schildert, Apg 20,36–38; 21,4–6 und 21,12–14, malen Bilder von einer emotionalen Bewegtheit[125], wie sie in

---

[116] 18,12–17; 17,16–34; 23,12–35.

[117] Erhalten bei Diodor III 12,2–13,3 und 40,4–8; vgl. Photius, *Bibliothek*, Cod. 250, 447b34–40. 448a38f. 456b7–10 (Vol. 7, p. 152f. 154. 179 Henry). Siehe auch oben S. 42f.

[118] II 56,7 (Übersetzung H. DREXLER). Vgl. noch 56,8 sowie oben S. 42.

[119] Vgl. *Fam.* V 12,5,3–5: *etiam ipsa misericordia est iucunda. quem enim nostrum ille moriens apud Mantineam Epaminondas non cum quadam miseratione delectat?*

[120] Vgl. z. B. J. T. SQUIRES, The plan of God in Luke-Acts (MSSNTS 76), Cambridge 1993, sowie meinen Beitrag *Rom in der Apostelgeschichte*, unten S. 135–169: 136–138.

[121] Agatharchides bei Diodor III 40,8. Ihnen hat kein Gott geholfen (40,7), und jenen Unglücklichen, deren Schicksal Agatharchides an anderer Stelle (Diodor III 12,2–13,3) beschreibt, geht es nicht besser: Sie können das Ende ihres Elends nur noch vom Tod erwarten (13,3). Phylarch benennt die Ausweglosigkeit der Situation, in der sich die Leidenden befinden, nicht expressis verbis, läßt sie aber aus seiner Schilderung der Reaktion der Betroffenen mehr als deutlich hervorgehen (Polybios II 56,7).

[122] Diodor III 13,2 bzw. 40,8; Polybios II 56,6.

[123] Vgl. Apg 9,16: ἐγὼ γὰρ ὑποδείξω αὐτῷ ὅσα δεῖ (!) αὐτὸν ὑπὲρ τοῦ ὀνόματός μου παθεῖν.

[124] Siehe nur Apg 18,9f. und 27,23f.!

[125] So auch JOHNSON (wie Anm. 110), 366 (zu 20,38) und 370 (zu 21,13).

der Apostelgeschichte sonst nicht begegnen. Die Farben, die Lukas hier benutzt, stammen teils aus der Septuaginta, teils aus der griechischen Literatur[126]; auf jeden Fall aber sucht Lukas an diesen Stellen im Leser einen Gefühlsbereich anzusprechen, auf den auch Phylarch mit seiner Darstellung vom Abschied des geschlagenen Kleomenes von Sparta[127] zielte: auf das Nachempfinden von Trennungsschmerz. Zu den Tränen, die Jesus in Lk 19,41–44 (einer Passage ohne synoptische Paralellen!) über das künftige Schicksal Jerusalems weint, bemerkt David L. Tiede, they "might well have evoked associations with similar scenes of pathos in the moralistic and tragic histories so much in vogue in the hellenistic world".[128] So mag es denn trotz der deutlichen alttestamentlichen Bezüge in Lk 19,41–44 nicht völlig abwegig sein, die Tränen Jesu mit jenen Tränen zu parallelisieren, die Phylarch zufolge ganz Griechenland über das harte Los vergossen haben sollte, das den von Antigonos Doson besiegten Mantineern zuteil geworden war.[129]

Wie gezeigt, zählte zum Repertoire des die Fiktion um des Spektakulären willen nicht scheuenden mimetischen Geschichtsschreibers allermeist auch das Mirakulöse, und so wird man Lukas wegen der von ihm in der Apostelgeschichte erzählten Wunder[130] ebenfalls nicht aus der Zunft der Historiker ausschließen dürfen, zumal sich unter seinen *miracula* mancherlei findet, das dem entspricht, was seine paganen Kollegen in ähnlicher Weise zu bieten hatten und, nota bene, wie Lukas geboten haben, ohne die bei Historikern sonst zu beobachtende Distanz zum Inhalt ihrer Erzählungen spüren zu lassen. Ein Strafwunder wie Apg 13,6–12 findet sich eben auch bei Poseidonios[131], und wenn Apg 16,6–10 erzählt, wie die Missionsreise des Paulus und des Silas, die in andere Regionen strebten, von der *providentia specialissima* mit Hilfe des πνεῦμα sowie eines Traumgesichts in die heilsplangemäße Richtung, nach Makedonien, gelenkt wurde, dann schildert Lukas hier mit keinen anderen (wenngleich weniger drastischen) Mitteln, als sie jene Hannibalhistoriker gebrauchten, die Götter, Göttersöhne und Heroen aufgeboten hatten, um dem offenbar auf Irrwegen dahinziehenden Hannibal die richtigen Wege nach

---

[126] F. Bovon, Le Saint-Esprit, l'Église et les relations humaines selon Actes 20,36–21,16, in: J. Kremer (Hg.), Les Actes des Apôtres. Traditions, rédaction, théologie (BEThL 48), Gembloux/Leuven 1979, 339–358: 340–344.

[127] Plutarch, *Cleomenes* 29; Quelle von Plutarchs Kleomenes-Vita ist – auch in c. 29 – Phylarch, s. J. Kroymann, Art. Phylarchos, PRE.S 8 (1956), 471–489: 484–488.

[128] D. L. Tiede, Prophecy and History in Luke-Acts, Philadelphia 1980, 78. Zu Lk 22f. bemerkt Tiede ebd. 104: "Once again, the formal medium of Greek tragedy, especially as mediated by the tragic historians of the Greco-Roman era, comes to mind", aber mit Recht auch: "Jesus is not a tragic hero in this passion narrative" – ebensowenig wie Paulus dies in der Apostelgeschichte ist.

[129] Polybios II 56,6.

[130] Vgl. dazu die knappe, aber instruktive Übersicht von R. Brucker, Die Wunder der Apostel, ZNT 7 (4. Jg. 2001), 32–45.

[131] Siehe oben S. 51. Vgl. zudem 2Makk 3,22–29.

Italien zu weisen.[132] Cicero hat seinem Handeln in der Catilina-Krise dadurch
religiöse Legitimation zu verschaffen gesucht, daß er die Schilderung seines
Tuns mit dem Bericht von einem von den Vestalinnen auf ihn gedeuteten
σημεῖον der *Bona Dea* verband, das sein Handeln als himmlischerseits gebil-
ligtes erscheinen lassen sollte.[133] Zu den gleichen Mitteln hat Lukas gegriffen,
als er in Apg 10f. und in den Berichten über die Berufung des zum φῶς ἐθνῶν
bestimmten (13,47) Paulus[134] davon erzählen wollte, wie der epochemachende
Schritt der Urkirche, auch unbeschnittene Heiden in das Gottesvolk aufzunehmen, seinerzeit nicht von Menschen, sondern von Gott allein ins Werk
gesetzt und bis ins Einzelne gelenkt worden war, und zwar durch eine Audi-
tion sowie Gesichte[135], in denen eine Himmelsstimme[136], ein Engel[137] oder der
Herr selbst[138] Apostel und Paulus angewiesen hatten, das zu tun, was dazu
führen sollte, daß die Kirche zu der wurde, die sie damals im lukanischen Bereich wohl schon war: zu einer Kirche lediglich oder doch vornehmlich aus
Heidenchristen. Um die Legitimität dieser Kirche ging es, und Lukas verschaffte sie ihr u. a. eben dadurch, daß er sie ihrer Entstehung aus dem souveränen Heilswillen Gottes vergewisserte, der den Menschen seinerzeit durch
wunderbares Geschehen offenbart worden war und der auch dafür gesorgt
hatte, daß die ersten Schritte auf dem neuen Wege als von Gott gebilligte erscheinen mußten: Der Verweis auf σημεῖα καὶ τέρατα, mit denen die erste
Missionsreise des Paulus gesegnet war (Apg 14,3), begegnet in 15,12 als legi-
timierendes Argument für die gerade begonnene Öffnung der Kirche auch für
unbeschnittene Nichtjuden.[139] Wie bei Cicero dient der Erweis göttlicher Le-

---

[132] Siehe oben S. 45f. Vgl. Plutarch, *Alexander* 17,6 (dazu oben S. 46f.). Entsprechendes
gilt auch für das 2. Makkabäerbuch, s. NIESE (wie Anm. 19), 302f.: Dessen Verfasser bzw.
„Iason unterscheidet sich von den anderen Historikern durch sein Judenthum; wenn er göttliche Hülfe braucht, so erscheint nicht Apollon oder Herakles, sondern der Engel Gottes, im
übrigen besteht kein wesentlicher Unterschied." Zustimmend HABICHT (wie Anm. 19), 189.
Vgl. 2Makk 3,24–26.33f.; 10,29f.; 11,6.8. C.-J. THORNTON, Der Zeuge des Zeugen. Lukas als
Historiker der Paulusreisen (WUNT 56), Tübingen 1991, 344, verweist zu Apg 16,9f. noch
auf Dio Cassius LV 1,3. Zu Recht, denn nicht nur diese Passage zeigt, daß Dio Cassius ebenfalls von der mimetischen Geschichtsschreibung beeinflußt gewesen ist, s. A. PIATKOWSKI,
L'influence de l'historiographie tragique sur la narration de Dion Cassius, in: Actes de la XIIe
conférence internationale d'études classiques « Eirene », Bukarest/Amsterdam 1975, 263–269.

[133] Siehe oben S. 51f.

[134] 9,1–19; 22,4–21; 26,12–18.

[135] 9,3–6.10–16; 10,3–8.9–17.19; 11,5–9.

[136] 9,3f.; 10,13.15; 11,7–9; 26,13f.

[137] 10,3.7.22.30; 11,13.

[138] 9,5f.10f.17; 22,8.18f.; vgl. auch die Rolle des πνεῦμα in 10,19; 11,12; 13,2.4.

[139] Dem legitimierenden Charakter dieser „Zeichen und Wunder" (vgl. z. B. noch Apg
2,43; 4,29f.; 6,8; 8,6; 19,11f. und dazu J. JERVELL, Die Zeichen des Apostels. Die Wunder
beim lukanischen und paulinischen Paulus, SNTU.A 4 [1979], 54–75: 60–68, sowie
W. WEISS, „Zeichen und Wunder". Eine Studie zu der Sprachtradition und ihrer Verwendung
im Neuen Testament [WMANT 67], Neukirchen-Vluyn 1995, 116–119) korrespondiert die

gitimierung von vergangenem Geschehen auch in der Apostelgeschichte apologetischen Zwecken: Cicero hatte sich der Kritik zu erwehren, die an seinem Vorgehen gegen die Catilinarier geübt wurde; Lukas kämpft gegen Zweifel an Identität und Legitimität seiner heidenchristlichen Gemeinden an, die aufgrund der mangelnden Glaubensbereitschaft des Gottesvolkes zu solchen geworden waren und sich nunmehr fragen bzw. fragen lassen mußten, wie es um ihre Legitimität spendende Kontinuität zu den ganz und gar jüdisch geprägten Anfängen der Kirche (vgl. 11,15: ἀρχή) und darüber hinaus zu den Verheißungen des Alten Bundes (des „Beschneidungsbundes"; 7,8) stand, die zuvor durch die Gemeinschaft mit den Judenchristen, den ἐκ περιτομῆς πιστοί (10,45; vgl. 11,2), verbürgt worden war.[140]

V

Freilich: Die Apostelgeschichte kennt auch solche Wunder wie die Himmelfahrt Jesu in c. 1,9–11 oder die beiden Totenauferweckungen in c. 9,36–42 und 20,7–12, Wunder, die sämtlich sehr viel krasserer Natur sind als jene, von denen soeben die Rede war. Mit welch heftiger Ablehnung Polybios, Agatharchides, Lukian und Strabo auf die affirmative Behandlung von gleichermaßen massiven Wundern in der Geschichtsschreibung reagiert haben, ist oben bereits zur Sprache gekommen; es sei nur daran erinnert, wie schroff z. B. Agatharchides gegen jene τερατευόμενοι protestiert hatte, die bereit gewesen waren, von krassen Wundern wimmelnde Stoffe der alten Götter- und Heroenmythen in historiographischen Zusammenhängen zu verwenden.[141] Die von Agatharchides deutlich genug zum Ausdruck gebrachte Überzeugung, daß die in diesen Stoffen erzählten Mirakel allesamt jeder Glaubwürdigkeit entbehrten, enthüllt auch, weshalb man ihnen so häufig – und keineswegs nur in der Geschichtsschreibung – die Akzeptanz versagte. Damit ist jedoch noch nicht geklärt, warum eigentlich krasse Wunder für soviel weniger glaubwürdig ge-

---

ebenso der Legitimierung dienende Funktion, die Lukas in Apg 10 bzw. 13 dem in den Reden des Petrus bzw. des Paulus zur Sprache kommenden Jesuskerygma zugewiesen hat: In beiden Fällen ist es der letzte, aber unverzichtbare Auslöser für das nachfolgende Geschehen, das durch die Wendung des Apostels bzw. des Paulus zu den Heiden bestimmt ist und nunmehr als ein vom Jesuszeugnis ins Recht gesetztes erscheinen kann, vgl. dazu meinen Beitrag *Die Missionsreden der Apostelgeschichte und Dionys von Halikarnass*, im vorliegenden Band S. 109–125: 111–113 und 119f.

[140] Vgl. im vorliegenden Band S. 119f. sowie K. LÖNING, Die Saulustradition in der Apostelgeschichte (NTA.NF 9), Münster 1973, 204–210, und die bei E. PLÜMACHER, Acta-Forschung 1974–1982, ThR.NF 48 (1983), 1–56: 46, genannte Literatur. Zum apologetischen Charakter der lukanischen „Zeichen und Wunder" vgl. SQUIRES (wie Anm. 120), 97–102.

[141] Siehe oben S. 47f.

halten wurden als andere Mirakel wie z. B. Prodigien oder Epiphanien. Im folgenden soll diese Frage anhand einschlägiger Texte beantwortet werden.

Wie das Urteil paganer Geschichtsschreiber über die Auferweckungs-berichte der Apostelgeschichte in c. 9,36–42 und 20,7–12 ausgesehen hätte, läßt sich allenfalls erahnen, da sich die griechisch-römische Historiographie so gut wie nirgends mit derartigen Geschehen beschäftigt hat.[142] Dies ist freilich vor allem dem Umstand zuzuschreiben, daß die Vorstellung, Tote könnten auferstehen bzw. auferweckt werden und in das irdische Leben zurückkehren, der griechisch-römischen Antike insgesamt eher fern lag. Hierfür ist das aischyleische ἀνδρὸς δ' ἐπειδὰν αἷμ' ἀνασπάσῃ κόνις ἅπαξ θανόντος, οὔτις ἔστ' ἀνάστασις ebenso bezeichnend wie später die Auffassung des älteren Plinius, daß selbst Götter Tote nicht wieder lebendig machen kön-nen.[143] Die athenischen Philosophen, die der Acta-Verfasser auf die ihnen von Paulus vorgetragene Auferstehungsbotschaft mit Spott bzw. Zurückweisung reagieren läßt (Apg 17,31f.), stehen in der gleichen, von Lukas präzise erfaß-ten Tradition.[144] Und wenn ein Historiker – Diodor – doch einmal von Aufer-weckungen handelte, so blieb auch er, selbst in mythographischem Kontext, ganz im Rahmen dieser Tradition: Daran, daß Asklepios wunderbarerweise (παραδόξως) sogar bereits aufgegebene Kranke geheilt habe, äußert Diodor in seiner mit dem Gott der Heilkunst befaßten Passage keinerlei Zweifel; die Überzeugung, daß jener auch Tote wieder lebendig gemacht hätte, weist Dio-dor jedoch dem Bereich bloßen Glaubens zu, einem Glauben, der, wie der

---

[142] Auch für die Entrückung des Philippus von der Taufstätte des äthiopischen Kämmerers nach Asdod (Apg 8,39f.) finden sich in der paganen Geschichtsschreibung keinerlei Paralle-len. Entrückung als durch göttliches Eingreifen bewirkte innerweltliche Translation begegnet in der griechischen Literatur nur in der Dichtung sowie in Philostrats *Vita Apollonii* VIII 10, vgl. G. STRECKER, Art. Entrückung, RAC 5 (1962), 461–476: 462f.

[143] *Eum.* 647f. bzw. *Hist. nat.* II 27; vgl. außerdem W. PÖTSCHER, Die „Auferstehung" in der klassischen Antike, Kairos 7 (1965), 208–215.

[144] Wo in der griechisch-römischen Literatur dennoch von Totenauferstehungen bzw. -erweckungen die Rede ist, handelt es sich durchweg um die Rückkehr Scheintoter ins Leben (s. R. HERZOG, Die Wunderheilungen von Epidauros. Ein Beitrag zur Geschichte der Medizin und der Religion [Ph.S XXII 3], Leipzig 1931, 142f.; G. DELLING, Zur Beurteilung des Wun-ders durch die Antike, WZ[G].GS 5 [1955/56], 221–229: 227f. [= DERS., Studien zum Neuen Testament und zum hellenistischen Judentum. Gesammelte Aufsätze 1950–1968, Göttingen 1970, 53–71: 67f.] und S. M. FISCHBACH, Totenerweckungen. Zur Geschichte einer Gattung [fzb 69], Würzburg 1992, 113–154). Eine bemerkenswerte Ausnahme ist die mythische Ge-stalt der von Herakles ins Leben zurückgeführten Alkestis, wie sie vor allem in dem gleich-namigen Drama des Euripides begegnet.
Seit der zweiten Hälfte des 1. Jh. n. Chr. nahm das Interesse am Thema Totenaufer-weckung und insbesondere an Leere-Grab-Geschichten dann allerdings merklich zu, vgl. G. W. BOWERSOCK, Fiction as History. Nero to Julian (Sather Classical Lectures 58), Ber-keley/Los Angeles/London 1994, 99–119; selbst Origenes weist in seiner Auseinandersetzung mit Celsus auf solche Geschichten hin: *Cels.* II 16 (p. 145,21f. Koetschau).

Historiker rationalisierend wissen läßt, aufgrund der Wunderheilungen des Gottes entstanden sei.[145]

Anders verhält es sich mit der Himmelfahrt Jesu; von dem krassen Wunder der Entrückung eines Menschen in den Himmel analog zu derjenigen Jesu[146] ist in paganer Geschichtsschreibung und Biographie durchaus, wenngleich nur gelegentlich, die Rede. Bezeichnend ist dabei, daß dies allermeist in skeptischer bis ablehnender Weise geschieht. So verschweigt z. B. Dionys von Halikarnass den Lesern seiner *Antiquitates Romanae* durchaus nicht, daß es im Blick auf das Ende des Romulus neben der Überlieferung, der zufolge der Gründer Roms von seinen Mitbürgern ermordet wurde, noch die andere gab, die das plötzliche Verschwinden des Romulus mit dessen Entrückung in den Himmel zu seinem Vater Mars erklärte.[147] Daß indes nicht ihr, sondern der Ermordungsversion der Vorzug zu geben sei, hat Dionys seinen Lesern ebensowenig verborgen – teilt er ihnen doch mit, daß die zuletzt genannte Version dem glaubwürdigeren (πιθανώτερα) Strang der Romulusüberlieferung entstamme, die Entrückungsversion hingegen demjenigen, den er als eher fabulös (μυθωδέστερα) kennzeichnet.[148]

Mit beiden Versionen hat sich in seiner Romulus gewidmeten Lebensbeschreibung auch Plutarch befaßt[149] und dabei gleichfalls nicht im Zweifel gelassen, daß die Tradition von der Entrückung des Romulus abzulehnen war. Von Plutarch erfahren wir jedoch sehr viel genauer als von Dionys, was kritische Gemüter seinerzeit daran hinderte, ein Wunder wie das der Entrückung zu goutieren. Wer von solchen erzähle[150], so führt Plutarch hier zunächst aus, der wolle seine Leser etwas glauben machen, das Himmel und Erde durcheinanderbringe und deshalb töricht (ἀβέλτερον) sei, nämlich zu glauben, daß auch der sterbliche Teil des Menschen (τὰ θνητὰ τῆς φύσεως) vergöttlicht

---

[145] IV 71,1: ἐπὶ τοσοῦτο δὲ προβῆναι τῇ δόξῃ ὥστε πολλοὺς τῶν ἀπεγνωσμένων ἀρρώστων παραδόξως θεραπεύειν, καὶ διὰ τοῦτο πολλοὺς δοκεῖν τῶν τετελευτηκότων ποιεῖν πάλιν ζῶντας. Selbst der Mythograph Hyginus hat die Aussage *Aesculapius ... Glauco Minois filio vitam reddidisse sive Hippolyto* unter den Vorbehalt des *dicitur* gestellt (*Fab.* 49).

[146] Vgl. hierzu G. LOHFINK, Die Himmelfahrt Jesu. Untersuchungen zu den Himmelfahrts- und Erhöhungstexten bei Lukas (StANT 26), München 1971, 34–50, sowie P. W. VAN DER HORST, Hellenistic Parallels to the Acts of the Apostles: 1,1–26, ZNW 74 (1983), 17–26: 21f.

[147] *Ant. Rom.* II 56,1–5; vgl. Livius I 16.

[148] *Ant. Rom.* II 56,2f. Mit gleicher Skepsis berichtet Dionys vom Ende des Aeneas (*Ant. Rom.* I 64,3–5) und hat auch schon Herodot über das Ende des karthagischen Feldherrn Hamilkar gedacht (VII 166f.).

[149] *Romulus* 27,3–28,10.

[150] Als Parallelen zur Entrückung des Romulus referiert Plutarch in 28,4–7 auch die entsprechenden Traditionen über Aristeas von Prokonnesos, Kleomedes von Astypalaia sowie Alkmene, die Mutter des Herakles, und verdeutlicht bereits dadurch, daß seine Kritik nicht etwa nur der Überlieferung von Romulus' Entrückung gilt, sondern auf die Entrückungsvorstellung als solche zielt.

werden könne (28,7). Zu den Göttern gelange, fährt Plutarch dann in Anknüpfung an ein von der Todesverfallenheit eines jeden Leibes handelndes Pindar-
zitat[151] fort, einzig das εἴδωλον des Menschen, das er im folgenden mit der
Seele identifiziert (28,8f.). Schließlich resümiert Plutarch: Glauben dürfe man
allein, „daß die tugendhaften Seelen – und zwar in Übereinstimmung sowohl
mit der Natur wie mit göttlichem Recht (κατὰ φύσιν καὶ δίκην θείαν) – von
Menschen ... zu Göttern emporgehoben werden", nicht aber, daß „die Leiber
der guten [sc. Menschen] mit [sc. ihren Seelen] in den Himmel hinaufstei-
gen", denn das sei „wider die Natur" (παρὰ φύσιν).[152] Die spiritualisierende
Vorstellung vom Aufstieg der Seele in den Himmel und selbst die von deren
Vergöttlichung kann Plutarch also durchaus akzeptieren, nicht hingegen das
Mirakel der leiblichen Himmelfahrt eines Menschen. Der Grund für diese
Weigerung besteht nun keineswegs darin, daß es sich bei der Entrückung um
ein wunderhaftes Geschehen handelt, da Plutarch wunderbare Phänomene
nicht generell für unglaubwürdig gehalten hat.[153] Plutarchs Ablehnung der
Entrückungsvorstellung resultiert vielmehr allein daraus, daß diese, indem sie
das eherne Gesetz der Vergänglichkeit eines jeden menschlichen Leibes leug-
nete, der φύσις, der Natur(-ordnung), widersprach.[154] Welch grundsätzliche
Ablehnung das Verdikt παρὰ φύσιν bedeutet, läßt sich ermessen, wenn man
bedenkt, welche Aussage Agatharchides einst ebenfalls als παρὰ φύσιν bezeichnet hatte: die absurde Behauptung des Mythos, der zufolge die (Ur-)Ein-
wohner Arkadiens und Attikas aus der Erde geboren worden sein sollten.[155]

---

[151] Frgm. 131b Snell: σῶμα μὲν πάντων ἕπεται θανάτῳ περισθενεῖ, ζωὸν δ' ἔτι
λείπεται αἰῶνος εἴδωλον· τὸ γάρ ἐστι μόνον ἐκ θεῶν.

[152] 28,10. Ganz ähnlich argumentiert später Celsus im Blick auf die „törichte" (ἠλίθιον)
Vorstellung von der Auferstehung des Fleisches: Was „wider die Natur" (παρὰ φύσιν) ist,
kann und will Gott, „der Urheber der wahren und gerechten Natur" (τῆς ὀρθῆς καὶ δικαίας
φύσεως ὁ θεός ἐστιν ἀρχηγέτης), nicht tun; allein „der Seele könnte er ewiges Leben gewähren" (Origenes, *Cels.* V 14).

[153] Vgl. nur *Camillus* 6,5: πολλὰ δὲ καὶ τῶν καθ' ἡμᾶς ἀκηκοότες ἀνθρώπων λέγειν
ἔχομεν ἄξια θαύματος, ὧν οὐκ ἄν τις εἰκῇ καταφρονήσειεν sowie B. S. MACKAY, Plutarch
and the Miraculous, in: C. F. D. Moule (Hg.), Miracles. Cambridge Studies in their Philosophy
and History, London [2]1966, 95–111.

[154] So auch Cicero, *Rep.* III 40: *quorum [sc. Herculis et Romuli] non corpora sunt in
caelum elata; neque enim natura pateretur, ut id quod esset e terra nisi in terra maneret.* –
Den Glauben an die leibliche Himmelfahrt Christi gegen Ciceros Aufgeklärtheit zu verteidigen, sollte später Augustin (dem die Erhaltung der eben zitierten Ciceropassage zu danken ist)
erhebliche Mühen, darunter einen ausführlichen Bericht über zweiundzwanzig (Zählung
P. PIRET, La destinée de l'homme: la Cité de Dieu. Un commentaire du 'De Civitate Dei'
d'Augustin, Bruxelles 1991, 362) den Glauben an das eine große Wunder von Jesu leiblicher
Auferstehung und Himmelfahrt bekräftigende zeitgenössische christliche *miracula*, kosten;
s. *Civ. d.* XXII 4–9. Das Cicerozitat findet sich zu Beginn von c. 4; die Wunderberichte (dazu
F. VAN DER MEER, Augustinus der Seelsorger. Leben und Wirken eines Kirchenvaters, Köln
[3]1958, 563–577) füllen das lange c. 8.

[155] Frgm. 7 Woelk = Photius, *Bibliothek*, Cod. 250, 443b33–35 (Vol. 7, p. 141 Henry).

Entrückungsmirakel beifällig zu traktieren, hat Plutarch in der in Rede stehenden Passage seiner Romulusvita deshalb auch konsequenterweise als μυθολογεῖν charakterisiert[156] – als kritikloses Wiedergeben eines Stoffes, der per definitionem weder etwas Wahres (*nec verae res*) noch etwas dem Wahren Gleichendes (*nec veri similes res*) enthielt[157] und somit, wie Cicero im Blick auf die angebliche Entrückung des Romulus auch expressis verbis formuliert hat, von in jeder Hinsicht unmöglichem Geschehen (*quod fieri non potest*) handelte.[158]

Noch ein weiteres Mal hat Plutarch seine Ablehnung krasser Mirakel anhand eines konkreten Beispiels, diesmal einer Tempelsage, zum Ausdruck gebracht. In c. 37f. der Vita Coriolans kommt er auf die Überlieferung von einem Götterbild zu sprechen, das, wie er ausdrücklich bemerkt, nicht geschwitzt, geweint, geblutet, geächzt oder gestöhnt, sondern vielmehr mit vernehmlicher Stimme artikuliert gesprochen habe, und das, wie gefabelt werde (μυθολογοῦσιν, 38,1), sogar zweimal. Schweiß-, Tränen-, Blut-, Ächz- und Stöhnwunder[159] hinzunehmen ist Plutarch bereit – οὐκ ἀδύνατόν ἐστι –, weil er sie als natürliche Vorgänge erklären kann (38,1f.), deren sich die Gottheit

---

[156] 28,4.7. Vgl. Dionys von Halikarnass, *Ant. Rom.* II 56,2, sowie Dio Cassius, der das Ausspinnen der Behauptungen Hadrians über die Entrückung des Antinoos ans Firmament ebenfalls als μυθολογεῖν charakterisiert hat (LXIX 11,4).

[157] Cicero, *Inv.* I 27: *fabula est, in qua nec verae nec veri similes res continentur, cuiusmodi est: angues ingentes alites, iuncti iugo.* Diese auch von der – wohl auf die gleiche Quelle wie Ciceros *De inventione*, nämlich die lateinische Übersetzung eines griechischen Rhetoriklehrbuches, zurückgehenden – *Rhetorica ad Herennium* (I 12f.) gebotene Definition des Mythos (*fabula*) findet sich zwar hier wie dort im Rahmen der Behandlung der forensischen Beredsamkeit, steht jedoch in einer Passage, deren Inhalt, wie sowohl Cicero als auch der *auctor ad Herennium* ausdrücklich bemerken, nichts mit der Gerichtsrhetorik zu tun hat (*remotum a civilibus causis* bzw. *a causa civili remotum est*) und daher von allgemeiner literaturtheoretischer Gültigkeit sein muß (vgl. M. Hose, Fiktionalität und Lüge. Über einen Unterschied zwischen römischer und griechischer Terminologie, Poetica 28 [1996], 257–274: 261). Gegen Ende des 2. Jh. n. Chr. wird Sextus Empiricus den μῦθος dann ganz ähnlich als πραγμάτων ἀγενήτων καὶ ψευδῶν ἔκθεσις, als „Darlegung von Dingen, die nicht geschehen können und die erlogen sind" (Übersetzung Hose a. a. O. 262), definieren und, dies ganz wie schon Cicero, mit dem Hinweis auf mythologische Mären (wie z. B. die von der Geburt des Pegasus aus dem vom Rumpf getrennten Haupt der Gorgo) illustrieren (*Math.* I 263f.) sowie den Glauben an dergleichen, die μυθικὴ πίστις, unter Verweis auf solche Glaubensinhalte wie die von Kronos handelnden Mythen als πραγμάτων ἀγενήτων τε καὶ πεπλασμένων παραδοχή bezeichnen (*Pyrrh. hyp.* I 147). – Zur Behandlung des Mythos in der Rhetorik vgl. auch R. M. Grant, Miracle and Natural Law in Graeco-Roman and Early Christian Thought, Amsterdam 1952, 58–60.

[158] *Rep.* II 18f. zufolge zählt die Entrückung zu jenen *fabulae fictae*, die ein aufgeklärtes Zeitalter verwerfen muß, weil sie Unmögliches (*quod fieri non potest*) berichten. Weitere Mythologumena, mit denen die Zeit aufräume, benennt Cicero, *Nat. deor.* II 5.

[159] Belege für solche Mirakel bei O. Weinreich, Antike Heilungswunder. Untersuchungen zum Wunderglauben der Griechen und Römer (RVV VIII 1), Gießen 1909, 146 (mit Anm. 4

bedient, um gelegentlich ein Zeichen zu geben (σημαίνειν, 38,2). „Daß aber artikulierte Laute, klar und deutlich ausgesprochene Worte sich in einem unbeseelten Gegenstand formen können", verwirft Plutarch als „außerhalb jeder Möglichkeit" (παντάπασιν ἀμήχανον).[160] Wieder ist es das Element der – hier auch von Plutarch als solche bezeichneten – schieren Unmöglichkeit des Wunders, das Plutarch zu dessen Ablehnung bestimmt, und auch hier wird das unreflektierte Erzählen des krassen Mirakels von Plutarch als μυθολογεῖν definiert. Zudem läßt sich erneut eine Übereinstimmung mit der Mythenkritik des Agatharchides beobachten: Das Argument, mit dem Plutarch die Sage von dem sprechenden Götterbild verwirft, ist genauso bereits von Agatharchides zur Ablehnung höchst unglaubwürdigen mythischen Geschehens – der Sage, der zufolge Atlas die Atlantiden gezeugt habe, während er zugleich den Himmel mitsamt den darin wohnenden Göttern geschultert hatte – benutzt worden; auch bei Agatharchides heißt es: ἀμήχανον, unmöglich.[161]

Plutarch war kein Historiker, sondern hat historische Biographien verfaßt und ist sich dieser Gattungsdifferenz auch bewußt gewesen.[162] Über krasse Wunder hat er in den eben behandelten Texten jedoch ganz wie ein kritischer Historiker geurteilt, nämlich genauso wie Polybios, von dessen Abneigung gegen die Verwendung jedweden Mirakelstoffs in der Geschichtsschreibung

---

[160] *Gaius Marcius* (*Coriolanus*) 38,3 (Übersetzung W. WUHRMANN). Auch in der Camillusvita (c. 6) ist von einem sprechenden Götterbild die Rede, doch macht Plutarch hier keinen Unterschied zwischen dem Wunder einer – wenngleich nur leise – sprechenden Junostatue und den schwitzenden, seufzenden oder sich bewegenden Götterbildern: es handle sich bei all dem um „gleichartige Erscheinungen" (ὁμοειδῆ τινα, 6,4). Die Kritik am Wunder der sprechenden Junostatue fehlt dennoch nicht; Plutarch weist ausdrücklich auf die livianische Version der Geschichte hin, nach der nicht die Junostatue selbst sich geäußert habe, sondern lediglich von einigen bei dem Geschehen Anwesenden behauptet worden sei, sie habe ihren Willen kundgetan (6,2; vgl. Livius V 22,5). Außerdem schließt Plutarch die Passage nicht ohne die Bemerkung, im Blick auf das Wunderbare seien Leichtgläubigkeit und gänzlicher Unglaube gleicherweise bedenklich: Behutsamkeit und Meiden des Übermaßes seien hier das Beste (6,6).

[161] Frgm. 7 Woelk = Photius, *Bibliothek*, Cod. 250, 444a6–10 (Vol. 7, p. 141 Henry).

[162] Vgl. *Alexander* 1,2: οὔτε γὰρ ἱστορίας γράφομεν, ἀλλὰ βίους. Das heißt freilich nicht, daß Plutarch von Geschichtsschreibung nichts verstanden hätte; immerhin war er der Verfasser einer – heute verlorenen – Schrift Πῶς κρινοῦμεν τὴν ἀληθῆ ἱστορίαν (Lampriaskatalog 124) und hat sich auch in den Eingangsabschnitten seiner Abhandlung *De malignitate Herodoti* (*Mor.* 854e–856d) zu einigen Problemen der Historiographie geäußert. Eine ganze Reihe von Biographien genügt historiographischen Ansprüchen durchaus, vgl. C. THEANDER, Plutarch und die Geschichte (K. Humanistiska Vetenskapssamfundets i Lund. Årsber. 1950/51,1), Lund 1951, 78, sowie C. B. R. PELLING, Truth and Fiction in Plutarch's Lives, in: D. A. Russell (Hg.), Antonine Literature, Oxford 1990, 19–52: 35: "Plutarch is alert and sensitive to the possibilities of his genre, and when he was writing a 'historical' Life he himself became far more of a historian, keeping more closely to the norms he thought appropriate to that genre." Bemerkenswert ist schließlich, daß Plutarch recht genau zwischen historiographischem und mythologischem Gelände zu unterscheiden wußte, vgl. *Theseus* 1,1–5.

oben bereits des längeren die Rede war.[163] Polybios' Stellungnahme zu krassen Wundern bzw. zur Wiedergabe solcher in historiographischen Zusammenhängen findet sich in Buch XVI der Historien und besteht zunächst in einer harschen Zurückweisung der Glaubwürdigkeit bestimmter – hier: griechischer – Tempelsagen, die einige Geschichtsschreiber (συγγραφεῖς bzw. ἱστοριογράφοι) – offenbar kritiklos – wiedergegeben hatten und in denen behauptet wurde, die in Kindye und Iasos befindlichen Standbilder der Artemis würden, obwohl sie im Freien stünden, doch niemals von Schnee oder Regen benetzt.[164] Polybios klassifiziert diese Mären als ganz und gar kindische Torheiten (παντάπασι παιδικὴ εὐήθεια[165]) und begründet sein Urteil nicht anders als Agatharchides und Plutarch mit dem Argument der gänzlichen Unmöglichkeit solchen Geschehens: Es verlasse nicht nur den Bereich des Wahrscheinlichen, sondern auch den des überhaupt Möglichen (ὅσα μὴ μόνον τῆς τῶν εὐλόγων ἐκτὸς πίπτει θεωρίας, ἀλλὰ καὶ τῆς τοῦ δυνατοῦ).[166] Im Anschluß hieran teilt Polybios dann in gleicher Sache noch einen kräftigen Hieb gegen seinen Historikerkollegen Theopomp aus, in dessen Werk er offenbar eine weitere, ebenfalls unkritisiert gebliebene Tempelsage gelesen hatte, der zufolge jeder, der das Abaton des Zeusheiligtums auf dem Lykaion in Arkadien betrete, seinen Schatten verliere.[167] Solche Unmöglichkeiten zu ver-

---

[163] S. 45f.

[164] XVI 12,3–5. Dasselbe glaubte man auch von den (ebenfalls im Freien befindlichen) Altären des Aphroditetempels in Paphos sowie von einer Athenastatue in Nea (Troas), s. Plinius d. Ä., *Hist. nat.* II 210, und Tacitus, *Hist.* II 3,2. Über den Wahrheitsgehalt dieser Traditionen reflektieren weder Plinius noch Tacitus. Vgl. auch Augustin, *Civ. d.* XXI 6 (p. 498, 7–13 Dombart – Kalb).

[165] Der Text ist an dieser Stelle verderbt. Überliefert ist δοκεῖ γάρ μοι τὰ τοιαῦτα παντάπασι παιδικῆς εἶναι τῆς ὅσα κτλ. Die hinter τῆς zu vermutende Lücke wird von I. BEKKER (Polybius, Berlin 1844, Tom. II, p. 827f.) – angestoßen durch den Wortlaut von 12,9? – exempli gratia durch τερατείας (!) gefüllt; εὐηθείας – *anstelle* von εἶναι τῆς – ist eine (sehr wohl mögliche) Konjektur von T. BÜTTNER-WOBST, Polybii Historiae, Vol. III, Leipzig 1893 (Repr. Stuttgart 1965), p. 330.

[166] 12,6. Welche Historiker Polybios hier kritisiert, ist nicht zu ermitteln. In Frage kommen alle jene Geschichtsschreiber, die wie z. B. der von Polybios entsprechend inkriminierte Timaios nicht nur vor der kritiklosen Wiedergabe von unglaubwürdigen Mythen, sondern selbst von Beispielen krassen Aberglaubens (δεισιδαιμονία ἀγεννής) nicht zurückgeschreckt sind (vgl. oben Anm. 65), bzw. wie die von Strabo attackierten Historiker in ihrem Hang zur Anreicherung ihrer Darstellung mit Mythenstoffen und in voller Erkenntnis dessen, was sie taten (ἑκόντες), Unmögliches (τὰ ἀδύνατα) erfunden und erzählt haben (I 2,35 [Ende], vgl. oben S. 48f.).

[167] Die Geschichte findet sich auch bei Pausanias VIII 38,6 und Plutarch, *Quaest. Graec.* 39 (*Mor.* 300c); letzterer schenkt ihr keinerlei Glauben (οὐκ ἀληθῶς). Ein Schattenwunder begegnet einmal auch in der Apostelgeschichte; als Heilungswunder ist Apg 5,15f. (dazu P. W. VAN DER HORST, Peter's Shadow. The Religio-Historical Background of Acts V. 15, NTS 23 [1977], 204–212) jedoch kein echtes Seitenstück zu dem Mirakel, von dem Theopomp, Pausanias und Plutarch erzählt haben.

breiten wie die, „daß manche Körper, ans Licht gestellt, keinen Schatten werfen", sei aber, wie Polybios höhnend vermerkt, einzig Sache einer „stumpf gewordenen Seele" (ἀπηλγηκυίας ψυχῆς) bzw. (so die elegante Übersetzung Hans Drexlers) „intellektuelle Selbstaufgabe."[168]

Aus den im Vorstehenden interpretierten Texten geht mit wünschenswerter Deutlichkeit hervor, weshalb Plutarch wie vor ihm bereits Polybios von krassen Mirakeln handelnden Überlieferungen kategorisch jede Glaubwürdigkeit abgesprochen haben: Beide begründen ihren Unglauben übereinstimmend damit, daß die in diesen Überlieferungen geschilderten mirakulösen Phänomene schlechterdings unmöglich (ἀμήχανον bzw. ἀδύνατον) seien. Die eben vorgestellten Texte zeigen zudem, daß sowohl Plutarch wie Polybios – und zwar unabhängig von ihrer (zumindest bei Polybios eminent negativen[169]) Einstellung gegenüber dem Wunderhaften – im mirakulösen Bereich zwischen demjenigen unterschieden haben, was lediglich der Wahrscheinlichkeit widersprach (Polybios) oder ihr gar nur zu widersprechen schien (Plutarch), und demjenigen, was gänzlich unmöglich war – eben dem krassen Wunder. Über das Kriterium schließlich, das es erlaubte, krasse, ‚unmögliche' Wunder als solche zu erkennen und zu definieren, hat Plutarch präzise Auskunft gegeben; es bestand darin, daß krasse Wunder stets παρὰ φύσιν waren d. h. gegen die unabänderlichen Ordnungen der Natur verstießen[170], weshalb Überlieferungen, die solche Mirakel beinhalteten, gar nicht anders konnten, als unglaubwürdig zu sein, und daher, wie nicht zuletzt aus Polybios' Kritik an Theopomp und weiteren Geschichtsschreibern resultiert, insbesondere von dem prinzipiell der Wahrheit verpflichteten Historiker[171] auf das Nachdrücklichste zurückzuweisen waren – ganz so, wie Agatharchides und Lukian dies hinsichtlich der krassen Wunder der alten Götter- und Heroenmythen auch getan bzw. gefordert haben.[172]

Die Unterscheidung zwischen völlig unglaubwürdigen weil ‚unmöglichen' Wundern einerseits und weniger krassen und darum noch eher glaublichen Mirakeln andererseits[173] ist in der

---

[168] 12,7. – Theopomps *innumerabiles fabulae* erwähnt Cicero, *Leg.* I 5; vgl. Strabo I 2,35 (Ende): Θεόπομπος δὲ ἐξομολογεῖται φήσας ὅτι καὶ μύθους ἐν ταῖς ἱστορίαις ἐρεῖ. Dionys von Halikarnass rügt das Kindische (τὸ παιδιῶδες) an manchen seiner Exkurse (παρεμβολαί) und führt zwei Beispiele hierfür an, das eine vom Kampf eines Seeungeheuers (δράκων) mit einer Triere handelnd (*Epist. ad Pompeium* 6 [p. 247,22–248,5 Usener – Radermacher] = FGrHist 115, T 20[a],11). Aelian schließlich hat Theopomp als δεινὸς μυθολόγος bezeichnet (*Var. hist.* III 18,9 [p. 50,21f. Dilts] = FGrHist 115, F 75c).

[169] Vgl. nur die Passage XXXVI 17,1–12!

[170] Siehe dazu auch H. REMUS, Pagan-Christian Conflict Over Miracle in the Second Century (PatMS 10), Cambridge (MA) 1983, 14–20 ("Nature as a Canon of the Ordinary").

[171] Belege zur Wahrheitsverpflichtung des Historikers bei AVENARIUS (wie Anm. 64), 40–44; Polybios: XII 12,3; XXXIV 4,2; XXXVIII 4,5f.8.

[172] Siehe oben S. 47–50.

griechisch-römischen Antike natürlich nicht auf Polybios und Plutarch beschränkt, sondern weit verbreitet gewesen. Sie findet sich z. B. auch bei Galen, der zwar durchaus davon überzeugt war, seine Heilerfolge oftmals durch ihm im Traum offenbarte Therapien erzielt zu haben[174], es aber rundweg abgelehnt hat, zu glauben, daß Gott alles möglich sei – etwa Asche in ein Pferd oder ein Rind zu verwandeln: Was von Natur aus unmöglich sei (ἀδύνατα φύσει), tue Gott nicht.[175] Selbst dort, wo man die Möglichkeit mirakulösen Geschehens generell bestritt, ist die in Rede stehende Differenzierung, wenngleich anders akzentuiert, bestehen geblieben; so unterschied Cicero in seiner Schrift über die Wahrsagung zwischen solchen fälschlicherweise für Mirakel gehaltenen Phänomenen, die zwar ungewöhnlich (*praeter consuetudinem*) waren, sich bei genauerer Betrachtung jedoch auf natürliche Ursachen oder den Zufall zurückführen ließen (*res tum natura tum casus adfert*), und jenen anderen ‚Wundern‘, die, weil wider die Natur (*praeter naturam*), tatsächlich solche gewesen wären, wenn sie sich denn wirklich ereignet hätten bzw. ereignen würden, was Cicero freilich als Ding der Unmöglichkeit ansah, da wider die Natur nichts geschehen könne.[176] Wie Cicero dachte, sei durch zwei seiner in der Schrift *De divinatione* angeführten Exempel illustriert: Kein wunderhaftes Vorzeichen (*ostentum*) liegt Cicero zufolge vor, wenn Hähne – zu welchen ungewöhnlichen Zeiten auch immer – krähen; ein Wunder, sogar ein großes, wäre es hingegen, wenn Fische dies täten; kein Wunder sei es auch, wenn man eine Schlange um den häuslichen Türriegel gewunden anträfe; von einem Wunder könne man erst dann sprechen, wenn sich der Türriegel um die Schlange gewickelt hätte.[177] Spätestens um 100 n. Chr. ist die Unterscheidung von Wundern *praeter naturam* und Geschehnissen *praeter consuetudinem* dann auch in die Lexikographie gelangt; bei (Pseudo-)Ammonius kann man lesen: τέρας σημείου διαφέρει. τὸ μὲν γὰρ τέρας παρὰ φύσιν γίνεται, τὸ δὲ σημεῖον παρὰ συνήθειαν.[178]

Spuren der Unterscheidung zwischen akzeptablen und unakzeptablen mirakulösen Phänomenen finden sich zumindest einmal auch bei Livius, und zwar in seinem Bericht über ein bei Kroton gelegenes Heiligtum der Juno Lacinia (XXIV 3,3–7). Livius erzählt hier zunächst von dem merkwürdigen Phänomen, daß das der Juno heilige Vieh, obgleich niemals von Hirten gehütet, doch nie von menschlichen Übeltätern Schaden erlitten habe und sogar von Angriffen durch Raubtiere (*ferae*) verschont geblieben sei. Von dieser Überlieferung distanziert Livius sich nicht, wohl aber von der anschließend mitgeteilten Tempelsage, nach der die auf einem im Vorhof des Junoheiligtums (also im Freien) stehenden Altar befindliche Opferasche niemals vom Winde verweht werde. Diese Sage (*fama*) sei, so bemerkt Livius ausdrücklich, wie so viele ihresgleichen Fiktion.[179]

---

[173] Sie spielt gelegentlich auch heute noch eine Rolle, vgl. D. LANGE, Kreuz-Wege. Briefgefechte über das Christentum, Tübingen 1997, 77f.

[174] *Opera*, Vol. 16, p. 222f. Kühn; vgl. Vol. 10, p. 972.

[175] Ebd. Vol. 3, p. 906; ebenso Celsus (s. oben Anm. 152).

[176] *Divin.* II 55.60.

[177] Ebd. II 56.62.

[178] *De adfinium vocabulorum differentia* 466 Nickau; vgl. ebd. 224: ἔστι γὰρ τέρας τὸ παρὰ φύσιν σημαῖνόν τι (zur Datierung s. Nickau p. LXVI). Ähnlich dann auch die *Suda* s. v. τέρας (Vol. 4, p. 525 Adler).

[179] *Ac miracula aliqua adfinguntur ut plerumque tam insignibus locis: fama est aram esse in vestibulo templi, cuius cinerem nullo unquam moveri vento* (3,7). Ganz ähnlich Dio Cassius: Die Behauptung, Antinoos sei entrückt worden, hat er als Mythologumenon charakterisiert und dadurch als völlig unglaubwürdig qualifiziert (s. o. Anm. 156); hingegen sah er keinerlei Grund, dem Bericht von einer Drusus zuteil gewordenen Erscheinung eines numinosen Wesens (LV 1,3) den Glauben zu versagen (οὐ ... ἀπιστεῖν ἔχω, LV 1,4).

Gewiß ist zudem, daß Josephus, der der Wiedergabe von σημεῖα in aller Regel durchaus aufgeschlossen gegenüberstand[180], ‚unmögliche' Wunder offenbar reservierter betrachtet und jedenfalls eine ganze Reihe von ihnen nicht aus den alttestamentlichen Texten in die *Antiquitates* übernommen hat. So liest man bei ihm beispielsweise nichts von der bei Gibeon stillstehenden Sonne (Jos 10,12–14/*Ant.* V 205f.), nichts von der Auferweckung des Sohnes der Sunamitin durch Elisa (2Kön 4,18–37/*Ant.* IX 51) und nichts von dem aufschwimmenden Eisen (2Kön 6,1–7/*Ant.* IX 51). Wo Josephus dennoch von solchen Wundern berichtet, hat er sie häufig rationalisiert oder ihre Bedeutung gemindert.[181]

VI

Angesichts der zunächst so kompromißlos scheinenden Ablehnung, die den ‚unmöglichen' Wundern durch Polybios und Plutarch zuteil geworden ist, muß es nun allerdings äußerst überraschend anmuten, wie sowohl der pragmatische Historiker Polybios als auch der mit den Erfordernissen und Usancen der Geschichtsschreibung seiner Zeit durchaus vertraute Biographienschreiber Plutarch im weiteren Verlauf ihrer oben vorgestellten Tempelsagen kritisierenden Texte mit der Materie umgegangen sind, die sie zuvor wegen ihrer krassen Wunderhaftigkeit so entschieden verworfen hatten.

Plutarch setzt die einschlägige Passage der Coriolanvita zwar zunächst noch in dem zuvor angeschlagenen kritischen Ton fort, indem er eine genauere Begründung dafür anbietet, weshalb ihm das Wunder des zum Sprechen fähigen Götterbildes als unmöglich erscheint: Auch die Seele und selbst die Gottheit seien ja nicht dazu in der Lage, sich vernehmlich machen und sprechen zu können, da beiden das hierzu befähigende Instrument, der mit Sprechwerkzeugen ausgestattete Leib, fehle.[182] Dann aber entschließt sich Plutarch, dem von ihm als unmöglich erklärten Wunder doch Glauben zu schenken. Denn, so argumentiert er nun, dies zu tun, nämlich ein der sinnlichen Wahrnehmung nicht entsprechendes, der Einbildungskraft der Seele entstammendes Geschehnis zu akzeptieren, sei ja der Wille der Geschichte (ἱστορία)[183] selbst, die durch das Vorhandensein ebenso zahlreicher wie ver-

---

[180] Vgl. G. DELLING, Josephus und das Wunderbare, NT 2 (1958), 291–309: 294–296 (= DERS., Studien [wie Anm. 144], 130–145: 132–135); R. FORMESYN, Le sêmeion johannique et le sêmeion hellénistique, EThL 38 (1962), 856–894: 866f., und oben S. 52.

[181] Vgl. DELLING (wie Anm. 180), 299, Anm. 4, bzw. 137, Anm. 27, und 301–303 bzw. 139f., sowie L. H. FELDMAN, Studies in Josephus's Rewritten Bible (JSJ Suppl. 58), Leiden/Boston/Köln 1998, 298–302. 344–347. 568–570; DERS., Josephus' Interpretation of the Bible (Hellenistic Culture und Society 27), Berkeley/Los Angeles/London 1998, 210–214.

[182] *Gaius Marcius (Coriolanus)* 38,3.

[183] Ἱστορία = Geschichte wie in Plutarchs *De malignitate Herodoti*, p. 7,21f.; 8,4.13.18.23f. Häsler (*Mor.* 855b–e); vgl. auch *Theseus* 1,1–5 und *Demosthenes* 2,1. DELLING (wie Anm. 142), 228 bzw. 70, übersetzt „geschichtliche Überlieferung", B. PERRIN "history"

trauenswürdiger Zeugen für jenes Geschehnis geradezu zu solchem Verhalten nötige (πολλοῖς ἀποβιάζεται καὶ πιθανοῖς μάρτυσιν).[184] Krasse Wunder sind Plutarch zufolge also, wie immer man sich zu ihnen stellt, sehr wohl Teil der Geschichte und somit, so darf man folgern, auch der Beschäftigung mit ihr.

Anders als Plutarch, der in seiner Auseinandersetzung mit dem Problem des ‚unmöglichen' Wunders schließlich dahin gelangt, das krasse Mirakel als solches zu akzeptieren, hat Polybios in dem oben behandelten Abschnitt der Historien nicht von seiner schroffen Ablehnung krasser Wunder gelassen. Dennoch macht Polybios hier ebenfalls eine Konzession, und zwar eine solche, die in unserem Zusammenhang äußerst bemerkenswert ist. Wie aus seiner harschen Kritik an Theopomp und anderen das affirmative Erzählen von ‚unmöglichen' Wundern nicht scheuenden Historikern zur Genüge hervorgeht, hat er die Geschichtsschreibung ganz und gar nicht für den Ort gehalten, an dem solche Mirakel zu traktieren waren. *Eine* Ausnahme gesteht Polybios im Anschluß an sein Verdikt über die Wiedergabe krasser Wunder in historiographischen Kontexten indes zu: „Sofern dergleichen darauf abzielt, dem Volk seine Frömmigkeit gegen die Götter zu erhalten (διασῴζειν τὴν τοῦ πλήθους εὐσέβειαν πρὸς τὸ θεῖον), muß man allerdings manchen Geschichtsschreibern (ἐνίοις τῶν συγγραφέων)[185], wenn sie derartige Wundergeschichten verbreiten (τερατευόμενοι καὶ λογοποιοῦντες περὶ τὰ τοιαῦτα) Pardon gewähren".[186] Das aber heißt nun nichts anderes, als daß die τερατεία der

---

(Plutarch's Lives, Vol. 4, Cambridge [MA]/London 1986, 213); R. FLACELIÈRE und É. CHAMBRY entscheiden sich für «l'histoire» (Plutarque. Vies, Tom. 3, Paris [2]1969, 216).

[184] 38,4. – Ein vergleichbares Schwanken zwischen anfänglicher (aber anderen in den Mund gelegter) Ablehnung und schließlicher (hier nicht mit dem Willen der Geschichte begründeter, sondern in Plutarchs Dämonenlehre [dazu H. A. MOELLERING, Plutarch on Superstition. Plutarch's De Superstitione, Its Place in the Changing Meaning of Deisidaimonia and in the Context of His Theological Writings, Boston [2]1963, 119–138] wurzelnder) Anerkenntnis der Existenz glaubwürdig bezeugter wunderbarer Phänomene ist auch in der Dionvita (c. 2) zu beobachten. Thema sind die später (*Dion* 55 bzw. *Brutus* 36) eingehend geschilderten Erscheinungen (φαντάσματα) von Dämonen, die Dion ebenso wie Brutus das ihnen bevorstehende Ende angekündigt haben sollten. Das Brutus zuteil gewordene Gesicht hat Plutarch dann freilich in dessen Vita durch eine *persona dramatis*, den Cassius, wieder rationalistisch deuten lassen (*Brutus* 37). Expressis verbis nimmt Plutarch zu dieser Deutung nicht Stellung, wohl aber indirekt, indem er die von Cassius vorgebrachten Argumente als die eines Anhängers Epikurs bezeichnet (37,2; zur Ablehnung Epikurs durch Plutarch vgl. dessen einschlägige Schriften *Non posse suaviter vivi secundum Epicurum* und *Adversus Coloten* (*Mor.* 1086c–1107c bzw. 1107d–1127e).

[185] Daß es sich bei den συγγραφεῖς hier nicht um Historiker handele, sondern um theologische Schriftsteller (so K. ZIEGLER, Art. Polybios von Megalopolis, PRE 21 [1952], 1440–1578: 1507), ist eine Verlegenheitsauskunft, vgl. MOHM (wie Anm. 30), 115f.

[186] XVI 12,9. Polybios fährt dann fort: „Was jedoch darüber hinausgeht, ist nicht zu verzeihen (τὸ δ' ὑπεραῖρον οὐ συγχωρητέον). Wohl ist es stets schwer, das rechte Maß zu bestimmen, aber unbestimmbar ist es nicht. Wer gelegentlich etwas nicht weiß oder kleinere

Historiker in bestimmten Ausnahmefällen durchaus die Erzählung von jenem übertrieben Mirakulösen einschließen kann, das Polybios durch seine absolute Unmöglichkeit charakterisiert findet. Die Lizenz, von derlei zu berichten, hängt allein von dem Zweck ab, den ein Geschichtsschreiber bei der Wiedergabe solchen Mirakelstoffs im Auge hat; geht es um den Erhalt der Frömmigkeit, erscheint Polybios der Bericht selbst ‚unmöglicher' Wunder legitim[187], auch wenn er sich im folgenden (12,10f.) um eine Einschränkung dieser Lizenz bemüht – auch hier sei Maß zu halten – und sich selbst jedenfalls, wie aus 12,5 hervorgeht, niemals dazu hergegeben hätte, in der von ihm beschriebenen Weise der τερατεία zu dienen.

Weniger Skrupel besaß in dieser Hinsicht Diodor. Obgleich er die Neigung zum παραδοξολογεῖν καὶ μύθους πλάττειν an anderen Geschichtsschreibern ganz ähnlich wie Polybios tadeln konnte[188], hat er es doch selbst nicht verschmäht, in seiner *Historischen Bibliothek* Götter- und Heroenmythen weiten Raum zu gewähren und dort auch die krassen Machttaten eines Herakles wiederzuerzählen.[189] Der hiermit verbundenen Probleme war sich Diodor indes durchaus bewußt: οὐκ ἀγνοῶ δ' ὅτι πολλὰ δύσχρηστα συμβαίνει τοῖς ἱστοροῦσι τὰς παλαιὰς μυθολογίας, καὶ μάλιστα τὰς περὶ Ἡρακλέους, teilt er den Lesern zu Beginn des Herakles gewidmeten Abschnitts der Bibliothek mit, „ich weiß sehr wohl, daß jene, die sich mit den alten Mythen befassen, in erhebliche Schwierigkeiten geraten und daß das insbesondere für die gilt, die sich mit den Herakles betreffenden Stoffen beschäftigen" (IV 8,1). Worauf Diodor mit dieser Problemanzeige zielt, geht aus dem Folgenden hervor: Es ist die Glaubwürdigkeit seiner Darstellung, um die er sich sorgt, weil deren Inhalt, die Schilderung der „überbordenden Größe der Taten" (ἡ ὑπερβολὴ τοῦ μεγέθους τῶν ἔργων) eines mythischen Helden, nach Diodors skeptischer Einschätzung bei den imaginierten Lesern seines Werkes – den mit den Maßstäben einer kraftlosen Zeit messenden Gegenwartsmenschen – kaum auf Akzeptanz rechnen konnte.[190] Dennoch hat sich Diodor ent-

---

Irrtümer begeht, soll auf Nachsicht rechnen dürfen; alles Übermaß ist aber nach meiner Meinung zu verwerfen" (12,10f.). Da man über ‚Unmögliches' (12,6, vgl. oben S. 65) schwerlich hinausgehen kann, dürfte Polybios hier wieder von Theopomp und den namentlich nicht genannten συγγραφεῖς bzw. ἱστοριογράφοι sprechen, die von krassen Wundern erzählt hatten, ohne dabei dem Zweck der Frömmigkeitswahrung gedient zu haben.

[187] Von unmöglichem Geschehen haben auch jene Schriftsteller im Historikergewande gehandelt, denen Strabo vorwarf, die in ihre Darstellung eingeflochtenen μῦθοι verdankten sich ihrer Neigung zur πλάσις τῶν ἀδυνάτων, s. o. S. 48f. Da ihre τερατεία indes Unterhaltungsabsichten diente – sie hätten, so Strabo, τερατείας καὶ τέρψεως χάριν geschrieben –, war sie nach Polybios' Maßstäben illegitim.

[188] I 69,7; gegen die Fabuliersucht Herodots und anderer hinsichtlich Ägyptens.

[189] IV 8–53.

[190] 8,3: τὰ διστοζόμενα τῶν ἔργων διὰ τὸ μέγεθος ἐκ τοῦ καθ' αὑτοὺς βίου τεκμαιρόμενοι, τὴν Ἡρακλέους δύναμιν ἐκ τῆς ἀσθενείας τῶν νῦν ἀνθρώπων θεω-

schlossen, die Taten des Herakles unverkürzt ἀπ' ἀρχῆς ἀκολούθως τοῖς παλαιοτάτοις τῶν ποιητῶν τε καὶ μυθολόγων zu erzählen (8,5) und damit genau das zu tun, was er am Ende des Herakles gewidmeten Teils der Bibliothek als eine von ihm durchaus nicht unkritisch betrachtete Gewohnheit der ποιηταί charakterisiert, nämlich sich der Erzählung von krassen Wundern hinzugeben, der – für Diodor mit der τερατεία der Tragödiendichter identischen – τερατολογία.[191] Als Grund für dieses die eigene Glaubwürdigkeit aufs Spiel setzende Verhalten führt Diodor an, daß es unziemlich (ἄτοπος) sei, die der Menschheit durch Herakles erwiesenen εὐεργεσίαι zu vergessen und, obwohl die Vorfahren Herakles einst einmütig die Unsterblichkeit zuerkannt hätten, nun gegenüber dem Gott (Herakles) nicht einmal mehr die von den Vätern ererbte Frömmigkeit zu bewahren.[192] Wir sehen: Auch wenn Diodor einzelne Akzente anders setzt, so hat er sich hier doch aus eben dem Grund zur Herakles rühmenden τερατολογία entschlossen, aus dem allein es Polybios dem Historiker ausnahmsweise gestattet hatte, von der τερατεία Gebrauch zu machen: um der Bewahrung der überlieferten Frömmigkeit willen. Διασῴζειν τὴν εὐσέβειαν πρὸς τὸ θεῖον hieß die entsprechende Devise bei Polybios, πρὸς τὸν θεὸν ... τὴν πατροπαράδοτον εὐσέβειαν διαφυλάττειν lautet sie jetzt bei Diodor.[193]

ροῦσιν, ὥστε διὰ τὴν ὑπερβολὴν τοῦ μεγέθους τῶν ἔργων ἀπιστεῖσθαι τὴν γραφήν. Vgl. 8,2, wo Diodor einräumt, daß die vollständige – d. h. auch τὰ μέγιστα τῶν πραχθέντων einschließende – Wiedergabe der herakleischen Taten seine Erzählung unglaubwürdig machen müsse (τὴν ἱστορίαν ποιεῖν ἀπιστουμένην).

[191] In c. 53,7 berichtet Diodor zunächst, daß Herakles ein großes Heer (στρατόπεδον ... κράτιστον) um sich gesammelt hatte und fährt dann fort: τοὺς δὲ ποιητὰς διὰ τὴν συνήθη τερατολογίαν μυθολογῆσαι μόνον τὸν Ἡρακλέα καὶ γυμνὸν ὅπλων τελέσαι τοὺς τεθρυλημένους ἄθλους, „die Dichter aber verbreiteten entsprechend ihrer Gewohnheit, Wundergeschichten zu erzählen, den Mythos, Herakles habe seine viel gerühmten Machttaten allein und ohne Waffen vollbracht." Nicht anders moniert Diodor die Widersprüchlichkeit der Sagenüberlieferung auch in c. 56,1; wie in 53,7 lastet er sie der Wundersucht an, bezeichnet diese hier aber nicht als τερατολογία der ποιηταί, sondern als τὴν τῶν τραγῳδῶν τερατείαν. Vgl. noch die *Suda*, die die τερατολογία ganz wie die τερατεία als ψευδολογία und das τερατολογεῖν als τὸ ἀπίθανα διηγεῖσθαι, καὶ λέγειν πράγματα ἔξω τῶν ἀνθρωπίνων definiert (Vol. 4, p. 525,26–526,2 Adler). – Das dem τερατεύεσθαι äquivalente παραδοξολογεῖν (vgl. oben S. 45 mit Anm. 58) benutzt Diodor ebenfalls, und zwar zur Charakterisierung der fabulösen Ägyptenberichte Herodots und anderer (I 69,7).

[192] 8,5. Auch im Theater, so gibt Diodor zuvor (8,4) noch zu bedenken, lasse man sich ja, obwohl von deren Nichtexistenz überzeugt, aus zwei verschiedenartigen Körpern zusammengesetzte Kentauren sowie einen Geryoneus mit drei Leibern gefallen und erhöhe durch seine Beifallsbekundung die Ehre des Gottes (τὴν τοῦ θεοῦ τιμήν). Vgl. noch IV 1,3f.

[193] 8,5. Natürlich kann man fragen, wer hier spricht: Diodor selbst oder seine Quelle (E. SCHWARTZ, Art. Diodoros von Argyrion, PRE 5 [1905], 663–704: 676: Matris von Theben [FGrHist 39]); dazu vgl. GRANT (wie Anm. 157), 54: "Almost everything in Diodorus comes from someone else, but it is he who has made the selection."

Ob man nun aber mit Diodor πρὸς τὸν θεὸν τὴν εὐσέβειαν διαφυλάττειν formuliert oder mit Polybios διασῴζειν τὴν εὐσέβειαν πρὸς τὸ
θεῖον – umschriebe man mit diesen Wendungen eine der Absichten, die Lukas bei der Abfassung der Apostelgeschichte geleitet haben, so griffe man
gewiß nicht allzuweit daneben: war jene doch auch ein „Erbauungsbuch"[194],
das seine Leser durch den Rekurs auf die Anfangsgeschichte der Kirche davon
überzeugen wollte, daß der Glaube, dem sie anhingen, noch stets alle Wider-
stände siegreich überwunden hatte und demzufolge, so sollten sie schließen,
auch in Gegenwart und Zukunft überwinden werde. Im Rahmen dieser zum
Glaubensoptimismus auffordernden Konzeption, in der der Verfasser der
Apostelgeschichte das Ziel der mimetischen Geschichtsschreibung, die Leser
durch Psychagogie zur ἡδονή zu führen[195], in dasjenige einer nicht minder auf
pyschagogische Mittel setzenden christlichen οἰκοδομή übersetzt hat, kam
nicht zuletzt den Wundern eine „glaubensfördernde Funktion" zu[196]; indem
Lukas „den Blick seiner Adressaten auf die wunderwirkende Kraft des großen
Apostels [sc. Paulus] lenkt, möchte er sie im Glauben stärken und ihnen Mut
machen, auf die Macht Gottes zu vertrauen, die schon in den Anfängen der
Verkündigung der christlichen Botschaft sichtbare Zeichen setzte" – so eine
der neueren Untersuchungen über Paulus als Wundertäter in der Apostelgeschichte.[197] Daß die Intention der lukanischen Wunderberichte hier zutreffend bestimmt ist, zeigt ein Blick auf den Schluß der Erzählung von der Auferweckung des Eutychos. Von der Gemeinde, die sie erlebte, heißt es in 20,12:
καὶ παρεκλήθησαν οὐ μετρίως. Der Zweck des Wunders ist also die Paraklese – vor allem die des Lesers, der von diesem Wunder *praeter naturam*
las.[198] Entsprechendes gilt auch für die Erzählung von der Auferweckung der

---

[194] HAENCHEN (wie Anm. 111), 114.

[195] Vgl. oben S. 35.

[196] J. ECKERT, Zeichen und Wunder in der Sicht des Paulus und der Apostelgeschichte,
TThZ 88 (1979), 19–33: 31.

[197] S. SCHREIBER, Paulus als Wundertäter. Redaktionsgeschichtliche Untersuchungen zur
Apostelgeschichte und den authentischen Paulusbriefen (BZNW 79), Berlin/New York 1996,
43; vgl. auch ebd. 157.290.

[198] Es handelt sich um eine wirkliche Totenauferweckung, ein Wunder παρὰ φύσιν, wie
schon aus der deutlichen Parallelisierung des paulinischen Auferweckungshandelns mit den
von Elia und Elisa bei ihren Totenauferweckungen angewandten Praktiken (1Kön 17,21;
2Kön 4,34) hervorgeht, vgl. z. B. HAENCHEN (wie Anm. 111), 560f.; A. WEISER, Die Apostelgeschichte. Bd. 2 (ÖTK 5/2), Gütersloh/Würzburg 1985, 561–565, und A. LINDEMANN, Einheit und Vielfalt im lukanischen Doppelwerk. Beobachtungen zu Reden, Wundererzählungen
und Mahlberichten, in: J. Verheyden (Hg.), The Unity of Luke-Acts (BEThL 142), Leuven
1999, 225–253: 247. – Wie man auf den Gedanken kommen kann, Apg 20,7–12 gehöre zu
den Wundergeschichten, „die doch keine sein müssen", und sei „gewiß mit einem Augen-
zwinkern" erzählt worden (THORNTON [wie Anm. 132], 357), verstehe ich nicht, und ebensowenig vermag ich auch die "sweet blend of pathos and humor" zu entdecken, von der PERVO

Tabitha in Apg 9,36–42. Lukas beschließt sie mit der Feststellung καὶ ἐπίστευσαν πολλοὶ ἐπὶ τὸν κύριον, wozu Charles K. Barrett treffend bemerkt hat: "So marvellous an event encouraged faith."[199] Dies ist gewiß zunächst auf die bekehrungswilligen πολλοί in der von Lukas erzählten Geschichte zu beziehen, nicht minder aber auch auf jene, die von Petri außerordentlicher Wundertat in der Apostelgeschichte lesen konnten und sich von ihr erbaut und in ihrem Glauben gestärkt fühlen durften. Summa: Indem Lukas solche krassen Wundergeschichten erzählte, tat er mutatis mutandis genau das, was Diodor um der Verteidigung der überkommenen Frömmigkeit willen ebenfalls getan und Polybios dem Historiker zum Zweck des Frömmigkeitserhalts – bei Lukas möchte man allerdings lieber von Glaubensermutigung sprechen – obschon einigermaßen widerwillig so doch unmißverständlich zugestanden hatte.[200] Ebensowenig wie das Erzählen jener anderen, minder massiven Mirakel, von denen oben[201] bereits hinreichend die Rede gewesen ist[202], trennt Lukas also auch die Wiedergabe krasser, ‚unmöglicher‘ Wunder von der Geschichtsschreibung der griechisch-römischen Antike.

[wie Anm. 2], 67) die von ihm ungemein einfühlsam "The boy who could not stay awake" (ebd. 65) betitelte Perikope überzuckert sehen will.

[199] C. K. BARRETT, The Acts of the Apostles (ICC), Vol. 1, Edinburgh 1994, 486.

[200] Weshalb diese Annahme eine «totale méprise sur le fondement théologique de l'entreprise lucanienne» bedeuten soll (so D. MARGUERAT, La première histoire du Christianisme. Les Actes des apôtres [LeDiv 180], Paris/Genève 1999, 37, Anm. 2), ist mir ein Rätsel. Daß die von Lukas in der Apostelgeschichte erzählten Wunder die Funktion haben, den Glauben der Leser zu stärken, läßt sich doch schlecht bestreiten und ebensowenig, daß Polybios ἐνίοις τῶν συγγραφέων den Bericht von Wundern zum Zweck des Frömmigkeitserhalts der Menge gestattet hat und Diodor dementsprechend verfahren ist. Lukas, Polybios (bzw. die von diesem nicht näher bezeichneten Historiker) und Diodor instrumentalisieren die Wundererzählung also in gleicher Weise und auch zu dem gleichen Zweck. Ein Unterschied besteht zwischen Polybios auf der einen und Lukas sowie Diodor auf der anderen Seite allerdings darin, daß das, was bei Lukas und Diodor eine uneingeschränkt positive Notation besitzt, nämlich die Glaubensstärkung bzw. der Erhalt der Frömmigkeit durch die Wundererzählung, von Polybios eher abfällig beurteilt wird. Das ändert indes nichts an der Identität der Funktion des Wunderberichts hier wie dort. – Zur Möglichkeit (in diesem Falle sogar: Tunlichkeit), christliche Wunder mit paganen Mirakeln – hier: einem der von Polybios so heftig bestrittenen Tempelwunder – in Beziehung zu setzen, ohne dabei den paganen Mirakeln von vornherein die Glaubwürdigkeit abzusprechen, s. Augustin, Civ. d. XXI 6.

[201] S. 45–53 und 57–59.

[202] Es bedarf keiner langen Erörterung, daß genauso wie die Erzählung eines ‚unmöglichen‘ Wunders natürlich auch die eines weniger krassen wunderbaren Vorgangs religiösen bzw. erbaulichen Zwecken dienen kann; so wollte z. B. Josephus das von ihm in Ant. XVII 349–353 Erzählte (auch wenn er die Akzeptanz der Geschichte in das Belieben des Lesers stellte) als Hinweis auf die Unsterblichkeit der Seele und das Walten der göttlichen Vorsehung sowie als Ansporn zur Tugendübung verstanden wissen (354); vgl. DELLING (wie Anm. 180), 295f. bzw. 134. Hinsichtlich der Apostelgeschichte s. L. O'REILLY, Word and Sign in the Acts of the Apostles. A Study in Lucan Theology (AnGr 243), Rom 1987, 192–200.

Nicht nur das bloße Faktum des Erzählens von Mirakeln *praeter naturam* bzw. παρὰ φύσιν findet sich, wie schon aus den Polemiken Polybios', Agatharchides', Strabos und Lukians gegen den Bericht von Mythologumena in der Geschichtsschreibung hervorgeht, wie in der Apostelgeschichte auch dort; auch hinsichtlich des Zwecks, um dessentwillen der Historiker selbst solche den Gipfel der τερατεία darstellenden Mirakel legitimerweise erzählen konnte, herrscht zwischen paganer Historiographie und dem Verfasser der Apostelgeschichte Übereinstimmung; daß Lukas bei der Erzählung eines krassen Wunders wie dem der Entrückung Jesu in Apg 1,4–12 außer dem Ziel der Glaubensermutigung der Leser noch weitere, mit diesem Ziel jedoch durchaus kongruente Intentionen verfolgte[203], steht auf einem anderen Blatt und tangiert jene Übereinstimmung nicht.

Zu bemerken bleibt hier noch zweierlei: einmal, daß dem „knochentrockenen Polybios"[204] an der εὐσέβεια des Volkes bzw. der Menge als solcher nichts lag; was er an der εὐσέβεια schätzte, war einzig die Möglichkeit, sie bzw. die δεισιδαιμονία zur Disziplinierung der Menge nutzen zu können.[205] Mit dieser Vorstellung stand Polybios nicht allein; so war später z. B. Strabo ebenfalls der Ansicht, daß es, um die Menge zur εὐσέβεια (sowie zu ὁσιότης und πίστις) führen zu können, auch der Götterfurcht (δεισιδαιμονία) bedürfe, welche hinwiederum ohne μυθοποιία und τερατεία (!) nicht zu erregen sei.[206]

Sodann: Plutarch sind entsprechende Gedanken ebensowenig fremd gewesen.[207] In der hier schon verschiedentlich herangezogenen Passage der Coriolanvita bekennt er sich im Blick auf den Glauben an ‚unmögliche' Wunder wie das des sprechenden Götterbildes jedoch nach einigem Zögern zu völlig anderen Ansichten. „Menschen", so heißt es in c. 38,5, „die eine innige Liebe leidenschaftlich zu Gott hinzieht, denen es nicht möglich ist, derartige Erscheinungen zu verwerfen oder zu leugnen, solche Menschen finden eine Bestätigung ihres Glaubens gerade im Wunderbaren und Unbegreiflichen der göttlichen Macht" (μέγα πρὸς πίστιν ἐστὶ τὸ θαυμάσιον καὶ μὴ καθ' ἡμᾶς τῆς τοῦ θεοῦ δυνάμεως).[208] Die überraschend weitgehende Übereinstimmung dieser Aussage mit den Absichten, die Lukas mit der Erzählung der eben behandelten Wundergeschichten der Apostelgeschichte verband, ist evident. Nicht minder überraschend ist aber auch, was Plutarch im folgenden dann noch ausführt: „... und wenn er [sc. Gott] etwas tut, was für uns unmöglich ist, und etwas bewirkt, was uns unerreichbar ist (καὶ μηχανᾶται [sc. τι] τῶν ἀμηχάνων), so ist das nicht widervernünftig (παράλογον); da er vielmehr in allem sich von uns unterscheidet, ist er bei weitem am meisten ungleich und verschieden durch seine Werke."[209] Mit dieser Aussage steht Plutarch in diametralem Gegensatz

---

[203] Vgl. dazu etwa LOHFINK (wie Anm. 146), 251–275.

[204] Vgl. LENDLE (wie Anm. 7), 200.

[205] Vgl. VI 56,6–12.

[206] I 2,8; vgl. auch Diodor I 2,2; XXXIV/XXXV 2,47, sowie Livius I 19,4f. und XXIX 18,7.

[207] Siehe nur *Numa* 8,3 und *Mor.* 1101c.

[208] Übersetzung W. WUHRMANN.

[209] 38,6. Übersetzung DELLING (wie Anm. 144), 229 bzw. 70. „Ganz entschlossen geht ... der entscheidende Satz Plutarchs ... nicht vom Menschen aus, sondern von Gott. Das Anderssein gehört zum Wesen Gottes und ist darum auch seinem Wirken eigen. Deshalb ist das

zu solchen in der griechischen-römischen Antike weit verbreiteten Anschauungen über das göttliche Handeln und seine Bedingtheit, wie sie sich beispielsweise bei Celsus finden, dem zufolge Gott keineswegs alles möglich war und dieser insbesondere nichts tat, was als παρὰ φύσιν zu gelten hatte.[210] Demgegenüber berührt sich Plutarchs Äußerung eng mit dem christlichen Denken über das Wirken Gottes, wie es sich etwa in der Entgegnung des Origenes auf die Gottes Allmacht einschränkenden Ansichten des Celsus zeigt: Von allem, „was nach Gottes Ratschluß und Willen geschieht", ist laut Origenes „sogleich anzunehmen, daß es der Naturordnung nicht widerspricht (εἶναι μὴ παρὰ φύσιν); denn das, was Gott tut, ist nicht gegen die natürliche Ordnung (παρὰ φύσιν), wenn es auch wunderbar ist oder manchen wunderbar vorkommen mag" (κἂν παράδοξα ᾖ ἢ δοκοῦντά τισι παράδοξα).[211] Es sind solche Konvergenzen von paganen und christlichen Vorstellungen wie die hier zu beobachtende, die verstehen lassen, weshalb Plutarch zu einem der von den griechischen Kirchenvätern besonders häufig rezipierten paganen Autor geworden ist.[212]

VII

Trotz mancher Gemeinsamkeiten, die den Verfasser der Apostelgeschichte auch mit solchen Historikern wie Diodor, Dionys von Halikarnass und selbst Thukydides verbinden, erweisen ihn seine vom dramatischen Episodenstil geprägte Erzählweise[213] sowie, was es in der vorliegenden Untersuchung zu zeigen galt, seine Stellung zu Fiktion und Wunder als einen Geschichtsschreiber, der grosso modo der mimetischen (oder sensationalistischen) Observanz der griechisch-römischen Historiographie zuzurechnen ist. Trifft dies zu, stellt sich allerdings die Frage, wie denn ein Autor seines Zuschnitts die literarischen Vorbilder für sein historiographisches Vorhaben kennengelernt haben könnte – ein Autor, dessen Sprache nur selten über das Niveau der im grammatischen Elementarunterricht seiner Zeit vermittelten Fähigkeiten hinausreicht und der in einem sozio-kulturellen Milieu zu Hause gewesen sein dürfte, in dem man am ehesten mit der auf eben diesem Niveau befindlichen – d. h. sprachlich durchaus korrekten, aber auf alle künstlerische Ambition verzichtenden – technischen Fachprosa des Hellenismus in Berührung kam[214],

---

Wunder nicht am Maß des dem Menschen Möglichen" – hinzugefügt sei: und auch nicht am Maß des dem Menschen zu begreifen Möglichen – „zu messen" (DELLING, ebd.).

[210] Siehe Origenes, *Cels.* V 14, und vgl. GRANT (wie Anm. 157), 127–134.

[211] *Cels.* V 23 (p. 24,20–23 Koetschau); vgl. Clemens von Alexandria, *Strom.* VI 34,1 (p. 448 Stählin – Früchtel), und Augustin, *Civ. d.* XXI 7 (p. 501,28–34 Dombart – Kalb).

[212] Dazu K. ZIEGLER, Art. Plutarchos von Chaironeia, PRE 21 (1952), 636–962: 948f.

[213] Vgl. dazu sowie zur Herkunft des dramatischen Episodenstils aus der mimetischen Geschichtsschreibung meine oben Anm. 6 und 28 genannten Arbeiten und die dort zu findende einschlägige Literatur.

[214] Zum Charakter der lukanischen Sprache und ihrer Prägung durch jene „grammatische Allmende", auf der in der vorklassizistischen Epoche des Hellenismus neben den Fachschriftstellern sogar die (zu ihnen gehörenden?) Popularphilosophen geweidet haben, s. die grundlegende Untersuchung von L. RYDBECK, Fachprosa, vermeintliche Volkssprache und Neues

kaum indes mit zur Kunstprosa zählenden Werken der Geschichtsschreibung.[215] Die zunehmend an Beliebtheit gewinnende Annahme, Lukas sei ungeachtet des Niveaus seiner Sprache doch mit den wichtigsten Regeln der
hellenistischen Rhetorik vertraut gewesen und müsse folglich wenigstens "a
basic training in rhetorical rules and practice" erhalten haben[216], hilft zur Be-

---

Testament. Zur Beurteilung der sprachlichen Niveauunterschiede im nachklassischen Griechisch (SGU 5), Uppsala 1967 (Zitat: S. 195); RYDBECKS das Neue Testament betreffende
Nachweise entstammen, worauf A. J. MALHERBE, Social Aspects of Early Christianity, Philadelphia [2]1983, 41, Anm. 28, aufmerksam gemacht hat, etwa zur Hälfte dem lukanischen
Werk.

Dieses nicht nur in sprachlicher, sondern auch in sozio-kultureller Hinsicht im Kontext der
technisch-wissenschaftlichen Fachprosa zu verorten, hat L. ALEXANDER vorgeschlagen und
sich dabei hauptsächlich auf die ihr zufolge äußerst enge Verwandtschaft von Lk 1,1–4 und
Apg 1,1 mit den Proömien gerade nicht der Historiker, sondern vielmehr der medizinischen,
mathematischen, ingenieurwissenschaftlichen und sonstigen Fachschriftsteller berufen, deren
Texte "the written deposit of the *technē*, the distillation of the teaching of a school or a craft
tradition as it was passed down from one generation to another" darstellten (Luke's Preface in
the Context of Greek Preface-Writing, NT 28 [1986], 48–74: 69). Da Lukas nach Meinung
von ALEXANDER eine über derartige Handbücher (sowie "novelistic tales") hinausgehende
Kenntnis paganer griechischer Literatur nicht verrate, habe man ihn auch dem gleichen sozialen Kontext zuzuordnen wie diejenigen, die solche Handbuchliteratur produzierten bzw. benutzten (The preface to Luke's Gospel. Literary convention and social context in Luke 1,1–4
and Acts 1,1 [MSSNTS 78], Cambridge 1993, 176). In das Milieu „wohlsituierter Handwerker, Händler und Angehöriger freier Berufe" (H. KREISSIG, Zur sozialen Zusammensetzung
der frühchristlichen Gemeinden im ersten Jahrhundert u. Z., Eirene 6 [1967], 91–100: 99) hat
die neuere sozialgeschichtliche Forschung am Neuen Testament die christlichen Gemeinden
in den Städten des griechischen Ostens, in deren einer der Verfasser der lukanischen Schriften
anzusiedeln sein dürfte, freilich immer schon eingeordnet (vgl. ALEXANDER selbst, The preface, 178), so daß es für die Einschätzung des Milieus, zu dem Lukas gehörte, ohne Belang
ist, ob man ALEXANDERS (allzu ausschließlich auf der Interpretation der lukanischen Proömien und ihrer paganen Pendants basierenden) Ansichten zustimmt oder sie ablehnt wie
K. YAMADA, der jüngst wieder dafür plädiert hat, in Lk 1,1–4 ein Historikerproömium zu
sehen (The Preface to the Lukan Writings and Rhetorical Historiography, in: S. E. Porter,
D. L. Stamps [Hg.], The Rhetorical Interpretation of Scripture. Essays from the 1996 Malibu
Conference [JSNT.S 180], Sheffield 1999, 154–172).

[215] Vgl. nur E. NORDEN, Die antike Kunstprosa vom VI. Jahrhundert v. Chr. bis in die Zeit
der Renaissance, Bd. 1, Leipzig/Berlin [3]1915 (Repr. Darmstadt 1971), 81–95, sowie MALITZ
(wie Anm. 16), 347: „Für die antiken Leser von Werken der Historiographie war die kompe-
tente Ermittlung historischer Zusammenhänge ... von viel geringerer Bedeutung als die Qualität der sprachlichen Gestaltung: Geschichtsschreibung blieb eben immer ein Zweig der Literatur." Nichts illustriert das besser als der Tadel, den Lukian in seiner Schrift über die
Geschichtsschreibung einem historiographisch dilettierenden Arzt zuteil werden ließ, weil
dieser in seiner Darstellung unversehens zur Koine (ἐπὶ τὴν κοινήν) hinübergewechselt, d. h.
in die Sprache der Menge (ὁμοδίαιτα τοῖς πολλοῖς) verfallen sei (c. 16, p. 116,24–26 Homeyer; eine ähnliche Rüge ebd. Z. 9–13).

[216] W. S. KURZ, Hellenistic Rhetoric in the Christological Proof of Luke-Acts, CBQ 42
(1980), 171–195: 195; vgl. P. E. SATTERTHWAITE, Acts Against the Background of Classical
Rhetoric, in: B. W. Winter – A. D. Clarke (Hg.), The Book of Acts in Its Ancient Literary

antwortung jedenfalls der oben gestellten Frage nicht weiter: Zum Kanon der im Rhetorikunterricht behandelten Historiker[217] haben mimetische Geschichtsschreiber – mit Ausnahme allein des von Quintilian sogar für die Anfängerlektüre als geeignet betracheten Livius[218] – nicht gehört. Annehmen darf man hingegen, daß Lukas zumindest einige Hervorbringungen der „öffentlichen Historiographie" der griechischen Städte des Ostens[219] gekannt hat, da diese Manifestationen z. B. des Bürgerstolzes oder politischer Ansprüche von ihren Urhebern epigraphisch festgehalten und stets an der Allgemeinheit gut zugänglichen Orten publik gemacht worden waren.[220] Als Vorbild für die lukanische Geschichtsschreibung kommt diese literarisch wenig anspruchsvolle (und formal sehr uneinheitliche) Spezies der Lokalgeschichtsschreibung freilich nicht in Betracht. Mit der mimetischen Historiographie teilt sie zwar die Offenheit für Übertreibung, Wunder und Mythos[221]; die für die mimetischen Geschichtsschreiber wie für Lukas so eminent charakteristische Neigung zur effektvollen dramatischen Gestaltung des Stoffes scheint ihr jedoch so gut wie ganz gefehlt zu haben. Daß der Verfasser der Apostelgeschichte wie einst (angeblich) Thukydides durch das Hören von öffentlichen Historikerlesungen zur Geschichtsschreibung gefunden haben könnte[222], ist eine hübsche Vorstellung, die jedoch schon deshalb scheitern muß, weil solche Lesungen während des ersten nachchristlichen Jahrhunderts, an dessen Ende das lukanische Werk entstanden ist, im griechischen Osten des Imperiums keine Konjunktur gehabt

---

Setting (The Book of Acts in Its First Century Setting, Vol. 1), Grand Rapids (MI)/Carlisle 1993, 337–379: 378f.: Luke "gives clear indication of having received the kind of (rhetorical) education one would expect in a Graeco-Roman writer of this period who embarked on a work of this sort."

[217] Dazu Ax (wie Anm. 89), 140–143.

[218] *Inst. orat.* II 5,19. In seiner Auflistung der für den Rhetorikunterricht geeigneten griechischen Historiker (X 1,73–75) nennt Quintilian allerdings auch den Alexanderhistoriker Kleitarch, einen Vorläufer der sensationalistischen Geschichtsschreibung (er habe zum *rhetorice et tragice ornare* geneigt, heißt es bei Cicero, *Brut.* 43), der aber in den entsprechenden Katalogen Ciceros (*De orat.* II 55–58) und Dionys' von Halikarnass (*De imitatione* p. 207,5–210,10 Usener – Radermacher) fehlt.

[219] Dazu A. CHANIOTIS, Historie und Historiker in den griechischen Inschriften. Epigraphische Beiträge zur griechischen Historiographie (Heidelberger althistorische Beiträge und epigraphische Studien 4), Wiesbaden 1988, 9–182; „öffentliche Historiographie": ebd. 131.

[220] CHANIOTIS, ebd. 100–112.

[221] CHANIOTIS, ebd. 161f.; 163f.; vgl. 176 sowie M. ROSTOWZEW, Ἐπιφάνειαι, Klio 16 (1920), 203–206.

[222] Zu Thukydides als Hörer von Lesungen Herodots s. die bei Marcellinus, *Vita Thucydidis* 54 (Thucydides ed. Luschnat, Vol. 1, p. 12), und Photius, *Bibliothek*, Cod. 60, 19b36–42 (Vol. 1, p. 58 Henry), überlieferte Anekdote. Über Historikerlesungen in der griechisch-römischen Antike orientieren CHANIOTIS (wie Anm. 219), 365–377 (Katalog der einschlägigen Zeugnisse und Inschriften ebd. 290–325), und A. MOMIGLIANO, Die Historiker der Antike und ihr Publikum, in: DERS., Ausgewählte Schriften zur Geschichte und Geschichtsschreibung, Bd. 1, Stuttgart/Weimar 1998, 1–17.392f.: 4–9.

haben.[223] Übrig bleibt somit nur, was bereits Martin Dibelius[224] erwogen hat und mir ohnehin am plausibelsten erscheint: davon auszugehen, daß Lukas selbst Historiker gelesen hat.

Solches zu tun, war in der griechisch-römischen Antike (wie mutatis mutandis wohl auch heute noch) gewiß eine Beschäftigung, der in aller Regel lediglich Angehörige der intellektuellen – und das hieß seinerzeit zugleich: der sozialen – Eliten nachgingen. Aber offenbar gab es Ausnahmen von dieser Regel. Dionys von Halikarnass läßt in seinem Thukydidestraktat[225] eine von ihm freilich negativ beschiedene Diskussion unter den seinerzeitigen Literaturkritikern darüber erkennen, ob Thukydides auch für einfache Leute wie etwa Markthändler (ἀγοραῖοι ἄνθρωποι) oder Handwerker (ἐπιδίφριοι ἢ χειροτέχναι) geschrieben haben könnte; eine Thukydideslektüre ‚kleiner Leute' war damals also immerhin denkbar.[226] Für Cicero war die Historikerlektüre ‚kleiner Leute' – auch er denkt an Handwerker – sogar ein Faktum, da er sonst die Frage *quid, quod homines infima fortuna, nulla spe rerum gerendarum, opifices denique delectantur historia* nicht hätte stellen können.[227] In diesem Zusammenhang erscheint mir nun die Erwägung sinnvoll, ob es nicht vielleicht gerade Erzeugnisse der mimetischen Historiographie gewesen sein könnten, die auch in breiteren, auf der sozialen Stufenleiter unterhalb der Eliten anzusiedelnden Bevölkerungsschichten Leser gefunden haben.

Ein erstes Indiz hierfür resultiert m. E. bereits aus dem Umstand, daß Isokrates, Epikur, Strabo und Lukian übereinstimmend just das Element, das für die mimetische Geschichtsschreibung so bezeichnend war, nämlich das Mythos, θαυμαστόν und τερατεία umfassende Element des Spektakulären, als charakteristisch für den Geschmack und die geistige Fassungskraft der Menge (οἱ πολλοί), der einfachen Leute (ἰδιῶται), der Ungebildeten (ἀπαίδευτοι) sowie der der Paideia nur unvollkommen teilhaftig Gewordenen (πεπαιδευμένοι μετρίως) angesehen und diskreditiert haben.[228] Dem korrespondiert recht genau Senecas oben schon behandelte Beschimpfung jener die ganze Zunft in Verruf bringenden Historiker, die ihm zufolge ihren Werken dadurch

---

[223] CHANIOTIS (wie Anm. 219), 368–370.

[224] DIBELIUS (wie Anm. 6), 157.

[225] *De Thucydide* 27 und 50 (p. 371,10–22 und 409,21–26 Usener – Radermacher).

[226] Vgl. MALITZ (wie Anm. 16), 339f., und N. HORSFALL, Statistics or states of mind?, in: Literacy in the Roman world (Journal of Roman Archaeology. Suppl. 3), Ann Arbor (MI) 1991, 59–76: 72f.: "Dionysius of Halicarnassus (Thuc. 50) is of course right to say that Thucydides is not for shopman, but the debate is significant: he is not suitable only because he is too hard, not because they do not have historical interests."

[227] *Fin.* V 52. Daß Cicero hier nicht ein bloßes Interessiertsein an Geschichte meint, geht aus seiner anschließenden Feststellung hervor: *maximeque eos videre possumus res gestas audire et legere velle, qui a spe gerendi absunt confecti senectute.*

[228] Isokrates, *Panathenaicus* 1; Epikur, *Epist. ad Pythoclem* 87.114; Strabo I 2,8; Lukian, *Verae historiae* I 3.

weite Verbreitung zu verschaffen gesucht hatten (*opus suum fieri populare* . . . *posse*), daß sie die Erwartungen gerade solcher Leser zu erfüllen trachteten, die nicht an der Mitteilung von Alltagsgeschehen (*cotidiana*) interessiert waren, sondern durch die Erzählung von Unglaublichem (*incredibilia*), Wunderbarem (*miraculum*) und Fiktivem (*mendacium*) gefesselt werden wollten.[229.230]

Ähnliche Vorwürfe hat nun aber auch Lukian gegenüber den Historikern erhoben, die er in seiner Schrift *Quomodo historia consribenda sit* mit Verve bekämpfte und von denen wir genauer als bei den von Seneca Angegriffenen wissen, daß es sich um Vertreter der mimetischen Historiographie gehandelt hat.[231] Geschichtswerke, so schreibt Lukian, die, statt bei der Wahrheit zu bleiben, dem Fiktiven (τὸ μυθῶδες) huldigten, würden kaum Beifall finden, es sei denn, ihre Verfasser spekulierten auf ein Publikum mit niedrigen Instinkten bzw. auf die große Menge (τὸν συρφετὸν καὶ τὸν πολὺν δῆμον), eine Aussage, die er sogleich noch einmal wiederholt: Wer seine ἱστορία mit Fabeleien, Lobreden und anderen Schmeichelkünsten (μύθοις καὶ ἐπαίνοις καὶ τῇ ἄλλῃ θωπείᾳ) anreichere, werde den Spott der Kundigen zu ertragen haben und allenfalls das Lob der Menge ernten (οἱ μὲν πολλοὶ ἴσως καὶ ταῦτά σου ἐπαινέσονται).[232]

Den Anspruch, wirklichkeitsgetreue Beschreibungen des Konsumentenkreises der von ihnen abgelehnten historiographischen Literatur zu sein, kön-

---

[229] *Nat.* VII 16,1f.; vgl. oben S. 52f. – Entsprechende Literatur konnte man, wie den *Noctes Atticae* des Gellius (IX 4,1–4) zu entnehmen ist, jedenfalls im 2. Jahrhundert kaufen: *libri Graeci miraculorum fabularumque pleni, res inauditae, incredulae*; es folgt eine Liste von Paradoxographen und Verfassern romanhafter historischer Werke insbesondere zur Geschichte Alexanders. Der Zustand dieser *volumina – ex diutino situ squalebant et habitu aspectuque taetro erant* – läßt allerdings nicht darauf schließen, daß sie reißenden Absatz gefunden hätten.

[230] Eine vergleichbare Leserschaft hat wohl auch Polybios im Sinn, wenn er im Proömium zum neunten Buch seiner Πραγματεία bemerkt, diese – von ihm als eine eher herbe Angelegenheit (αὐστηρόν τι) bezeichnet (1,2) – habe der *Mehrheit* des Lesepublikums nichts zu bieten, weil sie keine *fesselnde* Lektüre sei: τῷ δὲ πλείονι μέρει τῶν ἀκροατῶν ἀψυχαγώγητον παρεσκευάκαμεν τὴν ἀνάγνωσιν (1,4f.).

[231] Siehe oben S. 50f.

[232] c. 9–11 (p. 106,4f.; 106,16–108,17 Homeyer). Daß es die πολλοί seien, die der Historiker mit der Erzählung von Fiktivem erfreuen kann, war offenbar auch die Meinung Dionys' von Halikarnass und geht aus dem Lob hervor, das er Thukydides spendet, weil dieser im Unterschied zu seinen Vorgängern (Herodot!) das Fiktive (τὸ μυθῶδες) aus seiner Geschichtsschreibung verbannt und die Historiographie somit auch nicht wie jene εἰς ἀπάτην καὶ γοητείαν τῶν πολλῶν, zur Ergötzung und Betörung der Menge, mißbraucht habe (*De Thucydide* 6 [p. 333,3–12 Usener – Radermacher]). Vgl. außerdem Polybios XVI 12,9: Die Lizenz, ,unmögliche' Wunder zu traktieren (τερατεύεσθαι), steht dem Historiker dann zu, wenn er damit dazu beiträgt, τὴν τοῦ πλήθους εὐσέβειαν zu erhalten.

nen Senecas und Lukians Äußerungen nicht erheben[233]; sie sind – wie letztlich auch die Ansicht, die Vorliebe für Spektakuläres und Fiktives eigne allein den πολλοί – polemischer Natur und lassen deutlich die Absicht erkennen, diejenigen Historiker, die dem Unterhaltungsbedürfnis ihrer Leser stärker Rechnung trugen, als es den Kritikern angemessen schien, in Mißkredit zu bringen. Bei aller deswegen gebotenen Vorsicht ist den Texten Senecas und Lukians aber doch zweierlei mit hinreichender Gewißheit zu entnehmen: zunächst, daß zumindest manche Erzeugnisse der mimetischen Historiographie in der Tat auch solche Leser gefunden haben müssen, die keine mit allen Weihen der Paideia versehenen Angehörigen der Elite waren, sondern zu denjenigen zu zählen sind, die Strabo aufgrund ihres Gefallens an Mythos, θαυμαστόν und τερατῶδες als ἀπαίδευτοι bzw. πεπαιδευμένοι μετρίως bezeichnet hatte[234]; zudem zeigen die Texte, daß diese Leser keine quantité négligeable gewesen sein können, sondern eine deutlich wahrnehmbare Größe dargestellt haben müssen, da anders Lukians Polemik – als Leser bzw. Adressaten der von ihm verabscheuten Produkte der mimetischen Historiographie kämen allenfalls die πολλοί bzw. der πολὺς δῆμος in Betracht – keine hinreichende Plausibilität besessen hätte.

Kaum mehr sicher zu ermitteln ist hingegen, ob die nicht aus den Kreisen der Elite stammenden Leser mimetischer Geschichtswerke zu einer genauer bestimmbaren sozialen Gruppe gehört haben. Einiges spricht dafür, in ihnen Angehörige jenes Milieus zu sehen, in dem die von William V. Harris so genannte "craftsman's literacy"[235] dazu befähigte, mit Fachliteratur umzugehen, in dem man aber in der Regel nicht zur Kunstprosa griff und gegebenenfalls, als Arzt etwa, in einem kunstlosen Idiom schrieb, das Galen an die Sprache der ἔμποροι, κάπηλοι und τελῶναι erinnerte, mit denen er nichts gemein haben wollte.[236] Eben diese Sprache, die der Soldaten, Handwerker und Kleinhändler, war es denn auch, deren sich Lukians Zeugnis zufolge jener Militärarzt bedient hatte, dessen historiographisch dilettierendes Werk mit dem Titel Καλλιμόρφου ἰατροῦ τῆς τῶν κοντοφόρων ἕκτης ἱστοριῶν Παρθικῶν Lukian in c. 16 seiner Schrift über die Geschichtsschreibung ridikülisiert hat.[237] Auf den gleichen sozialen Kontext weisen Ciceros oben (S. 78) zitierte

---

[233] Dies schon deshalb nicht, weil es nicht einmal in den ersten beiden nachchristlichen Jahrhunderten ein dem heutigen in seiner Breite auch nur annähernd vergleichbares Massenpublikum für Literatur gleich welcher Art gegeben hat, vgl. W. V. HARRIS, Ancient Literacy, Cambridge (MA)/London 1989, 277.

[234] I 2,8.

[235] HARRIS (wie Anm. 233), 7f.; zur Sache vgl. ALEXANDER, The preface (wie Anm. 214), 176–184.

[236] Opera, Vol. 8, p. 587 Kühn; dazu ALEXANDER, The preface (wie Anm. 214), 182f., sowie RYDBECK (wie Anm. 214), 200–203.

[237] Ἄλλος δέ τις αὐτῶν ὑπόμνημα τῶν γεγονότων γυμνὸν συναγαγὼν ἐν γραφῇ κομιδῇ πεζὸν καὶ χαμαιπετές, οἷον καὶ στρατιώτης ἄν τις τὰ καθ᾽ ἡμέραν ἀπογραφό-

Bemerkung über die Geschichtswerke studierenden Handwerker sowie die zwar kaum ernsthaft gemeinte, aber auf ein gewisses Maß an Plausibilität angewiesene Behauptung des älteren Plinius, wonach zu den Lesern seiner Naturkunde durchaus auch die *opificum turba* hätte zählen können[238] – eine Gruppe mithin, die zur Entstehungszeit des lukanischen Werkes (und darüber hinaus) in den christlichen Gemeinden der dominierende soziale Faktor war.[239] In unserem Zusammenhang ist freilich allein von Gewicht, daß die Annahme, der Verfasser der Apostelgeschichte sei mit der mimetischen Geschichtsschreibung durch eigene Lektüre bekannt geworden, keineswegs die weitere erfordert, er müsse deshalb auch ein Angehöriger der intellektuellen (und somit der sozialen) Elite gewesen sein – d. h. zu einer Schicht gehört haben, in der es am Ende des ersten Jahrhunderts Christen noch nicht gegeben hat[240] – bzw. über eine lediglich in den Kreisen der Elite anzutreffende literarisch-rhetorische Bildung verfügt haben: Erzeugnisse der mimetischen Historiographie wurden auch dort konsumiert, wo man nicht mit den elitären literarischen Maßstäben von highbrows wie Seneca, Lukian oder Galen maß[241] und deshalb ohne Skrupel zu einem Lesestoff greifen konnte, den die intellektuellen Eliten wenig reputierlich fanden und den sie, zumal wenn er außerdem noch in kunstloser Handwerkersprache dargeboten wurde, samt seinen nicht zu ihren Kreisen zählenden Lesern herzlich verachteten.

Eine Frage bleibt schließlich noch: die, weshalb Lukas an der mimetischen Historiographie überhaupt Gefallen fand. Die Antwort fällt nicht schwer; sie resultiert aus der Koinzidenz von lukanischer Absicht und Charakter der mimetischen Geschichtsschreibung. Die Apostelgeschichte zeigt, daß ihr Verfas-

---

μενος συνέθηκεν ἢ τέκτων ἢ κάπηλός τις συμπερινοστῶν τῇ στρατιᾷ (p. 116,9–13 Homeyer; vgl. c. 44 [p. 150,3–8]. Titel: p. 116,18f.).

[238] *Hist. nat.*, praef. 6.

[239] Vgl. W. A. MEEKS, Urchristentum und Stadtkultur. Die soziale Welt der paulinischen Gemeinden, Gütersloh 1993, 155–157; außerdem E. PLÜMACHER, Identitätsverlust und Identitätsgewinn. Studien zum Verhältnis von kaiserzeitlicher Stadt und frühem Christentum (BThSt 11), Neukirchen-Vluyn 1987, 31–35, sowie oben Anm. 214.

[240] So z. B. MEEKS (wie Anm. 239), 155, sowie E. W. STEGEMANN und W. STEGEMANN, Urchristliche Sozialgeschichte. Die Anfänge im Judentum und die Christusgemeinden in der mediterranen Welt, Stuttgart/Berlin/Köln ²1997, 265–270.

[241] MALITZ (wie Anm. 16), 338, denkt an „ein Durchschnittspublikum historisch interessierter Leser ..., das in der Regel – um hier nur diese Beispiele zu nennen – Kleitarch dem Ptolemaios [sc. I. Soter] und Duris dem Hieronymos [sc. von Kardia] vorzog", d. h. an eine Leserschaft, die die „nüchterne, ohne rhetorische Schnörkel und ‚mimetische' Ambitionen rein auf die wahrheitsmäßige Berichterstattung ausgerichtete, unkünstlerische Geschichtsschreibung" (so LENDLE [wie Anm. 7], 191, über Hieronymos, eine Charakteristik, die mutatis mutandis auch auf Ptolemaios zutrifft, s. LENDLE a. a. O. 172f.) sehr viel weniger attraktiv fand als die Werke der romanhaften (Kleitarch) bzw. sensationalistischen (Duris) Historiographie.

ser ein Geschichtsbild besaß, ein Geschichtsbild mit deutlich apologetischen
Zügen. Dazu, dieses in glaubwürdiger Weise als ein πιθανόν psychagogisch
wirkungsvoll in eine geschichtliche Erzählung umzusetzen, war die mimetische Geschichtsschreibung mit ihren auf die ἔκπληξις der Leser zielenden
schriftstellerischen Mitteln und sonstigen Lizenzen ein geradezu ideales Instrument. Lukas muß das wie vordem schon Cicero[242] erkannt haben, und so
wurde er, seine Leser der unanfechtbaren heilsgeschichtlichen Legitimität
ihrer Kirche vergewissernd und zugleich ihren Glauben durch den Aufweis
stärkend, daß diese von Gott und Geist geleitete und durch mancherlei Wunder bestätigte Kirche aus allen Konflikten der Vergangenheit noch stets siegreich hervorgegangen war, zum ersten christlichen Historiker – einem Historiker freilich, der wie die meisten seiner antiken Zunftgenossen keineswegs wie
später Ranke von dem Wunsch beseelt war, „bloß [zu] sagen, wie es eigentlich gewesen".[243]

Ein anderes Diktum des jungen Ranke, das sich ebenfalls im Vorwort zu
den „Geschichten der romanischen und germanischen Völker" findet, wäre
von Lukas und der großen Schar mimetischer Geschichtsschreiber hingegen
sicherlich mit Beifall aufgenommen worden. An prominenter Stelle des Vor-
wortes, nämlich an dessen Schluß stehend, lautet es: „Die Hauptsache ist immer, wovon wir handeln, wie Jacobi sagt, ,Menschheit wie sie ist, erklärlich
oder unerklärlich': das Leben des Einzelnen, der Geschlechter, der Völker,
zuweilen die Hand Gottes über ihnen."[244] Ranke hat hier durchaus noch wie
jene antiken Historiker an ein aktives Eingreifen Gottes in die Geschichte gedacht[245]: „In dem entscheidenden Augenblick tritt allemal ein, was wir Zufall
oder Geschick nennen *und was Gottes Finger ist*", heißt es an anderer Stelle
des Werkes.[246] Was Ranke von Lukas und den meisten antiken Geschichts-

---

[242] Vgl. dazu meinen Beitrag *Cicero und Lukas*, im vorliegenden Band S. 15–32.

[243] L. VON RANKE, Geschichten der romanischen und germanischen Völker von 1494 bis
1535, Leipzig/Berlin 1824, Bd. 1 (ein zweiter Band ist nicht erschienen); 2. Aufl. unter geän-
dertem Titel (statt „bis 1535" nun „bis 1514") in: L. VON RANKE, Sämmtliche Werke, Bde.
33–34, Leipzig 1874. „Bloß sagen" (2. Aufl.: „blos zeigen"): ebd. S. Vs. bzw. VII.

[244] Ebd. jeweils S. VIII (Hervorhebung E. P.). Das bei RANKE nicht wie oben abgegrenzte
Zitat des Philosophen F. H. Jacobi stammt aus dessen Vorrede zu Eduard Allwills Brief-
sammlung, Bd. 1, Königsberg 1792, XVI.

[245] Vgl. E. SCHULIN, Rankes erstes Buch, HZ 203 (1966), 581–609: 597f.

[246] RANKE (wie Anm. 243), 139 (Hervorhebung E. P.); in der 2. Aufl. (S. 111) getilgt. In
der Entgegnung auf die Kritik, die H. Leo an RANKES Buch geübt hatte, kommt dieser nochmals auf den oben zitierten und von Leo inkriminierten Satz zurück und beruft sich für dessen
Stimmigkeit nicht auf „die Behauptung einer uralten Theologie und Tragödie ..., welche alles
dem Fatum unterwarf", sondern vielmehr auf „die Überzeugung späterer Denker und Weisen,
wie sie in der *Historie Xenophon's* ausgesprochen wird, daß sich in wichtigen Entscheidungen
die unmittelbare Einwirkung der Gottheit erblicken lasse" (Erwiderung auf Heinrich Leo's
Angriff, Hallische Literaturzeitung 1828, Nr. 131, 193–199; wieder abgedruckt in: RANKE,
Zur eigenen Lebensgeschichte [= Sämmtliche Werke, Bde. 53–54], Leipzig 1890, 659–666;

schreibern unterscheidet, ist allein, daß diese Gott oder Götter sehr viel drastischer in das Geschehen eingreifend gedacht und geschildert haben als Ranke
dies in seinem Erstlingswerk – gelegentlich[247] – getan hat.

Zitat: 665; Hervorhebung E. P.). RANKE dürfte sich also sehr wohl bewußt gewesen sein, in
welcher Tradition er mit seiner Ansicht über das Eingreifen Gottes in den Lauf der Geschichte
– jedenfalls: auch – stand. Entsprechendes hat K. REPGEN, Über Rankes Diktum von 1824:
„Bloss sagen, wie es eigentlich gewesen", HJ 102 (1982), 439–449, übrigens auch für die „am
meisten zitierte Maxime über Methodisches" (439f.) angenommen: Ranke zitiere hier Thukydides II 48,3: ἐγὼ δὲ οἷον . . . ἐγίγνετο λέξω.

[247] Alle einschlägigen Belege bei SCHULIN (wie Anm. 245), 597f. Vgl. noch F. BAETHGEN,
Zur geistigen Entwicklungsgeschichte Rankes in seiner Frühzeit, in: W. Conze (Hg.),
Deutschland und Europa. Historische Studien zur Völker- und Staatenordnung des Abendlan-
des (FS Hans Rothfels), Düsseldorf 1951, 337–353.

Wirklichkeitserfahrung und Geschichtsschreibung bei Lukas

Erwägungen zu den Wir-Stücken der Apostelgeschichte

I

Eine ebenso augenfällige wie rätselhafte Erscheinung hat die Actaforschung seit ihren Anfängen immer wieder beschäftigt[1]: die Tatsache, daß in Apg 16,10–17; 20,5–8.13–15; 21,1–18 und 27,1–28,16 anders als im ganzen übrigen Buch nicht in der dritten Person, sondern, abrupt einsetzend und ohne ersichtlichen Grund wieder endend, in der ersten Person (Plural) berichtet wird.[2] Den zahlreichen Versuchen, dieses merkwürdige Phänomen zu erhellen, ist der Erfolg bislang allerdings weitgehend versagt geblieben; eine schlüssige und rundum befriedigende Deutung des Problems steht jedenfalls, wie die folgende Skizze zeigen wird, noch aus.

So hat vor allem die Hoffnung getrogen, in den Wir-Stücken Lukas, den aus Kol 4,14; 2Tim 4,11 und Phlm 24 bekannten Paulusbegleiter vernehmen zu können.[3] Zwar meinte schon die altkirchliche Tradition, diesen mit dem Verfasser der Apostelgeschichte identifizieren zu sollen, der dann in jenen Abschnitten aus eigener Erfahrung bzw. auf Grund seinerzeit von ihm angefertigter Notizen berichtet hätte. Doch ist der Autor der Apostelgeschichte –

---

[1] Zur Forschungsgeschichte: W. M. L. DE WETTE – F. OVERBECK, Kurze Erklärung der Apostelgeschichte, Leipzig [4]1870, XXXIX–L; É. TROCMÉ, Le « Livre des Actes » et l'histoire (EHPhR 45), Paris 1957, 122–149; J. DUPONT, Les sources du livre des Actes. État de la question, Bruges 1960, 91–158; W. GASQUE, A History of the Criticism of the Acts of the Apostles (BGBE 17), Tübingen 1975, passim.

[2] Das „Wir" in 11,28 ist sekundär (A. VON HARNACK, Über den ursprünglichen Text Act. Apost. 11,27.28, in: DERS., Studien zur Geschichte des Neuen Testaments und der Alten Kirche I [AKG 19], Berlin/Leipzig 1931, 33–47; A. STROBEL, Lukas der Antiochener, ZNW 49 [1958], 131–134; E. HAENCHEN, Die Apostelgeschichte [KEK 3], Göttingen [7]1977, 359f. Anm. 8), und in 13,2 ist keines zu konjizieren: mit DUPONT (wie Anm. 1), 65f., gegen R. BULTMANN, Zur Frage nach den Quellen der Apostelgeschichte, in: New Testament Essays. Studies in Memory of T. W. Manson, Manchester 1959, 68–80: 77 (= DERS., Exegetica. Aufsätze zur Erforschung des Neuen Testaments, Tübingen 1967, 412–423: 421f.).

[3] Hierzu W. G. KÜMMEL, Einleitung in das Neue Testament, Heidelberg [17]1973, 144 mit Anm. 85 (Literatur).

hier weiterhin Lukas genannt – schwerlich ein Zeitgenosse des Paulus[4] und noch weniger dessen auch nur gelegentlicher[5] Reisebegleiter gewesen; in beiden Fällen müßte er über einzelne Umstände aus dem Leben des Paulus erheblich besser unterrichtet sein, als es die Apostelgeschichte ist.[6] Dies wenigstens ist eine in neutestamentlicher Forschung heute zunehmend verbreitete opinio communis; durch sie ist auch die von Martin Dibelius vorgetragene Deutung des „Wir"[7], die noch ganz an der Annahme einer lukanischen Verfasserschaft der Apostelgeschichte hängt, in Mitleidenschaft gezogen worden.

Aber können die Wir-Stücke nicht vielleicht eine in der Apostelgeschichte verarbeitete Quelle oder zumindest der Restbestand einer solchen und jener Lukas oder ein anderer Paulusbegleiter ihr Verfasser sein?[8] Das Problem, das in der beträchtlichen Unkenntnis des Lukas hinsichtlich der Vita des Paulus liegt, wäre dann ohne Relevanz; und nur für den, der meint, eine Quelle müsse sich stets mehr oder minder wörtlich aus ihrem Kontext herauslösen lassen, wird Adolf von Harnacks Nachweis der vollständigen sprachlichen Übereinstimmung von Wir-Bericht und restlicher Apostelgeschichte[9] ein Grund sein können, die These einer solchen Wir-Quelle abzulehnen.[10] Doch erheben sich alsbald andere Einwände: Immerhin sind es außer dem großen, nach Inhalt und Form freilich sehr eigenständigen Komplex in Kapitel 27f.[11] lediglich 37 Verse, die in der Wir-Form berichten, für eine Quelle sehr wenig, selbst wenn man berücksichtigt, daß diese der Apostelgeschichte nur bruchstückhaft ein-

---

[4] Zu dessen Zeiten gab es z. B. eine Ältestenverfassung, wie in Apg 14,23 und 20,17–36 vorausgesetzt, noch nicht.

[5] So TROCMÉ (wie Anm. 1), 143–145.

[6] Siehe z. B. KÜMMEL (wie Anm. 3), 147–150. – Gegen die Versuche, aus Lk 1,3 (παρηκολουθηκότι ἄνωθεν) eine Abfassung von Lukas-Evangelium und Apostelgeschichte durch jenen ‚historischen' Lukas zu erschließen (s. H. J. CADBURY, in: Beginnings of Christianity, Vol. 2, London 1922, 501f.; DERS., "We" and "I" Passages in Luke-Acts, NTS 3 [1956/57], 128–132; DUPONT [wie Anm. 1], 99–106) vgl. z. B. HAENCHEN, Das „Wir" in der Apostelgeschichte und das Itinerar, ZThK 58 (1961), 329–366 (= DERS., Gott und Mensch. Gesammelte Aufsätze [1], Tübingen 1965, 227–264): 362–365, und KÜMMEL (wie Anm. 3), 146.

[7] Siehe z. B. M. DIBELIUS, Aufsätze zur Apostelgeschichte (FRLANT 60), Göttingen 1951 (= [5]1968), 119.

[8] Vgl. den einschlägigen Teil von DUPONTs Forschungsbericht (wie Anm. 1), 76–90, sowie H. H. WENDT, Die Apostelgeschichte (KEK 3), Göttingen [9]1913, 16–21.

[9] A. VON HARNACK, Lukas der Arzt, der Verfasser des dritten Evangeliums und der Apostelgeschichte, Leipzig 1906, 28–60; DERS., Neue Untersuchungen zur Apostelgeschichte und zur Abfassungszeit der synoptischen Evangelien, Leipzig 1911, 1–15.

[10] Richtig z. B. P. WENDLAND, Die urchristlichen Literaturformen (HNT I/3), Tübingen [2+3]1912, 335.

[11] DIBELIUS (wie Anm. 7), 93, Anm. 1; G. KLEIN, Rez. E. Haenchen, Apostelgeschichte, ZKG 68 (1957), 362–371: 366; BULTMANN (wie Anm. 2), 76 bzw. 420f.; H. CONZELMANN, Die Apostelgeschichte (HNT 7), Tübingen [2]1972, 6.156.

verleibt worden sein könnte.[12] Vor allem aber hat sich gezeigt, daß die Wir-Stücke an einigen Stellen wie z. B. in 16,6–9/16,10ff. unlösbar eng mit solchen, die ein Referat in dritter Person bieten, verbunden sind.[13]

Gehörten die Wir-Stücke also zu einer Quelle, die ihrerseits schon aus Augenzeugenbericht und Referat in dritter Person zusammengesetzt war? Hierfür ist mit viel Scharfsinn Eduard Norden[14] eingetreten. Insbesondere durch den Nachweis einer ganzen Reihe von Analogien aus der griechischen und römischen Literatur – PPetr II, 45; III, 144[15], Arrians Περίπλους, Velleius Paterculus, Dio Cassius[16], Ammianus Marcellinus –, die alle ebenso wie die postulierte Grundschrift der Apostelgeschichte von der dritten Person in die erste und umgekehrt wechseln, hat er die Quellenthese auf eine festere Grundlage zu stellen gesucht und zugleich vorgeschlagen, die Quelle literarisch als ὑπόμνημα zu klassifizieren. Andere Forscher – diejenigen, die Dibelius' Itinerarhypothese[17] in irgendeiner Form übernommen, das „Wir" jedoch anders als dieser der Quelle und nicht dem Acta-Verfasser zugeschrieben haben – sahen (und sehen) in ihr eher eine Art Itinerar, Stationenverzeichnis oder Reisetagebuch bzw. mehrere Dokumente dieser Art[18]; hier ist es dann Arthur Darby Nock[19] gewesen, der Belege für eine Gattung ‚Tagebuch' in der griechisch-römischen Literatur beizubringen versucht hat – in dem offenkundigen Bestreben, das aus der Apostelgeschichte destillierte Dokument (bzw. eine Mehrzahl solcher "travel-diaries") von dem das Vertrauen in die Itinerarhypothese nicht gerade stärkenden Odium des literarischen Einzelgängertums[20] zu befreien.

---

[12] Dibelius (wie Anm. 7), 167.

[13] Wendt (wie Anm. 8), 31; E. Norden, Agnostos Theos. Untersuchungen zur Formengeschichte religiöser Rede, Leipzig/Berlin 1913 (= Darmstadt [4]1956), 314.

[14] Ebd., 313–327.

[15] FGrHist 160; ein „Bulletin aus dem 3. syrischen Krieg": F. Jacoby, FGrHist II D (Kommentar), 589.

[16] An ihn – freilich als Parallele für die ganze (von Lukas verfaßte) Apostelgeschichte – fühlte sich auch schon C. F. G. Heinrici, Der litterarische Charakter der neutestamentlichen Schriften, Leipzig 1908, 91, erinnert.

[17] Vgl. Dibelius (wie Anm. 7), 12f. 93. 166–170. Zusammenhängend dargestellt u. a. von Dupont (wie Anm. 1), 109–116, und G. Schille, Die Fragwürdigkeit eines Itinerars der Paulusreisen, ThLZ 84 (1959), 165–174: 165–169.

[18] A. Kragerud, Itinerariet i Apostlenes gjerninger, NTT 56 (1955), 249–272; Trocmé (wie Anm. 1), 134–149; Bultmann (wie Anm. 2), 76–79 bzw. 420–423; E. Grässer, Die Apostelgeschichte in der Forschung der Gegenwart, ThR NF 26 (1960), 93–167: 124. 126f. (= ders., Forschungen zur Apostelgeschichte [WUNT 137], Tübingen 2001, 59–133: 90. 92f.); Kümmel (wie Anm. 3), 151f. Ebenso P. Vielhauer, Geschichte der urchristlichen Literatur, Berlin/New York 1975 (= [2]1978), 387–391, der das „Wir" allerdings wie Dibelius vom Verfasser der Apostelgeschichte stammen läßt (390f.).

[19] A. D. Nock, Rez. M. Dibelius, Aufsätze zur Apostelgeschichte, Gn. 25 (1953), 497–506: 500 (= ders., Essays on Religion and the Ancient World II, Oxford 1972, 821–832: 824f.).

[20] Vgl. Schille (wie Anm. 17), 174, und W. Schmithals, Paulus und Jakobus (FRLANT

Wer dem Vorschlag Nordens zuneigt, muß sich allerdings fragen lassen, ob er Arrian, Velleius Paterculus oder Ammian für stringente literarische Parallelen zu jener postulierten Apg-Quelle hält – denn diese dürfte, vom Unterschied im literarischen Niveau ganz zu schweigen, doch gewiß kein Expeditionsbericht gewesen sein wie etwa Arrians Περίπλους bzw. die einschlägigen Passagen bei Ammian und (im Unterschied zur Apostelgeschichte selbst!) auch sicher kein historisches Werk wie die Römischen Geschichten des Velleius Paterculus und des Cassius Dio.[21] Wer hingegen die Itinerarhypothese vorzieht, wird sich nicht nur zahlreichen Einwänden gegenübersehen, die hier nicht erneut vorgetragen zu werden brauchen[22], sondern sich vor allem auf die Stichhaltigkeit der in ihrer Beweiskraft allzulange ungeprüft gebliebenen Parallelen Nocks nicht verlassen dürfen: Wenn diese überhaupt zeigen können, daß es Tagebücher (ἐφημερίδες) gegeben hat, dann zeigen sie auch deutlich, daß das Itinerar der Apostelgeschichte, falls es existiert haben sollte, zu dieser Gattung jedenfalls nicht gehört haben kann.

Dies etwas ausführlicher darzulegen, scheint angebracht, da die Itinerarhypothese kürzlich von Philipp Vielhauer erneut und auch in diesem Falle wieder mit dem beinahe schon obligaten Hinweis auf A. D. Nock vorgetragen worden ist.[23] Dabei handelt es sich an keiner der von Nock genannten Belegstellen um eine echte Parallele, ein privates Itinerar oder Reisetagebuch[24]. Die

---

85), Göttingen 1963, 70. SCHMITHALS' Vorschlag, als Quelle für die Schilderung der paulinischen Missionstätigkeit durch Lukas eine Missionsaretalogie anzunehmen (a. a. O. 70f.), ist freilich von diesem Verdikt nicht weniger bedroht; SCHMITHALS' Hinweis auf die von NORDEN (wie Anm. 13), 313–327, genannten Texte hält einer Überprüfung jedenfalls nicht stand, handelt es sich bei diesen doch in keinem Fall um ein Beispiel aus dem Bereich der Aretalogie. Dort sind Wir-Erzählungen bisher lediglich *vermutet* worden: R. REITZENSTEIN, Hellenistische Wundererzählungen, Leipzig 1906 (= Darmstadt ³1974), 54. Daß im Λούκιος ἢ ὄνος und bei Ovid, *Metam.* VI 313ff. in der ersten Person erzählt wird, kann kein Gegenargument sein: vgl. H. WERNER, Zum Λούκιος ἢ ὄνος, Hermes 53 (1918), 225–261: 236f. 242–247. Die Wir-Stücke in den Johannesakten (18f. 60–62. 73. 111. 115), auf die REITZENSTEIN a. a. O. hingewiesen hat, halte ich mit CADBURY, "We" and "I" Passages (wie Anm. 6), 129, und D. GUTHRIE, Acts and Epistles in Apocryphal Writings, in: Apostolic History and the Gospel (FS F. F. Bruce), Exeter 1970, 328–345: 329, ebenso für Imitation der Apostelgeschichte wie die entsprechenden Passagen in den Petrus- und Andreasakten, auf die R. SÖDER, Die apokryphen Apostelgeschichten und die romanhafte Literatur der Antike (Würzburger Studien zur Altertumswissenschaft 3), Stuttgart 1932 (Repr. Darmstadt 1969), 213f., aufmerksam gemacht hat.

[21] Zur Kritik an NORDEN vgl. auch TROCMÉ (wie Anm. 1), 132–134; DUPONT (wie Anm. 1), 91–99.

[22] Vgl. z. B. SCHILLE (wie Anm. 17), 169–174; DERS., Missionstheologie im Neuen Testament, MPTh 50 (1961), 201–212: 203–205; HAENCHEN (wie Anm. 6), 335–339; DUPONT (wie Anm. 1), 131–158.

[23] VIELHAUER (wie Anm. 18), 387–392; vgl. DERS., Rez. H. Conzelmann, Apostelgeschichte, GGA 221 (1969), 1–19: 5–12.

[24] Ein solches liegt, wie NOCK (wie Anm. 19), 500, Anm. 1, zutreffend vermerkt, auch in

von Cicero in seiner *Oratio pro P. Quinctio* 57 angeführte *ephemeris* enthielt zwar offenbar ein Reisedatum, aber auf ein spezielles Reisetagebuch bzw. Itinerar – wie für die Apostelgeschichte postuliert – läßt nichts schließen. Bezeichnend ist ferner, daß dieses Tagebuch von Cicero im Verlauf eines Prozesses herangezogen wurde, als es darum ging, sich bestimmter Dinge, hier: Termine, ganz präzise zu erinnern.[25] Das heißt aber doch: Derlei Tagebücher dienten der Bewahrung des Details und nicht der allgemeinen Züge des Geschehens, für die das menschliche Gedächtnis allein völlig ausreichte.[26] Karneades' bissige, bei Plutarch bewahrte Bemerkung über den potentiellen Inhalt von Epikureer-Tagebüchern[27], Aristides' Charakteristik seiner während langer Krankheit in einem Asklepiosheiligtum angefertigten Aufzeichnungen über seine Traumgesichte[28] und Synesios' eher beiläufige Bemerkung in einem

---

PRyl 627–638 nicht vor; es handelt sich hier vielmehr um ein offizielles Dokument, in dem von Tag zu Tag minutiös über die während der Dienstreise eines höheren Beamten von Ägypten nach Antiochia am Orontes entstandenen Kosten Rechnung gelegt wird und ebenso die täglich bewältigten Distanzen notiert sind, vgl. die Kommentare des Herausgebers C. H. ROBERTS sowie die PRyl 627ff. gewidmete Passage bei L. CASSON, Reisen in der Alten Welt, München 1976, 221–223.

[25] Darum geht es auch in c. 61 der Antoniusvita des Athanasius; das genaue Datum, dessen es sich zu erinnern gilt, ist hier allerdings nicht in einer *ephemeris* festgehalten. Als Datenträger dient vielmehr eine χάρτη, was H. PRZYBYLA (in: Adolf Gottfried [d. i. A. Laminski] [Hg.], Athanasius. Vita Antonii, Leipzig 1986, 87) mit „Merkbuch" übersetzt; χάρτη kann indes auch einfach „Papyrusblatt" heißen, vgl. Preisigke, WGPU s. v.

[26] Das hat offenbar auch TROCMÉ (wie Anm. 1), 135, gespürt und das Itinerar («le diaire») deshalb als «aide-mémoire» definieren wollen.

[27] *Moralia* 1089c: ποσάκις Ἡδείᾳ καὶ Λεοντίῳ συνῆλθον ἢ ποῦ Θάσιον ἔπιον ⟨ἢ⟩ ποίας εἰκάδος ἐδείπνησα πολυτελέστατα. Aber ist diese Stelle überhaupt als Beleg für die Existenz von Tagebüchern im landläufigen Sinn zu verwenden? Eher könnte es sich doch um den Versuch einer polemischen Verächtlichmachung der bei den Epikureern verbreiteten psychagogischen Technik handeln, die *levatio aegritudinis* vorzunehmen ... *avocatione a cogitanda molestia et revocatione ad contemplandas voluptates ... quibus ille [sc. Epicurus] et praeteritarum memoria et spe consequentium sapientis vitam refertam putat* (Cicero, *Tusc.* III 33; vgl. ebd. 76). Sollte es entsprechende „Tagebücher" wirklich gegeben haben, so hätte es sich um Trostschriften an die eigene Adresse gehandelt: die Gattung gab es, vgl. Senecas *Ad Helviam*, Plutarchs *Ad uxorem* (*Mor.* 608a–612b), Ciceros *Consolatio* sowie Epiktet, Frgm. 21. Zum Ganzen: P. RABBOW, Seelenführung. Methodik der Exerzitien in der Antike, München 1954, 281–283. 311. Eine andere Möglichkeit: Karneades spielt hier auf die im Rahmen der psychagogischen Partikularprüfung (vgl. Seneca, *Epist.* 28,9f.!) von Epikureern geführten ‚ethischen' Tagebücher an, jene „schriftliche[n] Tagesnotierungen der begangenen Verfehlungen und Überwindungen", die dazu dienen sollten, „die ansteigenden Fristen der Besserung" nachzuzählen: Epiktet, *Diss.* II 18,12–18; RABBOW a. a. O. 184. 345. Eine entsprechende Praxis gab es später auch im altchristlichen Mönchtum, vgl. Athanasius, *Vita Antonii* 55,9–12.

[28] *Or.* 48,2f.8; 49,30 Keil; dazu G. MISCH, Geschichte der Autobiographie, I/2, Frankfurt a. M. ³1950, 507f. Aristides schätzte den Umfang dieser Aufzeichnungen auf mindestens 300 000 Zeilen (*Or.* 48,3). – Auch hier ist immerhin zu fragen, ob man diese Aufzeichnungen

Brief an Euoptios[29] bestätigen das ebenso wie die von Nock nicht berücksichtigte *Ephemeris id est totius diei negotium* des Ausonius[30], die der Form nach zwar kein Tagebuch, sondern eine Gedichtsammlung ist, deren den Tageslauf des Dichters minutiös schildernder Inhalt in Verbindung mit dem Titel jedoch ziemlich genaue Rückschlüsse auf Charakter und Inhalt einer echten *ephemeris* zulassen.[31] Im Gegensatz hierzu wirken die Angaben in den dem Itinerar bzw. Reisetagebuch zugeordneten Apg-Partien, selbst wenn man ihre Überarbeitung und gelegentliche Kürzung durch Lukas in Rechnung stellt[32], über weite Strecken nicht detailliert genug[33], zu abgeschliffen, als daß man sie als Teile eines Tagebuches oder Itinerars begreifen könnte.[34] Dort, wo wie z. B. in 16,14; 18,7.18; 19,9; 20,5f.13f. konkrete Angaben begegnen, lassen sich andere und bessere Erklärungen für ihre Herkunft finden als das mit jeder noch so modifizierten Itinerar- oder Reisetagebuchhypothese möglich ist.

Überzeugend erscheint hier freilich allein Haenchens Annahme, daß sich der Verfasser der Apostelgeschichte sein Material weithin selbst beschafft hat, sei es auf eigenen Reisen in das eine oder andere Zentrum der paulinischen Mission, sei es durch briefliche oder von Mittelsmännern besorgte Erkundi-

---

überhaupt als Tagebücher ansehen kann und nicht viel eher als eine Art ἱεροὶ λόγοι (so heißen ja auch die auf Grund dieser Aufzeichnungen verfaßten sechs Reden des Aristides, *Or.* 47–52 Keil) oder Aretalogien zu gelten haben, vgl. W. Schmid – O. Stählin, in: W. von Christ's Geschichte der griechischen Litteratur II/2 (HAW VII/2,2), München [6]1924, 706f., und Misch a. a. O. Philostrat sieht die Angelegenheit sogar unter rhetorischem Gesichtspunkt (*Vit. Soph.* II 9 [p. 86,28–32 Kayser]).

[29] *Epist.* IV (PG 66, p. 1341) = *Epist.* 5, p. 25 Garzya.

[30] Hierzu Misch (wie Anm. 28), 560f.; M. Schanz, Geschichte der römischen Literatur bis zum Gesetzgebungswerk des Kaisers Justinian IV/1 (HAW VIII/4,1), München [2]1914, 28f.35.

[31] Vgl. auch die an eine Definition des Historikers Sempronius Asellio anknüpfende Bemerkung des Aulus Gellius *Noct. Att.* V 18,7f.: *cum vero non per annos, sed per dies singulos res gestae scribuntur, ea historia Graeco vocabulo* ἐφημερίς *dicitur.* – Norden (wie Anm. 13), 317 Anm. 3, hat noch auf Lukian, *Hist. conscr.* 16, hingewiesen. Aber hier ist doch gar nicht von einem Tagebuch, sondern von einem ὑπόμνημα τῶν γεγονότων γυμνόν die Rede, von der konzeptartigen Stoffsammlung für ein geplantes Werk. Vgl. G. Avenarius, Lukians Schrift zur Geschichtsschreibung, Meisenheim 1956, 85–104.

[32] Dibelius (wie Anm. 7), 169f.; vgl. Haenchen (wie Anm. 6), 332f.

[33] Wie präzise seinerzeit z. B. Adressenbeschreibungen sein mußten, um eine bestimmte Person oder Lokalität finden zu können, zeigen POsl 1621 und POxy 2719 (dazu J. Krüger, Oxyrhynchos in der Kaiserzeit. Studien zur Topographie und Literaturrezeption [EHS.G 441], Frankfurt a. M. usw. 1990, 98–100, ebd. weitere Belege).

[34] Vgl. etwa 18,1–11; 19,8–12; 20,1–3; 21,4–6. – Die Diskrepanz würde noch deutlicher, wenn man – was aber völlig ungewiß ist – von dem plastischen, lebendige Bilder von unterschiedlichsten Erlebnissen mit Land und Leuten kunstvoll reihenden Inhalt solcher poetischer Reisegedichte, wie sie Lucilius und Horaz in ihren Satiren (Frgm. 97–150 bzw. *Sat.* I 5) geboten haben, auf einen ähnlichen Inhalt zuvor (hierfür?) angefertigter Reisetagebücher schließen dürfte. Auch Aristides, *Or.* 51,2–10 Keil, könnte auf eine solche Grundlage zurückgehen.

gungen bei den verschiedensten Gewährsleuten.[35] So „phantasiereich", wie Kümmel argwöhnt[36], ist diese Annahme nämlich keineswegs: Lukas wäre ihr zufolge lediglich so verfahren, wie zu verfahren in der griechisch-römischen Geschichtsschreibung seit Herodot und Thukydides[37] üblich war, wenn man sich an die Stoffsammlung für ein geplantes Werk begab. Wo die – über alles geschätzte[38] – eigene Augenzeugenschaft nicht zu Gebote stand, hatte man sich an die Befragung von Gewährsleuten zu machen, τὸ ... πυνθάνεσθαι παρὰ τῶν εἰδότων ἕκαστα τῶν πραγμάτων.[39] Diese ἀνακρίσεις galten zumindest Polybios in seiner Auseinandersetzung mit Timaios als ein κυριώτατον τῆς ἱστορίας[40] und sind später auch von Lukian in seiner Diatribe über die Geschichtsschreibung, hier wieder im Anschluß an Thukydides, hervorgehoben worden.[41] Dabei konnten die Gewährsleute ἄλλοθέν ποθεν – „jeder aus seinem Aufenthaltsorte"[42] – berichten (schriftlich?), während andererseits von Polybios bekannt ist, daß er, wie vor ihm schon Herodot und nach ihm Poseidonios, im Interesse seiner historischen Forschungen häufig gereist ist[43] bzw. die Unterlassung dieser Historikerpflicht[44] an anderen tadelt.[45] Ebenso hat Plutarch, ὑπολαμβάνων ἀκοῇ καὶ διαπυνθανόμενος[46], derartige, mit der Vorbereitung seiner Biographien in Zusammenhang stehende Reisen unternommen[47], nicht anders als Dion von Prusa im Blick auf die Abfassung seiner Γετικά[48]. Schließlich sei noch darauf verwiesen, daß entsprechende Vorstel-

---

[35] HAENCHEN (wie Anm. 2), 97f. Vgl. schon DIBELIUS (wie Anm. 7), 94!

[36] KÜMMEL (wie Anm. 3), 145.

[37] Vgl. Herodot II 29.44 (dazu F. JACOBY, Art. Herodotos, PRE.S 2 [1913], 205–520: 250); Thukydides I 22,2.

[38] Belege bei AVENARIUS (wie Anm. 31), 74ff. Siehe auch Theophilus, *Autol.* III 2 (dazu W. SPEYER, Die literarische Fälschung im heidnischen und christlichen Altertum [HAW I/2], München 1971, 53).

[39] Polybios XII 28a,7 (dazu K. ZIEGLER, Art. Polybios von Megalopolis, PRE 21 [1952], 1440–1578: 1563); vgl. Diodor I 39,8; Josephus, *Ap.* I 53–55.

[40] XII 4c,3.

[41] *Hist. conscr.* 47; s. AVENARIUS (wie Anm. 31), 73.

[42] Thukydides I 22,1; s. Thukydides, erkl. v. J. CLASSEN, bearb. v. J. STEUP, Bd. 1, Berlin ⁶1963, 76 (z. St.); vgl. O. LUSCHNAT, Art. Thukydides der Historiker, PRE.S 12 (1970), 1085–1354: 1181 („anderswoher").

[43] III 48,12; 59,7; Pausanias VIII 30,8. Zu Herodot: JACOBY (wie Anm. 37), 247–280. Poseidonios: K. REINHARDT, Art. Poseidonios von Apameia, PRE 22 (1954), 558–826: 564f.

[44] XII 25e,1.

[45] XII 28,6; gegen Timaios. Vgl. Diodor I 4,1; Lukian, *Hist. conscr.* 29, und Melito von Sardes bei Euseb, *Hist. eccl.* IV 26,14(!).

[46] *Demosthenes* 2,1.

[47] C. THEANDER, Plutarch und die Geschichte (K. Humanistiska Vetenskapssamfundets i Lund, Årsber. 1950-1951,1), Lund 1951, 2–32.

[48] Philostrat, *Vit. Soph.* I 7 (p. 7,14–16 Kayser): ὡς δὲ καὶ ἱστορίαν ἱκανὸς ἦν ξυγγράφειν [sc. Δίων ὁ Προυσαῖος], δηλοῖ τὰ Γετικά· καὶ γὰρ δὴ καὶ ἐς Γέτας ἦλθεν, ὁπότε ἠλᾶτο. Vgl. Dion, *Or.* 36,1.

lungen von historiographischer Praxis sogar in die frühhellenistische Homer-legende eingedrungen sind, die sich die Entstehung der Epen des weithin als Archegeten auch der Historiographie betrachteten Dichters[49] nicht anders zu denken vermochte, als daß er – in seiner Jugend zwar, aber schon ganz Histo-riker! – auf weiten Reisen sich umgesehen, allenthalben Erkundigungen ein-gezogen und Notizen angefertigt habe: ἐναυτίλλετο ... καὶ ὅπου ἑκάστοτε ἀφίκοιτο πάντα τὰ ἐπιχώρια διεωρᾶτο, καὶ ἱστορέων ἐπυνθάνετο· εἰκὸς δέ μιν ἦν καὶ μνημόσυνα πάντων γράφεσθαι.[50]

So also, wie das übrigens selbst Papias von Hierapolis von sich behauptet hat[51], dürfte nun auch Lukas zu seinem Material gekommen sein, darunter solchen schriftlichen Aufzeichnungen, wie sie Haenchen in Form von Erinne-rungsberichten von Zeitgenossen oder gar Augenzeugen der geschilderten Ereignisse hinter 16,9ff.; 18,18ff.; 20,13ff. und 27f. vermutet hat.[52]

Um nunmehr zu den Problemen der Wir-Stücke zurückzukehren: Selbst wenn das „Wir" auf eine wie auch immer geartete Quelle zurückgeführt wer-den könnte, wäre doch, den mit Sicherheit auszuschließenden Fall der Identi-tät des Autors von Quelle und Apostelgeschichte ausgenommen, nicht mehr erklärt als seine Herkunft. Welchen Sinn der Autor ad Theophilum dem „Wir" beimaß, und welche Zwecke er mit ihm verfolgte, erhellt aus der Zuweisung der Wir-Stücke an eine Quelle keineswegs, es sei denn, der Verfasser der Apostelgeschichte wäre kein Schriftsteller, sondern nichts weiter als ein mehr oder minder mechanisch arbeitender Redaktor gewesen, der in der Eingliede-rung einer oder gar mehrerer solcher ein „Wir" enthaltender Quellen in sein Werk ein Problem überhaupt nicht gesehen hätte.[53] Lukas war aber ein Schriftsteller von erheblicher Potenz, der seine Quellen nachweislich bear-beitet hat.[54] So ist diese Lösung des Wir-Problems ebenso abwegig wie die

---

[49] Ein Beispiel bei Lukian, *Hist. conscr.* 14. Weiteres unten Anm. 92.

[50] *Vita Herodotea* 6, Z. 69–72 Allen (Homeri opera, Vol. 5, Oxford 1912, p. 196). Zur Datierung: W. SCHADEWALDT, Legende von Homer dem fahrenden Sänger, Zürich/Stuttgart 1959, 42f.

[51] Euseb, *Hist. eccl.* III 39,2–4.

[52] HAENCHEN, Das „Wir" (wie Anm. 6), 349f. 353. 356, Anm. 1. 357f. 362; DERS., Apo-stelgeschichte (wie Anm. 2), 97f.; DERS., Acta 27, in: Zeit und Geschichte (FS R. Bultmann), Tübingen 1964, 235–254: 250–254. – Sollte J. JERVELL, Zur Frage der Traditionsgrundlage der Apostelgeschichte, StTh 16 (1962), 25–41 (engl. Übersetzung in: DERS., Luke and the people of God: A New Look at Luke-Acts, Minneapolis [MN] 1972, 19–39), mit seiner – freilich in Auseinandersetzung mit DIBELIUS und HAENCHEN gewonnenen – Überzeugung im Recht sein, daß es insbesondere in den paulinischen Gemeindegründungen „Berichte vom Wirken des Apostels, dem Werden und Leben einer Gemeinde und vom Gang der Mission" (StTh 16, 37) gegeben hat, die dort in Kerygma, Paraklese und Paränese eine Rolle gespielt haben, so wird Lukas natürlich auch an diesen nicht achtlos vorübergegangen sein.

[53] Dagegen schon OVERBECK (wie Anm. 1), XLIV.

[54] Vgl. HAENCHEN (wie Anm. 6), 349f., und die Behandlung von Markus und Q im Lukas-evangelium. Dazu: H. CONZELMANN, Zur Lukasanalyse, ZThK 49 (1952), 16–33; DERS., Die

andere Annahme, daß Lukas das „Wir" in den betreffenden Partien einfach aus Unachtsamkeit stehen gelassen hätte.[55] Ernster nehmen kann man Nordens Überlegung, der Verfasser der Apostelgeschichte habe das „Wir" seiner Quelle, des vom ‚historischen' Lukas stammenden ὑπόμνημα, darum nicht getilgt, weil er sich die „Memoiren des Ezra und Nehemia zum Vorbild genommen habe", wo in erster Person gehaltene Partien ebenso mit Referat in dritter Person wechseln wie in der Apostelgeschichte.[56] Doch Nordens These steht auf schwachen Füßen: Weder wird man zugeben können, „daß das Prinzip der Komposition in den Acta sich von demjenigen in den alttest. Büchern nicht unterscheidet"[57] – hier wird Lukas noch immer mehr als Redaktor denn als Schriftsteller gesehen –, noch mußte Lukas „diese Art von Literatur [sc. Esra-Nehemia] ... näher liegen als alles von hellenischer Geschichtsschreibung".[58] Vor allem aber: Einiges spricht dafür, daß es erst der Verfasser der Apostelgeschichte gewesen ist, der das „Wir" geschaffen hat; in 27,1f.6 ist es jedenfalls kaum ursprünglich, und an anderen Stellen ist es ganz sicher sekundär, so in 16,16f.; 20,7f.; 21,1a.10–14.18.[59]

Wenig schlüssig ist ein weiterer Deutungsversuch des „Wir", der freilich den Vorzug besitzt, daß er nicht von der unfruchtbaren Frage nach den Quellen der Apostelgeschichte, sondern von der Frage nach den Absichten ihres Verfassers ausgeht: Könnte dieser in dem „Wir" nicht vielleicht den „Zeugenanteil" seiner Gewährsleute zur Geltung gebracht[60], d. h. von Fall zu Fall angezeigt haben, wo er auf Augenzeugen zurückgehende Information besaß?[61]

Mitte der Zeit. Studien zur Theologie des Lukas (BHTh 17), Tübingen [5]1964, passim; E. LOHSE, Lukas als Theologe der Heilsgeschichte, EvTh 14 (1954), 256–275: 259f. (= DERS., Die Einheit des Neuen Testaments. Exegetische Studien zur Theologie des Neuen Testaments, Göttingen 1973, 145–164: 148f.); W. GRUNDMANN, Das Evangelium nach Lukas (ThHK 3), Berlin [2]1961, 7–9; T. SCHRAMM, Der Markusstoff bei Lukas. Eine literarkritische und redaktionsgeschichtliche Untersuchung (MSSNTS 14), Cambridge 1971, 4–9.

[55] Vgl. CADBURY, "We" and "I" Passages (wie Anm. 6), 128.

[56] NORDEN (wie Anm. 13), 330. Auf Esra – Nehemia als Parallele zur Apostelgeschichte hatte 1875 auch A. HILGENFELD schon hingewiesen (Historisch-kritische Einleitung in das Neue Testament, Leipzig 1875, 607).

[57] NORDEN (wie Anm. 13), 330.

[58] Ebd. Vgl. dagegen: E. PLÜMACHER, Art. Lukas als griechischer Historiker, PRE.S 14 (1974), 235–264.

[59] Vgl. HAENCHEN, Acta 27 (wie Anm. 52), 251f., DERS., Das „Wir" (wie Anm. 6), 362, und DERS., Apostelgeschichte (wie Anm. 2), 579; CONZELMANN (wie Anm. 11), 100. 125. 130f. (s. aber 150. 156!). Das „Wir" ganz und gar ein Werk des Acta-Verfassers: DIBELIUS (wie Anm. 7), 119; VIELHAUER (wie Anm. 18), 390f.

[60] So gelegentlich DIBELIUS ([wie Anm. 7], 14, Anm. 2), der das „Wir" sonst freilich (ebd. 93 u. ö.) als vom Verfasser der Apostelgeschichte gesetztes Signal deutet, das dem Leser mitteilen soll, wann und wo jener als Begleiter des Paulus fungierte.

[61] C. K. BARRETT, Luke the Historian in Recent Study, London 1961, 22; HAENCHEN, Das „Wir" (wie Anm. 6), 362, und DERS., Apostelgeschichte (wie Anm. 2), 127; vgl. CONZELMANN (wie Anm. 11), 98.

Allerdings hat bisher niemand weitere Belege für eine solche Praxis, besonders zuverlässige, d. h. auf Augenzeugenschaft beruhende Überlieferung derart zu kennzeichnen, beibringen können, so daß die Beweiskraft der Hypothese ganz von ihrer inneren Wahrscheinlichkeit abhängt. Gründe für das lukanische Verfahren bietet überhaupt nur Haenchen an: Einmal, in Kapitel 16, habe Lukas durch die Einführung der ersten Person Plural „einen entscheidenden Augenblick in der paulinischen Mission historisch ... sichern" wollen[62], in Kapitel 20f. und 27f. sei es hingegen sein Ziel gewesen, dem Leser die Gelegenheit zu geben, „sich unmittelbar mit dem Leben des Paulus verbunden fühlen" zu können.[63] Da alles Licht in der Darstellung der Apostelgeschichte auf Paulus allein fallen sollte, habe Lukas das „Wir" jedoch stets verschwinden lassen müssen, wenn jener in den Mittelpunkt des Geschehens gerückt sei, so daß von sämtlichen Lukas möglicherweise von Augenzeugen überlieferten Passagen sich nur die Seereisen, von denen besondere Paulusabenteuer nicht zu berichten waren, für die Einführung eines „Wir" geeignet hätten.[64] Doch abgesehen davon, daß schon die unterschiedliche Deutung desselben Phänomens auf Verlegenheiten des Auslegers schließen läßt, ist sogleich zu fragen, ob die Tatsache, daß das „Wir" einzig bei der Schilderung von Seereisen – natürlich mit deren Anfang und Ende zu Lande – begegnet, von Haenchen hinreichend erklärt wird: Unter dem Gesichtspunkt des Mangels an Paulusabenteuern boten doch auch Landreisen wie z. B. die in 16,4–8 oder 17,1 erzählten genügend Möglichkeiten, hin und wieder ein solches „Wir" wie in 16; 20f.; 27f. einzuführen[65].

Vor allem aber überzeugt nicht, daß Lukas in 16,10–16 beabsichtigt haben sollte, einen zugegebenermaßen bedeutungsvollen Augenblick[66] der paulinischen Mission durch die Andeutung indirekter Augenzeugenschaft zu sichern. Nirgends, wo Lukas sonst solche entscheidenden Momente der Kirchengeschichte schildert, hat er zur Wir-Form gegriffen – vielmehr sind es Reden, mit denen er, nach dem Vorbild antiker Geschichtsschreibung, die Darstellung dieser Wendepunkte des Geschehens auszuzeichnen pflegt[67]; und weitere Gründe, die Lukas an dieser Stelle ähnlich wie den Verfasser des Matthäusevangeliums in Mt 27,62–66; 28,4.11–15[68] dazu veranlaßt haben könnten, die

---

[62] HAENCHEN (wie Anm. 6), 366, vgl. 350, und schon OVERBECK (wie Anm. 1), 256.

[63] HAENCHEN (wie Anm. 6), 366, vgl. 357f.

[64] Ebd. 357, vgl. 366.

[65] Und zumindest für 16,6–8 verfügte Lukas – jedenfalls nach HAENCHEN (wie Anm. 2), 467f. – über gute, von ihm erst verkürzte Tradition, die die Einführung eines „Wir" gerechtfertigt hätte!

[66] Wegen seiner Bedeutung wird die *providentia specialissima* bemüht, ihn herbeizuführen, vgl. 16,6–8.

[67] E. PLÜMACHER, Lukas als hellenistischer Schriftsteller. Studien zur Apostelgeschichte (StUNT 9), Göttingen 1972, 33–38; DERS. (wie Anm. 58), 245–248.

[68] Dazu H. GRASS, Ostergeschehen und Osterberichte, Göttingen ³1964, 23–25.

Zuverlässigkeit der Darstellung durch den Hinweis auf Augenzeugen noch besonders zu betonen, sind nicht bekannt.

Ebensowenig leuchtet ein, daß Lukas in 20f. und 27f. bestrebt gewesen sein sollte, seine Leser durch das „Wir" mit dem Leben des Paulus in unmittelbare Verbindung zu bringen. Paulus ist für Lukas doch, wie Haenchen selbst gesehen hat[69], Repräsentant eines heroischen Zeitalters, des Zeitalters der Apostelschüler, das seine ganz besondere Qualität besitzt, die es mehr oder minder fest mit der in Apg 1–15 beschriebenen unwiederholbaren ἀρχή der Kirche zusammenbindet, von der lukanischen Gegenwart hingegen scharf trennt.[70] Wohin Paulus gehört, hat Lukas gerade in 20,17–38 auch durch stilistische Mittel noch verdeutlicht, indem er ihn in dieser Abschiedsszene, die gleichsam einen letzten Moment der urchristlichen Einheit beschwört, in jenem ehrwürdig-heiligen Septuagintastil sprechen läßt, der für die Reden der Zeugen in der Urzeit kennzeichnend gewesen ist[71]; Gegenwart und Paulus-Epoche werden durch Lukas voneinander distanziert, nicht miteinander verknüpft!

Wieso schließlich die Frage, weshalb der Verfasser der Apostelgeschichte das „Wir" nicht öfter und außerdem auch bei wichtigeren Gelegenheiten eingeführt hat, deshalb „gegenstandslos" sein soll, weil „die antiken Analogien zeigen, daß die Einführung der 1. Person nicht mit der Schilderung von Höhepunkten zusammenzufallen pflegt"[72], ist, zumindest was die Beantwortung der ersten Fragehälfte anlangt, unverständlich. Und Willi Marxsens Überlegung, „ob Lukas das Wir nicht vielleicht ... um ... [der] Lebendigkeit der Darstellung willen geschaffen" haben könnte[73], läßt sogar die ganze Frage ohne Antwort.

Eine auch nur einigermaßen überzeugende Erklärung dafür, warum einzelne Abschnitte der Apostelgeschichte in der ersten Person Plural verfaßt sind, ist also – dies sollte der Überblick über die eher kargen Ergebnisse einer nun bereits länger als ein Jahrhundert währenden wissenschaftlichen Anstrengung gezeigt haben – bislang nicht gefunden. Abgesehen davon, daß durch das „Wir" der Eindruck der Augenzeugenschaft hervorgerufen werden soll und daß der Verfasser der Apostelgeschichte es ist, der diese Augenzeugenschaft – unklar, weshalb – für sich in Anspruch nimmt[74], präsentiert sich der Wir-

---

[69] HAENCHEN, Apostelgeschichte (wie Anm. 2), 109; vgl. NOCK (wie Anm. 19), 498.

[70] Vgl. CONZELMANN, Mitte (wie Anm. 54), 195–199; C. BURCHARD, Der dreizehnte Zeuge. Traditions- und kompositionsgeschichtliche Untersuchungen zu Lukas' Darstellung der Frühzeit des Paulus (FRLANT 103), Göttingen 1970; 176. 180; PLÜMACHER (wie Anm. 67), 67–70.

[71] Ebd., 48–50. 69f.

[72] VIELHAUER, Geschichte (wie Anm. 18), 391; DERS., GGA (wie Anm. 23), 11.

[73] W. MARXSEN, Einleitung in das Neue Testament. Eine Einführung in ihre Probleme, Gütersloh ³1964, 148.

[74] Gegen HAENCHENS Deutung des „Wir" auf Silas und Timotheus (wie Anm. 2, 472) zutreffend CONZELMANN (wie Anm. 11), 6. Gegen KÜMMEL (wie Anm. 3), 146 („dieses ‚wir'

Bericht nach wie vor als ungelöstes Rätsel[75], anscheinend lediglich dazu geeignet, den Exegeten die Auslegung der Apostelgeschichte zu erschweren.[76]

II

Für den folgenden Versuch, das alte Rätsel auf neuen Wegen zu lösen, empfiehlt es sich, zunächst alle Angaben in Erinnerung zu rufen, die sich der Apostelgeschichte selbst zum Problem entnehmen lassen. Als erstes fällt, wie
schon längst bemerkt[77], auf, daß der im „Wir" bezeichnete Personenkreis
denjenigen, um den er gruppiert zu sein scheint – Paulus –, häufig gar nicht
mit einschließt; jedesmal nämlich, wenn der Wir-Bericht endet, wird zwischen Paulus und den „Wir" differenziert, vgl. 16,17: τῷ Παύλῳ καὶ ἡμῖν,
21,18: ὁ Παῦλος σὺν ἡμῖν und 28,16: ὅτε δὲ εἰσήλθομεν εἰς Ῥώμην,
ἐπετράπη τῷ Παύλῳ.[78] Hiermit korrespondiert, daß die Gruppe der Paulusbegleiter mehrfach auch im Verlauf der Handlung deutlich von der Person des
Paulus geschieden erscheint. Eine räumliche Trennung liegt in 20,13f. vor, wo
„Wir" von Troas zur See nach Assos reisen, während Paulus den Landweg
dorthin wählt; in 21,12–14 ist die gegensätzliche Intention das Trennende:
Während „Wir", durch die Zeichenhandlung des Agabus bewegt, versuchen,

---

bleibt ... für den Leser unerklärt"), richtig VIELHAUER (wie Anm. 18), 390: „Jeder unbefan-
gene Leser – und nur mit solchen rechnet der Verfasser – mußte es so verstehen, daß der Erzähler jetzt dabei war."

[75] Vgl. CONZELMANN (wie Anm. 11), 7. J. SCHMID hält es sogar für unlösbar: A. WIKEN-
HAUSER – J. SCHMID, Einleitung in das Neue Testament, Freiburg/Basel/Wien [6]1973, 359.

[76] DIBELIUS, Rez. Beginnings of Christianity, ThLZ 48 (1923), 159–161: 159; SCHMID
(wie Anm. 75), 358. Vgl. CADBURY, "We" and "I" Passages (wie Anm. 6), 128f. – Bekanntlich
verwendet Lukas ein „Wir" bereits im Proömium des Evangeliums (Lk 1,1f.). Dort kann es in
1,1 (ἐν ἡμῖν) eschatologisch gemeint sein und, im Kontext der lukanischen Heilsgeschichte
(hierzu LOHSE [wie Anm. 54], 261–270 bzw. 150–159), die „Generation der Endzeit" bezeichnen (KÜMMEL [wie Anm. 3], 98, Anm. 6; vgl. H. SCHÜRMANN, Das Lukasevangelium.
I. Teil [HThK III/1], Freiburg/Basel/Wien [2]1969, 5.8; anders HAENCHEN (wie Anm. 6), 363,
und H. FLENDER, Heil und Geschichte in der Theologie des Lukas (BEvTh 41), München
1965, 63, Anm. 138: ἐν ἡμῖν = unter uns Menschen, Christen). Dagegen ist das ἡμῖν von Lk
1,2 wohl eher ekklesiologisch nuanciert und umfaßt (nur noch) den Verfasser des Lukasevangeliums und seine Generation (s. KÜMMEL a. a. O.; SCHÜRMANN a. a. O.; FLENDER a. a. O.).
Verbindungslinien zum „Wir" der Apg sehe ich nicht (gegen H. VON CAMPENHAUSEN, Die
Entstehung der christlichen Bibel [BHTh 39], Tübingen 1968, 148f.). Zudem ist umstritten,
ob das Proömium Lk 1,1–4 dem ganzen lukanischen Werk oder nur dessen erstem Buch vor-
ansteht (vgl. KÜMMEL a. a. O., 98, und die ebd. in Anm. 5 genannte Literatur).

[77] CADBURY, "We" and "I" Passages (wie Anm. 6), 129; KÜMMEL (wie Anm. 3), 144;
SCHMID (wie Anm. 75), 358.

[78] An der letztgenannten Stelle besteht freilich kein Zwang, im Sinne dieses Differenzie-
rungsstrebens zu interpretieren (vgl. KÜMMEL [wie Anm. 3], 144, Anm. 83); es liegt jedoch
nahe, 28,16 in Analogie zu den beiden anderen Stellen zu verstehen.

Paulus von der Fortsetzung der Reise nach Jerusalem abzuhalten, beharrt dieser auf seinem Vorhaben. Eine ähnliche Situation malt 27,20ff.: „Wir" gehören hier offenbar mit zu den Mutlosen, die Paulus, der Unverzagte, in V. 21ff. ermuntern muß.[79] Und auch in 16,13f. läßt sich die lukanische Absicht einer Differenzierung zwischen Paulus und den „Wir" spüren; zwar reden hier zunächst „wir" (alle) zu den Frauen, das Herz der Lydia öffnet Gott aber allein τοῖς λαλουμένοις ὑπὸ Παύλου. Das ist typisch für sämtliche Wir-Stücke; sobald das Geschehen in Bewegung gerät, fällt plötzlich alles Licht auf Paulus, *er* steht im Mittelpunkt der Ereignisse, *er* ist es, dem dies oder das widerfährt, *er* handelt, nie die im „Wir" zusammengefaßte Gruppe, deren Mitglieder lediglich als brave Gefolgsleute, bescheiden im Hintergrund, gedacht sind (16,17!). In krassem Gegensatz zu jenen „Ich" oder „Wir", die in den zum Vergleich mit den Wir-Stücken der Apostelgeschichte herangezogenen Passagen – etwa bei Arrian oder Ammian – in Erscheinung treten, haben die lukanischen „Wir" im Rahmen der geschilderten Handlung keinerlei Funktion.[80] All dies hilft freilich zur Lösung des Wir-Problems recht wenig, zeigen sämtliche Beobachtungen doch nur, was Lukas mit den Wir-Passagen jedenfalls *nicht* beabsichtigte: Weder wollte er sich mit ihrer Hilfe in engere Verbindung zu Paulus setzen noch diesem bei der Einführung des „Wir" auch nur das geringste Quentchen Licht stehlen.[81] Einen Abglanz von dem Glorienschein, der Paulus in der Apostelgeschichte so reichlich umgibt, hat Lukas weder für sich selbst noch für die „Wir" erstrebt.

Fragt man schließlich, was sich der Apostelgeschichte hinsichtlich der „Wir" darüber hinaus noch entnehmen läßt, so ist die Antwort denkbar einfach: Sie sind häufig zur See gefahren und haben dabei, wie Kapitel 27 nachdrücklich klarmacht, auch alle die in der Antike aufs höchste gefürchteten Fährnisse solcher Unternehmungen, bis hin zu Seesturm und Schiffbruch, durchlitten.[82] Die auffällige Tatsache, daß sich das „Wir" ausschließlich in

---

[79] Vgl. HAENCHEN (wie Anm. 6), 329, Anm. 3.

[80] Wer deshalb den Sinn der Einführung des „Wir" darin sehen möchte, daß Lukas an den betreffenden Stellen eine geeignete Folie für das Auftreten des Paulus hat schaffen wollen, müßte erklären, 1., warum Lukas diese Spielart einer – zudem ziemlich blassen (vgl. die Folie in 16,23f.!) – ‚Foliierung' des Paulus nicht öfter angewandt hat, und 2., was eine solche Zweckbestimmung der Paulusbegleiter zur Lösung des Wir-Problems beiträgt.

[81] Mit HAENCHEN (wie Anm. 6), 351. 356ff. 361.

[82] Die verhältnismäßig umfangreiche Seefahrtsschilderung in Apg 27 ist also nicht dem lukanischen Streben nach Verwendung literarischer Bildungsmotive zu verdanken. Insofern muß ich mich selbst korrigieren, vgl. Lukas als hellenistischer Schriftsteller (wie Anm. 67), 14f., und Lukas als griechischer Historiker (wie Anm. 58), 243f. – Zu den Gefahren der antiken Seefahrt und den im Zusammenhang mit ihr geäußerten Befürchtungen s. W. KROLL, Art. Schiffahrt, PRE 2A (1923), 408–419: 412–414; D. GRAY, Seewesen (Archaeologia Homerica I G), Göttingen 1974, 12–14. 134f., sowie H. WINDISCH, Der zweite Korintherbrief (KEK 6), Göttingen ⁹1924, 356f.359 (zu 2Kor 11,25f.).

solchen Partien der Apostelgeschichte findet, wo Seereisen geschildert sind[83], legt deshalb die Vermutung nahe, daß zwischen Wir-Form und Schilderung von Seereisen ein Zusammenhang besteht.[84] Wenn es richtig ist, daß in dem „Wir" der Verfasser der Apostelgeschichte selbst spricht – und das wäre auch dann noch der Fall, wenn Lukas das „Wir" nicht, wie allerdings am wahrscheinlichsten, selbst geschaffen, sondern in einer Quelle vorgefunden und mit ihm gearbeitet hätte[85] –, so läßt sich als Konsequenz aus all dem nur der einfache Schluß ziehen, daß Lukas mit der Einführung – bzw. Beibehaltung – des „Wir" nichts anderes beabsichtigt hat, als seinen Lesern sich, den Verfasser der Apostelgeschichte, als weitgereisten, vor allem aber als see-erfahrenen Mann zu präsentieren. Das würde auch erklären, warum das „Wir" in der Apostelgeschichte lediglich so „sporadisch"[86] auftritt: Zur Verwirklichung der lukanischen Absichten war seine Verwendung allein bei der Schilderung von Seereisen förderlich – und an Seereisen hatte Lukas einzig die paulinischen zu schildern.

Lukas wird nun kaum aus dem Grunde so verfahren sein, weil er sich – um an eine Überlegung Franz Dornseiffs anzuknüpfen – eine Möglichkeit schaf-

---

[83] OVERBECK (wie Anm. 1)., XL; CADBURY, "We" and "I" Passages (wie Anm. 6), 128; HAENCHEN (wie Anm. 6), 357; CONZELMANN (wie Anm. 11), 6. 124; KÜMMEL (wie Anm. 3), 144; SCHMID (wie Anm. 75), 357. Lediglich VIELHAUER (wie Anm. 23), 7f., zweifelt den Zusammenhang von „Wir" und Seereisen an und macht Zwischenaufenthalte und Fortsetzung der Reisen von 16,10ff. und 20f. auf dem Lande zum Gegenargument. VIELHAUERS Urteil (vgl. ebd., 8, Anm. 5) ist jedoch durch die Nichteinbeziehung vom Kapitel 27f. beeinträchtigt.

[84] V. K. ROBBINS, dessen erste hier einschlägige Publikation ("The We-Passages in Acts and Ancient Sea Voyages, BR 20 [1975], 5–18; ausführlicher dann in: C. H. Talbert [Hg.], Perspectives on Luke-Acts, Danville [VA]/Edinburgh 1978, 215–242 [By Land and By Sea: The We-Passages and Ancient Sea Voyages]) mir bei Abfassung der vorliegenden Arbeit noch nicht bekannt war, deutet diesen Sachverhalt durch die Annahme, daß Lukas sich in Apg 16; 20f. und 27f. von einer in der griechisch-römischen Literatur weit verbreiteten Gattung ("a distinct genre": Persp. 216) habe beeinflussen lassen, der Seereiseerzählung (Persp. 241), in der die erste Person Plural zu verwenden seinerzeit zur literarischen Konvention gehört habe (Persp. 216f.). Der "impetus" hierzu sei zweifellos ("undoubtedly") soziologischer Natur gewesen: "On a sea voyage a person has accepted a setting with other people, and cooperation among all the members is essential for a successful voyage. Therefore, at the point where the voyage begins, the narration moves to first person plural" (Persp. 216). Ein literarisches ‚Muß' ist die Verwendung der ersten Person Plural in Seereiseerzählungen (die ganz gewiß kein literarisches "genre" dargestellt haben!) indes keineswegs gewesen, da sich hinreichend Texte (nicht nur solche von Historikern, für die ROBBINS zufolge der "third person narrative style" seit Thukydides zum "standard" geworden ist [Persp. 223f.]) finden, die von Seereisen in der dritten Person berichten (s. die Liste bei S. M. PRAEDER, The Narrative Voyage: An Analysis and Interpretation of Acts 27–28, Ph. D. Diss. Berkeley [CA] 1980, 216, und vgl. DIES., The Problem of the First Person Narration in Acts, NT 29 [1987], 193–218: 210–214). Auch Lukian, der in *De mercede conductis* 1 absichtsvoll alle typischen Elemente der Seereiseschilderung kurz zusammenfaßt, hat die erste Person Plural hier nicht benutzt.

[85] Dazu oben S. 86–90.

[86] KÜMMEL (wie Anm. 3), 151; vgl. TROCMÉ (wie Anm. 1), 143.

fen wollte, seine Apostelgeschichte „an griechische Ich-Reiseerzählungen, wenn nicht gar an die Odyssee selber anklingen" zu lassen.[87] Dornseiffs Begründung, Lukas habe ja auch an anderer Stelle Wert darauf gelegt, auf griechische Dichtung anzuspielen[88], ist spätestens hinfällig, seit Alfred Vögeli wohl ein für allemal gezeigt hat, daß in der Apostelgeschichte nirgends, selbst in 26,14 nicht, Anklänge an Euripides' *Bakchen* 794f., sondern lediglich allgemein verbreitete Bildungsmotive vorliegen[89], wie sie Lukas auch sonst gerne benutzt hat.[90] Günter Glockmann hat zudem die Irrelevanz von Homers Werk für das gesamte Neue Testament nachgewiesen.[91]

Dennoch lohnt es sich, Dornseiffs Hinweis auf eine mögliche Fernwirkung Homers bis in die Apostelgeschichte hinein aufzunehmen; freilich wird der Bereich, aus dem Licht auf die rätselhaften Wir-Stücke der Apostelgeschichte fallen kann, nicht das alte Epos, sondern die griechische Geschichtsschreibung sein, die jedoch dem Epos und insbesondere Homer bis in die hellenistische und römische Zeit hinein stets verbunden geblieben ist.[92]

---

[87] F. DORNSEIFF, Lukas der Schriftsteller. Mit einem Anhang: Josephus und Tacitus, ZNW 35 (1936), 129–155: 137; vgl. NORDEN (wie Anm. 13), 34.

[88] DORNSEIFF (wie Anm. 87), 137f.

[89] A. VÖGELI, Lukas und Euripides, ThZ 9 (1953), 415–438.

[90] PLÜMACHER (wie Anm. 67), 12–15.

[91] G. GLOCKMANN, Homer in der frühchristlichen Literatur bis Justinus (TU 105), Berlin 1968, 50–65. – Daß Homer, die „Bibel der Griechen" (vgl. ebd. 20), den neutestamentlichen Schriftstellern deswegen gänzlich unbekannt gewesen sein sollte, nimmt GLOCKMANN, ebd., 65, freilich nicht an; dies ist angesichts der überragenden Stellung Homers in der antiken Schule auch unwahrscheinlich: „Die Kinder lernten am Text der Odyssee das Lesen. Und sie lernten später Hunderte, vielleicht Tausende von Versen auswendig, so daß man mit Sicherheit erwarten darf, daß jeder Leser jede Anspielung auf einen homerischen Vers oder auf eine homerische Situation versteht" (H. DÖRRIE, Zur Methodik antiker Exegese, ZNW 65 [1974], 121–138: 122). Vgl. weiter M. P. NILSSON, Die hellenistische Schule, München 1955, 15f.; H.-I. MARROU, Geschichte der Erziehung im klassischen Altertum, Freiburg i. Br./München 1957, 238f.; GLOCKMANN, a. a. O., 17–44 (zur Wirkungsgeschichte Homers in der Antike allgemein); R. A. PACK, The Greek and Latin Literary Texts from Greco-Roman Egypt, Ann Arbor [MI] [2]1965, 49–72 (= Nr. 552–1232; Homerpapyri); M. HENGEL, Judentum und Hellenismus. Studien zu ihrer Begegnung unter besonderer Berücksichtigung Palästinas bis zur Mitte des 2. Jh.s v. Chr. (WUNT 10), Tübingen [2]1973, 139f. (Homer im Judentum).

[92] Siehe F. W. WALBANK, History and Tragedy, Hist. 9 (1960), 216–234: 221f. 227; H. STRASBURGER, Homer und die Geschichtsschreibung (SHAW.PH 1972,1), Heidelberg 1972, passim; DERS., Die Wesensbestimmung der Geschichte durch die antike Geschichtsschreibung (SbWGF 5 [1966], H. 3), Wiesbaden [3]1975, 24–30 (24f.: zu Thukydides); M. GRANT, Klassiker der antiken Geschichtsschreibung, München 1973, 32. 42f. (zu Herodot; hierzu auch M. POHLENZ, Herodot. Der erste Geschichtsschreiber des Abendlandes, Darmstadt [3]1973, 3. 9.). Vgl. außerdem das oben S. 92f. zur Homerlegende Gesagte. – W. B. STANFORD, The Ulysses Theme. A Study in the Adaptability of a Traditional Hero, Ann Arbor [MI] [2]1968, geht auf die Geschichtsschreibung leider nicht ein.

III

Die griechischen und römischen Historiker haben die Qualität, selbst Augenzeuge (αὐτόπτης) für das, was man schildern wollte, gewesen zu sein, überaus hoch bewertet. Das ist oben bereits kurz angeklungen[93] und geht schon daraus hervor, daß sogar jene Historiker, die über eigene Augenzeugenschaft nicht oder nur in geringem Maße verfügen konnten, dennoch häufig genug deren Unentbehrlichkeit für jeden Historiker betont haben.[94] Und wo man die zu schildernden πράγματα nicht selbst erlebt hatte, war man, der allgemein anerkannten historiographischen Theorie folgend, doch wenigstens bestrebt, sich der Autopsie anderer zu versichern[95] – ganz so, wie sich ja auch Lukas für das, was er zu schildern gedachte, in Lk 1,2 auf die ἀπ' ἀρχῆς αὐτόπται berufen hat. Autopsie war freilich nicht das einzige, was diese historiographische Doktrin dem Geschichtsschreiber abverlangte; darüber hinaus sollte er auch über ἐμπειρία und αὐτοπάθεια verfügen, über praktische Erfahrung, die ihn gelehrt haben sollte, wovon er sprach, wenn er beispielsweise von Schlachten zu berichten oder über (innen)politische Auseinandersetzungen zu handeln hatte[96], denn, so Polybios: ὑπὲρ ὧν ὁ μὲν ἄπειρος οὔτ' ἀνακρῖναι τοὺς παραγεγονότας ἱκανός ἐστιν οὔτε συμπαρὼν γνῶναι τὸ γινόμενον ἀλλὰ κἂν παρῇ, τρόπον τινὰ παρὼν οὐ πάρεστιν, wer über einschlägige Erfahrungen nicht verfügt, ist weder in der Lage, ἀνακρίσεις zu führen, noch imstande, Selbsterlebtes angemessen zu verstehen; „er wäre anwesend so gut wie abwesend".[97] Die Schilderung des Historikers müsse deshalb, so schließt sich Polybios an anderer Stelle dem Urteil von Vorgängern an, derart beschaffen sein, daß man durch sie, sobald die Rede auf das entsprechende Thema komme, geradezu gezwungen werde anzunehmen, der Autor habe einmal im politischen Leben gestanden, Kriege mitgemacht und Gefahren ertragen, oder auch Kinder erzogen und eine Ehe geführt, kurz, in allen möglichen Lebensbereichen gründliche Erfahrungen gesammelt (πεῖραν ἔσχηκε). Zu solcher Schilderung seien freilich allein diejenigen fähig, „die selbst etwas erlebt und

---

[93] S. 91.

[94] Ephoros: FGrHist 70, F 110 (= Polybios XII 27,7; dazu AVENARIUS [wie Anm. 31], 38); Lukian, *Hist. conscr.* 29 und *Ver. hist.* I 4 (Parodie dieses Topos); H. PETER, Wahrheit und Kunst. Geschichtsschreibung und Plagiat im klassischen Altertum, Leipzig/Berlin 1911 (Repr. Hildesheim 1965), 425f.

[95] Vgl. die bei AVENARIUS (wie Anm. 31), 78f. genannten Belege.

[96] Das überragende Gewicht, das gerade diese beiden Themenkreise bei fast allen griechischen und römischen Historikern haben (s. nur Tacitus, *Ann.* IV 32!), ist nicht zufällig, sondern geht auf die Wesensbestimmung der Geschichte als Ereignisgeschichte, als „politische Geschichte mit überwältigender Praeponderanz der Kriegsgeschichte" durch Thukydides zurück: STRASBURGER, Wesensbestimmung (wie Anm. 92), 19.

[97] XII 28a,10 (Übersetzung H. DREXLER); vgl. XII 17–22 (bes. 22,5–7). 25f,3–5. 25g,1. 28,2–5. 28a,8f.

auf diesem Wege geschichtliches Verständnis gewonnen" hätten (οἱ δι' αὐτῶν πεπορευμένοι τῶν πραγμάτων καὶ τοῦτο τὸ μέρος περιπεποιη-μένοι τῆς ἱστορίας).[98]

In der Beschreibung des Erlebnishorizontes, über den der Historiker zur rechten Ausübung seines Berufes verfügen muß, spielt nun auch die Mahnung eine erhebliche Rolle, daß er kein Büchergelehrter (βυβλιακός)[99] und Stubenhocker (κατοικίδιος)[100] sein dürfe. Deshalb kann Polybios Timaios vorwerfen, sein Leben an nur einem einzigen Ort verbracht zu haben, καὶ σχεδὸν ὡς εἰ κατὰ πρόθεσιν ἀπειπάμενος καὶ τὴν ἐνεργητικὴν τὴν περὶ τὰς πολεμικὰς καὶ πολιτικὰς πράξεις καὶ τὴν ἐκ τῆς πλάνης καὶ θέας αὐτοπάθειαν, d. h. auf aus Reisen und Betrachten resultierende Erfahrung verzichtet zu haben[101], und deshalb auch gießt Lukian seinen ganzen Spott über jenen armen Historiker aus, der sich zwar in seinem Proömium zu großen Worten verstiegen, seine Heimat Korinth jedoch nie verlassen hat, οὐδὲ τὸν ἕτερον πόδα ἐκ Κορίνθου πώποτε προβεβηκὼς οὐδ' ἄχρι Κεγχρεῶν ἀποδημήσας.[102] Als echter Historiker konnte demnach nur gelten, wer den Gefahren des Reisens sich auszusetzen und die Welt kennenzulernen bereit gewesen war, kurz, wer sich nach Möglichkeit bemüht hatte, ein zweiter Odysseus zu sein. Verwundern kann dies nicht, denn die Gestalt dessen, der πολλῶν δ' ἀνθρώπων ἴδεν ἄστεα καὶ νόον ἔγνω (*Od.* I 3), ist in der griechischen Historiographie von Anfang an und fast allgemein als den Geschichtsschreiber verpflichtendes Leitbild begriffen worden, dem es in Wirklichkeit oder auch nur gemimt nachzueifern galt.[103] Diese Verbundenheit mit dem homerischen Helden bezeugt bereits Herodot; obwohl er weiträumige Länder wie Ägypten, Babylonien oder Skythien zu beschreiben hatte, gibt er doch, um seine Worte an den Wortlaut des eben zitierten Odysseeverses anklingen lassen zu können, als Ziel seiner Historien an, σμικρὰ καὶ μεγάλα ἄστεα ἀνθρώπων schildern zu wollen.[104] Und nicht weniger hat später selbst einem

---

[98] XII 25h,5f. (Übersetzung DREXLER; vgl. F. W. WALBANK, A Historical Commentary on Polybius, Vol. 2, Oxford 1967, 396f.). – Entsprechendes liest man schon bei Theopomp, FGrHist 115, F 342 (= Polybios XII 27,8f.): ὁ δὲ Θεόπομπος τοῦτον μὲν ἄριστον ἐν τοῖς πολεμικοῖς [sc. φησὶν] τὸν πλείστοις κινδύνοις παρατετευχότα, τοῦτον δὲ δυνατώτατον ἐν λόγῳ τὸν πλείστων μετεσχηκότα πολιτικῶν ἀγώνων. τὸν αὐτὸν δὲ τρόπον συμβαίνειν ἐπ' ἰατρικῆς καὶ κυβερνητικῆς. Ebenso Lukian, *Hist. conscr.* 37. Vgl. AVENARIUS (wie Anm. 31), 35–40; H. HOMEYER, Lukian. Wie man Geschichte schreiben soll, hg., übers. und erl., München 1965, 243.

[99] Polybios XII 25g,2; 25h,3 (βυβλιακὴ ἕξις); dazu K. MEISTER, Historische Kritik bei Polybios (Palingenesia 9), Wiesbaden 1975, 44–48.

[100] Lukian, *Hist. conscr.* 37.

[101] XII 28,5f.; vgl. 25h,1f.

[102] *Hist. conscr.* 29.

[103] STRASBURGER, Homer (wie Anm. 92), 40f.

[104] I 5; vgl. POHLENZ (wie Anm. 92), 9.

Kompilator wie Diodor[105] daran gelegen, sich mit seiner Historischen Bibliothek als Odysseus-Nachfolger zu präsentieren; den Odysseevers, auf den Herodot angespielt hatte, zitiert er in seinem Hauptproömium wörtlich.[106]

Am klarsten äußert sich in diesem Zusammenhang Polybios. In jenen, der
Auseinandersetzung mit Timaios, dem vermeintlichen[107] Buchgelehrten, gewidmeten und hier schon häufiger herangezogenen Passagen über Theorie und
Praxis der Geschichtsschreibung weist er in aller Schroffheit auf die ver-
pflichtende Vorbildhaftigkeit der Gestalt des Odysseus (τὸ τοῦ Ὀδυσσέως
πρόσωπον) für jeden Geschichtsschreiber hin: δοκεῖ δέ μοι καὶ τὸ τῆς
ἱστορίας πρόσχημα τοιοῦτον ἄνδρα ζητεῖν – die Aufgabe der Geschichtsschreibung erfordert einen Mann von den Qualitäten des Odysseus.[108] Welche
der mannigfaltigen Qualitäten des „Vielgewandten" sind es aber, die dem
Historiker ebenfalls eignen sollen? Auch hierüber gibt Polybios mit aller nur
wünschenswerten Deutlichkeit Auskunft. Denn unmittelbar, bevor er sein
Fazit δοκεῖ δέ μοι κτλ. zieht, zitiert er, im Anschluß an ein Referat von
Theopomps Bemerkungen über den Wert der praktischen Erfahrung für den
Historiker, die Eingangsverse der Odyssee; dabei schließt er interessanterwei-
se nicht mit dem auch bei Herodot schon und später dann bei Diodor Odysseusmimesis signalisierenden Vers 3 ab, sondern fährt noch bis Vers 4: πολλὰ
δ’ ὅ γ’ ἐν πόντῳ πάθεν ἄλγεα ὃν κατὰ θυμόν fort und fügt diesem – ver-
deutlichend, worauf es ihm bei seinem Odysseusbild ankam – noch einen
inhaltlich ähnlichen Vers aus Buch VIII hinzu: ἀνδρῶν τε πτολέμους
ἀλεγεινά τε κύματα πείρων.[109] Polybios geht es hier also weniger um den
listigen Städteeroberer – bezeichnenderweise hat er *Od.* I 2b: ἐπεὶ Τροίης
ἱερὸν πτολίεθρον ἔπερσε aus seinem Zitat fortgelassen –, auch nicht einfach nur um einen Weit- und Vielgereisten, sondern um den Seefahrer, den

---

[105] E. Schwartz, Art. Diodoros von Argyrion, PRE 5 (1905), 663–704: 663 (= ders.,
Griechische Geschichtsschreiber, Leipzig 1957, 35–97: 35); A. Burton, Diodorus Siculus.
Book 1 (EPRO 29), Leiden 1972, 1. 33f. 38f.

[106] I 1,2; vgl. I 4,1. Da in Diodors Proömium „fast nur Gemeinplätze über den Nutzen der
Geschichtsschreibung, die bei jedem Historiker nachzulesen waren und sicherlich auch im
Rhetorikunterricht eine Rolle spielten", stehen (M. Kunz, Zur Beurteilung der Prooemien in
Diodors historischer Bibliothek, Diss. phil. I, Zürich 1935, 73), spricht einiges für die Mög-
lichkeit, daß die Beschwörung der Gestalt des Odysseus als Vorbild für den Historiker später
ebenfalls zu einem Topos des Rhetorikunterrichts geworden ist.
Sind im Zusammenhang der Odysseusmimesis auch Ephoros, Theopomp (FGrHist 115,
T 20; F 342) und Strabo (vgl. I 2,4f.; II 5,11) zu nennen? Siehe C. Wunderer, Polybios-
Forschungen II. Citate und geflügelte Worte bei Polybios, Leipzig 1901, 32; Strasburger,
Homer (wie Anm. 92), 41, Anm. 131.

[107] Vgl. Meister (wie Anm. 99), 47f.

[108] XII 27,10; 28,1.

[109] *Od.* VIII 183; Polybios XII 27,8–11.

von Poseidon hart Geprüften.[110] Ihn empfiehlt er allen, die ernsthafte Jünger Klios werden wollen, als unbedingt zu beachtendes Vorbild; gleich Odysseus „Gischt und Wogenschwall"[111] ertragen zu haben, sollte für jeden Historiker, der diese Bezeichnung wirklich verdiente, unumgängliche Verpflichtung sein.

Wie aber die Odysseusmimesis der Historiographie überhaupt älter ist als Polybios, so ist auch die Forderung, daß echtes Historikertum mit odysseeischer Seebefahrenheit verbunden sein müsse, keineswegs eine Erfindung des Polybios, sondern eine im Hellenismus weit verbreitete Überzeugung: Nur so läßt sich erklären, wie Plautus auf Verständnis rechnen konnte, wenn er in den – wie alle seine Komödien auf einem griechischen Original basierenden[112] – *Menaechmen* Messenio seinen noch immer vergeblich auf der Suche nach dem verschollenen Bruder befindlichen Herrn fragen lassen kann:

> *hic annus sextust postquam ei rei operam damus.*
> *Histros, Hispanos, Massiliensis, Hilurios,*
> *mare superum omne Graeciamque exoticam*
> *orasque Italicas omnis, qua adgreditur mare,*
> *sumus circumvecti . . .*
> *. . . quin nos hinc domum*
> *redimus, nisi si historiam scripturi sumus?*

> Das sechste Jahr verstrich mit dieser Mühe.
> Wir haben Istrien, Illyrien,
> Massilien und Spanien, wir haben
> Das ganze Obermeer, die ganze Küste
> Italiens und Griechenlands umschifft,
> Wo irgend nur das Meer den Strand beleckt.
> . . .
> Laß uns nach Hause kehren. Oder willst du
> Geschichte schreiben?[113]

---

[110] An ihn denkt Polybios wohl auch in XII 25i,1, wenn er dem Historiker „den Dichter" (ὁ ποιητής = Homer, s. Liddell – Scott, s. v.; GLOCKMANN [wie Anm. 91], 19, Anm. 2) ganz allgemein als das Muster empfiehlt, dem es nachzustreben gelte, s. WUNDERER (wie Anm. 106), 33. Dagegen sind die Helden der Ilias, darunter auch der Krieger Odysseus, bei Polybios fast völlig aus dem Blickfeld geraten (WUNDERER, ebd.); angesichts der unermeßlich großen Bewunderung des gesamten klassischen Altertums z. B. für Achill (vgl. STRASBURGER, Homer [wie Anm. 92], 41–43) ist das einigermaßen erstaunlich.

[111] *Od.* XII 219.

[112] Vgl. M. SCHANZ – C. HOSIUS, Geschichte der römischen Literatur bis zum Gesetzgebungswerk des Kaisers Justinian, I (HAW VIII/1), München [4]1927, 65. 76, und W. STEIDLE, Zur Komposition von Plautus' Menaechmi, RMP.NF 114 (1971), 247–261.

[113] 234–238. 247f. E. R. LEANDER, dem obige Übersetzung verdankt wird, übersetzt *historia* allerdings mit „Länderkunde", nicht mit „Geschichte". *Historiam (con)scribere* meint jedoch in der Regel die Geschichtsschreibung, vgl. die Belege ThLL VI/3, 2837f.

Durchaus Geschichte schreiben wollte allerdings Homer, zumindest nach Ansicht der frühhellenistischen Homerlegende. So ist es nur folgerichtig, wenn diese den Dichter dort, wo sie ihn als Historiker schildert[114], nicht bloß auf Reisen schickt, sondern ihn seiner Historikerpflicht auf See nachkommen läßt: ἐναυτίλλετο formuliert die *Vita Herodotea* (c. 6) gewiß nicht zufällig.

Daß die Vorstellung, ein Historiker müsse unbedingt über Erfahrungen im Reisen zur See verfügen, auch in der Kaiserzeit noch recht lebendig gewesen ist, bezeugt Lukians zwischen 166 und 168 entstandene Diatribe Πῶς δεῖ ἱστορίαν συγγράφειν, für die Theorie der antiken Geschichtsschreibung neben Polybios die einzige Quelle von Rang[115] und zudem ein Spiegelbild der am meisten verbreiteten einschlägigen Ansichten.[116] In der Einleitung zu dieser – von Polybios jedenfalls nicht direkt abhängigen[117] – Schrift betont Lukian ausdrücklich (c. 4), daß er seinerseits durchaus nicht beabsichtige, Geschichte zu schreiben, sondern lediglich den Geschichtsschreibern ein wenig Anleitung und einige Winke geben wolle (παραίνεσιν δέ τινα μικρὰν καὶ ὑποθήκας ταύτας ὀλίγας ὑποθήσομαι τοῖς συγγράφουσιν). Weil er nun aber allein dies beabsichtigt, und keineswegs selbst Historiker sein will, hat er es im Unterschied etwa zu Polybios[118] auch nicht im geringsten nötig, sich von „‚Gischt und Wogenschwall‘ und Sorgen, wie sie einen Geschichtsschreiber bedrängen“, behelligen zu lassen: ‘τούτου μὲν καπνοῦ καὶ κύματος’[119] καὶ φροντίδων, ὅσαι τῷ συγγραφεῖ ἔνεισιν, ἀνέξω ἐμαυτὸν εὖ ποιῶν.[120] Dafür muß allerdings der als (Pseudo-)Historiker stilisierte[121] Erzähler in den *Verae historiae* Lukians nicht nur beispiellose Seeabenteuer erleben[122], sondern zudem noch ein ganz und gar der Odyssee nachempfundenes Schicksal auf sich nehmen, wie es ihm Rhadamanthys in II 27 enthüllt hat: Lange Irrfahrt und vielerlei Gefahr, manches Leid und häufige Bekanntschaft mit fremden Völkerschaften werden seiner Heimkehr vorausgehen (ὁ δὲ ἔφασκεν ἀφίξεσθαι μὲν εἰς τὴν πατρίδα πολλὰ πρότερον πλανηθέντα καὶ κινδυνεύσαντα … πολλὰ παθὼν καὶ ποικίλα ἔθνη διελθὼν … ἥξεις εἰς τὴν ἑτέραν ἤπειρον [= τὴν πατρίδα]).

---

[114] Vgl. oben S. 92f.

[115] ZIEGLER (wie Anm. 39), 1500f. Zu Gattung und Datierung: HOMEYER (wie Anm. 98), 11–29.

[116] AVENARIUS (wie Anm. 31), 165.

[117] HOMEYER (wie Anm. 98), 33, Anm. 48.

[118] Vgl. III 59,7; Pausanias VIII 30,8; F. W. WALBANK, Polybius (Sather Classical Lectures 42), Berkeley/Los Angeles/London 1972, 52; GRANT (wie Anm. 92), 126f. 140.

[119] *Od.* XII 219.

[120] Dies vor Augen, versteht man auch genauer, worin das Ätzende von Lukians Kritik an jenem Historiker liegt, dem er vorwirft, nicht einmal in den *Hafen* seiner Heimatstadt gelangt zu sein, s. o. S. 101.

[121] I 4; II 31; vgl. R. HELM, Art. Lukianos der Satiriker, PRE 13 (1927), 1725–1777: 1763.

[122] I 6. 9f. 28–31; II 2–4 u. ö.

IV

Blickt man nun von der hellenistischen Geschichtsschreibung zurück zu den Wir-Stücken der Apostelgeschichte, so erweist sich das Ergebnis, zu dem die Überlegungen hinsichtlich Sinn und Zweck jener Passagen geführt hatten – daß nämlich der Verfasser der Apostelgeschichte durch Benutzung der ersten Person Plural bei der Schilderung der paulinischen Seereisen beabsichtigt haben sollte, auf seine Eigenschaft als erprobter Seefahrer aufmerksam zu machen –, als durchaus sinnvoll und angemessen. Lukas, um Anschluß an die hellenistische Literatur eifrig bemüht und selbst Historiker[123], hat hier nichts anderes versucht, als erkennen zu lassen, wie gut er bestimmte, den Erfahrungsbereich des Geschichtsschreibers betreffende Forderungen, die in der hellenistischen Geschichtsschreibung an die Person eines jeden ernsthaften Historikers gestellt wurden und die, wie insbesondere das Zeugnis Lukians, Spiegel nur äußerst gängiger Anschauungen, beweist, weit verbreitet waren, auch für seine Person erfüllen konnte. Ob Lukas allerdings bewußt gewesen ist, daß er sich damit zugleich in eine alte Tradition der historiographischen Mimesis eines homerischen Helden hineinstellte, scheint zumindest fraglich[124]; nur dies ist gewiß, daß es ihm darum ging, einen von ihm offenbar als verpflichtend angesehenen Grundsatz der hellenistischen Historiographie zu befolgen.

Aus welchen Quellen dessen Kenntnis zu ihm gelangt sein mag, läßt sich freilich kaum mehr feststellen. Sollten die zahlreichen, aber bis auf den Titel sämtlich verlorenen Schriften Περὶ ἱστορίας[125], analog zu Lukians Diatribe und wohl auch Plutarchs nicht erhaltener Abhandlung Πῶς κρινοῦμεν τὴν ἀληθῆ ἱστορίαν[126], Fragen der Geschichtsschreibung behandelt haben[127], so könnte eine von ihnen als Vermittlerin des oben behandelten historiographi-

---

[123] Vgl. M. DIBELIUS, Der erste christliche Historiker, in: DERS. (wie Anm. 7), 108–119; PLÜMACHER (wie Anm. 67), 9–31; DERS. (wie Anm. 58), 235–264; VIELHAUER (wie Anm. 18), 367f.

[124] Doch s. immerhin die von F. BLASS, Acta apostolorum sive Lucae ad Theophilum liber alter. Editio philologica, Göttingen 1895, 282, in Apg 27,41 beobachteten Anklänge an *Od.* IX 148. 546, und vgl. dazu HAENCHEN (wie Anm. 2), 677, Anm. 6, sowie oben Anm. 91.

[125] U. a. von Theophrast (Diogenes Laertius V 47), Praxiphanes (Marcellinus, *Vita Thucydidis* 29), Caecilius von Kaleakte (FGrHist 183, T 1; F 2) und Metrodor von Skepsis (FGrHist 184, F 2).

[126] Nr. 124 im sog. Lampriaskatalog der Schriften Plutarchs; s. K. ZIEGLER, Art. Plutarchos von Chaironeia, PRE 21 (1952), 636–962: 699.

[127] F. WEHRLI, Die Geschichtsschreibung im Lichte der antiken Theorie, in: Eumusia (FS E. Howald), Zürich 1947, 54–71: 70f. (= DERS., Theoria und Humanitas. Gesammelte Schriften zur antiken Gedankenwelt, Zürich/München 1972, 132–144: 143f.); anders AVENARIUS (wie Anm. 31), 171–173 (vgl. dazu aber F. W. WALBANK, Rez. Avenarius, Gn. 29 [1957], 416–419: 418f.), und R. ZOEPFFEL, Historia und Geschichte bei Aristoteles (AHAW.PH 1975,2), Heidelberg 1975, 34–36.

schen Grundsatzes an Lukas in Betracht kommen. Andererseits haben historiographische Themen einschließlich solcher über historiographische Theorie
und Methode auch im Rhetorikunterricht der Zeit bzw. in entsprechenden
Handbüchern eine erhebliche Rolle gespielt.[128] Schließlich ließe sich vorstel-
len, daß Lukas die einschlägigen Kenntnisse durch seine Historikerlektüre
erworben hat; damit wäre der wohl wahrscheinlichste Weg angedeutet, auf
dem der Verfasser der Apostelgeschichte – wie intensiv, sei dahingestellt –
mit griechischer Geschichtsschreibung und ihren Theorien in Berührung gekommen sein kann. Allerdings hat er sich – hierin Lukian gleichend[129] – recht
Verschiedenartiges, wenn nicht gar Widersprüchliches zu eigen gemacht.
Während er mit seiner an anderer Stelle beschriebenen Benutzung des dramatischen Episodenstils ganz in der Tradition der tragisch-pathetischen Historiographie steht[130], hat er sich durch sein in den Wir-Stücken zum Ausdruck
kommendes Streben nach Befolgung des Grundsatzes, daß ein Geschichtsschreiber ein erhebliches Maß von ἐμπειρία bzw. αὐτοπάθεια erkennen
lassen müsse, einer Überzeugung angeschlossen, die in erster Linie in der
pragmatischen Geschichtsschreibung zu Hause gewesen ist. Doch dergleichen
war in der antiken Historiographie nichts Ungewöhnliches. Den Alexanderhistoriker Kleitarch etwa hat bereits Cicero des *rhetorice et tragice ornare*
geziehen, also einer Darstellungsweise, die rhetorischen Glanz mit dramatischer Erzählweise zu verbinden suchte.[131] Entsprechendes läßt sich auch vom
Verfasser des 2. Makkabäerbuches sagen. Der Wille zu dramatischer Gestaltung des Stoffes im Sinne der tragisch-pathetischen Historiographie findet
sich bei ihm ebenso wie das Streben nach einem rhetorischen Ansprüchen
genügenden Stil.[132] Aus der Polemik des Polybios gegen Phylarch ist zu ersehen, wie feindlich sich pragmatische und tragisch-pathetische Geschichtsschreibung gegenüberstehen konnten[133]; der ‚Thukydideer‘ Sallust hingegen
hat sich sehr wohl auch von der tragisch-pathetischen Geschichtsschreibung
beeinflussen lassen[134]. Mit der Wahl von Vorbildern aus unterschiedlichen
historiographischen Richtungen befindet sich Lukas also in guter Gesellschaft.

Abschließend sei noch das Folgende bemerkt: Bei aller Abhängigkeit von
der griechisch-römischen Geschichtsschreibung ist Lukas jedoch weithin seine eigenen Wege gegangen. Das zeigt sich z. B. in der Art und Weise, in der
er sich von dem unter seinen schriftstellernden Zeitgenossen fast allgegen-

---

[128] Siehe AVENARIUS (wie Anm. 31), 173–177; vgl. HOMEYER (wie Anm. 98), 61.

[129] Vgl. AVENARIUS (wie Anm. 31), 166–170.

[130] Siehe PLÜMACHER (wie Anm. 58), 255–261.

[131] Cicero, *Brut.* 43 (= FGrHist 137, F 34); vgl. *Brut.* 42 (= FGrHist 137, T 7).

[132] Siehe H. CANCIK, Mythische und historische Wahrheit. Interpretationen zu Texten der
hethitischen, biblischen und griechischen Historiographie (SBS 48), Stuttgart 1970, 108–124.

[133] II 56,7–13; dazu AVENARIUS (wie Anm. 31), 132–134.

[134] W. AVENARIUS, Die griechischen Vorbilder des Sallust, SO 33 (1957), 48–86: 49–59.

wärtigen Klassizismus hat anregen lassen. Lukas trennt zwischen Methode und Gegenstand der literarischen Imitation. Er imitiert *wie* die griechischen und römischen Klassizisten, aber nicht, *was* jene nachahmen – den Stil der attischen bzw. altrömischen Literatur –, sondern die Sprachweise der Septuaginta.[135] Entsprechendes ist auch hinsichtlich seiner Erfüllung des aus der hellenistischen Historiographie stammenden Gebots, ein Historiker müsse im Blick auf Seereisen über αὐτοπάθεια verfügen, der Fall. Seinen Anspruch, über solche zu verfügen, hat er jedoch nicht expressis verbis angemeldet, sondern sich dazu schriftstellerischer Mittel – eben des „Wir" – bedient. Wenn es hierfür keinerlei Vorbilder gibt, an denen sich Lukas hätte orientieren können, dann zeigt dies einmal mehr, daß der erste christliche Historiker ein höchst origineller Kopf gewesen ist.

Nachtrag

Das Interesse der neutestamentlichen Forschung an den Wir-Stücken der Apostelgeschichte und insbesondere an Apg 27 hat in den zweieinhalb Jahrzehnten, die seit Erscheinen des oben wiederabgedruckten Aufsatzes verstrichen sind, noch erheblich zugenommen. Eine allgemein akzeptierte Lösung für die mit diesen Passagen verbundenen Probleme ist freilich nicht in Sicht. Favorisiert werden drei Lösungsmodelle, wenngleich sich natürlich nicht alle Äußerungen zur Sache einem dieser Modelle zuordnen lassen und solcher Zuordnung, wo sie möglich scheint, häufig etwas allzu Schematisches anhaftet. Entweder hält man das „Wir" auch weiterhin für eine literarische Fiktion bzw. ein Stilmittel des Acta-Verfassers (so z. B. Robbins, Wehnert, MacDonald) oder betrachtet es als Relikt einer literarischen Quelle, die auf Augenzeugen zurückgeht (so z. B. Koch, Porter, Wedderburn), oder sieht in ihm den Hinweis auf die Augenzeugenschaft des Lukas selbst (so z. B. Hemer, Thornton).

Die wichtigsten seit 1977 zum Thema erschienenen Arbeiten sind in der unten folgenden Bibliographie zusammengestellt; sie enthält auch solche Publikationen, die schon vor 1977 erschienen, mir aber erst nach Abschluß meines Aufsatzes bekannt geworden sind. Die Fülle der seither erschienenen Literatur und mehr noch deren Aspektreichtum – weniger freundlich könnte man hier allerdings auch von äußerster Disparität sprechen – machte es bis auf wenige Ausnahmen unmöglich, sie in meinen Aufsatz einzuarbeiten. Wer sich über den Fortgang der Diskussion über die Wir-Stücke sowie angrenzende Probleme orientieren möchte, sei deshalb auf die nachstehende Bibliographie verwiesen.

---

[135] Plümacher (wie Anm. 58), 250–255.

J.-N. ALETTI, Le naufrage d'Actes 27. Mort symbolique de Paul?, in: A. Marchadour (Hg.), L'Évangile exploré (FS S. Légasse), Paris 1996, 375–392. – L. ALEXANDER, "In Journeyings Often": Voyaging in the Acts of the Apostles and in Greek Romance, in: C. M. Tuckett (Hg.), Luke's Literary Achievement: Collected Essays (JSNT.S 116), Sheffield 1995, 17–49. – C. K. BARRETT, Paul Shipwrecked, in: B. P. Thompson (Hg.), Scripture: Meaning and Method (FS A. T. Hanson), Hull 1987, 51–64. – W. BINDEMANN, Verkündigter Verkündiger. Das Paulusbild der Wir-Stücke in der Apostelgeschichte: Seine Aufnahme und Bearbeitung durch Lukas, ThLZ 114 (1989), 705–720. – V. FUSCO, Le sezioni-noi degli Atti nella discussione recente, BeO 25 (1983), 73–86. – J. M. GILCHRIST, The Historicity of Paul's Shipwreck, JSNT 61 (1996), 29–51. – C. J. HEMER, First Person Narrative in Acts 27–28, TynB 36 (1985), 79–109. – A. HUMMEL, Factum et fictum. Literarische und theologische Erwägungen zur Romreise des Paulus in der Apostelgeschichte (Apg 27,1–28,16), BN 105 (2000), 39–53. – D.-A. KOCH, Kollektenbericht, ,Wir'-Bericht und Itinerar. Neue (?) Überlegungen zu einem alten Problem, NTS 45 (1999), 367–390. – D. LADOUCEUR, Hellenistic Preconceptions of Shipwreck and Pollution as a Context for Acts 27–28, HThR 73 (1980), 435–449. – D. R. MACDONALD, The Shipwrecks of Odysseus and Paul, NTS 45 (1999), 88–107. – D. MARGUERAT, Voyages et voyageurs dans le Livre des Actes et la culture gréco-romaine, RHPhR 78 (1998), 33–59. – G. B. MILES und G. TROMPF, Luke and Antiphon: The Theology of Acts 27–28 in the Light of Pagan Beliefs about Divine Retribution, Pollution, and Shipwreck, HThR 69 (1976), 259–267. – M. OBERWEIS, Ps. 23 als Interpretationsmodell für Act 27, NT 30 (1988), 160–183. – S. E. PORTER, The "We" Passages, in: D. W. J. Gill und C. Gempf (Hg.), The Book of Acts in Its Graeco-Roman Setting (The Book of Acts in Its First Century Setting 2), Grand Rapids (MI)/Carlisle 1994, 545–574. – DERS., The "We" Passages in Acts as a Source regarding Paul, in: DERS., The Paul of Acts: Essays in Literary Criticism, Rhetoric, and Theology (WUNT 115), Tübingen 1999, 10–46. – DERS., The Theology and Perspective of the "We" Passages in Acts and the Portrait of Paul, ebd. 47–66. – S. M. PRAEDER, The Narrative Voyage: An Analysis and Interpretation of Acts 27–28, Ph. D. Diss. Berkeley (CA) 1980. – DIES., Acts 27,1–28,16: Sea Voyages in Ancient Literature and the Theology of Acts, CBQ 46 (1984), 683–706. – DIES., The Problem of the First Person Narration in Acts, NT 29 (1987), 193–218. – B. M. RAPSKE, Acts, Travel and Shipwreck, in: D. W. J. Gill und C. Gempf (Hg.), The Book of Acts in Its Graeco-Roman Setting (The Book of Acts in Its First Century Setting 2), Grand Rapids (MI)/Carlisle 1994, 1–47. – M. REISER, Von Caesarea nach Malta. Literarischer Charakter und historische Glaubwürdigkeit von Act 27, in: F. W. Horn (Hg.), Das Ende des Paulus. Historische, theologische und literaturgeschichtliche Aspekte (BZNW 106), Berlin/New York 2001, 49–74. – V. K. ROBBINS, The We-Passages in Acts and Ancient Sea Voyages, BR 20 (1975), 5–18. – DERS., By Land and By Sea: A Study in Acts 13–28, SBL.SPS 10 (1976), 381–396. – DERS., By Land and by Sea: The We-Passages and Ancient Sea Voyages, in: C. H. Talbert (Hg.), Perspectives on Luke-Acts (Special Studies Series 5), Danville (VA)/Edinburgh 1978, 215–242. – P. SEUL, Rettung für alle. Die Romreise des Paulus nach Apg 27,1–28,16 (BBB 146), Berlin/Wien 2003. – S. M. SHEELEY, Getting into the Act(s): Narrative Presence in the "We" Sections, PRSt 26 (1999), 203–220. – F. S. SPENCER, Paul's Odyssey in Acts: Status Struggles and Island Adventures, BTB 28 (1998), 150–159. – C. H. TALBERT und J. H. HAYES, A Theology of Sea Storms in Luke-Acts, SBL.SPS 34 (1995), 321–336. – C.-J. THORNTON, Der Zeuge des Zeugen. Lukas als Historiker der Paulusreisen (WUNT 56), Tübingen 1991. – E. VERHOEF, Σύζυγος in Phil 4,3 and the Author of the "We-sections" in Acts, The Journal of Higher Criticism 5 (1998), 209–219. – A. J. M. WEDDERBURN, The 'We'-Passages in Acts: On the Horns of a Dilemma, ZNW 93 (2002), 78–98. – J. WEHNERT, Die Wir-Passagen der Apostelgeschichte. Ein literarisches Stilmittel aus jüdischer Tradition (GTA 40), Göttingen 1989.

Die Missionsreden der Apostelgeschichte und Dionys von Halikarnass

In den vergangenen beiden Dezennien hat, wenn ich recht sehe, die Diskussion darüber, welcher literarischen Gattung das lukanische Geschichtswerk bzw. die Apostelgeschichte zuzurechnen seien, an Intensität zugenommen. Meist ging man davon aus, daß das lukanische Werk, besonders aber die Apostelgeschichte, in den Kontext der antiken Geschichtsschreibung gestellt werden müßte, etwa, indem man das Gesamtwerk als "popular 'general history' written by an amateur Hellenistic historian with credentials in Greek rhetoric" definierte[1] oder die Apostelgeschichte als historische Monographie klassifizierte, ähnlich den Werken Sallusts und entsprechend dem von Cicero, *Fam.* V 12,2–3, vorgetragenen Programm.[2] Dieser Konsens – wenn er denn je wirklich bestanden haben sollte – wurde dann aber wieder in Frage gestellt, wofür hier nur auf zwei besonders deutliche Beispiele verwiesen sei: auf Charles H. Talbert, der das lukanische Werk in den Kontext der Biographie, insbesondere der Philosophenbiographie, stellen wollte[3], und auf Richard I. Pervo, der meinte, die Apostelgeschichte in die Nähe der apokryphen Apostelakten rücken und in ihr so etwas wie einen historischen Roman entdecken zu sollen.[4] Demgegenüber scheint es mir durchaus sinnvoll, an der Überzeugung, Lukas sei Historiker gewesen, festzuhalten. Daß diese Überzeugung berechtigt ist, möchte ich im folgenden an einem Einzelphänomen der lukanischen Geschichtsschreibung aufzeigen: an der Funktion, die der Actaverfasser den sog. Missionsreden[5] zugewiesen hat.

Bei den Reden der Apostelgeschichte handelt es sich bekanntlich nicht um Referate wirklich gehaltener Ansprachen, sondern um Produkte aus der Feder des Actaverfassers selbst. Viele von ihnen stehen an wichtigen Wendepunkten des in der Apostelgeschichte geschilderten Geschehens; ihre Aufgabe ist es,

---

[1] D. E. AUNE, The New Testament in Its Literary Environment, Philadelphia 1987, 77.

[2] Vgl. H. CONZELMANN, Die Apostelgeschichte (HNT 7), Tübingen ²1972, 7; E. PLÜMACHER, Die Apostelgeschichte als historische Monographie, in: J. Kremer (Hg.), Les Actes des Apôtres. Traditions, rédaction, théologie (BEThL 48), Gembloux/Leuven 1979, 457–466 (im vorliegenden Band S. 1–14).

[3] Vgl. z. B. C. H. TALBERT, Literary Patterns, Theological Themes, and the Genre of Luke-Acts (SBL.MS 20), Missoula (MT), 1974; dazu oben S. 1f.

[4] R. I. PERVO, Profit with Delight. The Literary Genre of the Acts of the Apostles, Philadelphia 1987.

[5] Apg 2,14–39; 3,12–26; 4,9–12; 5,29–32; 10,34–43 und 13,16–41.

dem Leser „eine Einsicht in die übergeschichtliche Bedeutung des betreffenden geschichtlichen Augenblicks" zu gewähren und „die Kräfte sichtbar [zu] machen . . . , die hinter den Ereignissen wirksam sind". Diese Erkenntnis ist nicht neu; ich verweise nur auf die bahnbrechende Abhandlung von Martin Dibelius über „Die Reden der Apostelgeschichte und die antike Geschichtsschreibung", der die eben zitierten Sätze entstammen.[6] Und auch dies erkannte Dibelius, daß Lukas darin, daß und wie er sein Werk mit Reden versah, „trotz mancher Besonderheit sachlich doch im Sinne der großen, von Thukydides begründeten Tradition" verfahren ist.[7]

Freilich – nicht alle Reden der Apostelgeschichte sind Zeugen jener letztlich auf Thukydides zurückzuführenden historiographischen Tradition. Das gilt vor allem für die Missionsreden, denen beispielsweise Dibelius jeden Zusammenhang mit der griechisch-römischen Geschichtsschreibung absprach.[8] Zwar stehen auch sie – und gerade sie – an gewichtigen Wendepunkten der von Lukas geschilderten urchristlichen Geschichte; ihre Aufgabe besteht jedoch nicht darin, diese Wendepunkte nach thukydideischer Manier in ihrer den Augenblick transzendierenden Bedeutung zu erhellen, sondern vielmehr darin, dem Leser verbaliter vor Augen zu rücken, was nach Lukas' Meinung die urchristliche Geschichte vorangebracht, was ihren Verlauf bestimmt hat: die Jesus bezeugende Missionspredigt der Apostel und des Paulus.

Die soeben skizzierte Einsicht in die Funktion der Missionsreden haben wir hauptsächlich Ulrich Wilckens zu danken.[9] Er hat sie allerdings weniger aus seinen ansonsten durchaus ins Einzelne gehenden Exegesen der einschlägigen Actaperikopen[10] gewonnen, sondern sie vielmehr aus Theologie und Konzeption des lukanischen Werkes insgesamt erschlossen. Grundlegend war für ihn die Erkenntnis der Funktion des lukanischen Geistes als der Klammer zwischen Jesuszeit und Gegenwart; mit der Verheißung der Geistverleihung sei bei Lukas, so erkannte Wilckens weiter, „der Auftrag zum Jesus-,Zeugnis'

---

[6] SHAW.PH 1949,1 = M. DIBELIUS, Aufsätze zur Apostelgeschichte (FRLANT 60), Göttingen 1951 (= [5]1968), 120–162. Zitate: Aufsätze, 121 und 142.

[7] Aufsätze (wie Anm. 6), 142. Zustimmend: O. LUSCHNAT, Art. Thukydides der Historiker, PRE.S 12 (1970), 1085–1354: 1299–1301. Zu den Schwierigkeiten, die der Einschätzung des Actaverfassers als (indirekten!) Thukydidesnachfolgers aus den unterschiedlichen Interpretationsmöglichkeiten des thukydideischen Redensatzes I 22,1 (dazu auch LUSCHNAT, Thukydides, 1162–1183) erwachsen, s. zuletzt S. E. PORTER, Thucydides 1.22.1 and Speeches in Acts. Is There a Thucydidean View?, NT 32 (1990), 121–142.

[8] „Hier befinden wir uns jedenfalls auf dem Boden einer Tradition, die mit der antiken Geschichtsschreibung nichts zu tun hat": Aufsätze (wie Anm. 6), 142.

[9] U. WILCKENS, Die Missionsreden der Apostelgeschichte. Form- und traditionsgeschichtliche Untersuchungen (WMANT 5), Neukirchen-Vluyn [3]1974.

[10] Eingehend erörtert werden Aufbau, Gliederung und Rahmen der Reden, ebenso die Frage nach dem Einzelstoff, den sie enthalten, sowie die weitere nach ihrem traditionsgeschichtlichen Hintergrund.

verbunden" gewesen, das in der heilsgeschichtlichen Epoche der Kirchengeschichte dann zum „entscheidenden Instrument zur Heilserlangung" wurde.
Da aber „das Jesuszeugnis ... in seiner ersten grundlegenden Urgestalt Au-
genzeugnis" war, wurden die Apostel zu autorisierten Trägern der Verkündigung und ihre Verkündigung zum „eigentlichen Movens der Kirchengeschichte": „Gott lenkt die Heilsgeschichte auch in dieser Epoche selbst und
benutzt als sein entscheidendes Werkzeug das Zeugnis der Apostel. Von dieser theologischen Konzeption des Lukas her werden die Apostelreden in ihrer
Funktion innerhalb der literarischen Komposition der Acta verständlich. Das
Jesuszeugnis der Apostel muß als das heilsgeschichtliche Movens nicht nur
sichtbar werden, sondern auch zu Wort kommen."[11]

Nun ist es durchaus legitim, die Frage nach der Funktion der Missionsreden von der „theologischen Konzeption" des Acta-Verfassers her zu beantworten. Doch angesichts der Kritik, von der auch Wilckens nicht verschont
geblieben ist[12], mag es sich empfehlen, einmal an den Texten selbst, genauer
als Wilckens dies getan hat, nachzuprüfen, ob seine Ansichten über die Funktion der Missionsreden zu Recht bestehen. Im folgenden sei diese Nachschau
an zwei Texten vorgenommen.

Zunächst zu Apg 10: Lukas berichtet hier von den durch die *providentia
specialissima* gelenkten Geschehnissen, die zum Christwerden eines römischen *centurio*, des Cornelius, geführt haben. Damit ist die Schilderung des
Actaverfassers an dem wohl folgenreichsten Wendepunkt in der von ihm
erzählten Geschichte der Urchristenheit angelangt: Von nun an sollen auch
Heiden zur Kirche gehören können. Bevor indes geschieht, worauf die ganze
Episode zielt, daß nämlich Cornelius – um mich einmal lukanisch auszudrük-
ken – „hinzugetan wird", läßt Lukas den Petrus eine jener Missionspredigten
halten (10,34–43). Erst unmittelbar im Anschluß an diese Rede, noch während
Petrus ihre letzten Worte spricht (ἔτι λαλοῦντος τοῦ Πέτρου τὰ ῥήματα
ταῦτα, V. 44), geschieht, was geschehen soll – der Heilige Geist fällt auf
Cornelius und seine Genossen herab, um auf diese Weise anzuzeigen, daß der
Taufe von Nichtjuden fortan nichts mehr im Wege stehe (V. 47–48).

Bereits aus der äußerst engen syntaktischen Verbindung, die Lukas in
V. 44a zwischen der Präsentation des Missionskerygmas durch Petrus und der
Ausgießung des Geistes geknüpft hat (ἔτι λαλοῦντος τοῦ Πέτρου ...

---

[11] Wilckens (wie Anm. 9), 95f.

[12] So hat G. Delling in seiner Besprechung von Wilckens' Buch gegen dessen Interpretation von Apg 10,34–43 eingewandt: „Mit einem Wendepunkt haben die Ereignisse von Ag. 10
in der Tat zu tun; aber die Wende kommt außer in VV. 34f. ... der Rede vor allem in dem
sonstigen Inhalt von Ag. 10f. zum Ausdruck" (ThLZ 87 [1962], 840–843: 841. Hervorhebung
E. P.). C. Burchard lehnte Wilckens' Ansicht, „daß es der Zweck der Reden sei, das Wort
als movens der Heilsgeschichte vorzustellen", sogar rundweg ab (Der dreizehnte Zeuge. Tra-
ditions- und kompositionsgeschichtliche Untersuchungen zu Lukas' Darstellung der Frühzeit
des Paulus [FRLANT 103], Göttingen 1970, 142, Anm. 27).

ἐπέπεσεν τὸ πνεῦμα τὸ ἅγιον), geht hervor, daß die Rede 10,34–43 inte-
graler Bestandteil der von Lukas geschilderten kirchengeschichtlichen Wende
ist und nicht etwa nur fromme rhetorische Zutat. Vor allem aber: Lukas bezeichnet in V. 44b nicht, wie es dem Hergang der Ereignisse präziser entsprochen hätte, Cornelius und die Seinen als die Geistempfänger, sondern πάντας
τοὺς ἀκούοντας τὸν λόγον. Damit handelt er sich das Risiko eines Mißverständnisses ein – als sei der Geist auch den judenchristlichen Hörern der
Petruspredigt, die den Apostel seit V. 23 begleiten, zuteil geworden, Leuten
also, die doch längst Christen waren.[13] Erst im folgenden Vers wird die Möglichkeit solchen Mißverständnisses beseitigt, indem präzise zwischen den ob
der Ereignisse staunenden „Gläubigen aus der Beschneidung" und den geist-
empfangenden ἔθνη geschieden wird. Warum formuliert Lukas so, wie er es
tut? Nicht aus Nachlässigkeit, sondern deshalb, weil es ihm offenbar darauf
ankommt, das epochemachende Geschehen der erstmaligen Geistausgießung
auf Heiden nunmehr auch sachlich fest an die vorgängige Verkündigung des
Missionskerygmas zu binden. Nur wenn das apostolische Jesuszeugnis laut
geworden und gehört worden ist, kann sich Entscheidendes tun. Das heißt
jedoch nichts anderes, als daß Lukas in der Tat die Petrusrede 10,34–43[14] als
den letzten, aber unverzichtbaren Auslöser für das epochemachende Geschehen verstanden wissen wollte, das er in c. 10 zu schildern unternahm.

Nun zu Apg 13,14–48. Hier, im pisidischen Antiochia, ist es Paulus, dem
Lukas eine entsprechende Rede in den Mund gelegt hat (13,16–41). Sie bewirkt freilich zunächst nur dies, daß die – jüdischen – Hörer Paulus bitten,
ihnen am nächsten Sabbat die gleiche Predigt noch einmal zu halten (λαληθῆναι αὐτοῖς τὰ ῥήματα ταῦτα, V. 42). Als es dann soweit ist, hat sich das
Publikum des Paulus ungemein vermehrt; nicht nur die Juden, sondern fast die
ganze Stadt ist zusammengekommen, ἀκοῦσαι τὸν λόγον τοῦ κυρίου[15],
V. 44). Da Lukas den Paulus das Missionskerygma wenige Verse zuvor schon
ausführlich hat vortragen lassen und man aus V. 42 weiß, daß er es jetzt
lediglich wiederholen wird, braucht Lukas es nicht abermals verbaliter zu präsentieren; der schlichte Hinweis auf die Tatsache, daß Paulus predigt, auf τὰ
ὑπὸ Παύλου λαλούμενα, genügt. Nunmehr erzielt die Predigt erhebliche
Wirkung; die Juden widersprechen und lästern (ἀντέλεγον ... βλασφη-
μοῦντες, V. 45); die ἔθνη aber verhalten sich genau umgekehrt: Was die Juden lästern, τὸν λόγον τοῦ θεοῦ (vgl. V. 46), ebendies, τὸν λόγον τοῦ

---

[13] Zumindest ein Exeget ist diesem Mißverständnis zum Opfer gefallen: H. H. WENDT,
Die Apostelgeschichte (KEK 3), Göttingen ⁹1913, 185 z. St.; G. SCHNEIDER, Die Apostel-
geschichte. 2. Teil (HThK V/2), Freiburg/Basel/Wien 1982, 79f. z. St., sieht immerhin die
Möglichkeit solchen Mißverstehens.

[14] „Τὸν λόγον meint ersichtlich die soeben von Petrus gehaltene Missionspredigt":
E. HAENCHEN, Die Apostelgeschichte (KEK 3), Göttingen ⁷1977, 340 zu V. 44.

[15] Das heißt: „die christliche Predigt": HAENCHEN a. a. O. 397 z. St.

κυρίου, preisen sie (V. 48). Wie gewichtig die Folgen der Paulusrede sind, teilt Lukas dem Leser hier durch den Mund des Paulus sogar, anders als in c. 10, expressis verbis mit – die christlichen Missionare kündigen an, sich fortan den ἔθνη zuwenden zu wollen, und der Grund für diese epoche-machende Wendung besteht nicht etwa in der schon oft zutage getretenen feindseligen Haltung der Juden allgemein, sondern ganz konkret in ihrem Unwillen, auf das Jesuszeugnis, wie es ihnen Paulus soeben vorgetragen hat, zu hören: ἐπειδὴ ἀπωθεῖσθε αὐτὸν [sc. τὸν λόγον τοῦ θεοῦ] ... ἰδοὺ στρεφόμεθα εἰς τὰ ἔθνη (V. 46). Ganz wie in c. 10, nur noch deutlicher, erweist sich also auch in c. 13 eine Missionsrede als das entscheidende Movens der Kirchengeschichte; sie bewegt die Juden zur Ablehnung des Kerygmas, die christlichen Missionare hingegen zu der programmatischen Ankündigung ihrer (freilich bis zum Ende der Apostelgeschichte nicht konsequent verwirklichten) Wendung zu den im Gegensatz zu den Juden hörwilligen Heiden – zu jenen also, aus denen die Kirche in lukanischer Zeit dann überwiegend bestehen wird.

Die beiden Beispiele zeigen: Um die Funktion der Missionsreden in der Apostelgeschichte so zu bestimmen, wie Wilckens es – durchaus zutreffend – getan hat, ist man nicht einzig auf die Interpretation der theologischen Konzeption des Lukas (bzw. den Instinkt eines Exegeten) angewiesen. Die Texte sagen es an ihrem Ort auch jeweils selbst, daß es nach Meinung des Lukas die Reden der Apostel und des Paulus gewesen sind, die der Geschichte der Urchristenheit an den entscheidenden Wendepunkten ihrer Entwicklung die Richtung gewiesen haben.

Da das so ist, kann man mit beruhigtem exegetischen Gewissen den nächsten Schritt tun, nämlich fragen, welchen Vorbildern Lukas hier gefolgt sein könnte. Ich habe in diesem Zusammenhang schon des öfteren auf Dionys von Halikarnass hingewiesen[16] und möchte die Aufmerksamkeit auch jetzt noch einmal auf ihn lenken, dabei jedoch die seinerzeit gewonnenen Einsichten auf eine breitere Basis stellen und sie zudem vertiefen.

Zu Beginn des 11. Buches der *Römischen Archäologie* reflektiert Dionys über das Problem, wie er den Erwartungen seiner Leser am besten gerecht werden könne. Knappe Mitteilung der *bruta facta* allein sei, wie er an einem sechszeiligen Resümee des Perserkrieges verdeutlicht, sicherlich nicht nach ihrem Geschmack; die Leser wünschten vielmehr, auch Details zu erfahren sowie τὰς αἰτίας ἀκοῦσαι, δι' ἃς τὰ θαυμαστὰ καὶ παράδοξα ἔργα ἐπετέλεσαν (1,2). Wenige Zeilen später kommt Dionys dann auf die Art und

---

[16] Lukas als hellenistischer Schriftsteller. Studien zur Apostelgeschichte (StUNT 9), Göttingen 1972, 36; Art. Apostelgeschichte, TRE 3 (1978), 483–528: 505. Vgl. zudem E. Hilgert, Speeches in Acts and Hellenistic Canons of Historiography and Rhetoric, in: E. L. Miller (Hg.), Good News in History. Essays in Honor of Bo Reicke, Atlanta 1993, 83–109: 90.

Weise zu sprechen, in der der Geschichtsschreiber über politische Ereignisse (πολιτικὰς πράξεις) zu berichten habe; erneut tut er kund, daß es den Lesern nicht genügen werde, wenn sie einzig τὸ κεφάλαιον αὐτὸ καὶ τὸ πέρας τῶν πραγμάτων erführen; über die Beendigung des Peloponnesischen Krieges beispielsweise könne man nicht lediglich berichten, die Kriegsparteien seien übereingekommen, die Langen Mauern zu schleifen, die athenische Flotte abzuwracken, eine spartanische Garnison nach Athen zu legen, dort statt der Demokratie die Oligarchie einzuführen und dies alles, ohne daß es zu einem letzten Gefecht gekommen sei. Nein, die Leser verlangten auch zu wissen, welche Zwänge die Athener dazu gebracht hatten, sich derart grausamen Bedingungen zu fügen, wie überhaupt alle Umstände zu erfahren, die in jenem Geschehen eine Rolle gespielt hatten. Und noch eine Ingredienz der Historie nennt Dionys hier, die die Leser seiner Meinung nach bei der Schilderung eines derart einschneidenden Umsturzes, wie er das Ende des Peloponnesischen Krieges für Athen bedeutete, unbedingt erwarten würden: τίνες οἱ πείσαντες αὐτοὺς [sc. τοὺς Ἀθηναίους] λόγοι καὶ ὑπὸ τίνων ῥηθέντες ἀνδρῶν (1,3), welche Reden damals gehalten worden seien und von wem. In unserem Zusammenhang ist wichtig, daß Dionys diese Reden als λόγοι πείσαντες αὐτούς bezeichnet; durch solche Näherbestimmung soll offenbar zum Ausdruck kommen, daß es sich bei den von den Lesern reklamierten λόγοι nicht um beliebiges Beiwerk handelte, sondern um eben die Reden, die die Athener seinerzeit dazu gebracht hatten, sich ohne weitere Kämpfe in ihre gravierende Niederlage (ταῦτα τὰ δεινὰ καὶ σχέτλια) zu fügen, um Reden also, die von geschichtsbestimmendem Gewicht gewesen waren.[17] Das heißt aber, daß man die Reden, auf die Dionys hier abhebt, durchaus zu den αἰτίαι zu rechnen hat, von denen er kurz zuvor gemeint hatte, sie dürften, weil für das Geschehen von θαυμαστὰ καὶ παράδοξα ἔργα verantwortlich, dem Leser keinesfalls vorenthalten werden.

Ein Blick auf *Ant. Rom.* VII 66 läßt Dionys' Einschätzung der Reden als den Gang der Ereignisse bestimmender Faktoren – eben: als αἰτίαι – noch um vieles klarer hervortreten. Dionys beendet hier eine ungemein ausführliche und mit Reden gespickte Darstellung der Ständekämpfe, die Rom nach dem Sturz des Königtums erschüttert hatten, und rechtfertigt die Überlänge seiner Ausführungen[18] zuletzt mit der Feststellung: ποθεῖ γὰρ ἕκαστος ἐπὶ τοῖς παραδόξοις ἀκούσμασι τὴν αἰτίαν μαθεῖν (66,1). Eben deswegen, heißt es dann einige Zeilen weiter, habe er sich entschlossen, die αἰτίαι nicht zu übergehen, sondern sie alle (ἁπάσας) zu berichten (66,2). Da die Ständekämpfe aber nicht mit Waffengewalt ausgefochten worden seien, ἀλλὰ λόγοις πείσαντες, habe er es für das Allernotwendigste (παντὸς μάλιστα ἀναγκαῖον)

---

[17] Daß diese Interpretation zutreffend ist, zeigt auch die Parallelität mit ἀλλὰ λόγοις πείσαντες (VII 66,3), vgl. unten.

[18] VII 66,1: ἐμήκυνα δὲ τὸν ὑπὲρ αὐτῶν λόγον.

erachtet, die Reden wiederzugeben (τοὺς λόγους αὐτῶν διεξελθεῖν), die seinerzeit von den Führern der beiden an den Auseinandersetzungen beteiligten Parteien gehalten wurden (66,3).

Doch damit nicht genug. Nachdem Dionys dargelegt hat, weshalb er bei der Abfassung seines eigenen Geschichtswerkes wie beschrieben verfahren sein will, gibt er nunmehr noch seiner kritischen Verwunderung darüber Ausdruck, daß andere Geschichtsschreiber (τινες) anders verfahren sind: Sie hätten, so wirft er ihnen vor, im Rahmen der Kriegsgeschichte alles Berichtbare minutiös vermeldet, es aber für unnötig befunden, in ihren Berichten über politische Auseinandersetzungen die Reden wiederzugeben, durch die ganz außerordentliche und staunenswerte Geschehnisse in Gang gekommen seien: πολιτικὰς δὲ κινήσεις καὶ στάσεις ἀναγράφοντες οὐκ οἴονται δεῖν ἀπαγγέλλειν τοὺς λόγους δι' ὧν αἱ παράδοξοι καὶ θαυμασταὶ πράξεις ἐπετελέσθησαν (66,3).

Wer aber verbirgt sich hinter den τινες, denen Dionys hier unterstellt, sie hätten die historiographische Aufgabe der Überlieferung solch geschichtsmächtiger Reden vernachlässigt? In Frage kommt eigentlich nur Thukydides. Ihm hat Dionys, von Beruf wohl Lehrer der Rhetorik, jedenfalls aber Verfasser einer ganzen Reihe rhetorischer Schriften[19], eine eigene Untersuchung gewidmet: Περὶ Θουκυδίδου. Grundsätzliche Bewunderung für den großen Athener paart sich in ihr mit Kritik, die gelegentlich auch vor herben Urteilen nicht zurückscheut. So meint Dionys unter anderem bemerkt zu haben, daß Thukydides in der Darstellung des Geschehens nicht immer mit der dem Stoff angemessenen Sorgfalt disponiere: Über unwichtige Angelegenheiten berichte er häufig mit vielerlei Worten, während er es umgekehrt dort, wo solche Ausführlichkeit durchaus am Platze wäre, an der nötigen Mühewaltung fehlen lasse.[20] Bereits dieser Vorwurf – πλείονας τοῦ δέοντος λόγους ἀποδιδοὺς τοῖς ἐλαττόνων δεομένοις – erinnert an die τινες von *Ant. Rom.* VII 66,3, die zu Dionys' Mißfallen ihm wichtig Erscheinendes übergehen, aber, an anderer Stelle ins Detail verliebt, περὶ μίαν ἔστιν ὅτε μάχην πολλοὺς ἀναλίσκουσι λόγους.

In den folgenden Kapiteln des Traktats versucht Dionys nun, seine Kritik an einzelnen Beispielen aus Thukydides' Werk zu verdeutlichen, und kommt dabei auch auf dessen Reden zu sprechen. Dionys' Kritik am Epitaphios – er empfindet ihn als am falschen Ort, nämlich nicht an einem Wendepunkt des erzählten Geschehens stehend (c. 18) – kann in unserem Zusammenhang, da nicht einschlägig, außer Betracht bleiben; wichtig sind hingegen die beiden anderen Thukydidesstellen, die Dionys zum Beweis der Richtigkeit seiner Kritik ausgewählt hat.

---

[19] Dazu W. SCHMID, in: W. von Christ's Geschichte der griechischen Litteratur II/1 (HAW VII/2,1), München [6]1920, 466–472.

[20] *De Thuc.* 13 (p. 343f. Usener – Radermacher; das folgende Zitat p. 343,6f.).

Die eine, Thukydides III 36–49, berichtet von der Behandlung, die die
Athener den Einwohnern des von ihnen abgefallenen und im Sommer 427
wieder eroberten Mytilene zuteil werden lassen wollen: Zunächst beschließt
die Volksversammlung, sie sämtlich zu töten bzw. zu versklaven, dann aber
bereut man den brutalen Entschluß und hebt ihn in einer weiteren Beratung
wieder auf. Die Tatsache, daß Thukydides hier nur die auf der zweiten, nicht
aber die während der ersten Sitzung gehaltenen Reden wiedergegeben hat,
präsentiert Dionys nun als Beleg dafür, daß Thukydides dazu neige, in seiner
Darstellung τιθέναι μὲν ἃς οὐκ ἔδει, παραλιπεῖν δὲ ἃς ἔδει λέγεσθαι,
Unwesentliches aufzunehmen und Wesentliches beiseite zu lassen. Der Beschluß, eine ganze Stadt durch Mord und Versklavung auszulöschen, erschien
Dionys gravierender als jener, Milde walten zu lassen. Ihm zufolge hätte
Thukydides deshalb seine Schilderung von der ersten Beratung der Ekklesie
und nicht die von der zweiten, in der lediglich μετάνοιά τις ὑπεισῆλθε τοὺς
πολλούς, mit Reden ausstatten müssen. Leider verfuhr der große Historiker
genau umgekehrt, indem er, wie Dionys bedauernd feststellt, τοὺς μὲν ἐν τῇ
προτέρᾳ ῥηθέντας ὑπὸ τῶν δημαγωγῶν λόγους παρέλιπεν ὡς οὐκ
ἀναγκαίους ... τοὺς δ’ ἐν τῇ ὑστεραίᾳ πάλιν ὑπὸ τῶν αὐτῶν ῥηθέντας
... παρέλαβεν ὡς ἀναγκαίους.[21] Wieder fällt die Übereinstimmung mit *Ant.
Rom.* VII 66,2f. auf, wo Dionys betont, das für den Leser Wesentliche, nämlich die αἰτίαι des Geschehens, nicht beiseite gelassen (παρέλιπον) und es
für unbedingt nötig (παντὸς μάλιστα ἀναγκαῖον) gehalten zu haben, die das
Geschehen lenkenden Reden der verschiedenen Parteien wiederzugeben.

Am deutlichsten vermag indes Dionys’ Kritik an der anderen Thukydidespassage zu zeigen, daß er in seinem Geschichtswerk nichts anderes fordert
bzw. selbst ausgeführt haben will als eben das, was er als Kritiker auch von
Thukydides einfordern zu müssen glaubte. Dieser berichtet in II 59,1f. mit
äußerster Knappheit von einer Friedensgesandtschaft, die die Athener im
Sommer 430 nach Sparta geschickt hatten, von wo sie dann allerdings ohne
jeden Erfolg zurückgekehrt war. Dionys wirft Thukydides nun vor, in seinem
Bericht alles Wesentliche nicht mitgeteilt zu haben, weder, wer die athenischen Gesandten waren, noch die Reden, die sie in Sparta gehalten haben
mußten, noch auch die Reden ihrer dortigen Widersacher, durch die die Spar-
taner sich seiner Meinung nach davon hatten überzeugen lassen, daß es besser
für sie sei, den Wünschen der Athener nicht zu willfahren, οὔτε τοὺς ἀπο-
σταλέντας ἄνδρας εἴρηκεν οὔτε τοὺς ῥηθέντας ἐκεῖ λόγους ὑπ’ αὐτῶν
οὔτε τοὺς ἐναντιωθέντας, ὑφ’ ὧν πεισθέντες Λακεδαιμόνιοι τὰς διαλλα-
γὰς ἀπεψηφίσαντο.[22] Was Dionys hier vermißt, ist fast wortwörtlich das-

---

[21] *De Thuc.* 17 (p. 349f. Usener – Radermacher).
[22] *De Thuc.* 14 (p. 345f. Usener – Radermacher; Zitat p. 346,2–5). Daß Thukydides auch
anders kann, gesteht ihm Dionys zu. Aber gerade das ruft seine Kritik auf den Plan (ebd. 14f.
[p. 345–348 Usener – Radermacher])!

selbe, was er im 11. Buch der *Antiquitates* als wesentliche Ingredienz sachge-
mäßer, d. h. die αἰτίαι des Geschehens nicht verschweigender Geschichtsschreibung herausstellt, nämlich, die Leser erfahren zu lassen, τίνες οἱ
πείσαντες αὐτοὺς λόγοι καὶ ὑπὸ τίνων ῥηθέντες ἀνδρῶν (1,3), eine historiographische Aufgabe, die ganz wie Thukydides ja auch und gerade die
in *Ant. Rom.* VII 66,3 ungenannt gebliebenen Geschichtsschreiber versäumt
hatten, nämlich ἀπαγγέλλειν τοὺς λόγους δι' ὧν αἱ παράδοξοι καὶ
θαυμασταὶ πράξεις ἐπετελέσθησαν.[23] Und davon, daß es sich bei dem von
Thukydides in Buch II 59,1f. so scheinbar unangemessen Berichteten um solche gewichtigen und infolgedessen der schriftstellerischen Sorgfalt des Historikers wohl werten Geschehnisse gehandelt haben mußte, war Dionys überzeugt – fährt er doch in seinen Thukydides tadelnden Worten fort: φαύλως δέ
πως καὶ ῥαθύμως ὡς περὶ μικρῶν καὶ ἀδόξων πραγμάτων ταῦτα εἴρηκε,
Thukydides habe hier unangemessen und nachlässig geschildert, so, als ob er
lediglich über kleine und unwichtige Affären zu berichten gehabt hätte.[24]
Fazit: Wir haben gute Gründe anzunehmen, daß Dionys mit der Kollegenschelte in *Ant. Rom.* VII 66,3 tatsächlich niemand anderen gemeint hat als
eben Thukydides.[25]

Fassen wir nunmehr zusammen: Dionys' Räsonnement über die rechte Art
und Weise, vom Ende des Peloponnesischen Krieges zu berichten (XI 1,2f.),
die Begründung, die er für seine ausführliche Schilderung der frührepublikanischen Ständekämpfe gegeben hat (VII 66), sein Mißfallen bekundendes
Erstaunen über jene Historiker, die hinsichtlich der Tradierung von Reden
anders verfahren sind, als er es für richtig hielt (VII 66,3f.), und schließlich
seine einschlägige Kritik an Thukydides (*De Thuc.* 14; 17) zeigen eindeutig,
daß die lukanische Konzeption von der Funktion der Missionsreden als die
Geschichte lenkender Faktoren mit den entsprechenden Anschauungen Dionys' identisch ist. Die genannten Texte lassen keinen Zweifel daran, daß wie
der Actaverfasser auch Dionys schon der Überzeugung war, an wichtigen
Wendepunkten der Geschichte wie z. B. dem Ende des Peloponnesischen
Krieges oder dem Eintritt der *plebs* in die römische Politik seien es Reden

---

[23] Vgl. XI 1,2: Die Leser einer ἱστορία verlangten, καὶ τὰς αἰτίας ἀκοῦσαι, δι' ἃς τὰ
θαυμαστὰ καὶ παράδοξα ἔργα ἐπετέλεσαν.
[24] *De Thuc.* 14 (p. 346,6f. Usener – Radermacher).
[25] Τινες stünde in diesem Fall „als unbestimmter Ausdruck für einen zu klaren Singular":
E. SCHWYZER, Griechische Grammatik, Bd. 2, hg. v. A. Debrunner (HAW II/1,2), München
1950, 45; vgl. Apg 17,28 (ὡς καί τινες τῶν καθ' ὑμᾶς ποιητῶν εἰρήκασιν) und das hierzu
von M. DIBELIUS, Paulus auf dem Areopag (SHAW.PH 1938/39,2), in: DERS., Aufsätze (wie
Anm. 6), 29–70: 48f., gesammelte Belegmaterial; weiteres bei A. GUDEMAN, Aristoteles.
Περὶ ποιητικῆς, Berlin/Leipzig 1934, 9. – Darüber, ob Dionys' Vorwürfe gegen Thukydides
berechtigt sind oder nicht (wohl eher letzteres), ist hier nicht zu handeln, doch vgl.
W. K. PRITCHETT, Dionysius of Halicarnassus. On Thucydides, Berkeley/Los Angeles/London
1975, 64–70.

gewesen, die der Geschichte die Richtung gewiesen hätten und die deshalb, aufgrund ihrer Funktion als αἰτίαι des Geschehens, vom Geschichtsschreiber auch überliefert – de facto natürlich: selbst gestaltet und den seinerzeit Agierenden in den Mund gelegt – werden mußten.[26]

Das Gewicht, das die Gestaltung solcher Reden für Dionys besaß, ist kaum zu überschätzen. Im Prolog der *Antiquitates* hat er die Form seines Geschichtswerkes als ἐξ ἁπάσης ἰδέας μικτὸν ἐναγωνίου τε καὶ θεωρητικῆς καὶ διηγηματικῆς, als eine Mischung aus Erzählung, Reflexion und politischen Reden bestimmt (I 8,3). Daß ἐναγώνιος diesen Sinn – politische Rede – hat, geht aus Dionys' rhetorischen Schriften hervor, in denen ἐναγώνιοι λόγοι deliberative und forensische Reden bezeichnen, "speeches which involve decisions of state and thus are of central importance to the historical narrative"; so Kenneth S. Sacks, der diesen Zusammenhängen bei Dionys nachgegangen und zu dem Schluß gelangt ist: "It is, after all, the agonistic style which is the true stuff of decision-making situations and hence of history writing; a consideration which Dionysius himself expresses in the prooemium to his own historical work."[27]

Lukas dürfte nun freilich kaum von Dionys abhängig gewesen sein; dagegen spricht vor allem, daß zumindest noch ein weiterer Geschichtsschreiber die von Dionys geäußerten und von Lukas in die Praxis umgesetzten Anschauungen über die Mitteilenswürdigkeit von geschichtsbestimmenden Reden geteilt und bei der Abfassung seines Werkes beherzigt hat: Livius[28], dessen Werk Dionys nicht kannte.[29] Welcher Geschichtsschreiber Lukas im Hinblick auf die Funktion der Missionsreden zum Vorbild gedient haben mag, ist deshalb nicht mehr zu ermitteln; erkennen können wir lediglich, daß Lukas

---

[26] Dementsprechend formuliert Dionys auch schon im Proömium, *Ant. Rom.* I 8,2: ἀφηγοῦμαι δὲ τούς τε ὀθνείους πολέμους τῆς πόλεως ἅπαντας ... καὶ τὰς ἐμφυλίους στάσεις ὁπόσας ἐστασίασεν, ἐξ οἵων αἰτιῶν ἐγένοντο καὶ δι' οἵων τρόπων τε καὶ λόγων κατελύθησαν.

[27] K. S. SACKS, Rhetorical Approaches to Greek History Writing in the Hellenistic Period, SBL.SP 23 (1984), 123–133: 129 bzw. 131. Vgl. DERS., Rhetoric and Speeches in Hellenistic Historiography, At. NS 64 (1986), 383–395.

[28] Er war ein Meister in der Komposition solcher Reden, deren literarische Funktion darin bestand, entscheidende geschichtliche Prozesse in Gang gesetzt zu haben (einige Beispiele bei PLÜMACHER, Lukas [wie Anm. 16], 36f.). In seinem Werk hat Livius allerdings nicht wie Dionys über sein Tun reflektiert; derlei war bei römischen Historikern unüblich. „Wenn wir die methodischen Überlegungen und Praktiken der verschiedenen [sc. römischen] Historiker studieren wollen, sind wir also auf ihre Darstellung selbst angewiesen, von der wir ihre Arbeitsweise ablesen müssen": E. BURCK, Grundzüge römischer Geschichtsauffassung und Geschichtsschreibung, GWU 25 (1974), 1–40: 10; auch in: DERS., Vom Menschenbild in der römischen Literatur. Ausgewählte Schriften, Teil 2, Heidelberg 1981, 72–117: 82.

[29] E. SCHWARTZ, Art. Dionysios von Halikarnassos, PRE 5 (1905), 934–961: 946. Vgl. A. KLOTZ, Livius und seine Vorgänger, in: Neue Wege zur Antike, 2. Reihe: Interpretationen, Heft 11,3, Leipzig/Berlin 1941, 201–303: 218–272.

hier an solche Historiker angeknüpft hat, die insbesondere an der Wiedergabe von politischen Vorgängen mit weitreichender Bedeutung interessiert waren. Insofern ist David L. Balch durchaus zuzustimmen, wenn er am Ende einer Lukas und Dionys vergleichenden Untersuchung resümiert: "Luke-Acts is written in the genre of Greco-Roman political historiography."[30]

"Greco-Roman political historiography" ist freilich ein sehr umfassender Begriff, der alles und nichts aussagt und den es darum zu präzisieren gilt. Zu diesem Zweck möchte ich nun noch auf eine weitere Verbindungslinie aufmerksam machen, die zwischen den lukanischen Missionsreden und Dionys' oben vorgestellten Anschauungen über die politischen Reden als αἰτίαι der Geschichte besteht. Lukas ringt, so ein zutreffendes und immer wieder zitiertes Diktum Ernst Haenchens, „von der ersten bis zur letzten Seite [sc. der Apostelgeschichte] mit dem Problem der gesetzesfreien Heidenmission".[31] Sie war es, die den gegenwärtigen Zustand der lukanischen Kirche herbeigeführt hatte, einer Kirche, die fast einzig aus Heidenchristen bestand und der deshalb die Kontinuität zu ihrer ἀρχή und darüber hinaus zum Judentum, dem zunächst doch die Verheißungen gegolten hatten, fraglich geworden – oder gar bestritten worden? – war. Lukas schreibt, um die in dieser Situation aufgebrochene Identitätskrise seiner Gemeinden zu lösen, und er löst sie, indem er die Kirche seiner Zeit über ihre Legitimität belehrt. Um dieser Belehrung willen wurde Lukas zum Kirchenhistoriker – konnte er als solcher doch die Legitimität der Heidenkirche dadurch erweisen, daß er die Legitimität des Geschehens aufzeigte, das die Kirche zu dem hatte werden lassen, was sie nun war.[32] Ein wesentliches Element dieses Nachweises sind die Missionsreden; von den Aposteln (und Paulus), Augenzeugen des Jesusgeschehens und jedenfalls Garanten der Tradition[33], gesprochen, enthalten sie das unverfälschte Jesuskerygma[34], das in der Apostelgeschichte immer dann, wenn die Kirchenge-

---

[30] D. L. BALCH, Comments on the Genre and a Political Theme of Luke-Acts. A Preliminary Comparison of Two Hellenistic Historians, SBL.SP 28 (1989), 343–361: 361.

[31] HAENCHEN (wie Anm. 14), 110f.

[32] Vgl. dazu PLÜMACHER, Apostelgeschichte (wie Anm. 16), 518–520; DERS., Acta-Forschung 1974–1982, ThR.NF 48 (1983), 1–56: 45f. und insbesondere die an beiden Orten genannte Literatur.

[33] Vgl. Apg 1,22; 10,39; 13,31 bzw. 9,26–28.

[34] Es besteht in einem Rekurs auf die *historia* Jesu, wie sie von Lukas zuvor in seinem Evangelium geschildert worden ist (s. Apg 10,37–42; 13,23–31 und vgl. dazu M. KORN, Die Geschichte Jesu in veränderter Zeit. Studien zur bleibenden Bedeutung Jesu im lukanischen Doppelwerk [WUNT II 51], Tübingen 1993, 215f., sowie die von K. KLIESCH, Das heilsgeschichtliche Credo in den Reden der Apostelgeschichte [BBB 44], Köln/Bonn 1975, 77f. erstellte Synopse des von den Missionsreden gebotenen Jesuskerygmas). Erwähnt werden Jesu Taufe (10,38), das Zeugnis Johannes' des Täufers für Jesus (13,25), Jesu geistgeleitete, Wohltaten und Heilung spendende und im „Umherziehen" (διέρχεσθαι) ausgeübte vorösterliche Tätigkeit (10,38; 13,31), die Verurteilung durch Pilatus (13,28), Kreuzigung, Tod, Begräbnis (10,39; 13,29) und Auferweckung (10,40f.; 13,30), die Erscheinungen des Auferstan-

schichte in ihrer Entwicklung von der Urgemeinde zur Heidenkirche einen Sprung zu tun im Begriff war, von Lukas als präsent, ja mehr noch, als durch sein Lautwerden diese Entwicklung recht eigentlich erst auslösend und in Gang setzend gezeigt wird. Ein Geschehen, das vom Jesuszeugnis selbst inauguriert worden war, konnte aber schlechterdings nicht illegitim sein, und infolgedessen, so die Botschaft des Actaverfassers, war es auch das Ergebnis jenes Geschehens nicht, die Heidenkirche. Das heißt aber: Lukas benutzt den Rekurs auf in der idealen Frühzeit der Kirche gehaltene Reden – insbesondere den auf jene Reden, die die Öffnung der Kirche für die Heiden zur Folge hatten – dazu, ein Grundproblem der Kirche seiner Zeit, ihr Identitäts- bzw. Legitimitätsproblem, zu lösen.[35]

Wie Lukas sich in der Apostelgeschichte den Anfängen der Kirchengeschichte zugewandt hat, so Dionys in den *Antiquitates* der Urgeschichte Roms. Dabei bestimmt auch ihn kein antiquarisches Interesse, sondern, wie er im Prolog expressis verbis zu erkennen gibt, ein apologetisches, nämlich die Absicht, der antirömischen Propaganda entgegenzutreten, die seinerzeit unter den griechischen Landsleuten des Dionys auf erhebliche Zustimmung stieß und die zu Dionys' Empörung selbst von Geschichtsschreibern (τῶν συγγραφέων τινές) verbreitet wurde.[36] Zwei Anwürfe kursierten: einmal, daß die Römer ursprünglich nur heimatloses, wanderndes Volk barbarischer, wenn nicht gar unfreier Abkunft gewesen seien, sodann, daß Rom nicht aufgrund von Frömmigkeit (εὐσέβεια), Gerechtigkeit (δικαιοσύνη) oder irgendeiner anderen ἀρετή zur weltbeherrschenden Macht emporgestiegen sei, sondern

---

denen (10,40; 13,31) sowie die Beauftragung der Apostel mit dem Zeugendienst (10,42a) – dies alles freilich so abbreviaturhaft, daß zum Verständnis der genannten Passagen die Kenntnis des Lukasevangeliums unumgänglich ist. – Bemerkt sei schließlich noch, daß die im Wort der Verkündiger vergegenwärtigte *historia* Jesu von Lukas nicht als bloßes historisches Faktum erinnert, sondern vielmehr als gedeutete Geschichte präsentiert wird, wie das insbesondere aus der Rede 13,16–41 hervorgeht (s. aber auch 10,43!): Jesu Geschichte erscheint hier als ein in den Zusammenhang der Geschichte des Gottesvolkes eingebettetes (s. 13,17–23) und mittels des im Schema von Verheißung und Erfüllung gestalteten Schriftbeweises (13,27.29.32–37) heilsgeschichtlich ausgewiesenes Geschehen.

[35] Wenn die von den Aposteln und einmal auch von Paulus gehaltenen Missionsreden trotz mancher Unterschiede im Einzelnen doch stets dem gleichen Schema folgen (vgl. E. Schweizer, Zu den Reden der Apostelgeschichte, ThZ 13 [1957], 1–11, sowie Wilckens [wie Anm. 9], 54f.) und im Wesentlichen alle dasselbe aussagen, so ist dies völlig sachgemäß: Das am Beginn der Kirchengeschichte stehende, ihr die Richtung weisende und sie legitimierende Jesuszeugnis muß materialiter stets das gleiche sein, da andernfalls die Eindeutigkeit der alles spätere Geschehen legitimierenden urkirchlichen Verkündigung in Gefahr geraten müßte. Das Element der "sheer repetitiveness", von dem M. L. Soards, The Speeches in Acts in Relation to other Pertinent Ancient Literature, EThL 70 (1994), 65–90: 90, die Reden der Apostelgeschichte – was die Missionsreden angeht: zu Recht – geprägt sieht, resultiert aus eben dieser lukanischen Auffassung vom uniformen Charakter des urkirchlichen Kerygmas.

[36] I 4,2; 5; vgl. I 89,1f.; II 17; VII 70,1. Geschichtsschreiber: I 4,3; vgl. Livius IX 18,6.

nur durch Zufall sowie durch die Ungerechtigkeit des Schicksals, das die höchsten Güter willkürlich den allerunwürdigsten habe zuteil werden lassen, Güter, die doch von Rechts wegen nicht den Römern, diesen Schlimmsten aller Barbaren, sondern einzig den Griechen zustünden.[37]

In den *Antiquitates* sucht Dionys nun allenthalben, die Unwahrheit solcher Verleumdungen zu erweisen; davon, daß die Stammväter der Römer in Wirklichkeit echte Griechen gewesen seien, handelt das ganze erste Buch; die Verwandtschaft der römischen Institutionen mit griechischen oder gar die Überlegenheit der ersteren über letztere ist das Thema zahlreicher Exkurse.[38] Wie unberechtigt der Vorwurf war, das Schicksal habe Rom völlig unverdientermaßen zur Herrschaft gelangen lassen, sollen Dionys' Leser aber vor allem daraus erkennen, daß die Stadt gleich von Beginn an unendlich viele (μυρίαι) Einzelbeispiele für die ἀνδρῶν ἀρετάς hervorgebracht habe, wie sie frömmer (εὐσεβέστεροι), gerechter (δικαιότεροι), mehr lebenslange Selbstbeherrschung beweisend (σωφροσύνη πλείονι παρὰ πάντα τὸν βίον χρησάμενοι) und tapferer (τὰ πολέμια κρείττονες ἀγωνισταί) in keiner griechischen oder gar barbarischen Stadtgeschichte anzutreffen seien.[39]

Eines dieser Exempel für die moralische Superiorität Roms über Griechenland, aus denen Dionys auf Roms Recht zur Weltherrschaft schließen zu dürfen glaubt, erblickt er nun auch in der Art und Weise, in der zur Zeit der ältesten Republik die Ständekämpfe (seiner Ansicht nach!) geführt und entschieden worden waren. Der Umstand, daß die miteinander streitenden Parteien damals keine Gewalt gegeneinander gebraucht, sondern ihre Streitigkeiten ὥσπερ ἀδελφοὶ ἀδελφοῖς ἢ παῖδες γονεῦσιν ἐν οἰκίᾳ σώφρονι περὶ τῶν ἴσων καὶ δικαίων διαλεγόμενοι, ohne einander bleibenden Schaden zuzufügen, πειθοῖ καὶ λόγῳ beigelegt hätten, bezeichnet Dionys zunächst freilich nur als ein τῆς Ῥωμαίων πόλεως μέγα ἐγκώμιον, ein überaus lobenswertes Beispiel römischen Tuns. Dann aber fährt er, solches Tun als schlechterdings vorbildlich qualifizierend, fort: [ἐγκώμιόν ἐστι] καὶ ζηλοῦσθαι ὑπὸ πάντων ἀνθρώπων ἄξιον, es handle sich hier um ein Exempel, das wert sei, von der ganzen Menschheit nachgeahmt zu werden.[40] Auf wen Dionys in der gan-

---

[37] I 4,2. Zur antirömischen Propaganda: SCHWARTZ (wie Anm. 29), 959f.; H. FUCHS, Der geistige Widerstand gegen Rom in der antiken Welt, Berlin, ²1964, 13–19; 40–47.

[38] Vgl. SCHWARTZ (wie Anm. 29), 960.

[39] I 5,2f.; vgl. XX 6,1: Dionys läßt Pyrrhos eingestehen, im Krieg gegen Rom πρὸς ἀνθρώπους ὁσιωτάτους [conj. ὁσιωτέρους] Ἑλλήνων καὶ δικαιοτάτους [conj. δικαιοτέρους] gekämpft zu haben.

[40] VII 66,4f. – Indem die Römer damals so gehandelt hatten, wie von Dionys behauptet, hatten sie gleich ihrem Stammvater Romulus ein politisches Ideal erfüllt, das im politischen Leben, wie Dionys in II 18,1 bemerkt, nur selten Wirklichkeit wurde, denn: θρυλοῦσι μὲν ἅπαντες οἱ πολιτικοί, κατασκευάζουσι δ' ὀλίγοι, πρῶτον μὲν τὴν παρὰ τῶν θεῶν εὔνοιαν ... ἔπειτα τὴν σωφροσύνην τε καὶ δικαιοσύνην, δι' ἃς ἧττον ἀλλήλους βλάπτοντες μᾶλλον ὁμονοοῦσι. Vgl. außerdem II 62,5.

zen Passage VII 66,4f. zielt, ist angesichts des im Proömium Angekündigten klar: auf die Griechen. Doch überläßt Dionys diese Erkenntnis nicht dem Leser, sondern spricht sie – ein Hinweis darauf, wie wichtig sie ihm war – lieber selbst aus. Was *patres* und *plebs* im frührepublikanischen Rom so vorbildlich vermieden hätten, nämlich sich in ihren Auseinandersetzungen irreparablen Schaden zuzufügen (ἀνήκεστον δ᾽ ἢ ἀνόσιον ἔργον μηθὲν ὑπομεῖναι δρᾶσαι κατ᾽ ἀλλήλων), ebendies sei unter den Griechen üblich gewesen: οἷα Κερκυραῖοί τε κατὰ τὴν στάσιν εἰργάσαντο καὶ Ἀργεῖοι καὶ Μιλήσιοι καὶ Σικελία πᾶσα καὶ συχναὶ ἄλλαι πόλεις (66,5).

Aus dem Proömium und nicht minder aus einzelnen in die *Antiquitates* eingestreuten Reflexionen können wir also entnehmen, daß Dionys nicht anders als Lukas – jedenfalls: auch – um der Bewältigung von Legitimitätsproblemen willen zur Feder gegriffen hat.[41] Wie sich Lukas mit der Frage konfrontiert sah, worin denn die Legitimität einer Kirche noch bestehen könne, die ihren judenchristlichen Anfängen zum Trotz zur Heidenkirche geworden war, so stellte sich Dionys dem Problem, das Rom aus der mit historischen und moralischen Gründen argumentierenden Bestreitung seines Rechts auf Herrschaft durch griechische Intellektuelle erwachsen mußte. Wie wir sahen,

---

[41] Ein weiterer Zweck der *Antiquitates* bestand auf alle Fälle darin, hier „ein παράδειγμα des Classicismus" zu liefern (SCHWARTZ [wie Anm. 29], 934, vgl. 938f.). Außerdem könnte Dionys gleich Horaz, Livius oder Vergil als Propagandist der augusteischen Prinzipatsideologie zu wirken gesucht haben. P. M. MARTIN hat gezeigt, daß sich das ganze erste Buch der *Antiquitates* als «un hymne à la concordia et une démonstration par l'absurde de la folie des guerres civiles» lesen läßt (La propagande augustinienne dans les Antiquités romaines de Denys d'Halicarnasse [Livre I], REL 49 [1971], 162–179; Zitat: 175). Sollte die Passage *Ant. Rom.* VII 66,4 auch in diesem Sinne zu verstehen sein? Dionys teilt hier ja nicht nur mit, daß die am Ständekampf beteiligten Parteien seinerzeit auf die Anwendung von Gewalt verzichtet hätten, sondern präzisiert: Man habe damals auf seiten der δημοτικοί nicht versucht, sich gegen die πατρίκιοι zu erheben, viele der κράτιστοι zu töten und sich deren Besitz anzueignen, auf seiten der in Rang und Würden Befindlichen (d. h. der Patrizier) nicht, mit eigenen Machtmitteln oder sogar mit auswärtiger Unterstützung (ξενικαὶ ἐπικουρίαι) das δημοτικόν zu vernichten. All dies war aber im Bürgerkrieg geschehen: Senatorenmorde, Proskriptionen und auch die Mobilisierung einer auswärtigen Macht, nämlich Ägyptens, gegen Rom – so suggerierte es jedenfalls Octavians Propaganda, die Vergil folgendermaßen wiedergibt: *hinc ope barbarica variisque Antonius armis / ... / Aegyptum viresque Orientis et ultima secum / Bactria vehit, sequiturque – nefas – Aegyptia coniunx* (*Aen.* VIII 685–688). Und wenn Dionys den Gewaltverzicht der Vorfahren als ζηλοῦσθαι ὑπὸ πάντων ἀνθρώπων ἄξιον preist, ist der Schluß nicht unmöglich, daß er seine Gegenwart von der hier von ihm reklamierten friedenswahrenden Eintracht aller geprägt sah und den *consensus universorum* bzw. *omnium*, auf den sich der Prinzipat des Augustus ideologisch stützte (dazu H. U. INSTINSKY, Consensus universorum, Hermes 75 [1940], 265–278; F. ALTHEIM, Römische Geschichte, Teil 2, Berlin 1948, 103–131; ähnlich, wie auch Livius das getan hat (vgl. ALTHEIM 123–125), durch den Nachweis seiner Vorabschattung in der frühen römischen Republik legitimieren wollte. Dionys' expressis verbis erklärtes Ziel war freilich die Legitimierung der römischen Herrschaft, nicht die des Prinzipats.

haben Lukas und Dionys gleichermaßen versucht, die Probleme durch den Rekurs auf die Geschichte zu lösen; sie sollte und konnte ihrer Meinung nach das Bestehende hinreichend legitimieren.

Bei Lukas spielten in diesem Legitimierungsprozeß Reden – die Missionsreden – eine gewichtige Rolle; sie waren entscheidende Faktoren des legitimierenden historischen Geschehens gewesen und deshalb von Lukas überliefert – sprich: gestaltet – worden. Ein gleiches gilt nun auch für Dionys.

Wie eben gezeigt, sah er im Ständekampf der ältesten Republik ein leuchtendes Beispiel für die die römische Herrschaft legitimierende moralische Superiorität Roms über die Griechen. Diese Superiorität resultierte für Dionys daraus, daß die Auseinandersetzung zwischen *patres* und *plebs* anders als in zahlreichen griechischen Poleis gewaltlos verlaufen war. Was aber hatte die römischen Vorväter zu solcher moralische Superiorität spendenden Gewaltlosigkeit bewegen können? Dionys stellt diese Frage auch und benutzt sie zugleich, um die Überlänge seiner Darstellung des Ständekampfes zu rechtfertigen; er habe, so gibt er in VII 66,1 an, verhindern wollen, daß man sich darüber wundere, *wie* in aller Welt die *patres* dazu gekommen seien, der *plebs* eine derartige Machtfülle zu überlassen, ohne wie in anderen Poleis durch Mord und Verbannung dazu gezwungen gewesen zu sein, πῶς ὑπέμειναν οἱ πατρίκιοι τηλικαύτης ἐξουσίας ποιῆσαι τὸν δῆμον κύριον, οὔτε σφαγῆς τῶν ἀρίστων ἀνδρῶν γενομένης οὔτε φυγῆς, οἷον ἐν ἄλλαις πολλαῖς ἐγένετο πόλεσι. Als der Forschung nach den αἰτίαι verpflichteter Historiker[42] verweigert Dionys die Antwort auf diese Frage nicht; es seien die überzeugenden Reden der beiderseitigen Parteiführer gewesen, die den gewaltlosen Wandel herbeigeführt hätten (λόγοις πείσαντες μεθήρμοσαν)[43] und die deshalb, aufgrund ihres αἰτία-Charakters, auch zu überliefern gewesen seien.[44] Das heißt aber, daß der Verfasser der *Antiquitates* den Reden der am Ständekampf Beteiligten in der Tat noch ein weiteres Mal eine Funktion zuschreibt, wie sie Lukas seinen Missionsreden ebenfalls zugewiesen hatte. Für beide Historiker sind die fraglichen Reden nicht nur, wie oben gezeigt, das Movens des Geschehens, sondern beide Male sind sie zugleich auch das Movens eines Geschehens, das – freilich in je unterschiedlicher Weise – die gegenwärtigen Verhältnisse legitimierende Kraft besaß. Das in den Missionsreden laut gewordene Jesuszeugnis hatte zur Heidenmission geführt und konnte so auch das Ergebnis der Heidenmission, die heidenchristliche Kirche, legitimieren; die im Ständekampf gehaltenen Reden hatten zu dessen gewaltloser Beilegung geführt und ihn so zu dem moralische Superiorität spenden-

---

[42] Er will sich nicht vorwerfen müssen: δι' ἃς δὲ συνεχωρήθη ταῦτ' αἰτίας παρέλιπον (66,2).

[43] Vgl. 66,5: Die Streitigkeiten seien πειθοῖ καὶ λόγῳ beigelegt worden.

[44] 66,3. Es folgt die Reflexion über die Pflicht des Historikers zur Überlieferung geschichtsbestimmender Reden.

den und insofern im Kampf um die Legitimität der römischen Herrschaft brauchbaren Exempel gemacht, als das der Ständekampf Dionys in den *Antiquitates* dient.

Was Dionys und Lukas miteinander verbindet, ist also kaum ihre Zugehörigkeit zu einer von Balch allzu diffus als „politisch" apostrophierten Geschichtsschreibung, sondern vielmehr ein sehr konkretes apologetisches Interesse: das Interesse an der Wahrung oder sogar Neubegründung der Legitimität jener, deren jeweilige Anfangsgeschichte man schrieb, und es ist auch eben dieses apologetische Interesse gewesen, das sowohl Dionys wie Lukas dazu bewogen hat, in den von ihnen geschilderten Anfangsgeschichten das literarische Mittel der vom Autor selbst formulierten und von ihm als den Fortgang der erzählten Geschichte bestimmend charakterisierten Rede einzusetzen. Ob die offensichtliche apologetische Tendenz beider ‚Archäologien' es gestattet, Balchs Definition dieser Werke als "political historiography" dahingehend zu präzisieren, daß man sie nunmehr unter dem Begriff ‚apologetische Geschichtsschreibung' subsumiert[45], sei dahingestellt; von einer Gattung (*genre*) wird man hier allerdings aufgrund der erheblichen Formenunterschiede zwischen der mimetischen Geschichtsschreibung des Lukas einerseits und dem „historisierenden Rhetor" Dionys[46] andererseits kaum sprechen können. Richtiger ist es wohl, die nächsten Formparallelen für die Apostelgeschichte in solchen ebenfalls apologetisch-propagandistisch motivierten und zudem der mimetischen Geschichtsschreibung verpflichteten historischen Monographien zu sehen, wie sie in Ciceros Konsulatsschrift[47] oder auch im 2. Makkabäerbuch[48] vorliegen.

Damit bin ich am Ende meiner Überlegungen angelangt. Erneut sei betont, daß aus dem Voranstehenden nicht auf eine Abhängigkeit des Actaverfassers von Dionys zu schließen ist.[49] Was beide miteinander (sowie mit Livius) gemein haben, sind Ansichten über den geschichtsbestimmenden Charakter von Reden, die in dem weiten Bereich der hellenistischen Historiographie verbreitet gewesen sein dürften, eine Annahme, die freilich nicht genauer zu präzisieren ist, da sich die hellenistische Geschichtsschreibung nur sehr

---

[45] Vgl. dazu G. E. STERLING, Historiography and Self-Definition. Josephos, Luke-Acts and Apologetic Historiography (NT.S 64), Leiden/New York/Köln 1992.

[46] O. LENDLE, Einführung in die griechische Geschichtsschreibung. Von Hekataios bis Zosimos, Darmstadt 1992, 242.

[47] Vgl. dazu meinen Beitrag *Cicero und Lukas. Bemerkungen zu Zweck und Stil der historischen Monographie*, im vorliegenden Band S. 15–32.

[48] Dazu M. DELCOR, The apocrypha and pseudepigrapha of the Hellenistic period, in: W. D. Davies – L. Finkelstein (Hg.), The Cambridge History of Judaism, Vol. 2. The Hellenistic Age, Cambridge 1989, 409–503: 465f., sowie PLÜMACHER (wie Anm. 47), oben S. 26f.

[49] Selbst BALCH, der gewichtige Strukturparallelen zwischen der Apostelgeschichte und den *Antiquitates* des Dionys feststellen zu können meint (Art. Apostelgeschichte, RGG⁴ 1 [1998], 642–648), sieht Lukas „nicht direkt von Dionysius abhängig" (ebd. 644).

trümmerhaft erhalten hat. Gerade deswegen aber kann die Beschäftigung mit dem vergleichsweise umfangreich überlieferten Werk des Dionys lohnen. Davon, daß er lange Zeit als „pedantischer Graeculus", „kleine Seele"[50], „äußerst bornierter Kopf" oder als „ein Mann, den die Musen bei seiner Geburt mit zornigen Augen angeblickt" hätten[51], diffamiert wurde, sollte man sich nicht abschrecken lassen. Immerhin kann der Blick in die literarische Hinterlassenschaft des „pedantischen Graeculus" einmal mehr zeigen, daß das lukanische Werk in den Bereich der Geschichtsschreibung gehört und keineswegs im Kontext der Biographie oder gar des Romans anzusiedeln ist.

---

[50] Schwartz (wie Anm. 29), 958 bzw. 934.

[51] E. Norden, Die antike Kunstprosa vom VI. Jahrhundert v. Chr. bis in die Zeit der Renaissance, 2 Bände, Leipzig/Berlin ³1915–1918 (Repr. Darmstadt 1971), Bd. 1, 79, bzw. Bd. 2, 884f.

Eine Thukydidesreminiszenz in der Apostelgeschichte
(Apg 20,33–35 – Thuk. II 97,3f.)

Thukydideismen sind im Neuen Testament nicht unbedingt zu erwarten. Wer indes die 26. Auflage seines Nestle-Aland zur Hand nahm und das Register der *Loci citati vel allegati* durchmusterte, konnte unter den – freilich insgesamt nur sieben – Belegen, die eine Benutzung griechischer Autoren durch neutestamentliche Schriftsteller nahelegen, zuletzt auch eine Thukydidesstelle genannt finden, nämlich II 97,4.[1]

Thukydides erwähnt hier, daß es bei den thrakischen Barbaren anders als im Perserreich Brauch gewesen sei, λαμβάνειν μᾶλλον ἢ διδόναι, also eher, lieber, mehr zu nehmen als zu geben. Diese Maxime findet sich wieder in der Apostelgeschichte, und zwar vom Kopf auf die Füße gestellt; eine der von Lukas dem Paulus in den Mund gelegten Reden, die Abschiedsrede in Milet (Apg 20,18–35), schließt mit der Mahnung, sich des Herrenwortes μακάριόν ἐστιν μᾶλλον διδόναι ἢ λαμβάνειν zu erinnern (20,35). Daß es sich hierbei um ein echtes Jesuswort handelt, ist äußerst unwahrscheinlich. Denn eine entsprechende jüdische Sentenz, an die Jesus sich angeschlossen haben könnte, ist trotz eifrigen Suchens noch nicht gefunden worden.[2] Und daß der Zimmermannssohn aus Nazareth selbst Thukydides gelesen und ihn sachlich korrigierend zitiert haben sollte, darf man, auch wenn man ihm griechische Sprachkenntnisse unterstellen könnte[3], noch weniger annehmen. Nicht undenkbar ist hingegen, daß eine Maxime vom Vorzug des Gebens vor dem Nehmen, die in der griechisch-römischen Welt als allgemein gebräuchliche Sentenz umlief, sei es von Lukas, sei es bereits vor ihm, Jesus in den Mund gelegt worden ist.[4] Derlei kam ja vor: Die vor allem aus Euripides[5] bekannte,

---

[1] In der 27. Auflage ist dieser Hinweis gestrichen und nur noch als Randnotiz z. St. (Apg 20,35) beibehalten worden, als welche er sich auch in der 26. Auflage schon befand.

[2] Vgl. K.-H. RENGSTORF, „Geben ist seliger denn Nehmen." Bemerkungen zu dem außerevangelischen Herrenwort Apg 20,35, in: O. Michel – U. Mann (Hg.), Die Leibhaftigkeit des Wortes. Festgabe für A. Köberle, Hamburg 1958, 23–33; J. DUPONT, Paulus an die Seelsorger. Das Vermächtnis von Milet (Apg 20,18–36), Düsseldorf 1966, 231; E. HAENCHEN, Die Apostelgeschichte (KEK 3), Göttingen [7]1977, 569, Anm. 5.

[3] Siehe dazu zuletzt S. E. PORTER, The Criteria for Authenticity in Historical-Jesus Research. Previous Discussion and New Proposals (JSNT.S 191), Sheffield 2000, 127–141.

[4] Vgl. H. CONZELMANN, Die Apostelgeschichte (HNT 7), Tübingen [2]1972, 129; J. JEREMIAS, Unbekannte Jesusworte, Göttingen [4]1965, 37; HAENCHEN (wie Anm. 2), 569, Anm. 5.

[5] Siehe bes. *Bacchae* 794f.

aber von Pindar bis Libanios immer wieder bezeugte Wendung πρὸς κέντρον bzw. πρὸς κέντρα λακτίζειν z. B. war sprichwörtlich[6] und findet sich in einer anderen der von Lukas gestalteten Paulusreden, in Apg 26,14, ebenfalls als Jesuswort, wieder.

Während indes das Wort vom Stachel stets in dem zitierten oder einem ganz ähnlichen Wortlaut begegnet, ist die Maxime vom Vorzug des Gebens vor dem Nehmen bzw. des Nehmens vor dem Geben in der griechisch-römischen Literatur in sehr unterschiedlichen Formen belegt. Statt des Gegensatzpaares διδόναι – λαμβάνειν finden sich auch die Paare προσθεῖναι – ἀφελεῖν (Pseudo-Plutarch)[7], πλουτίζειν – πλουτεῖν (Aelian und Pseudo-Plutarch)[8], εὖ ποιεῖν – εὖ πάσχειν (Epikur, bei Plutarch)[9], und *accipere – reddere* (Seneca)[10]. Die Zahl der Belege, in denen der Gegensatz Geben – Nehmen durch διδόναι – λαμβάνειν wiedergegeben wird – sie finden sich bei Aristophanes[11], Timokles[12], Aristoteles[13], Plutarch[14], Pollux[15], Artemidor[16] sowie in 1Clem 2,1 und Did 1,5[17] –, ist freilich so groß, daß man zunächst auch in Apg 20,35 eher als an eine bewußte Thukydidesreminiszenz an die Benutzung jener allgemein verbreiteten Sentenz glauben möchte.

Dennoch bin ich der Meinung, daß der Hinweis auf Thukydides am Rande und im Register der Aland'schen Ausgabe des Neuen Testaments zu Recht steht bzw. stand – dies allerdings nur dann, wenn man nicht allein auf Apg 20,35 und Thukydides II 97,4 blickt, sondern auch Apg 20,33f. und Thukydides II 97,3 mit ins Kalkül zieht. Wir erinnern uns: In V. 33 der Abschiedsrede läßt Lukas den Paulus beteuern, er habe von niemandem Silber, Gold oder kostbare Gewänder begehrt, um dann in V. 34 fortzufahren, daß er vielmehr für seinen wie auch seiner Begleiter Unterhalt gearbeitet habe. Dann folgt der erbauliche Schlußvers 35 mit der Mahnung, des Herrenworts μακάριόν ἐστιν μᾶλλον διδόναι ἢ λαμβάνειν eingedenk zu sein. Schauen wir nun auf die

---

[6] A. VÖGELI, Lukas und Euripides, ThZ 9 (1953), 415–438. – Belege: L. SCHMID, Art. Κέντρον, ThWNT 3 (1938), 662–668: 664. Pindar: *Pyth.* II 94–96; Libanios: s. E. SALZMANN, Sprichwörter und sprichwörtliche Redensarten bei Libanios, Diss. phil. Tübingen 1910, 75.

[7] *Mor.* 173d.

[8] *Var. hist.* XIII 13 bzw. *Mor.* 181f; möglicherweise aus einer gemeinsamen Quelle, vgl. K. ZIEGLER, Art. Plutarchos von Chaironeia, PRE 21 (1952), 636–962: 864. Bei der Plutarch nur zugeschriebenen Schrift handelt es sich um die *Regum et imperatorum apophthegmata.*

[9] *Mor.* 778c (= *Maxime cum principibus philosopho esse disserendum* 3).

[10] *Epist.* 81,17.

[11] *Eccl.* 783.

[12] Bei Athenaeus VIII 341f.

[13] *Eth. Nic.* IV 1,7.

[14] *Caesar* 16,9.

[15] *Onom.* III 113 und 114.

[16] *Onirocr.* IV 2 (p. 247,4–8 Pack).

[17] Zum Belegmaterial im einzelnen DUPONT (wie Anm. 2), 229–231.

Thukydidesstelle! Der Odrysenkönig Seuthes habe, so heißt es da, neben den Steuereinkünften aus seinem Machtbereich in gleicher Höhe noch Gold- und Silbergeschenke erhalten, darüber hinaus auch buntgewirkte und glatte Stoffe, und zwar, so fährt Thukydides fort, nicht nur der König selbst, sondern ebenso die Großen neben dem Thron und die Vornehmen der Odrysen. Dann folgt in II 97,4 die derartiges Tun zusammenfassende Bemerkung, bei den Thrakern im allgemeinen und den Odrysen im besonderen sei es, im Gegensatz zum Perserreich, Brauch (νόμος) geworden, eher, mehr, lieber zu nehmen als zu geben.

Vergleicht man nun Apg 20,33–35 mit Thukydides II 97,3f., so zeigt sich, daß sich die beiden Texte recht genau entsprechen. In beiden geht es um das Entgegennehmen von Gold, Silber und kostbarer Kleidung (bzw. kostbaren und anderen Stoffen): um ἀργύριον ἢ χρυσίον ἢ ἱματισμός hier, δῶρα ... χρυσοῦ τε καὶ ἀργύρου sowie ὑφαντά τε καὶ λεῖα καὶ ἡ ἄλλη κατασκευή dort.[18] In beiden Texten sind die – wirklichen bzw. potentiellen – Empfänger solcher Gaben nicht allein die jeweiligen Häupter der in Rede stehenden (Spende-)Gemeinschaften, der Odrysenkönig bzw. Paulus, sondern ebenso auch deren jeweilige Umgebung, nämlich Hof und Adel der Odrysen hier, οἱ ὄντες μετ' ἐμοῦ dort (wobei auffällt, daß die Paulusbegleiter in der ganzen Abschiedsrede nur hier, und zwar ohne zwingenden sachlichen Grund, erwähnt werden; bis V. 34 war stets nur von Paulus die Rede). Weiter: Beide Male gipfelt der Text darin, das geschilderte Verhalten in einer Norm zusammenzufassen – hier ist es der νόμος der Thraker, der erlaubt, so zu verfahren wie geschildert, dort sind es die λόγοι τοῦ κυρίου Ἰησοῦ, die, offenbar in logischer Anknüpfung an das Verhalten des Paulus, vorschreiben, wie man idealerweise zu handeln habe. Und schließlich: Der Inhalt der das Handeln bestimmenden Norm findet sich in beiden Texten mit Hilfe derselben, jeweils eine Maxime darstellenden Worte formuliert, λαμβάνειν μᾶλλον ἢ διδόναι heißt es hier, μᾶλλον διδόναι ἢ λαμβάνειν dort.

So kongruent, wie die beiden Texte in Inhalt, Topik, Reihenfolge der einzelnen Topoi und in V. 35 selbst im Gleichklang der jeweils eine Maxime formulierenden Worte sind, halte ich es nun in der Tat für wahrscheinlich, daß der Verfasser der Apostelgeschichte das Ende der Paulusrede Apg 20,18–35 in Anlehnung an die beigezogene Thukydidesstelle gestaltet hat.[19] Damit sei

---

[18] Zur Deutung vgl. Thukydides, erkl. v. J. CLASSEN, bearb. v. J. STEUP, Bd. 2, Berlin ⁶1963, 261 z. St.

[19] Für diese Annahme ist ohne Belang, ob sich aus Thukydides II 97,4 wirklich mit Sicherheit erschließen läßt, daß die von den Thrakern in ihr Gegenteil verkehrte Norm der persischen Könige, lieber zu geben als zu nehmen, genau wie in Apg 20,35 μᾶλλον διδόναι ἢ λαμβάνειν lautete, oder ob die aus Thukydides II 97,4 zu erschließende persische Maxime nicht vielleicht auch anders formuliert gewesen sein könnte, etwa δοῦναι μᾶλλον ἢ τυχεῖν, wie dies J. J. KILGALLEN, Acts 20,35 and Thucydides 2.97.4, JBL 112 (1993), 312–314, unter Hinweis auf die an gleicher Stelle stehende, die Norm der Thraker interpretierende Bemer-

keineswegs in Abrede gestellt, daß Lukas bei der Abfassung dieser Rede sonst eher an die Gattung der alttestamentlich-frühjüdischen Abschiedsrede ange-knüpft haben dürfte.[20] Doch findet sich dort die Maxime vom Vorzug des Ge-bens vor dem Nehmen nicht[21]; sie zumindest entstammt eindeutig griechi-schem Milieu. Das heißt: Jedenfalls in V. 35 ist Lukas aus der Welt alttesta-mentlich-frühjüdischer Vorbilder in den Bereich griechischen Bildungsgutes hinübergewechselt. Der – wenn man so schroff formulieren will – Stilbruch am Ende der Rede ist als solcher nicht zu bezweifeln. Das bedeutet aber, daß der Verweis auf den Charakter der Rede als einer zuvörderst an alttestament-lich-frühjüdischer Tradition orientierten Schöpfung kein Argument gegen die Annahme sein kann, Lukas habe in Apg 20,33–35 Thukydides imitiert.

Wem die Vorstellung, der Actaverfasser habe sich hier, wenigstens einmal, auch mit den Federn des Altmeisters der griechischen Historiographie schmücken wollen, dennoch befremdlich erscheint, der möge sich vergegen-wärtigen, zu welchem Einfluß Thukydides im Literaturbetrieb der römischen Kaiserzeit gelangt war.[22] Bereits im ersten vorchristlichen Jahrhundert galt der athenische Historiker wieder als Klassiker; *laudatus est ab omnibus* bemerkt Cicero einmal[23], und selbst wer dem Athener kritisch gegenüberstand, verband damals mit seiner Kritik keineswegs die Absicht, von der Nachahmung des Thukydides abzuraten, sondern hatte lediglich dies im Sinn: jenen, die Thuky-didesmimesis treiben wollten, von Nutzen zu sein (τὴν ὠφέλειαν αὐτῶν τῶν βουλησομένων μιμεῖσθαι τὸν ἄνδρα) – so zumindest Dionys von Halikar-nass in seinem Traktat Περὶ Θουκυδίδου[24], in dem auch, wenngleich nur schemenhaft wahrnehmbar, Spuren einer seinerzeit darüber geführten Debatte

kung des Thukydides καὶ αἴσχιον ἦν αἰτηθέντα μὴ δοῦναι ἢ αἰτήσαντα μὴ τυχεῖν vorge-schlagen hat. Lukas will jedoch in Apg 20,33–35 Inhalt, Topik und Vokabular einer ganzen Thukydidespassage anklingen lassen und nicht lediglich in 20,35 Jesus eine Sprichwort ge-wordene Sentenz in den Mund legen, deren Existenz in der vom Actaverfasser benutzten Form μᾶλλον διδόναι ἢ λαμβάνειν in der Tat schwieriger zu behaupten fiele, wenn man nicht mehr auf Thukydides II 97,4 als den ältesten und zugleich stringentesten Beleg für diese Sentenz verweisen könnte.

[20] Siehe nur J. MUNCK, Discours d'adieu dans le Nouveau Testament et dans la littérature biblique, in: Aux sources de la tradition Chrétienne, FS M. Goguel, Neuchâtel/Paris 1950, 155–170; H.-J. MICHEL, Die Abschiedsrede des Paulus an die Kirche. Apg 20,17–38. Mo-tivgeschichte und theologische Bedeutung (StANT 35), München 1973; W. S. KURZ, Luke 22,14–38 and Greco-Roman and Biblical Farewell Addresses, JBL 104 (1985), 251–268: 267f.; DUPONT (wie Anm. 2), 9–15. Zur Abschiedsrede in der griechisch-römischen Literatur vgl. außer KURZ, a. a. O. 253–255, noch S. WALTON, Leadership and Lifestyle. The portrait of Paul in the Miletus speech and 1 Thessalonians (MSSNTS 108), Cambridge 2000, 58–60.

[21] Siehe oben Anm. 2.

[22] Vgl. H. G. STREBEL, Wertung und Wirkung des Thukydideischen Geschichtswerkes in der griechisch-römischen Literatur, Diss. phil. München 1935, 27–68.

[23] *Orator* 31; vgl. *De orat.* II 56.

[24] *De Thuc.* 25 (p. 364, 15f. Usener – Radermacher).

aufscheinen, ob Thukydides nicht sogar von minder Gebildeten gelesen werde bzw. gelesen werden könne[25], wozu Dionys selbst allerdings bemerkt, jedenfalls habe Thukydides für ‚kleine Leute' wie Markthändler (ἀγοραῖοι ἄνθρωποι) oder Handwerker (ἐπιδίφριοι ἢ χειροτέχναι) nicht geschrieben.[26] Gewiß ist jedoch das Folgende: Obschon kein geringerer als Cicero heftig gegen die *Thucydidii* unter seinen Rhetorenkollegen polemisiert hatte[27], sollten es in der Folgezeit dann gerade die Lehrbücher der Rhetorik sein, die den Athener als Vorbild empfahlen. „Auch wenn wir selbst eine Schrift ausarbeiten, die erhabene Sprache und große Gesinnung erfordert, ist es gut, uns in Gedanken auszumalen: Wie hätte wohl Homer dasselbe formuliert, und in welche hohen Worte hätten Platon oder Demosthenes oder, in der Geschichtsschreibung, Thukydides es gekleidet?" heißt es z. B. in des Pseudo-Longinus – wohl aus dem 1. Jh. n. Chr. stammender – Schrift Περὶ ὕψους.[28] So kann es denn nicht verwundern, wenn schließlich sehr vielen der schriftstellernden Zeitgenossen des Actaverfassers die Thukydidesnachahmung zu einer zumindest gelegentlich geübten Gewohnheit geworden war.

Einer der Zeitgenossen des Lukas, die zu thukydideisierenden Schriftstellern wurden, war Flavius Josephus. Die Thukydidesmimesis dieses Historikers, die mit der Nachahmung auch anderer klassischer Historiker wie überhaupt als ‚klassisch' geltender griechischer Autoren Hand in Hand ging, hat in der einschlägigen Forschung die ihr gebührende Beachtung bereits gefunden[29], und selbst wenn der eine oder andere Thukydideismus bei Josephus durchaus strittig sein mag, scheint mir das Faktum der Thukydidesimitation durch den jüdischen Historiker als solches unbestreitbar. Es dürfte feststehen, daß er sich nicht selten sowohl darum bemüht, seine Erzählung mit thukydideischen

---

[25] Vgl. *De Thuc.* 27 (p. 371,10–20 Usener – Radermacher) sowie J. MALITZ, Das Interesse an der Geschichte. Die griechischen Historiker und ihr Publikum, in: H. Verdin – G. Schepens – E. de Keyser (Hg.), Purposes of History. Studies in Greek Historiography from the 4th to the 2nd Centuries B. C. (StHell 30), Louvain 1990, 323–349: 339f.

[26] *De Thuc.* 50 (p. 409, 21–26 Usener – Radermacher).

[27] *Orator* 30–32.

[28] 14,1: οὐκοῦν καὶ ἡμᾶς, ἡνίκ' ἂν διαπονῶμεν ὑψηγορίας τι καὶ μεγαλοφροσύνης δεόμενον, καλὸν ἀναπλάττεσθαι ταῖς ψυχαῖς· πῶς ἂν εἰ τύχοι ταὐτὸ τοῦθ' Ὅμηρος εἶπεν, πῶς δ' ἂν Πλάτων ἢ Δημοσθένης ὕψωσαν ἢ ἐν ἱστορίᾳ Θουκυδίδης; s. noch 22,3; 25; 38,3. Zur Datierung: R. BRANDT (Hg.), Pseudo-Longinos. Vom Erhabenen, Darmstadt 1966, 12 (dort S. 59 obige Übersetzung). Vgl. außerdem Pseudo-Demetrius von Phaleron, Περὶ ἑρμηνείας 39f.44f., und Dion von Prusa, *Or.* 18 (Περὶ λόγου ἀσκήσεως), 10. Über die Allgegenwart der Rhetoren um die Wende vom 1. zum 2. nachchristlichen Jahrhundert Juvenal, *Sat.* XV 110–112.

[29] Vgl. die bei E. PLÜMACHER, Lukas als hellenistischer Schriftsteller (StUNT 9), Göttingen 1972, 62, genannte Literatur. Zutreffend L. H. FELDMAN, in: ders. – G. Hata (Hg.), Josephus, the bible, and history, Leiden 1989, 20: "Josephus is constantly seeking to expound biblical narrative in the light of the Greek authors whom he knew so well, notably Homer, Herodotus, Thucydides, the tragedians, and Plato."

Wendungen stilistisch auszuschmücken[30], als auch darum, einzelne von ihm zu schildernde Begebenheiten nach dem Bericht von sachlich ähnlichem Geschehen im thukydideischen Geschichtswerk zu modellieren. Ein Beispiel für die zuletzt genannte Art und Weise der Thukydidesimitation des Josephus sei hier gegeben: *Ant.* XVII 168f.[31] Josephus beschreibt dort die Todeskrankheit Herodes' des Großen, und zwar so, daß sich jeder gebildete Leser an die Pestschilderung des Atheners erinnert fühlen mußte.[32] Ganz anders dagegen *Bell.* I 656! Auch in dem früheren Werk berichtet Josephus schon von Herodes' Krankheit – aber hier fehlen noch sämtliche Thukydidesreminiszenzen, die das spätere Werk dann enthält. Der Vergleich der beiden Stellen zeigt: Die Thukydideismen in *Ant.* XVII 168f. sind wirklich solche und verdanken sich keineswegs stilistischem Zufall.

An den stilistischen Zufall möchte ich nun auch in Apg 20,33–35 nicht glauben. Angesichts der seinerzeit fast ubiquitären Präsenz der Thukydidesmimesis und des weiteren der Tatsache, daß sich selbst ein Abkömmling des Jerusalemer Priesteradels wie Josephus gelegentlich dem Diktat der Thukydideer zu beugen verstand, halte ich es für methodisch geradezu geboten, die Kongruenz von Apg 20,33–35 mit Thukydides II 97,3f. durch die Annahme zu erklären, Lukas habe hier Thukydides anklingen lassen wollen.

Es bleibt freilich die Frage, warum der Actaverfasser gerade an dieser Stelle zum Thukydideer geworden ist. Die Antwort findet sich, wenn man auf eine andere Stelle der Apostelgeschichte blickt, auf 17,21. Ohne daß es vom Duktus der Erzählung her erforderlich wäre, teilt der Actaverfasser seinen Lesern hier in einer Art Anmerkung mit, daß die Athener ihre Zeit auf nichts lieber verwendeten als darauf, etwas Neues zu sagen oder zu hören. Die Neugier der Athener war sprichwörtlich: Wir begegnen dem Motiv bei Demosthenes[33], bei Chariton von Aphrodisias[34] und ebenso schon in einer bissigen Passage der Kleonrede bei Thukydides[35]. Die Verbreitung des Motivs hindert an der Annahme, Lukas habe gewußt, daß er auch hier auf thukydideischem Bo-

---

[30] Belege bei H. Drüner, Untersuchungen über Josephus, Diss. phil. Marburg 1896, 11–24.

[31] Vgl. D. J. Ladouceur, The Death of Herod the Great, CP 76 (1981), 25–34: 28–30. Ein anderes Beispiel bei T. Rajak, Josephus. The Historian and His Society, London 1983, 93.

[32] Vgl. Thukydides II 49,4 σπασμὸν ἐνδιδοῦσα ἰσχυρόν mit *Ant.* XVII 169 (Ende) ἐσπασμένος (var. σπασμός) τε περὶ πᾶν ἦν μέρος ἰσχὺν οὐχ ὑπομενητὴν προστιθέμενος; Thukydides II 49,5 τὸ μὲν ἔξωθεν ἁπτομένῳ σῶμα οὔτ' ἄγαν θερμὸν ἦν ... τὰ δὲ ἐντὸς οὕτως ἐκάετο ὥστε mit *Ant.* XVII 168 πῦρ μὲν γὰρ μαλακὸν ἦν οὐχ ὧδε πολλὴν ἀποσημαῖνον τοῖς ἐπαφωμένοις τὴν φλόγωσιν ὁπόσην τοῖς ἐντὸς προσετίθει τὴν κάκωσιν sowie den Begriff ἕλκωσις Thukydides II 49,6 und *Ant.* XVII 169.

[33] *Or.* IV 10.

[34] I 11,6.

[35] III 38,5–7. – Conzelmann (wie Anm. 4), 106, verweist außerdem noch auf Aristophanes, *Eq.* 1260ff.

den stand[36]; worauf es ihm freilich ankam, war, seiner knappen Charakteristik Athens, und das heißt: jener Stadt, in der „für Lukas *die* Begegnung des Paulus mit den Heiden und des Christentums mit dem hellenistischen Heidentum" stattfand[37], ein literarisches Glanzlicht aufzusetzen. Der gleichen Absicht dürfte nun auch die thukydideische Stilisierung des Endes der Paulusrede in Apg 20 zu verdanken sein. Lukas wollte diese gewichtige, weil mit dem Abschied des Paulus von seinem Missionsfeld auch das Ende der Epoche der Apostelschüler und damit wiederum den Beginn der lukanischen Gegenwart markierende Rede[38] offenbar nicht nur mit einem erbaulichen Schlußakzent versehen, sondern sie zugleich gebildet, und das heißt: literarisch ausklingen lassen. So breitete er, fromme Mahnung zur Übung christlicher *caritas* mit literarischer Eleganz vereinend, einen thukydideisierenden Flair über den Schlußteil der Rede[39] und tat damit, auf literarischen Schmuck bedacht, nichts anderes als das, was seinerzeit üblich war und was z. B. jener von Lukian mit Spott übergossene Historiker auch getan hat, der einem römischen *centurio* eine den perikleischen Epitaphios imitierende Totenrede in den Mund legte. Lukians Spott gilt nicht dem Thukydideertum jenes Autors als solchem, sondern dem Verstoß gegen das Gebot des πρέπον[40], der darin bestand, einen ebenso rangniederen wie unbekannten Militär ganz wie den großen athenischen Staatsmann sprechen lassen zu wollen.[41] Wie es mit der Ziemlichkeit der Thukydidesmimesis in Apg 20,33–35 steht, ist hier nicht zu erörtern – handelt es sich dabei doch um eine Geschmacksfrage, die sich wissenschaftlichem Urteil entzieht.

---

[36] Eine Beziehung zwischen Thukydides III 38,5 und Apg 17,21 sah freilich schon ein Thukydides-Scholiast; vgl. H. HOMMEL, Neue Forschungen zur Areopagrede Acta 17, ZNW 46 (1955), 145–178: 150, Anm. 7; O. LUSCHNAT, Art. Thukydides der Historiker. Nachträge, PRE.S 14 (1974), 760–786: 774. – Ob vielleicht auch in Apg 14,17 eine Thukydidesreminiszenz – an II 41,4 (οὐ ... ἀμάρτυρον) – stecke, fragt HOMMEL a. a. O. 156. Zu den Verbindungslinien zwischen Apg 1,1 (Definition des Lukasevangeliums als Bericht περὶ πάντων ... ὧν ἤρξατο ὁ Ἰησοῦς ποιεῖν τε καὶ διδάσκειν) und Thukydides I 22,1f. (λεχθέντα – πραχθέντα) s. W. C. VAN UNNIK, Éléments artistiques dans l'Évangile de Luc, EThL 46 (1970), 401–412: 407f.

[37] A. WEISER, Die Apostelgeschichte. Bd. 2 (ÖTK 5/2), Gütersloh/Würzburg 1985, 458.

[38] Dazu PLÜMACHER (wie Anm. 29), 69f.

[39] Für die weitergehende Annahme, daß Lukas Apg 20,33–35 auch aus sachlichen Gründen an Thukydides II 97,3f. hätte anklingen lassen wollen – etwa im Sinne einer Betonung der ethischen Überlegenheit christlichen Handelns über das Tun der Heiden oder gar der Barbaren –, sehe ich keinen Anlaß.

[40] Vgl. Dionys von Halikarnass, *Epist. ad Pompeium* 3,20 (p. 240, 10f. Usener – Radermacher): πασῶν ἐν λόγοις ἀρετῶν ἡ κυριωτάτη τὸ πρέπον. Zur Sache: M. POHLENZ, Τὸ πρέπον. Ein Beitrag zur Geschichte des griechischen Geistes, NAWG 1933, 53–92 (= DERS., Kleine Schriften, Bd. 1, Hildesheim 1965, 100–139).

[41] Lukian, *Quomodo historia conscribenda sit*, c. 26; dazu H. HOMEYER, Lukian. Wie man Geschichte schreiben soll, München 1965, 229f. Weitere Beispiele für mißglückte Thukydidesimitation durch Historiker bei Lukian, c. 15 und 19.

Rom in der Apostelgeschichte

Befragt man die Apostelgeschichte danach, was man ihr über die Anfänge des Christentums in Rom entnehmen kann, so muß die Antwort lauten: enttäuschend wenig. Ihr Verfasser läßt uns lediglich wissen, daß es zum Zeitpunkt, an dem Paulus in Rom eintraf, dort bereits Christen gab (28,15) und auch unter der Regierung des Kaisers Claudius schon gegeben hatte; aufgrund der gegen die Juden gerichteten Maßnahmen dieses Kaisers nämlich waren, so erfährt man aus Apg 18,2f., die Arbeitgeber des Paulus in Korinth, Aquila und Priscilla, aus Rom vertrieben worden. Von einer Bekehrung des Paares durch Paulus hören wir von Lukas nichts. Aquila und Priscilla müssen also bereits als Christen – Judenchristen – aus Rom nach Korinth gekommen sein.[1] Schließlich möchten zahlreiche Exegeten den von Lukas in der Abschiedsrede des Paulus in Milet gemachten Andeutungen (20,24f.) und der von Lukas ungewöhnlich pathetisch gestalteten Reaktion der Zuhörer auf diese (20,37f.) entnehmen, daß der Verfasser der Apostelgeschichte vom Tode des Paulus in Rom gewußt und an den genannten Stellen an das kollektive Gedächtnis seiner Leserschaft appelliert hat.[2] Das ist freilich schon alles.

Im folgenden soll uns daher eine andere und, wie ich meine, fruchtbarere Frage beschäftigen: die Frage nach der Bedeutung, die Lukas in seiner Darstellung von der Ausbreitung des Evangeliums von Jerusalem bis, wie es in

---

[1] Vgl. P. Lampe, Die stadtrömischen Christen in den ersten beiden Jahrhunderten. Untersuchungen zur Sozialgeschichte (WUNT II 18), Tübingen ²1989, 5; A. Weiser, Art. Ἀκύλας/ Πρίσκα, Πρισκίλλα, EWNT 1 (²1992), 134f.; D. Alvarez Cineira, Die Religionspolitik des Kaisers Claudius und die paulinische Mission (Herders Biblische Studien 19), Freiburg i. Br. usw. 1999, 218f.

[2] Vgl. nur die Kommentare zur Apostelgeschichte, etwa J. Roloff, Die Apostelgeschichte (NTD 5), Göttingen 1981, 304 („V. 24 kann nur als Ankündigung des nahen Todes des Paulus verstanden werden"), H. Conzelmann, Die Apostelgeschichte (HNT 7), Tübingen ²1972, 129 („die Abschiedsszene [sc. 20,36–38] . . . weist deutlich auf den Tod des Paulus zurück"), E. Haenchen, Die Apostelgeschichte (KEK 3), Göttingen ⁷1977, 566. 570f. 572, G. Schneider, Die Apostelgeschichte. II. Teil (HThK V/2), Freiburg i. Br./Basel/Wien 1982, 299f., A. Weiser, Die Apostelgeschichte. Bd. 2 (ÖTK 5/2), Gütersloh/Würzburg 1985, 571, L. T. Johnson, The Acts of the Apostles (Sacra Pagina Series 5), Collegeville (MN) 1992, 366, oder J. Jervell, Die Apostelgeschichte (KEK 3), Göttingen 1998, 515. 631, Anm. 626. Daß der Märtyrertod Paulus in Rom ereilte, wird stets als selbstverständlich vorausgesetzt.

der programmatischen Erklärung des Auferstandenen in Apg 1,8 heißt, „an das Ende der Erde" Rom zugewiesen hat.[3]

I

Erstmals erwähnt wird Rom im Paulusteil der Apostelgeschichte, in 19,21. Lukas läßt hier Paulus seine künftigen Reisepläne skizzieren; sie gipfeln darin, daß Paulus den Entschluß kundtut, im Anschluß an einen hier ebenfalls projektierten Jerusalembesuch auch nach Rom zu reisen: μετὰ τὸ γενέσθαι με ἐκεῖ [d. h. in Jerusalem] δεῖ με καὶ ῾Ρώμην ἰδεῖν. Bemerkenswert ist an dieser Aussage zunächst der Zeitpunkt, zu dem Lukas sich Paulus dergestalt äußern läßt; Lukas wählt hierfür einen Augenblick, der eine gewichtige Zäsur im Wirken des Paulus darstellt, jenen Augenblick, in dem die Missionstätigkeit des Paulus an ihr Ende gelangt ist. Denn was die Abschiedsrede 20,18–35 vollends deutlich machen wird, zeigt Lukas auch hier in 19,21 bereits an, und zwar mit der feierlich klingenden Wendung ὡς δὲ ἐπληρώθη ταῦτα, einer Wendung, die an einen ähnlich gewichtigen Einschnitt in Jesu Wirksamkeit (vgl. Lk 9,51) erinnern soll und schon deshalb nicht lediglich auf die zuvor berichteten Ereignisse in Ephesus zurückweisen kann, sondern vielmehr auf die gesamte in 13,2–19,20 geschilderte Missionsarbeit des Paulus bezogen werden muß.[4] Ist diese aber nunmehr abgeschlossen, muß Lukas den Erwartungshorizont des Lesers neu füllen; er tut das, indem er ihm jetzt Rom als Ziel der künftigen Handlung der Apostelgeschichte vor Augen stellt: „Von nun an bildet es den ständigen Hintergrund der Erzählung" und ist „gleichsam die geheimnisvolle Kraft, die das Geschehen weiterbringt."[5]

Noch etwas Zweites, nicht minder Gewichtiges, fällt an Pauli Ankündigung seiner Romreise in 19,21 auf: Lukas zufolge *will* Paulus nicht einfach nur

---

[3] Die der Septuaginta entstammende (vgl. insbesondere Jes 8,9; 48,20; 49,6; 62,11; PsSal 1,4) Wendung ἕως ἐσχάτου τῆς γῆς selbst ist allerdings nicht auf Rom zu beziehen, s. W. C. van Unnik, Der Ausdruck ἕως ἐσχάτου τῆς γῆς (Apostelgeschichte 1,8) und sein alttestamentlicher Hintergrund, in: Studia Biblica et Semitica. FS Th. Ch. Vriezen, Wageningen 1966, 335–349 (= ders., Sparsa collecta, Collected Essays. P. 1: Evangelia, Paulina, Acta [NT.S 29], Leiden 1973, 386–401), sowie G. Schneider, Die Apostelgeschichte. 1. Teil (HThK V/1), Freiburg i. Br./Basel/Wien 1980, 203, und Jervell (wie Anm. 2), 116.

[4] Ein Teil dieser Tätigkeit, die sog. erste Missionsreise – ein Paulus und Barnabas vom heiligen Geist übertragenes „Werk" (13,2) –, wird in 14,26 wie hier die gesamte paulinische Mission als „erfüllt" bezeichnet: τὸ ἔργον ὃ ἐπλήρωσαν.

[5] W. Radl, Paulus und Jesus im lukanischen Doppelwerk. Untersuchungen zu Parallelmotiven im Lukasevangelium und in der Apostelgeschichte (EHS.T 49), Frankfurt a. M. 1975, 112. Vgl. noch F. V. Filson, The Journey Motif in Luke-Acts, in: W. W. Gasque – R. P. Martin (Hg.), Apostolic History and the Gospel. FS F. F. Bruce, Exeter 1970, 68–77: 73, und J. Roloff, Die Paulus-Darstellung des Lukas. Ihre geschichtlichen Voraussetzungen und ihr theologisches Ziel, EvTh 39 (1979), 510–531: 524f.

nach Rom reisen, er *muß* dies vielmehr auch, δεῖ με καὶ Ῥώμην ἰδεῖν läßt ihn der Acta-Verfasser formulieren.[6] Das heißt nun aber nichts anderes, als daß die Romreise des Paulus nach Meinung des Lukas eine jener im göttlichen Heilsplan vorgesehenen Veranstaltungen, ja: Notwendigkeiten ist, die Lukas in Evangelium wie in Apostelgeschichte häufig durch das unpersönlich gebrauchte δεῖ bzw. ἔδει als solche zu kennzeichnen pflegt[7]; Jesus *mußte* leiden und auferstehen (Apg 17,3; vgl. Lk 9,22; 24,7.26) und *muß* bis zur Apokatastasis im Himmel verweilen (Apg 3, 21); ebenso *muß* Jesus im Hause des Zachäus einkehren (Lk 19,5)[8], *mußte* sich das Geschick des Judas schriftgemäß erfüllen, *muß* ein anderer an seiner statt das Amt eines Auferstehungszeugen übernehmen (Apg 1,16.21) und *muß* Paulus nun eben nach Rom reisen. Als ein vom providentiellen δεῖ verordnetes Ziel erhält Rom somit bereits bei seiner ersten Erwähnung in der Apostelgeschichte eine heilsgeschichtliche Bedeutung, wie sie keine einzige der zahlreichen anderen in der Apostelgeschichte als Reiseziele des Paulus genannten Städte aufweisen kann.[9] Einzig Jerusalem vermag sich in dieser Hinsicht als Ziel der Reise Jesu zu dem ihm aufgegebenen Leiden (vgl. Lk 9,51; 13,33) mit Rom zu messen und es zu übertreffen.

Weshalb Paulus nach Rom reisen muß, erfährt der Leser in 19,21 freilich noch nicht. Lukas enthüllt ihm dies erst in c. 23,11, wo von einer Vision die Rede ist, in der der κύριος dem inzwischen in Jerusalem eingetroffenen und dort in römische Haft geratenen Paulus mitteilt: ὡς γὰρ διεμαρτύρω τὰ περὶ ἐμοῦ εἰς Ἰερουσαλήμ, οὕτω σε δεῖ καὶ εἰς Ῥώμην μαρτυρῆσαι, „wie du meine Sache in Jerusalem bezeugt hast, so mußt du auch in Rom Zeugnis ablegen." Wie Paulus die Sache Jesu in Jerusalem bezeugt hat, weiß der Leser, der die Verteidigungsrede des Paulus vor der jüdischen Menge (22,1–21) und

---

[6] Das δεῖ bezieht sich nur auf Rom. Man wird deswegen nicht anzweifeln wollen, daß die vorgängige Reise nach Jerusalem und der Aufenthalt dort ebenfalls nach Gottes Willen geschehen (vgl. 21,13f.!), doch liegt der Ton in 19,21 eindeutig auf Rom.

[7] Vgl. dazu insbesondere C. H. COSGROVE, The Divine Δεῖ in Luke-Acts. Investigations into the Lukan Understanding of God's Providence, NT 26 (1984), 168–190, M. REASONER, The Theme of Acts: Institutional History or Divine Necessity in History?, JBL 118 (1999), 635–659: 650–659, und O. MAINVILLE, La question de la liberté en Luc-Actes. Une question impertinente, Theoforum 32 (2001), 45–62.

[8] Lk 4,43: Jesus *muß* das Reich Gottes auch in anderen Städten verkünden. Der Ton liegt hier nicht auf den anderen Städten, sondern darauf, daß zu begründen ist, warum Jesus dem Wunsch seiner Bewohner entgegen Kapernaum verläßt: Er *muß* es!

[9] Lediglich auf Apg 16,6–10 ließe sich noch verweisen, die von der *providentia specialissima* geleitete Wendung der christlichen Missionare von Kleinasien nach Makedonien. Doch handelt es sich hier nicht um eine Stadt, sondern um eine Landschaft als Reiseziel; zudem wird der Übergang der Missionare nach Makedonien nicht expressis verbis als heilsgeschichtliche Notwendigkeit vorgestellt. Außerdem: Im Blick auf Rom wird Paulus ausdrücklich gesagt, was er dort tun soll (s. u.), während in 16,9f. die Missionare erst ein Gesicht deuten müssen, um daraus zu erschließen, was Gott von ihnen will.

die Schilderung von Pauli Auseinandersetzung mit dem Hohen Rat (23,1–10) noch im Ohr hat, genau. Deshalb kann er sich auch ein Bild davon machen, was es bedeutete, wenn der κύριος Paulus nunmehr damit beauftragte, wie in Jerusalem so auch in Rom „Zeugnis abzulegen": Dort würde Paulus die Juden ein weiteres Mal mit der Sache Jesu zu konfrontieren haben.[10] Und noch etwas Wichtiges läßt Lukas seine Leser hier wissen. Was Paulus in Rom tun wird, nämlich für die Sache Jesu Zeugnis abzulegen, ist ebenso wie schon seine Reise nach Rom als eine in Gottes Heilsplan vorgesehene Veranstaltung zu verstehen – denn Paulus *muß* ja in Rom Zeugnis ablegen, σε δεῖ ... εἰς Ῥώμην μαρτυρῆσαι –, und damit ist auch jene letzte Begegnung, die zwischen dem Anwalt der Sache Jesu und den Juden in der *urbs* stattfinden wird, vom Horizont des heilsgeschichtlich Notwendigen überwölbt und als ungemein bedeutsames Ereignis angekündigt.

Bei der Lektüre von 23,11 mußte sich der Leser der Apostelgeschichte freilich fragen, wie es denn zu dieser gewichtigen Begegnung noch kommen sollte, wenn Paulus sich doch seit seinem in c. 21,27ff. geschilderten Tempelbesuch in römischem Gewahrsam befand und infolgedessen seiner Freizügigkeit beraubt war. Lukas beantwortet diese Frage in c. 25,6–12, indem er davon erzählt, wie der in höchste Bedrängnis geratene Paulus – der Statthalter Festus will seinen Prozeß den Juden zu Gefallen nach Jerusalem, ein für Paulus bekanntermaßen höchst gefährliches Pflaster, verlegen (25,9) – an den Kaiser appelliert (25,10f.) und der Statthalter dieser Appellation mit den Worten Καίσαρα ἐπικέκλησαι, ἐπὶ Καίσαρα πορεύσῃ, „an den Kaiser hast du appelliert, zum Kaiser" – und das heißt: nach Rom – „wirst du reisen" (25,12), stattgibt.

In c. 25,6–12 selbst weist nichts darauf hin, daß Lukas auch das hier geschilderte Geschehen, in dem sich für Paulus der Weg zu dem ihm von der *providentia Dei* gewiesenen Ziel, Rom, öffnet, unter der Ägide des heilsgeschichtlichen δεῖ hätte stehen sehen. Zwar läßt der Verfasser der Apostelgeschichte Paulus seine Appellation an den Kaiser u. a. mit dem Argument begründen, daß er sich vor dem Richterstuhl des Kaisers (den der Statthalter vertritt) befinde und infolgedessen auch ebendort, vor dem Kaiser, an den er sogleich formgerecht appellieren wird, gerichtet werden müsse: ἐπὶ τοῦ βήματος Καίσαρος ἑστώς εἰμι, οὗ με δεῖ κρίνεσθαι ... Καίσαρα ἐπικαλοῦμαι (25,10f.). Das ein unabdingbares Erfordernis anzeigende δεῖ verweist hier jedoch nicht auf eine aus dem Willen der *providentia* resultierende heilsgeschichtliche Notwendigkeit, sondern bezeichnet lediglich einen ganz profanen juristischen Sachzwang, wie er sich nach Meinung des Lukas aus dem Instanzenzug der römischen Gerichtsbarkeit ergab.[11.12] An anderer Stelle, im Bericht von der gefahrvollen Seereise des

---

[10] Aus 23,11 ist nicht zu schließen, daß καὶ εἰς Ῥώμην μαρτυρῆσαι "indicates that the form of Paul's witness in Rome will be as it is here, in captivity" (JOHNSON [wie Anm. 2], 399); vielmehr geht es hier um das Bezeugen von Inhalten bzw. Sachverhalten (vgl. auch 22,5; 26,5) analog zu der entsprechenden Bedeutung von διαμαρτύρομαι (wie in 23,11 auch 10,42; 18,5; 20,21.24 und 28,23). Vgl. noch J. BEUTLER, Art. μαρτυρέω κτλ., EWNT 2 (²1992), 958–964: 959f. 963f.

[11] Nota bene: "Not all the uses of δεῖ in Luke-Acts express a divine must", "the Lukan δεῖ ... should not be regarded as a terminus technicus for divine necessity" (COSGROVE [wie Anm. 7], 172f.). Beispiele für den unspezifischen Gebrauch des δεῖ in Lukas-Evangelium und

Paulus von Caesarea nach Malta (27,1–44), stellt Lukas dann jedoch unmißverständlich klar, daß das in c. 25,6–12 Geschilderte durchaus den Charakter eines heilsgeschichtlich notwendigen Geschehens besaß – legt der Acta-Verfasser Paulus hier doch den Bericht von einer ihm zuteil gewordenen Vision in den Mund, in der ihm ein Engel Rettung aus Seenot verheißt und ihn mit den Worten μὴ φοβοῦ, Παῦλε, Καίσαρί σε δεῖ παραστῆναι, „fürchte dich nicht, Paulus, du mußt vor den Kaiser treten", ermuntert (27,23f.). Im Blick auf c. 25,6–12 heißt das nun aber nichts anderes, als daß Lukas die von Paulus durch seine Appellation erreichte Verlegung seines Prozesses vom Statthalter an den Kaiser, nach Rom, post festum sehr wohl als ein im providentiellen δεῖ beschlossenes Geschehen verstanden wissen will[13], in welchem Paulus nicht mehr als die Rolle eines "creative executor of the divine δεῖ"[14] zu spielen überlassen war.[15] Wenn Apg 19,21 und 23,11 zeigen, daß Rom im Geschichtsentwurf des Acta-Verfassers ganz offensichtlich erhebliches Gewicht besessen hat[16], dann kann sich dieser Eindruck nur verstärken, wenn man erkennt, daß Lukas in c. 27,23f. auch das Mittel, mit dessen Hilfe Paulus seine Reise nach Rom erzwingt, nämlich seine Appellation an den Kaiser, unter die Ägide des providentiellen δεῖ gestellt hat.[17]

Aufschluß darüber, warum Lukas sowohl die Reise des Paulus nach Rom als auch dessen Tun in Rom mit der Notation des heilsgeschichtlich Notwendigen ausgezeichnet hat, ist am ehesten von den beiden vom Verfasser mit äußerster Sorgfalt gestalteten Szenen am Ende der Apostelgeschichte (28,16–28)[18] zu

---

Apostelgeschichte bei Cosgrove 173, der zu ihnen – charakteristisch sind z.B. Lk 13,14 und Apg 20,35 – auch Apg 24,19 und 25,10 ("legal demands") zählt.

[12] Zur Appellation Pauli an den Kaiser vgl. A. N. Sherwin-White, Roman Society and Roman Law in the New Testament, Oxford 1963, 48–70; P. Garnsey, The Lex Iulia and Appeal under the Empire, JRS 56 (1966), 167–189: 182–185; E. Heusler, Kapitalprozesse im lukanischen Doppelwerk. Die Verfahren gegen Jesus und Paulus in exegetischer und rechtshistorischer Analyse (NTA.NF 38), Münster 2000, 170–173. 176f.

[13] Dies Verständnis tragen Schneider (wie Anm. 2), 359, und Jervell (wie Anm. 2), 581f., zu Unrecht in die Episode 25,6–12 ein.

[14] Cosgrove (wie Anm. 7), 181.

[15] Von ferne erinnert der Paulus damit noch verbliebene – enge! – Handlungsspielraum an Epiktets *fata volentem ducunt, nolentem trahunt* (*Ench.* 53,1; Kleanthes). Vgl. außerdem Seneca, *Epist.* 111.

[16] Gegenteiliger Ansicht ist zu Unrecht W. C. van Unnik, The "Book of Acts". The Confirmation of the Gospel, NT 4 (1960), 26–59: 39 (= ders., Sparsa collecta. P. 1 [wie Anm. 3], 340–373: 353): "The book [sc. of Acts] nowhere shows a special interest for the capital of the Imperium Romanum." Zur Kritik s. C. K. Barrett, The Acts of the Apostles (ICC), Vol. 1, Edinburgh 1994, 80, der auf Apg 19,21 und 23,11 verweist.

[17] Aus dem enormen Gewicht, das Rom in den Augen des Acta-Verfassers zukam, ist vielleicht auch zu erklären, daß Lukas die Ankunft des Paulus und seiner Begleiter in Rom gleich zweimal – in 28,14b und erneut in 28,16a – konstatiert, beim ersten Mal sogar in Form einer syntaktisch selbständigen Aussage: καὶ οὕτως εἰς τὴν Ῥώμην ἤλθαμεν. Es möchte zutreffen, was Weiser (wie Anm. 2), 674, hierzu bemerkt: In der Doppelheit des Berichtes von der Ankunft des Paulus in Rom werde „das Gewicht der Bedeutsamkeit erkennbar, das Lukas ihr zugedacht hat".

[18] Zutreffend F. Stagg, The Book of Acts. The Early Struggle for an unhindered Gospel, Nashville (TN) 1955, 263: "No part of Luke's two volumes is more carefully or effectively planned than the conclusion."

erwarten, in denen Lukas davon erzählt, wie Paulus zum letzten Mal mit Juden zusammentrifft und ihnen, wie in 23,11 angekündigt, die Sache Jesu bezeugt.

Zum Verdruß vieler Exegeten hat Lukas in Apg 28,16–31 weder vom Fortgang des Prozesses Pauli noch über dessen künftiges Schicksal berichtet und auch die römische Christenheit mit keinem Wort mehr erwähnt. Letztere wird vom Acta-Verfasser sogar regelrecht aus Rom exmittiert – läßt er sie doch zur Begrüßung des Paulus die Stadt verlassen, um sie dann, nachdem er das Wohlgefallen des Paulus an ihr dokumentiert hat (28,15), dem Dunkel der Geschichte anzuvertrauen.[19] Was Lukas über den Prozeß des Paulus sagen wollte, hatte er bereits in 26,30–32 mitgeteilt: daß jener selbst in den Augen eines römischen Prokurators sowie eines jüdischen Königs unschuldig war und nur wegen seiner Appellation an den Kaiser nicht hatte freigelassen werden können. Und was schließlich das fernere Schicksal des Paulus betrifft, hatte Lukas seine Leser sogar schon in c. 20,24f.36–38 wissen lassen, daß auch er wußte, was sie wußten.[20]

In 28,16–28 fällt nun zunächst auf, daß Paulus die Sache Jesu in Rom nur partiell so bezeugt, wie es der Leser nach dem auf Pauli forensisches Bezeugen in Jerusalem weisenden Auftragswort 23,11 eigentlich erwarten konnte. Forensischen Charakter wie die Verteidigungsrede 22,1–21 und der Bericht vom Auftritt des Paulus vor dem Hohen Rat (23,1–10) besitzt lediglich die erste Szene 28,17–22, die die zweite, 28,23–28, vorbereitet. In dieser tritt Paulus hingegen wieder ganz als Verkünder der Jesusbotschaft auf und tut dies auch in deutlich als solche gekennzeichneter missionarischer Absicht: πείθων τε αὐτοὺς [sc. τοὺς Ἰουδαίους] περὶ τοῦ Ἰησοῦ (28,23).[21] Dies ist umso überraschender, als Lukas die Missionstätigkeit des Paulus doch schon lange zuvor, während dessen letztem Aufenthalt in Ephesus, ihren Abschluß hatte finden (19,21) und Paulus diesen Abschluß mit seiner Abschiedsrede in c. 20,17–36 noch besonders deutlich hatte markieren lassen. Warum muß Paulus hier wieder in seiner alten, längst abgeschlossenen Rolle agieren? Der Grund dafür kann ja nicht sein, daß Paulus mit seiner Predigt bei den römischen Juden etwa rauschende und deshalb unbedingt mitteilenswerte Erfolge hätte erzielen können; das Gegenteil ist der Fall. Zwar gibt sich ein Teil der Paulus zuhörenden Juden von dem überzeugt, was dieser περὶ τοῦ Ἰησοῦ verkündigt, doch der andere Teil bleibt ungläubig (28,24). Damit läßt Lukas

---

[19] J. BECKER, Paulus. Der Apostel der Völker, Tübingen [2]1992, 354, läßt Lukas die vorpaulinische römische Gemeinde „geradezu verstecken (Apg 18,1f.; 28,15)".

[20] Vor allem darf der Paulusteil der Apostelgeschichte nicht als Paulusbiographie mißverstanden werden; er ist dies ebensowenig, wie das 2. Makkabäerbuch – gleichfalls eine historische Monographie (s. dazu meinen Beitrag *Cicero und Lukas*, im vorliegenden Band S. 15–32: 26f.) – eine Biographie des Judas Makkabäus sein will. Über den Tod seines ‚Helden' berichtet auch der Verfasser des 2. Makkabäerbuches nicht; vgl. J. GEIGER, Form and Content in Jewish-Hellenistic Historiography, SCI 8/9 (1985/88), 120–129: 121, Anm. 7.

[21] Das Präsens von πείθειν ist hier wie in den vergleichbaren Situationen Apg 13,43 und 19,8 konativ zu verstehen: „zu überzeugen versuchen".

auch in Rom nur wieder die gleiche Situation eintreten, die er zuvor schon oft
genug als das typische Ergebnis der paulinischen Predigt vor Juden charakterisiert hatte (13,43–45; 14,1f.; 17,4; 17,10–12; 18,5–8) und, wie aus den einschlägigen Schlüsselszenen im pisidischen Antiochia und in Korinth hervorgeht, ungeachtet der Erfolge des Paulus bei einzelnen Juden – mochte deren
Zahl auch stattlich sein und in Korinth sogar einmal den Synagogenvorsteher
einschließen – als Scheitern der paulinischen Mission unter den Juden insgesamt verstanden wissen wollte (13,46; 18,6).[22]

Nichts Neues also in Rom? Dies nun keineswegs. Denn eben hier in Rom
läßt Lukas seinen Paulus jetzt dem Leser eine in der gesamten Darstellung, die
die Apostelgeschichte von der scheiternden Mission des Paulus unter den Juden gegeben hatte, bisher völlig unerörtert gebliebene Frage beantworten: eine
Frage, die jeder, der die Apostelgeschichte las, stellen mußte, nämlich die
Frage nach dem Grund, aus dem Lukas zufolge zwar viele Juden der von
Paulus verkündigten Heilsbotschaft zugänglich gewesen waren, nirgends aber
die durch die Institution der Synagoge repräsentierte Gesamtheit der Juden
sich hatte bekehren wollen. Als der dramatische Schriftsteller, der er war,
wünschte Lukas die Antwort auf diese zur Deutung der ganzen in der Apostelgeschichte erzählten Geschichte zwingende Frage möglichst eindrücklich,
und das heißt: im Kontext des Geschehens einer plastischen Szene zu geben.
Deshalb muß der lukanische Paulus nun, obwohl als Missionar von Lukas
längst emeritiert, noch einmal vor Juden predigen, einzig, um diesen Gelegenheit zu geben, die mangelnde Empfänglichkeit der Synagoge für das christliche Verständnis der ἐλπὶς τοῦ Ἰσραήλ (28,20)[23] nochmals zu demonstrieren,
damit er (von der geschilderten Wirklichkeit soeben einmal mehr ins Recht
gesetzt) jetzt die Renitenz der Synagoge ein für alle Mal deuten kann.[24] Paulus
tut dies, indem er ein von ihm auf die Urheberschaft des πνεῦμα ἅγιον zurückgeführtes Schriftwort – Jes 6,9f. – zitiert, das den Leser darüber belehrt,
daß die Juden das Heil deswegen nicht akzeptiert haben, weil sie es nicht akzeptieren konnten, und es deshalb nicht akzeptieren konnten, weil sie verstockt sind und Gott ihre Verstocktheit nicht „heilen" wird (28,25–27). Mit
dieser Erklärung der jüdischen Glaubensverweigerung ist zugleich auch jeder
weitere Versuch, die Juden doch noch für die Sache Jesu zu gewinnen, weil
absurd (*contra Deum nemo nisi Deus ipse*), als obsolet erwiesen: Die Synagoge kann fortan kein Adressat der christlichen Verkündigung mehr sein. Damit

---

[22] Die lukanische Position definiert zutreffend R. MADDOX, The Purpose of Luke-Acts
(FRLANT 126), Göttingen 1982, 46: "He [sc. Luke] ... stands over against Judaism as an
organized community, which he in general regards as unbelieving. This is well exemplified in
the final scene, Acts 28,17–28."

[23] Gemeint ist die Auferstehungsbotschaft, wie der Leser aus 23,6; 24,15 und 26,6f. weiß.

[24] Im Schlußvers der Apostelgeschichte wird Paulus dann noch ein letztes Mal als verkün-
digend dargestellt, weshalb, ist unten S. 147–150 zu zeigen.

ist freilich erst ein Teil dessen gesagt, was Lukas seinen Lesern am Ende der Apostelgeschichte zu wissen geben will. Nachdem er Paulus die Glaubens-verweigerung der Synagoge hat abschließend deuten lassen, läßt ihn der Acta-Verfasser nun noch eine weitere äußerst gewichtige Erklärung abgeben, die zwar noch an die Juden adressiert ist, sachlich indes bereits die ἔθνη im Blick hat. In Form einer mit der feierlichen, in der Apostelgeschichte stets bei der Mitteilung besonders gewichtiger Sachverhalte benutzten Septuaginta-Wen-dung γνωστὸν ἔστω[25] eingeleiteten Deklaration tut Paulus der Synagoge kund: γνωστὸν οὖν ἔστω ὑμῖν ὅτι τοῖς ἔθνεσιν ἀπεστάλη τοῦτο τὸ σωτήριον τοῦ θεοῦ, „mithin sollt ihr wissen, daß es die ἔθνη sind, denen das Heil Gottes gesandt worden ist" (28,28a–b).[26] Hieraus resultiert zum einen, daß das von der Synagoge immer wieder zurückgewiesene σωτήριον τοῦ θεοῦ fortan – wie aus der eine Konsequenz anzeigenden Partikel οὖν hervor-geht[27], als Folge der nunmehr feststehenden Glaubensunfähigkeit der Syn-agoge – ein Heilsangebot sein wird, das *allein* den ἔθνη gilt und sich nicht mehr, wie in der bisherigen Geschichte der Ausbreitung des λόγος τοῦ θεοῦ, nur *auch* an sie richtet. Die Zeiten, da es zu konstatieren galt, ὅτι καὶ τὰ ἔθνη ἐδέξαντο τὸν λόγον τοῦ θεοῦ (11,1) oder ὅτι καὶ ἐπὶ τὰ ἔθνη ἡ δωρεὰ τοῦ ἁγίου πνεύματος ἐκκέχυται (10,45)[28], sind jetzt vorbei.[29] Zum anderen läßt die Paulus in den Mund gelegte Deklaration keinen Zweifel daran, daß das Heil den ἔθνη nicht etwa nur deshalb zuteil wird, weil sie für die es ausschla-gende Synagoge in die Lücke springen, sondern vielmehr deshalb, weil es ihnen – so, wie zuvor den Juden (vgl. 13,26) – von der *providentia* zugewandt worden ist (ἀπεστάλη, 13,26: ἐξαπεστάλη). Aus diesem Grund können und

---

[25] So 2,14; 4,10; 13,38, vgl. H. J. HAUSER, Strukturen der Abschlußerzählung der Apo-stelgeschichte (28,16–31) (AnBib 86), Rom 1979, 39 (dort auch die Septuaginta-Belege).

[26] Ist vielleicht sogar der gesamte Satz 28,28a–b ein Septuagintismus, nämlich ein Anklang an Ps 67(66),3? Vgl. C. K. BARRETT, The Acts of the Apostles (ICC), Vol. 2, Edinburgh 1998, 1246f. HAUSER (wie Anm. 25), 41, verweist zudem noch auf Ps 98(97),3b und Jes 40,5b.

[27] Vgl. J. D. DENNISTON, The Greek Particles, Oxford ²1954, 425f. ("The particle ex-presses *post hoc* and [more frequently] *propter hoc*, or anything between the two. In narrative, almost purely temporal, marking a new stage in the sequence of events."), sowie F. BLASS – A. DEBRUNNER – F. REHKOPF, Grammatik des neutestamentlichen Griechisch, Göttingen ¹⁷1990, § 451,1 (S. 381).

[28] Vgl. noch 11,18 (ἄρα καὶ τοῖς ἔθνεσιν ὁ θεὸς τὴν μετάνοιαν εἰς ζωὴν ἔδωκεν) und 26,23 (Christus als Verkünder des Lichts τῷ τε λαῷ καὶ τοῖς ἔθνεσιν).

[29] So z. B. auch J. DUPONT, La conclusion des Actes et son rapport à l'ensemble de l'ouvrage de Luc, in: DERS., Nouvelles études sur les Actes des Apôtres (LeDiv 118), Paris 1984, 457–511: 478f. («Cette affirmation du v. 28 ne constitue plus simplement un élargisse-ment des destinataires du message chrétien: il s'agit d'une véritable substitution. Refusé par 'ce peuple', le salut est accordé aux nations païennes.»), und ROLOFF (wie Anm. 5), 527 („Von jetzt an wird die Verkündigung an die Heiden nicht mehr nur Ergänzung und Erweite-rung der Verkündigung an Israel, sondern eigenständiges von Gott selbst gewiesenes Ziel sein").

werden sie es auch, anders als die Synagoge, akzeptieren, wie die in Rede stehende Deklaration abschließend klarmacht: αὐτοὶ καὶ ἀκούσονται (28,28c) – eine Verheißung, die den Leser über die Zukunft der von nun an nur noch unter den ἔθνη weitergehenden Mission belehrt: Sie wird erfolgreich sein.

Gegen „die Feststellung, Lukas fixiere [in Apg 28,26f.] mit Hilfe Jesajas eine endgültige Verstockung Israels und ein Ende der Periode Israels als des Volkes Gottes", hat kürzlich Martin Karrer Einspruch erhoben und eine Neuinterpretation von Apg 28,27 vorgeschlagen, derzufolge die Schlußaussage des von Lukas zitierten Jesajawortes – καὶ ἰάσομαι αὐτούς – von der mit μήποτε beginnenden negativen Aussagenreihe zu lösen und als auf diese Reihe folgende positive Aussage „und ich [Gott] werde sie [d. h. Israel] heilen" zu verstehen wäre.[30] Daß dies grammatisch möglich ist, läßt sich nicht bestreiten, ebensowenig freilich, daß das bisher übliche Verständnis des Schlusses von 28,27 im Sinne des Versagens der Heilung Israels durch Gott genauso möglich bleibt. Darüber, welche Interpretation den Vorzug verdient, muß also der Kontext entscheiden, und das heißt hier: der das letzte Wort des Paulus (das das Jesajazitat enthält) abschließende V. 28. Karrer übersetzt V. 28c αὐτοί [sc. die in 28b als Adressaten des σωτήριον τοῦ θεοῦ benannten ἔθνη] καὶ ἀκούσονται mit einem blassen „sie werden hören".[31] Damit ist jedoch erst das Verb ἀκούσονται übertragen, nicht auch schon die Partikel καί und das Subjekt des Satzes αὐτοί. Hinsichtlich des καί bemerkt Karrer: „Das καί nach αὐτοί dient der Verstärkung des Pronomens", wofür er sich anschließend auf die Grammatik von Blass – Debrunner – Rehkopf[32] beruft, um dann fortzufahren: „Es [sc. das καί] ist am besten nicht zu übersetzen."[33] Letzteres hat an der genannten Grammatik allerdings keinerlei Anhalt, sondern stammt wohl aus Ernst Haenchens Actakommentar, wo sich zunächst eine Liste neutestamentlicher Belegstellen findet, an denen „das καί nach einem *Relativum* begegnet" (also z. B. nach ὅ [wie in Apg 11,30; 26,10], ὅς [24,6] oder ἥν [7,45]), und anschließend die Feststellung getroffen wird: „In all diesen Fällen muß man das καί im Deutschen unübersetzt lassen."[34] Ein Beleg für ein αὐτός nachgestelltes καί ist in dieser Liste indes nicht zu finden, was allerdings schon deswegen nicht überrascht, weil es sich bei αὐτός ja nicht um ein Relativ-, sondern um ein Personalpronomen handelt.[35] Für solche gilt jedoch die allgemeine grammatikalische Regel, daß ein der Hervorhebung dienendes καί stets *vor* und nicht nach dem hervorzuhebenden Wort zu stehen hat; so muß z. B. der Satz σὺ καὶ ἐμοὶ φράσεις[36] mit "you shall tell *me:* instead of vice versa" übersetzt werden.[37] Eine Ausnahme

---

[30] M. Karrer, „Und ich werde sie heilen". Das Verstockungsmotiv aus Jes. 6,9f in Apg 28,26f, in: M. Karrer – W. Kraus – O. Merk (Hg.), Kirche und Volk Gottes. FS J. Roloff, Neukirchen-Vluyn 2000, 255–271: 257–259; Zitat: 271.

[31] A. a. O. 270.

[32] Blass – Debrunner – Rehkopf (wie Anm. 27), § 442,8b („καί verstärkt ... Pronomina" heißt es da [S. 369], als Beispiel ist Apg 12,4 ὃν καὶ πιάσας ἔθετο εἰς φυλακήν angeführt; weitere Belege in Anm. 24 [S. 371]).

[33] A. a. O. 270, Anm. 73.

[34] Haenchen (wie Anm. 2), 146, Anm. 6 (Hervorhebung E. P.).

[35] Insofern hätte Haenchen (wie Anm. 2), 692 bei seiner Kommentierung von Apg 28,28 für das Verständnis des dortigen (αὐτοὶ) καί nicht auf das οἷς καί in Apg 1,3 (und damit auf die von ihm zu οἷς καί mitgeteilte Liste von weiteren Stellen, an denen καί nach einem Relativpronomen begegnet) verweisen dürfen.

[36] Plato, *Phileb.* 25b.

[37] Denniston (wie Anm. 27), 320; Parallelen sind Plato, *Resp.* 573d (τοῦτο σὺ καὶ ἐμοὶ

von dieser Regel stellen aus gutem Grund die Relativa dar; stünde das καί auch bei ihnen voran, wäre der Bezug zum vorangehenden Satz verunklart. Durchmustert man nun die von Blass – Debrunner – Rehkopf für das Pronomina verstärkende καί gegebenen Belege[38], so zeigt sich umgehend die Richtigkeit des eben Gesagten: Bei sämtlichen dort genannten Relativa steht das verstärkende καί *nach* dem Relativpronomen, bei allen Personalpronomina *davor*. Lediglich Apg 28,28 αὐτοὶ καί fällt hier aus dem Rahmen und ist schlicht als Fehlbuchung zu werten. Ein αὐτοὶ καί im Sinne von καὶ αὐτοί wie in Apg 15,32 gibt es in der Gräzität nicht. Um das καί in Apg 28,28 mit dem Subjekt des Satzes zu verbinden und bei der Übersetzung nach Haenchens Vorschlag übergehen zu können, müßte das Subjekt des Satzes nicht αὐτοί, sondern οἵ lauten, so, wie z. B. in Lk 10,30; Apg 1,11 und 28,10. Bei der Übersetzung von Apg 28,28c ist ferner zu beachten, daß αὐτός hier – wie häufig bei Lukas – einem betonten ‚er‘ entspricht[39], d. h. der Hervorhebung der Person des Verbums dient und insofern als Träger einer vom Autor genau kalkulierten Aussage zu gelten hat, die bei der Übersetzung ebensowenig wie das καί unterschlagen werden darf. Das αὐτοί in Apg 28,28c ist daher mit „sie sind es, die . . .“ o. ä. wiederzugeben.[40] Aus dem oben über die Stellung des hervorhebenden καί Gesagten geht schließlich auch hervor, daß das καί in Apg 28,28c nur mit dem Verb des Satzes in Beziehung gesetzt werden kann[41]: Es qualifiziert das Tun der Subjekte des ἀκούσονται als etwas Zusätzliches, das andere nicht tun oder nicht getan haben. Αὐτοὶ καὶ ἀκούσονται ist demnach nicht mit einem einfachen „sie werden hören“ zutreffend übersetzt, sondern allein mit einem pointierten „sie [die ἔθνη] sind es, die auch *hören* werden.“[42] Sachlich heißt das, daß die bereits im vorangegangenen Satz V. 28b an prominenter Stelle, nämlich zu Beginn des Satzes, genannten ἔθνη zwar mit dem Adressaten des letzten Pauluswortes, dem λαός (V. 26), den Vorzug gemeinsam haben, von Gott in heilbringender

---

ἐρεῖς), und Euripides, *Heracl.* 660 (ὦ χαῖρε καὶ σὺ τοῖσδε τοῖς ἀγγέλμασιν heißt „sei *du* bedankt für diese Nachricht“ und nicht „sei *auch* bedankt für diese Nachricht“). Vgl. noch PGrenf II 73,18–20 (Text mit den Ergänzungen von A. Deissmann nach M. Naldini, Il Cristianesimo in Egitto. Lettere private nei papiri dei secoli II–IV [STP 3], Firenze 1968, Nr. 21): δήλωσον δέ μοι καὶ σὺ περὶ ὧν θέλεις ἐνταῦθα ἡδέως ποιοῦντι («Fammi sapere *anche tu* quello che desideri qui perché mi presto volentieri» und nicht: „Laß du aber *auch mich* wissen . . .“).

[38] A. a. O. (wie Anm. 27), S. 371, Anm. 24.

[39] Blass – Debrunner – Rehkopf (wie Anm. 27) § 277,3 (S. 228 mit Anm. 3). Vgl. auch R. Kühner – B. Gerth, Ausführliche Grammatik der griechischen Sprache. Teil 2,1, Hannover/Leipzig 1898 (= Darmstadt 1966), 651 („Das Pronomen αὐτός steht in der Mitte zwischen den Personalpronomen und den Demonstrativpronomen“), und Hauser (wie Anm. 25), 40, Anm. 80 („αὐτοί . . . vertritt fast ein Demonstrativpronomen, ‚diese‘“).

[40] Zutreffend Johnson (wie Anm. 2), 472: „The use of the intensive pronoun *autoi* marks a sharp contrast to the disbelieving Jews: *they* will believe!“ (Hervorhebung des Autors).

[41] Es verstärkt keineswegs „sowohl das Pronomen als auch das nachfolgende Verb“ (so aber Hauser [wie Anm. 25], 40); ebensowenig zutreffend K. Lake – H. J. Cadbury, The Beginnings of Christianity. P. 1, The Acts of the Apostles, Vol. 4, London 1933, 348 z. St.: „καί . . . emphasizes the αὐτοί and the ἀκούσονται“, sowie Dupont (wie Anm. 29), 475, Anm. 38: «En soulignant le pronom, le *kai* souligne en même temps le verbe» (mit Verweis auf Lake – Cadbury).

[42] Vgl. A. von Harnack, Beiträge zur Einleitung in das Neue Testament III. Die Apostelgeschichte, Leipzig 1908, 8: „*sie* werden es [sc. τοῦτο τὸ σωτήριον τοῦ θεοῦ] auch hören“ (Hervorhebung des Autors).

Absicht angeredet (worden) zu sein[43], aber einzig sie, die ἔθνη, es sind, die dieser Heilsbotschaft (τοῦτο τὸ σωτήριον τοῦ θεοῦ) auch Gehör schenken werden.[44] Aus 28,28 ergibt sich so mit aller nur denkbaren Deutlichkeit, daß das Interesse des Acta-Verfassers bei der Formulierung dieses Verses davon geleitet war, eine an Schärfe kaum zu überbietende Kontrastaussage zu machen. Folgte man Karrers Vorschlag, den Unheilsspruch 28,26f. mit der Heilsansage „und ich werde sie heilen" enden zu lassen, würde man diese vom Autor unbedingt gewollte Kontrastwirkung aufheben. Karrers Interpretationsvorschlag für Apg 28,26f. ist exegetisch nicht haltbar.

Allein darin, dies in Rom zu proklamieren – die vom πνεῦμα ἅγιον enthüllte und jede weitere Mission unter ihnen sinnlos machende Verstocktheit der Juden ebenso wie das Avancement der hörwilligen ἔθνη zur primären, ja: einzigen Adressatenschaft des σωτήριον τοῦ θεοῦ –, allein darin liegt für den Verfasser der Apostelgeschichte der eigentliche Zweck von Pauli Reise nach und seinem Tun in Rom, auch wenn der äußere Anlaß für diese Reise ein ganz anderer, obschon in Apg 27,23f. ebenfalls unter das göttliche δεῖ gezwungener, gewesen war. Denn alles, was Lukas in 28,17–25a erzählt und insbesondere auch nicht erzählt[45], dient einzig der lukanischen Absicht, Paulus sich wie in 28,25–28 von Lukas formuliert äußern und so sein autoritatives ‚letztes Wort' sprechen zu lassen.[46] Durch die Anwendung der Stilfigur des Hysteron-Proteron in 28,25 – zuerst wird der Aufbruch der Zuhörerschaft des Paulus mitgeteilt und erst danach jenes ‚letzte Wort', das den Aufbruch der Juden provoziert – hat Lukas diesem Wort auch den dem Gewicht seines Inhalts angemessenen Platz zu verschaffen gewußt, nämlich ganz am Ende der in 28,17–28 erzählten Szenenfolge.[47]

Belegen läßt sich die Behauptung der zentralen Funktion von 28,25–28 für die beiden Szenen 28,17–22 und 28,23–28 durch die Beobachtung, daß Lukas, bevor er die angesichts des paulinischen Jesuszeugnisses (28,23) eintretende Spaltung der römischen Juden als erneuten und letzten Erweis des Unglaubens der Juden insgesamt konstatiert, sich wie sonst nie bemüht

---

[43] Die Verse 26f. setzen mit ihrem dreimaligen Insistieren auf dem vom λαός verweigerten Hören ja voraus, daß es etwas zu hören gab. Was, faßt 28,23 zusammen.

[44] Das dem ἀκούσονται zuzuordnende καί stützt also gerade nicht, wie KARRER (270, Anm. 73) es allenfalls zu akzeptieren bereit wäre, „einen Anschluß ‚auch' " – auch die Völker werden hören –, sondern den Gegensatz: Israel hat nicht gehört – die ἔθνη werden hören.

[45] Vgl. oben S. 140.

[46] Daß Lukas um die Bedeutsamkeit letzter Worte wußte, zeigt ein Blick auf die letzten Worte Jesu Lk 24,46–49 und Apg 1,7f.

[47] M. WOLTER, Die Juden und die Obrigkeit bei Paulus, in: K. Wengst – G. Saß (Hg.), Ja und nein. Christliche Theologie im Angesicht Israels. FS W. Schrage, Neukirchen-Vluyn 1998, 277–290: 280, Anm. 19. DUPONT (wie Anm. 29), 463, interpretiert das Hysteron-Proteron folgendermaßen: «Citée après la mention du départ, cette déclaration se place d'une certaine manière en dehors du cadre de la double entrevue de Paul avec les Juifs de Rome. Il semble clair que cet isolement relatif a pour effet de lui donner plus de relief: la dernière déclaration de Paul donne l'impression de s'adresser à un auditoire plus large que celui des interlocuteurs qui, d'une certaine manière, ont déjà quitté la scène.»

zeigt, die Leser wissen zu lassen, woran es *nicht* lag, daß das auf Mose und die Propheten
gestützte Jesuszeugnis auch diesmal nicht den erwünschten Erfolg hatte: nicht daran, daß
Paulus den Juden Roms etwa als jemand gegenübergetreten wäre, der bereits außerhalb des
λαός und der Tora stand – Paulus stellt sich ihnen vielmehr als untadeliger Jude vor, der
nichts gegen sein Volk oder die väterlichen Sitten verbrochen hat und auch jetzt nicht auf
dergleichen sinnt (28,17.19b); nicht daran, daß die römische Judenschaft gegenüber Paulus
voreingenommen gewesen wäre – obwohl sie von dem Widerspruch weiß, den die neue
αἵρεσις allenthalben [sc. von Seiten der Juden] erfährt, hat sie über Paulus, wie sie selbst
bezeugt, nichts Nachteiliges vernommen und wünscht sogar, seine Ansichten kennenzulernen
(28,21f.); nicht daran, daß Paulus in Rom etwa nur eine Winkelmesse vor Inkompetenten
gehalten hätte – viele (πλείονες) Juden und darunter auch die τῶν Ἰουδαίων πρῶτοι, d. h.
wohl: die Synagogenvorsteher – haben ihn gehört (28,17.23), und ebensowenig daran, daß das
Evangelium den Juden in Rom nicht hinreichend dargelegt worden wäre – Paulus hat es ihnen
ἀπὸ πρωΐ ἕως ἑσπέρας bezeugt (28,23). Alle diese Aussagen haben nur den einen Sinn, dem
Leser zu verdeutlichen, daß die Voraussetzungen für einen Missionserfolg des Paulus bei den
Juden Roms außerordentlich günstig gewesen waren, diese jedoch selbst bei Vorliegen gün-
stigster Umstände auf ihrem Unglauben beharrt haben.[48]

Das Gewicht des letzten von Paulus in der Apostelgeschichte gesprochenen
Wortes ist nun freilich kaum zu überschätzen, proklamiert es doch nichts weniger als das Ende einer ganzen Epoche und zugleich den Anbruch einer neu-
en. Konstatiert wird in 28,25–27 anders als noch in den vergleichbaren Situationen im pisidischen Antiochia (13,46f.) und in Korinth (18,6) das definitive
Ende der in der Apostelgeschichte von Paulus betriebenen Judenmission.[49]
Auch diese „mußte" sein, doch die ihr laut 13,46 zugemessene Frist des ὑμῖν
[sc. τοῖς Ἰουδαίοις] ἦν ἀναγκαῖον πρῶτον λαληθῆναι τὸν λόγον τοῦ θεοῦ
ist nun, nachdem durch das letzte Wort Pauli offenbar geworden ist, daß und
weshalb die Synagoge gar nicht hören *kann*, abgelaufen. Abgelöst wird die
Epoche der dem Leser der Apostelgeschichte Episode für Episode in ihrem

---

[48] Davon, daß die lukanische „Schilderung der πρῶτοι der römischen Juden in Act
28,17–22 durchaus so etwas wie einen Neuanfang in der Geschichte der an Juden gerichteten
Christusverkündigung zu markieren scheint", weil der Acta-Verfasser die Häupter der römischen Juden „im Vergleich mit den Jerusalemer πρῶτοι τοῦ λαοῦ bzw. τῶν Ἰουδαίων (Lk
19,47; Act 25,2) ... als ausgesprochen unvoreingenommen und sachlich interessiert" darstellt
(vgl. 28,22 gegenüber 24,5) und Lukas darum in Rom „eine neue Epoche der christlichen
Mission beginnen zu lassen" scheint, „von der er mit keinem Wort andeutet, daß sie nicht
auch Juden erreicht" (M. WOLTER, Israels Zukunft und die Parusieverzögerung bei Lukas, in:
M. Evang – H. Merklein – M. Wolter [Hg.], Eschatologie und Schöpfung. FS E. Gräßer, Ber-
lin/New York 1997, 405–426: 421), scheint mir in 28,17–22 eher nicht die Rede.

[49] In Antiochia und Korinth bleiben die Folgen der Absagen an die hörunwilligen Juden
noch lokal begrenzt, weil Lukas den Grund für deren Hörunwilligkeit – ihre aus Verstocktheit
resultierende Hörunfähigkeit – noch nicht benennen kann, da die Apostelgeschichte, täte er
dies, bereits mit c. 13 bzw. 18 ihr Ende gefunden hätte – könnte er Paulus doch in diesem Fall
nicht am nächsten Missionsort stets wieder die Synagoge aufsuchen lassen, um dort von neuem zu missionieren (vgl. 14,1; 18,19). Es trifft aber durchaus zu, wenn ROLOFF (wie Anm. 2),
209, zu 13,46f. bemerkt, hier enthülle sich „über den lokalen Anlaß hinaus der Richtungssinn
des weiteren Geschehens".

Scheitern vor Augen geführten paulinischen Judenmission in 28,28 allerdings
nicht etwa durch eine Epoche, die sich dadurch von der vergangenen unterschiede, daß von nun an die Heiden Aufnahme in das Gottesvolk fänden; dies
geschieht ja schon längst, wie der Erfolg der paulinischen Predigt unter den in
der Apostelgeschichte vornehmlich – aber keineswegs nur – durch die Gottes-
fürchtigen repräsentierten ἔθνη[50] dem Leser beweist, und dieses Geschehen ist
auch ebenso lange schon – vgl. c. 10f. und 15 – legitimiert. Was die Epoche,
deren Beginn der lukanische Paulus in Apg 28,25–28 proklamiert, nach Meinung des Acta-Verfassers kennzeichnete, ist vielmehr dies, daß es in dieser
Epoche aufgrund der in 28,26f. konstatierten heilsplangemäßen Verstocktheit
der zur Akzeptanz des Christuszeugnisses nicht fähigen Synagoge nur mehr
eine Mission geben konnte, nämlich die – von der Synagoge emanzipierte –
Heidenmission. Sie ist Lukas zufolge das Charakteristikum der neuen, noch
die lukanische Gegenwart prägenden Epoche, und sie ist es auch, die aufgrund
der in dem *vaticinium ex eventu* 28,28c prognostizierten Hörbereitschaft der
ἔθνη jenes heidenchristlich geprägte Kirchentum hatte entstehen lassen, das
zur Abfassungszeit der Apostelgeschichte im Erfahrungsbereich ihres Autors
wohl allenthalben existierte und dessen es legitimierende Ätiologie die Apostelgeschichte darstellt.[51]

Neben der Aufgabe, vergangene ebenso wie – vom Standpunkt der erzählten Zeit aus gesehen – zukünftige Geschichte zu deuten (und dabei zugleich
das die Zukunft prägende Element zu legitimieren), hat das letzte von Paulus
in der Apostelgeschichte gesprochene Wort indes noch eine weitere Funktion:
diejenige, ein noch in der erzählten Zeit eintretendes, wenngleich über sie
hinausweisendes gewichtiges Ereignis zu provozieren. Von ihm handeln die
beiden Schlußverse der Apostelgeschichte.

Was der Acta-Verfasser in c. 28,30f. mitteilt, mutet zunächst freilich nicht
besonders ungewöhnlich an: Er läßt wissen, daß Paulus auch in Rom nach
dem Scheitern der Mission unter den dortigen Juden seine Verkündigungstätigkeit fortgesetzt hat, nicht anders, als dies auch in Ikonium/Lystra (14,2–7),

---

[50] Zu Mission und Missionserfolg des Paulus auch unter der Synagoge nicht nahestehen-
den Heiden siehe M. HENGEL, Der Jude Paulus und sein Volk. Zu einem neuen Acta-
Kommentar, ThR.NF 66 (2001), 338–368: 364–366. Vgl. zudem die ungemein gewundene
Erklärung von Apg 22,21 durch JERVELL (wie Anm. 2), 546f. – sie spricht Bände und macht
überdies die Reaktion der jüdischen Zuhörerschaft des Paulus (22,22f.) unverständlich. – Daß
„es in Antiochia (11,20) und, von dort ausgehend, durch das räumlich weit ausgreifende Wirken des Paulus zu einer Mission an dem Judentum fernstehenden heidnischen Menschen"
gekommen sei (so J. ROLOFF, Die Kirche im Neuen Testament [GNT 10], Göttingen 1993,
202), läßt sich allerdings nicht sagen.

[51] "Luke-Acts can be seen to function as a kind of aetiological myth for the Gentile Christian Church, in which Luke conveys to his readers how the People of God has come to be
what it now is" (L. T. JOHNSON, On Finding the Lukan Community. A Cautious Cautionary
Essay, SBL.SP 115 [1979], Vol. 1, 87–100: 94).

Thessalonike/Beroea (17,5–8.10–12) oder Korinth (18,6–11) der Fall gewesen war. Hatte solches Fortgehen der christlichen Mission bisher aber noch stets weitere Verfolgung von seiten der Juden provoziert (vgl. 14,19f.; 17,13; 18,12f.), so ist in Rom eine entsprechende jüdische Reaktion gegen die Fortsetzung der christlichen Mission erstmals nicht mehr erfolgt. Paulus kann in Rom vielmehr, wie Lukas im letzten Wort der Apostelgeschichte – *seinem* letzten Wort! – konstatiert, völlig ungehindert (ἀκωλύτως) verkündigen – die Synagoge nimmt von dem, was der christliche Missionar nach seinem in 28,24–28 geschilderten Bruch mit ihr fürderhin noch tut oder läßt, nicht die geringste Notiz mehr.[52]

Woraus solche Verhaltensänderung resultiert, sagt Lukas expressis verbis nicht; was ihre Ursache war, läßt er vielmehr daraus hervorgehen, daß er von der neuen Verhaltensweise der Synagoge in direktem Anschluß an das letzte Wort des Paulus berichtet und sie dadurch als Folge des in diesem Wort Gesagten kennzeichnet. In ihm muß sich die Synagoge eine grundlegende Korrektur ihrer Auffassung vom Charakter des Christentums gefallen lassen. War sie Lukas zufolge noch bis zu ihrem letzten Gespräch mit Paulus der Ansicht gewesen, sie habe es im Christentum mit einer innerjüdischen, wenngleich (unter Juden) höchst umstrittenen Religionspartei (αἵρεσις) zu tun[53], von der es – *tua res agitur* – durchaus Notiz zu nehmen galt (28,22), so belehrt sie das letzte Wort Pauli darüber, daß solche Ansicht nach dem nun definitiv gewordenen Scheitern der Judenmission keineswegs mehr zutrifft: Fortan wird das Christentum aufgrund der mit dem Verstocktsein der Synagoge korrelierenden Zuwendung des σωτήριον an die ἔθνη eine nur noch auf diese zielende

---

[52] Das letzte Wort der Apostelgeschichte ist von Lukas im Blick auf die ausgebliebene Behinderung der Verkündigungstätigkeit des Paulus durch die Juden Roms (nur von ihnen und Paulus ist in dem Apg 28,30f. voranstehenden Text die Rede) formuliert worden (so auch W. STEGEMANN, Zwischen Synagoge und Obrigkeit. Zur historischen Situation der lukanischen Christen [FRLANT 152], Göttingen 1991, 133; HAUSER [wie Anm. 25], 237; WOLTER [wie Anm. 47], 289) und nicht als „Appell an Rom" (CONZELMANN [wie Anm. 2], 160) oder „‚Paukenschlag' der politischen Apologetik" (W. SCHMITHALS, Die Apostelgeschichte des Lukas [ZBK.NT 3/2], Zürich 1982, 241) zu verstehen (vgl. auch JERVELL [wie Anm. 2], 630: „Gemeint sind hier kaum die ungläubigen Juden, sondern vielmehr die römischen Behörden"). Allerdings ist eine der politischen Apologetik zuzurechnende Konnotation in 28,30f. nicht auszuschließen: Paulus bleibt weiterhin unter Hausarrest, und der Leser weiß aus 28,16, daß er von einem römischen Soldaten bewacht wird. Auch dieser (und das heißt: der römische Staat) behindert weder den Zugang zu Paulus noch dessen Verkündigungstätigkeit; vgl. hierzu noch G. DELLING, Das letzte Wort der Apostelgeschichte, NT 15 (1973), 193–204: 203f.

[53] Als αἵρεσις bezeichnet die Apostelgeschichte auch die Sadduzäer und Pharisäer (5,17 bzw. 15,5; 26,5); in 24,5.14 wie hier (28,22) als jüdische Bezeichnung für das Christentum. Dem entspricht der Gebrauch des Begriffs bei Philo (*Vit. cont.* 29: Therapeuten) und Josephus (*Vita* 10: Pharisäer, Sadduzäer, Essener; s. auch ebd. 12; *Bell.* II 118f.). Vgl. H. SCHLIER, Art. αἱρέομαι, αἵρεσις κτλ., ThWNT 1 (1933), 179–184: 180f.; G. BAUMBACH, Art αἵρεσις, EWNT 1 (²1992), 96f.

Heilsveranstaltung sein. Einer einzig noch den ἔθνη geltenden und in solcher Beschränkung auch durch die *providentia* legitimierten Heilsveranstaltung konnte die Synagoge jedoch – so glaubte jedenfalls der Verfasser der Apostelgeschichte – keinerlei Interesse mehr entgegenbringen, und folglich gab es seiner Meinung nach für diese von dem Augenblick an, da sie das letzte Wort des Paulus gehört (und verstanden!) hatte, auch keinen Grund mehr, sich noch in irgendeiner Weise um die von Paulus verkündete βασιλεία τοῦ θεοῦ und das, was er περὶ τοῦ κυρίου Ἰησοῦ Χριστοῦ lehrte (28,31), zu kümmern oder gar den Verkünder solcher die Synagoge nicht mehr tangierender Botschaft zu verfolgen.[54]

Die den römischen Juden von Lukas unterstellte Reaktion (bzw. Nicht-Reaktion) auf die ihnen in Pauli letztem Wort übermittelte Botschaft von der Zuwendung des Heils an die ἔθνη unterscheidet sich diametral von der Art und Weise, in der Lukas das Jerusalemer πλῆθος τοῦ λαοῦ (21,36) in c. 22,22 auf die vergleichbare Mitteilung des Paulus, Jesus habe ihn εἰς ἔθνη μακράν gesandt (22,21), reagieren läßt: Kaum daß die Menge dieses Wort gehört hat, verlangt sie den Tod seines Sprechers. Solche Differenz im Verhalten gegenüber Pauli Ankündigung der Heidenmission resultiert nun nicht etwa daraus, daß es sich bei den Jerusalemer Juden um die Menge, bei den römischen hingegen um die τῶν Ἰουδαίων πρῶτοι (vgl. 28,17) handelte – auch bei seinem Auftritt vor den im Synedrion versammelten Anführern der Juden war Paulus ja durchaus Gefahr gelaufen, ums Leben zu kommen (23,10). Wenn die Jerusalemer Juden, mit der Sendung des Paulus zu den ἔθνη konfrontiert, sich so völlig anders verhalten als die mit der Ankündigung der Heidenmission durch Paulus konfrontierten römischen, dann hat dies seinen Grund vielmehr darin, daß erstere noch nicht wissen konnten, was letztere durch den Mund des Paulus soeben erfahren hatten: daß die Zuwendung des Heils an die hörwilligen ἔθνη providentieller Bedingtheit entsprang und die Synagoge aufgrund ihrer Verstocktheit an der weitergehenden Heilsgeschichte keinen Anteil mehr haben würde, m. a. W., daß die Heidenmission treibende Kirche nichts mehr war, das (ungläubige) Juden noch etwas angehen konnte.

Wovon Lukas die Leser in c. 28,30f. unterrichten wollte, ist also nichts Geringeres als dies: Das nach dem Scheitern der Judenmission gesprochene, Vergangenheit und Zukunft deutende letzte Wort des Paulus hatte zur direkten

---

[54] Andere Gründe für das Aufhören der Verfolgung durch die Synagoge schließt Lukas aus. Die Mitteilung, daß Paulus – zwei ganze Jahre lang (28,30a: διετίαν ὅλην)! – jedermann Zutritt zu sich gewährte (28,30b: ἀπεδέχετο πάντας τοὺς εἰσπορευομένους πρὸς αὐτόν), signalisiert, daß die Synagoge nicht etwa aus Unkenntnis der weitergehenden Mission nichts mehr gegen diese unternahm. Auch hatte die Verkündigung des Paulus nach seinem gescheiterten Gespräch mit den römischen Juden keinerlei gravierende (gedacht ist wohl an die Synagoge besänftigende) Änderungen erfahren (vgl. jedoch die folgende Anmerkung); was er zu Beginn seines Romaufenthaltes den Juden bezeugt hatte, ist nichts anderes als das, was er nach seinem harschen Abschiedswort an die Synagoge weiterhin mit nach wie vor nichts verschweigender Offenheit (μετὰ πάσης παρρησίας) predigt, nämlich die βασιλεία τοῦ θεοῦ sowie τὰ περὶ τοῦ κυρίου Ἰησοῦ Χριστοῦ (vgl. 28,23: διαμαρτυρόμενος τὴν βασιλείαν τοῦ θεοῦ, πείθων τε αὐτοὺς περὶ τοῦ Ἰησοῦ).

Folge, daß sich die Wege von Synagoge und (Heiden-)Kirche nunmehr in
Rom definitiv getrennt haben.[55]

Die beiden Schlußverse der Apostelgeschichte sind darum auch nicht als
bloßer „Ausklang", „Epilog" oder gar als „eine fast beiläufig anmutende Notiz"[56] anzusehen, sondern als integrierender Bestandteil jenes den Beginn einer
neuen kirchengeschichtlichen Epoche ankündigenden Finales zu betrachten,
das der Acta-Verfasser in c. 28,17ff. mit großer schriftstellerischer Kunst gestaltet hat.

II

Warum *mußte* dieses autoritative, im lukanischen Plädoyer für die Legitimität
des heidenchristlichen Kirchentums die Klimax darstellende und zudem die
definitive Trennung von Synagoge und Heidenkirche provozierende ‚letzte
Wort' des Paulus nun aber gerade in Rom gesprochen werden? So nahe diese
Frage liegt, so schwer ist sie zu beantworten.

Soll man vielleicht annehmen, daß das lukanische Werk dort entstanden
ist, wohin seine Handlung ab Apg 19,21 zielgerichtet führt und wo sie auch
endet, in Rom[57], und weiter, daß sich in dem enormen Gewicht, das der Acta-

---

[55] Deswegen bereits alle, die Paulus nach seinem Bruch mit der Synagoge aufsuchten
(28,30), „als Heiden zu denken" (HAENCHEN [wie Anm. 2], 694), ist sicher nicht nötig;
schließlich haben sich ja auch in Rom noch Juden bekehrt (28,24), die ihren Missionar, so
darf man spekulieren, kaum zwei Jahre lang unbesucht gelassen haben werden. Auffällig ist
freilich das Folgende: Obwohl Lukas betont, daß die Verkündigung des Paulus durch seinen
Bruch mit der Synagoge keine substantielle Änderung erfuhr (vgl. die vorige Anmerkung),
nennt er ein typisches Element paulinischer Predigt vor Juden, den Schriftbeweis (28,23:
πείθων τε αὐτοὺς [sc. τοὺς Ἰουδαίους] περὶ τοῦ Ἰησοῦ ἀπό τε τοῦ νόμου Μωϋσέως καὶ
τῶν προφητῶν, vgl. 17,2.11; 26,22f.) in 28,31 nicht mehr. Hier ist lediglich noch von τὰ
περὶ τοῦ κυρίου Ἰησοῦ Χριστοῦ die Rede. In den beiden vom Acta-Verfasser mitgeteilten
Paulusreden vor genuinen Heiden (14,15–17; 17,22–31) fehlt ebenfalls jeglicher Hinweis auf
die Schrift. Will Lukas durch das Fortlassen dieses für die Verkündigung vor Juden charakteristischen Elementes in 28,31 etwa signalisieren, Paulus habe nach seinem Bruch mit der
Synagoge in Rom nur noch vor Heiden gepredigt?

[56] So G. WASSERBERG, Aus Israels Mitte – Heil für die Welt. Eine narrativ-exegetische
Studie zur Theologie des Lukas (BZNW 92), Berlin/New York 1998, 112f.

[57] Die Tatsache, daß die Apostelgeschichte eine starke inhaltliche Bindung an die Welt
rund um die Ägäis aufweist, reicht allein nicht aus, dem zu widersprechen. Der Acta-Verfasser
mag jener Welt entstammen oder doch lange dort gelebt haben und erst später in die *urbs*
gelangt sein (H. CONZELMANN, Der geschichtliche Ort der lukanischen Schriften im Urchristentum, in: G. Braumann [Hg.], Das Lukas-Evangelium. Die redaktions- und kompositionsgeschichtliche Forschung [WdF 280], Darmstadt 1974, 236–260: 244f.), wie dies im 2. Jahrhundert z. B. auch bei Justin, Kerdon, Markion oder Peregrinus Proteus (Lukian, *Peregr.
mort.* 18; dazu H. D. BETZ, Lukian von Samosata und das Neue Testament. Religionsgeschichtliche und paränetische Parallelen [TU 76], Berlin 1961, 110) der Fall war.

Verfasser Rom als von der *providentia* bestimmtem Ort zukunftsdeutenden und zugleich -eröffnenden Geschehens zugewiesen hat, das Selbstbewußtsein der christlichen Gemeinde der Welthauptstadt spiegelt? Hierfür ist besonders Jürgen Roloff eingetreten: „Die auffällige Orientierung der Apg auf Rom hin erklärt sich am besten von der Annahme her ..., daß Lukas Glied der römischen Gemeinde war." Als solches habe „Lukas die Ankunft des Paulus in Rom als das die Situation seiner Kirche bis in seine Gegenwart hinein grundlegend bestimmende Schlüsselereignis" gedeutet, durch das Rom anstelle Jerusalems „zum Mittelpunkt der Kirche geworden" sei. „Das ist ein kirchliches Selbstverständnis, das weitgehend dem des um 96 ebenfalls in Rom geschriebenen 1. Klemensbriefes entspricht."[58] Es fragt sich allerdings sehr, ob ein „Glied der römischen Gemeinde" diese (seine!) ungemein selbstbewußte Gemeinde in derart ostentativer Weise hätte marginalisieren können (und wollen!), wie Lukas das in der Apostelgeschichte getan hat, indem er ihr in einer am Ort ihrer Existenz spielenden inhaltsschweren Erzählung lediglich die Statistenrolle eines noch dazu *extra muros* auftretenden Begrüßungskomitees für Paulus (28,15) überließ.[59]

Entschiede man sich für eine römische Herkunft der Apostelgeschichte, hätte man freilich zugleich anzunehmen, daß das Legitimitätsproblem der heidenchristlichen Kirche, auf das die Apostelgeschichte reagiert, ein solches – zumindest: auch – der seinerzeitigen römischen Christenheit war.[60] Ohne Plausibilität wäre diese Annahme nicht. Man vergegenwärtige sich zunächst eine äußere Gegebenheit christlicher Existenz in Rom[61], nämlich die, daß die Christen dort von Anfang an und zum größten Teil in eben jenen Stadtvierteln der *urbs* – etwa Trastevere – ansässig waren, in denen sich auch die große Mehrheit der ungemein zahlreichen jüdischen Gemeinde Roms drängte – man

---

[58] RoLoff (wie Anm. 2), 371.

[59] Daß Lukas die römische Gemeinde „nahezu demonstrativ" übergeht, findet auch RoLoff befremdlich, begegnet diesem merkwürdigen Sachverhalt jedoch mit dem Argument lukanischer Rücksichtnahme auf Empfindlichkeiten der römischen Gemeinde, die nicht an „innergemeindliche Kontroversen und Parteiungen" von gestern (1Clem 5,2) erinnert werden sollte, welche „zumindest zu den indirekten Ursachen" für den Tod des Paulus (und des Petrus) zählten, so daß Lukas auf das Verhältnis des Paulus zu den römischen Christen lieber gar nicht eingegangen sei (RoLoff [wie Anm. 5], 523f.). RoLoff unterschätzt damit gröblich die literarischen Möglichkeiten des Schriftstellers Lukas, der andernorts doch auch glänzende Bilder gemalt hat, obschon die Situationen, die es zu schildern galt, in Wirklichkeit wenig Erbauliches boten, vgl. Apg 16,16–40; 19,23–40 (vgl. dazu meinen Beitrag Τερατεία, im vorliegenden Band S. 33–83: 54) und insbesondere die Verhaftung und Prozeß des Paulus schildernden Szenen, die Lukas in einem Quasi-Freispruch des Paulus gipfeln läßt (26,31).

[60] Das nimmt RoLoff (wie Anm. 5), 527f. an: Lukas „will seiner heidenchristlichen Kirche bei der Findung und Bejahung ihrer Identität helfen ... Sie soll wissen, daß sie ... keine illegitime Größe, sondern die Kirche ist, wie Gott sie im Prozeß der Heilsgeschichte hat entstehen lassen." Vgl. DERS. (wie Anm. 2), 371.

[61] Zum Folgenden vgl. insbesondere LAMPE (wie Anm. 1), 10–52.

lebte als Christ also, und hierin war auch nach der zum Zeitpunkt der Abfassung der Apostelgeschichte bereits etwa eine Generation zurückliegenden Loslösung der Christen von der Synagoge[62] keine Änderung eingetreten – Tür an Tür mit jenen zusammen, mit denen man durch ein Höchstmaß gemeinsamer Tradition verbunden war. So ist es denn auch nicht verwunderlich, wenn „Christen aus dem Umkreis der Synagogen, Juden- wie Heidenchristen, ... in der Anfangszeit erstaunlichen Einfluss auf die Theologiebildung des stadtrömischen Christentums ausgeübt" haben.[63] Greifbar wird dieses Faktum im 1. Clemensbrief sowie im Hebräerbrief, falls dieser in Rom geschrieben sein sollte.[64] Beide wie die Apostelgeschichte gegen Ende des 1. Jahrhunderts verfaßten Schriften sind durchtränkt von Bezugnahmen auf jüdische Traditionen; sie bersten förmlich vor Zitaten aus der Septuaginta und einschlägigen Anspielungen[65]; im 1. Clemensbrief findet sich zudem noch Material aus späterer jüdischer Tradition benutzt.[66] In diesem hier freilich allzu knapp umrissenen sozialen und theologischen Milieu mag es unter den Christen Roms durchaus zu Irritationen im Blick auf die eigene Legitimität gekommen sein, zumal dann, wenn „Heidenchristen, die als Sebomenoi das geistige Gut der Synagoge rezipiert hatten"[67], in der neuen geistlichen Heimat die Verbindung der Kirche mit Israel als dem Gottesvolk nicht – oder nicht mehr – hinreichend gewährleistet zu sehen vermochten.

Genauere Einsicht in das, was zum Zeitpunkt der Abfassung der Apostelgeschichte, also am Ende des 1. Jahrhunderts, in der Christenheit Roms als Problem empfunden werden konnte, erhält man freilich nur, wenn man die aus dieser Stadt stammenden Erzeugnisse aus christlicher Feder studiert. Dabei ergibt sich aus dem 1. Clemensbrief, dem gewichtigsten und zugleich sicher-

---

[62] Dazu z. B. H. Lichtenberger, Josephus und Paulus in Rom. Juden und Christen in Rom zur Zeit Neros, in: D.-A. Koch – H. Lichtenberger (Hg.), Begegnungen zwischen Christentum und Judentum in Antike und Mittelalter. FS H. Schreckenberg (Schriften des Institutum Judaicum Delitzschianum 1), Göttingen 1993, 245–261: 257–260, und J. C. Walters, Romans, Jews, and Christians: The Impact of the Romans on Jewish/Christian Relations in First-Century Rome, in: K. P. Donfried – P. Richardson (Hg.), Judaism and Christianity in First-Century Rome, Grand Rapids (MI)/Cambridge 1998, 175–195: 176–183.

[63] Lampe (wie Anm. 1), 60.

[64] Vgl. dazu E. Grässer, An die Hebräer. 1. Teilband (EKK XVII/1), Zürich/Neukirchen-Vluyn 1990, 22f.; W. L. Lane, Social Perspectives on Roman Christianity during the Formative Years from Nero to Nerva: Romans, Hebrews, 1 Clement, in: Judaism and Christianity in First-Century Rome (wie Anm. 62), 196–244: 215f.; M. Karrer, Der Brief an die Hebräer. Kap. 1,1–5,10 (ÖTK 20/1), Gütersloh/Würzburg 2002, 93–96.

[65] F. Schröger, Der Verfasser des Hebräerbriefes als Schriftausleger (BU 4), Regensburg 1968, 35–243; D. A. Hagner, The Use of the Old and New Testaments in Clement of Rome (NT.S 34), Leiden 1973, 37–69; H. E. Lona, Der erste Clemensbrief (KAV 2), Göttingen 1998, 42–48.

[66] Lampe (wie Anm. 1), 59.

[67] Lampe (wie Anm. 1), 59f.

sten Zeugen für die am Ende des 1. Jahrhunderts in Rom getriebene Theologie: So intensiv sein Verfasser mit alttestamentlichem sowie aus der Synagoge stammendem Traditionsmaterial hantiert, so wenig läßt er dabei für den Gedanken Raum, daß irgend jemand in Rom die Legitimität der heidenchristlichen Kirche aufgrund der Glaubensverweigerung Israels als gefährdet angesehen haben könnte. Vielmehr ist das Gegenteil der Fall. Ein Text wie 1 Clem 29f. zeigt mehr als deutlich, daß für seinen Verfasser „die Ablösung Israels durch die christliche Kirche vollständig [ist] und … keiner Erklärung oder Begründung" mehr bedarf[68]: Von der Erwählung Israels aus den Völkern handelnde Schriftstellen wie Dtn 32,8f. werden hier von Clemens ohne jede Reflexion als Aussagen über die Kirche verstanden, an deren Qualität als ἐκλογῆς μέρος (29,1) bzw. ἁγία μερίς (30,1) ihn lediglich dies interessiert, daß solche Qualität Konsequenzen für die christliche Lebensführung haben muß. Davon, daß "I Clement … argues above all for the Christian claim to be truly the people of God" – so William Horbury[69] –, kann keine Rede sein. Ein vergleichbares Bild bietet der Hebräerbrief. Sein Verfasser verfügt über eine umfassende Kenntnis des griechischen Alten Testamentes und weiß dieses auch in ausgefeilter, aus den Traditionen der jüdisch-hellenistischen Bibelexegese stammender Manier – durchweg christologisch – zu interpretieren[70], aber: „Eine Reflexion über das heilsgeschichtliche Verhältnis Kirche – Israel nimmt der Hebräerbrief ebensowenig vor wie er auf die Frage nach Kontinuität und Identität der Kirche eingeht."[71]

Aus dem 1. Clemensbrief (und, falls römischer Herkunft, ebenso aus dem Hebräerbrief) läßt sich also einigermaßen sicher erschließen, daß die Probleme, die Lukas zur Abfassung der Apostelgeschichte bewogen, im Rom des ausgehenden ersten Jahrhunderts keine Rolle gespielt haben, und so wird man – das krasse Desinteresse des Acta-Verfassers an der römischen Christengemeinde in die Rechnung mit einbeziehend – eine Entstehung der Apostelgeschichte in Rom für äußerst unwahrscheinlich halten müssen. Dies bedeutet auch, daß „die auffällige Orientierung der Apg auf Rom hin"[72] samt dem Umstand, daß der lukanische Paulus sein Zukunft eröffnendes letztes Wort unter dem Diktat des providentiellen δεῖ an keinem anderen Ort als eben Rom zu sprechen hatte, nicht dem Selbstbewußtsein der römischen Gemeinde am Ende des ersten Jahrhunderts zu verdanken sein kann.

---

[68] Lona (wie Anm. 65), 327. Vgl. Walters (wie Anm. 62), 190–194.

[69] W. Horbury, Jews and Christians in Contact and Controversy, Edinburgh 1998, 103.

[70] Vgl. H. Hegermann, Der Brief an die Hebräer (ThHK 16), Berlin 1988, 57–61.

[71] Roloff (wie Anm. 50), 284. „Im krassen Unterschied zum Römerbrief z. B. interessiert ihn [sc. den Verfasser des Hebräerbriefes] die Situation des nach- und außerchristlichen Judentums überhaupt nicht": Grässer (wie Anm. 64), 31 mit Verweis auf H. Schreckenberg, Die christlichen Adversus-Judaeos-Texte und ihr literarisches und historisches Umfeld (1.–11. Jh.) (EHS.T 172), Frankfurt a. M. usw. 1982, 91.

[72] Roloff (wie Anm. 2), 371.

So wenig Lukas mit dem christlichen Rom seiner Zeit verbindet, so viel verdankt er jedoch einem Schreiben, das zwar nicht aus Rom stammt, wohl aber, knapp vier Jahrzehnte vor Abfassung der Apostelgeschichte, nach Rom gesandt worden war: dem Römerbrief. Im Zentrum seines theologischen Diskurses steht just dasjenige Problem, das auch der Acta-Verfasser am Ende der Apostelgeschichte – er im Interesse des Legitimitätsnachweises für das heidenchristliche Kirchentum – definitiv zu klären wünschte: das Problem der Glaubensverweigerung der überwältigenden Mehrheit des Gottesvolkes. Was Lukas in Apg 28,23–28 hierzu äußert, hat er – so die im folgenden zu begründende These – in Kenntnis des Römerbriefes und, mehr noch, in partieller sachlicher Anknüpfung an dessen einschlägige Passagen formuliert.

Daß Lukas den Römerbrief (und nicht nur ihn) gekannt hat, ist in der neutestamentlichen Forschung immer wieder angenommen worden[73] und ist angesichts der Tatsache, daß Lukas Historiker war und sich bei der Beschaffung des Materials für das von ihm geplante Geschichtswerk der seinerzeit in der Historiographie üblichen Gepflogenheiten[74] bedient haben dürfte, von vornherein nicht unwahrscheinlich.[75] Für eine lukanische Kenntnis des Römerbriefs spricht zudem eine Reihe sachlicher Bezüge, die ihn mit der Apostelgeschichte verbinden.[76] Zu diesen wird man zunächst die an die paulinische Rechtfertigungs- und Gesetzeslehre anklingenden Formulierungen in 13,38f. und 15,10f. (vgl. Röm 3,28) sowie die Betonung von Pauli Sendung zu den ἔθνη in 22,21 und 26,17 (vgl. Röm 1,5; 11,13; 15,16) zählen können[77], ebenso das ὑμῖν [sc. τοῖς Ἰουδαίοις] πρῶτον in 3,26 und 13,46, das an beiden Stellen als Spiegelung des paulinischen Ἰουδαίῳ τε πρῶτον (Röm 1,16) verstanden werden darf. Am schwersten wiegt hier jedoch, daß alles, was im Römerbrief hinsichtlich der äußeren Sachverhalte von Pauli Reise nach Rom und seinem Aufenthalt in Rom zu lesen ist, in der Apostel-

---

[73] Nachweise z. B. bei G. KLEIN, Die zwölf Apostel. Ursprung und Gehalt einer Idee (FRLANT 77), Göttingen 1961, 189, Anm. 881, und A. LINDEMANN, Paulus im ältesten Christentum. Das Bild des Apostels und die Rezeption der paulinischen Theologie in der frühchristlichen Literatur bis Marcion (BHTh 58), Tübingen 1979, 163–173.

[74] Vgl. hierzu meinen Beitrag *Wirklichkeitserfahrung und Geschichtsschreibung bei Lukas*, im vorliegenden Band S. 85–108: 90–92.

[75] Vgl. KLEIN (wie Anm. 73), 190f., und J. KNOX, Marcion and the New Testament. An Essay in the Early History of the Canon, Chicago 1942, 132f.: "A writer on Paul might have been expected to make some search for epistles."

[76] Eine Aufzählung bei M. THEOBALD, Mit verbundenen Augen? Kirche und Synagoge nach dem Neuen Testament, in: W. Groß (Hg.), Das jüdische Gegenüber – eine Herausforderung für die christliche Theologie, Mainz 2001, 26–54: 37, Anm. 36 (= THEOBALD, Studien zum Römerbrief [WUNT 136], Tübingen 2001, 367–395: 378, Anm. 36). THEOBALD selbst nimmt eine Abhängigkeit der Apostelgeschichte vom Römerbrief jedoch nicht an.

[77] Zu der Ansicht, beides könne auch aus anderen Traditionszusammenhängen stammen, vgl. M. THEOBALD, Der Kanon von der Rechtfertigung (Gal 2,16; Röm 3,28). Eigentum des Paulus oder Gemeingut der Kirche?, in: T. Söding (Hg.), Worum geht es in der Rechtfertigungslehre? Das biblische Fundament der „Gemeinsamen Erklärung" von Katholischer Kirche und Lutherischem Weltbund (QD 180), Freiburg i. Br. usw. [2]2001, 131–192, bes. 163–174 (= THEOBALD, Studien [wie Anm. 76], 164–225, bes. 196–207), und C. BURCHARD, Der dreizehnte Zeuge. Traditions- und kompositionsgeschichtliche Untersuchungen zu Lukas' Darstellung der Frühzeit des Paulus (FRLANT 103), Göttingen 1970, 124f. 163–165.

geschichte wiederkehrt. Die vom lukanischen Paulus in Apg 19,21 geäußerten Reisepläne – nach Mazedonien und Achaia, dann nach Jerusalem und Rom – entsprechen z. T. bis in den Wortlaut hinein genau dem, was Paulus in Röm 15,23–28 den Adressaten des Römerbriefes selbst mitteilt[78], und was der lukanische Paulus in Rom tut, nämlich predigen (Apg 28,31), kündigt der historische in Röm 1,15 als einzige für die Zeit seines Romaufenthaltes ins Auge gefaßte Tätigkeit an.

Die ihn zutiefst bewegende Erfahrung, daß die Juden in Jerusalem sowohl wie in der Diaspora dem Evangelium allermeist nicht geneigt zu machen gewesen waren[79], versucht Paulus in Röm 9–11 durch eine Deutung des betrübenden Phänomens zu bewältigen. Die gewichtigsten Elemente dieser Deutung finden sich nun, wenngleich äußerst verkürzt, in der Paulus in den Mund gelegten lukanischen Interpretation desselben Phänomens in Apg 28,25–28 und dessen Kontext wieder. Dies gilt zunächst im Blick auf den letzten Grund, den Lukas für den – sich Apg 28,22 ebenso wie Röm 10,21 zufolge im Widersprechen (ἀντιλέγειν) manifestierenden – Unglauben der Synagoge zu nennen weiß: Er erkennt ihn mit Hilfe der Schrift (Jes 6,9f.) darin, daß „das Herz dieses Volkes verstockt ist" (28,27: ἐπαχύνθη γὰρ ἡ καρδία τοῦ λαοῦ τούτου). Nicht anders hatte sich auch Paulus geäußert: οἱ δὲ λοιποί [d. h. die Ungläubigen in Israel] ἐπωρώθησαν (Röm 11,7).[80] Das Resultat der Verstockung beschreibt der Acta-Verfasser ganz wie Paulus im Rahmen eines Schriftzitates (Dtn 29,3/Jes 29,10 bzw. Jes 6,9f.) als Verlust der Fähigkeit, wirklich hören und sehen zu können (Röm 11,8 bzw. Apg 28,26f.). Darüber, wer der Urheber solcher Verstockung ist, gibt Paulus im Anschluß an seine Feststellung des Verstocktseins Israels (Röm 11,7) mit den Worten von Jes 29,10 die folgende Auskunft: „*Gott* hat ihnen [sc. den ungläubigen Israeliten] einen Geist der Betäubung (πνεῦμα κατανύξεως) gegeben" (Röm 11,8; vgl. 9,18). Dem korrespondiert Apg 28,27. Zwar wird dieser Vers gern so verstanden, als spreche er von einer „Selbstverstockung" Israels (bzw. der Synagoge)[81], doch steht

---

[78] LINDEMANN (wie Anm. 73), 166. 169; ebd. Anm. 142: „Die Veränderungen lassen sich leicht erklären: Der Hinweis auf Spanien wurde gestrichen, weil Paulus dieses nicht mehr erreichte; die Kollekte übergeht Lukas hier wie sonst auch."

[79] Vgl. E. LOHSE, Der Brief an die Römer (KEK 4), Göttingen 2003, 301, zu Röm 10,16 (ἀλλ' οὐ πάντες ὑπήκουσαν τῷ εὐαγγελίῳ): „Diese Feststellung besagt: Tatsächlich haben nur ganz wenige die Antwort des Glaubens gegeben" (mit Hinweis auf BLASS – DEBRUNNER – REHKOPF [wie Anm. 27], § 495.2 [S. 425]). Vgl. Röm 11,14: Paulus hofft nur noch, wenigstens „einige" seiner Stammverwandten (τινὰς ἐξ αὐτῶν) „retten" zu können.

[80] Daß Lukas „die Verstockungstheorie von Paulus übernommen" hat, meinte bereits HARNACK (wie Anm. 42), 214.

[81] THEOBALD (wie Anm. 76), 43 bzw. 384 mit Hinweis auf W. GROSS, in: DERS. – K. J. KUSCHEL, „Ich schaffe Finsternis und Unheil!" Ist Gott verantwortlich für das Übel?, Mainz 1992, 27; vgl. noch J. GNILKA, Die Verstockung Israels. Isaias 6,9–10 in der Theologie der Synoptiker (StANT 3), München 1961, 150 („Die Juden haben sich selber aus der Kirche … ausgespielt") und B. J. KOET, Five Studies on Interpretation of Scripture in Luke-Acts (SNTA 14), Leuven 1989, 130.

solchem Verständnis entgegen, daß das „ἐπαχύνθη, aus dem das in V. 26
notierte Nicht-Hören und Nicht-Sehen „dieses Volkes" resultiert (ἐπαχύνθη
γάρ!), ein Passiv ist – "a passive of divine action"[82] wie ἐπωρώθησαν in Röm
11,8 –, das ein Selbsthandeln der in das von ἐπαχύνθη angezeigte
Geschehen Involvierten ausschließt: Wie für Paulus ist auch für Lukas Gott
das Subjekt des Verstockungshandelns an Israel.[83] In diesem Verstockungshandeln sieht Paulus allerdings kein Geschehen, das seinen Zweck in sich
selbst hat, sondern eines, das über den Zweck der Verstockung Israels hinaus-
zielt, insofern es dazu dient, das Heil zu den ἔθνη gelangen zu lassen: τῷ
αὐτῶν [d. h. Israels] παραπτώματι ἡ σωτηρία τοῖς ἔθνεσιν (Röm 11,11;
vgl. 11,12.15.25). Die Vorstellung, daß Gottes Verstockungshandeln an Israel
(bzw. an der Synagoge) und sein Heilshandeln an den Völkern miteinander
verknüpft sind, findet sich in Apg 28,27f. ebenfalls wieder; die in 28,26f. getroffene Feststellung, daß die Synagoge verstockt ist, hat zur Folge, daß diese
nunmehr aus dem Mund des lukanischen Paulus fast wortwörtlich dasselbe
vernehmen muß, was der Verfasser des Römerbriefes in c. 11,11 konstatiert
hatte: τοῖς ἔθνεσιν ἀπεστάλη τοῦτο τὸ σωτήριον τοῦ θεοῦ (Apg 28,28).
Für Paulus gilt freilich auch, daß die mit der Verstockung Israels verknüpfte
Zuwendung des Heils an die ἔθνη letztlich, wie Gottes Heilszuwendung stets
(Röm 9,11f.18), allein in Gottes souveräner Gnadenwahl wurzelt (9,24–26).
Dem entspricht in Apg 28,27f., daß die Feststellung der Verstocktheit der
Synagoge zwar zur Folge hat, daß der lukanische Paulus diese nunmehr von
der Zuwendung des Heils an die ἔθνη in Kenntnis setzt, Lukas die Zuwendung des Heils an die ἔθνη als solche jedoch wie Paulus von Gottes Verstok-
kungshandeln an der Synagoge unabhängig erfolgt sein läßt: Wenn die ἔθνη
des Heils teilhaftig werden, dann auch in der Apostelgeschichte allein deshalb,
weil es ihnen – wann auch immer – von der *providentia* „gesandt worden ist"
(ἀπεστάλη, Apg 28,28).[84] Mit der vorgängigen Feststellung der Verstocktheit
der Synagoge ist nur die Kundgabe von diesem Heilserweis verknüpft, nicht
er selbst. Die paulinische Dialektik von Gottes freiem Erwählungshandeln
einerseits und Verknüpftsein der Heilsteilhabe der Völker mit dem Zu-Fall-
Kommen Israels andererseits bleibt bei Lukas durchaus gewahrt.[85] Paulus zu-

---

[82] BARRETT (wie Anm. 26), 1245.

[83] Vgl. BARRETT (wie Anm. 26), 1246: "Like v. 26, this verse [sc. 27] states that they did
not understand, hear, or see; and that this fact did not stand outside God's purpose" und 1245:
"The unbelief of Israel is not an unhappy accident but part of Gods intention."

[84] Wer das Subjekt des Sendens ist, geht auch hier aus dem Passiv hervor, in dem vom Geschehen des Sendens gesprochen wird; vgl. 13,26: ἡμῖν ὁ λόγος τῆς σωτηρίας ταύτης
ἐξαπεστάλη.

[85] Dies gilt auch für Apg 13,46f.: Zwar wenden sich Paulus und Barnabas an die Heiden,
weil (ἐπειδή) die Juden das Wort Gottes nicht zu akzeptieren bereit waren; „der Grund für
diesen wichtigen Wechsel der Adressaten der Heilsverkündigung liegt aber letztlich nicht in
der ablehnenden Haltung der Juden, sondern im universalen Heilswillen Gottes ... Er hat sich

folge hat Israel durchaus „verstanden", was es ablehnt (Röm 10,19–21), und er läßt auch wissen, woraus Israels Ablehnung sachlich resultiert: aus dessen prinzipieller Abneigung gegen die Botschaft von der allein noch an die Bedingung des Glaubens geknüpften Inklusion der ἔθνη in den Kreis der Heilsempfänger.[86] Nicht anders ist auch der Verfasser der Apostelgeschichte davon überzeugt, daß die Synagoge „verstanden" hat, und auch für ihn steht dieses „Verstehen" in Zusammenhang mit der Botschaft von der Zuwendung des Heils an die ἔθνη. Denn eben von ihr handelt der letzte von Paulus in der Apostelgeschichte gesprochene Satz (28,28), der zur Folge hat, daß die Synagoge „begreift" und sich nach Ausweis von Apg 28,30f. nun anders als zuvor in keiner Weise mehr um den weiteren Fortgang der christlichen Verkündigung durch Paulus kümmert.[87] Schließlich: Wenn Israel das Heil abgelehnt hat, dann liegt dies für Lukas genauso wie für Paulus nicht an mangelnder Zuwendung. „*Den ganzen Tag* habe ich [sc. Gott] meine Hände ausgestreckt nach dem Volk, das sich nichts sagen läßt und *widerspricht*" zitiert Paulus in Röm 10,21 den Propheten Jesaja (65,2). In Apg 28,22f. ist an die Stelle Gottes allerdings der lukanische Paulus getreten, ein Exponent jener αἵρεσις, der jüdischerseits „überall *widersprochen* wird", welcher sich „*vom Morgen bis zum Abend*" ohne durchschlagenden Erfolg bemüht zeigt, die römischen Juden „in bezug auf Jesus zu überzeugen".

So dicht, wie die Anklänge an Röm 9–11 in Apg 28 gesät sind, lassen sie kaum einen anderen Schluß zu als den, daß Lukas den letzten in der Apostelgeschichte zu schildernden Auftritt des Paulus vor Juden, in dem dieser die definitive Antwort auf die aus dem Unglauben der Synagoge resultierenden Fragen geben sollte, sachlich weitgehend an den Aussagen jener Kapitel des Römerbriefes orientiert hat, in denen Paulus selbst schon um eine Deutung des Israelproblems gerungen hatte.[88] Der eminent dialogische Stil, in dem

---

in dem aus Jes 49,6 LXX zitierten Wort als Auftrag ‚des Herrn' den Missionaren kundgetan" (WEISER [wie Anm. 2], 338).

[86] Vgl. Röm 9,24–26.30–33; 10,9–11, und THEOBALD (wie Anm. 76), 35 bzw. 376: „Dass in Christus also auch den Heidenvölkern bedingungslos, aus lauter Gnade, am Gesetz vorbei, das Heil geschenkt wird, das hat das Nein Israels zum Evangelium provoziert, hat der Mehrheit der Juden ihr Herz verhärtet. Oder wie es in Röm 10,19 (mit Dtn 32,21) heißt: ‚Ich werde euch eifersüchtig machen auf ein Nicht-Volk, gegen ein unverständiges Volk euch ergrimmen lassen.'"

[87] Vgl. dazu oben S. 147–149.

[88] Dabei ist äußerst aufschlußreich, welche paulinischen Aussagen Lukas in Apg 28 mit Schweigen überging; es sind dies insbesondere der „Rest"-Gedanke (Röm 9,27–29; 11,1–5), mit dessen Hilfe Paulus die vergleichsweise kleine Zahl von Judenchristen schriftgemäß deutet, sowie der Ausblick auf die eschatologische Rettung von „ganz Israel" (11,25–32). Das Fehlen des Restgedankens läßt die Vermutung zu, daß es im Erfahrungsbereich des Acta-Verfassers judenchristliche Gemeindeglieder offenbar nicht mehr gab, deren Existenz man heilsgeschichtlich deuten konnte. Der Verzicht auf Aussagen über das eschatologische Schicksal Israels (d. h. für Lukas: der Synagoge) dürfte aus dem Erlöschen der von Paulus

Röm 9–11 geschrieben ist[89], sowie der Umstand, daß diese Kapitel über weite Strecken wie ein Gespräch mit der Synagoge wirken[90], mögen das ihre dazu beigetragen haben, Lukas den Entschluß fassen zu lassen, diesen Abschnitt des Römerbriefes am Ende der Apostelgeschichte in das Geschehen einer knappen dramatischen Szene umzusetzen, deren gewichtigster Teil das Pauluswort 28,25–28 war.

Die Tatsache, daß Lukas Pauli autoritatives, der Legitimierung des Heidenchristentums dienendes Wort Apg 28,25–28 den einschlägigen Passagen eines vom Sprecher dieses Wortes einst nach *Rom* gesandten Schreibens nachempfunden hat, kann freilich allenfalls erklären, weshalb der Verfasser der Apostelgeschichte seinen Paulus jenes Wort dann auch in Rom sprechen ließ; weil der Bestimmungsort des nachempfundenen Schreibens Rom war, lag es nahe, die diesem Schreiben nachgestaltete Szene mit jenem Wort als Zielpunkt des Geschehens auch in Rom spielen zu lassen. Die Beobachtung, daß Lukas bereits zuvor einmal eine Szene unter Rückgriff auf den Römerbrief gestaltet hat – das erste Auftreten des Paulus als Judenmissionar im *pisidischen Antiochia!* (13,14–48)[91] –, sollte freilich von der Annahme eines für Lukas feststehenden Konnexes Rom – Römerbrief warnen. Keinesfalls aber kann die literarische Beziehung von Apg 28,25–28 zu Röm 9–11 erklären, warum der Acta-Verfasser der Ansicht war, jenes Pauluswort habe nach dem Willen der *providentia* (δεῖ!) in Rom gesprochen werden *müssen*.

III

Weshalb der lukanische Paulus nach Rom reisen *mußte* bzw. nur die *urbs* für Lukas der rechte Ort sein konnte, ein Wort wie Apg 28,25–28 zu sprechen, läßt sich m. E. erst dann erkennen, wenn man sich darüber klar geworden ist, was der von Lukas für das in Apg 28,17–31 geschilderte Geschehen gewählte Ort für den Verfasser der Apostelgeschichte bedeutet hat bzw. welche Inhalte sich für ihn mit diesem Ort verbanden. Im Blick auf Apg 19,21–28,31 hat sich hierzu, soweit ich sehe, am deutlichsten Jürgen Roloff geäußert: Er interpretiert den Weg des Paulus nach Rom folgendermaßen: „Gott weist ihm [sc.

---

noch geteilten (Röm 13,12) Naherwartung der Parusie resultieren. Und darüber zu reflektieren, wie es der Synagoge am Jüngsten Tage ergehen würde, hat Lukas anscheinend nicht sonderlich gereizt. Anders, unter Berufung z. B. auf Apg 3,20f., Wolter (wie Anm. 48), 425f.

[89] Vgl. hierzu z. B. W. Schmithals, Der Römerbrief als historisches Problem (StNT 9), Gütersloh 1975, 89 (mit Literatur), und Lohse (wie Anm. 79), 262. 271 u. ö.

[90] Schmithals, ebd.; vgl. M. Theobald, Warum schrieb Paulus den Römerbrief?, BiLi 56 (1983), 150–158: 150f. 153 (= ders., Studien [wie Anm. 76], 2–14: 2f. 7).

[91] Siehe P. von der Osten-Sacken, Undank ist der Welt Lohn (Apg 13,42–52), in: ders., Anstöße aus der Schrift. Arbeiten für Pfarrer und Gemeinden, Neukirchen-Vluyn 1981, 185–191: 188f.

dem „endzeitlichen Gottesvolk der Kirche"] einen neuen Mittelpunkt an – Rom. Dort, im Zentrum der heidnischen Welt" – an anderer Stelle formuliert Roloff: im „Raum des Heidentums, repräsentiert durch die Welthauptstadt Rom"[92] – „wird es Raum zu freier, ungehinderter Entwicklung haben (28,31)."[93] Daß Rom „Zentrum der heidnischen Welt" war bzw. den „Raum des Heidentums" repräsentiert, steht freilich nicht in der Apostelgeschichte. Der Raum der heidnischen – d. h. der zu missionierenden – Welt findet sich dort einzig durch seine Grenzen, die ἔσχατα τῆς γῆς (1,8; 13,47), definiert und umfaßte, wie die Völkerliste Apg 2,8–11 zeigt[94], ein weit umfangreicheres Territorium als es die römisch dominierte Oikumene jemals war.[95] Darüber, ob dieses Territorium ein Zentrum besaß, macht die Apostelgeschichte verständlicherweise keine Aussagen, und ebensowenig Anhalt bietet sie für die Behauptung, daß Gott der Kirche Rom als „neuen Mittelpunkt" angewiesen habe bzw. „daß Rom zum neuen Zentrum des Heidenchristentums werden mußte".[96] Dem providentiellen δεῖ untersteht in der Apostelgeschichte einzig Pauli Reise nach Rom (19,21) und sein Tun dort (23,11), es qualifiziert aber den Ort dieses Tuns als solchen nicht zu irgendetwas, das er nicht schon war. Schließlich ist das ἀκωλύτως von 28,31 wohl doch eher auf den von Lukas erhofften – wenn nicht gar schon konstatierten – Fortfall der Behinderung christlicher Verkündigung durch die Synagoge zu beziehen denn als Ausdruck einer auf das politische Rom zielenden Erwartung zu verstehen.[97] Alles in allem: Außer der Tatsache, daß Rom Ort eines bestimmten, von Lukas geschilderten Geschehens ist, sowie der (vom Verfasser allerdings geradezu versteckten) weiteren, daß es in Rom bereits vor Ankunft des Paulus Christen gab (Apg 28,15), lassen sich dem Schlußkapitel der Apostelgeschichte über Rom nicht die geringsten Angaben entnehmen.

Zum lukanischen Rombild gehört Roloff zufolge auch dies, daß Rom heilsgeschichtlich an die Stelle Jerusalems tritt: „Gerade die Schlußszene [sc. der Apostelgeschichte] läßt keinen Zweifel daran, daß für ihn [sc. Lukas] Rom … zum Mittelpunkt der Kirche geworden ist, der Jeru-

---

[92] ROLOFF (wie Anm. 5), 526.

[93] ROLOFF (wie Anm. 2), 289.

[94] Vgl. die Nennung von Parthern, Medern und Elamitern (2,9); dazu BARRETT (wie Anm. 16), 122f.

[95] Daß „die Wendung ‚bis zu den Enden der Erde' … den Weg der Zeugen bis nach Rom" andeute (ROLOFF [wie Anm. 2], 23), kann darum nicht zutreffen, zumal Rom ja eben nicht Hauptstadt eines „die Enden der damaligen bekannten Welt umfassenden Reiches" war (so aber ROLOFF ebd.): Parthien, Vorderindien, Taprobane (Ceylon) oder das Reich von Meroë (bzw. Äthiopien; Apg 8,27!) haben dem Imperium Romanum niemals angehört, stellten aber, wie das einschlägige Kartenmaterial historischer Atlanten leicht lehren kann (z. B. Großer Historischer Weltatlas. 1. Teil. Vorgeschichte und Altertum, München [5]1971, Karte 13a und b), sehr wohl Teile „der damaligen bekannten Welt" dar.

[96] ROLOFF (wie Anm 2), 12.

[97] Siehe oben S. 148 mit Anm. 52.

salem abgelöst hat."[98] Dieses ist „vom Ort des Heils zum Unheilsbereich" geworden[99]; „das endzeitliche Gottesvolk der Kirche hat dort ... keine Stätte mehr; Gott weist ihm einen neuen Mittelpunkt an – Rom." „Beide Städte sind nicht nur Reisestationen des Paulus, sondern heilsgeschichtliche Symbole."[100] Ich möchte das, jedenfalls soweit es Rom betrifft, nachdrücklich bestreiten. Roloff bemerkt zu Apg 28,17–31: „Paulus ist in Rom: ... eine heilsgeschichtliche Epoche, deren zentrales Kennzeichen die Bezeugung des Reiches Gottes für Israel war (V. 23), ist damit abgeschlossen."[101] Das trifft so jedoch nicht zu, denn auch in Rom hat Paulus Israel ja noch „das Reich Gottes bezeugt" (auf 28,23 weist Roloff selbst hin!); jene Epoche endet also keinesfalls, wie Roloff meint, mit der Ankunft des Paulus in Rom[102], sondern erst, nachdem dieser dort die Verstocktheit der Synagoge und, dem korrespondierend, die Hörbereitschaft der ἔθνη konstatiert hat (28,26–28). An anderer Stelle äußert Roloff mit Bezug auf Apg 23,11: „Lukas versteht ... den Übergang des durch Paulus repräsentierten Zeugnisses von Jerusalem nach Rom als eine von Gott selbst herbeigeführte Wende von geradezu heilsgeschichtlicher Bedeutung."[103] Auch dies stimmt so nicht; die heilsgeschichtliche Wende resultiert nicht schon daraus, daß Pauli μαρτυρῆσαι/διαμαρτύρεσθαι von Jerusalem nach Rom gelangt, sondern erst aus den Folgen, die das letztmalige διαμαρτύρεσθαι des Paulus vor jüdischem Publikum ebendort zeitigt. Gewiß ist Rom Ort der heilsgeschichtlichen Wende, aber diese hat substantiell nichts mit Rom zu tun. Sie hätte durchaus auch andernorts geschehen können – etwa in Ephesus (am Ende der Missionstätigkeit des Paulus, vgl. oben S. 136), oder in Milet (anläßlich des Abschieds Pauli von seinem Missionsfeld, c. 20,17–38). Warum sie in Rom erfolgen muß, ist das Rätsel, das es noch zu lösen gilt. Ob es lösbar ist, sei vorerst dahingestellt. Aber „die den letzten Teil [sc. der Apostelgeschichte] durchziehende Spannung Jerusalem – Rom"[104] bzw. „das programmatische Gegenüber von Jerusalem und Rom"[105] halte ich für eine Erfindung der Exegeten.

Aus dem lukanischen Geschichtswerk insgesamt geht indes hervor, daß dessen Verfasser über Rom sehr viel mehr wußte, als er in Apg 28 erkennen läßt: In Rom residierte der Kaiser (Apg 19,21/27,24), dem auf der Grundlage vorgängiger Steuerschätzungen[106] Steuer zu zahlen war[107] und dessen einander

---

[98] ROLOFF (wie Anm. 2), 371. So auch W. ELTESTER, Israel im lukanischen Werk und die Nazarethperikope, in: Jesus in Nazareth (BZNW 40), Berlin/New York 1972, 76–147: 106 („Das Zentrum des Christentums ist nicht mehr in Jerusalem, sondern in der Welthauptstadt.").

[99] ROLOFF (wie Anm. 5), 526.

[100] ROLOFF (wie Anm. 2), 289.

[101] Ebd. 370.

[102] Vgl. ebd. 371: „Offensichtlich will Lukas die Ankunft des Paulus in Rom als das die Situation seiner Kirche bis in seine Gegenwart hinein grundlegend bestimmende Schlüsselereignis deuten."

[103] ROLOFF (wie Anm. 5), 525.

[104] ROLOFF (wie Anm. 2), 289.

[105] K. LÖNING, Paulinismus in der Apostelgeschichte, in: K. Kertelge (Hg.), Paulus in den neutestamentlichen Spätschriften. Zur Paulusrezeption im Neuen Testament (QD 89), Freiburg i. Br./Basel/Wien 1981, 202–234: 205, Anm. 8. Vgl. auch R. P. MARTIN, New Testament Foundations. A Guide for Christian Students. Vol. 2. Acts – Revelation, Grand Rapids (MI)/ Exeter 1978, 60 (die Apostelgeschichte als "tale of two cities"), sowie RADL (wie Anm. 5), 244.

[106] Lk 2,1–5; Apg 5,37.

ablösende Statthalter (Apg 24,27) die Provinzen des Reiches verwalteten[108], wobei sie mit den regionalen Eliten kooperierten.[109] Zu ihren Aufgaben gehörte insbesondere die Rechtspflege, der sie am Sitz des Statthalters[110] oder auf Assisereisen (Apg 19,38)[111] nachkamen; darüber hinaus hatten sie für Ruhe und Ordnung zu sorgen (Apg 19,40), eine Aufgabe, bei der dort, wo wie in Jerusalem römisches Militär stand[112], auch dieses zum Einsatz kommen konnte.[113] Das Erscheinungsbild Roms wird für Lukas also durch die Elemente Fiskus, Militär sowie die insbesondere in der Rechtspflege sichtbar werdende Verwaltungstätigkeit der Statthalter bestimmt – eine ausgesprochen provinziale Perspektive, die vorzüglich zu der wahrscheinlichen Abfassung des lukanischen Werks in einer der rund um die Ägäis gelegenen Städte[114] – Philippi?[115] Ephesus?[116] – paßt.

Das Rombild des Lukas wäre freilich nur sehr unvollständig beschrieben, ginge man nicht noch auf einen weiteren Faktor dieses Bildes ein: das Wissen darum, daß die *urbs* ein Entscheidungszentrum ohnegleichen darstellte[117], aus dem ein ständiger Strom von kaiserlichen Willensbekundungen[118] sowie Se-

---

[107] Lk 20,22–25, vgl. 23,2.

[108] Außer Pontius Pilatus nennt Lukas noch den syrischen Statthalter Publius Sulpicius Quirinius (Lk 2,2), Sergius Paulus und Lucius Junius Gallio Annaeanus, die Proconsuln von Cypern (Apg 13,6–12) bzw. Achaia (18,12–17) sowie Antonius Felix (23,24–24,27) und Porcius Festus (24,27–26,32), Procuratoren in Judäa.

[109] Lk 23,1–25.50–52; Apg 24,1f.27; 25,1–3.9.23–27; 26,30f.

[110] Apg 18,12.16; 24,1f.; 25,1–6.

[111] Vgl. dazu meinen Beitrag *Apostolische Missionsreise und statthalterliche Assisetour*, im vorliegenden Band S. 207–228: 217–222.

[112] Lukas kennt als Garnisonen nur Jerusalem (Apg 21–23) und Caesaraea (Apg 10,1; 25,23).

[113] Apg 21,31–39; 23,16–32.

[114] É. TROCMÉ, Le « Livre des Actes » et l'histoire (EHPhR 45), Paris 1957, 74f.

[115] Vgl. P. PILHOFER, Philippi. Bd. 1. Die erste christliche Gemeinde Europas (WUNT 87), Tübingen 1995, 153–159. 204f. 248–254.

[116] Die Argumente für eine Herkunft der Lukasschriften aus Ephesus finden sich zusammengefaßt bei LÖNING (wie Anm. 105), 204–209.

[117] Vgl. W. ECK, Zur Durchsetzung von Anordnungen und Entscheidungen in der hohen Kaiserzeit: Die administrative Informationsstruktur, in: DERS., Die Verwaltung des Römischen Reiches in der Hohen Kaiserzeit. Ausgewählte und erweiterte Beiträge. Bd. 1 (Arbeiten zur römischen Epigraphik und Altertumskunde 1), Basel/Berlin 1995, 55–79: 56f.: „Als reaktives Zentrum des Reiches hat F. Millar den römischen Kaiser gekennzeichnet ... Die reaktive aber war nur die eine Seite des Verwaltungshandelns. Rom ordnete natürlich aktiv an; d. h. vor allem der Kaiser erließ, wenn es nötig war, Anordnungen allgemeiner oder genereller Natur, an Statthalter oder an Prokuratoren, an mehrere oder an alle Städte. Er tat dies sogar in einem weit größeren Umfang, als man dies im allgemeinen in der Forschung voraussetzt."

[118] Zu den unterschiedlichen Formen, in die diese gekleidet sein konnten (zu unterscheiden sind Reskripte [*epistulae* bzw. *subscriptiones*], *decreta* und *edicta*), vgl. F. F. ABBOTT, in: DERS. – A. C. JOHNSON, Municipal Administration in the Roman Empire, Princeton (NJ) 1926

natsbeschlüssen[119] in die Provinzen floß[120], aus denen wiederum zahlreiche Vorgänge zur Entscheidung nach Rom gelangten.[121] Daß Lukas dies wohlbekannt war, ergibt sich aus Lk 2,1 und Apg 17,7 sowie aus seiner Darstellung des Paulusprozesses. Auf diesen, in dessen Verlauf der Statthalter Festus sich, wie Lukas erzählt, durch die Appellation des Paulus bezeichnenderweise zu einem schriftlichen Bericht an den Kaiser genötigt sah (Apg 25,26), muß hier nicht mehr ausführlicher eingegangen werden[122], wohl aber auf Lk 2,1 und Apg 17,7.

An beiden Stellen handelt Lukas von kaiserlichen Willensbekundungen, die er als δόγματα bezeichnet: durch ein δόγμα ordnet Augustus einen *census* an (Lk 2,1), und in Apg 17,7 sind es τὰ δόγματα Καίσαρος, auf die sich die Gegner der christlichen Missionare berufen, um das – politisch mißverstandene – Jesuskerygma (vgl. 17,3) als ungesetzlich zu brandmarken. An welche Form kaiserlichen Anordnens, Ge- oder Verbietens Lukas hier wie dort gedacht hat, läßt sich den Texten allerdings nicht auf den ersten Blick entnehmen. Wie aus Literatur und Inschriften hervorgeht, diente δόγμα im Griechischen häufig als Äquivalent des lateinischen *senatus consultum*[123]; daß in Lk 2,1 und Apg 17,7 solche gemeint sein könnten, scheint durch die Nennung des

---

(Repr. New York 1968), 234–240, sowie F. Millar, The Emperor in the Roman World (31 BC – AD 337), Ithaca (NY) [2]1992, 239–259.

[119] Siehe Abbott (wie Anm. 118), 234f.; Millar (wie Anm. 118), 348–350.

[120] Vgl. hierzu Tertullian, *Apol.* 4,7: *Nonne et vos* [sc. die Statthalter] *cottidie ... totam illam veterem et squalentem silvam legum novis principalium rescriptorum et edictorum securibus truncatis et caeditis?* sowie die Sammlung einschlägiger Dokumente bei J. H. Oliver, Greek Constitutions of Early Roman Emperors from Inscriptions and Papyri (Memoirs of the American Philosophical Society 178), Philadelphia 1989. Dazu, daß und weshalb sich nur ein vermutlich sehr geringer Teil der seinerzeit der Öffentlichkeit schriftlich bekannt gemachten Reskripte, Dekrete und Edikte der Kaiser (und anderer Entscheidungsträger des römischen Reiches) erhalten hat, s. W. Eck, Administrative Dokumente: Publikation und Mittel der Selbstdarstellung, in: ders., Die Verwaltung des Römischen Reiches in der Hohen Kaiserzeit. Ausgewählte und erweiterte Beiträge. Bd. 2 (Arbeiten zur römischen Epigraphik und Altertumskunde 3), Basel/Berlin 1998, 359–381, und ders., Zur Einleitung. Römische Provinzialadministration und die Erkenntnismöglichkeiten der epigraphischen Überlieferung, in: ders. (Hg.), Lokale Autonomie und römische Ordnungsmacht in den kaiserzeitlichen Provinzen vom 1. bis 3. Jahrhundert (Schriften des Historischen Kollegs. Kolloquien 42), München 1999, 1–15.

[121] Die besten Beispiele hierfür bietet der Briefwechsel, den Plinius d. J. während seiner Amtszeit als *legatus pro praetore Ponti et Bithyniae consularis potestate* mit Kaiser Trajan geführt hat (*Epist.* X, passim).

[122] Dazu oben S. 138f.

[123] H. J. Mason, Greek Terms for Roman Institutions. A Lexicon and Analysis (ASP 13), Toronto 1974, 39.129. Vgl. z. B. Josephus, *Ant.* XIV 144. 219; *Oracula Sibyllina* VIII 45; J. Reynolds, Aphrodisias and Rome. Documents from the Excavation of the Theatre at Aphrodisias (JRS Monographs 1), London 1982, Nr. 43,6f.; 48,20; Inschr. Ephesus 834,4–6; 2040,3f.; Inschr. Smyrna 697(= IGRR IV 1431),36f.

Kaisers als Urhebers der δόγματα zunächst eher ausgeschlossen – indes kam es durchaus vor, daß ein *senatus consultum* (δόγμα συγκλήτου) durch den bei der Beschlußfassung anwesenden und das *consultum* mitunterzeichnenden *princeps* dann in Form eines kaiserlichen Edikts bekannt gemacht wurde[124] oder ein *senatus consultum* auf Veranlassung des Kaisers zustande kam[125], so daß solche Beschlüsse sehr wohl als kaiserliche Willensäußerung aufgefaßt werden konnten.[126] Gelegentlich meint δόγμα jedoch auch ein regelrechtes Kaiseredikt, das im Griechischen sonst διάταγμα hieß.[127] So berichtet Josephus, daß Herodes I. durch ein von Octavian proklamiertes δόγμα im Besitz seiner Königswürde bestätigt wurde[128], und in einem Papyrus hat sich ein Kaiseredikt (des Alexander Severus?) erhalten, das mit der Anweisung schließt: τούτου τοῦ ἐμαυτοῦ δόγματος ἀντίγραφα τοῖς κατ' ἑκάστην πόλιν ἄρχουσιν γενέσθω ἐπιμελὲς εἰς τὸ δημόσιον ἐκθεῖναι ὅπου μάλιστα ἔσται σύνοπτα τοῖς ἀναγινώσκουσιν.[129] Ein nicht unwichtiges Indiz dafür, daß Lukas an den genannten Stellen ein solches Kaiseredikt gemeint hat, besteht schließlich darin, daß die Vulgata in Lk 2,1 δόγμα mit *edictum* übersetzt hat.[130] Den Geltungsbereich des Censusedikts beschreibt Lukas in Lk 2,1 als

---

[124] So ein Edikt des Augustus (OLIVER [wie Anm. 120], Nr. 12,72–144 = R. K. SHERK, Roman Documents from the Greek East. Senatus Consulta and Epistulae to the Age of Augustus, Baltimore [MD] 1969, Nr. 31), Z. 72–82: Αὐτοκράτωρ Καῖσαρ Σεβαστὸς ... λέγει· Δόγμα συνκλήτου τὸ ἐπὶ Γαίου Καλουισίου καὶ Λευκίου Πασσιήνου ὑπάτων κυρωθὲν ἐμοῦ παρόντος καὶ συνεπιγραφομένου, ἀνῆκον δὲ εἰς τὴν τῶν τοῦ δήμου τοῦ Ῥωμαίων συμμάχων ἀσφάλειαν, ἵνα πᾶσιν ᾖ γνωστόν, ὧν κηδόμεθα, πέμπειν εἰς τὰς ἐπαρχίας διέγνων καὶ τῶι ἐμῶι προγράμματι ὑποτάσσειν, ἐξ οὗ δῆλον ἔσται πᾶσιν τοῖς τὰς ἐπαρχίας κατοικοῦσιν, ὅσην φροντίδα ποιούμεθα ἐγώ τε καὶ ἡ σύνκλητος τοῦ μηδένα τῶν ἡμῖν ὑποτασσομένων παρὰ τὸ προσῆκόν τι πάσχειν ἢ εἰσπράττεσθαι. Es folgt der Wortlaut des *senatus consultum* (Z. 83–144).

[125] Vgl. Josephus, *Ant.* XIV 221; Sueton, *Augustus* 44,1; Tacitus, *Ann.* XV 22,1; Dio Cassius LVII 20,4 sowie OLIVER (wie Anm. 120), Nr. 192. Siehe außerdem die folgende Anm.

[126] Inschr. Smyrna 697(= IGRR IV 1431),35–38: καὶ ὅσα ἐπετύχομεν παρὰ τοῦ κυρίου Καίσαρος Ἀδριανοῦ διὰ Ἀντωνίου Πολέμωνος· δεύτερον δόγμα συνκλήτου, καθ' ὃ δὶς νεωκόροι γεγόναμεν. Dazu MILLAR (wie Anm. 118), 421: "The implied mention of two *senatus consulta* indicates ... that the senate still played a role in determining the rights of provincial cities, but also – and much more significantly – reveals how its decisions could be seen from the provinces as being in the gift of the emperor."

[127] MASON (wie Anm. 123), 36. 39. 127f.

[128] *Bell.* I 392f. Δόγμα zur Bezeichnung eines konsularischen Edikts: Josephus, *Ant.* XIV 239 (ἐπὶ τούτων ὁ Λέντλος δόγμα ἐξέθετο). Von einem δόγμα Ῥωμαίων bzw. τὰ ὑπὸ Ῥωμαίων δόγματα spricht Josephus in *Ant.* XV 196 bzw. XIV 188.

[129] PFay 20 = OLIVER (wie Anm. 120), Nr. 275, col. II, 21–23. Vgl. noch Euseb, *Hist. eccl.* IV 6,3 (τὸ πᾶν ἔθνος ἐξ ἐκείνου ... γῆς πάμπαν ἐπιβαίνειν εἴργεται νόμου δόγματι καὶ διατάξεσιν Ἀδριανοῦ) sowie die *Vita S. Abercii* 1 (p. 3 Nissen: δόγμα τῶν αὐτοκρατόρων Μάρκου Ἀντωνίνου καὶ Λευκίου Βήρου).

[130] Hingegen übersetzt sie τὰ δόγματα Καίσαρος in Apg 17,7 mit *decreta Caesaris* – vielleicht deshalb, weil dies, unterstellt man *decreta Caesaris* hier die in der späteren Kaiserzeit gebräuchlichere (ABBOTT [wie Anm. 118], 239) engere Bedeutung des Begriffs, nämlich

πᾶσαν τὴν οἰκουμένην umfassend und stellt es seinen Lesern damit als reichsweit anordnende Maßnahme des Kaisers vor. Auch die δόγματα Καίσαρος in Apg 17,7 müssen für ihn reichsweit geltende Edikte gewesen sein – läßt er sie von den Gegnern der christlichen Missionare doch als taugliche Handhabe gegen die von ihnen als weltweit geschehend charakterisierte christliche Verkündigung angesehen werden: βοῶντες ὅτι οἱ τὴν οἰκουμένην ἀναστατώσαντες οὗτοι καὶ ἐνθάδε πάρεισιν . . . καὶ οὗτοι πάντες ἀπέναντι τῶν δογμάτων Καίσαρος πράσσουσιν βασιλέα ἕτερον λέγοντες εἶναι Ἰησοῦν (17,6f.).[131] Aus einer Reihe von kaiserlichen Edikten sowie (vom Kaiser veranlaßten bzw. mitverantworteten) *senatus consulta* geht nun hervor, daß Edikte und *consulta* in der Tat oftmals reichsweite Geltung beanspruchten. So heißt es z. B. in einem Edikt des Claudius, er habe sich in der in dem Edikt behandelten Sache schon mehrfach bemüht, Abhilfe zu schaffen, und nennt als Betroffene *et colonias et municipia non solum Italiae, verum etiam provinciarum, item civitatium* [recte: civitates] *cuiusque provinciae.*[132] Was reichsweit gelten sollte, mußte freilich auch reichsweit bekannt sein, weshalb die Urheber der einschlägigen Edikte und *consulta* deren umfassende Publikation häufig gleich mitangeordnet haben. „Folgenden Senatsbeschluß",

---

„vom Princeps in Ausübung der Iurisdiction erlassene D." (R. Hesky, Art. Decretum, PRE 4 [1901], 2289–2306: 2290), besser zu der „deliktischen" – der Ausdruck stammt von W. Stegemann (wie Anm. 52), 231 – Charakterisierung der christlichen Missionstätigkeit durch deren Gegner zu passen schien als *edicta*.

[131] E. A. Judge, The Decrees of Caesar at Thessalonica, RTR 30 (1971), 1–7, erwägt eine Bezugnahme auf kaiserliche Beschlüsse gegen Wahrsagerei, insbesondere gegen solche, die sich mit Tod oder Wechsel von Herrschern befaßte, vgl. dazu Barrett (wie Anm. 26), 815f., und Alvarez Cineira (wie Anm. 1), 266f. Letzterer möchte die δόγματα Καίσαρος mit den Maßnahmen des Claudius gegen die römischen Juden (bzw. Judenchristen) in Verbindung bringen (a. a. O. 268–271). Doch wird Lukas hier kaum an bestimmte, tatsächlich existierende Edikte einzelner Kaiser gedacht haben, sondern vielmehr an das Kaiseredikt als ein zum Verbot jeglichen gegen den Kaiser gerichteten Handelns zur Verfügung stehendes Instrument. Dies gilt umso mehr, als „der Bericht der Apostelgeschichte über die ‚Missionstätigkeit' von Paulus und Silas und den aus ihr entstehenden Konflikt in Thessalonike eher aus der schriftstellerischen Arbeit des Lukas als aus ihm u. U. zur Verfügung stehenden ‚Nachrichten' zu erklären" ist (Stegemann [wie Anm. 52], 227).

Nicht unterschlagen werden darf, daß Lukas noch ein drittes Mal von δόγματα gehandelt hat: In Apg 16,4 bezeichnet er die Beschlüsse des Apostelkonzils als τὰ δόγματα τὰ κεκριμένα ὑπὸ τῶν ἀποστόλων καὶ πρεσβυτέρων τῶν ἐν Ἱεροσολύμοις. Da δόγμα sowohl in Lk 2,1 wie in Apg 17,7 ein Instrument römischer Regierungspraxis meint, ist zumindest zu fragen, ob in Apg 16,4 nicht eine usurpierende Anspielung auf die δόγματα συγκλήτου, die *senatus consulta*, vorliegt, denen die die beschneidungsfreie Heidenmission legitimierenden Beschlüsse der Jerusalemer Autoritäten gleichgestellt werden sollten. Vgl. auch A. Loisy, Les Actes des Apôtres, Paris 1920, 622 z. St.

[132] ILS 214 = Abbott – Johnson (wie Anm. 118), Nr. 51. Auch auf das bei Sueton, *Domitian* 7,2, genannte Weinbauedikt dieses Kaisers kann hier verwiesen werden, vgl. Philostrat, *Vit. Soph.* I 21 (p. 33,20–29 Kayser).

läßt Augustus in einem seiner in einer cyreneischen Inschrift überlieferten Edikte wissen, „habe ich, um ihn allen, denen unsere Fürsorge gilt, bekanntzumachen, beschlossen, in die Provinzen zu senden."[133] Präzisere Bestimmungen enthält ein auf Antrag des Tiberius (*referente me*) und in dessen Anwesenheit gefaßtes *senatus consultum* aus dem Jahre 20: Es sollte *in cuiusque provinciae celeberruma urbe eiusque in urbis ipsius celeberrumo loco in aere incisum* zu lesen sein[134] – so, wie das bei einem Edikt Domitians später nachweislich der Fall gewesen ist; ein Papyrus aus Philadelphia im arsenoitischen Gau bezeugt, daß es in Alexandria auf einer „Bronzetafel, die am großen Caesareum angebracht ist, wenn man die zweite Treppe unter der rechten Säulenhalle neben dem Heiligtum der marmornen Venus emporsteigt, an der Wand" veröffentlicht worden war.[135] Zumeist dürfte die Bekanntmachung eines solchen Edikts allerdings sehr viel weniger dauerhaft erfolgt sein, etwa, wie das oben zitierte δόγμα (PFay 20) den Magistraten Stadt für Stadt befahl, durch Abschriften, die gut sichtbar ausgehängt (oder angeschlagen) werden sollten.[136] Entsprechendes ordnet auch ein von Josephus in den *Antiquitates* überliefertes Edikt des Claudius[137] an: τοῦτό μου τὸ διάταγμα τοὺς ἄρχοντας τῶν πόλεων καὶ τῶν κολωνιῶν καὶ μουνικιπίων τῶν ἐν τῇ Ἰταλίᾳ καὶ τῶν ἐκτός, βασιλεῖς τε καὶ δυνάστας διὰ τῶν ἰδίων πρεσβευτῶν ἐγγράψασθαι βούλομαι ἐκκείμενόν τε ἔχειν οὐκ ἔλαττον ἡμερῶν τριάκοντα ὅθεν ἐξ ἐπιπέδου καλῶς ἀναγνωσθῆναι δύναται.[138] Bemerkenswert ist die-

---

[133] Δόγμα συνκλήτου ... ἵνα πᾶσιν ᾖ γνωστόν, ὧν κηδόμεθα, πέμπειν εἰς τὰς ἐπαρχήας διέγνων (OLIVER [wie Anm. 120], Nr. 12,74–78. Übersetzung H. FREIS, Historische Inschriften zur römischen Kaiserzeit von Augustus bis Konstantin, Darmstadt [2]1994, 48).

[134] *Senatus consultum de Cn. Pisone patre*, Z. 175 bzw. 170f. (ed. W. Eck – A. Caballos – F. Fernández, Das senatus consultum de Cn. Pisone patre [Vestigia. Beiträge zur Alten Geschichte 48], München 1996, 50; zur Anwesenheit des Kaisers: 134–138). Vgl. die *Tabula Siarensis*, Frgm. II, col. b, 21–27: *item senatum velle atque aequum censere ... uti consules hoc senatus consultum cum edicto suo proponerent iuberentque magistratus et legatos municipiorum et coloniarum descriptum mittere in municipia et colonias Italiae et in eas colonias quae essent in provinciis, eos quoque qui in provinciis praessent recte atque ordine facturos si hoc senatus consultum dedissent operam ut quam celeberrumo loco figeretur* (J. GONZÁLEZ, Tabula Siarensis, Fortunales Siarenses et Municipia Civium Romanorum, ZPE 55 [1984], 55–100: 76).

[135] *Tabula aenea quae est fixa in Caesareo magno, escendentium scalas secundas, sub porticum dexteriorem, secus aedem Veneris marmoreae, in pariete in qua scriptum est et id quod infra scriptum est*; es folgt eine Abschrift des Edikts (ILS 9059; übers. FREIS [wie Anm. 133], 129).

[136] Vgl. hierzu die oben Anm. 120 genannten Arbeiten von W. ECK sowie *Digest*. XIV 3,11 (*Ulpianus libro vicensimo octavo ad edictum*), 7: *Proscribere palam sic accipimus claris litteris, unde de plano recte legi possit, ante tabernam scilicet vel ante eum locum in quo negotiatio exercetur, non in loco remoto, sed in evidenti. litteris utrum Graecis an Latinis? puto secundum loci condicionem.*

[137] *Ant.* XIX 286–291.

[138] Ebd. 291.

ses Edikt zudem darum, weil Josephus dessen Geltungsbereich sowie den eines weiteren, vom gleichen Kaiser zur selben Zeit nach Alexandria gesandten Erlasses[139] zusammenfassend mit Ἀλεξάνδρειάν τε καὶ τὴν οἰκουμένην πᾶσαν umgreifend angegeben[140] und so die reichsweite Geltung eines kaiserlichen Edikts mit den gleichen Worten beschrieben hat, die sich zu eben diesem Zweck auch in Lk 2,1 verwandt finden: Die durch ein Edikt des Augustus angeordnete ἀπογραφή sollte Lukas zufolge ja ebenfalls πᾶσαν τὴν οἰκουμένην betreffen.[141]

Aus dem Voranstehenden dürfte klar geworden sein, worum es sich bei den von Lukas in Lk 2,1 und Apg 17,7 erwähnten δόγματα Καίσαρος gehandelt hat, und auch, weshalb der Verfasser des lukanischen Geschichtswerkes sowie, nota bene, seine Leser von ihnen wissen konnten: Die Urheber der Kaiseredikte waren äußerst bemüht gewesen, ihre weltweit Beachtung fordernden Willensäußerungen so zu publizieren, daß sie zumindest in den großen Städten jedem des Lesens Kundigen bekannt werden mußten.

Es bleibt die Frage, wie und wozu Lukas von seinem Wissen über römische Edikte Gebrauch gemacht hat. Hier empfiehlt es sich, den Blick nochmals auf Lk 2,1f. und den dort erwähnten *census* zu richten. Festzustellen ist zunächst, daß das von Lukas bemühte Kaiseredikt nicht dazu dient, Jesu Geburt zu datieren[142]; das Censusedikt besitzt in dem Lk 2,1ff. geschilderten Geschehen

---

[139] XIX 279–285. – Gegen die Authentizität der beiden von Josephus mitgeteilten Edikte bestehen allerdings Bedenken, da beide gegenüber·den Juden, deren Privilegien sie bestätigen, ein Wohlwollen zum Ausdruck bringen, das sich in dem von Claudius im Jahr 41 (in dem auch die beiden von Josephus zitierten Dokumente verfaßt sein wollen) nach Alexandria geschriebenen unzweifelhaft echten Brief PLond 1912 (OLIVER [wie Anm. 120, Nr. 19) so nicht findet (vgl. dazu H.-F. WEISS, Art. Alexandrien II, TRE 2 [1978], 262–264: 262f.), und Josephus auch an anderer Stelle der *Antiquitates* im Verdacht steht, zumindest partiell falsifizierte Dokumente in die Darstellung eingeflochten zu haben (H. R. MOEHRING, The Acta pro Judaeis in the Antiquities of Flavius Josephus. A Study in Hellenistic and Modern Apologetic Historiography, in: J. Neusner [Hg.], Christianity, Judaism and Other Greco-Roman Cults. FS Morton Smith, Pt. 3. Judaism Before 70 [SJLA 12,3], Leiden 1975, 124–158, doch vgl. M. PUCCI BEN ZEEV, Greek and Roman Documents from Republican Times in the Antiquities: What Was Josephus' Source?, SCI 13 [1994], 46–59). Die mangelnde Authentizität dieser Dokumente vermag indes nicht die Aussagekraft der in ihnen benutzten Formulardetails zu mindern: so zu Recht ECK (wie Anm. 117), 67, Anm. 48.

[140] XIX 292. Vgl. 286: τὸ μὲν οὖν εἰς Ἀλεξάνδρειαν ... διάταγμα ... τὸ δ' εἰς τὴν ἄλλην οἰκουμένην.

[141] Natürlich war Lukas nicht der Meinung, jedes Kaiseredikt habe reichsweite Geltung beansprucht; er kennt auch das einzig die Stadt Rom betreffende (freilich weder von ihm noch von Sueton, Dio Cassius und Orosius so bezeichnete) Edikt des Claudius gegen die römischen Juden, vgl. Apg 18,2 und dazu H. CONZELMANN, Heiden – Juden – Christen. Auseinandersetzungen in der Literatur der hellenistisch-römischen Zeit (BHTh 62), Tübingen 1981, 28–30; R. JEWETT, Paulus-Chronologie. Ein Versuch, München 1982, 69–72, und ALVAREZ CINEIRA (wie Anm. 1), 194–216.

[142] M. DIBELIUS, Jungfrauensohn und Krippenkind. Untersuchungen zur Geburtsgeschichte

vielmehr eine für dieses unverzichtbare sachliche Funktion, nämlich die, die Eltern Jesu von Nazareth nach Bethlehem zu bringen, damit Jesus dort geboren werden kann, wo er nach Maßgabe der messianischen Erwartungen Israels (Micha 5,1!) geboren werden soll: in der Davidsstadt Bethlehem.[143] Sodann ist hier von Gewicht, daß es einen Reichscensus in der Verwaltungswirklichkeit des römischen Reiches zu keiner Zeit gegeben hat[144] und folglich auch keine ihn anordnenden Kaiseredikte. Was es gab, war die Institution des Provinzialcensus[145], und von einem solchen – demjenigen, den der syrische Statthalter Publius Sulpicius Quirinius anläßlich der Übernahme Judäas in direkte römische Verwaltung im Jahre 6./7. n. Chr. durchführte[146] – ist denn auch in Lk 2,2 (freilich in Verbindung mit dem Reichscensus) die Rede. Schließlich: Die Funktion, die Lukas dem durch ein Kaiseredikt angeordneten Reichscensus zugewiesen hat, hätte ohne Zweifel auch der historisch verbürgte Provinzialcensus erfüllen können: Im Rahmen der Vorstellungen, die Lukas von den Modalitäten eines *census* besaß[147], würde auch er die Reise der Eltern Jesu nach Bethlehem nötig gemacht haben. Weshalb also der sachlich nicht erforderliche Eintrag einer durch ein Kaiseredikt angeordneten, die gesamte Welt betreffenden Maßnahme in die Geburtsgeschichte Jesu? Die Antwort kann nur lauten: dies deshalb, weil Lukas dem Geschehen, von dem er Lk 2 zu berichten hatte – von der Geburt dessen, der in Lk 2,11 als σωτήρ und κύριος bezeichnet werden und der in der gesamten nachfolgenden Erzählung des lukanischen Geschichtswerkes das alles regierende Thema sein wird –, eine derart überragende Bedeutsamkeit beimaß, daß ihm zum Ausdruck dieser Bedeutsamkeit die sachliche Verknüpfung solchen Geschehens mit der Weltgeschichte als geboten erschienen sein muß.[148] Seine Kenntnis reichsweit

---

Jesu im Lukas-Evangelium, in: DERS., Botschaft und Geschichte. Ges. Aufsätze, Bd. 1: Zur Evangelienforschung, Tübingen 1953, 1–78: 56. Ebenso z. B. auch H. SCHÜRMANN, Das Lukasevangelium. 1. Teil (HThK III/1), Freiburg/Basel/Wien 1969 (= ²1982), 98, Anm. 1.

[143] Vgl. L. T. JOHNSON, The Gospel of Luke (Sacra Pagina Series 3), Collegeville (MN), 1991, 51: "Luke needs the emperor and a census in the picture, because he needs to get Joseph and Mary to Bethlehem."

[144] T. MOMMSEN, Römisches Staatsrecht, Bd. II/1, Leipzig ³1887, 417; H. BRAUNERT, Der römische Provinzialzensus und der Schätzungsbericht des Lukas-Evangeliums, Hist. 6 (1957), 192–214: 202–205 (= DERS., Politik, Recht und Gesellschaft in der griechisch-römischen Antike. Ges. Aufsätze und Reden [KiHiSt 26], Stuttgart 1980, 213–237: 224–227).

[145] Dazu BRAUNERT (wie Anm 144).

[146] Vgl. G. SCHNEIDER, Das Evangelium nach Lukas. Kapitel 1–10 (ÖTK 3/1), Gütersloh/Würzburg ³1992, 64. 68f., sowie SCHÜRMANN (wie Anm. 142), 100f.

[147] Vgl. dazu BRAUNERT (wie Anm. 144), 205–207 bzw. 227–229, und SCHÜRMANN (wie Anm. 142), 100.

[148] Zum weltgeschichtlichen Bezug von Lk 2,1ff. vgl. z. B. DIBELIUS (wie Anm. 142), 56; SCHÜRMANN (wie Anm. 142), 99.102; SCHNEIDER (wie Anm. 146), 66; W. WIEFEL, Das Evangelium nach Lukas (ThHK 3), Berlin 1988, 66; G. PETZKE, Das Sondergut des Evangeliums nach Lukas (ZWKB), Zürich 1990, 49f.; C. F. EVANS, Saint Luke, London/Philadelphia 1990,

Geltung beanspruchender kaiserlicher Edikte einerseits und des unter Quirinius durchgeführten Provinzialcensus andererseits ließen Lukas darum ein einen Reichscensus anbefehlendes Edikt des Augustus konstruieren[149], und so kommt es, daß am Beginn der im lukanischen Werk erzählten Heilsgeschichte eine Anordnung des Kaisers in Rom steht, die, indem sie die Erfüllung der Verheißung von Micha 5,1 ermöglicht, das nachfolgende heilsgeschichtliche Geschehen allererst in Gang setzt.

Das Rombild, das sich in der von Lukas vorgenommenen Verknüpfung von Jesu Geburt mit einem fingierten Edikt des Kaisers Augustus dokumentiert, ist das der anordnenden, sich weltweit Geltung verschaffenden *urbs*. Eben dieses Rombild hat nun aber nicht nur in der Darstellung des Anfangsgeschehens des von Lk 2 bis Apg 28 reichenden Erzählkomplexes deutlich sichtbare Spuren hinterlassen; seine Berücksichtigung ermöglicht es auch, die oben mehrfach gestellte Frage zu beantworten, weshalb der Verfasser des lukanischen Geschichtswerkes der Ansicht war, daß das letzte Wort des Paulus Apg 28,25–28 nicht nur in Rom gesprochen worden *war*, sondern nach dem Willen der *providentia* auch in Rom hatte gesprochen werden *müssen*.

Darüber, welches kaum zu überschätzende Gewicht dieses Pauluswort in den Augen des Lukas besaß, ist oben hinlänglich gehandelt worden: Indem es einerseits die Zwecklosigkeit aller weiteren Bemühungen um die Synagoge konstatiert und andererseits den Beginn einer nur noch auf die ἔθνη zielenden Mission ankündigt, proklamiert es nichts Geringeres als eine heilsgeschichtliche Wende, eine Wende, die zur Folge hatte, daß nunmehr jenes heidenchristlich bestimmte Kirchentum entstehen konnte, das im Erfahrungsbereich des Acta-Verfassers zur dominierenden Form von Kirche geworden war.[150] Blickt man nun auf Lk 2,1f. zurück, wo Lukas die Geburt Jesu um ihrer Bedeutsamkeit willen mit einer weltweiten Maßnahme des römischen Kaisers verknüpft hat, und zieht man zudem die Paulus vom Verfasser der Apostelgeschichte in c. 26,26b in den Mund gelegte Äußerung, die in Jesu Tod und Auferstehung bestehenden Heilsgeschehnisse sowie deren Verkündigung seien keineswegs Winkelereignisse gewesen (οὐ γάρ ἐστιν ἐν γωνίᾳ πεπραγμένον τοῦτο)[151] mit in Betracht, könnte sich die Annahme nahelegen, der lukanische Paulus habe sein epochemachendes letztes Wort deshalb in Rom sprechen müssen, weil Lukas der Ansicht war, ein Wort von solch überragender Bedeutung zu

---

190, und W. Radl, Der Ursprung Jesu. Traditionsgeschichtliche Untersuchungen zu Lukas 1–2 (Herders biblische Studien 7), Freiburg i. Br. usw. 1996, 160. 195.

[149] Diese Praxis ist nicht einmalig: Im Fingieren bzw. Falsifizieren von Edikten u. ä. dürfte Lukas in Josephus einen Kollegen besessen haben, vgl. oben Anm. 139.

[150] Siehe oben S. 147.

[151] Dazu, welche Geschehnisse in 26,26b gemeint sind, s. Haenchen (wie Anm. 2), 658, und Barrett (wie Anm. 26), 1168f.; ansonsten vgl. E. Plümacher, Lukas als hellenistischer Schriftsteller. Studien zur Apostelgeschichte (StUNT 9), Göttingen 1972, 25, Anm. 112.

sprechen, sei einzig und allein die Hauptstadt des römischen Reiches der angemessene Ort gewesen.

Allerdings hat das letzte Wort des Paulus nicht nur die Funktion, eine heilsgeschichtliche Wende zu proklamieren; vielmehr noch soll es dazu dienen, das Ergebnis dieser Wende definitiv zu legitimieren, nämlich jene nur noch aus Heidenchristen bestehende (zumindest aber von ihnen dominierte) Kirche, die in einer der rings um die Ägäis gelegenen römischen Provinzen existierte: dort, wo Lukas – in Philippi oder Ephesus? – für diese (seine) Kirche schrieb. Um zu solcher Legitimierung imstande zu sein, mußte das legitimierende Wort jedoch über die hierzu befähigende Autorität verfügen. Lukas hat ihm diese auf zweierlei Weise verschafft: einmal dadurch, daß er ihm, indem es ein auf die Urheberschaft des Heiligen Geistes zurückgeführtes Prophetenwort (Jes 6,9f.) zitiert, an der Autorität von Schrift und Geist Anteil gab, und zum anderen eben dadurch, daß er Paulus dieses Wort in Rom sprechen ließ. Daß und weshalb der Acta-Verfasser der Ansicht war, ein in Rom gesprochenes Wort könne besondere Autorität beanspruchen, resultiert aus einer bestimmten Komponente seines Rombildes – derjenigen, die sich auch in Apg 17,7 und vor allem in Lk 2,1ff. schon bemerkbar gemacht hat: der – von seinen Lesern aufgrund eigenen einschlägigen Wissens geteilten – Vorstellung von der *urbs* als demjenigen Ort, an dem man weltweit anzuordnen bzw. Geltung einzufordern pflegte und solches z.B. durch die Edikte des Kaisers auch für jedermann wahrnehmbar tat.[152] An dieser Rom inhärenten Fähigkeit zum autoritativen Bestimmen sollte das letzte Wort des Paulus, das nicht ohne Grund wie ein dekretierendes Edikt wirkt[153], nach dem Willen des Acta-Verfassers partizipieren[154]. Um hierzu in der Lage zu sein, mußte es in Rom gesprochen werden, und damit es dort gesprochen werden konnte, hatte die in der Apostelgeschichte das Geschehen lenkende *providentia* den Sprecher dieses Wortes, das im Rahmen des lukanischen Geschichtswerkes so etwas wie die *magna charta* der heidenchristlichen Kirche darstellt, zu der Überzeugung gelangen lassen, „auch Rom sehen zu müssen" (Apg 19,21).

---

[152] Siehe dazu oben S. 161–166.

[153] Das gilt insbesondere für 28,28. ROLOFF definiert diesen Vers als „die Proklamation eines Grundsatzes, der in Zukunft überall für die Mission gelten soll" (wie Anm. 2, 375), JERVELL (wie Anm. 2), 628, läßt Lukas hier „in der Form einer Deklaration" sprechen (vgl. DUPONT [wie Anm. 29], 463) und F. MUSSNER „Paulus feierlich eine ‚Bekanntmachung' verkünden" (Apostelgeschichte [NEB.NT 5], Würzburg 1984, 161).

[154] Entsprechendes gilt möglicherweise auch für die Beschlüsse des Aposteldekrets (Apg 15,28f.). Lukas bezeichnet sie in 16,4 als δόγματα und stellt sie damit an die Seite der gleichnamigen Beschlüsse des römischen Senats bzw. der Kaiser (vgl. oben Anm. 131). Der intendierte Autoritätstransfer geschieht in 16,4 allerdings mittels der Terminologie und nicht, wie in 28,25–27(f.), mittels des mit Autorität behafteten Sprechortes. Das letzte Wort Pauli und das Aposteldekret gleichen sich im übrigen noch darin, daß sie sich beide auf die Urheberschaft auch des Heiligen Geistes berufen können: s. 15,28 und 28,25.

Paignion und Biberfabel

Zum literarischen und popularphilosophischen Hintergrund von Acta Johannis 60f. und 48–54

I

Im ersten Buch der *Soliloquien* Augustins findet sich eine kurze Passage[1], die schildert, wie die *ratio* versucht, den Kirchenvater logisch zu übertölpeln. Hatte dieser zunächst die Behauptung aufgestellt, allein Gott und die Seele (*anima*) zu lieben, so drängt ihn die *ratio* alsbald zu dem Eingeständnis, in gleicher Weise noch seinen Freunden zugetan zu sein – handele es sich bei ihnen doch um beseelte Wesen. Beseelt seien aber auch, so unterstellt nunmehr die *ratio*, Flöhe und Wanzen (*pulices et cimices*); ob denn Augustin so konsequent sei, auch sie in seine Liebe einzuschließen? Jetzt aber streikt der Kirchenvater; er verneint schroff: *animam me amare dixi, non animalia*. Mit solchem Liebesentzug für die kleinen Bestien befindet sich Augustin mit der gesamten Literatur der griechisch-römischen Antike in Übereinstimmung[2]; der ältere Plinius beispielsweise bezeichnet die Wanzen in seiner Naturgeschichte als *animal foedissimum et dictu quoque fastidiendum.*[3] Jedoch: Keine Regel ohne – zumindest hypothetische – Ausnahme! Hätte die *ratio* nämlich ihre nach der Liebe zu Flöhen und Wanzen forschende Frage statt an Augustin an den Verfasser der Johannesakten gerichtet, so hätte sie vermutlich eine wesentlich freundlichere Antwort erhalten – verdanken wir ihm doch die Erzählung einer erheiternden Anekdote[4], in der die sonst so verabscheuten Wanzen gar nicht so schlecht abschneiden. Mit dieser Geschichte wollen wir uns im folgenden näher beschäftigen.

Der Hergang des in ActJoh 60f. geschilderten „lustigen Stückchens"[5] ist folgender: Im Verlauf seiner Wanderungen gelangt Johannes mit seinen Jüngern zu einer verlassenen Herberge, in der man zu nächtigen gedenkt. Die Nachtruhe des Apostels wird jedoch zunehmend von Wanzen gestört.

---

[1] I 2,7 (CSEL 89, p. 12).

[2] Vgl. W. RICHTER, Art. Wanze, PRE.S 14 (1974), 822–825: 822f.

[3] *Hist. nat.* XXIX 61.

[4] E. JUNOD – J.-D. KAESTLI, Acta Iohannis (CChr.SA 1–2), 2 Vol. (fortlaufend paginiert), Turnhout 1983, 246: « histoire plaisante ». – Nach dieser Ausgabe (159–315) wird der Text der Johannesakten im folgenden zitiert.

[5] Übersetzung K. SCHÄFERDIEK, Johannesakten, in: NTApo[5] II (1989), 138–190: 178.

Schließlich gebietet er ihnen, Vernunft anzunehmen (εὐγνωμονήσατε), d. h. die Herberge für diese Nacht zu verlassen und nicht weiter zu stören. Die Jünger bringt solches Vorgehen ihres Meisters zum Lachen (ἡμῶν γελώντων), doch die Wanzen gegenüber reichlich unorthodoxe Maßnahme hat Erfolg; erst am nächsten Morgen begeben sich die draußen vor der Tür harrenden und von den Jüngern bestaunten Wanzenmassen, nachdem Johannes ihnen dies zum Lohn für ihre einsichtige Befolgung seines Gebots gestattet hat, wieder an ihren gewohnten Aufenthaltsort zurück: in das von Johannes benutzte Bett. Die Anekdote schließt mit der Moral: „Dieses Getier hörte die Stimme eines Menschen und blieb für sich und hielt Ruhe[6], ohne (den Befehl) zu übertreten. Wir aber hören die Stimme Gottes und sind seinen Geboten ungehorsam und leichtfertig – und wie lange?"

Der ernste, fast drohend wirkende Ton der *admonitio* will nun freilich nicht so recht zur im übrigen doch sehr heiteren Atmosphäre, dem «ton familier»[7], der amüsanten Geschichte passen, wohl aber paßt die Mahnung stilistisch wie inhaltlich ganz zum sonstigen Charakter der Johannesakten.[8] Der Schluß liegt nahe, zwar jene abschließende Mahnung, nicht jedoch die Komposition der hübschen Anekdote selbst dem Verfasser der Johannesakten zuzuschreiben: War er vielleicht gar nicht ihr Schöpfer, sondern bloß ihr Tradent, der die ihm überkommene Überlieferung lediglich redaktionell bearbeitet und dann in das Corpus seiner Akten eingefügt hat?

Die Frage ist auch von Junod und Kaestli schon gestellt worden. Die Antwort, die sie geben, ist klar; sie lautet: «Il n'est pas possible, même dans ce cas, d'isoler une source derrière la rédaction de l'auteur des *AJ*. Ce dernier a composé lui-même le récit et y a clairement imprimé sa marque.»[9] Doch hat der ActJoh-Verfasser der Episode wirklich so deutlich seinen Stempel aufgedrückt, daß wir nicht umhin können, sie ihm ganz und gar zuzuschreiben? Junod und Kaestli verweisen auf die Verknüpfung der Episode mit dem Kontext.[10] In der Tat ist sie durch die Erwähnung eines ersten Reisetages zu Beginn von c. 60 geschickt, weil sachgemäß, mit diesem, einem Reisebericht, in Verbindung gebracht; doch kann solche Verbindung durchaus auf redaktioneller Arbeit beruhen; ähnliche Anknüpfungen finden sich in der kanonischen

---

[6] ἐφ᾽ ἑαυτοῦ ist zu ἔμεινεν zu ziehen und nicht zu ἠρεμῆσαν. Vgl. die Lesart der Hss. RZ: ἔμειναν ἐφ᾽ ἑαυτὰ καὶ ἠρέμησαν; Plutarch, *C. Gracchus* 1,1: καθ᾽ ἑαυτὸν ἡσυχίαν ἔχων διέτριβεν (s. dazu die Übersetzung von K. Ziegler, Plutarch. Große Griechen und Römer, Bd. 6, Zürich/Stuttgart 1965, 260) und insbesondere Justin, *Apol.* 29,3: ἐφ᾽ ἑαυτοῦ μείνας, sowie Hermas, *Mand.* IV 1,6: ἐφ᾽ ἑαυτῷ μενέτω. Die beiden letztgenannten Stellen sind im Sinne von ,ledig, allein bleiben' zu verstehen.

[7] Junod – Kaestli (wie Anm. 4), 540.

[8] Nachweis ebd. 529.

[9] Ebd.

[10] Ebd.

Apostelgeschichte recht häufig.[11] Ebensowenig Gewicht möchte ich auf die Nennung der dem Leser bereits seit c. 30 bzw. 31 bekannten Johannesjünger Verus und Andronikos in 61,2 legen. Die Eintragung bekannter Personen in ihnen ursprünglich fremde Erzählzusammenhänge läßt sich bereits in der Geschichte der synoptischen Tradition studieren.[12] Das für Junod und Kaestli am schwersten wiegende Argument für ihre Annahme, die Anekdote von den gehorsamen Wanzen sei gänzlich aus der Feder des ActJoh-Verfassers geflossen, besteht indes in dem eben bereits erwähnten Umstand, daß die abschließende Mahnung zu Ende von c. 61 deutlich die Handschrift des ActJoh-Verfassers erkennen läßt.[13] Für die Herkunft der jener *admonitio* voranstehenden, im Ton so völlig andersartigen Anekdote selbst besagt dies freilich nichts; sie und sie allein möchte ich dem Erfindungsgeist des Verfassers absprechen, und dies umso entschiedener, als gerade Junod und Kaestli schon eine ganze Reihe von Eigentümlichkeiten bemerkt haben, die c. 60f. vom Rest der ActJoh unterscheiden – etwa das andersartige Apostelbild und insbesondere bestimmte stilistische Charakteristika, die sich bezeichnenderweise sämtlich in der Anekdote selbst und nicht in der angehängten *admonitio* finden.[14]

Als völlig frei schaffenden Künstler, der von den Einflüssen seiner Zeit gänzlich unberührt geblieben wäre, vermögen sich nun allerdings auch Junod und Kaestli den Autor der Johannesakten nicht vorzustellen. Vielmehr habe er sich bei der Abfassung. von c. 60f. «d'un genre littéraire et d'un thème connus à l'époque où il écrit» inspirieren lassen.[15] In der Tat waren Tierwunder seinerzeit ein beliebtes Thema. Auch die anderen Apostelgeschichten wissen solche zu erzählen.[16] Stringente Parallelen zur Wanzenepisode bieten sie indes nicht. Stets sind die Wunder außerordentlich kraß, die Tiere können sprechen, bekehren sich zur Lehre der Apostel und/oder wirken als deren Helfer; anders als die lediglich passiven Gehorsam leistenden Wanzen des Johannes fungieren sie als z. T. äußerst aktive *personae dramatis*. Passiv wie jene verhalten sich zwar die Herakles bzw. Perseus im Schlaf störenden Grillen bzw. Frösche, von denen Diodor bzw. Aelian erzählen[17]; doch sind es in diesen ätiologischen Legenden nicht die Helden selbst, die für Ruhe sorgen; das

---

[11] Vgl. Apg 11,27; 12,1; 18,1; 19,23.

[12] R. BULTMANN, Die Geschichte der synoptischen Tradition, Göttingen [2]1931 (= [9]1979), 72.256f. u. ö. (s. das Register s. v. ,Eigennamen').

[13] Siehe JUNOD – KAESTLI (wie Anm. 4), 529.

[14] JUNOD – KAESTLI (wie Anm. 4), 528. Besonders auffällig sind das narrative ἐγώ in 61,1f. (in den Johannesakten und darüber hinaus in den gesamten apokryphen Apostelakten nur hier) sowie die hapax legomena παίγνιον (60,3) und ἀδιόχλητος (60,15).

[15] JUNOD – KAESTLI (wie Anm. 4), 529.

[16] *ActPetr* 9; 12; *ActPaul* 28; 33–35; *ActPaul* Bodmer (s. NTApo[5] II, 242); *ActThom* 39–41; 69ff.; 73f.; 78–80. Dazu JUNOD – KAESTLI (wie Anm. 4), 533–538.

[17] Diodor IV 22,4f.; Aelian, *Nat. an.* III 37; vgl. JUNOD – KAESTLI (wie Anm. 4), 535f.

tun, durch die Gebete der Heroen dazu veranlaßt, die Götter. Von Fliegen, die zu bestimmten Festzeiten, um nicht zu stören, die Festorte verlassen, weiß derselbe Aelian zu berichten.[18] Hier handelt es sich allerdings um einen regelmäßig wiederkehrenden Vorgang, der infolgedessen keinen das Wunder in Gang setzenden ‚Helden‘ kennt. *Eine* Parallele zur Wanzenepisode meinen Junod und Kaestli indes doch aufweisen zu können: zwei aus neupythagoreischer Tradition stammende Legenden, die Porphyrius und Jamblich ganz ähnlich überliefert haben.[19] In beiden Fällen wendet sich Pythagoras an wilde Tiere (Bärin bzw. Wildstier) und überredet sie, ihr Menschen schädigendes Freßverhalten zu ändern. Junod und Kaestli meinen dazu: « Sans conclure à une influence directe de la tradition néo-pythagoricienne sur l'anecdote d'*AJ* 60–61, on reconnaîtra tout de même une conception analogue des relations entre l'homme sage et l'animal; le héros exhorte l'animal à une sereine coexistence, et l'animal se laisse librement persuader. »[20] Das habe ich früher einmal ebenfalls gemeint[21], inzwischen finde ich die Parallele jedoch, trotz mancher auch in der Wanzenanekdote wiederkehrender Einzelheiten[22], nicht mehr sonderlich überzeugend. Dies vor allem deswegen, weil die durch Pythagoras bewirkte wundersame Änderung der Freßgewohnheiten von Bär und Stier darin besteht, daß beide sich von Stund an zur Beachtung der pythagoreischen Speisegebote bekehren. Die daunische Bärin muß beeiden, künftig nur noch vegetarisch leben zu wollen, der tarentinische Stier, lebenslang auf Bohnen zu verzichten. Und in eben dieser Koinzidenz von Wunder und Bekehrung liegt auch die Pointe der beiden Legenden. Sie sollen, wie bereits Jamblich richtig gesehen hat, die überlegene Kraft der pythagoreischen διδασκαλία demonstrieren und erreichen dies Ziel durch den Beweis, daß Pythagoras selbst ζῷα ἄλογα noch zu überzeugen vermochte.[23] So handelt es sich bei den beiden Legenden also um Bekehrungslegenden, die eher zur Geschichte vom getauften und zur ἐγκράτεια bekehrten Löwen der Paulusakten passen[24] als zur Wanzenanekdote der Johannesakten, in der der ‚Held‘ bezeichnenderweise nicht nur jeden Versuch, die Wanzen zu bekehren, unter-

---

[18] *Nat. an.* V 17; XI 8; Junod – Kaestli (wie Anm. 4), 536f.

[19] Porphyrius, *Vit. Pyth.* 23f.; Jamblich, *Vit. Pyth.* XIII 60f.; Junod – Kaestli (wie Anm. 4), 537f.

[20] Junod – Kaestli (wie Anm. 4), 538.

[21] E. Plümacher, Art. Apokryphe Apostelakten, PRE.S 15 (1978), 11–70: 57f.

[22] Vgl. etwa den zurückhaltenden, ohne den Einsatz übernatürlicher Mittel auskommenden Charakter des Wunders, den Gehorsam der angesprochenen Tiere und die heitere Note, die die zweite Legende durch die Einführung der – den lachenden Johannesjüngern entsprechenden – Figur des βουκόλου προσπαίξαντος gewinnt.

[23] Jamblich, *Vit. Pyth.* XIII 60. – Eine christliche Parallele zu der von Porphyrius und Jamblich erzählten Bekehrung wilder Tiere zu menschenfreundlicher Änderung ihrer Gewohnheiten durch Pythagoras findet sich in der *Vita Antonii* des Athanasius (c. 50,7–9).

[24] Vgl. Junod – Kaestli (wie Anm. 4), 538 mit Anm. 2.

läßt, sondern ihnen, nachdem er sich und die Seinen vor ihnen bewahrt hat, sogar noch erlaubt, ihr gewohntes, Menschen peinigendes Unwesen weiter zu treiben.

Wenn nicht vom Verfasser der Johannesakten selbst und genausowenig aus einem der soeben durchmusterten Bereiche, woher stammt die Wanzenepisode aber dann? Im folgenden sei auf einen Text aufmerksam gemacht, der eine – wie ich meine: recht stringente – Parallele zu ActJoh 60f. darstellt. Um diese Parallelität aufweisen zu können, muß freilich noch einmal auf einige Einzelheiten der Anekdote selbst eingegangen werden.

Zunächst: Weshalb lachen die Jünger eigentlich? Deshalb, weil sie daran zweifeln, daß die Wanzen die an sie gerichteten Worte des Johannes überhaupt verstehen werden?[25] Davon verlautet in der Anekdote, anders als in der Geschichte von Pythagoras und dem tarentinischen Stier[26], nichts. Man muß den Grund für ihre Erheiterung also im Inhalt der johanneischen Worte suchen. Was sagt der Apostel aber genau? Die interpretatorische *crux* der Stelle liegt im Verständnis des Verbs εὐγνωμονεῖν. Es begegnet in der Bedeutung ‚freundlich, wohlwollend sein oder handeln‘ und in der anderen ‚einsichtsvoll, verständig, klug sein oder handeln‘.[27] Welche Bedeutung in ActJoh 60,10f. vorliegt, läßt sich den Worten des Johannes nicht entnehmen, da das von den Wanzen verlangte Verhalten sowohl von Wohlwollen als auch von Klugheit diktiert sein kann. Post festum wendet sich der Apostel aber noch ein weiteres Mal an die Wanzen (61,8f.), und auch diesmal kommt ihr εὐγνώμων-Sein zur Sprache: εὐγνωμονέστεραι γεγόνατε. Doch jetzt wird begründet, warum die Wanzen die Bezeichnung εὐγνωμονέστεραι verdienen: weil sie φυλάξαντές μου τὸ ἐπιτίμιον waren. Freilich, auch hier gibt es Interpretationsprobleme.[28] Doch steht wenigstens die Bedeutung von ἐπιτίμιον fest; das Wort kann hier nichts anderes als ‚Vergeltung, Strafe‘ bedeuten.[29] Infolgedessen kann φυλάξαντές μου τὸ ἐπιτίμιον nur heißen: „weil ihr euch vor meiner Strafe in acht genommen habt“. Gewiß erfordert diese Übersetzung in der Regel das mediale φυλάττεσθαι, doch ist φυλάττειν mit nachfolgendem Akkusativ ebenfalls, wenn auch selten, in der Bedeutung ‚sich vor etwas in acht nehmen‘ belegt.[30] Vor Strafe nimmt man sich aber nicht in acht, weil man

---

[25] Vgl. JUNOD – KAESTLI (wie Anm. 4), 539.

[26] Jamblich, *Vit. Pyth.* XIII 61.

[27] In der zweiten Bedeutung z. B. bei Epikur, *Gnom. Vat. Epicur.* 62 Arrighetti; Plutarch, *Numa* 12,7 und *Lucullus* 4,2; Josephus, *Ant.* IX 196; vgl. Demokrit, Frgm. 231 Diels – Kranz (εὐγνώμων), sowie Inschr. Ephesus 25,6f. und 211,5f. (εὐγνωμόνως).

[28] Vgl. JUNOD – KAESTLI (wie Anm. 4), 248, Anm. 1.

[29] Belege bei Passow, S. 1127 s. v., und Liddell–Scott, S. 667 s. v.; s. auch Josephus (K. H. Rengstorf, A Complete Concordance to Flavius Josephus, Vol. 2, Leiden 1975, S. 186 s. v.).

[30] Plato, *Gorg.* 461d (ἐάν μοι ἓν μόνον φυλάττῃς … τὴν μακρολογίαν); vgl. Plato, *Theaet.* 154d (φυλάττων μὴ ἐναντία εἴπω). Φυλάττεσθαι mit Akkusativ in dieser Bedeutung z. B. Apg 21,25; Ignatius, *Tr.* 2,3; *Eph.* 7,1.

freundlich oder wohlwollend, sondern weil man klug ist bzw. handelt[31]. Ἐπειδὴ εὐγνωμονέστεραι γεγόνατε φυλάξαντές μου τὸ ἐπιτίμιον ist also zu übersetzen: „weil ihr so klug gewesen seid, euch vor meiner Strafe in acht zu nehmen". Eine entsprechende Bedeutung muß dann aber auch für εὐγνωμονεῖν in c. 60,10f. angenommen werden; ein Bedeutungswandel innerhalb weniger Zeilen wäre bei dem eindeutigen Bezug der späteren auf die frühere Aussage wenig wahrscheinlich. Der Apostel versucht also, sich und den Seinen dadurch Ruhe zu verschaffen, daß er an die Einsicht der Wanzen appelliert, sie auffordert, klug, verständig zu sein. Und eben darüber müssen die Jünger lachen: über die paradoxe Zumutung, annehmen zu sollen, Tiere – und noch dazu Wanzen! – könnten Einsicht zeigen oder Klugheit beweisen, ganz, als ob es sich um verständige Wesen – Menschen – handele, als welche sie der Apostel aber sogar – Gipfel der Komik erzeugenden Paradoxie! – expressis verbis anredet: als κόραι, Mädchen, so jedenfalls die Handschrift M.[32]

Zweitens: Vergleicht man das Wunder, das Johannes hier bewirkt, mit seinen sonstigen Taten oder mit den Wundern seiner Apostelkollegen – Serien von Totenauferweckungen, Wunderheilungen und ähnlichem mehr –, so nimmt es sich außerordentlich bescheiden aus. Das Wunder enthält nichts Übernatürliches, keine höhere Macht greift ein; Johannes bringt die Wanzen lediglich dazu, etwas zu tun, was ganz im Bereich ihrer normalen Fähigkeiten liegt und was sie auch ohne Johannes hätten tun können: nämlich fortzukrabbeln. Einzig dadurch, daß sie dies jetzt auf Befehl tun, gewinnt ihr Handeln wunderbaren Charakter, weil es nun von verstehender Einsicht diktierte, und das heißt: menschliche Dimensionen annimmt. So weist die Anekdote einen rationalistischen Zug auf, wie er in den apokryphen Apostelgeschichten sonst nur noch in den Theklapartien der Paulusakten (c. 22; 35) anzutreffen ist.

Fast alle prägenden Elemente der Wanzenepisode – doch genauso das eine oder andere Nebenmotiv! – finden sich nun in einem paganen Text wieder, der aus der Mitte des 2. nachchristlichen Jahrhunderts stammt und im Schriftencorpus des Lukian von Samosata überliefert ist: dem burlesk-erotischen Roman Λούκιος ἢ ὄνος.[33] Der Roman erzählt von einem in einen Esel verwandelten Menschen, von dessen paradoxem Schicksal freilich niemand außer dem Esel selbst weiß (vgl. 48,6: ἀγνοοῦντες ἄνθρωπον ἐν τῷ ὄνῳ

---

[31] So schon G. SCHIMMELPFENG, in: E. Hennecke (Hg.), Handbuch zu den Neutestamentlichen Apokryphen, Tübingen 1904, 511. Anders JUNOD – KAESTLI (wie Anm. 4), 248, Anm. 2.

[32] Vgl. dazu unten S. 183.

[33] Es handelt sich um eine Epitome, veranstaltet „in der Absicht, eine wohlfeile Volksausgabe herzustellen" (H. VAN THIEL, Der Eselsroman, Bd. 1: Untersuchungen, Bd. 2: Synoptische Ausgabe, München 1971–72: Bd. 1, 37; vgl. ebd. 7–9). Ob das Original von Lukian stammt, ist noch umstritten, vgl. VAN THIEL, Bd. 1, 36–42; N. HOLZBERG, Apuleius und der Verfasser des griechischen Eselsromans, Würzburger Jahrbücher für die Altertumswissenschaft NF 10 (1984), 161–177. Es war jedenfalls die Vorlage für Apuleius' Metamorphosen. – Der Text des ὄνος wird im folgenden nach VAN THIELS Edition zitiert.

κείμενον). Für unsere Zwecke, den Vergleich mit ActJoh 60f., sind allein
c. 46–50 von Interesse[34]; in ihnen wird berichtet, wie der merkwürdige Esel
seine Zeitgenossen durch das seltsam uneselhafte Verhalten, das er an den
Tag legt, verblüfft.[35]

Bereits die Exposition der lukianischen Erzählung entspricht ganz derjenigen von ActJoh 60f. Mensch und Tier leben hier wie dort (unwichtig, wie
lange) auf engstem Raum zusammen (ActJoh 60,1.7f./Lukian, *Asin.* 46,4).
Beide Male ist es eben diese Tatsache, die zu einem für die jeweilige Geschichte konstitutiven Wunder führt, und in beiden Fällen besteht es darin,
daß sich Tiere wie Menschen betragen; den Wanzen wird – wie sich später
zeigt: zu Recht – unterstellt, sie könnten, Menschen gleich, einsichtig handeln
und Befehlen gehorchen (ActJoh 60,10–13); der Esel beweist seine ‚Mensch-
lichkeit' dadurch, daß er statt Gerste lieber menschliche Speise (ἀνθρώπειος
τροφή), etwa Wildbret oder Fisch, zu sich nimmt (*Asin.* 46,7; 47,5.7).[36]
Das wundersam menschliche Verhalten des Esels bzw. die Unterstellung, die
Wanzen könnten sich so verhalten, bewirkt nun bei dem menschlichen Personal beider Erzählungen ein- und dieselbe Reaktion: Man lacht (ActJoh
60,13/*Asin.* 47,4f.8). Das Lachen hat auch beide Male den gleichen Grund: Es
entspringt jeweils der überraschenden Konfrontation mit einem Komik erzeugenden Paradoxon. Die Johannesjünger lachen, weil sie nicht glauben wollen,
daß Wanzen wie Menschen einsichtig handeln können; die δοῦλοι in Lukians
Erzählung lachen über den Menschenspeise verzehrenden Esel, weil sie Zeugen einer Mahlzeit werden, die sie, wie ausdrücklich gesagt wird, schier unglaublich anmutet: ἐγέλων ὁρῶντες ἄριστον ἄπιστον (47,4). Dann staunt
man aber doch, sowohl bei Lukian wie in ActJoh 60f.: ἐξεστηκότων δὲ ἡμῶν
heißt es hier (61,3f.), ἐθαύμαζον τὸ πρᾶγμα ὡς παράδοξον dort (48,6).[37]
Nichtsdestoweniger handelt es sich sowohl bei Lukian wie in ActJoh 60f.
um ein ungemein rationalistisches Wunder: Die Wanzen tun etwas, was ihnen
– sagen wir: technisch – durchaus möglich ist, sie tun dies aber, und darin
besteht das Wunder, als εὐγνωμονέστεραι, von quasi-menschlicher Klugheit
motiviert. Und genauso verhält sich auch Lukians Esel: Er nimmt Nahrung zu
sich wie jeder andere Esel ebenfalls, das Wunder ist allein, daß er nach
menschlicher Nahrung, ἀνθρώπειος τροφή, giert (46,7) bzw. ὅσα μὴ δυνα-
τὸν ἄλλῳ ὄνῳ καταφαγεῖν zu fressen beliebt (47,7). Weiter: Beide Male ist
das Wunder eigentlich eher eine Schau, und als solche – als θέα – wird es in

---

[34] Van Thiel, (wie Anm. 33), Bd. 2, 209.221–227 (= Apuleius, *Met.* X 13–19; Text ebd.).

[35] Erzählt wird in der 1. Pers. Sing. Einmal ist dies auch in ActJoh 60f. (sonst stets 1. Pers.
Plur.) der Fall: in 61,1f. Allerdings ist die Erzählperspektive jeweils eine andere; bei Lukian
wird aus der des Tieres, in ActJoh 60f. aus der der menschlichen Zeugen berichtet.

[36] Einige weitere, normalerweise nur Menschen eigentümliche Fertigkeiten erlernt der
Esel dann, ähnlich den Wanzen des Johannes, auf Befehl, vgl. *Asin.* 48,1–3; 49,4.

[37] Vgl. noch 48,1: der Esel als κτῆμα παράδοξον und 50,1: τἀμὰ [sc. des Esels] παράδοξα ἔργα.

beiden Texten auch bezeichnet (ActJoh 61,4/*Asin*. 47,4; 49,4). Eine Schau benötigt Zuschauer; deshalb sind sowohl der Verfasser des Λούϰιος ἢ ὄνος als auch der der Wanzenepisode darum bemüht, das Wunder möglichst viele sehen zu lassen. Nachdem zunächst nur einige wenige der Johannesjünger die vor der Tür harrenden Wanzen bestaunt haben, erheben sich ihretwegen als-bald auch die übrigen vom Schlaf (ϰαὶ τῶν ἀδελφῶν ἁπάντων ἐγηγεϱμένων δι' αὐτούς, 61,4f.). Ganz ähnlich geht es bei Lukian zu; die δοῦλοι[38], die des paradoxen Verhaltens des Esels als erste ansichtig geworden sind, haben nichts Eiligeres zu tun, als ihre Mitsklaven zu dem erheiternden Spektakel hinzuzurufen: εἶτα δὲ τοὺς ὁμοδούλους ἐϰάλουν ἐπὶ τὴν ἐμὴν [sc. des Esels] θέαν (47,4). Schließlich geht der Besitzer des Esels sogar so weit, diesen seine ebenso wunderbaren wie belustigenden Schaustücke – inzwischen hat er noch dazugelernt: nämlich wie ein Mensch zu tanzen und zu Tisch zu liegen (48,3) – bei Gelegenheit eines Gastmahls ausgewählten Mitbürgern vorführen zu lassen (49,5). Das heißt: Nachdem der Esel sich zu-nächst aus eigenem Antrieb wie ein Mensch aufgeführt hat, tut er dies nun-mehr auch aus Gehorsam, sich dem Befehl eines Menschen fügend[39]; außer-dem tut er es, um sich vor Schaden zu bewahren, μαθὼν ὅτι με τοῦτο μόνον τὸ παίγνιον ἀνασώσει (47,8), wie er bei einem früheren ganz gleichartigen Auftritt räsoniert. In allen diesen Stücken gleicht sein Handeln völlig dem der Wanzen des Johannes.

Die auffälligste Gemeinsamkeit zwischen der Anekdote in ActJoh 60f. und der Erzählung im Λούϰιος ἢ ὄνος besteht indes in einer terminologischen Übereinstimmung. Beide Texte bedienen sich zur Bezeichnung desjenigen Vorgangs, der für die Erzählung der Geschichten jeweils konstitutiv ist, näm-lich des so wunderbar menschlich anmutenden und deshalb belustigenden Verhaltens der Tiere, desselben Begriffs: παίγνιον. Παϱάδοξα παίγνια hei-ßen die von dem Wunderesel auf Geheiß seines Besitzers vorgeführten Schaustücke (49,5; 47,8: παίγνιον), nicht anders der von Johannes bewirkte wundersame Gehorsam der Wanzen: παίγνιον αὐτοῦ ἕν τι.[40]

Als Paignien bezeichnete man seinerzeit jedoch nicht nur komische, zum Lachen reizende Vorgänge oder Handlungen wie die geschilderten oder die

---

[38] Vgl. 46,3: σύνδουλος.

[39] Vgl. Anm. 36.

[40] ActJoh 60,3. – Die Näherbestimmung von παίγνιον durch αὐτοῦ ἕν τι (Hs. O) bzw. αὐτοῦ ἕν (Hss. RZ) klingt merkwürdig, da die Johannesakten weitere Paignien nicht erzäh-len. Standen solche vielleicht in den verlorenen Textstücken? Oder hat die Hs. M den ur-sprünglichen Text – schlicht παίγνιον – bewahrt? Auch in c. 60,10 und 60,13–15 scheint M die bessere Überlieferung zu enthalten (vgl. unten S. 183). Die Schreiber der Hss. ORZ bzw. ihrer Vorlagen könnten dann beabsichtigt haben, der Wanzenanekdote dadurch, daß sie sie mit anderen πϱάξεις des Apostels – etwa der Rebhuhnepisode c. 56 ed. Bonnet (vgl. JUNOD – KAESTLI [wie Anm. 4], 539) – in eine Reihe stellten, ihre Singularität zu nehmen und sie so besser in den Kontext der Johannesakten einzugliedern.

merkwürdigen Kultbräuche, die Kallimachos in seiner Hymne auf Delos beschreibt und anschließend παίγνια κουρίζοντι καὶ ’Απόλλωνι γελαστύν nennt[41], sondern genauso eine ganze Reihe von literarischen Erzeugnissen, die zwar keineswegs zu einer bestimmten literarischen Gattung gehörten, aber sämtlich eines miteinander gemein hatten – dies, daß sie alle der Erzeugung des γέλως dienten. Wer derlei verfertigte, war, wie man bei Athenaeus lesen kann, ein παιγνιαγράφος[42], und die Dichter benannten ihre einschlägigen Erzeugnisse auch selbst so, etwa der Komiker Ephippos, der von τοῖς ἡμετέ-ροισι παιγνίοις sprach.[43] Daß das Lachen erregende Element konstitutiver Bestandteil der Paignien war, lehrt Plato, der, weil das so war, sogar die Komödie insgesamt unter die, wie er sagt, „auf die Lachlust berechneten παίγνια“ zählen wollte.[44] Besonders häufig begegnet der Begriff παίγνιον indes als terminus technicus zur Bezeichnung einer Anzahl sehr verschiedenartiger, stets aber dem Spielerischen verhafteter „poetischer Kleinigkeiten“[45], gleich, ob es sich dabei um kleine bukolische Dichtungen, laszive Geschichtchen oder frühkynische σπουδαιογέλοια handelt.[46] Von den letzteren haben sich zwei aus der Feder des Krates erhalten[47]; von anderen, denen des Monimos, berichtet Diogenes Laertius: Monimos habe παίγνια σπουδῇ λεληθυίᾳ μεμιγμένα verfaßt.[48] Diese Scherz und Ernst miteinander verbindenden Paignien der frühen Kyniker möchten Junod und Kaestli nun als formale Parallelen zu ActJoh 60f. – natürlich unter Einschluß der *admonitio* 61,13–16! – verstehen.[49] Die Parallele ist freilich nicht stringent. Γέλως und σπουδή sind bei Krates (und offenbar auch bei Monimos) untrennbar miteinander vermischt; gerade das aber ist in der Wanzenepisode nicht der Fall – auf einen ernsthaften Ton gestimmt ist allein die (sekundäre) *admonitio* am Schluß von c. 61; die Anekdote selbst besitzt keinerlei tieferen Sinn.

Paignien lassen sich nun aber noch in einem weiteren literarischen – vielleicht formuliert man besser: subliterarischen – Bereich finden: in dem des Mimus. Μῖμοί τινές εἰσιν, heißt es in Plutarchs *Quaestiones convivales*, ὧν τοὺς μὲν ὑποθέσεις τοὺς δὲ παίγνια καλοῦσιν· ἁρμόζειν δ’ οὐδέτερον

---

[41] Kallimachos, *Hymn.* IV 320–324.

[42] Athenaeus XIV 638d.

[43] Ephippos, überliefert bei Athenaeus XIV 618a (= FCG 3, 327).

[44] Plato, *Leg.* VII 816e: ὅσα μὲν οὖν περὶ γέλωτά ἐστιν παίγνια, ἃ δὴ κωμῳδίαν πάντες λέγομεν. Vgl. noch die von Augustus auf dem Sterbebett zitierte Komödie, die sich selbst als Paignion bezeichnet (πέπαισται; Sueton, *Augustus* 99).

[45] A. von Blumenthal, Art. Παίγνιον, PRE 18 (1942), 2396–2398: 2397.

[46] Belege bei von Blumenthal (wie Anm. 45).

[47] Zitiert bei Julian, *Or.* VI 199d, bzw. Diogenes Laertius VI 85 (= Anthologia lyrica Graeca ed. Diehl I[3], p. 120 und 122 [mit Apparat]).

[48] Diogenes Laertius VI 83. Entsprechendes gab es anscheinend auch bei den Neupythagoreern, s. Philostrat, *Vit. Ap.* IV 11 (p. 132,7f. Kayser).

[49] Junod – Kaestli (wie Anm. 4), 539.

οἶμαι συμποσίῳ γένος, τὰς μὲν ὑποθέσεις διὰ τὰ μήκη τῶν δραμάτων καὶ τὸ δυσχορήγητον, τὰ δὲ παίγνια πολλῆς γέμοντα βωμολοχίας καὶ σπερμολογίας οὐδὲ τοῖς τὰ ὑποδήματα κομίζουσι παιδαρίοις ... θεάσασθαι προσήκει[50]. Im Unterschied zu den mimischen ὑποθέσεις waren die mimischen Paignien also relativ kurze, leicht aufführbare Darbietungen, die, vollgepackt mit mehr oder minder groben Scherzen – in der englischen Übersetzung Edwin L. Minars heißt es treffend: "packed with scurrilous and trivial low comedy"[51] –, das Publikum zum Lachen bringen sollten.[52] Offenbar wurden diese Farcen auch bei Symposien zum besten gegeben[53], eine Praxis, gegen die Plutarch mit Rücksicht auf die anwesenden Frauen und Kinder heftig polemisiert – handelte es sich doch um μιμήματα πραγμάτων καὶ λόγων, ἃ πάσης μέθης ταραχωδέστερον τὰς ψυχὰς διατίθησιν, um Stücke, deren Inhalt und Vokabular in den Seelen mehr Verwirrung stifteten als der stärkste Rausch.[54]

Als Illustration zu Plutarchs Ausführungen mag hier zunächst eine von Diodor und Athenaeus überlieferte Passage aus Polybios stehen[55], in der dieser ein von Antiochos Epiphanes veranstaltetes Symposion beschreibt. Das Gelage endet zu vorgerückter Stunde damit, daß sich der zu Eskapaden neigende König unter die anwesenden Mimen mischt und zusammen mit ihnen, den γελωτοποιοί, eine gemeines Gelächter und grobe Scherze provozierende Tanzszene aufführt (ἀνεπήδα γυμνὸς καὶ τοῖς μίμοις προσπαίζων ὠρχεῖτο τῶν ὀρχήσεων τὰς γέλωτα καὶ χλευασμὸν εἰωθυίας ἐπισπᾶσθαι), woraufhin sämtliche Gäste nur noch den einen Wunsch verspüren: den Ort solch schamlosen Geschehens fluchtartig zu verlassen (ὡς πάντας αἰσχυνθέντας ἐπὶ τοῖς πραττομένοις φεύγειν ἐκ τοῦ πότου). Ein Paignion anderer, aber nicht minder drastischer Art findet sich in die Handlung des dritten Buches von Achilles' Tatius' Roman *Leukippe und Kleitophon* integriert: die Darstellung eines Menschenopfers, das in eine Parodie des griechischen Opfer-

---

[50] Plutarch, *Mor.* 712e. Zur Stelle H. REICH, Der Mimus. Ein litterar-entwicklungsgeschichtlicher Versuch, Berlin 1903 (Repr. 1974), 417f.; E. WÜST, Art. Mimos, PRE 15 (1932), 1727–1764: 1739f.; H. WIEMKEN, Der griechische Mimus. Dokumente zur Geschichte des antiken Volkstheaters, Bremen 1972, 188. 197–199.

[51] E. L. MINAR, Plutarch's Moralia, Vol. 9, Cambridge (MA)/London 1961, 85.

[52] Ein vom alexandrinischen Pöbel in Szene gesetztes (der politischen Invektive dienendes) Stegreif-Paignion – es sei zugegangen ὡς ἐν θεατρικοῖς μίμοις – beschreibt Philo, *Flacc.* 36–40 (Zitat: 38); vgl. zudem 34 und 72 sowie *Leg. Gai.* 359.

[53] Vgl. WIEMKEN (wie Anm. 50), 188 mit Anm. 3 (S. 251).

[54] *Mor.* 712f.

[55] Polybios XXX 26,7f. (= Diodor XXXI 16,3 und Athenaeus V 195e–f). Dazu A. KÖRTE, Hermann Reichs Mimus, NJKA 6 (1903), 537–549: 542: „Es kann kaum eine bessere Illustration für das mimische παίγνιον, das Plutarch bei seinem Symposion nicht dulden will, geben als diese Schilderung des Polybios."

rituals mündet.[56] Die von zahlreichen Zuschauern beobachteten Vorgänge (in III 15,5 θέα genannt) werden einige Zeilen später (16,3) auch ausdrücklich als παίγνια bezeichnet; daß es sich dabei um nichts anderes als in die Romanwirklichkeit übertragenes Theater handelt, erweist vollends die in 21,2–6 nachgeholte Regieanweisung, die die theatertechnischen Details der stattgehabten Paignienaufführung verrät und in diesem Zusammenhang sogar die (wenigen!) zur Aufführung nötigen Requisiten – z. B. ein Theaterschwert, dessen Funktionsweise genau erklärt wird – nennt. Schließlich sei hier auf einen – freilich erst im 5. oder 6. Jahrhundert geschriebenen – Berliner Papyrus verwiesen.[57] Der Papyrus unterrichtet über das Programm einer Mimenaufführung und die hierfür notwendigen Requisiten. Im Mittelpunkt der Aufführung stand offensichtlich ein längerer Mimus mit einer dramatischen Handlung nach Art der ὑποθέσεις[58]; als Beiprogramm wurde eine Reihe von kurzen, nur ein Minimum von Ausstattungsstücken erfordernden Einzeldarbietungen gegeben, die, so jedenfalls die ansprechende Vermutung von Helmut Wiemken, als mimische Paignien anzusehen sind.[59] Titel und Requisitenausstattung dieser „formal wie inhaltlich mehr oder minder kunstlosen Darbietungen"[60], unter denen sich durchaus auch Pantomimen befinden konnten, lassen darauf schließen, daß ihr Inhalt der gleiche war, der schon die παίγνια Plutarchs charakterisierte: βωμολοχία καὶ σπερμολογία, Possenreißerei und albernes Geschwätz.[61] Aufschlußreich ist nun, daß in solchen Paignien auch Tiere eine Rolle spielen konnten: Im dritten Paignion des Berliner Papyrus mit dem Titel τὸ οὐ χρία ῥημάτων – „Der Reden bedarf es nicht" – sind es ein Ferkel und ein junger Hund (δελφακίς und κοινάρη)[62]; einen – noch dazu höchst gelehrigen – Hund hatte auch Plutarch schon als Mimen erlebt; in dem Dialog *De sollertia animalium* wird sein sogar den Kaiser Vespasian beeindruckendes Spiel ausführlich geschildert.[63]

---

[56] III 15,1–5.6; Parodie: K. PLEPELITS, Achilleus Tatios. Leukippe und Kleitophon, Stuttgart 1980, 238 (Anm. 100); z. St. vgl. außerdem noch S. SUDHAUS, Der Mimus von Oxyrhynchos, Hermes 41 (1906), 247–277: 266f.

[57] PBerol 13927. Text bei WIEMKEN (wie Anm. 50), 192–195.

[58] Als Beispiel für eine solche sei hier nur auf den sog. Giftmischermimus aus POxy 413 verwiesen, vgl. SUDHAUS (wie Anm. 56), 265.

[59] WIEMKEN (wie Anm. 50), 197.

[60] Ebd.

[61] *Mor.* 712e. Eine noch spätere Quelle, das sog. *Menologium Basilianum*, weiß von Paignien zu berichten, die offenbar auf dem Thema der Christenverspottung beruhten und, wie andere παίγνια auch, von berufsmäßigen Mimen im Theater aufgeführt worden sein sollen: PG 117, 144 (Martyrium des Porphyrios). 408 (Martyrium des Ardalio). Vgl. WÜST (wie Anm. 50), 1756f.

[62] PBerol 13927, col. 2, Z. 13–15 (s. WIEMKEN [wie Anm. 50], 194f.).

[63] Plutarch, *Mor.* 973e–974a; dazu REICH (wie Anm. 50), 587f. – Vgl. noch die *ursos mimum agentes*, welche die Römer in der Regierungszeit des Kaisers Carus belustigt haben

Ich denke, wir haben nunmehr gute Gründe für die Annahme, daß sowohl den Kapiteln 46–50 des Λούκιος ἢ ὄνος als auch der diesen Passagen so eng verwandten Wanzenepisode ActJoh 60f. letztlich ein solches mimisches Paignion zugrunde liegt, wie es Plutarch beschrieben hat und wie es selbst der Berliner Papyrus noch erkennen läßt. Der beide Male einem mimischen Paignion entsprechende, weil lediglich oberflächlich belustigende, Inhalt, die beiderseitige Verwendung des terminus technicus παίγνιον und nicht zuletzt das in beiden Texten spürbare Element der auf die Bühne berechneten Schau (θέα) – man vergleiche nur ActJoh 60,3 παίγνιον ... εἴδομεν mit *Asin.* 47,4 ὁρῶντες ἄριστον ἄπιστον – sprechen m. E. eindeutig für die eben formulierte Annahme, die schließlich auch dadurch unterstützt wird, daß jedenfalls das Eselspaignion, ganz wie von Plutarch perhorresziert, bei einem Gastmahl zum besten gegeben werden konnte: ὁ ... δεσπότης τοῖς ἐνδοξοτάτοις τῶν αὐτοῦ πολιτῶν παρὰ τὸν πότον ἐδείκνυέ με, καὶ τὰ παράδοξα ἐκεῖνα τὰ ἐν ἐμοὶ παίγνια ἐν τῷ δείπνῳ παρετίθει (*Asin.* 49,5). Angesichts der engen Verwandtschaft, die die Wanzenanekdote nicht nur in Einzelheiten, sondern vor allem hinsichtlich des ihre Erzählung konstituierenden Motivs mit dem einschlägigen Abschnitt des Eselsromans aufweist, darf man vielleicht sogar noch weiter schließen: darauf, daß es sich in beiden Texten um Variationen ein- und desselben Paignienthemas handelt – steht doch beide Male das gleiche im Zentrum des Geschehens: das seltsam menschliche und deshalb komisch anmutende Betragen von unvernünftigen Tieren. Stammen ActJoh 60f. sowie c. 46–50 des Λούκιος ἢ ὄνος aber gleichermaßen aus dem Bereich des Mimus, dann erklärt sich hier wie dort auch das – freilich allein in der Wanzenanekdote so überraschende, vom Verfasser der Johannesakten nachträglich korrigierte – Fehlen jeder Moral. Mimus und erst recht die mimischen Paignien besaßen eine solche nun einmal nicht[64], da ihr einziger Zweck darin bestand, den Zuschauern ein häufig genug recht gewöhnliches, immer jedoch Lachen provozierendes Vergnügen zu bereiten. Oft wurde dieses Vergnügen noch durch z. T. sehr grobe erotische Anspielungen oder gar Darbietungen gewürzt.[65] Solche fehlen in ActJoh 60f. wie in den eben diskutierten Passagen des Eselsromans allerdings völlig, freilich fehlen sie nur auf den ersten Blick.

---

sollen (*Script. Hist. Aug. Carus etc.* 19,2; REICH [wie Anm. 50], 418), sowie Lukian, *Piscator* 36 und *Apologia* 5.

[64] Vgl. WÜST (wie Anm. 50), 1730; W. SCHMID, in: W. von Christ's Geschichte der griechischen Litteratur II/1 (HAW VII/2,1), München ⁶1920, 180 („ohne jeden ethisch-pädagogischen Nebenzweck").

[65] Paignien: vgl. PBerol 13927, col. 2, Z. 7, sowie Polybios XXX 26,7f.; zur Hypothese s. den Giftmischermimus aus POxy 413 und dazu die Rekonstruktion seiner Handlung bei SUDHAUS (wie Anm. 56), 251. 256f. 265, Anm. 1; zum Mimus insgesamt: Minucius Felix 37,12 (*mimus vel exponit adulteria vel monstrat*); vgl. *Script. Hist. Aug. Heliogabalus* 25,4 ([*Heliogabalus*] *in mimicis adulteriis ea, quae solent simulatos fieri, effici ad verum iussit*); SCHMID (wie Anm. 64), 199f. (zu Herondas); WÜST (wie Anm. 50), 1747. 1751f. 1754f.

Die seltsamen Abenteuer des Esels setzen sich ja noch fort – und zwar in einer Reihe von Szenen[66], die sich durch krasseste Erotik auszeichnen und die, wie man ansprechend vermutet hat, auf einer Travestie der Pasiphae-geschichte durch den Mimus beruhen dürften.[67]

Einer entsprechenden, wenngleich entschieden dezenteren Note entbehrt nun aber auch die Wanzenanekdote nicht – dann jedenfalls nicht, wenn man Max Bonnet folgt und annimmt, daß die von der Handschrift M (möglicher-weise auch von H) in 60,10 gebotene Lesart κόραι statt κόρεις bzw. κόριδες (so die Handschriften O bzw. RZ) keine Verschreibung ist, sondern den ur-sprünglichen Text enthält.[68] Für diese Annahme spricht, daß die Handschrift M jedenfalls in 60,13–15 und vielleicht auch in 60,3[69] die zuverlässigere ist; hat sie doch das für die Anekdote so charakteristische Lachen der Johannes-jünger bewahrt, das in der von O und RZ gebotenen Textüberlieferung, offen-bar, weil man es als anstößig empfand, getilgt worden ist.[70] Die dem – ur-sprünglich natürlich nicht mit dem Apostel Johannes identischen! – ‚Helden' der Anekdote so lästig zusetzenden Wanzen werden von diesem also als „Mädchen" angeredet, ein Wortspiel, das sich im Deutschen nicht wiederge-ben läßt.[71] Was ist sein Sinn? Handelt es sich lediglich um einen Kalauer, des-

---

[66] Lukian, *Asin.* 50–54.

[67] VAN THIEL (wie Anm. 33), Bd. l, 188, Anm. 66 mit Verweis auf bildliche Darstellungen (Tonlampen), Martial, *Spect.* 6 (p. 3 Shackleton Bailey), und Juvenal VI 333f. Dazu paßt auch die Betonung des Elements der Schau (θέα) in *Asin.* 52,4 (vgl. 54,3) sowie der spätere Handlungsort des Geschehens, das Theater (53f.).

[68] R. A. LIPSIUS – M. BONNET, Acta apostolorum apocrypha, Vol. II/1, Leipzig 1898 (Repr. Darmstadt 1959), p. 180,19. Entsprechende Überlegungen auch bei JUNOD – KAESTLI (wie Anm. 4), 540.

[69] Vgl. oben Anm. 40.

[70] Der Grund für die Tilgung mag darin bestanden haben, daß man das Lachen als unan-gemessene Kritik am Apostel verstand; wahrscheinlicher ist, daß man es überhaupt mißbil-ligte: Der Heiterkeit bezeugende γέλως war der Alten Kirche seit eh und je suspekt; aus christlichem Munde ertönend, erschien er bereits dem Verfasser des Jakobusbriefes als höchst tadelnswerter Ausdruck von Weltverhaftetheit (Jak 4,9). Um das Jahr 600 faßte Antonius, Abt des palästinischen Sabasklosters, die kirchliche Einstellung zur Sache (siehe dazu auch B. STEIDLE, Das Lachen im alten Mönchtum, BenM 20 [1938], 271–280) dann treffend in dem lakonischen Satz τὸ γελᾶν ὅλως Χριστιανοῖς οὐκ ἐπιτρέπεται zusammen (*Hom.* 95 [PG 89, 1721c]). Nicht einmal der Weltmann Clemens von Alexandria konnte sich mit dem Lachen befreunden; wohl nach dem Vorbild der ägyptischen Priester (von ihnen galt: γέλως δὲ σπάνιος· εἰ δέ που γένοιτο, μέχρι μειδιάσεως [so der Stoiker Chairemon, Frgm. 10, p. 18 van der Horst]) gestattete auch er allenfalls das Lächeln (μειδίαμα); dies sei das dem Verständigen angemessene Lachen, σωφρονούντων ὁ γέλως (*Paed.* II 46,3; vgl. Sextus, *Sent.* 280 a.b [p. 44 Chadwick], aber auch Plato, *Leg.* 732c; Diogenes Laertius III 26; VIII 20 und Philostrat, *Vit. Ap.* II 30).

[71] Zur Beliebtheit von Wortspielen in der griechischen, lateinischen und besonders der patristischen Literatur s. H. VON CAMPENHAUSEN, Ein Witz des Apostels Paulus und die An-

sen Witz sich darin erschöpft, en passant mit dem Gleichklang von κόραι und κόρεις zu spielen[72], oder steckt mehr dahinter? Ich möchte für das letztere plädieren.[73] Auffällig ist doch, daß den als „Mädchen" titulierten Wanzen im folgenden nicht nur, wie es die Ratio der Anekdote erfordert, befohlen wird, die Herberge zu verlassen und sich von deren Gästen fernzuhalten, sondern daß sie darüber hinaus auch noch ermahnt werden, sich an einem Ort ruhig zu verhalten, ἡσυχάζειν ἐν ἑνὶ τόπῳ. Warum dieses zusätzliche Gebot? Wie 61,2f. zeigt, ist ein ganz bestimmter Ort gemeint: die Schwelle vor der Tür des Hauses, πρὸς τὴν θύραν τοῦ οἴκου. Das ist aufschlußreich; handelt es sich hierbei doch nicht um irgendeinen beliebigen Ort, sondern vielmehr um einen solchen von literarischer Bedeutung: denjenigen nämlich, an dem in zahlreichen heiter-elegischen Dichtungen der griechischen und lateinischen Literatur – den sogenannten Paraklausithyra – der *exclusus amator* sein ungemütliches Los besingt, das er an eben diesem Ort, draußen vor der Tür der oder des Geliebten, zu erdulden hat.[74] Οὕτως ὑπνώσαις, Κωνώπιον, ὡς ἐμὲ ποιεῖς κοιμᾶσθαι ψυχροῖς τοῖσδε παρὰ προθύροις, „mögst du selber so ruhn, Konopion [was übrigens ‚kleine Mücke' heißt!], wie du mich bettest in der Kälte der Nacht hier vor der Türe am Haus" heißt es z. B. einmal bei Kallimachos.[75] In ihrer beklagenswerten Situation entfalten die *exclusi amatores* allerhand Regsamkeit, weshalb sich Plutarch im Hinblick auf eine Dame in entsprechender Lage mit Recht fragen konnte: τίς οὖν ὁ κωλύων ἐστὶ κωμάζειν ἐπὶ θύρας, ᾄδειν τὸ παρακλαυσίθυρον ... παγκρατιάζειν πρὸς τοὺς ἀντεραστάς, „wer wird sie daran hindern, vor der Tür zu randalieren, das Paraklausithyron zu singen, mit Rivalinnen handgemein zu werden?"[76] Im Mittelpunkt des Interesses der Ausgeschlossenen stand aber naturgemäß die sie vom Ziel ihrer Wünsche trennende Tür, ein Interesse, für das sich Asklepiades in einem Paraklausithyron bei Zeus mit den Worten entschuldigt: καὶ

---

fänge des christlichen Humors, in: DERS., Aus der Frühzeit des Christentums. Studien zur Kirchengeschichte des 1. und 2. Jahrhunderts, Tübingen 1963, 102–108: 103f.

[72] Zur Interpretation des Wortspiels wäre dann vielleicht Lukian, *Gallus* 19, zu vergleichen, wo ein Hahn vorgibt, u. a. einmal Aspasia, ἡ ἐκ Μιλήτου ἑταίρα, gewesen zu sein.

[73] Mit F. BOVON, dessen Interpretation von ActJoh 60f. („ein Zeugnis narrativer Art für die Enthaltsamkeit des geliebten Jüngers [d. h. des Johannes]") allerdings keine Auskunft über die Herkunft des Textstückes gibt (s. F. BOVON, Das Leben der Apostel. Biblische Überlieferungen und apokryphe Erzählungen, in: DERS., Lukas in neuer Sicht. Ges. Aufs. [BThSt 8], Neukirchen-Vluyn 1985, 205–229: 224).

[74] Zur Gattung des Paraklausithyron s. E. BURCK, Das Paraklausithyron. Die Entwicklungsgeschichte eines Motivs der antiken Liebesdichtung, in: DERS., Vom Menschenbild in der römischen Literatur. Ausgewählte Schriften [Teil 1], Heidelberg 1966, 244–256.

[75] *Anth. Graec.* V 23. Vgl. Asklepiades (*Anth. Graec.* V 189); Meleagros (*Anth. Graec.* V 191; XII 23); Straton (*Anth. Graec.* XII 252); Ovid, *Amores* I 6; Plautus, *Curculio* 147–157; Properz, *Eleg.* I 16,17ff.; Tibull, *Eleg.* I 2 (trotz R. REITZENSTEIN, Hellenistische Wundererzählungen, Leipzig 1906 [= Darmstadt ³1974], 156f.).

[76] *Amatorius* 8 (= *Mor.* 753a–b).

σὺ γὰρ οὕτως ἤλυθες οὐδὲ θύρην πρὸς μίαν ἡσύχασας, „so gingst du doch selber, und du ließest doch auch nie eine Tür in Ruh."[77] Es hat also durchaus Sinn, wenn die erwiesenermaßen auf den im Bett befindlichen Helden der Episode erpichten κόραι/κόρεις in ActJoh 60,12 ermahnt werden, sich ἐν ἑνὶ τόπῳ, das heißt, auf der Schwelle vor der Tür des Hauses, ruhig zu verhalten. Was hier vorliegt, ist eine spöttische Anspielung auf Gattung und Stoff des Paraklausithyron[78], auf eine Gattung, die, von erotischer Atmosphäre erfüllt, ungemein beliebt war und die infolgedessen auch – wie hier – im Mimus zahlreiche Spuren hinterlassen hat.[79]

Trifft unsere Interpretation zu, so ergibt sich, daß das Wanzenpaignion zwei Pointen besitzt. Die eine resultiert aus dem erzählten Geschehen selbst; wie schon die Begleiter des Paignion-Helden sollen die Leser bzw. Zuschauer des Paignion über die Komik lachen, die dem seltsam menschlich anmutenden Betragen unvernünftiger Tiere – noch dazu Wanzen – innewohnt. Die andere, nicht minder der Erregung der Heiterkeit dienende Pointe ist literarischer Natur; sie besteht darin, daß, wie eben dargelegt, in verulkender Weise mit der Gattung des Paraklausithyron gespielt wird. Beides, das zum Lachen reizende menschliche Betragen von Tieren sowie das aus Lust am Spott geborene Spiel mit der Literatur treffen wir genauso, wenn auch in ungleich kunstvollerer Form und breiter ausgeführt, im Λούκιος ἢ ὄνος an.

Bleibt die Frage, woher das Paignion ActJoh 60f. stammt: Hat es der Verfasser der Johannesakten direkt aus dem Bereich des Mimustheaters übernommen oder aus anderem Kontext? Ich halte die zweite Möglichkeit nicht bloß für wahrscheinlicher, sondern für die einzig denkbare. Der Mimus der Kaiserzeit war in erster Linie improvisiertes Theater[80], das Stücke aufführte, die in der Regel „nur im Rahmen eines Regiekonzepts vorskizziert" waren,

---

[77] *Anth. Graec.* V 167 (ἡσυχάζειν in erotischem Kontext auch ebd. 133).

[78] Geht man allein von der erzählerischen Situation in ActJoh 60 aus – der ‚Held' der Anekdote wird von den κόραι/κόρεις am Einschlafen gehindert –, könnte man hier auch eine Anspielung auf Szenen vermuten, wie sie aus Petrons *Satyrikon* bekannt sind, Szenen, in denen die gelegentlich einmal wirklich müden Helden der Erzählung von ihren Liebhabern lästigerweise daran gehindert werden, in Morpheus' Arme zu sinken (Petron, *Sat.* 21,7; 23,4–24,4; vgl. außerdem noch Lukian, *Dialogi meretricii* 4,2 [Ende]), und deshalb wenigstens in einem Fall ähnlich abwehrend reagieren wie der Sprecher von ActJoh 60,10–13 (Petron, *Sat.* 87,6–10, vgl. aber auch Lukian, a. a. O.). Die oben vorgeschlagene Interpretation erscheint mir jedoch aufgrund des Vokabulars der Szene vorzuziehen. Freilich finden sich terminologische Übereinstimmungen auch zwischen den Johannesakten (60,8: διωχλεῖτο; 60,15: ἀδιόχλητοι) und Lukian, *Dial. meretr.* a. a. O. (ἐνοχλήσεις).

[79] WÜST (wie Anm. 50), 1740f.1746. Zwei Beispiele: B. P. GRENFELL, An Alexandrian Erotic Fragment and other Greek Papyri Chiefly Ptolemaic, Oxford 1896, 1–6 (= O. CRUSIUS, Herondae Mimiambi, Leipzig [5]1914, 124–127); W. CRÖNERT, Das Lied von Marisa, RMP 3. Ser. 64 (1909), 433–448 (= CRUSIUS, a. a. O., 129). Außerdem noch *Anth. Graec.* XII 193.

[80] Vgl. SUDHAUS (wie Anm. 56), 264f.; A. LESKY, Geschichte der griechischen Literatur, Bern/München [3]1971, 905. Aufschlußreich Cicero, *Cael.* 64f.

eines genauen Sprechtextes jedoch entbehrten.[81] Die Einarbeitung von mimischen Stoffen in einen literarischen Kontext war also schon aus diesem Grund
ohne eigenen gestalterischen Beitrag des Bearbeiters gar nicht möglich. Da es
aber, wie wir oben[82] gesehen haben, nicht der Verfasser der Johannesakten
gewesen ist, der die Wanzenepisode formuliert hat, kann er es auch nicht gewesen sein, der sich des ActJoh 60f. zugrunde liegenden Paignienstoffes be-
mächtigt hat, um daraus die Wanzenepisode zu gestalten. Die Umwandlung
des ActJoh 60f. zugrunde liegenden mimischen Paignion in ein Stück ausfor-
mulierter Literatur muß also bereits der Autor der Quelle vorgenommen haben, die der Verfasser der Johannesakten hier benutzt hat. Was für eine Quelle
kommt in Betracht? Die oben behandelten Kapitel des Λούϰιος ἢ ὄνος und
genauso der Blick auf Achilles' Tatius' *Leukippe und Kleitophon* (III 15f.21)
haben gezeigt, daß die Romanautoren Paignien sehr wohl in ihre Roman-
handlung zu integrieren wußten. Ein weiteres Beispiel für solche Fähigkeit
bietet das 10. Buch von Apuleius' *Metamorphosen*; hier hat der Autor in
c. 2–12 sogar einen ganzen Mimus in seinen Roman eingearbeitet.[83] Derlei
war beileibe keine Ausnahme. Bezugnahmen auf den Mimus finden sich auch
bei Chariton oder im *Satyricon* Petrons[84], der eines seiner Geschöpfe, den
Eumolp, zu Beginn eines neuen Romanabschnitts einmal sogar ausdrücklich
formulieren läßt: *quid ergo cessamus mimum componere?*[85] Was folgt, weist
dann in der Tat ganz die Züge eines solchen auf. Da die Autoren der apokryphen Apostelgeschichten mit der zeitgenössischen Romanliteratur aufs beste
vertraut waren[86] und gerade die Johannesakten zahlreiche Spuren solcher

---

[81] WIEMKEN (wie Anm. 50), 153–157, Zitat: 153; s. noch DERS., Der Mimus, in:
G. A. Seeck (Hg.), Das griechische Drama, Darmstadt 1979, 401–433: 410–414.422. – Wie
solche Konzepte aussahen, zeigt beispielhaft der im 1. oder 2. nachchristlichen Jahrhundert
geschriebene POxy 413 (Charitonmimus); eine formale Ähnlichkeit mit ActJoh 60f. ist nicht
einmal entfernt vorhanden. Übrigens besteht eine solche auch zwischen dem Literatur gewordenen Mimus (etwa Herondas) und ActJoh 60f. nicht.

[82] Siehe S. 172–175.

[83] WIEMKEN (wie Anm. 50), 139–146. Entsprechendes vermutet B. E. PERRY, The Ancient
Romances. A Literary-Historical Account of their Origins, Berkeley/Los Angeles 1967, 266f.,
auch für II 21–26.

[84] Vgl. SUDHAUS (wie Anm. 56), 266f.; CRUSIUS (wie Anm. 79), 120.

[85] Petron, *Sat.* 117,4.

[86] Vgl. meinen Artikel in PRE.S 15 (1978), 59–64 (mit Belegen) sowie das Urteil
J.-D. KAESTLIS: «On peut considérer à bon droit que les récits des Actes apocryphes où pré-
domine le thème érotique sont directement inspirés par le genre du roman d'amour hellénistique.» (J.-D. KAESTLI, Les principales orientations de la recherche sur les Actes apocryphes
des Apôtres, in: F. Bovon u. a. [Hg.], Les Actes apocryphes des Apôtres. Christianisme et
monde païen [PFTUG 4], Genève 1981, 49–67: 67).

Kenntnis zeigen[87], spricht alles dafür, daß das Wanzenpaignion ActJoh 60f. auf dem Umweg über den Roman an seinen jetzigen Platz gelangt ist, wo es nunmehr im Verein mit der angefügten *admonitio* wie ein klassisches Apophthegma wirkt.[88]

Dem Wanzenpaignion ausgerechnet in den Johannesakten, einem sonst doch eher von hintergründigem Spiritualismus als von heiterer Weltzuwendung geprägten Werk[89], zu begegnen, muß freilich überraschen. Was in aller Welt hat den Autor dazu bewogen, das durch und durch pagane Romanstück in sein Werk zu integrieren? Den Schlüssel zur Beantwortung dieser Frage enthält die an das Paignion angehängte, ganz aus der Feder des Verfassers stammende[90] und deshalb zur Erkundung seiner Absichten am besten geeignete *admonitio* (61,13–16). Sie ruft dazu auf, der ῥαθυμία, jener «tendance de l'homme à se laisser aller»[91], abzuschwören und vielmehr dem Beispiel „des Getiers" (τὸ ζῷον) zu folgen, nämlich für sich zu bleiben (ἔμεινεν ἐφ' ἑαυτοῦ), sich still zu verhalten (ἠρεμῆσαν) und von der solcherart charakterisierten Existenzweise nicht mehr abzugehen (καὶ μὴ παραβάν).[92] Die *admonitio* korrespondiert somit lediglich einem einzigen Element der Anekdote: dem von dem ‚Helden' der Anekdote gegenüber den Wanzen ausgesprochenen und von diesen anstandslos befolgten Gebot: ἡσυχάσατε ἐν ἑνὶ τόπῳ (60,12).[93] Damit ist am Tage, was den Verfasser an der paganen Anekdote so fasziniert hat: Sein Interesse galt nicht der amüsanten Story als solcher, auch nicht dem Wunder, sondern allein dem gehorsamen ἡσυχάζειν der Wanzen.

Der Grund für dies Interesse wird deutlich, wenn man sich vor Augen hält, welch gewichtige Rolle der Begriff ἡσυχάζειν und der mit seiner Hilfe zur Sprache gebrachte Sachverhalt im Denken des ActJoh-Verfassers gespielt

---

[87] Am deutlichsten in c. 48–54, wo man sogar an eine direkte Beeinflussung durch Chariton denken darf, sowie in c. 63–86. Der Abschnitt ist mit Romanmotiven geradezu gespickt. Siehe JUNOD – KAESTLI (wie Anm. 4), 517–520 bzw. 547–551. Vgl. auch unten Anm. 125.

[88] Vgl. BOVON (wie Anm. 73), 222.

[89] Vgl. JUNOD – KAESTLI, Le dossier des 'Actes de Jean': état de la question et perspectives nouvelles, ANRW II 25,6 (1988), 4293–4362: 4349–4353, sowie Acta Johannis (wie Anm. 4) 680: «le texte [sc. der Johannesakten] est marqué par un spiritualisme qui affecte tout ce dont il parle ».

[90] Siehe JUNOD – KAESTLI (wie Anm. 4), 529.

[91] JUNOD – KAESTLI (wie Anm. 4), 541.

[92] Der Gegensatz von ῥαθυμεῖν und (philosophischem) ἡσυχάζειν bzw. πρὸς αὐτῷ εἶναι findet sich ebenso bei Dion von Prusa, *Or.* 72,10; 20,7. Vgl. außerdem Epiktet, *Diss.* II 20,22 und *Ench.* 51,1.

[93] Das ἠρεμῆσαν der *admonitio* entspricht dem ἡσυχάσατε der Anekdote, deren ἐν ἑνὶ τόπῳ kehrt dort als ἔμεινεν ἐφ' ἑαυτοῦ wieder. Zu μὴ παραβάν vgl. 61,8f. φυλάξαντές μου τὸ ἐπιτίμιον.

haben.[94] Für ihn war ἡσυχάζειν kein Allerweltswort; in seinen Ohren besaß das Wort vielmehr, ganz wie das Gleiches bedeutende und gleicherweise bedeutsame ἠρεμεῖν, spezifischen Klang – galten ihm beide Begriffe doch als termini technici zur Beschreibung eines bestimmten Seelenzustandes: des Abgekehrtseins von aller durch weltliche Passionen hervorgerufenen Emotion und Ambition. Gleich, ob es sich um den Apostel selbst oder um eine erst in statu nascendi befindliche Christin wie Kleopatra handelte, die mit ἡσυχάζειν bzw. ἠρεμεῖν umschriebene Tugend des Verzichts auf jegliche Leidenschaft hatte jeden Christen auszuzeichnen (vgl. 30,8; 66,3 bzw. 24,5.9f.12). Wie die Kapitel 48–54 exemplarisch dartun, betrachtete der Verfasser solchen Verzicht sogar als conditio sine qua non des Christseins. Der Vatermörder, von dessen Eskapaden die Kapitel so wortreich handeln, wird nämlich keineswegs schon zu dem Zeitpunkt, da er sich von der erbarmenden Macht Gottes überzeugt erklärt (53,6f.), als bekehrt angesehen; als bekehrt darf er erst gelten, nachdem ihm der Apostel auch die letzte seiner aktionsgeladenen Eskapaden noch als Satanswerk gedeutet und jener solche Deutung reumütig akzeptiert hat (54). Nun erst ist der vordem so zügellose χωρικός (48,3) am Ziel und kann deshalb auch erst jetzt als ἡσυχάζων bezeichnet werden (54,12), genauso wie später dann auch der soeben durch den Apostel auferweckte und von Stund an allem turbulenten Teufelswerk abholde Kallimachos.[95]

Entsprechende Aussagen finden sich bereits bei Philo; ihm zufolge war es der Weise (σοφός), der in Rechtschaffenheit (καλοκἀγαθία) einem stillen und ruhigen (ἠρεμαῖον καὶ ἡσυχάζοντα), beständigen und friedlichen Leben nachzugehen hatte (*Abr.* 27). Prototyp eines solchen Weisen war Abraham, von dem Philo in *De Abrahamo* 216 noch ein weiteres Mal verkündet, daß er, der ἀστεῖος (214), das Beste (τὸ ἄριστον) im stillen und ruhigen Leben (ἀστασιάστῳ βίῳ καὶ ... ἡσυχάζοντι) erblickt habe. Schließlich sei noch auf *De sobrietate* 50 verwiesen; das ἡσυχάζειν wird hier, weil ein An-Sich-Halten (ἴσχεσθαι) und ἠρεμεῖν, als von Tadel frei und heilsam (σωτήριον) gelobt.[96]

---

[94] Dazu JUNOD – KAESTLI (wie Anm. 4), 540f. Zum Wortfeld ἡσυχάζω etc. allgemein: C. SPICQ, Notes de lexicographie néo-testamentaire, Tom. 1, Fribourg/Göttingen 1978, 358–364.

[95] c. 75,9. Als Spender der Fähigkeit zum ἡσυχάζειν bzw. ἠρεμεῖν betrachtete der Verfasser der Johannesakten allerdings nicht den bekehrenden oder auferweckenden Apostel, sondern allein Gott. Er ist es, der die wilde und zügellose Seele (ἔρημον καὶ ἀγριωθεῖσαν ψυχήν) zu einer sanften und ruhigen (ἥμερον καὶ ἤρεμον) umformt (112,5–7), und er ist es auch, angesichts dessen ὑπερμεγέθης-Sein und Allmacht selbst Stolz und Hoffart noch zum Zustand demütigen Stille-Seins finden müssen: ᾧ πᾶσα ὀφρὺς ταπεινωθεῖσα ἠρεμεῖ· ᾧ πᾶσα ἀλαζονεία προσπεσοῦσα ἡσυχάζει (79,11f.). Vgl. Epiktet, *Diss.* IV 4,46–48.

[96] Vgl. zudem *Rer. div. her.* 11–14 und bes. *Som.* II 266: ἐάν ... ἴδῃς ... τὸ ἐπιθυμεῖν, τὸ ἥδεσθαι, τὸ λυπεῖσθαι, τὸ φοβεῖσθαι, τὸ ἀδικεῖν, τὸ ἀφραίνειν, τὸ ἀκολασταίνειν καὶ ὅσα τούτων ἀδελφὰ καὶ συγγενῆ, καταπλαγεὶς ἡσύχαζε mit ActJoh 30,8; 66,3.

Man braucht sich den Verfasser der Johannesakten freilich nicht – zumindest nicht direkt – von Philo abhängig zu denken; in vergröberter und verkürzter Form haben die Anschauungen, die wir bei Philo lesen können, seinerzeit das Philosophenbild auch einer breiten Allgemeinheit geprägt. Ihr galt als wesentlichstes Merkmal des Philosophen dies, daß er, von allen Verpflichtungen frei (ἐλεύθερος), das Leben eines ἀπράγμων καὶ ἡσυχάζων führte; das jedenfalls ist die Definition, die Philo Kaiser Caligula zur Kennzeichnung des βίος φιλόσοφος, den die von Caligula zum Exil Gezwungenen angeblich genossen, in den Mund gelegt hat[97], und nicht anders als Philos Caligula war auch der von Epiktet (*Diss.* I 10,2–6) ironisierte *praefectus annonae* der Meinung, nach Philosophenmanier leben hieße, ἐν ἡσυχίᾳ καὶ ἀταραξίᾳ διεξαγαγεῖν τὸ λοιπὸν τοῦ βίου. Von dem Philosophen Stilpon berichtet Plutarch, daß man von ihm insbesondere dies wußte (δόξαν ἔχοντος), er sei ein Mann gewesen, der ἐν ἡσυχίᾳ καταβιῶναι sich entschlossen habe.[98] Wie verbreitet solche das Richtige vergröbernden und dadurch falsifizierenden Vorstellungen vom Philosophen gewesen sein müssen, geht aber vor allem aus dem Umstand hervor, daß diejenigen, die mehr vom Philosophieren verstanden, es für nötig hielten, gegen das populäre Zerrbild anzukämpfen, und dabei übereinstimmend die Ansicht, daß das ἡσυχάζειν den Philosophen und gewissermaßen allein selig mache, aufs Korn nahmen.[99] Epiktet schrieb Πρὸς τοὺς περὶ τὸ ἐν ἡσυχίᾳ διάγειν ἐσπουδακότας (*Diss.* IV 4), Plutarch Περὶ εὐθυμίας[100] – hier heißt es u. a., daß, wer die ἀγορά meide, durch die derart erworbene ἡσυχία allein noch lange nicht zufriedengestellt sein könne (*Mor.* 466c) – und Dion von Prusa seine Rede Περὶ ἀναχωρήσεως (*Or.* 20). Dion räumt zwar ein, daß Einsamkeit und Zurückgezogenheit (ἐρημία τε καὶ ἀναχώρησις), Schweigen und Ruhe (σιωπή τε καὶ ἡσυχία) der Bildung und der Philosophie – auch die Philologie wird genannt – förderlich sein könnten (20,11).[101] Er insistiert jedoch darauf, daß sie für sich allein genommen das philosophische Ziel, das πρὸς αὐτῷ εἶναι (20,7), keineswegs zu gewähren in der Lage seien; insbesondere den unvernünftigen Menschen (τοῖς ἀνοήτοις τῶν ἀνθρώπων) nützten ἐρημία und

---

[97] *Flacc.* 183f.; vgl. Plutarch, *C. Gracchus* 1,1 über dessen ‚inneres‘ Exil: καθ’ ἑαυτὸν ἡσυχίαν ἔχων διέτριβεν.

[98] Plutarch, *Demetrius* 9,9. Vgl. schließlich noch den von popularphilosophischen Vorstellungen sicher mitgeprägten (s. J. ROLOFF, Der erste Brief an Timotheus [EKK XV], Zürich/Neukirchen-Vluyn 1988, 116) Wunsch 1Tim 2,2: ἵνα ἤρεμον καὶ ἡσύχιον βίον διάγωμεν ἐν πάσῃ εὐσεβείᾳ καὶ σεμνότητι.

[99] Dabei wurde insbesondere das völlige Außerachtlassen ethischer Kriterien moniert, s. Plutarch, *Mor.* 466a; Dion von Prusa, *Or.* 20,26.

[100] *De tranquillitate animi, Mor.* 464e–477f. Vgl. dazu die gleichnamige Schrift des jüngeren Seneca und insbesondere seinen 56. *Brief an Lucilius.*

[101] Anders Epiktet, *Diss.* IV 4,1: Das Streben nach ἡσυχία καὶ σχολή mache genauso abhängig und unfrei wie dasjenige nach ἀρχή oder πλοῦτος.

ἡσυχία als solche nichts, da sie jene nicht einmal vor dem ἁμαρτάνειν zu bewahren vermöchten.[102]

Dions Diatribe Περὶ ἀναχωρήσεως gehört in den Umkreis derjenigen seiner Reden, in denen der popularphilosophische Wanderprediger, der Dion zeitweise war, „von einer weitverbreiteten Ansicht oder thörichten Gepflogenheit der unphilosophischen Menge ausgeht, um sie vom philosophischen Standpunkt aus zu bekämpfen".[103] Zu der „unphilosophischen Menge", die der „weitverbreiteten Ansicht" huldigte, das ἡσυχάζειν mache den Philosophen, könnte der Verfasser der Johannesakten sehr wohl gehört haben; er hätte sich dann entschlossen, die von ihm in Übereinstimmung mit seiner Umwelt so hoch geschätzte Tugend des philosophischen ἡσυχάζειν als Pflicht auch des wahren Christen zu betrachten.[104]

Den solcherart die Freiheit von aller Emotion und Ambition bezeichnenden und damit, wie er meinte, zugleich auch das proprium christlicher Existenzweise umschreibenden terminus technicus ἡσυχάζειν fand der Autor der Johannesakten nun, obschon ganz untechnisch gebraucht, in der Wanzenanekdote vor. Ich zweifle nicht daran, daß es diese wenngleich nur punktuell vorhandene, so doch ins Auge springende Koinzidenz des Vokabulars der Anekdote mit der ihm eigenen popularphilosophischen Begrifflichkeit gewesen ist, die den Verfasser zu dem Entschluß bewogen hat, das Romanstück, das ein so wesentliches Element seiner theologischen Vorstellungen vorwegzunehmen schien, in die Johannesakten zu integrieren. Mit Hilfe der *admonitio* 61,13–16 hat er das pagane Paignion zu einem an Christen appellierenden Paradebeispiel für vorbildliches ἡσυχάζειν umfunktioniert und es auf diese Weise zum Vehikel seiner – dem heiteren Geist des Paignion stracks zuwiderlaufenden – Botschaft gemacht. Einzig solcher *interpretatio christiana* haben wir es aber zu danken, daß wir das vergnügliche Stückchen antiker Unterhaltungsliteratur auch heute noch lesen können; ohne sie hätte das Wanzenpaignion den Lauf der Zeiten schwerlich überlebt.

---

[102] 20,26; vgl. noch 20,14 und 17 sowie Seneca, *Epist. ad Lucil.* 56,5: *nam quid prodest totius regionis silentium, si affectus fremunt?*

[103] H. VON ARNIM, Leben und Werke des Dio von Prusa, Berlin 1898, 267. Weitere Beispiele für diese Methode, der die schon aus der vorhellenistischen Philosophie stammende Antithese „der Weise (der Philosoph) contra die Toren (die Masse)" zugrunde liegt (dazu H.-D. VOIGTLÄNDER, Der Philosoph und die Vielen. Die Bedeutung des Gegensatzes der unphilosophischen Menge zu den Philosophen [und das Problem des argumentum e consensu omnium] im philosophischen Denken der Griechen bis auf Aristoteles, Wiesbaden 1980; charakteristisch z. B. Epikur, *Epist. ad Menoeceum* 123–126), bei VON ARNIM, a. a. O., 267–269.

[104] Zwei Jahrhunderte später sollte sie dann die monastische Spiritualität charakterisieren; Belege bei SPICQ (wie. Anm. 94), 363f., und Lampe, Patristic Greek Lexicon, s. v. ἡσυχάζω κτλ.

II

Im Wanzenpaignion hat der Verfasser der Johannesakten seinen Lesern ein eindrückliches Exempel für vorbildliches ἡσυχάζειν vor Augen gestellt; er beschließt es mit der Mahnung, künftig von aller ῥαθυμία zu lassen. Darüber, worin diese Untugend besteht, verliert der Autor in ActJoh 60f. freilich kein Wort. Er hat das allerdings auch nicht nötig, weil er sich dieser Aufgabe längst entledigt hat; spätestens seit der Lektüre von c. 48–54 wissen die Leser über jene Untugend hinreichend Bescheid. Die in diesen Kapiteln erzählte Greuelstory berichtet ausführlich von den monströsen Eskapaden eines besonders hartnäckigen Sünders, eines namenlosen νεανίσκος (54,3.12), der erst ganz am Ende der Erzählung, nach eingehender Belehrung durch den Apostel (54,2–12), zur Christen gemäßen Tugend findet: ὁ δὲ νεανίσκος ἡσυχάζων προσεκαρτέρει (54,12). Die c. 48–54 zielen zwar auf die Bekehrung des Sünders, handeln aber fast ausschließlich von dem, was ihn am ἡσυχάζειν hindert. Als Widerpart des ἡσυχάζειν kommt die ῥαθυμία hier freilich nur der Sache nach in den Blick; was am ἡσυχάζειν hindert, wird nicht ῥαθυμία genannt, sondern als πᾶσα κίνησις αἰσχρά (54,8) definiert.[105] Diesen κινήσεις αἰσχραί, den schändlichen Regungen des Menschen, in denen sich seine böse – genauer gesagt: seine stürmisch zum Bösen geneigte – Gesinnung (ἔννοια χαλεπαίνουσα, 54,6f.) objektiviert, gilt in c. 48–54 die ganze Aufmerksamkeit des Autors.

Worum handelt es sich bei der tugendsamem ἡσυχάζειν so abträglichen κίνησις αἰσχρά aber konkret? Etwa um Mordlust? Die Überschriften, die die Übersetzungen und genauso der neueste Kommentar zu den Johannesakten über c. 48–54 setzen, nämlich „Bekehrung eines Vatermörders"[106] oder einfach « le parricide »[107], könnten das nahelegen; der Autor ist freilich anderer Meinung. In seinen Augen besteht die κίνησις αἰσχρά des ungebärdigen νεανίσκος einzig und allein in dessen Neigung, mit der Sexualität auf unzulässige, vom Teufel inspirierte Weise (54,2–5) umzugehen.[108] Am Anfang der Sünderkarriere des νεανίσκος steht das unzüchtige Verlangen, μοιχὸς ἀλλοτρίας γυναικὸς γενέσθαι (54,3f.; vgl. 48,4f.); dann folgt, in der Tat, ein Mord. Doch auch er hat seinen Grund einzig in jener schändlichen Regung, die den jungen Mann bereits zur Unzucht angestachelt hat. Der Erfüllung seines Verlangens steht nämlich der Vater des νεανίσκος mit der Mahnung, ἀμοίχευτον βίον ἔχειν καὶ σεπτόν (49,10f.; vgl. 48,3–5), im Wege, und allein aus diesem Grund mußte dieser, wie der νεανίσκος zunächst dem Apostel (49,12f.) und dann der μοιχαλίς versicherte, sterben: διὰ σὲ πατρὸς

---

[105] Beides ist miteinander identisch, vgl. unten Anm. 109.

[106] So z. B. Schäferdiek, in: NTApo⁵ II, 174.

[107] Junod – Kaestli (wie Anm. 4), 514.

[108] So auch Kaestli (wie Anm. 86), 65.

φονεὺς ... ἐγενόμην (53,4f.). Der Apostel sieht es nicht anders; die Bedingung, unter der er bereit ist, den Vater wiederaufzuerwecken, um den Sohn aus der Zwickmühle der Wahl zwischen Selbstmord und Hinrichtung (vgl. 49,12–15) zu retten, ist nicht etwa dessen Versprechen, hinfort seine Mordlust zu bändigen, sondern vielmehr dasjenige, künftig von der Ehebrecherin zu lassen (50,4–7). Wie sich der Verfasser die Erfüllung des Versprechens denkt, geht aus c. 54 hervor. Der νεανίσκος soll seine böse Gesinnung, die Quelle aller lasterhaften κίνησις, ändern. Der junge Mann vermag solche Einsicht freilich noch nicht aufzubringen; er schreitet vielmehr auf dem einmal eingeschlagenen Irrweg fort und erfüllt sein an der Leiche des Vaters gegebenes Versprechen, ἀποστήσεσθαι ... τῆς ἐπισφαλοῦς ... γενομένης γυναικός (50,4f.7), auf perverse Weise: er entmannt sich (53).

Auf die zutreffende Interpretation dieser letzten Eskapade kommt es dem Verfasser nun besonders an. Der junge Mann versteht sein Handeln positiv; durch die Selbstentmannung glaubt er, sich von aller Unzucht und damit zugleich von dem, was ihn zum Vätermörder werden ließ, radikal getrennt zu haben (53,5f.). Solcher Ansicht läßt der Verfasser den Apostel nunmehr energisch widersprechen; den Widerspruch kleidet er in die Form einer kurzen argumentierenden Mahnrede (54,2–12). Die Selbstkastration ist, so führt der Apostel darin aus, keineswegs, wie der νεανίσκος offenbar meint, ein δίκαιον ἔργον (54,4) – beseitigt sie doch das eigentlich abzutuende Übel, die böse Gesinnung, gar nicht, sondern lediglich die wertneutralen Werkzeuge, deren sich die ἔννοια χαλεπαίνουσα bedient (54,5–8). Die Praxis der Selbstkastration als vermeintliches Mittel gegen die κίνησις αἰσχρά sündiger Fleischeslust entstammt vielmehr, was es zu lernen gilt, der Trickkiste des Satans (καταμαθὼν τὰς τοῦ Σατανᾶ τέχνας, 54,10). Dieser hat sie dem νεανίσκος ebenso in den Kopf gesetzt, wie er ihm auch schon das Verlangen nach der μοιχαλίς und den Einfall, den zum ἀμοίχευτος βίος mahnenden Vater zu töten, eingegeben hat (54,2–5). Aus solcher Parallelisierung geht hervor, was die Kastration nach Meinung des Verfassers in Wirklichkeit ist: nichts anderes als eine erneute Bekundung dessen, wovon sie befreien soll, das heißt, eine Bekundung eben jener κίνησις αἰσχρά, die dem Autor als die eigentliche Widersacherin des christengemäßen ἡσυχάζειν gilt und die im unzulässigen Umgang mit der Geschlechtlichkeit besteht.[109]

Die Argumentation, deren sich der Verfasser in c. 54 bedient, um Unzucht und insbesondere Selbstkastration als Teufelswerk zu entlarven, gehört nicht zum genuinen Arsenal christlicher Theologie; sie ist philosophischer Natur

---

[109] Auch in der Drusiana-Kallimachos-Episode (63–86) ist es einzig diese Untugend, die als dem ἡσυχάζειν (vgl. 75,7–9) entgegenstehend geschildert wird. Statt von κίνησις ist hier allerdings wieder von ῥᾳθυμία die Rede (vgl. 64,8), was zeigt, daß κίνησις αἰσχρά und ῥᾳθυμία in den Johannesakten sachlich identisch sind. Vgl. noch die treffende Formulierung im _Paedagogus_ des Clemens von Alexandria: εἰς ἡδονὰς ῥᾳθυμεῖν (III 26,3).

und entstammt dem «réservoir des idées philosophiques communes de son temps».[110] Gegen die Ansicht, Kastration sei ein Weg zur Enthaltsamkeit (σωφροσύνη), macht z. B. auch Philostrat Front. In seiner *Vita Apollonii* läßt er Damis, den Begleiter des Apollonius, zunächst behaupten, daß die Begierde den Menschen nicht mehr überkommen könne, wenn der Teil des Körpers ausgelöscht sei, der ihn in Aufruhr versetze.[111] Damit hat Apollonius Gelegenheit, die richtige Auffassung zu verkünden; wahre σωφροσύνη, belehrt der Wundermann den Damis, könne nicht herbeigezwungen werden; sie bestehe vielmehr darin, trotz aller Begierde der sinnlichen Lust nicht nachzugeben, sondern diese zu meiden und sich solcher Raserei als überlegen zu erweisen.[112] Das entspricht ganz der Meinung des ActJoh-Verfassers, daß es nicht τοὺς τόπους zu beseitigen, sondern die ἔννοια zu ändern gelte (54,5f.), und ebenso den Ansichten Clemens' von Alexandria, der im *Paedagogus* schreibt: εὐνοῦχος δὲ ἀληθὴς οὐχ ὁ μὴ δυνάμενος, ἀλλ' ὁ μὴ βουλόμενος φιληδεῖν.[113]

Besonders deutlich ist in ActJoh 54 der stoische Einfluß wahrnehmbar. Junod und Kaestli erwägen Anregungen von seiten der stoischen Pneumatologie[114]; richtiger dürfte es indes sein, Beeinflussung durch die stoische Affektenlehre anzunehmen. Dann zeigt sich auch, daß die Behauptung, «notre texte ne contient certes aucun des termes techniques de la psychologie stoïcienne»[115] nicht zutrifft – ist doch der Begriff κίνησις αἰσχρά, der sich in c. 54,8 zur Bezeichnung allen aus böser Gesinnung geborenen menschlichen Handelns findet, nichts anderes als ein solcher, vom ActJoh-Verfasser leicht modifizierter, terminus technicus: Als κίνησις παρὰ φύσιν benutzt ihn die stoische Affektenlehre zur Bezeichnung der πάθη, der Leidenschaften.[116]

---

[110] Junod – Kaestli (wie Anm. 4), 522.

[111] *Vit. Ap.* I 33 (p. 35,15–17 Kayser): εἰ γὰρ σβεσθείη τὸ μόριον ὑφ' οὗ διοιστρεῖται τὸ σῶμα, οὐδ' ἂν τὸ ἐρᾶν ἐπέλθοι οὐδενί.

[112] Οὐκ ἄν μοι δοκῶ τοὺς εὐνούχους ποτὲ ἐς τὰ τῶν σωφρονούντων ἤθη προσγράψαι κατηναγκασμένους τὴν σωφροσύνην καὶ βιαίῳ τέχνῃ ἐς τὸ μὴ ἐρᾶν ἠγμένους. σωφροσύνη γὰρ τὸ ὀρεγόμενόν τε καὶ ὁρμῶντα μὴ ἡττᾶσθαι ἀφροδισίων, ἀλλ' ἀπέχεσθαι καὶ κρείττω φαίνεσθαι τῆς λύττης ταύτης (p. 35,24–29 Kayser). Vgl. Epiktet, *Diss.* II 20,19: οὐ τοίνυν οὐδ' ἄνθρωπον οἷόν τε παντελῶς ἀπολέσαι τὰς κινήσεις τὰς ἀνθρωπικὰς καὶ οἱ ἀποκοπτόμενοι τάς γε προθυμίας τὰς τῶν ἀνδρῶν ἀποκόψασθαι οὐ δύνανται.

[113] III 26,3. Vgl. außerdem *Sent.* 12 des Sextus (p. 12 Chadwick) sowie Augustin, *De virginitate* 24 (CSEL 41, 258–260).

[114] Junod – Kaestli (wie Anm. 4), 522f.

[115] Junod – Kaestli (wie Anm. 4), 522.

[116] SVF I, Nr. 205 (ἔστι δὲ αὐτὸ τὸ πάθος κατὰ Ζήνωνα ἡ ἄλογος καὶ παρὰ φύσιν ψυχῆς κίνησις, ἢ ὁρμὴ πλεονάζουσα, Diogenes Laertius VII 110); Chrysipp: SVF III, Nr. 377 (παρὰ φύσιν οὖν κίνησις ψυχῆς κατὰ τὴν πρὸς τὸν λόγον ἀπείθειαν τὰ πάθη, Clemens von Alexandria, *Strom.* II 59,6) bzw. 476 (διὸ καὶ οὐκ ἀπὸ τρόπου λέγεται ὑπό τινων τὸ τῆς ψυχῆς πάθος εἶναι κίνησις παρὰ φύσιν, ὡς ἐπὶ φόβου ἔχει καὶ ἐπιθυμίας καὶ τῶν ὁμοίων. πᾶσαι γὰρ αἱ τοιαῦται κινήσεις τε καὶ καταστάσεις ἀπειθεῖς τε τῷ

Diese bestehen in φόβος, ἐπιθυμία und dergleichen; in ActJoh 48–54 nehmen Unzucht, Mord und Selbstkastration ihre Stelle ein. Wie sehr der Autor in c. 54 einschlägigen stoischen Anschauungen verpflichtet ist, geht des weiteren daraus hervor, daß seine κίνησις αἰσχρά genauso wie die κίνησις παρὰ φύσιν der Stoa von einem sie regierenden Prinzip abhängt: In dem einen Fall ist die κίνησις Ausfluß der ἔννοια χαλεπαίνουσα, im andern der πρὸς τὸν λόγον ἀπείθεια, des Ungehorsams gegenüber der Vernunft. Was die Aussagen der Johannesakten von den ihnen zugrunde liegenden stoischen Vorstellungen unterscheidet, ist allerdings dies, daß der ActJoh-Verfasser den in der Stoa als selbstverständlich geltenden ethischen Gehalt dieser Vorstellungen[117] stärker sichtbar werden läßt. In den Johannesakten wird die zu meidende κίνησις nicht als naturwidrig (παρὰ φύσιν), sondern als schändlich (αἰσχρά) bezeichnet; sie besteht nicht in Leidenschaften, sondern in Sünden[118], und sie stammt nicht aus dem Ungehorsam gegenüber der Vernunft, sondern aus böser Gesinnung. Solch ethisierende Akzentuierung war der Stoa freilich nicht fremd; bei Diogenes Laertius findet sich als stoische Distinktion der Satz: ὠφελεῖν δέ ἐστι κινεῖν ἢ ἴσχειν κατ' ἀρετήν· βλάπτειν δὲ κινεῖν ἢ ἴσχειν κατὰ κακίαν.[119] Insbesondere ist hier auf Philo zu verweisen; in dem Traktat über die Nüchternheit setzt er das κινεῖσθαι καὶ ἐνεργεῖν κατὰ τὴν κακίαν mit dem ἁμαρτάνειν in eins; ersteres begründe die Strafbarkeit des letzteren.[120] Dem entspricht, wenn in *De Abrahamo* 27 die παρὰ φύσιν κίνησις, der die Bösen (φαῦλοι) anhängen, für ταραχή, θόρυβος, στάσις und πόλεμος verantwortlich gemacht wird.

Der Blick auf Philo kann jedoch noch eine weitere Einsicht vermitteln: die, daß auch der für ActJoh 48–54 so konstitutive Gegensatz ἡσυχάζειν – κίνησις αἰσχρά als solcher[121] nicht erst vom Verfasser der Johannesakten

---

λόγῳ εἰσὶ καὶ ἀπεστραμμέναι, Galen, Vol. 5, p. 385 Kühn). Weiteres Belegmaterial bei E. ZELLER, Die Philosophie der Griechen in ihrer geschichtlichen Entwicklung, Teil III 1,1, Leipzig ⁵1923, 230, Anm. 1.

[117] „Der Mensch kann sich nicht als vernünftig fühlen, ohne sich zugleich sittlich verpflichtet zu fühlen": ZELLER (wie Anm. 116), 227 mit Verweis auf Cicero, *Leg.* I 33. Vgl. noch SVF I, Nr. 566 = Stobaeus, *Ecl.* II (p. 65,7–11 Wachsmuth, s. n. Kleanthes).

[118] Vgl. jedoch ActJoh 23,12–17: Der Christin Kleopatra geziemt es, an der Leiche ihres Mannes eine ἀκίνητον ... ψυχὴν καὶ ἀμετάτρεπτον zu beweisen sowie μὴ ταράσσειν μηδὲ κινεῖν ἐπὶ τῷ γεγονότι.

[119] VII 104 (= SVF III, Nr. 117).

[120] *Sobr.* 50. Vgl. Chrysipps Gleichsetzung von ἁμάρτημα mit ἐνέργημα κατὰ κακίαν (SVF III, Nr. 661 = Stobaeus, *Ecl.* II [p. 106,1f. Wachsmuth]).

[121] Als Gegensatz ἠρεμεῖν (ἡσυχάζειν) – ῥαθυμεῖν bzw. ῥαθυμία – ἡσυχάζειν begegnet er auch in 61,14–16 bzw. 64,7f. Der in 23,13f.15f. geäußerten Mahnung des Apostels, eine ἀκίνητον ψυχὴν καὶ ἀμετάτρεπτον zu beweisen, sowie μὴ ταράσσειν μηδὲ κινεῖν steht in 24,5 positiv die Haltung der so Gemahnten gegenüber: καὶ ἠρέμα τῷ ἀποστόλῳ προσεῖχεν. Vgl. noch oben Anm. 92. – Angesichts der zahlreichen sachlichen und formalen Übereinstimmungen zwischen den Johannesakten und den Andreasakten, die eine literarische

stammt. Er findet sich bereits an beiden der eben genannten Philostellen; dem κινεῖσθαι καὶ ἐνεργεῖν κατὰ τὴν κακίαν bzw. der παρὰ φύσιν κίνησις stehen hier, ganz entsprechend ActJoh 54, der ἠρεμαῖος καὶ ἡσυχάζων βίος bzw. das heilbringende ἡσυχάζειν gegenüber.[122] Besonders eindrucksvoll liest sich diese – letztlich ebenfalls in stoischen Anschauungen wurzelnde[123] – negative Korrelation indes im dritten Buch von Philos allegorischer Gesetzesauslegung.[124] Wie die Flamme in Bewegung (ἐν κινήσει) sei, heißt es da, so bewege sich auch die Leidenschaft flammenartig in der Seele (οὕτως ... τὸ πάθος ἐν τῇ ψυχῇ κινούμενον) und lasse diese nicht zur Ruhe kommen (ἠρεμεῖν αὐτὴν οὐκ ἐᾷ). Ja, manche Leute verspürten überhaupt kein Bedürfnis nach Ruhe (ἠρεμία), sondern nur das nach starker, heftiger Bewegung (συντόνου καὶ σφοδρᾶς κινήσεώς ἐστι χρεία). Die zitierten Sätze könnten statt bei Philo genausogut in den Johannesakten stehen; die von unbeherrschter Sexualität gelenkte Umtriebigkeit sei es des νεανίσκος von c. 48ff., sei es des Kallimachos in c. 63ff. charakterisieren sie jedenfalls aufs beste.

Paganer Geist durchweht die c. 48–54 freilich nicht nur deshalb, weil der Verfasser dieses Abschnitts so offensichtlich aus dem philosophischen Gemeingut seiner Zeit schöpft; paganer Geist durchzieht die Geschichte vom Vatermörder – um bei der eingebürgerten Bezeichnung für die c. 48ff. zu bleiben – auch insofern, als ihr Autor genauso wie in c. 60f. bemerkenswerte Anleihen bei der Literatur seiner paganen Umwelt gemacht hat. In ihrem Kommentar zu ActJoh 48ff. haben Junod und Kaestli bereits eine ganze Reihe von Romanmotiven und -reminiszenzen nachgewiesen[125]; sie finden sich

---

Abhängigkeit der Andreasakten von den Johannesakten nahelegen (s. Junod – Kaestli [wie Anm. 4], 698; J.-M. Prieur, Acta Andreae [CChr.SA 5], Turnhout 1989, 394–400), kann es nicht überraschen, wenn der Gegensatz ἡσυχία – κίνησις auch in den Andreasakten wiederkehrt (vgl. die Belege bei Prieur, 289f.).

[122] Vgl. außerdem noch *Abr.* 20–23 sowie *Som.* II 266 (Gegensatz πάθη – ἡσυχάζειν).

[123] Siehe nur Seneca, *De constantia sapientis* XIII 5: *si semel se demiserit [sapiens] eo ut aut iniuria moveatur aut contumelia, non potuerit umquam esse securus; securitas autem proprium bonum sapientis est.*

[124] *Leg. all.* III 160.

[125] Romanmotive: ActJoh 48/Achilles Tatius VII 12.14 (Doppelmotiv von der den Menschen leitenden *providentia specialissima* und dem sich über solche Führung beklagenden, weil ihn enttäuschenden Menschen); ActJoh 49/Chariton II 6,1f.; III 1,1 und Xenophon von Ephesus II 1 (Motiv der Selbstmordabsicht in scheinbar hoffnungsloser Lage). Die Reminiszenzen finden sich in ActJoh 48,6f. und 51,10f. Die ungewöhnliche Art, in der der Vatermord beschrieben wird, ließe sich gut als Anspielung auf Chariton I 4,12–5,1 verstehen; bei der Formulierung der auf den Vatermörder bezüglichen Wendung ὁρῶν τὸν φονέα ἑαυτοῦ δικαστὴν γενόμενον könnte die Selbstanklage von Kallirhoes ‚Mörder' Chaireas in I 5,4f. Pate gestanden haben. Vgl. Junod – Kaestli (wie Anm. 4), 516–520. Auf weitere mögliche Anklänge an Chariton verweist P. J. Lalleman, Classical Echoes (Callimachus, Chariton) in the Acta Iohannis?, ZPE 116 (1997), 66.

sämtlich in der ersten Hälfte der Vatermördergeschichte, in c. 48–51.[126] Bei der Gestaltung der in Rede stehenden Episode hat der Verfasser jedoch auch im folgenden noch einmal auf ein aus der paganen Literatur bzw. Subliteratur stammendes Element zurückgegriffen: in c. 53, dort also, wo er das ihn, wie aus c. 54 hervorgeht, am intensivsten beschäftigende der verschiedenen Vergehen des νεανίσκος schildert, dessen Selbstentmannung.

Die Erzählung bietet erhebliche Interpretationsschwierigkeiten. Zu Anfang des Kapitels stellt der Verfasser die Selbstkastration des νεανίσκος als die Konsequenz dar, die dieser aus dem ihn von allen Kalamitäten befreienden Handeln des Apostels zieht: θεασάμενος ... τοῦ πατρὸς ἀνάστασιν καὶ τὴν ἑαυτοῦ σωτηρίαν ... τὰ ἑαυτοῦ μόρια ἀφείλατο (53,1–3). Solche Konsequenz als falsch zu entlarven, gibt sich der Autor, wie oben gezeigt, alle Mühe. Eine entsprechende Belehrung erhält der νεανίσκος allerdings nicht schon im Anschluß an seine Untat, sondern erst geraume Zeit später, nachdem er noch einiges äußerst merkwürdig Anmutende unternommen hat. Bevor er sich nämlich zum Apostel aufmacht, um ihm von seiner dem rettenden Eingreifen des Apostels korrespondierenden Tat zu berichten (54,1f.) und die erwähnte Belehrung in Empfang zu nehmen (54,2ff.), läßt ihn der Autor erst noch in das Haus der μοιχαλίς eilen; dort muß er ihr auf drastische Weise – εἰς ὄψιν – die soeben abgetrennten μόρια präsentieren, die Frau der Schuld an all seiner zuvor ausgestandenen Gefährdung zeihen und sich schließlich damit brüsten, daß er die erbarmende Macht Gottes kennengelernt habe. All dies spielt in der nachfolgenden Belehrung durch den Apostel keinerlei Rolle; dessen Mahnrede beschäftigt sich einzig mit dem Faktum der Selbstkastration des νεανίσκος und mit nichts sonst. Hätte der Autor den jungen Mann sogleich nach dem Akt der Selbstverstümmelung zum Apostel ziehen lassen, so würde der Geschichte vom Vatermörder nichts fehlen, sie würde sogar erheblich schlüssiger wirken.[127]

Was hat den Verfasser dazu veranlaßt, die Stringenz seiner Erzählung durch die Einfügung des Intermezzos c. 53,3–7 derart zu stören? Zunächst

---

[126] Benutzung einer christlichen Legende, wie von C. L. STURHAHN, Die Christologie der ältesten apokryphen Apostelgeschichten, Diss. theol. Heidelberg 1951, 16, vorgeschlagen, ist wenig wahrscheinlich, s. JUNOD – KAESTLI (wie Anm. 4), 514–516. Allerdings enthält die Erzählung in c. 49 zwei Ungereimtheiten, die auf ungeschickte redaktionelle Tätigkeit schließen lassen könnten. Als Ziel des davonstürmenden νεανίσκος liest man in 49,3: εἰς τὴν ἑαυτοῦ ἔπαυλιν, in 49,12 jedoch: πρὸς τὴν γυναῖκα, die, wie 53,3f. zeigt, ihre eigene οἰκία bewohnt. Die in 49,14f. gegebene Begründung für die Absicht des νεανίσκος, auch den Mann der Ehebrecherin zu töten, „weil ich es nicht ertrage, den Blicken des Mannes dieser Frau ausgesetzt zu sein, wenn ich die Todesstrafe erleide", widerspricht den zuvor (49,7–9.14) geäußerten Selbstmordplänen des jungen Mannes.

[127] Man mache einmal die Probe und lasse auf 53,3 τὰ ἑαυτοῦ μόρια ἀφείλατο nicht καὶ δραμὼν εἰς τὴν οἰκίαν ἐν ᾗ τὴν μοιχαλίδα εἶχεν κτλ. folgen, sondern gleich den Satz καὶ ἀνελθὼν ἀνήγγειλε τῷ Ἰωάννῃ κτλ. (54,1f.) anschließen!

möchte man daran denken, daß er im Sinne gehabt haben könnte, seinen νεανίσκος das Treiben der sogenannten *galli* nachahmen zu lassen, die, zum Kultpersonal der *Dea Syria* und genauso des Attis- und Kybelekultes gehörend, sich zu Beginn ihrer Laufbahn auf ähnlich spektakuläre Weise zu entmannen pflegten, wie der νεανίσκος der Johannesakten das tut.[128] Lukians anschauliche Schilderung des entsprechenden Vorgangs bietet mancherlei Parallelen zu ActJoh 53,3–7: den plötzlichen Entschluß zur Tat, den an die Selbstkastration anschließenden Lauf des entmannten νεηνίης durch die Stadt sowie die Plazierung seiner abgeschnittenen Testikel in eine – freilich beliebige – οἰκίη.[129] Was in Lukians Bericht allerdings gänzlich fehlt, ist etwas, was dem Motiv der μοιχαλίς entsprechen würde, und vor allem: So deutlich sich der Autor der Johannesakten in c. 53f. gegen die Kastration als ein zum Erwerb des Heils untaugliches Mittel wendet, so wenig ist davon zu spüren, daß er sich damit zugleich gegen ein konkurrierendes religiöses Angebot wie das der *Dea Syria* oder des Attis hätte richten wollen.

Eine Antwort auf die eben gestellte Frage läßt sich nur finden, wenn man erkennt, daß das Tun des νεανίσκος weder am Tun der *galli* orientiert noch auch der Phantasie des Autors entsprungen ist[130], sondern vielmehr, wie oben bereits angedeutet, ganz der Handlung eines bestimmten literarischen Vorbilds entspricht.

Vorbild ist nun allerdings nicht, wie in c. 48,6f. und 51,10f., der Roman[131], sondern eine bereits von Äsop[132] und Phaedrus[133] erzählte Fabel, die sich im 2. Jahrhundert n. Chr. besonderer Beliebtheit erfreut zu haben scheint; man begegnet ihr jedenfalls nicht nur in Aelians sechstem Buch *De natura animalium*[134] (wo sie wegen ihrer paradoxographischen Züge am ehesten hingehört), sondern auch in Juvenals Satiren[135], im Eselsroman des Apuleius[136] und sogar

---

[128] Zum Phänomen der *galli* erschöpfend: G. M. SANDERS, Art. Gallos, RAC 8 (1972), 984–1034.

[129] *De Syria dea* 49–51, vgl. 27.

[130] E. HENNECKE verweist auf die „überaus häßliche Phantasie" des Autors (Handbuch [wie Anm. 31], 509); JUNOD und KAESTLI unterstellen ihm die Absicht, in c. 53,3–7 eine Art Psychogramm des jungen Mannes zeichnen zu wollen, der von einem «sentiment hostile et vengeur à l'égard de celle qu'il accuse d'être la cause de son geste meurtrier» erfüllt sei [wie Anm. 4], 515). Solche Stimmung paßt indes nur zu dem racheschnaubenden νεανίσκος von c. 49,12–15, nicht jedoch zu dem frischgebackenen Eunuchen von c. 53, dessen Handeln im Vergleich mit den zuvor geschmiedeten Mordplänen geradezu zahm wirkt.

[131] Vgl. oben Anm. 125.

[132] Nr. 120 III, p. 147f. Hausrath.

[133] Babrius and Phaedrus, ed. B. E. Perry, Cambridge (MA)/London 1965, p. 412 (= Nr. 30 in Perottis Appendix); vgl. auch Cicero, *Scaur.* Frgm. (p.) Clark; Plinius d. Ä., *Hist. nat.* VIII 109; Galen, Vol. 14, p. 41 Kühn, und – eine Anspielung? – Seneca, *Epist.* 14,9. Siehe außerdem Tertullian, *Marc.* I 1,5.

[134] c. 34 (p. 153,29–154,14 Hercher).

[135] XII 34–36.

in der ethischen Elementarlehre des Stoikers Hierokles[137]. Das Interesse der Fabel gilt dem seltsamen Verhalten, das der Biber (κάστωρ) im Falle höchster Gefahr an den Tag legt. Das Tier, so erzählt sie, wisse genau, weshalb man es als Jagdbeute begehre: einzig wegen seiner – als Arznei geschätzten – Geschlechtsteile. Deshalb pflege es sich, wenn ein anderer Ausweg nicht mehr bleibe, mit Hilfe seiner Zähne selbst zu kastrieren und dem Jäger die begehrten Testikel hinzuwerfen. So rette es sich – wie ein ἀνὴρ φρόνιμος, der, wenn er unter die Räuber falle, seine ganze Habe als Lösegeld zu opfern bereit sei.[138]

Interpretiert man ActJoh 53,2–7 im Licht dieser Fabel, wird das zunächst so absonderlich anmutende Tun des νεανίσκος in c. 53,3ff. um vieles verständlicher. Er handelt im Anschluß an seine Selbstentmannung deshalb so, wie er handelt, weil er nach dem Willen des Verfassers in c. 53 möglichst überhaupt nichts anderes tun soll, als sich wie der Biber in jener Fabel zu betragen. Dieser kastriert sich, jener ebenso; δακὼν ἀπέκοψε τοὺς ἑαυτοῦ ὄρχεις, heißt es bei Aelian[139], λαβὼν τὸ δρέπανον τὰ ἑαυτοῦ μόρια ἀφείλατο in ActJoh 53,2f. Der Biber ist nach solchem Gewaltstreich noch keineswegs außer Gefahr; er ist das erst dann, wenn seine Verfolger, die Jäger, auch tatsächlich in den Besitz dessen gelangen, wonach sie streben. Darum wirft ihnen das Tier, was sie begehren, ostentativ hin: [τοὺς ἑαυτοῦ ὄρχεις] προσέρριψεν αὐτοῖς [sc. τοῖς θηραταῖς].[140] Und eben dies muß nun auch der νεανίσκος tun: [τὰ ἑαυτοῦ μόρια] εἰς ὄψιν αὐτῆς [sc. τῆς μοιχαλίδος] προσέρριψεν (53,3f.).[141] Daß es gerade die μοιχαλίς ist, der der junge Mann seine μόρια entgegenschleudert, erklärt sich ebenfalls aus der Absicht des Verfassers, das Geschehen der Biberfabel zu imitieren. Denn um den νεανίσκος dem Biber gleich handeln lassen zu können, muß ihn der Autor einer Person gegenüberstellen, die ihn gefährdet wie den Biber die Jäger. Für diese Rolle kam in ActJoh 53 einzig die bereits in c. 50,5 als ἐπισφαλής σοι γενομένη γυνή bezeichnete μοιχαλίς in Frage. Ihretwegen, läßt der Verfas-

---

[136] *Met.* I 9,1.

[137] PBerol 9780, col. 3,9–19 (ed. H. von Arnim [Berliner Klassikertexte 4], Berlin 1906, p. 14–17).

[138] Aelian, *Nat. an.* VI 34 (p. 153,32–154,5 Hercher); vgl. Äsop, p. 148,7–9 Hausrath; Phaedrus, p. 412,10–12 Perry.

[139] p. 154,2f. Hercher.

[140] Ebd.; vgl. Äsop, p. 148,4–6 Hausrath: ἀποτεμὼν τὰ ἑαυτοῦ αἰδοῖα ῥίπτει πρὸς τοὺς διώκοντας καὶ οὕτω σωτηρίας τυγχάνει; Hierokles, PBerol 9780, col. 3,17–19: τοῖς ὀδοῦσι τοῖς αὐτὸς αὐτοῦ τοὺς ὄρχεις σχίσας ῥίπτει· καὶ τοῦτο γίνεται τοῖς μὲν διώκουσι πέρας τῆς θήρας, ἐκείνῳ δὲ αἴτιον σωτηρίας.

[141] Unter den verschiedenen Fassungen der Biberfabel ist es diejenige Aelians, die die größte Ähnlichkeit mit ActJoh 53 aufweist. Alle Varianten der Fabel berichten davon, daß der Biber weiß, weshalb man ihn verfolgt. Doch nur bei Aelian und in den Johannesakten werden die Testikel als αἰτία der Verfolgung bezeichnet. Vgl. Aelian, p. 153,32 Hercher: ἐπίσταται τὴν αἰτίαν mit ActJoh 53,6 ἔχεις τὰ … αἴτια.

ser den νεανίσκος in c. 53,5 klagen, sei zuletzt auch er in höchste Gefahr geraten, διὰ σὲ ... φονεὺς ... καὶ ἐμαυτοῦ ἐγενόμην. So kann die μοιχαλίς als durchaus passende Empfängerin der Testikel des jungen Mannes fungieren. Das Modell, nach dem der Verfasser in c. 53,3–7 gestaltet, lehrt auch zu verstehen, weshalb die Präsentation der Ergebnisse der Selbstkastration so drastisch, nämlich εἰς ὄψιν erfolgen muß, εἰς ὄψιν jedoch nicht mit „ins Gesicht" bzw. «à la face» übersetzt werden darf[142], sondern einzig mit „vor Augen" bzw. «à sa vue».[143] Denn darauf kommt es an: daß den Jägern des Bibers – und an ihrer Stelle steht in ActJoh 53 die μοιχαλίς – die Objekte ihrer Jagdlust nach deren Abtrennung sichtbar dargeboten werden, damit sie auch tatsächlich von der Jagd ablassen.[144] Die bewußten Körperteile sollen den Verfolgern des Bibers und dementsprechend auch der μοιχαλίς nicht ins, sondern zu Gesicht gelangen. Das zu erreichen hat der Biber keinerlei Mühe – sind ihm die Verfolger doch dicht auf den Fersen. Hingegen befindet sich die μοιχαλίς, als sich der νεανίσκος entmannt, nicht zur Stelle. So ist der Verfasser der Johannesakten gezwungen, den jungen Mann, will er ihn seine μόρια nach Art des Bibers präsentieren lassen, im Anschluß an die Selbstkastration erst noch in die Nähe der ihn gefährdenden Person zu befördern. Deshalb läßt er ihn in das Haus der μοιχαλίς eilen – aus dramaturgischen Gründen und nicht, damit seine κίνησις αἰσχρά auch als «agitation extérieure» sichtbar werde.[145]

Der zwischen Selbstkastration und Präsentation der μόρια eingeschobene Lauf des jungen Mannes zu der μοιχαλίς zeigt, wie schwer das in der Biberfabel geschilderte Geschehen mit der Erzählung des ActJoh-Verfassers in Einklang zu bringen war. Im Grunde passen beide überhaupt nicht zueinander. Am deutlichsten geht das aus dem Umstand hervor, daß der νεανίσκος der Johannesakten zwar wie der Biber handelt, mit solchem Tun aber das Ziel, das das Tier nach übereinstimmendem Zeugnis aller Fabelvarianten mit seinem Handeln verfolgt, nämlich, sich zu retten, nicht verbinden kann bzw. darf – ist er doch durch das in c. 49ff. geschilderte Eingreifen des Apostels längst schon der σωτηρία teilhaftig und somit aller Gefährdung ledig geworden.[146]

---

[142] So aber SCHÄFERDIEK, in: NTApo³ II, 163, und B. LOHSE, Askese und Mönchtum in der Antike und in der alten Kirche (RKAM 1), München/Wien 1969, 151, bzw. JUNOD – KAESTLI (wie Anm. 4), 236.

[143] So SCHÄFERDIEK, in: NTApo⁵ II, 176, bzw. A.-J. FESTUGIÈRE, Les Actes apocryphes de Jean et de Thomas (COr 6), Genève 1983, 19. Vgl. Euripides, Frgm. 1132,24 Nauck² (p. 715): εἰς ἀνδρὸς ὄψιν μολεῖν, und Thukydides VI 49,2: πρὶν ἐς ὄψιν ἐλθεῖν. Siehe noch M. R. JAMES, The Apocryphal New Testament, Oxford 1924, 240: "and reproached her".

[144] Entsprechendes gilt für den Fall, daß der Biber keine Testikel mehr besitzt; auch ihr Fehlen muß demonstriert werden, vgl. Aelian, p. 154,7f. Hercher.

[145] Gegen JUNOD – KAESTLI (wie Anm. 4), 515.

[146] Aus diesem Grund entfällt für den ActJoh-Verfasser auch jede Möglichkeit, die Fabelmoral zu übernehmen. Statt mit dem Appell, in höchster Gefahr um der Rettung willen

Der junge Mann handelt ohne Motiv, sein Tun ist ohne Sinn und stellt im jetzigen Kontext ein ganz und gar überschüssiges Element dar. Weshalb hat sich der Verfasser, so ist erneut zu fragen, derart krampfhaft darum bemüht, den Fremdkörper Biberfabel in die Erzählung vom Vatermörder zu integrieren?

Um diese Frage beantworten zu können, muß man sich vergegenwärtigen, daß das Problem, zu dem der Verfasser der Johannesakten in c. 53f. Stellung nimmt, durchaus kein nur ihn bewegendes war, sondern vielmehr eines, das zu diskutieren die Alte Kirche – nach Ausweis der Quellen anscheinend vor allem im Osten – immer wieder Anlaß hatte.[147] In der zweiten Hälfte des zweiten sowie zu Anfang des dritten Jahrhunderts – in eben dem Zeitraum also, in dem die Johannesakten verfaßt worden sind[148] – hat die Praxis der um der ἐγκράτεια willen geübten Selbstkastration nun offenbar insbesondere in Alexandria die Gemüter der Christen bewegt; jedenfalls sind die aus Alexandria stammenden oder auf diese Stadt bezüglichen einschlägigen Zeugnisse unverhältnismäßig zahlreich.

Am Anfang steht eine Passage aus der im sechsten Jahrzehnt des 2. Jahrhunderts verfaßten ersten Apologie Justins[149]; sie handelt von der vorbildlichen ἐγκράτεια der Christen und verweist als besonders markantes Beispiel für solche Tugendübung auf einen alexandrinischen νεανίσκος, dessen Verlangen, τοὺς διδύμους αὐτοῦ ἀφελεῖν, einzig am Veto des Statthalters gescheitert sei.[150] Was ihm, der Justin zufolge auch Gesinnungsgenossen (ὁμογνώμονες) besaß, nicht gelang, gelang nach dem Zeugnis Eusebs[151] etwa ein

---

selbst größte Opfer auf sich zu nehmen, kann der Autor das Intermezzo c. 53,3–7 nur mit einem auf das Eingreifen des Apostels (!) zurückweisenden Hinweis auf das erbarmende Handeln Gottes (!) endigen lassen. – Aus dem gleichen Grund darf auch die von der μοιχαλίς ausgehende Gefährdung keine akute mehr sein, sondern muß als eine ehedem stattgehabte geschildert werden (vgl. 53,5).

[147] Vgl. D. F. CANER, The Practice and Prohibition of Self-Castration in Early Christianity, VigChr 51 (1997), 396–415.

[148] JUNOD – KAESTLI plädieren für die zweite Hälfte des zweiten Jahrhunderts (wie Anm. 4, 694f., und wie Anm. 89 [Le dossier], 4354). A. F. J. KLIJN datiert „omstreeks 200" (Apokriefen van het Nieuwe Testament, T. 2, Kampen 1985, 14), SCHÄFERDIEK votiert für das frühe dritte Jahrhundert (Art. Johannes-Akten, RAC 18 [1998], 564–595: 580f.) bzw. dessen erste Hälfte (NTApo⁵ II, 155), und P. J. LALLEMAN schlägt „a date in the second quarter of the second century for the redaction of the final text" vor (The Acts of John. A Two-Stage Initiation into Johannine Gnosticism [Studies on the Apocryphal Acts of the Apostles, Vol. 4], Leuven 1998, 270). Letzteres ist entschieden zu früh.

[149] Vgl. U. NEYMEYR, Die christlichen Lehrer im zweiten Jahrhundert. Ihre Lehrtätigkeit, ihr Selbstverständnis und ihre Geschichte (VigChr.S 4), Leiden usw. 1989, 20; C. MUNIER, L'apologie de Saint Justin philosophe et martyr (Par. 38), Fribourg 1994, 20 (« certainement composée entre 147 et 160 »). Voraus liegt freilich Philo, *Det.* 176: ἐξευνουχισθῆναί γε μὴν ἄμεινον ἢ πρὸς συνουσίας ἐκνόμους λυττᾶν, eine Passage, auf die später Origenes in seinem Matthäuskommentar zu Mt 19,12 zurückkommen wird (XV 3 [GCS 40, p. 354f.]).

[150] *Apol.* 29.

[151] *Hist. eccl.* VI 8,1–3; vgl. noch Epiphanius, *Haer.* 64, 3,11–13.

halbes Jahrhundert später dem jungen Origenes. Für ihn, so schreibt Euseb, sei das wörtliche Verständnis von Mt 19,12 der Anlaß gewesen, sich zu entmannen[152] und auf diese Weise ein trotz aller Unreife großartiges δεῖγμα des Glaubens und der Enthaltsamkeit (σωφροσύνη) zu bieten, ein δεῖγμα, das zunächst auch des damaligen alexandrinischen Bischofs und nachmaligen Origenesgegners Demetrius uneingeschränkte Bewunderung gefunden habe, bald darauf aber von demselben Demetrius in einem an die Bischöfe der ganzen Welt (τοῖς ἀνὰ τὴν οἰκουμένην ἐπισκόποις) gerichteten Schreiben als äußerst töricht verurteilt worden sei.[153] Gegen Ende seines Lebens sollte sich Origenes dann freilich auch selbst von einem auf das wörtliche Verständnis der Matthäusstelle gegründeten Tun distanzieren; in seinem Matthäuskommentar plädierte er nunmehr für eine geistliche, also nichtwörtliche, Interpretation der Stelle.[154] Aufschlußreich ist, was Origenes nach eigener Auskunft dazu bewog, sich der Widerlegung des falschen Verständnisses von Mt 19,12 besonders eingehend zu widmen: die Sorge, das buchstäbliche Verständnis der Stelle könne viele zu entsprechendem Tun verleiten.[155] Mit der geistlichen Auslegung von Mt 19,12 fand Origenes zu einer Interpretation zurück, die Clemens, sein Vorgänger in der Leitung der alexandrinischen ‚Katechetenschule‘, schon stets propagiert hatte. Er bezog die εὐνουχίσαντες ἑαυτοὺς διὰ τὴν βασιλείαν τῶν οὐρανῶν des Evangeliums auf alle diejenigen, die sich um des Himmelreichs willen von jeder Sünde (ἀπὸ πάσης ἁμαρτίας) getrennt bzw. von jedweder Begierde (πάσης ἐπιθυμίας) abgeschnitten hatten.[156] Ein Votum für die Praxis der Selbstkastration enthält hingegen jene – paganes, insbesondere neupythagoreisches Gut verchristlichende – Sammlung ethischer Maximen, die als „eines der Hauptdokumente des orthodoxen Enkratitentums" zwischen 180 und 200 in Alexandria entstanden sein dürfte[157]

---

[152] Sollte es sich hierbei nur um „bösartiges Gerede" handeln, „das von den Feinden des Origenes, deren es viele gab, verbreitet wurde" (erwogen von H. CHADWICK, Die Kirche in der antiken Welt, Berlin/New York 1972, 123), so wäre es immer noch bezeichnend, daß man dem Alexandriner Origenes gerade eine solche Verfehlung unterstellte und dafür auch Glauben fand. Zur Sache z. B. auch H. CROUZEL, Origène, Paris/Namur 1985, 27f.

[153] *Hist. eccl.* VI 8,4.

[154] *Comm. in Mt.* XV 3 (GCS 40, p. 354–357). Zur Auslegung von Mt 19,12 in der Alten Kirche: W. BAUER, Matth. 19,12 und die alten Christen, in: Neutestamentliche Studien. G. Heinrici zu seinem 70. Geburtstag (UNT 6), Leipzig 1914, 235–244 (wiederabgedruckt in: W. BAUER, Aufsätze und kleine Schriften, Tübingen 1967, 253–262); A. SAND, Reich Gottes und Eheverzicht im Evangelium nach Matthäus (SBS 109), Stuttgart 1983, 23–28.

[155] GCS 40, p. 354,8–17.

[156] *Strom.* III 99,4 bzw. 59,4. Vgl. die ähnlich moderate Auslegung des im 2. Drittel des 2. Jahrhunderts gleichfalls in Alexandria lehrenden (E. MÜHLENBERG, Art. Basilides, TRE 5 [1980], 296–301: 296) Gnostikers Basilides (Clemens, *Strom.* III 1–3).

[157] Vgl. J. KROLL, Die Sprüche des Sextus, in: NTApo² (1924), 625–643: 629; H. CHADWICK, The Sentences of Sextus, Cambridge 1959, 159f.; P.-H. POIRIER, Les sentences de Sextus (NH XII,1), in: Bibliothèque copte de Nag Hammadi. Section textes 11, Québec

und unter dem Namen Σέξτου γνῶμαι alsbald zu allgemeiner Wertschätzung gelangte.[158] Dort heißt es in der 273. Sentenz: „Man kann Menschen sehen, die um der Gesundheit des übrigen Körpers willen sich Glieder abhauen und wegwerfen. Um wieviel besser (geschähe das) um des σωφρονεῖν willen." Bereits Origenes hat diese Gnome ebenso wie die dreizehnte – „Jedes Glied des Körpers, das dich dazu verleitet, μὴ σωφρονεῖν, wirf fort. Denn es ist besser, ohne das Glied σωφρόνως zu leben als mit dem Glied verderblich" – als Aufforderung zur Selbstentmannung um der ἐγκράτεια willen verstanden[159], und der kompetenteste moderne Kenner der Sextussprüche ist ihm hierin zu Recht gefolgt.[160]

Dem Milieu des alexandrinischen Enkratismus jener Zeit entstammt nun noch ein weiteres Werk: das von einem anonym gebliebenen Autor in der zweiten Hälfte des zweiten Jahrhunderts, spätestens aber um die Jahrhundertwende verfaßte Volksbuch, das dann als der *Physiologus* bekannt werden sollte.[161] In unserem Zusammenhang ist das 23. Kapitel des aus einer nicht mehr identifizierbaren paganen Quelle schöpfenden Buches von Interesse[162]; es beweist, daß der Verfasser der Johannesakten nicht der einzige Christ gewesen ist, der sich in jenem Zeitraum mit der Biberfabel beschäftigt hat. Diese erscheint hier in vollem Wortlaut, und zwar in einer Fassung, die sachlich der Variante Aelians am nächsten kommt.[163] Die Deutung der Fabel durch den *Physiologus* erfolgt in Form einer Anrede an den πολιτευτής, den christli-

---

1983, 1–94: 19. Zitat: H. Chadwick, Art. Enkrateia, RAC 5 (1962), 343–365: 356. Siehe noch R. A. Edwards – R. A. Wild, The Sentences of Sextus, Chico (CA) 1981, 1: "probably compiled in Egypt in the second century CE".

[158] Im Matthäuskommentar spricht Origenes von den Sentenzen als „einem Buch, das von vielen geschätzt" werde (βιβλίῳ φερομένῳ παρὰ πολλοῖς ὡς δοκίμῳ, XV 3 [GCS 40, p. 354,17–19]), und in *Cels.* VIII 30 davon, daß es οἱ πολλοὶ τῶν Χριστιανῶν seien, die die Sextussprüche läsen (GCS 3, p. 245,10–13).

[159] *Comm. in Mt.* XV 3 (GCS 40, p. 354).

[160] Chadwick, Sentences (wie Anm. 157), 99f.; ebenso Kroll (wie Anm. 157). Zurückhaltender G. Delling, Zur Hellenisierung des Christentums in den ‚Sprüchen des Sextus', in: Studien zum Neuen Testament und zur Patristik. E. Klostermann zum 90. Geburtstag dargebracht (TU 77), Berlin 1961, 208–241: 220f.

[161] Zu Entstehungsort und -zeit des *Physiologus* s. B. E. Perry, Art. Physiologus, PRE 20 (1950), 1074–1129: 1100–1105; O. Seel, Der Physiologus, Zürich/Stuttgart ²1967, 55. 58; O. Hiltbrunner, Art. Physiologus, KP 4 (1972), 840f.; U. Treu, Physiologus. Frühchristliche Tiersymbolik, Berlin 1981, 113–115; K. Alpers, Untersuchungen zum griechischen Physiologus und den Kyraniden, Vestigia Bibliae 6 (1984), 13–87: 14; ders. Art. Physiologus, TRE 26 (1996), 596–602: 598. Zum Verhältnis von Enkratismus und *Physiologus* s. E. Peterson, Die Spiritualität des griechischen Physiologos, in: ders., Frühkirche, Judentum und Gnosis, Rom/Freiburg i. Br./Wien 1959, 236–253.

[162] Physiologus, ed. F. Sbordone, Mailand usw. 1936 (Repr. Hildesheim usw. 1991), p. 82–85. Zur Quellenfrage: Perry (wie Anm. 161), 1105–1111.

[163] Wie sonst nur noch bei Aelian wird im Physiologus auch berichtet, was der Biber tut, wenn er nach der Selbstkastration erneut einem Jäger begegnet.

chen Asketen.[164] Er wird aufgefordert, dem Jäger das diesem Gebührende zu geben: ἀπόδος τὰ τοῦ κυνηγοῦ αὐτῷ. Es folgt die Identifizierung des Jägers mit dem Teufel – ὁ κυνηγός ἐστιν ὁ διάβολος – und daran anschließend die Definition dessen, was des Teufels ist: πορνεία, μοιχεία, φόνος. Derlei sei auszureißen (ἔκκοψον τὰ τοιαῦτα) und dem Teufel zu übergeben (δὸς τῷ διαβόλῳ); dann werde der teuflische Jäger (ὁ θηρευτὴς διάβολος) von einem ablassen.

Gewiß dient die Fabel im *Physiologus* nicht dazu, für die Praxis der Selbstentmannung zu werben; nicht die ἀναγκαῖα, von denen im Fabelreferat des *Physiologus* die Rede ist, sollen entfernt und dem Teufel übergeben werden, sondern die aus der Konkupiszenz erwachsenden Sünden πορνεία, μοιχεία und φόνος. Der *Physiologus* interpretiert die Fabel also in der gleichen spiritualisierenden Weise wie Clemens den Eunuchenspruch Mt 19,12; dem εὐνουχίζειν ἑαυτὸν πάσης ἐπιθυμίας bzw. ἀπὸ πάσης ἁμαρτίας des Clemens[165] entspricht hier das ἐκκόπτειν τὰ τοιαῦτα – d. h. das Abschneiden der im Vordersatz genannten Sünden Unzucht, Ehebruch und Mord. Derart spiritualisiert, gilt das Tun des Bibers dem Verfasser des *Physiologus* jedoch als durchaus vorbildlich. Einen Protest gegen die Handlungsweise des Tieres enthält das Buch nicht; ja, man kann sich des Eindrucks nicht ganz erwehren, daß der Verfasser, der stets „vorsichtig formuliert" und „gewisse Gedanken ... nur angedeutet" hat[166], sich gegen eine Interpretation der Fabel oder seiner Auslegung im Sinne einer Empfehlung der Selbstentmannung nicht allzu heftig gesträubt haben würde. Diesen Eindruck hat offenbar auch ein Teil der Textüberlieferung des *Physiologus* schon gehabt. Von der Kastration (freilich nicht der Selbstentmannung) ist bereits in c. 9 die Rede; der Wildesel, heißt es da, pflege seine männlichen Nachkommen gleich nach ihrer Geburt zu kastrieren, was dann als Bild für die christliche ἐγκράτεια ausgedeutet wird.[167] Spätere Textzeugen glaubten hier für Klarheit sorgen zu müssen; sie fügen an: εὐνουχισμὸς γὰρ ἐκεῖνός ἐστιν ἐπαινετός, ἡ ἑκούσιος ἐγκράτεια καὶ σωφροσύνη, τὸ δὲ τέμνειν τὰ μέλη καὶ κολάσεως ἄξιον.[168]

Die Biberfabel war dem enkratitischen Milieu Alexandrias also wohlbekannt, und dafür, daß sie noch bekannter wurde, dürfte ihr Vorkommen im *Physiologus* gesorgt haben; handelte es sich bei diesem doch um ein Werk mit praktischem Zweck; es sollte „als Lehrbuch in den Schulen oder" – mir wahrscheinlicher – „als Erbauungs- und Belehrungsschrift für das Volk ... die-

---

[164] Dazu PETERSON (wie Anm. 161), 240f.

[165] *Strom.* III 59,4 bzw. 99,4.

[166] PETERSON (wie Anm. 161), 249.

[167] Vgl. PETERSON (wie Anm. 161), 236.

[168] Siehe die Hss. Oxoniensis Barocc. gr. 95 und Vindobonensis Theol. gr. 128 Nessel (vgl. Sbordone [wie Anm. 162], p. 32 Apparat).

nen"[169] und hat überraschend schnell weite Verbreitung gefunden. Nicht nur Clemens und Origenes kannten es, sondern wahrscheinlich auch Tertullian und sicherlich Hippolyt von Rom.[170]

Vor dem Hintergrund der zur Abfassungszeit der Johannesakten in Alexandria geführten, aber, wie aus Justins in Rom geschriebener[171] Apologie hervorgeht, durchaus auch außerhalb Ägyptens wahrgenommenen Diskussion über das Phänomen der Selbstkastration[172] und angesichts der Bekanntheit der Biberfabel im enkratitischen Milieu wird nun auch deutlich, was den Verfasser der Akten dazu veranlaßt haben dürfte, die Biberfabel – wie wir oben sahen: mehr schlecht als recht – in den Kontext der Erzählung vom Vatermörder zu integrieren.[173] Offenbar mißfiel ihm, einem dezidierten Gegner der Selbstentmannung, die positive Wertung, die der Fabel in bestimmten, vom Enkratismus beeinflußten Zirkeln zuteil wurde, Zirkeln, denen er selbst, obgleich ein Enkratit allenfalls der milden Observanz[174], nicht allzu fern gestanden haben wird. Seine Polemik gegen die Fabel ist freilich keine direkte, doch ist sie deswegen alles andere als undeutlich. Expressis verbis bezieht der Autor nur

---

[169] PERRY (wie Anm. 161), 1097 mit Verweis auf M. GOLDSTAUB, Der „Physiologus" und seine Weiterbildung, Ph.S 8 (1899/1900), 337–404: 346.

[170] Zur Physiologuskenntnis des Clemens s. R. RIEDINGER, Der Physiologus und Klemens von Alexandreia, ByZ 66 (1973), 273–307. Die Biberfabel selbst begegnet bei Clemens allerdings nicht, ebensowenig bei Origenes, obwohl dieser den Physiologus kennt, vgl. R. RIEDINGER, Seid klug wie die Schlange und einfältig wie die Taube. Der Umkreis des Physiologus, Byzantina 7 (1975), 11–32: 25. Zu Tertullian s. F. LAUCHERT, Geschichte des Physiologus, Straßburg 1889 (Repr. Genf 1974), 75; zu Hippolyt ALPERS, TRE (wie Anm. 161), 598.

[171] O. SKARSAUNE, Art. Justin der Märtyrer, TRE 17 (1988), 471–478: 472; S. HEID, Art. Iustinus Martyr I, RAC 19 (2001), 801–847: 803; NEYMEYR (wie Anm. 149), 20.

[172] Sollte Eusebs Bemerkung, Melito von Sardes sei Eunuch gewesen (*Hist. eccl.* V 24,5; Rufins Übersetzung z. St. verdeutlicht: *propter regnum dei*), als Hinweis auf eine Selbstentmannung Melitos zu verstehen sein (das erwägen LOHSE [wie Anm. 142], 152, und LALLEMAN [wie Anm. 148], 223f.), gäbe es auch ein zeitgenössisches kleinasiatisches Beispiel für die Praxis der Selbstkastration. Doch ist hier nichts beweisbar.

[173] Die Schwierigkeiten, die der Verfasser der Johannesakten in c. 53 damit hatte, das Geschehen der Biberfabel auf das Tun seines νεανίσκος zu übertragen (vgl. oben S. 199f.), nimmt LALLEMAN (wie Anm. 148), 232f., zum Anlaß, die oben vorgelegte Interpretation von ActJoh 53 abzulehnen, ohne indes selbst eine stringentere Erklärung für das in diesem Kapitel geschilderte kuriose Geschehen zu geben. Der eigentliche Grund für LALLEMANS Mißfallen an meiner Interpretation von ActJoh 53 ist denn auch ein anderer, nämlich seine Annahme, die Johannesakten seien in Kleinasien verfaßt worden und nicht, wie seinerzeit von mir (Apocrypha 3 [1992], 102) im Anschluß an JUNOD und KAESTLI (wie Anm. 4, 689–694) angenommen, in Alexandria, dem Abfassungsort des mit der Biberfabel wohlbekannten *Physiologus*, vgl. LALLEMAN (wie Anm. 148), 259f.261–266.

[174] Vgl. nur Y. TISSOT, Encratisme et Actes apocryphes, in: Bovon (wie Anm. 86), 109–119: 117.

gegen die Praxis der Selbstentmannung als solche Stellung[175]; das einschlägige Verdikt findet sich in c. 54 und hat die Form einer theoretisch argumentierenden Mahnrede des Apostels. Diese bezieht sich jedoch auf einen konkreten Fall: auf die zuvor in c. 53 geschilderte Selbstkastration jenes νεανίσκος, der von Beginn bis ganz ans Ende der Vatermörderepisode die Rolle des immer wieder von neuem sündigenden schwarzen Schafs spielt. Dadurch, daß der Autor das Selbstkastrationshandeln des unseligen Jünglings nun so weit wie nur irgend möglich dem einschlägigen Tun des Bibers gleichen ließ, konnte er mit der durch den Mund des Apostels ausgesprochenen Verdammung der Selbstkastrationspraxis als solcher zugleich auch alle jene treffen, die die Biberfabel als Argument zugunsten der kritisierten Praxis ins Feld geführt haben mögen, und die Fabel auf diese Weise – durch ein Wort des Apostels! – diskreditieren. Der Biber war in den Augen des Verfassers eben durchaus nicht das, als was ihn der *Physiologus* gleich zu Anfang seiner Wiedergabe der Fabel belobigt: ein ζῷον ... ἥπιον πάνυ καὶ ἡσύχιον. Bezeichnenderweise wird dem das Tun des Bibers kopierenden νεανίσκος in den Johannesakten das lobende Prädikat ἡσυχάζων deshalb auch erst dann zuteil, nachdem er, vom Apostel belehrt, eingesehen hat, daß sich wie der Biber zu betragen den Einflüsterungen des Teufels zu erliegen hieß (vgl. 54,2–5.12–14). Ob der Autor der Johannesakten den *Physiologus* gekannt hat, wissen wir nicht.[176] Daran, daß er über die Argumente Bescheid wußte, die in der Debatte über die Zulässigkeit der Selbstkastration hin und her benutzt wurden, sollte jedoch kein Zweifel sein – kennt er doch auch den Einwand, den Clemens gegen jene Praxis erhob: sie mache nicht gerecht. In *Strom.* III 98,2 heißt es in Auslegung von Jes 56,3–5: οὐ γὰρ μόνον ἡ εὐνουχία δικαιοῖ ..., ἐὰν μὴ ποιήσῃ τὰς ἐντολάς.[177] Sachlich ganz entsprechend, nur wesentlich schärfer, formuliert

---

[175] Insofern läßt sich die Behauptung «les intentions de l'auteur sont dépourvues de tout aspect polémique» (JUNOD – KAESTLI [wie Anm. 4], 685) nicht aufrechthalten.

[176] Vgl. immerhin die Gleichsetzung von πορνεία, μοιχεία und φόνος in *Phys.* 23 mit der Parallelisierung von ἀποκτεῖναι und μοιχὸς γενέσθαι in ActJoh 54,3f. (und 53,5f.). Was PETERSON zum *Physiologus* bemerkt – „wir haben es ... im Physiologus mit einer Lehre zu tun, in der die einzelnen Sünden als Glieder eines einzigen bösen Ganzen, nämlich der Konkupiszenz, erscheinen" (PETERSON [wie Anm. 161], 242) –, gilt genauso für ActJoh 48–54. Eine ähnlich herausragende Rolle spielen die aus der Konkupiszenz erwachsenen Sünden freilich auch in den Sextus-Sprüchen, vgl. CHADWICK, Sentences (wie Anm. 157), 99f. Auffällig ist zudem die sowohl im *Physiologus* wie in den Johannesakten anzutreffende ausdrückliche Zurückführung aller Sünde auf den Teufel, vgl. *Phys.* 23, p. 84,4 Sbordone (wie Anm. 162), mit ActJoh 54,2–5. Schließlich klingt die Formulierung ActJoh 53,6 ἔχεις τὰ τούτου ὅμοια καὶ αἴτια wie ein Echo auf die Forderung des *Physiologus* (p. 84,3), ἀπόδος τὰ τοῦ κυνηγοῦ αὐτῷ Zum Verhältnis des *Physiologus* zu den neutestamentlichen Apokryphen allgemein: U. TREU, Zur Datierung des Physiologus, ZNW 57 (1966), 101–104: 104.

[177] Vgl. noch *Strom.* III 59,4; hier wird das εὐνουχίζειν von Mt 19,12 mit dem καθαρίζειν τὴν συνείδησιν ἀπὸ νεκρῶν ἔργων εἰς τὸ λατρεύειν θεῷ ζῶντι von Hebr 9,14 gleichgesetzt.

der ActJoh-Verfasser, daß es mit dem Teufel zugehe, wenn man das ἀφελεῖν τὰ ἄκαιρα als δίκαιον ἔργον betrachte (54,4f.).

Kommen wir zum Schluß! Frühere Ausleger, allen voran Edgar Hennecke, haben im Verfasser der Johannesakten eine eher dubiose Persönlichkeit gesehen und entsprechend negativ über sein Werk geurteilt. Wo es etwas zu loben gab, wurde solches Lob zumeist gleich wieder relativiert; die „Erzählungskunst" des Autors etwa durfte allenfalls „eine gewisse" gewesen sein.[178] Besonders bezeichnend sind Henneckes Urteile über die beiden hier interpretierten Abschnitte. Beiden stand der Altmeister der neutestamentlichen Apokryphenforschung ratlos gegenüber; die Wanzenepisode schien ihm lediglich das Eindringen des „völlig Lächerlichen" in die Johannesakten zu dokumentieren[179], und das Betragen des νεανίσκος in c. 53 konnte nur der „häßlichen Phantasie" unseres Autors entsprungen sein.[180] Dem Wanzenpaignion ausgerechnet in den Johannesakten zu begegnen, mag einen immer noch merkwürdig anmuten. Doch sollte man nicht mehr verkennen, daß es in seinen theologischen Überzeugungen wurzelnde Gründe gewesen sind, die den Autor dazu veranlaßt haben, das Romanstück in seine Akten zu integrieren. Entsprechendes gilt für c. 53. Der Verfasser hat hier keineswegs seiner häßlichen Phantasie die Zügel schießen lassen. Er versucht vielmehr im Gegenteil, häßlichen Praktiken seiner christlichen Umwelt zu wehren, Praktiken, die der Hypertrophie des enkratitischen Ideals entsprungen waren und später auch das Konzil von Nizäa noch beschäftigen sollten.[181] Nicht das Christentum unseres Autors war, wie Hennecke meinte, „eine Karikatur sowohl des Christus- wie des Christenideals"[182], sondern dasjenige, gegen das in ActJoh 53f. so energisch protestiert wird. Die Argumente, deren sich dieser Protest bedient, sind nicht originell – entstammen sie doch der opinio communis der Gebildeten jener Zeit. Gerade das aber zeigt, mit wem wir es bei dem Verfasser der Johannesakten zu tun haben. Er gehörte keineswegs zu den ἀπαιδευτότατοί τε καὶ ἀγροικότατοι, als welche Celsus die christlichen Lehrer seiner Zeit diffamieren zu sollen meinte[183], sondern darf zu jenen Christen gezählt werden, die der «classe cultivée»[184] zuzurechnen sind.

---

[178] E. HENNECKE, in: NTApo[1] (1904), 431.

[179] Ebd.

[180] HENNECKE (Handbuch [wie Anm. 31]), 509.

[181] *Canon* 1 (Conciliorum oecumenicorum decreta. Ed. tertia, Bd. 1: J. Wohlmuth [Hg.], Konzilien des ersten Jahrtausends, Paderborn usw. 1998, 6). Selbst die Apostolischen Konstitutionen, Basilius von Caesarea und Johannes Chrysostomos haben sich noch mit dem Problem befassen müssen, vgl. CANER (wie Anm. 147), 397.407.

[182] HENNECKE (wie Anm. 178), 432.

[183] Siehe Origenes, *Cels.* III 55 (p. 250,17f. Koetschau).

[184] JUNOD – KAESTLI, Le dossier (wie Anm. 89), 4353. Ähnlich auch SCHÄFERDIEK, in: NTApo[5] II, 155.

Apostolische Missionsreise und statthalterliche Assisetour

Eine Interpretation von Acta Johannis c. 37; 45; 55 und 58,1–6

I

„Johannes aber eilte nach Ephesus, getrieben von einem Gesicht (ὑπὸ ὁράματος κεκινημένος)": Mit dieser Feststellung beginnt der erhaltene Teil der Acta Johannis in c. 18,1f.[1] Nur wenige Zeilen später betont der Verfasser dann erneut, daß sich Johannes nicht aus eigenem Entschluß auf die Reise von Milet nach Ephesus begeben hat, sondern daß eine höhere Macht es ist, die seine Schritte lenkt; vom Himmel herab, so liest man in c. 18,7–9, ertönt eine Stimme (φωνὴ ... ἀπ' οὐρανοῦ), die dem Apostel bedeutet: „Johannes, du sollst (μέλλεις) in Ephesus deinem Herrn Ruhm verschaffen."[2] Damit, daß ihn nicht eigene Initiative, sondern Gottes Wille zu einer weiteren Stätte seiner missionarischen Wirksamkeit führt, ist der Apostel durchaus einverstanden: Κύριε, ἰδοὺ κατὰ τὸ θέλημά σου βαδίζω· γενέσθω ὃ βούλει, läßt ihn der ActJoh-Verfasser in 18,12f. äußern und erreicht so zugleich, daß er innerhalb eines kurzen Abschnittes seines Werkes noch ein drittes Mal den ihm offenbar sehr wichtigen Umstand betonen kann, daß die Ziele von Johannes' Missionsreise in die Welt der Heiden nicht vom Apostel selbst, sondern von dessen κύριος bestimmt sind.

Auch im folgenden gibt der Autor der Johannesakten seiner Überzeugung von der Leitung des Apostels allein durch Gott noch mehrfach Ausdruck. So läßt er Johannes in c. 19,4 bei seiner Ankunft in Ephesus von dem Strategen Lykomedes mit den Worten „der Gott, den du verkündigst, hat dich gesandt" empfangen werden und in c. 33,4 dann auch Johannes selbst sich gegenüber den Ephesern als „ausgesandt ... zu einem Sendbotendienst nicht menschlicher Art (ἀπέσταλμαι ... ἀποστολὴν οὐκ ἀνθρωπίνην)" bezeichnen, worunter, wie c. 33,6–9 lehrt, die Bekehrung der Epheser durch Johannes zu verstehen ist. Noch eindeutiger formuliert der Autor in c. 41,3f.: Gott sei es gewesen, der dem Apostel eingegeben habe (ὁ ὑποβαλών μου τῇ διανοίᾳ), an einen bestimmten Ort – gemeint ist der Tempel der ephesischen Artemis – zu kommen, einen Ort, den aufzusuchen Johannes selbst niemals eingefallen wäre (εἰς τὸν τόπον τοῦτον ὃν οὐδέποτε ἐν νῷ εἶχον). Und schließlich c. 48,1f.: Hier berichtet der Ver-

---

[1] Stellenangaben nach dem von E. Junod und J.-D. Kaestli edierten Text: Acta Iohannis (CChr.SA 1–2), 2 Vol. (fortlaufend paginiert), Turnhout 1983, 159–315.

[2] Zutreffend Junod – Kaestli (wie Anm. 1), 160, Anm. 3: «μέλλω revient à plusieurs reprises comme pour souligner que Jean est chargé d'accomplir une mission de conversion dont le Seigneur a déjà déterminé le plan. Voir 18,8.11; 21,16; 22,15; 51,7; 75,2; 76,39 et 86,5.»

fasser, daß Johannes sich im Traum drei Meilen außerhalb von Ephesus habe wandern sehen, um den Apostel dann in c. 51,6f. zu Gott als demjenigen beten lassen zu können, der ihm bedeutet habe, sich an eben diesen Ort zu begeben (ὁ ἐμφανίσας μοι ... στείλασθαι εἰς τὸν τόπον τοῦτον). Hinzu kommt, daß es keineswegs nur die einzelnen Stationen der johanneischen Missionstätigkeit sind, die der Verfasser der Johannesakten von Gott bzw. dem κύριος bestimmt sein läßt. Die der Mission dienende Reise des Apostels ist vielmehr insgesamt eine nicht menschlicher, sondern Gottes Initiative entsprungene Veranstaltung; in der Epiklese ActJoh 112–114 wird Gott von Johannes darum u. a. als derjenige bezeichnet, der der ἐκλεξάμενος ἡμᾶς εἰς ἀποστολὴν ἐθνῶν und, deutlicher noch, der πέμψας ἡμᾶς εἰς τὴν οἰκουμένην ist.[3]

Um so mehr muß es darum überraschen, wenn der Verfasser der Johannesakten den Anstoß zur Weiterreise des Apostels von Ephesus nach Smyrna, seiner nächsten Wirkungsstätte, und darüber hinaus „in die übrigen Städte" keineswegs der soeben skizzierten Norm apostolischen Ortswechsels entsprechend einzig und allein aus göttlichem Ratschluß stammen läßt, sondern die Dinge durch menschliche Einmischung erheblich kompliziert.

Von der Weiterreise des Apostels nach Smyrna ist erstmals in ActJoh 37 die Rede. Die Johannes seit Milet begleitenden ἀδελφοί schlagen ihrem Meister vor: εἰ δοκεῖ σοι, καὶ εἰς Σμύρνην πορευθῶμεν, „wenn es dir gefällt, wollen wir auch nach Smyrna reisen" (37,2f.). Für ihren Vorschlag führen die ἀδελφοί zwei Gründe an; erstens: Man habe nun schon lange Zeit (πολὺν χρόνον) in Ephesus verbracht (37,1f.), sodann: Die Kunde von den „Großtaten Gottes" – gemeint sind offensichtlich die von Johannes in Ephesus bewirkten Wunderheilungen[4] – sei auch nach Smyrna gedrungen (37,3f.), das Missionsfeld dort also wohl vorbereitet. Bevor Johannes mit dem Gegenvorschlag antwortet, auf der Suche nach bekehrungswilligen „Knechten Gottes" erst einmal den Tempel der Artemis aufzusuchen (37,5–7), ergreift jedoch noch der von Johannes in Ephesus bekehrte Stratege Andronikos das Wort. Er wendet sich an die Brüder aus Milet (ἔφη αὐτοῖς); offenbar will er sie in ihre Schranken weisen. Seine Einrede ὁπόταν ὁ διδάσκαλος θέλῃ, τότε πορευθῶμεν (37,4f.) erscheint hierzu allerdings wenig tauglich, zumindest aber ist sie überflüssig – dies jedenfalls dann, wenn man die Worte des Andronikos so, wie Knut Schäferdiek es tut, mit „wenn der Meister will, dann wollen wir ziehen" übersetzt[5]: Die Kompetenz des Apostels zur Entscheidung über die Weiterreise nach Smyrna hatten die milesischen Brüder ja gar nicht

---

[3] c. 112,1f. – Beides, sowohl die Initiierung der apostolischen Missionsreise als solcher wie nicht minder die durch die *providentia specialissima* erfolgende Lenkung des Apostels zu den einzelnen Stätten seines Wirkens, findet sich wie in den Johannesakten auch in den übrigen apokryphen Apostelgeschichten; vgl. z. B. ActPetr 1 (p. 45,6–10 Lipsius); 5 (p. 49,21–30 Lipsius); 7 (p. 53,14f. Lipsius); ActPaul PH, p. 7 (NTApo⁵ II, 235f.); ActAndr 47 (p. 501,1–5 Prieur); ActThom 1–3 (p. 99,1–103,1 Bonnet); 29f. (p. 146,4–147,3 Bonnet).

[4] Vgl. c. 19–25; 30–36.

[5] NTApo⁵ II, 172.

angetastet, sie dem Apostel vielmehr mit den Worten εἰ δοκεῖ σοι ausdrücklich eingeräumt. Erkennt man indes, daß es dem Verfasser der Johannesakten in der Passage c. 37,4f. keineswegs um die Entscheidungskompetenz des Johannes als solche, sondern nur um einen bestimmten Aspekt derselben geht, nämlich um die Kompetenz, zu beurteilen, wann der rechte Zeitpunkt zur Abreise aus Ephesus gekommen sei, gewinnt der Einwurf des Andronikos Sinn. Was der ehemalige Stratege kritisiert, ist die Äußerung der ἀδελφοί, man sei nun lange genug, πολὺν χρόνον, in Ephesus geblieben. Darüber, wie lange Johannes an einem Ort zu verweilen hat, haben die ἀδελφοί aber nach Meinung des Andronikos – und das heißt natürlich: nach Meinung des Autors – nicht zu befinden. Deshalb hält Andronikos ihnen entgegen: ὁπόταν ὁ διδάσκαλος θέλῃ, τότε πορευθῶμεν, was nun freilich nicht mit „wenn der Meister will, dann wollen wir ziehen", sondern vielmehr unter Beachtung des zeitlichen Sinns von ὁπόταν – τότε mit „wann, zu welchem Zeitpunkt (ὁπόταν) der Meister es will, zu dem Zeitpunkt (τότε) laßt uns reisen" wiederzugeben ist.[6] Das geheime Thema von c. 37 ist die Frage nach der angemessenen Verweildauer des Apostels an seinem jeweiligen Missionsort, hier: in Ephesus. Der Autor läßt es durch das Drängen der ἀδελφοί zum Aufbruch nach Smyrna angesprochen und durch Andronikos mit dem tadelnden Hinweis auf die Entscheidungskompetenz des Johannes – vorläufig – wieder verabschiedet werden. Davon, daß es nach Meinung des ActJoh-Verfassers einzig Gott bzw. dem κύριος zukommt, die Schritte des Apostels zu bestimmen, ist in c. 37 nichts zu spüren. Alles scheint von der Initiative zwar nicht so sehr der sich ungefragt einmischenden und deshalb von Andronikos in die Schranken gewiesenen Johannesjünger, wohl aber von derjenigen des Apostels abzuhängen.

Diesen Eindruck korrigiert der Autor in c. 45, der zweiten Stelle, an der die Johannesakten vom Aufbruch des Apostels nach Smyrna und, dem korrespondierend, vom Bleiben des Johannes in Ephesus handeln. Beides, das Bleiben ebenso wie das Abreisen des Apostels, erscheint in diesem als Rede des Johannes gestalteten Abschnitt wieder deutlich als ausschließlich Gottes Fügung überlassen. Johannes weiß durchaus, daß es nach Smyrna und in die hier erstmals in Erscheinung tretenden „übrigen Städte" (45,3) weiterzureisen gilt – fühlt er doch einen unwiderstehlichen, von göttlicher Einwirkung herrührenden „Drang" in sich, der ihn zur Abreise aus Ephesus nötigt (τὴν ὁρμὴν εἰς Σμύρνην ἐσχηκὼς καὶ τὰς λοιπὰς πόλεις, 45,2f.).[7] Wenn der Apostel

---

[6] Vgl. c. 45,6f.; auch hier hat ὁπόταν – τότε eindeutig zeitlichen Sinn.

[7] Die Vokabel ὁρμάω/ὁρμή begegnet in den Johannesakten insgesamt viermal. In 49,3.5 charakterisiert sie das triebhafte Wüten eines vielfachen Sünders, in 114,8 das Rasen des Satans. Demgegenüber hat ὁρμή in 45,2 eine positive Notation. Hier wie dort bezeichnet das Wort wie schon bei Herodot VII 18; Sophokles, *Ant.* 135f.; Plato, *Phaedr.* 279a und *Parm.* 135d, eine von Gott oder dämonischen Mächten bzw. dem Teufel stammende „Gewalt ...", die

aber dennoch vorerst in der Stadt geblieben ist und noch weiter bleibt, so auch dies nur, weil er Gott um die Erlaubnis dazu gebeten hat, erst dann aus der Stadt abreisen zu müssen, wenn er die in Ephesus von ihm Bekehrten hinreichend „gestärkt" haben wird: μεμένηκα εὐχόμενός μου τῷ θεῷ, καὶ παρεκάλουν αὐτὸν τότε ἐξελθεῖν Ἐφέσου ὁπόταν ὑμᾶς στηρίξω (45,5–7).

Hinsichtlich der Absichten, die der ActJoh-Verfasser mit der Komposition von c. 45 verfolgt hat, erscheint mir indes eine andere Beobachtung wesentlich aufschlußreicher. Obwohl sich Johannes in c. 45 nicht an das Publikum wendet, das in c. 37 agiert – nicht an seine Jünger, sondern an das bekehrungswillige Volk von Ephesus (vgl. c. 44) –, ist deutlich, daß sich seine Worte sachlich auf c. 37 zurückbeziehen, und zwar auf den Vorschlag der milesischen ἀδελφοί, angesichts der langen in Ephesus verbrachten Zeit nunmehr nach Smyrna aufzubrechen. Bisher hatte Johannes hierzu nicht Stellung genommen. Dies tut er jetzt. Die ihm in c. 45 in den Mund gelegten Worte stellen ja nichts anderes als eine Verteidigungsrede gegen den Vorwurf dar, sich immer noch in Ephesus aufzuhalten. Die einzigen aber, die sich zuvor zur Verweildauer des Johannes in dieser Stadt geäußert hatten, waren die ἀδελφοί von c. 37,1 gewesen; ihre Feststellung, man habe lange Zeit (πολὺν χρόνον) in Ephesus zugebracht, enthüllt sich nun, im Lichte der Verteidigungsrede c. 45, als Vorwurf an den Apostel, bereits *zu* lange Zeit in Ephesus geblieben zu sein. Das heißt: Der Autor hat die bereits in c. 37 angesprochene Frage der angemessenen Verweildauer des Apostels an einer einzelnen seiner Wirkungsstätten in c. 45 erneut, und zwar wesentlich deutlicher, zum Thema gemacht, einem Thema freilich, das sich die Aufmerksamkeit des Lesers mit der anderen Thematik des Abschnitts, der Abwehr des möglichen Mißverständnisses, Johannes und nicht Gott sei Initiator des in den Johannesakten geschilderten Geschehens, teilen muß.

In c. 55 schließlich, der dritten Stelle, an der die Johannesakten über die Abreise des Apostels aus Ephesus nach Smyrna (und in die übrigen Städte) handeln, läßt der Autor die Kritik an dem – wie in 55,1 eigens betont wird – immer noch in Ephesus weilenden Apostel nun ganz explizit vorgetragen werden. Bei Johannes erscheint eine Gesandtschaft aus Smyrna, die ihn auffordert, jetzt endlich auch nach Smyrna und in die übrigen Städte zu kommen: ἐλθὲ εἰς τὴν Σμύρναν καὶ εἰς τὰς λοιπὰς πόλεις (55,5). Um dem Apostel Beine zu machen, werfen ihm die Smyrnäer im Zusammenhang mit dieser Aufforderung nun dasselbe vor, was ihm, wie sich aus der Korrespondenz von c. 45 und 37 ergab, bereits die milesischen ἀδελφοί, freilich in sehr viel verhaltenerer Weise, angekreidet hatten, nämlich zuviel Zeit an einer einzelnen Station der apostolischen Missionsreise zu verbringen, „sich mit Vorliebe an einem Ort nur aufzuhalten", wie es die Smyrnäer formulieren, ἐμφιλοχωρεῖν

---

den Menschen in unwiderstehlichem Drang dahintreibt": G. BERTRAM, Art. ὁρμή κτλ., ThWNT 5 (1954), 468–475: 468.

ἐν ἑνὶ τόπῳ (55,4).[8] Darüber hinaus beschuldigen die smyrnäischen Gesandten Johannes noch, mit solchem Verhalten sogar gegen ein Gebot Gottes zu verstoßen; es sei ja der von Johannes verkündete Gott selbst gewesen, der, wie sie vernommen hätten, seinem Apostel aufgetragen habe (διετάξατό σοι, 55,3f.), μὴ ἐμφιλοχωρεῖν ἐν ἑνὶ τόπῳ, also eben: nicht mit Vorliebe an einem Ort nur zu verweilen.[9]

Daß diese Vorwürfe nicht zutreffen, weiß der Leser – im Gegensatz zu den Smyrnäern – spätestens seit der Verteidigungsrede des Apostels in c. 45. Warum läßt der Verfasser solche dann aber in c. 55 erneut und noch dazu derart massiv vorgetragen werden? Und warum, so ist weiter zu fragen, hat der Autor seinen ‚Helden‘ Johannes überhaupt einem so gravierenden Verdacht ausgesetzt wie dem, er könne eine einzelne πόλις seines Missionssprengels auf Kosten der übrigen dort befindlichen und nicht anders als jene eine der Mission bedürftigen Städte bevorzugt und durch solches Verhalten sogar gegen ein von Gott selbst stammendes Gebot verstoßen haben? Sollte der Autor etwa nicht gemerkt haben, daß er, indem er die Dauer des johanneischen Aufenthaltes in Ephesus zum Problem machte, eine partielle Trübung seines sonst doch stets zur Glorifizierung tendierenden Apostelbildes in Kauf nehmen und in c. 37 zudem noch Zweifel an seiner These von Gott als dem alleinigen Lenker der johanneischen Missionsreise wecken mußte? Eine explizite Antwort auf diese Fragen ist den Johannesakten nicht zu entnehmen, vor allem deswegen nicht, weil ihr Text direkt hinter c. 55 eine größere Lakune aufweist. Wenn irgendwo, dann dürfte der Verfasser hier geschildert haben, wie Johannes auf die in c. 37; 45 und 55 in steigender Intensität thematisierten Vorwürfe reagiert hat. Da wir diesen Text nicht mehr lesen können, soll im folgenden versucht werden, auf anderen Wegen in Erfahrung zu bringen, wie das merkwürdige Interesse des Autors der Johannesakten an der mit seinen sonstigen Intentionen so wenig vereinbar erscheinenden Problematisierung des johanneischen Aufenthaltes in Ephesus zu erklären ist.[10]

---

[8] Das Verb ἐμφιλοχωρεῖν bedeutet „gern, mit Vorzug oder Vorliebe (nur) an einem Ort oder einer Stelle verweilen", aber nicht: „ausschließlich, einzig an einem Ort bzw. einer Stelle verweilen". In Äsops Fabeln kommt beispielsweise eine Drossel vor, die sich wegen der Süßigkeit der Früchte besonders gern in einem Myrtenhain aufhält (Nr. 88 Hausrath). Bei Josephus sind die Kinder Israels ἐμφιλοχωρήσαντες τῇ οἰκήσει τῇ ἐν αὐτῇ (d. h. in Ägypten, *Ant.* II 170); Claudius Ptolemaeus zufolge verweilt die Stimme gern in den Mitteltönen (*Harmonica* 2,11 [p. 65,3f. Düring]); Euseb weiß zu berichten, daß bestimmte Dämonen τάφοις νεκρῶν καὶ μνήμασι καὶ πάσῃ τῇ μυσαρᾷ καὶ ἀκαθάρτῳ ὕλῃ ἐμφιλοχωροῦντες sind (*Praep. Ev.* V 2,1), und die Heilige Melania mahnt bei Palladius ihre Mitchristen: τί ἐμφιλοχωρεῖτε τῇ ματαιότητι τοῦ βίου (*Hist. Laus.* 54,5 [p. 147,12 Butler]).

[9] JUNOD – KAESTLI (wie Anm. 1), 430, nehmen mit Recht an, daß hier wahrscheinlich auf eine Episode im verlorenen Anfangsteil der Johannesakten Bezug genommen ist.

[10] Der Hinweis auf Did 11,4–6 hilft hier nicht weiter. Die wandernden Apostel, die sich der in Did 11 überlieferten Gemeinderegel zufolge stets nur einen, allenfalls zwei Tage in den

II

Zunächst gilt es in unserem Zusammenhang den Umstand zu bedenken, daß der Verfasser der Johannesakten die Gesandten, denen er den Vorwurf in den Mund gelegt hat, der Apostel beschränke seine Anwesenheit allzusehr auf *eine* Polis, nämlich Ephesus[11], gerade aus Smyrna stammen läßt und aus keiner anderen der im johanneischen Missionsgebiet so zahlreich vorhandenen Poleis. Dies dürfte kaum Zufall sein. Denn wie zwischen vielen der kleinasiatischen Griechenstädte bestand auch und gerade zwischen Ephesus und Smyrna eine intensive Rivalität, die seinerzeit immer wieder neu aufbrach und infolgedessen einen ausgesprochen hohen Bekanntheitsgrad besaß.[12]

Streitpunkte gab es viele; einer der gewichtigsten war die Konkurrenz um das Recht, Kaisertempel errichten zu dürfen.[13] Hier war Smyrna von Tiberius gegenüber der Provinzhauptstadt

---

von ihnen besuchten Gemeinden aufhalten sollen, sind anders als der Johannes der Johannesakten keine Gemeindegründer. Ihre „konstitutive Bestimmung" ist allein die eschatologisch motivierte *peregrinatio* (K. Niederwimmer, Zur Entwicklungsgeschichte des Wanderradikalismus im Traditionsbereich der Didache, WSt.NS 11 [1977], 145–167: 154.156), an die sie zu erinnern gegebenenfalls Pflicht der Gemeinden ist. Bleibt ein Apostel länger als erlaubt, entlarvt ihn das als „Pseudopropheten" (Did 11,5), verläßt hingegen Johannes eine von ihm gegründete Gemeinde, so ist das für diese ein Anlaß zur Betrübnis (ActJoh 58,3.9; 59,2f.). M. a. W.: Der Did 11 zugrundeliegenden Tradition kann der Besuch eines Wanderapostels in einer Gemeinde gar nicht kurz genug sein, während sich die Gemeinden der Johannesakten einen möglichst langen Aufenthalt des Gemeindegründers Johannes wünschen.

[11] Daß es sich bei der Stadt, in der Johannes zum Zeitpunkt des Eintreffens der smyrnäischen Gesandtschaft immer noch weilt, um Ephesus handelt, erfährt der Leser nicht aus den Worten, die der Verfasser den πρέσβεις in den Mund gelegt hat, sondern von diesem selbst (c. 55,1: τούτων οὖν γινομένων ὑπ' αὐτοῦ ἐν τῇ Ἐφεσίων πόλει). Wie sich unten S. 215f. noch zeigen wird, ist dieser Sachverhalt nicht ohne Belang.

[12] Vgl. D. Magie, Roman Rule in Asia Minor to the End of the Third Century after Christ, 2 Vol., Princeton 1950 (Repr. Salem 1988), 635–637.1496–1498; T. R. S. Broughton, Roman Asia Minor, in: T. Frank (Hg.), An Economic Survey of Ancient Rome, Vol. 4, Paterson (NJ) 1959, 499–916: 740–744; S. Mitchell, Anatolia. Land, Men, and Gods in Asia Minor, Vol. 1, Oxford 1993, 204–206; G. W. Bowersock, Martyrdom and Rome, Cambridge 1995, 86–97; C. Lepelley, Rom und das Reich in der Hohen Kaiserzeit (44 v. Chr.–260 n. Chr.), Bd. 2: Die Regionen des Reiches, Leipzig 2001, 368–371. – Tarsus/Aigai: Dion von Prusa, *Or.* 34,10.14.27.48; Tarsus/Mallos: ebd., 11.14.27.43–46; Apameia/Antiochia (Pisidien): ebd., 48; Apameia/Prusa: ders., *Or.* 40f.; D. Kienast, Die Homonoiaverträge in der römischen Kaiserzeit, JNG 14 (1964), 51–64: 54–56; Nikomedia/Nikaia: Dion von Prusa, *Or.* 38; L. Robert, La titulature de Nicée et de Nicomédie. La gloire et la haine, HSCP 81 (1977), 1–39; Perge/Side: J. Nollé, Side. Zur Geschichte einer kleinasiatischen Stadt in der römischen Kaiserzeit im Spiegel ihrer Münzen, AW 21 (1990), 244–265: 259–262. Zum Bekanntheitsgrad der zwischen Ephesus und Smyrna bestehenden Rivalität: Dion von Prusa, *Or.* 34,48; 38,47. Um hierüber Bescheid zu wissen, brauchte man keineswegs aus einer der beiden Städte zu stammen oder dort ansässig zu sein.

[13] Zum Streit um die Kaiserneokorien s. H. Gaebler, Zur Münzkunde Makedoniens IV,

Ephesus, die ihre erste Kaiserneokorie erst unter Domitian erhielt, bevorzugt worden[14] – ein Umstand, an den man sich in Smyrna auch in der 2. Hälfte des 2. Jahrhunderts, als beide Städte gleichermaßen zwei Kaiserneokorien besaßen, noch gern erinnerte[15]; im Gegenzug hatte Ephesus zu einer Zeit, als beide Städte erst je einen Kaisertempel ihr eigen nennen konnten, versucht, sich gegenüber der Konkurrentin dadurch einen Prestigevorteil zu verschaffen, daß man den Tempel der ephesischen Artemis hinzuzählte und sich auf Münzen ohne klärenden Zusatz als im Besitz zweier Neokorien (δὶς νεωκόρος) bezeichnete.[16] Einen weiteren, mit der Auseinandersetzung um die titelträchtigen Neokorien verquickten Streitpunkt stellte die jeweilige Stadttitulatur dar: Welche Polis durfte sich in Inschriften oder auf Münzen offiziell μητρόπολις nennen, welche sich als πρώτη und μεγίστη ihrer Provinz bezeichnen?[17]

Um dies und anderes[18] wurden erbitterte Kämpfe ausgefochten, in denen sich die Städte nicht selten des Beistands von Sophisten versicherten, die diese Auseinandersetzungen dann als Gesandte ihrer Poleis vor den Kaiser nach Rom trugen, wie das z. B. Favorinus von Arelate im Interesse der Epheser und Antonius Polemon als Anwalt Smyrnas getan haben.[19] Den kaiserlichen Entscheidungen leistete man indes keineswegs ein für allemal Folge; nachdem z. B. Antoninus Pius am Anfang seiner Regierung einen entsprechenden Streit entschieden hatte, sah er sich, wie aus einem inschriftlich erhaltenen Brief des Kaisers an die Epheser hervorgeht[20], zwischen 140 und 144 genötigt, erneut einzugreifen, nachdem die Epheser offenbar darüber Klage geführt hatten, daß die Smyrnäer sich nicht an die seinerzeitige Ephesus begünstigende Regelung hielten. Für kurze Zeit scheinen die Streitigkeiten dann tatsächlich aufge-

---

ZN 24 (1904), 245–338: 259–270; MAGIE (wie Anm. 12), 572. 594f. 614f. 619. 684f. 1432–1434. 1451f. 1472–1474. 1479f. 1551f.; C. HABICHT, Die Inschriften des Asklepieions (Altertümer von Pergamon VIII 3), Berlin 1969, 158–161; D. KNIBBE und S. KARWIESE, Nachtrag zum Art. Ephesos, PRE.S 12 (1970), 248–364: 281–285.330–345; E. COLLAS-HEDDELAND, Le culte impérial dans la compétition des titres sous le Haut-Empire. Une lettre d'Antonin aux Éphésiens, REG 108 (1995), 410–429.

[14] Smyrna: Tacitus, *Ann.* IV 56; Ephesus: KARWIESE (wie Anm. 13), 332f.; S. J. FRIESEN, Twice Neokoros. Ephesus, Asia and the Cult of the Flavian Imperial Family (Religions in the Graeco-Roman World 116), Leiden/New York/Köln 1993.

[15] Aelius Aristides, *Or.* 19,13 (Keil).

[16] KARWIESE (wie Anm. 13), 332f.; FRIESEN (wie Anm. 14), 56f.

[17] Kritisch hierzu Dion von Prusa, *Or.* 38,28.40, und Aristides, *Or.* 23,62 sowie 27,44 (Keil).

[18] Vgl. z. B. noch den Streit um die προπομπεία, den ersten Platz in der Prozession bei der Eröffnung eines von allen Städten einer Provinz gemeinsam gefeierten und mit Wettkämpfen verbundenen Festes; Dion von Prusa, *Or.* 38,38; Aristides, *Or.* 23,65 (Keil); R. MERKELBACH, Der Rangstreit der Städte Asiens und die Rede des Aelius Aristides über die Eintracht, ZPE 32 (1978), 287–296.

[19] Favorinus: Philostrat, *Vit. Soph.* I 8 (p. 10,13–16 Kayser); Polemon: ebd. 21.25 (p. 34,27–32. 43,6–8. 50,11–30 Kayser) und Inschr. Smyrna 697 (= IGRR IV, 1431). Ähnlich erfolgreich wie Polemon hatte vor diesem bereits Skopelian für Smyrna agiert (Philostrat, *Vit. Soph.* I 21 [(p. 33,15–18. 34,26–32 Kayser]). Schließlich sei hier noch auf den in severischer Zeit für Pergamon streitenden L. Flavius Hermocrates verwiesen; dazu HABICHT (wie Anm. 13), 76–78.

[20] SIG 849 (= Inschr. Ephesus 1489); vgl. C. J. CADOUX, Ancient Smyrna. A History of the City from the Earliest Times to 324 A.D., Oxford 1938, 263f., COLLAS-HEDDELAND (wie Anm. 13), 413–418.

hört zu haben; unter Antoninus Pius geprägte Münzen feiern sogar die Eintracht (ὁμόνοια) zwischen Ephesus, Smyrna und dem an diesen Auseinandersetzungen gleichfalls beteiligten Pergamon.[21] Doch müssen sich die Beziehungen zwischen den Städten schon geraume Zeit vor dem Jahre 167 wieder verschlechtert haben; in diesem Jahr hielt nämlich Aelius Aristides vor dem in Pergamon tagenden Landtag der Asia[22] eine das Gut der ὁμόνοια beschwörende Rede, in der er Ephesus, Smyrna und Pergamon als πόλεις αἱ τοῦ πρωτείου ἀντιποιού-μεναι bzw. περὶ τοῦ πρωτείου νῦν ἁμιλλώμεναι bezeichnete[23] und sich bei seinem Versuch der Friedensstiftung auch auf einen schon länger zurückliegenden Kaiserbrief, wohl Mark Aurels, bezog.[24] Schließlich ist selbst im beginnenden 3. Jahrhundert noch einmal von diesen Auseinandersetzungen zu hören; die Ehreninschrift für einen ephesischen Anwalt zählt unter dessen Verdiensten auch zahlreiche Kaisergesandtschaften auf, die jener περὶ τῶν πρωτείων καὶ λοιπῶν δικαίων seiner Vaterstadt übernommen hatte.[25]

Was die eine Polis an Rechten, Vergünstigungen oder ehrenden Titeln besaß oder erhielt, wollten die Honoratioren der Nachbarstädte noch stets auch für die eigene Polis errungen sehen. In unserem Zusammenhang ist dabei von besonderem Interesse, daß sich die Begehrlichkeit der miteinander konkurrierenden Städte nicht zuletzt auch darauf erstreckte, von einfluß-reichen Persönlichkeiten besucht zu werden, die der von ihnen besuchten Stadt bei der Mehrung ihres Prestiges, dem Erwerb handfester Vorteile oder in anderer Weise von Nutzen sein konnten. So gelang es z. B. Ephesus, durch ein kaiserliches Reskript das prestigefördern-de und deshalb von allen Metropolen Asiens begehrte Privileg zugesprochen zu bekommen, von jedem sein Amt antretenden Prokonsuln als erste von allen Städten der Provinz aufge-sucht zu werden[26], und Thyatira konnte einen Aufenthalt Caracallas in der Stadt dazu nutzen, von diesem die mit erheblichen wirtschaftlichen Vorteilen verbundene Beförderung zum Vor-ort eines *conventus iuridicus* zu erreichen.[27] Doch nicht nur Kaiser und Prokonsuln waren von den Städten umworbene Gäste; auch der Wundermann Apollonius von Tyana war es, denn auch er, der seinem Biographen Philostrat zufolge wie Johannes durch die Asia gereist ist[28], hatte den Poleis soviel zu bieten, daß diese ihn – ganz wie Smyrna den Johannes – durch Ge-sandtschaften in ihre Mauern einluden, und zwar sowohl die Epheser, die von Apollonius die Befreiung von einer Seuche erwarteten, als auch die Smyrnäer[29], die er wie zuvor schon die Epheser (auch hierin Johannes nicht unähnlich) durch ethische Belehrungen zu bessern unter-

---

[21] BMC Ionia, p. 110, Nr. 403f.; SNG Aulock, 1940. Dazu, wie zu den Homonoiaprägun-gen überhaupt, KIENAST (wie Anm. 12), 53, Anm. 11 bzw. passim.

[22] Zu dieser Institution: MAGIE (wie Anm. 12), 447–449.1294–1297; J. DEININGER, Die Provinziallandtage der römischen Kaiserzeit von Augustus bis zum Ende des dritten Jahrhun-derts n. Chr. (Vestigia 6), München/Berlin 1965, 36–60.

[23] *Or.* 23,27 bzw. 12 (Keil).

[24] *Or.* 23,73 (Keil); vgl. KIENAST (wie Anm. 12), 53.

[25] Inschr. Ephesus 802; dazu J. KEIL, Ein ephesischer Anwalt des 3. Jahrhunderts durch-reist das Imperium Romanum, SBAW.PH 1956, 3.

[26] *Digest.* I 16,4,5: *ut imperator noster Antoninus Augustus ad desideria Asianorum rescripsit proconsuli necessitatem impositam per mare Asiam applicare* καὶ τῶν μητρο-πόλεων Ἔφεσον *primam attingere.* Die Datierung des Reskripts ist strittig; BROUGHTON (wie Anm. 12), 708: Antoninus Pius; DEININGER (wie Anm. 22), 58: Caracalla.

[27] OGIS 517 (= IGRR IV, 1287).

[28] Im Anschluß an einen Aufenthalt in Ephesus zog auch er durch das „übrige Jonien" (τὴν δὲ ἄλλην Ἰωνίαν περιῄει, *Vit. Ap.* IV 4); und wie Johannes hielt auch er sich zweimal in Ephesus auf (vgl. ebd. IV 1 und 10).

[29] *Vit. Ap.* IV 10 bzw. IV 1.

nahm – als Ratgeber in allgemeinen Lebensfragen (βίου ξύμβουλος) seinen Zuhörern mitteilend, was ihnen heilsam sein könne (διαλεγόμενος ἀεί τι σωτήριον τοῖς παροῦσιν).[30]

So dürfte man denn kaum fehlgehen, wenn man dem Verfasser der Johannesakten unterstellt, er habe gewußt, was er tat, als er die Gesandtschaft, die die Gegenwart des in Ephesus weilenden Apostels auch für andere Städte reklamierte, ausgerechnet aus Smyrna kommen ließ, aus jener Stadt also, die, wie seinerzeit weithin bekannt, die heftigste Rivalin der Provinzhauptstadt Ephesus war.[31] Träfe diese Annahme zu, dann hätten die Smyrnäer auch diesmal wieder gewollt, was sie, nicht anders als die Epheser und sonstige kleinasiatische Städte auch, mit Hilfe von Gesandtschaften noch stets zu erreichen gesucht hatten: dasjenige, was eine der Konkurrentinnen genoß, auch der eigenen Polis zu verschaffen; diesmal allerdings keine neuen Titel und keine weitere Neokorie, sondern die Anwesenheit eines Apostels, der in der Lage war, durch Vermittlung neuer Gotteserkenntnis neue Hoffnung zu gewähren (vgl. c. 55,5–7).

Freilich, ganz so einfach liegen die Dinge nicht. Gewiß läßt der Autor die smyrnäischen Gesandten zu *dem* Apostel kommen, der, wie der Verfasser zu Beginn von c. 55 noch einmal eigens betont, in Ephesus wirkt (55,1). Damit ist das in c. 55 geschilderte Geschehen in den Kontext der oben skizzierten Rivalität zwischen Ephesus und Smyrna eingeordnet. Doch den Vorwurf, den die Gesandten im folgenden gegen Johannes erheben, formuliert der Autor ohne sichtbaren Bezug auf diese Rivalität. Denn die smyrnäischen Gesandten beklagen sich ja nicht, wie man nach der Lektüre von c. 55,1 erwarten würde, darüber, daß der Apostel Ephesus besucht; sie nehmen vielmehr an etwas anderem Anstoß, nämlich daran, daß sich Johannes ihrer Meinung nach über ein Gebot seines Gottes hinwegsetzt, das Gebot, nicht mit Vorliebe an einem Ort nur zu verweilen (μὴ ἐμφιλοχωρεῖν ἐν ἑνὶ τόπῳ, 55,3f.). Das Problem ist hier also keineswegs der Aufenthalt des Apostels in Ephesus als solcher, sondern, wie in c. 37 und c. 45 auch, die Dauer dieses Aufenthaltes; er erscheint den Smyrnäern als entschieden zu lang. Hinzu kommt ein Zweites: Der Verfasser läßt die Gesandten in c. 55,3f. auch nicht, wie ebenfalls von c. 55,1 und ebenso von c. 37 und c. 45 her zu erwarten wäre, μὴ ἐμφιλοχωρεῖν ἐν Ἐφέσῳ formulieren, sondern μὴ ἐμφιλοχωρεῖν ἐν ἑνὶ τόπῳ. Das bedeutet,

---

[30] *Vit. Ap.* IV 1 bzw. IV 4 (p. 125,12–14. 127,10–12 Kayser). Belehrungen: IV 2f.7–9; außerdem *Epist. Ap.* 24.

[31] Eine Beobachtung am Text von ActJoh 55 vermag diese Annahme möglicherweise zu stützen. Es dürfte kaum Zufall sein, daß sich das logische Subjekt (Johannes) und die Ortsangabe ἐν τῇ Ἐφεσίων πόλει in dem das Kapitel einleitenden Genitivus absolutus τούτων οὖν γινομένων ὑπ' αὐτοῦ ἐν τῇ Ἐφεσίων πόλει außerhalb der Klammer τούτων ... γινομένων befinden. Den folgenden Hauptsatz läßt der Autor dann mit Σμυρναῖοι beginnen. Dadurch hat er sich die Gelegenheit verschafft, Ephesus und den Namen der Einwohner der mit Ephesus rivalisierenden Stadt mit besonderer Prägnanz einander entgegenzustellen.

daß die Smyrnäer das von Johannes angeblich mißachtete Gebot Gottes als ein generelles verstehen; dem Apostel ist nicht lediglich verboten, mit Vorliebe in Ephesus zu verweilen, sondern viel mehr: Er soll ganz allgemein keine Vorliebe für den Aufenthalt an einem Ort, eben: ἐν ἑνὶ τόπῳ, an den Tag legen.[32] Die Gründe hierfür legt der Verfasser ebenfalls den smyrnäischen Gesandten in den Mund; sie bestehen darin, daß der von Johannes verkündete und seinem Apostel solche Unterlassung auferlegende Gott ein – wie die Smyrnäer bereits wissen – θεὸς ἄφθονος (55,3) ist, also jemand, der niemandem etwas vorenthält bzw. mißgönnt.[33] Dadurch aber, daß die Smyrnäer sich für ihre Kritik an Johannes auf den θεὸς ἄφθονος berufen, sind nun freilich auch sie dazu verpflichtet, Mangel an Mißgunst zu beweisen. Sie tun es, indem sie die Gegenwart des neue Hoffnungen vermittelnden Apostels nicht für ihre Heimatpolis allein, sondern zudem noch für die λοιπαὶ πόλεις reklamieren.

Worum es in c. 55 geht, ist also nicht das auch von den Smyrnäern unkritisiert gebliebene Faktum, daß der Apostel Ephesus besucht; das Problem besteht vielmehr darin, wie lange der Besuch des Apostels in einer – gleich welcher – Stadt des ihm anvertrauten Missionssprengels dauern durfte, ohne daß der Apostel Gefahr lief, andere Städte, die gleichfalls Anwärter auf seine Heil vermittelnde Anwesenheit waren, zu benachteiligen. Damit stellt sich die Frage nach den Gründen der vom Verfasser der Johannesakten vorgenommenen Problematisierung des johanneischen Aufenthalts in Ephesus in neuer Perspektive. Um der Beantwortung dieser Frage näher zu kommen, halte ich die Erwägung für angebracht, ob der Autor vielleicht ein Problem, das in anderen Zusammenhängen eine Rolle spielte, auf das Tun und Lassen seines Apostels übertragen hat, etwa in der Absicht, diesen im Vergleich mit der Handlungsweise anderer positiv abschneiden zu lassen. Zunächst gilt es deshalb zu untersuchen, ob es seinerzeit einen hinreichend signifikanten Kreis von Personen gab, die wie der Apostel in den Johannesakten die Aufgabe hatten, von Stadt zu Stadt zu reisen, und bei deren Aufenthalten in den von ihnen besuchten Städten es gleichfalls keine quantité négligeable darstellte, wenn ihr Verweilen in einer dieser Städte von langer Dauer war. Da der Autor der Johannesakten sich bemüht zu haben scheint, die smyrnäische Gesandtschaft an Johannes in den weiteren Rahmen der in Kleinasien und insbesondere zwischen Ephesus und Smyrna endemischen Rivalitäten zu stellen, empfiehlt es sich, zunächst in diesem Bereich nachzuforschen.

---

[32] Ephesus hat insofern nur exemplarische Funktion.

[33] Zu dieser Bedeutung von ἄφθονος vgl. Tatian, *Or. Graec.* 30,4 (ῥᾳδία καὶ ἄφθονος ἡ διήγησις); Justin, *Apol.* 6,2 (ἀφθόνως παραδιδόντες), auch Justin, *Dial.* 58,1. Siehe dazu meinen Beitrag *Der θεὸς ἄφθονος von Acta Johannis 55 und sein historischer Kontext*, im vorliegenden Band S. 229–273.

III

Ein Text, der Aufklärung verspricht, findet sich bei Aelius Aristides, und zwar in dessen oben[34] bereits gestreifter Rede über die Wiederherstellung der Eintracht zwischen Pergamon, Ephesus und Smyrna (*Or.* 23 Keil). Aristides legt darin u. a. dar, daß der Streit, den die drei Poleis um die πρωτεία führten und der offenbar wieder einmal in ein akutes Stadium getreten war, nicht nur von Nachteil, sondern auch unzeitgemäß sei: Es gebe ja doch nur noch eine Polis, die den Titel ἡ πρώτη καὶ μεγίστη verdiene, nämlich Rom, sowie ein einziges „Haus", das alles regiere, nämlich die römische Monarchie; sie wiederum entsende Jahr um Jahr Statthalter „zu uns", d. h. in die Provinz Asia, um dort dann alles nach eigenem Ermessen zu regeln (§ 62). Aufgabe der von den ἡγεμόνες Regierten sei es, sich der von jenen gewährleisteten Ruhe zu erfreuen und den Statthaltern εὐνοϊκῶς καὶ πιστῶς zu begegnen (§ 63f.). Doch eben damit hapere es. Man lege nämlich, so redet Aristides nunmehr den Pergamenern, Smyrnäern und Ephesern ins Gewissen, nicht die erwünschten Tugenden, sondern vielmehr eine aus Anmaßung (αὐθάδεια) und Kriecherei (κολακεία) gemischte Haltung an den Tag – ein Vorwurf, den Aristides dann wie folgt belegt (§ 64):

„Wenn sie [sc. die Pergamener, Smyrnäer und Epheser] jeder für sich (ἕκαστοι) den Statthaltern mehr Aufmerksamkeit schenken als von diesen erwünscht, wenn sie die Zeit festlegen, die jene bei ihnen zu verweilen haben, und drohen, es nicht zu dulden, wenn ihnen (in dieser Hinsicht) nicht willfahrt werde (χρόνον δὲ τάττωσιν ὅσον χρὴ μένειν παρ' ἑαυτοῖς, ἀπειλοῦντες ὡς, εἰ μὴ πείθοιντο, οὐκ ἀνέξοιντο), wenn sie zu jeder erbetenen wie nicht erbetenen Dienstleistung bereit zu sein versprechen, wenn sie (den Statthaltern) vorschreiben, sich ihrer (Stadt) allein oder doch wenigstens mit Vorzug zu bedienen (χρῆσθαι δ' αὐτοῖς μόνοις ἢ μάλιστά γε προστάττωσιν), und wenn sie glauben, in keiner Weise tun zu müssen, was jene [sc. die Statthalter] beschließen – was soll man zu einer solchen Mischung zweier völlig unterschiedlicher Verhaltensweisen [sc. Anmaßung und Kriecherei] sagen?"

Leider sind Aristides' Ausführungen nicht übermäßig konkret; man erfährt nicht, welchen Anordnungen der Statthalter die Städte nicht folgen wollten, zu welchen erbetenen wie unerbetenen Dienstleistungen sie bereit waren und worin die übergroße, den ἡγεμόνες unerwünschte Aufmerksamkeit bestand, die die Poleis ihnen widmeten.[35] Deutlich wird aber doch wenigstens zweierlei: einmal, daß jede Stadt sich offenbar darum bemühte, von den Prokonsuln in nicht näher bezeichneten Funktionen als einzige oder, weil dies anscheinend kaum zu erreichen war, doch wenigstens mehr als andere Städte „be-

---

[34] Siehe S. 214.

[35] Vgl. immerhin Plutarchs Klagen über die Selbstentmündigung der Poleis, *Praecepta gerendae reipublicae* 19 (*Mor.* 814e–815a), und dazu H. HALFMANN, Die Selbstverwaltung der kaiserzeitlichen Polis in Plutarchs Schrift Praecepta gerendae rei publicae, Chiron 32 (2002), 83–95.

nutzt" zu werden, und zum anderen, daß man alles daran setzte, die Statthalter eine bestimmte und, wie sich aus dem Voranstehenden ergibt, möglichst ausgedehnte Zeitspanne in den Mauern der eigenen Polis verweilen zu sehen, was vermutlich eine entsprechend kürzere Verweildauer in anderen Städten nach sich zog.

In einem mit der Homonoia-Rede des Aristides in etwa gleichzeitigen Text, dem Fragment einer in den *Florida* des Apuleius von Madaura überlieferten Lobrede des Madaurensers auf den Prokonsul Sextus Cocceius Severianus Honorinus, findet sich nun ein Abschnitt, der die Darlegungen des Aristides ergänzen kann.[36] Darin heißt es, daß bisher noch keiner der Vorgänger des Statthalters sich so lange in Karthago aufgehalten habe wie eben er; „denn auch in der Zeit, da du [sc. der Prokonsul] die Provinz [sc. Africa] bereistest, haben wir, weil Honorinus [sc. der als Legat seines Vaters amtierende Sohn des Prokonsuls] uns blieb, deine Abwesenheit weniger empfunden, obwohl wir uns nur um so mehr nach dir sehnten."[37] Das ganze ist natürlich eine einzige Schmeichelei, doch geht aus dem Text hervor, daß es Aufgabe der Prokonsuln war, ihre Provinz zu bereisen, und daß einer Stadt – hier der Provinzhauptstadt – der Aufenthalt eines Prokonsuls in ihren Mauern äußerst erwünscht war. Das deckt sich mit den Aussagen des Aristides; auch ihm zufolge rissen sich bestimmte Städte der Provinz Asia um eine möglichst lange Anwesenheit ihrer Statthalter, was voraussetzt, daß auch sie ihre Provinz bereist haben, wie ihr africanischer Kollege dies getan hat und wie es ebenso von Plinius d. J. aus seiner Zeit als Statthalter in Bithynien bekannt ist.[38]

Zweck dieser Reisen war die Rechtsprechung, die überall in den römischen Provinzen – in Africa so gut wie in Bithynien oder der Asia und nicht anders z. B. auch in Achaia, in Ägypten oder in der Cyrenaica – nach dem System der sog. Assisen gehandhabt wurde.[39] Da es mit Ausnahme Ägyptens weder in der

---

[36] *Flor.* 9 (p. 15,2–5 Helm). Zeit: 161/162 oder 162/163.

[37] *Igitur nemo Karthagini proconsulum diutius fuit. Nam etiam eo tempore, quo provinciam circumibas, manente nobis Honorino minus sensimus absentiam tuam, quamquam te magis desideraremus.*

[38] *Epist.* X 33,1: *cum diversam partem provinciae circumirem ...*

[39] Dazu: L. ROBERT, Le culte de Caligula à Milet et la province d'Asie, Hell (P) 7 (1949), 206–238: 223–238; C. HABICHT, New Evidence on the Province of Asia, JRS 65 (1975), 64–91; G. P. BURTON, Proconsuls, Assizes and the Administration of Justice under the Empire, ebd. 92–106; W. AMELING, Drei Studien zu den Gerichtsbezirken der Provinz Asia in republikanischer Zeit, Epigraphica Anatolica 12 (1988), 9–24: 9f.; S. MITCHELL, The Administration of Roman Asia from 133 BC to AD 250, in: W. Eck (Hg.), Lokale Autonomie und römische Ordnungsmacht in den kaiserzeitlichen Provinzen vom 1. bis 3. Jahrhundert (Schriften des Historischen Kollegs. Kolloquien 42), München 1999, 17–46: 22–29. Siehe außerdem die einschlägigen Passagen bei MAGIE (wie Anm. 12), 171f. 1059–1063, und BROUGHTON (wie Anm. 12), 708f. 740f. Hinsichtlich Ägyptens und der Cyrenaica vgl. U. WILCKEN, in: L. MITTEIS – U. WILCKEN, Grundzüge und Chrestomathie der Papyruskunde, Bd. I/1, Leipzig/Berlin 1912, 32f.; J. N. COROI, La papyrologie et l'organisation judiciaire de l'Égypte sous

Hauptstadt noch an einem anderen Ort der Provinz einen ständigen Gerichtshof zur Verhandlung der der römischen Jurisdiktion vorbehaltenen Fälle gab[40], durchreiste ein Statthalter seinen in verschiedene Gerichtsbezirke (*conventus iuridici* bzw. διοικήσεις) eingeteilten Verwaltungsbereich und hielt in den Vororten dieser Bezirke jedes Jahr stattfindende[41] Gerichtstage (ἀγοραὶ δικῶν, ἀγοραῖα oder ἀγοραῖοι) ab, was allerdings keineswegs ausschloß, daß der Aufenthalt an einem dieser Orte nicht auch der Regelung anderer Verwaltungsangelegenheiten diente.[42] Vorort eines Gerichtsbezirks zu werden bzw. zu sein – in der Provinz Asia waren dies vermutlich 13 oder 14 Städte, darunter Milet, Pergamon, Ephesus, Smyrna, Apameia und Sardis[43] –, stellte ein von jeder Polis begehrtes und gegebenenfalls eifersüchtig gehütetes Vorrecht dar. Dion von Prusa, der dieses, wie er meinte, einzig ταῖς πρώταις πόλεσιν zukommende Privileg[44] seiner Vaterstadt in Rom erwirkt hatte, konnte deshalb τὸ δικάζειν αὐτοὶ καὶ τὸ μὴ παρ' ἑτέροις ἐξετάζεσθαι, die eigene Gerichtsbarkeit und den mangelnden Zwang, sich andernorts verhören lassen zu müssen, mit vollem Recht zu jenen Dingen zählen, aus denen sich das Selbstbewußtsein einer Polis und genauso ihr Ansehen bei anderen – z. B. den Prokonsuln – speisten, wie dieses Privileg umgekehrt bei all jenen,

---

le principat, IKP 5 (1938), 615–662: 632–638 bzw. SEG XXVIII, 1566,69–77 (dazu J. Reynolds, Hadrian, Antoninus Pius and the Cyrenaican Cities, JRS 68 [1978], 111–121: 114f. 119f. und W. Williams, Antoninus Pius and the conventus of Cyrenaica, ZPE 48 [1982], 205–208). Zu Achaia vgl. Philostrat, *Vit. Ap.* V 36 (p. 197,27–198,5 Kayser).

[40] Unter und neben der römischen Gerichtsbarkeit bestanden die lokalen Gerichte (IGRR III, 409: τοπικὰ δικαστήρια) zwar weiter (L. Mitteis, Reichsrecht und Volksrecht in den östlichen Provinzen des Römischen Kaiserreichs, Leipzig 1891, 91–110.130f.; V. Chapot, La province romaine proconsulaire d'Asie depuis ses origines jusqu'à la fin du Haut-Empire, Paris 1904 [Repr. 1967], 124–129.250–252; A. C. Johnson, in: F. F. Abbott – A. C. Johnson, Municipal Administration in the Roman Empire, Princeton [NJ] 1926 [Repr. New York 1968], 81–83.204f.; Mitchell [wie Anm. 12], 200f.), doch suchten die Provinzialen ihr Recht im Laufe der Zeit mehr und mehr auch dann bei der römischen Jurisdiktion, wenn dies gar nicht zwingend geboten war, vgl. Plutarch, *Praecepta gerendae reipublicae* 19 (*Mor.* 814f–815b), und Philostrat, *Vit. Soph.* I 532. Zum schwindenden Gewicht der lokalen Gerichtsbarkeiten s. auch D. Nörr, Zu den Xenokriten (Rekuperatoren) in der römischen Provinzialgerichtsbarkeit, in: Eck (Hg.), Lokale Autonomie (wie Anm. 39), 257–301: 261f., und H. Horstkotte, Die Strafrechtspflege in den Provinzen der römischen Kaiserzeit zwischen hegemonialer Ordnungsmacht und lokaler Autonomie, ebd. 303–318: 306f. – Zu Ägypten s. Coroï (wie Anm. 39), 638–645, und Burton (wie Anm. 39), 99. Die Gerichte in Alexandria hatten freilich nur eine die Assisen ergänzende Funktion.

[41] Vgl. Habicht (wie Anm. 39), 68, und Burton (wie Anm. 39), 97–99, sowie SEG XXVIII, 1566,72–75, doch s. auch unten S. 256, Anm. 127.

[42] Habicht (wie Anm. 39), 90; Burton (wie Anm. 39), 104f. Vgl. Plinius d. J., *Epist.* X, passim.

[43] Habicht (wie Anm. 39), 66f.; Burton (wie Anm. 39), 92–94; Magie (wie Anm. 12), a. a. O. – Smyrna: Cadoux (wie Anm. 20), 163; Ephesus: Apg 19,38.

[44] *Or.* 35,17.

die es nicht besaßen und die darum gezwungen waren, sich auswärts Recht sprechen zu lassen, intensive Neidgefühle erwecken mußte.[45] Zudem kam eine Conventsstadt durch den enormen Zustrom von Menschen, der sich während der δίκαι in ihre Mauern ergoß, noch in den Genuß erheblicher wirtschaftlicher Vorteile, die ebenfalls Dion von Prusa höchst anschaulich geschildert hat.[46] So ist es denn kein Wunder, wenn Dion resümierte: τοιγαροῦν μέγιστον νομίζεται πρὸς ἰσχὺν πόλεως τὸ τῶν δικῶν καὶ πάντες ἐσπουδάκασιν ὑπὲρ οὐδενὸς οὕτω, so kommt es, daß man hinsichtlich der Geltung einer Polis der Einrichtung von Gerichtstagen ein derartiges Gewicht beimißt, daß sich alle um nichts so bemühen wie um eben dies.[47]

Über die Dauer der in den einzelnen Conventsstädten abgehaltenen Assisen finden sich lediglich bei Cicero genauere Angaben; sie freilich sind in unserem Zusammenhang äußerst aufschlußreich. Nach dem Eintreffen in seinem prokonsularischen Verwaltungsbezirk[48] reiste Cicero im Sommer des Jahres 51 zunächst durch die Conventsorte Laodicea, Apameia, Synnada und Philomelium, verweilte dort aber stets nur für wenige – zwei, vier, drei und nochmals drei – Tage, obwohl in allen diesen Städten wichtige Verhandlungen *(magni conventus)* stattfanden.[49] Zu einem späteren Zeitpunkt verhielt sich Cicero dann jedoch völlig anders; offenbar hatte er für die Assisen jetzt mehr Zeit und deshalb auch mehr Interesse für diese von ihm an anderer Stelle als Hauptinhalt der Provinzialverwaltung bezeichnete Aufgabe.[50] Jedenfalls plante er, sich den Assisen vom 13. Februar bis zum 15. Mai des Jahres 50 – also ein ganzes Vierteljahr lang! – zu widmen, allerdings nicht durch eine Bereisung der verschiedenen Conventsbezirke, sondern indem er die Assisesit-

---

[45] *Or.* 40,10 bzw. 40,33.

[46] *Or.* 35,15f. Dions Behauptung, anläßlich der Gerichtstage pflege eine „unübersehbare Menge (πλῆθος ἀνθρώπων ἄπειρον)" in die jeweilige Conventsstadt zu strömen, ist durchaus keine Übertreibung. Aus einer die Ende März 210 im ägyptischen Arsinoë abgehaltene Assisesitzung betreffenden Bekanntmachung (PYale 61) geht hervor, daß auf diesem Convent von dem Assise haltenden Präfekten bzw. seinen Mitarbeitern während zweieinhalb Tagen nicht weniger als 1804 Eingaben entgegenzunehmen gewesen waren; vgl. dazu im einzelnen N. LEWIS, The Prefect's Conventus: Proceedings and Procedures, BASPap 18 (1981), 119–129, und H. HORSTKOTTE, Die 1804 Konventseingaben in P. Yale 61, ZPE 114 (1996), 189–193. Siehe außerdem meinen Beitrag *Der θεὸς ἄφθονος von Acta Johannis 55 und sein historischer Kontext*, im vorliegenden Band S. 229–273: 256 mit Anm. 128.

[47] *Or.* 35,17.

[48] Außer Kilikien, Pamphylien, Isaurien und Lykaonien gehörten dazu auch Cypern sowie drei eigentlich zur Asia zählende Conventsbezirke, nämlich die phrygischen: Kibyra, Apameia und Synnada; vgl. M. GELZER, Art. M. Tullius Cicero, PRE 7 A (1948), 827–1091: 978.

[49] *Fam.* XV 4,2; vgl. *Att.* V 16,2; 20,1. Die Zeit- und Ortsangaben differieren leicht, an der letztgenannten Stelle wird auch noch ein zehntägiger Aufenthalt in Iconium erwähnt, ebenfalls zum Zweck der Rechtsprechung *(iuris dictione)*.

[50] *Quint.* I 1,20: *mihi quidem videtur non sane magna varietas esse negotiorum in administranda Asia, sed ea tota iuris dictione maxime sustineri.*

zungen für sämtliche Gerichtssprengel seines Verwaltungsbereichs mit Ausnahme Kilikiens in Laodicea abhielt.[51] Wie ein späterer Brief an Atticus zeigt, ist Cicero auch tatsächlich so verfahren, nur war er mit seinem Vorhaben bereits Anfang Mai zu einem Ende gelangt.[52]

Die Einsichten, die den soeben vorgestellten Texten aus Apuleius' *Florida*, den Reden Dions von Prusa und Ciceros Briefen zu entnehmen sind, lassen deutlich erkennen, in welchen Kontext nun auch das von Aristides als Anmaßung kritisierte Bestreben der drei in seiner Homonoia-Rede angesprochenen Poleis, den Statthaltern die in ihren Mauern zu verbringende Zeit vorschreiben zu wollen, einzuordnen ist: in den der statthalterlichen Assisereisen.[53] Denn was Pergamon, Ephesus und Smyrna – sämtlich Conventsstädte[54] – zu Aristides' Zeiten anscheinend mit allen Mitteln und insbesondere durch die Erklärung, zu allen möglichen erbetenen wie nicht erbetenen Dienstleistungen bereit zu sein, zu erreichen versucht haben, zielte ganz in die Richtung dessen, was Cicero einst, freilich aus eigenem Antrieb und nicht auf Drängen einer bestimmten Polis, tatsächlich getan hatte: die mehrere Gerichtssprengel betreffenden Assisen an einem einzigen Conventsort abzuhalten und an diesem dementsprechend lange zu verweilen, also sich, wie bei Aristides zu lesen steht, einer Polis (hier: Laodiceas) allein bzw. überwiegend (die kilikischen Sprengel wurden in Laodicea ja nicht verhandelt) zu bedienen und so die Zeitspanne des prokonsularischen Bleibens in der betreffenden Stadt – χρόνον ὅσον χρὴ μένειν παρ' ἑαυτοῖς – ganz erheblich auszudehnen. Auch wenn die Statthalter im 2. Jahrhundert kaum mehr in der Lage gewesen sein dürften, ihre Assisetour derart flexibel zu gestalten, wie dies Cicero einst vermocht hatte[55], und insbesondere einzelne Conventsorte nun wohl nicht mehr einfach ganz beiseite gelassen werden konnten – das einschränkende ἢ μάλιστά γε in Aristides' Ausführungen dürfte so zu verstehen sein[56] –, war es aber offenbar immer noch möglich, die in den verschiedenen Conventsstädten zu verbringende Zeitspanne zu verkürzen oder zu verlängern; andernfalls hätte Apuleius

---

[51] *Att.* V 21,9: *Id. Febr. . . . forum institueram agere Laodiceae Cibyraticum et Apamense, ex Id. Mart. ibidem Synnadense, Pamphylium . . . Lycaonium, Isauricum; ex Id. Maiis in Ciliciam, ut ibi Iunius consumatur.* Laodicea war seinerzeit Vorort des *conventus Cibyraticus*, s. AMELING (wie Anm. 39), 18–24.

[52] *Att.* VI 2,4: *atque hoc foro, quod egi ex Id. Febr. Laodiceae ad Kal. Mai. omnium dioecesium praeter Ciliciae, mirabilia quaedam effecimus.*

[53] Vgl. C. A. BEHR (Übers.), P. Aelius Aristides. The Complete Works, Vol. 2, Leiden 1981, 368 Anm. 66 z. St.

[54] Vgl. die oben Anm. 43 genannte Literatur.

[55] So BURTON (wie Anm. 39), 99; vgl. C. A. BEHR, Aelius Aristides and the Sacred Tales, Amsterdam 1968, 133. Wie Cicero verfuhr auf einer Spanienreise aber auch Hadrian noch, *Script. hist. Aug. Hadrian* 12,4: *omnibus Hispanis Tarraconem in conventum vocatis.*

[56] *Or.* 23, p. 49,19 Keil. Eingeschränkt wird das Verlangen der Städte, die Statthalter möchten von ihnen jeweils als einziger „Gebrauch machen" (χρῆσθαι δ' αὐτοῖς μόνοις).

in seiner Lobrede auf den Prokonsul Cocceius Severianus Honorinus kaum formulieren können: *nemo Karthagini proconsulum diutius fuit.*[57] Gründe, sich um eine möglichst lange Verweildauer der Statthalter zu bemühen, gab es, wie vor allem aus Dions Ausführungen über den vorteilhaften Status einer Conventsstadt hervorgeht, genug: handfeste wirtschaftliche und fast mehr noch solche des Prestiges. Derlei in einer zur Eintracht mahnenden und das obsolet gewordene πρωτεία-Streben der miteinander rivalisierenden Poleis tadelnden Rede zu rügen, war durchaus am Platze.

IV

Die oben gestellte Frage, ob es seinerzeit – d. h. zur mutmaßlichen Abfassungszeit der Johannesakten in der 2. Hälfte des 2. Jahrhunderts – einen Personenkreis gegeben haben könnte, dessen Angehörige gleich dem Apostel Johannes von Stadt zu Stadt zu reisen hatten und bei denen ein langes Verweilen in einer der von ihnen aufzusuchenden Städte wie im Falle des Johannes ein Umstand von erheblichem Gewicht war, läßt sich nunmehr eindeutig bejahen. Wie der Apostel durch sein ihm von Gott bzw. dem κύριος zugewiesenes Missionsgebiet, die Asia, reist, so unternahmen damals die Prokonsuln ihre Assisereisen durch die ihnen vom Kaiser zugeteilten Provinzen, durch Africa etwa oder durch Bithynien und genauso auch durch die Asia. Auf diesen Reisen waren die Statthalter in den von ihnen besuchten Conventsstädten wegen der ideellen wie materiellen Vorteile, die mit der Anwesenheit eines Assisesitzungen abhaltenden Prokonsuls verbunden waren, äußerst gern gesehene Gäste.[58] Es kann darum nicht verwundern, wenn es Aristides' Zeugnis zufolge unter den ohnehin miteinander rivalisierenden Conventsstädten Pergamon, Smyrna und Ephesus in der 2. Hälfte des 2. Jahrhunderts zu einem regelrechten Wettlauf um ein wenn schon nicht – wie einst im Falle Laodiceas von Cicero praktiziertes – ausschließliches, so doch wenigstens möglichst langes Verweilen der Statthalter in den Mauern der eigenen Stadt gekommen ist; anders läßt sich das von Aristides als „Vorschreiben" (προστάττωσιν) ironi-

---

[57] *Flor.* 9 (s. o Anm. 37). Für Ägypten beweisen die Papyri sogar, daß bestimmte Conventsbezirke (oder Teile davon) gelegentlich nicht in dem üblicherweise für sie zuständigen, sondern an einem anderen Conventsort verhandelt wurden, so z. B. die Heptanomis nicht in Memphis, sondern in Pelusium oder Alexandria, was den Aufenthalt des Präfekten an den genannten Orten naturgemäß verkürzen bzw. verlängern mußte; vgl. U. WILCKEN, Der ägyptische Convent, APF 4 (1908), 366–422: 386f.394.396; COROI (wie Anm. 39), 635f. Ein Beispiel für die Verlängerung des statthalterlichen Aufenthaltes bei Plinius d. J., *Epist.* X 81,1–3; vgl. zudem BURTON (wie Anm. 39), 101.

[58] Sie wurden deshalb auch mit Pomp empfangen – etwa mit feierlichen Prunkreden, wie sie Aristides zweimal für die Conventsstadt Smyrna verfertigt hat: *Or.* 17 und 21 (Keil); vgl. BEHR (wie Anm. 53), 356.361f.

sierte Ansinnen einer jeden der drei genannten Städte an den Statthalter, χρῆσθαι δ' αὐτοῖς μόνοις ἢ μάλιστά γε, nicht verstehen.

Was Aristides im Hinblick auf Pergamon, Smyrna und Ephesus Anlaß zum Tadel gibt, ist nun bezeichnenderweise nicht der Wunsch, von den auf Assisetour befindlichen Statthaltern besucht zu werden; was Aristides kritisiert, ist vielmehr das Verlangen der Städte, den Prokonsuln vorschreiben zu wollen, wie lange diese auf ihrer Assisetour in einer jeden von ihnen zu verweilen hatten (χρόνον ... ὅσον χρὴ μένειν παρ' ἑαυτοῖς), was bei Städten, deren erklärter Wunsch es war, von den Statthaltern als einzige oder – was realistischer gewesen sein dürfte – doch wenigstens „am meisten gebraucht zu werden" (χρῆσθαι δ' αὐτοῖς μόνοις ἢ μάλιστά γε), nur heißen konnte, daß eine jede von ihnen danach strebte, die statthalterliche Anwesenheit in der betreffenden Stadt möglichst lange währen zu lassen. Eben darum geht es nun auch in den Johannesakten: nicht um das Streben der Johannes zur Missionierung anvertrauten Städte nach einem Besuch ihres Apostels, sondern um das speziellere Problem, wie lange der Besuch des Apostels an einem dieser Orte dauern durfte. Nicht daran, daß Johannes in Ephesus weilt, nehmen die milesischen ἀδελφοί in c. 37 Anstoß; was sie dem Apostel, wie sich aus c. 45 ergibt, vorwerfen, ist die Tatsache, daß man schon so lange Zeit in Ephesus geblieben ist: πολὺν χρόνον ἐν τῇ Ἐφέσῳ μεμενήκαμεν (37,1f.). In c. 45 verteidigt sich Johannes gegen diesen Vorwurf; sein Bleiben in der Stadt sei aus Rücksichtnahme auf die ihn noch benötigenden Epheser erfolgt: πιστεύσατε ὅτι ὑμῶν ἔνεκεν ἐν τῇ Ἐφεσίων πόλει ἔμεινα[59]; zudem sei sein Bleiben göttlich sanktioniert: μεμένηκα εὐχόμενός μου τῷ θεῷ (45,5f.). In c. 55 schließlich verhält es sich nicht anders; was die Smyrnäer Johannes vorwerfen, ist keineswegs, daß er sich in Ephesus und nicht in ihrer Stadt aufhält; ihre Vorwürfe resultieren allein aus der Sorge, auf seiner Missionsreise durch die Asia könne der Apostel in einer der von ihm aufzusuchenden Städte mit Vorzug, d. h. besonders lange verweilen wollen (55,4). Was sie hinsichtlich ihres Apostels befürchten, ist nun aber genau das, was die von Aristides getadelten Poleis im Hinblick auf ihre Statthalter je für sich ersehnten: Die Prokonsuln möchten auf ihrer Assisetour durch die Asia von ihnen allein oder doch wenigstens mit Vorzug (μάλιστά γε) Gebrauch machen – ein Wunsch, den auch die Karthager verspürten und den Apuleius im Amtsjahr des Prokonsuls Severianus und seines Legaten Honorinus als in Erfüllung gegangen pries: *nemo Karthagini proconsulum diutius fuit ... manente nobis Honorino.*[60] Müßte man das Problem, das der Verfasser der Johannesakten in c. 37; 45 und 55 traktiert, knapp charakterisieren, so könnte man dies im übrigen nicht treffender tun als mit einer einschlägigen Formulierung des Aristides; worum es dem ActJoh-Verfasser an den genannten Stellen geht, ist nichts an-

---

[59] 45,1f.; vgl. 45,6f.: Johannes will die Stadt erst dann verlassen, ὁπόταν ὑμᾶς στηρίξω.
[60] *Flor.* 9,24 (s. o Anm. 37).

deres als die Johannes, den Inhaber eines ihm vom Kyrios anvertrauten Verwalteramtes[61], genauso wie die Statthalter betreffende Frage nach der Zeitspanne, die sie als Amtsträger an den einzelnen Orten ihres Wirkens zu verbringen hatten: um (τὸν) χρόνον ... ὅσον χρὴ μένειν παρ' ἑαυτοῖς.

Aus der überraschenden sachlichen Übereinstimmung, die hinsichtlich des Problems der Verweildauer von reisenden Amtsträgern an den einzelnen Orten ihrer Tätigkeit zwischen ActJoh 37; 45 und 55 auf der einen und verschiedenen von den Assisereisen der Prokonsuln handelnden paganen Texten auf der anderen Seite besteht, läßt sich nun m. E. nur ein Schluß ziehen: der, daß der Autor der Johannesakten ganz bewußt ein bestimmtes, mit den prokonsularischen Assisereisen durch die Asia verbundenes Problem – das Problem der statthalterlichen Verweildauer in den einzelnen Conventsstädten – in den Kontext der in der gleichen Region stattfindenden johanneischen Missionsreise eingetragen hat. Für diese Annahme scheint mir insbesondere noch der Umstand zu sprechen, daß der Autor offenbar bemüht war, den historischen Kontext, in dem das von ihm in den Zusammenhang der apostolischen Missionsreise transponierte Problem eine Rolle spielte, in den Johannesakten zumindest anzudeuten – aus welchem Grund sonst hätte er die Gesandtschaft an den in *Ephesus* weilenden Apostel ausgerechnet aus einer der beiden seinerzeit am heftigsten mit der Provinzhauptstadt der Asia rivalisierenden Städte, aus Smyrna, stammen lassen sollen?

Weitere Gemeinsamkeiten zwischen den Assisereisen der Prokonsuln und der Missionsreise des Johannes seien hier nur noch kurz notiert. Beide, ob Prokonsul oder Apostel, haben den von ihnen aufgesuchten Städten etwas zu bieten: Die Prokonsuln waren in der Lage, durch ihren Aufenthalt in einer Stadt deren Prestige zu erhöhen sowie für wirtschaftliche Prosperität zu sorgen; der Apostel verhalf den Städten zur wahren Gotteserkenntnis, deren Frucht darin bestand, daß man nunmehr τὰς ἐλπίδας besaß.[62] Bei den mit der Anwesenheit – sei es des Apostels, sei es eines Prokonsuls – Beglückten herrschte zudem übereinstimmend die Vorstellung, die von jenen angebotenen Güter seien an die Präsenz der Anbieter gebunden; in der Tat konnte nur ein anwesender Prokonsul das Prestige einer Stadt erhöhen und einen gewinnträchtigen Publikumszustrom von außen garantieren. Entsprechend waren auch die von Johannes Bekehrten oft genug davon überzeugt, ihr Heil hänge an der Gegenwart des Apostels, der deshalb die Laodicener bei seiner Abreise darüber belehren muß, daß ihnen Gott, „der euch nicht im Stich läßt (ὁ μὴ ἀπολιμπανόμενος ὑμῶν)", bleibe und ebenso Jesus Christus, der immer bei ihnen sein werde.[63] Angesichts des mit der Abreise des Apostels vermeintlich verbundenen Heilsentzugs wird verständlich, warum die Laodicener auf die Ankündigung der

---

[61] Vgl. ActJoh 113,22f.: νῦν οὖν ὅτε ἦν ἐπιστεύθην ὑπὸ σοῦ, κύριε Ἰησοῦ, οἰκονομίαν ἐτέλεσα. – Zu οἰκονομία als Verwalteramt vgl. 1Kor 9,17; Eph 3,2; Kol 1,25 sowie C. Spicq, Notes de lexicographie néo-testamentaire, Tom. 2 (OBO 22,2), Fribourg/Göttingen 1978, 612f.

[62] ActJoh 55,5–7. Vgl. den Katalog der den „Mitteilhabern am Reiche Gottes" durch den Apostel gewährten Gaben Gottes in c. 106,3–10.

[63] ActJoh 58,7f. bzw. 58,10. Vgl. c. 25,5–7: Hier sind es noch nicht völlig Bekehrte, die Johannes anflehen: ἐλπὶς ἡμῖν οὐκ ἔστιν ἐν τῷ θεῷ σου ... ἐὰν μὴ μείνῃς παρ' ἡμῖν.

Abreise des Johannes aus ihrer Stadt mit großer Betrübnis reagieren: ἐπένθουν ὅτι αὐτῶν ἐχωρίζετο (58,9; 58,3: ἐλυπήθησαν; 59,2f.: πενθούντων ἁπάντων καὶ στεναζόντων). Die gleichen Gründe sind es aber auch, die die in Aristides' Homonoia-Rede angesprochenen Städte zu der Drohung veranlassen, es nicht aushalten zu wollen, wenn die Prokonsuln ihnen nicht willfahrten, d. h. nicht lange genug in der Stadt blieben (ἀπειλοῦντες ὡς, εἰ μὴ πείθοιντο, οὐκ ἀνέξοιντο).[64] Schließlich: Wie die Statthalter nach Erledigung der Assisen wieder in die Hauptstadt ihrer Provinz – sei es Ephesus, Karthago oder Alexandria – zurückkehrten, so kehrt auch Johannes nach seinem Aufenthalt in Laodicea, der letzten der auf seiner Missionsreise durch die Asia von ihm aufzusuchenden „übrigen Städte", wieder nach Ephesus zurück (c. 58f.).[65]

V

Mit einiger Gewißheit wird man annehmen können, daß der Autor der Johannesakten die in c. 55 erneut gegen den Apostel erhobenen Vorwürfe hinsichtlich seines zu langen Aufenthaltes an einem Ort nicht ohne Antwort gelassen hat. Der Zwang zu einer Antwort bestand schon aufgrund der Deutlichkeit der smyrnäischen Vorwürfe. Darüber, wie der Verfasser die Reaktion des Johannes ausfallen ließ, ist freilich nicht allzuviel in Erfahrung zu bringen, da der Text hinter c. 55 eine erhebliche Lücke aufweist.

Immerhin läßt der Beginn von c. 58 doch einige gerade für unseren Zusammenhang wesentliche Rückschlüsse zu. Das Kapitel schildert eine Abschiedsszene; Johannes kündigt den Laodicenern seine Rückkehr nach Ephesus an: ἀδελφοί, ἤδη με καιρὸς τὴν Ἔφεσον καταλαβεῖν (58,4). Der καιρός der Abreise des Apostels ist nun aber kein in das Belieben des Johannes gestellter und erstaunlicherweise auch kein ihm vom Herrn diktierter Zeitpunkt; wenn Johannes jetzt aus Laodicea abreisen muß, dann vielmehr deshalb, weil der Zeitpunkt hierfür in Verhandlungen vereinbart worden ist, die der Apostel vor seinem Aufbruch von Ephesus mit den Ephesern über die Dauer seiner Abwesenheit geführt hat: denn eben jetzt nach Ephesus zurück-

---

[64] *Or.* 23, p. 49,17 Keil.

[65] Welche Städte sich hinter den in 45,3 und 55,5 so genannten λοιπαὶ πόλεις verbergen, ist aus den erhaltenen Textpartien der Johannesakten nicht zu entnehmen und infolgedessen ebensowenig, wie die Route der johanneischen Missionsreise im einzelnen aussah. Fest steht lediglich, daß sie von Milet über Ephesus nach Smyrna und an ihrem Ende von Laodicea zurück nach Ephesus führte. Hieraus möchte J. N. BREMMER unter Beiziehung bestimmter auf die Assisereisen römischer Prokonsuln durch die Asia zu beziehender Angaben im Pioniusmartyrium sowie bei Aristides (*Or.* 50 = *Hieroi logoi* IV, 1.78.85.89 Keil) erschließen, "that he [sc. Johannes] first toured the coastal cities before visiting those inland, just like the Roman governor on his yearly visits to the assize districts" (Woman in the Apocryphal Acts of John, in: J. N. Bremmer [Hg.], The Apocryphal Acts of John [Studies on the Acocryphal Acts of the Apostles 1], Kampen 1995, 37–56: 39; J. DEN BOEFT and J. [N.] BREMMER, Notiunculae Martyrologicae III. Some Observations on the Martyria of Polycarp and Pionius, VigChr 39 [1985], 110–130: 119).

zukehren, „bin ich mit denen, die dort [sc. in Ephesus] weilen, übereingekommen", heißt es in c. 58,5.[66] Da Laodicea jedoch die letzte Station der Missionsreise war, die den Apostel von Ephesus „nach Smyrna und in die übrigen
Städte" sowie wieder zurück nach Ephesus führen sollte, muß in jenen Verhandlungen die gesamte Zeitspanne, die Johannes von Ephesus abwesend sein
würde, festgesetzt worden sein.[67] Der Schluß, daß bei diesen Verhandlungen
auch und gerade der von den Smyrnäern kurz zuvor in c. 55 geäußerte Verdacht, Johannes könne auf seiner Reise durch die Asia an dem einen oder anderen Ort besonders lange verweilen wollen, eine Rolle gespielt hat, liegt angesichts des Gewichts, das der Autor diesem Problem zugemessen hat, sehr
nahe. Vermutlich hat er im Anschluß an c. 55 eine Szene gestaltet, in der er
den Apostel sich von allen einschlägigen Vorwürfen reinigen und das Problem
der apostolischen Verweildauer an einem Ort in einer alle Beteiligten zufrie-
denstellenden Weise ein für allemal klären ließ. Zur Charakterisierung dessen,
was der Autor den Johannes, die Epheser und vielleicht auch die Smyrnäer,
die zugleich Anwälte der „übrigen Städte" waren, dann hätte tun lassen, eignet
sich wiederum nichts besser als jene Formulierung, mit der Aristides das Tun
der nach möglichst langer Anwesenheit ihrer Prokonsuln verlangenden Conventsstädte Ephesus, Smyrna und Pergamon wiedergibt: χρόνον δὲ τάττωσιν
ὅσον χρὴ μένειν παρ' ἑαυτοῖς, sie legen die Zeitspanne fest, die man (d. h.
die Prokonsuln bzw. der Apostel) bei ihnen (d. h. in den Conventsstädten
Ephesus, Smyrna und Pergamon bzw. in den einzelnen Orten der johanneischen Mission) bleiben muß. Was von Aristides als ein aus den Rivalitäts-
kämpfen der Poleis resultierender anmaßender Eingriff in die Kompetenz der
Statthalter getadelt wurde, dürfte vom Autor der Johannesakten allerdings als
eine einvernehmlich vorgenommene Regelung geschildert worden sein, die
allen Betroffenen gleichermaßen gerecht wurde.

Im einzelnen muß hier sicherlich mancherlei offen bleiben. Doch daß der
Autor die Verweildauer des Johannes in Ephesus bzw. ἐν ἑνὶ τόπῳ proble-
matisiert hat, um die Missionsreise seines Apostels durch die Asia zumindest
punktuell – freilich in einem gewichtigen Punkt! – mit der Assisetour der Prokonsuln parallelisieren zu können, halte ich für ausgemacht. Entsprechendes
gilt auch für den Zweck dieser Operation. Sie besaß ihre Ratio in der Ermögli-
chung des polemischen Vergleichs von vorbildlichem christlichen Verhalten –
in erster Linie wohl dem Verhalten des vom θεὸς ἄφθονος geleiteten Apostels – mit einem demgegenüber sehr viel weniger anziehend erscheinenden

---

[66] Auch hier gerät der Autor wieder mit seiner These von Gott als dem alleinigen Lenker
der Schritte des Apostels in Konflikt. Vgl. oben S. 208–211.

[67] Diese Zeitspanne prädikatisiert der Autor, obwohl er eine gewisse Dauer konstatieren
will, bezeichnenderweise nicht wie in c. 37,1f. und 58,5f. mit πολύς, sondern mit ἱκανός
(58,2; 62,2). Sie ist, anders als an den beiden erstgenannten Stellen, keine lange bzw. zu lange, sondern, da in Verhandlungen festgelegt, eine ‚angemessene‘ bzw. ‚ziemliche‘ Spanne.

Gebaren auf paganer Seite: der Unkorrektheit, mit der die oder doch manche Prokonsuln die Dauer ihrer Vorteile gewährenden Anwesenheit in den Conventsstädten ihren Vorlieben gemäß oder den einzig das eigene Interesse verfolgenden Wünschen der einen oder anderen Conventsstadt entsprechend eingerichtet haben müssen, statt sich vom Prinzip der Gleichbehandlung aller leiten zu lassen. Was in ActJoh 37; 45 und 55 vorliegt, ist ein – gewiß nur noch fragmentarisch erhaltenes – Stück indirekter Polemik gegen Rom, genauer gesagt: gegen bestimmte Usancen der römischen Provinzialverwaltung.[68]

Freilich kann man fragen, ob eine solche Polemik thematisch überhaupt zu einem Werk paßt, das sonst eher von weltabgewandtem Spiritualismus geprägt ist.[69] Der Spiritualismus des Autors hat diesen jedoch auch daran nicht gehindert, die Handlung der Johannesakten weithin „in einem Oberschichtmilieu sich abspielen"[70] und den Apostel gerade in den Kreisen der Polishonoratioren, also bei den πλούσιοι, Strategen und ‚Ersten' einer Stadt, Anklang finden zu lassen.[71] Dies und die zwar nur gelegentlichen, aber deutlich wahrnehmbaren Reminiszenzen an eine seinerzeit den gehobenen Schichten zur Unterhaltung dienende Literaturgattung, den Roman[72], zeigen zur Genüge, für welches Publikum der Autor der Johannesakten zumindest *auch* geschrieben hat: für Angehörige der Poliselite bzw. solche, die ihr einmal angehört hatten. Für den Nachweis, daß der Apostel auf seiner Missionsreise durch die Städte der Asia anders als die oder manche der auf Assisetour befindlichen Statthalter keine einzige Polis benachteiligt, sondern seine heilbringende Anwesenheit allen von ihm aufzusuchenden Städten gleichmäßig bzw. vereinbarungsgemäß gewährt hatte, konnte der Verfasser der Johannesakten bei Leuten der eben beschriebenen sozialen Herkunft mit Sicherheit auf Interesse rechnen.

Ein solches Lesepublikum fand sich allerdings nur dort, wo das Phänomen, das der Verfasser der Johannesakten als Folie für das vorbildliche Handeln

---

[68] Direkte Polemik sucht man in den Johannesakten vergebens. Auf indirekte Weise hat der Autor hingegen noch zweimal Stellung bezogen: in c. 22,5f.; 56,18f. und 108,5 gegen den Asklepioskult (vgl. Junod – Kaestli, [wie Anm. 1], 526; G. Dumeige, Le Christ médecin dans la littérature chrétienne des premiers siècles, RivAC 48 [1972], 115–141: 123f.) und in c. 53f. gegen die Praktiken eines anscheinend vor allem in Alexandria beheimateten radikalen Enkratitentums (vgl. dazu meinen Beitrag *Paignion und Biberfabel*, im vorliegenden Band S. 171–206: 191–206).

[69] Vgl. Junod – Kaestli (wie Anm. 1), 680, sowie im vorliegenden Band S. 187–190.

[70] Schäferdiek, in: NTApo⁵ II, 155.

[71] Siehe c. 18,3; 19,1f.; 31,7f.; 56,3 und 73,10.

[72] Vgl. Junod – Kaestli (wie Anm. 1), 516–520, bzw. K. Treu, Der antike Roman und sein Publikum, in: H. Kuch (Hg.), Der antike Roman. Untersuchungen zur literarischen Kommunikation und Gattungsgeschichte, Berlin 1989, 178–197, bes. 194–197, und E. Bowie, The Ancient Readers of the Greek Novels, in: G. Schmeling (Hg.), The Novel in the Ancient World (Mn.S 159), Leiden/New York/Köln 1996, 87–106: 105f.

seines Apostels gewählt hat – das Phänomen der ständigen Rivalität einer Reihe von miteinander um Rang, Titel und handfestere Vorteile wie z. B. die möglichst lange Anwesenheit eines Statthalters in den eigenen Mauern streitenden Poleis –, endemisch war und infolgedessen als gewichtiger Faktor des eigenen Lebens erfahren werden konnte. Eben dies dürfte weit eher in Kleinasien als in Ägypten oder Syrien der Fall gewesen sein, weshalb die oben vorgelegte Interpretation von ActJoh 37; 45 und 55 durchaus als Argument für eine kleinasiatische Herkunft der Johannesakten verstanden werden kann[73], ohne daß deswegen aber sämtliche Bezüge, die die Johannesakten mit Ägypten bzw. Alexandria (oder Syrien?) zu verbinden scheinen, negiert werden müßten. Angesichts der von Beginn an vorhandenen und schon aus den steten Mahnungen des christlichen Schrifttums zur Gastfreundschaft[74] resultierenden geographischen Mobilität der Christen[75] ist nichts Erstaunliches daran, in einer noch dazu keineswegs abgelegenen Region wie der Asia Gedankengut auch aus anderen, selbst weiter entfernten, Regionen des *orbis Romanus* anzutreffen, ein Faktum zudem, das im Bereich der paganen Religionen[76] eine Selbstverständlichkeit darstellt.

---

[73] So P. J. LALLEMAN, The Acts of John. A Two-Stage Initiation into Johannine Gnosticism (Studies on the Apocryphal Acts of the Apostles 4), Leuven 1998, 264f. – Durch die Untersuchung von H. ENGELMANN, Ephesos und die Johannesakten, ZPE 103 (1994), 297–302, hat sich zudem gezeigt, daß ein von JUNOD und KAESTLI gegen die Annahme einer kleinasiatischen Herkunft der Johannesakten vorgebrachtes Argument, nämlich die deren Verfasser eigentümliche Unkenntnis der geo- bzw. topographischen Gegebenheiten der Asia (vgl. zuletzt: Le dossier des 'Actes de Jean': état de la question et perspectives nouvelles, in: ANRW II 25,6 [1988], 4293–4362: 4353f.), nicht über alle Zweifel erhaben ist. – Für die Herkunft der Johannesakten aus Syrien votiert K. SCHÄFERDIEK, Herkunft und Interesse der alten Johannesakten, ZNW 74 (1983), 247–267; DERS., Art. Johannes-Akten, RAC 18 (1998), 564–595: 577–580.

[74] Vgl. G. STÄHLIN, Art. ξένος κτλ., ThWNT 5 (1954), 1–36: 19–24; D. GORCE – O. HILTBRUNNER, Art. Gastfreundschaft, C. Christlich, RAC 8 (1972), 1103–1123; A. J. MALHERBE, Social Aspects of Early Christianity, Philadelphia ²1983, 92–112.

[75] Dazu A. VON HARNACK, Die Mission und Ausbreitung des Christentums in den ersten drei Jahrhunderten, Bd. 1, Leipzig ⁴1924, 379–382; W. WISCHMEYER, Von Golgatha zum Ponte Molle. Studien zur Sozialgeschichte der Kirche im dritten Jahrhundert (FKDG 49), Göttingen 1992, 21–62 (= Kap. I: Bewegungsbilder).

[76] Vgl. z. B. G. HÖLBL, Zeugnisse ägyptischer Religionsvorstellungen für Ephesus (EPRO 63), Leiden 1978.

Der θεὸς ἄφθονος von Acta Johannis 55 und sein historischer Kontext

I

Durchmustert man das Personal, mit dem der Autor der Acta Johannis[1] seinen Apostelroman bevölkerte, so wird einem alsbald auffallen, daß er offensichtlich bestrebt war, seinen Apostel weniger unter Landarbeitern und Dirnen Anhänger finden zu lassen[2] als vielmehr in den Kreisen der lokalen städtischen Eliten.

Auf den ersten Blick ist diese Absicht in 19,1f. hinsichtlich eines gewissen Lykomedes sowie in 31,7f. und 37,4f. im Falle des Andronikos zu erkennen. Von beiden behauptet der Autor, sie hätten zum Zeitpunkt ihrer Bekehrung das Amt eines ephesischen Strategen bekleidet[3] – d. h. eines jener für den Inhaber mit hohen Kosten verbundenen Polisämter, die nur Mitgliedern der zum *ordo decurionum* zählenden städtischen Elite offenstanden.[4] Von der finanziellen Leistungskraft, deren die Polishonoratioren bedurften, um solche ἀρχαί angemessen ausüben zu können, ist in den Johannesakten dreimal die Rede. Der Stratege Lykomedes gehörte 19,1f. zufolge zu den Wohlhabenden seiner Vaterstadt – er wird als ein ἄνθρωπος τῶν εὐδαιμόνων bezeichnet –, und Antipatros, ein weiteres Mitglied der Poliselite[5], versetzte der ActJoh-Verfasser in die beneidenswerte Lage, dem Apostel als Gegenleistung für die Heilung seiner von Dämonen besessenen Söhne nicht weniger als μυριάδας

---

[1] Im folgenden zitiert nach der Ausgabe von E. JUNOD und J.-D. KAESTLI, Acta Iohannis (CChr.SA 1–2), 2 Vol. (fortlaufend paginiert), Turnhout 1983, 159–315.

[2] Siehe c. 48–54 sowie 59,8.

[3] Zum Amt der in der Kaiserzeit längst nicht mehr mit militärischen Dingen, sondern einzig noch mit Verwaltungs- und Repräsentationsangelegenheiten befaßten Strategen vgl. W. LIEBENAM, Städteverwaltung im Römischen Kaiserreiche, Leipzig 1900 (Repr. Rom 1967), 286–288, und D. MAGIE, Roman Rule in Asia Minor. To the End of the Third Century after Christ, 2 Vol., Princeton 1950 (Repr. Salem 1988), 643–645. 1508–1510.

[4] Zum „Regime der Honoratioren" und dem untrennbar mit ihm verbundenen System des „Euergetismus" vgl. P. VEYNE, Brot und Spiele. Gesellschaftliche Macht und politische Herrschaft in der Antike, Frankfurt a. M./Paris 1988, insbes. 107–109. 250–279; F. QUASS, Die Honoratiorenschicht in den Städten des griechischen Ostens. Untersuchungen zur politischen und sozialen Entwicklung in hellenistischer und römischer Zeit, Stuttgart 1993, insbes. 347–352, sowie die konzise Darstellung von A. H. M. JONES, The Greek City. From Alexander to Justinian, Oxford 1940, 170–191.

[5] Dazu unten S. 232f.

δέκα χρυσίου – 100 000 Aurei bzw. zehn Millionen Sesterzen – anbieten zu können.[6] Der interessanteste Fall in diesem Zusammenhang ist jedoch ein gewisser Kleobios, über den man aus den Johannesakten außer der Tatsache, daß er zur Jüngerschaft des Johannes gehörte, nur noch erfährt, er sei über die Maßen reich gewesen (πάνυ πλούσιος) sowie in Begleitung seiner Dienerschaft gereist.[7] Nun ist Wohlhabenheit an sich durchaus noch kein Anzeichen für die Zugehörigkeit zur Schicht der Poliselite – man denke nur an die zahlreichen äußerst wohlhabenden Freigelassenen, die keineswegs zu den Kreisen der städtischen Notabeln zählten.[8] Wo Reichtum jedoch mit den Begriffen πλοῦτος, πλούσιος κτλ. notiert wird, ist häufig noch eine Konnotation mit im Spiel, nämlich die Zugehörigkeit zu jenen, die in der Polis herrschen, herrschen könnten oder herrschen sollten.

Die älteren Belege für die die griechische Welt seit Anbeginn prägende Verbindung von πλοῦτος und δύναμις – man vergleiche nur Plato, der die μάλιστα δυνάμενοι[9] ohne weiteres mit den πλουσιώτατοι identifizieren konnte[10] – sind an anderer Stelle bequem zugänglich zusammengestellt[11]; hier seien deshalb nur zwei – allerdings höchst charakteristische – Beispiele aus einem kaiserzeitlichen Autor, dem aus Ephesus stammenden und im 2. Jahrhundert lebenden Artemidor, präsentiert. Im zweiten Buch seines der Traumdeutung gewidmeten Werkes heißt es, daß, wenn ein πλούσιος ἀνὴρ καὶ μέγα δυνάμενος einen bestimmten Traum habe, dies darauf schließen lasse, der πλούσιος werde in seiner Polis ein Führungsamt bekleiden (ἄρξει … τῆς πόλεως)[12] und, auf Ehre bedacht (φιλοτιμούμενος), große Auf-

---

[6] 56,5f. – Zum Vergleich: Galen, einer der berühmtesten Ärzte der Antike, erhielt als Honorar für die Heilung einer Senatorengattin 400 Aurei (Galen, Vol. 14, p. 647 Kühn); Opramoas, „der Euerget par excellence" (VEYNE [wie Anm. 4], 277; vgl. unten Anm. 20 und 23), brachte im Laufe vieler Jahre für die Städte Lykiens rund zweieinhalb Millionen Sesterzen auf (IGRR III, 739; G. ALFÖLDY, Römische Sozialgeschichte, Wiesbaden ³1984, 112), und das von Augustus festgelegte Mindestvermögen eines Senators betrug eine Million Sesterzen (Dio Cassius LIV 17,3).

[7] 18,3 bzw. 19,16f.

[8] Vgl. ALFÖLDY (wie Anm. 6), 112–114; P. VEYNE, Das Leben des Trimalchio, in: DERS., Die römische Gesellschaft, München 1995, 9–50, und S. MRATSCHEK-HALFMANN, Divites et praepotentes. Reichtum und soziale Stellung in der Literatur der Prinzipatszeit (Hist. Einzelschr. 70), Stuttgart 1993, 214–216.

[9] Δυνάμενος und δυνατός (samt Steigerungsformen) dienen seit klassischer Zeit zur Bezeichnung des Adels, s. E. C. Welskopf (Hg.), Soziale Typenbegriffe im alten Griechenland und ihr Fortleben in den Sprachen der Welt, Bd. 1, Berlin 1985, 740–742.750–752 s. v., und B. J. SCHULZ, Bezeichnungen und Selbstbezeichnungen der Aristokraten und Oligarchen in der griechischen Literatur von Homer bis Aristoteles, in: Welskopf, Bd. 3, Berlin 1981, 67–155, passim.

[10] *Prot.* 326c. Vgl. *Resp.* 562b: Das Kennzeichen der Oligarchie sei das Streben der Oligarchen nach ὑπέρπλουτος.

[11] SCHULZ (wie Anm. 9), passim.

[12] Vgl. auch die Selbstverständlichkeit, mit der Epiktet (*Diss.* IV 4,1) ἀρχή und πλοῦτος in einem Atemzug nennt und Galen von den πλουτοῦντές τε καὶ δυνάμενοι ἐν ταῖς πόλεσι spricht (Vol. 14, p. 600 Kühn).

wendungen für das öffentliche Wohl machen (πολλὰ … εἰς τὸ δημόσιον ἀναλώσει)[13] sowie über eine große Klientel verfügen (πολλοί τε ἐπὶ τὴν οἰκίαν αὐτοῦ φοιτήσουσι δεόμενοι καὶ χρήζοντες).[14] Dem πλούσιος wird hier also nichts anderes als die typische Karriere eines Polishonoratioren – eines δυνάμενος eben – vorhergesagt. Nicht minder deutlich geht der selbstverständliche Konnex von politischer Macht und jener Art Reichtum, die im Begriff πλοῦτος κτλ. zum Ausdruck kommt, aus *Onirocr.* I 17 hervor. Der Traum, den Artemidor in diesem Abschnitt deutet, sagt einem ἀνὴρ πλούσιος, der noch kein politisches Amt innehat (οὐδέπω ἄρξαντι), ganz wie der in II 27 interpretierte das Bekleiden eben solcher Ämter voraus.[15] Träumen denselben Traum aber andere, in der Regel gleichfalls Wohlhabende wie Geldverleiher (δανεισταί) oder Bankiers (τραπεζῖται), so ist der Traum zwar auch für sie von positiver Vorbedeutung, doch verheißt er ihnen etwas völlig anderes als dem πλούσιος, nämlich einzig die Mehrung ihres Wohlstandes; politische Betätigung kommt für diese Gruppe, obschon ebenfalls im Besitz erheblicher Vermögen, in keiner Weise in Betracht. „Also: Der Bankier und die anderen Unternehmerkategorien streben Gelderwerb an, das ist für sie das Allerbeste; für den ‚Reichen' jedoch stellt nicht dieser die beste Aussicht dar, sondern der Rang, die Führung, die ἀρχή, die Bekleidung einer städtischen Würde. Diese ‚Reichen' sind die eigentliche Aristokratie der römischen Reichsstädte"[16] – und zu ihr wird denn auch der in ActJoh 18,3 als πάνυ πλούσιος charakterisierte Kleobios gehört haben; jedenfalls dürfte der ActJoh-Verfasser dies mit Hilfe der πλούσιος innewohnenden Konnotation ‚zu den Herrschenden zählend' suggeriert haben wollen.[17]

Neben der auf die Führung der Polisämter gerichteten Ambition und einem Reichtum, der das Bekleiden dieser Ämter ebenso wie die Übernahme der von den ἀρχαί kaum mehr unterscheidbaren und jedenfalls nicht minder kostspieligen Liturgien überhaupt erst ermöglichte, kennzeichnete die Honoratioren der kaiserzeitlichen Städte ein geradezu unstillbares Prestigebedürfnis. Als Gegenleistung für das den Poleis in Ämtern und Liturgien erwiesene Euergetentum erwarteten sie, von jenen wieder und wieder mit öffentlichen Ehren bedacht zu werden und dies in Ehreninschriften auch publik gemacht zu sehen. Nichts ist für die Ambition dieser Notabeln jedoch so bezeichnend wie das ihnen allerorts eignende Streben danach, in irgendeiner Weise ein πρῶτος zu sein und dies durch eine entsprechende Titulierung auch allgemein anerkannt zu wissen. „Gerade in der griechischen Gesellschaft des Imperium Ro-

---

[13] Gemeint ist die stets mit mehr oder minder großen Kosten verbundene Übernahme städtischer Liturgien, wie solche z. B. auch Dion von Prusa in seiner Heimatstadt leisten mußte (s. *Or.* 46,6).

[14] c. 27 (p. 149 Pack).

[15] Siehe p. 26 Pack. – Einem Reichen, der bereits ein Amt hat, kündigt dieser Traum allerdings Ärger an – freilich solchen, der seinem Amt entspricht: politischen!

[16] I. HAHN, Traumdeutung und gesellschaftliche Wirklichkeit. Artemidorus Daldianus als sozialgeschichtliche Quelle (Xenia 27), Konstanz 1992, 32; vgl. QUASS (wie Anm. 4), 349.

[17] Πλούσιος kommt in den Johannesakten zur Charakterisierung einer Person nur in 18,3 vor. In 34,9–12 werden die Reichen ganz allgemein an Vergänglichkeit und Gefährdung ihres Besitzes erinnert, in 68,6 begegnet πλοῦτος in einem Katalog jener Dinge, die dem Glauben hinderlich sind, und in der Epiklese c. 77 könnte πλοῦτος (77,14) in einer Anspielung auf das Gleichnis vom verlorenen Sohn stehen (JUNOD – KAESTLI, [wie Anm. 1], 280, Anm. 4 z. St.).

manum gab es einen enormen Wirbel um den ‚Ersten': Wie die Gemeinden untereinander, so wetteiferten die einzelnen Bürger von Städten, Völkern und Provinzen oder gar des gesamten griechischen Kulturraums miteinander, um als ‚der Erste' zu gelten. Die Inschriften führen dies sehr deutlich vor Augen: Sie weisen eine gefestigte Titulatur für die Wiedergabe der Stellung des ‚Ersten' auf"[18]; der πρῶτος τῶν Ἑλλήνων begegnet hier ebenso wie der πρῶτος τῆς ἐπαρχείας oder der πρῶτος τῆς πόλεως.[19] Angesichts dieser Protomanie[20] kann es nicht verwundern, wenn der Autor der Johannesakten in dem Bestreben, die von seinem Apostel Bekehrten jedenfalls teilweise als Polishonoratioren zu erweisen, gerade an diesem für die städtischen Eliten so charakteristischen Phänomen nicht vorübergegangen ist. So hat er denn das Personal der Johannesakten in drei Fällen mit der von den Notabeln so heiß begehrten πρῶτος-Titulatur ausgestattet: in 31,7 den Strategen Andronikos, in 73,10 den Kallimachos und in 56,3 den so reichlich mit Gold gesegneten Antipatros. Den beiden Erstgenannten legte er den Titel eines πρῶτος τῶν Ἐφεσίων bei, den Antipatros machte er zu einem πρῶτος Σμυρναίων.[21]

---

[18] G. Alföldy, Die Rolle des Einzelnen in der Gesellschaft des Römischen Kaiserreiches. Erwartungen und Wertmaßstäbe (SHAW.PH 1980,8), Heidelberg 1980, 34.

[19] Vgl. z. B. IGRR III, 132 (= OGIS 652); 173 (= OGIS 544); 190 (= OGIS 545); IV, 1276 bzw. IGRR III, 63 (= OGIS 528); 87; 179 (= OGIS 549) bzw. TAM II, 146; IGRR III, 115 (= OGIS 529); 584 (= TAM II, 189); 649.

[20] Am instruktivsten die nach 151 zu datierende Grabinschrift eines offenbar steinreichen Lykiers namens Opramoas (IGRR III, 739 = TAM II, 905; dazu zuletzt F. W. Danker, Benefactor. Epigraphic Study of a Graeco-Roman and New Testament Semantic Field, St. Louis [MO] 1982, 104–151, und C. Kokkinia, Die Opramoas-Inschrift von Rhodiapolis. Euergetismus und soziale Elite in Lykien [Ant. R. 3, 40], Bonn 2000; Edition ebd. S. 17–75). Die Inschrift vermittelt einen umfassenden Überblick über die von diesem aus Rhodiapolis stammenden Lokalpatrioten bekleideten Ämter, geleisteten Liturgien und im Austausch dafür empfangenen Ehrungen, indem sie die Opramoas geltenden Ehreninschriften gesammelt verzeichnet. Wieder und wieder ist in ihnen davon die Rede, daß Opramoas in der Nachfolge seines Vaters (eines ἐν τῇ πατρίδι πρῶτος, II B 2f.) wie seiner als πρῶτοι oder πρωτεύσαντες ἐν ταῖς πατρίσιν bzw. πρωτεύσαντες ἐν τῷ ἔθνει titulierten Vorfahren (IV D 1; VIII B 13f.; V A 7f.) auch selbst ein ἐν τῇ πατρίδι πρῶτος (II F 14f.; VII G 2f.; V D 7f.), ein ἀνὴρ ἐκ τῶν πρωτευόντων ἐν τῇ ἐπαρχία (VI G 1f.14f.; XIII A 3f. F 11; XVIII A 4f.), ein ἐν τῷ ἔθνει ἐκ τῶν πρωτευόντων (II F 15f.; IV G 3f.; V D 8) und ein ἀνὴρ πρωτεύων οὐ μόνον ἐν ταῖς αὐτοῦ πατρίσιν, ἀλλὰ καὶ ἐν τῷ ἔθνει, προγόνων λαμπρῶν (XVIII D 9–11) war, der seiner Herkunft aus einem γένος πρῶτον bzw. ἀπάνωθεν ἀρχαῖον καὶ ἔνδοξον (IV C 10f. bzw. XIII B 7f.; vgl. XX B 12–14) keine Schande bereitete (Belege nach Kokkinia; keineswegs vollständig!). Sehr viel bescheidener liest sich die Ehreninschrift für einen gewissen Ktesikles aus Akalissos (Lykien; um 135; IGRR III, 649). Ein πρῶτος τῆς πόλεως war freilich auch er, und auch er entstammte einem γένος πρῶτον τῆς πόλεως ἡμῶν; seine Vorfahren hatten unter vielen anderen das Amt der δεκαπρωτεία innegehabt, Ktesikles selbst zu den εἰκοσαπρωτεύοντες gehört.

[21] Πρῶτος mit artikellosem Genitiv der Bürger einer Stadt wie hier auch bei Aelius Aristides, *Or.* 48,15 (Keil): πρῶτος Φωκαέων.

Er übrigens soll sich nach dem Willen des ActJoh-Verfassers auch ganz wie ein städtischer Honoratior betragen. Betrachtet man die ihm in ActJoh 57,10 zuteil gewordene Mahnung des Apostels, χρήματα δοθῆναι τοῖς χρείαν ἔχουσιν, im Lichte des seine Zugehörigkeit zur Poliselite dokumentierenden πρῶτος-Titels, läßt sich solche Ermahnung durchaus als Aufforderung dazu verstehen, den angestammten Pflichten eines städtischen Notabeln nachzukommen, nämlich die – einem πρῶτος besonders angemessene – Tugend der εὐεργεσία zu üben, wie sie auch der in so vielerlei Hinsicht ‚Erster' gewordene Opramoas[22] geradezu uneinholbar und viele andere in durchschnittlicherem Maßstab geübt hatten und deren ἐπιδόσεις χρημάτων die ihnen zu Ehren errichteten Inschriftendenkmäler rühmend verzeichnen.[23]

Ob das Christentum unter den städtischen Notabeln des Ostens zur Zeit der Abfassung der Johannesakten tatsächlich schon so verbreitet war, daß ihr Autor wie selbstverständlich von bekehrten Strategen, πρῶτοι und πλούσιοι erzählen konnte[24], oder ob es sich bei den einschlägigen Angaben der Johannesakten nicht doch eher um Fiktion handelt, mag hier auf sich beruhen. Nicht zu bestreiten scheint mir indes, daß der ActJoh-Verfasser – zumindest auch – Leser aus den Kreisen der städtischen Eliten ansprechen wollte. Wenn nicht alles täuscht, waren es (freilich nicht ausschließlich) eben jene Kreise, in denen sich die Lektüre des Romans einiger Beliebtheit erfreute[25], und so wird verständlich, weshalb der Autor der Johannesakten Romanmotive und selbst Reminiszenzen an bestimmte Werke dieser Gattung in das eigene Werk – ja ebenfalls ein Roman – einflocht[26]: Die Anknüpfung an Bekanntes sollte jenen, den Lesern von Chariton, Xenophon von Ephesus oder Achilles Tatius, das eigene Werk zur Lektüre empfehlen.

Ist dies so, liegt die Vermutung nahe, daß der Verfasser der Johannesakten auch auf andere Weise noch an die Welt der von ihm als Leserschaft ins Auge gefaßten städtischen Eliten angeknüpft haben könnte. Im folgenden soll gezeigt werden, daß das in der Tat der Fall war, und zwar insofern, als der Be-

---

[22] Vgl. oben Anm. 20.

[23] Opramoas: II B 8; IX C 8. G 2; XVI E 1–6 (ed. KOKKINIA [wie Anm. 20]) u. ö. Ansonsten vgl. z. B. TAM II, 495; Inschr. Selge 17,8f.; Inschr. Mylasa 137,26 sowie eine charakteristische (weil den Lebenslauf eines durchschnittlichen Honoratioren auf das seinerzeit als wesentlich Empfundene verkürzende) Grabinschrift aus Bithynien: Π. Αἴλιος Ἀγρίππα ἀγορανομήσας τῆς ἑαυτοῦ πατρίδος καὶ σείτων ἐπιμελήσας καὶ ἄρξας καὶ πρεσβεύσας πολλάκις καὶ χρήματα ἐπιδοὺς ζήσας ἔτη οε' (S. ŞAHIN, Bithynische Studien [Inschriften griechischer Städte aus Kleinasien 7], Bonn 1978, 54, Anm. 3).

[24] Zu einem weiteren Kontakt des Johannes mit (bekehrungswilligen) Polisnotabeln s. u. S. 263f.

[25] Vgl. K. TREU, Der antike Roman und sein Publikum, in: H. Kuch (Hg.), Der antike Roman. Untersuchungen zur literarischen Kommunikation und Gattungsgeschichte, Berlin 1989, 178–197: 194–197; auch N. HOLZBERG, Der antike Roman, München/Zürich 1986, 41f., und E. BOWIE, The Ancient Readers of the Greek Novels, in: G. Schmeling (Hg.), The Novel in the Ancient World (Mn.S 159), Leiden/New York/Köln 1996, 87–106.

[26] Nachweise bei JUNOD – KAESTLI (wie Anm. 1), 165, Anm. 3. 172, Anm. 1. 516–520. 547–550.

zug auf Erfahrungen und Vorstellungen der Polisnotabeln insbesondere bei der Gestaltung von ActJoh 55 eine erhebliche Rolle gespielt hat. Dabei wird die Frage, was den Autor der Johannesakten dazu bewogen haben mag, den von seinem Apostel verkündeten Gott in c. 55,3 mit dem Epitheton ἄφθονος zu schmücken – einer Bezeichnung, die sich in den Johannesakten nirgends sonst mehr findet, auch nicht in anderem Zusammenhang oder anderer grammatikalischer Form –, im Mittelpunkt der Untersuchung stehen.

II

Die Frage nach Vorkommen und Bedeutung von ἀφθονεῖν, ἀφθονία, ἄφθονος κτλ. in der patristischen Literatur ist kein unbeackertes Feld; ihrer Beantwortung hat sich insbesondere Willem Cornelis van Unnik angenommen, dessen Blick, soweit dies sachlich geboten schien, auch auf zeitgenössische jüdische und pagane Schriftsteller gerichtet war. In einer ersten, 1971 unter dem Titel Ἀφθόνως μεταδίδωμι publizierten Abhandlung[27] gelangte der niederländische Gelehrte zu dem Ergebnis, daß im Sprachgebrauch der kaiserzeitlichen Gräzität von der ἀφθονία in charakteristischer Weise häufig dann die Rede war, wenn man auf die Mitteilung von Heilslehre zu sprechen kam und sich gegen den – angesichts der seinerzeit allgegenwärtigen Esoterik anscheinend stets naheliegenden – Verdacht wehren wollte, im Zusammenhang der Heils(lehren)mitteilung nicht restlos alles Dazugehörige bzw. Heilsnotwendige mitgeteilt zu haben: „Lobend wird von jemand, der über geheime" bzw. dem Geheimhaltungsverdacht ausgesetzte „Offenbarungskenntnis verfügt, gesagt, daß er diese ἀφθόνως mitteilt"[28] – eine Klarstellung, die offenbar nicht nur Gnostiker, Astrologen oder Lehrer exotischer Weisheiten für angebracht hielten[29], sondern auch Theologen der Großkirche, wie dies besonders eindrücklich Justinus Martyr bezeugt. Jedem, der den Gott der Christen kennenlernen wolle, schrieb er in seiner ersten Apologie, „geben wir die empfangene Überlieferung rückhaltlos weiter" (παντὶ βουλομένῳ μαθεῖν, ὡς ἐδιδάχθημεν, ἀφθόνως παραδιδόντες)[30], ein Angebot, in das der Apologet an anderer Stelle auch die biblische Hermeneutik miteinbezog: Gott habe ihm

---

[27] W. C. VAN UNNIK, Ἀφθόνως μεταδίδωμι (MVAW.L 33,4), Brüssel 1971.

[28] Das Zitat (aus dem Niederländischen übersetzt) stammt aus einer zweiten Abhandlung VAN UNNIKS zur Sache: De ἀφθονία van God in de oudchristelijke literatuur (MNAW.L NR 36,2), Amsterdam/London 1973, 3.

[29] _Epist. ad Rheginum_ 50,8–10; Vettius Valens IV 11,9; V 1,2 und Philostrat, _Vit. Ap._ III 16 (p. 95,29–96,2 Kayser). Doch s. ebenso Weish 7,13.

[30] _Apol._ 6,2; vgl. Clemens Alexandrinus, Ermahnung zur Geduld oder an die Neugetauften (Frgm. 44, in: Clemens Alexandrinus, ed. O. Stählin, Bd. 3 [GCS 17], Berlin ²1970, p. 222,7f.: ἀφθόνως δίδασκε, μηδὲ ὑπὸ φθόνου ποτὲ σοφίαν ἀποκρύπτου πρὸς τοὺς ἑτέρους); Hippolyt, _Ref._ I praef. 6; Pseudo-Clemens, _Hom._ XVIII 12,3f., und Euseb, _Praep. Ev._ III 13,24f.

zum Verständnis seiner [sc. Gottes] Schriften Gnade gegeben; solcher Gnade unentgeltlich und ohne Einschränkung (ἀμισϑωτὶ καὶ ἀφϑόνως) Teilhaber (κοινωνούς) zu werden, fordere er jedermann (πάντας) auf.[31]

Noch ein weiteres Mal äußerte sich van Unnik zur Sache[32], sein Interesse diesmal jedoch einzig auf die Untersuchung der altchristlichen, jüdischen und paganen Rede von der ἀφϑονία Gottes konzentrierend. Dabei versuchte er zu zeigen, daß die einschlägigen Texte immer dann von der ἀφϑονία Gottes sprachen, wenn sie den Aspekt des reichlich, im Überfluß schenkenden, dem Menschen nichts Gutes vorenthaltenden Handelns Gottes betonen wollten. So heißt es bei Irenaeus von der Liebe Gottes: *quae enim est in Deo caritas, dives et sine invidia* (= ἀφϑόνως) *exsistens, plura donat quam postulat quis ab ea.*[33] Entsprechendes gilt Hippolyt zufolge von Gottes χάρις; sie sei es, die dem Menschen den νοῦς schenke, und auch sie tue dies ἀφϑόνως, und zwar mit dem Ziel, die Menschen zu Gott wohlgefälligem Leben und dadurch zum Bestehen im Gericht zu befähigen.[34] Insbesondere qualifiziert die ἀφϑονία jedoch, wie an der soeben angeführten Hippolytstelle bereits anklang, das göttliche Offenbarungs- und Heilshandeln. Die besten Belege hierfür finden sich in den – an den einschlägigen Stellen bis auf eine Ausnahme allerdings nur syrisch überlieferten – Oden Salomos.[35] OdSal 7,3 und 17,12 etwa handeln von der dem Gläubigen uneingeschränkt gewährten Gotteserkenntnis; „er [sc. der Herr] ließ sich selbst mich erkennen ohne Einschränkung" heißt es in 7,3, und in 17,12, aus der Perspektive des Offenbarers gesprochen, „ohne Einschränkung gab ich meine Erkenntnis". Von der ungeschmälert gewährten Erlösung ist in 15,6 die Rede: „Den Weg des Irrtums habe ich verlassen, und ich bin hingegangen zu ihm [sc. dem Herrn] und habe Erlösung von ihm empfangen ohne Einschränkung." Daß solche Aussagen keine Spezialität der Oden Salomos sind, lehren u. a. die Nag-Hammadi-Texte. In der *Epistula ad Rheginum* z. B. beginnt das Eschatokoll mit der Versicherung des Verfassers: „Diese (Dinge) [d. h. die Lehren *de resurrectione*] habe ich empfangen von der Neidlosigkeit (-φϑονεῖν) [d. h: der rückhaltlosen Gebe-Bereitschaft] meines Herrn, Jesus Christus"[36], und in der *Interpretatio scientiae* heißt es:

---

[31] *Dial.* 58,1.

[32] VAN UNNIK (wie Anm. 28).

[33] *Haer.* III praef. Daß *sine invidia* als lateinische Übersetzung von ἀφϑόνως zu gelten hat, belegen die parallelen Aussagen *Haer.* IV 16,5 und 38,3, wo der griechische Text erhalten geblieben ist (κύριος bzw. θεὸς ἀφϑόνως χαριζόμενος).

[34] *In Dan.* III 6,2.

[35] Aus der als einzige griechisch erhaltenen elften Ode (11,6) geht indes hervor, daß das syrische *dela chesam(a)*, das sich in den Oden überall dort findet, wo von Gott als reichlich bzw. uneingeschränkt Schenkendem gehandelt wird (außer den hier genannten Stellen noch 3,6; 20,7; 23,4), für griechisch ἀφϑονία bzw. ἀφϑόνως steht (VAN UNNIK [wie Anm. 28], 6f.).

[36] NHC I 4, 49,37–50,1 (zit. nach M. Malinine – H.-C. Puech – G. Quispel – W. Till [Hg.], De resurrectione [Epistula ad Rheginum], Zürich/Stuttgart 1963, 56f.).

„Reich ... ist der λόγος [d. i. Christus], neidlos (-φθονεῖν) [d. h: rückhaltlos gewährend] und gütig. Er verteilt hier die Geschenke (δωρεαί) an seine Leute ohne neidisch zu sein (-φθονεῖν) [d. h. ohne etwas für sich zurückzubehalten].“[37]

Wo in den von van Unnik untersuchten Texten von der ἀφθονία Gottes bzw. derjenigen der Heilsübermittler gesprochen wird, ist neben den beiden fast untrennbar miteinander verbundenen Notationen ‚reichlich, im Überfluß schenkend' und ‚mit nichts für sich zurückhaltend'[38] häufig allerdings noch ein dritter Aspekt mit im Spiel: Zum Wesen der ἀφθονία gehört, wenn von ihr im Zusammenhang der Heilsvermittlung die Rede ist, nach Meinung einer ganzen Reihe von Texten als nahezu unabdingbar auch dies hinzu, daß die Adressatin der heilbringenden Zuwendung eine Gesamtheit zu sein habe, sei es, wie z. B. bei Justin, die aller Menschen[39], sei es, wie z. B. an der soeben zitierten Stelle der *Interpretatio scientiae*, lediglich die einer bestimmten Gruppe.[40]

III

Zu den Texten, die van Unnik im Hinblick auf die Rede von der ἀφθονία Gottes untersucht hat, gehört auch ActJoh 55. Der Verfasser der Johannesakten berichtet hier von einer smyrnäischen Gesandtschaft, die den in Ephesus weilenden Apostel aufsucht, um ihn aufzufordern, zum Zweck der Evangeliumspredigt nunmehr auch nach Smyrna und in weitere, namentlich nicht genannte, Städte Kleinasiens zu kommen. Für die Rechtmäßigkeit ihrer Forderung berufen sich die Smyrnäer auf den von Johannes verkündeten Gott: der sei ein θεὸς ἄφθονος und habe Johannes aufgetragen, μὴ ἐμφιλοχωρεῖν ἐν ἑνὶ τόπῳ (55,3f.). Van Unnik interpretiert diese Passage folgendermaßen:

„Das Adjektiv [sc. ἄφθονος] bezieht sich natürlich auf die Evangeliumspredigt, steht hier indes in einem merkwürdigen geographischen Rahmen. Hätte er [sc. Gott] den Auftrag gege-

---

[37] NHC XI 1, 17,35–38, zit. nach U.-K. Plisch, Die Auslegung der Erkenntnis (Nag-Hammadi-Codex XI 1). Hg., übers. u. erkl. (TU 142), Berlin 1996, 41. Vgl. auch Plischs Kommentar, ebd. 141f.

[38] Die Vorstellung vom Götterneid ist seit Plato, dessen einschlägige Äußerungen (v. a. *Phaedr.* 247a: φθόνος γὰρ ἔξω θείου χοροῦ ἵσταται) zu *dicta probantia* geworden waren (s. nur Philo, *Spec. leg.* II 249; *Omn. prob. lib.* 13; Clemens Alexandrinus, *Strom.* V 5,30,5; Irenaeus, *Haer.* III 25,5, sowie van Unnik [wie Anm. 28], 45f.) keine lebendige mehr, vgl. van Unnik, ebd. und 50.

[39] Siehe die Belege oben Anm. 30f. sowie van Unnik (wie Anm. 27), 65f.

[40] Wo letzteres der Fall ist, setzt dann häufig die Kritik der minder esoterisch gesonnenen religiösen Konkurrenten ein; vgl. z. B. Philos Polemik gegen die Mysterienkulte (*Spec. leg.* I 320f.) oder die Auseinandersetzung zwischen Simon Magus und Petrus bei Pseudo-Clemens, *Hom.* XVIII 12,3f.

ben, daß der Apostel an einem Ort bleiben solle, dann würde daraus sein φθόνος zum Vorschein gekommen sein. Hier spricht aus dem Hintergrund die Rivalität mit, die zwischen verschiedenen Städten Kleinasiens bestand ... Wenn nun vom Gott der Christen gesagt wird, daß er ἄφθονος sei, bedeutet dies, daß er nicht eine bestimmte Stadt einer anderen vorzieht, sich um geographische Grenzen nicht kümmert und nicht der einen Stadt vorenthält, was er einer anderen schenkt, nämlich die Kenntnis seiner selbst und die daraus resultierende Hoffnung. Man kann in diesem ἄφθονος eine eigenartige Formulierung des neutestamentlichen Universalismus finden, aber solches dann doch auch in einer Art Polemik gegen mancherlei Predigt von Offenbarungswissen, das lediglich bestimmten Gruppen (hier: Städten) geschenkt wird."[41]

So sehr van Unnik bei dieser Auslegung von ActJoh 55 darin recht hat, daß von der ἀφθονία hier einmal mehr im Zusammenhang mit der Weitergabe von Heilslehre die Rede ist und der von ihm als merkwürdig empfundene geographische Rahmen für die smyrnäische Intervention bei dem in Ephesus weilenden Johannes mit der Rivalität der kleinasiatischen Städte zu tun hat[42], so wenig trifft seine Interpretation der ἀφθονία Gottes als einer – wie van Unnik selbst einräumt: eigenartigen – Formulierung des neutestamentlichen Universalismus zu, die gegen die Einschränkung der Weitergabe von Offenbarungswissen auf bestimmte Gruppen polemisiere. Der Grund für diese Fehlinterpretation besteht in van Unniks Mißverständnis dessen, was genau der von Johannes verkündete θεὸς ἄφθονος seinem Apostel mit dem Gebot, μὴ ἐμφιλοχωρεῖν ἐν ἑνὶ τόπῳ verwehrt hat. Die Anweisung Gottes befiehlt dem Apostel nämlich keineswegs, wie van Unnik offenbar meint, „nicht nur an einem Ort zu verweilen"[43], sondern lediglich, „nicht *mit Vorliebe* nur an einem Ort zu verweilen."[44] Was die Smyrnäer bewogen hat, Gesandte an Johannes zu schicken, ist also nicht die Sorge, der Apostel könne seine heilbringende Anwesenheit ganz und gar auf einen einzigen Ort – Ephesus – beschränken; was sie befürchten, ist vielmehr, daß er sich zwar nicht ausschließlich, wohl aber vorzugsweise in Ephesus aufhalten könnte, was notwendigerweise zur Folge haben müßte, daß seine Besuche in Smyrna und den „übrigen Städten" zwar nicht unterbleiben, wohl aber von entsprechend kürzerer Dauer sein würden.

Welch hohes Gut die Gegenwart des Apostels in der Einschätzung der Smyrnäer und der „übrigen Städte" darstellte, geht aus c. 58f. hervor. Die Abschiedsszene berichtet von der Abreise des Apostels aus Laodicea. Obwohl

---

[41] VAN UNNIK (wie Anm. 28), 14 (Zitat aus dem Niederländischen übersetzt).

[42] Vgl. meinen Beitrag *Apostolische Missionsreise und statthalterliche Assisetour*, im vorliegenden Band S. 207–228: 212–215.

[43] Siehe VAN UNNIK (wie Anm. 28), 14: „Had Hij opdracht gegeven, dat de apostel op één plaats zou blijven, dan zou daaruit zijn φθόνος gebleken zijn. ... Wanneer nu van de God der Christenen gezegd wordt, dat Hij ἄφθονος is, betekent dit, dat Hij ... niet aan de ene stad onthoudt wat Hij aan de andere schenkt, n. l. de kennis van Hemzelf en de daaruit voortvloeiende hoop."

[44] Zur Bedeutung von ἐμφιλοχωρεῖν s. im vorliegenden Band S. 211, Anm. 8.

Johannes dort eine angemessene Zeitspanne (58,2: ἱκανὸν χρόνον) verbracht hat, brechen die Laodicener bei Johannes' Ankündigung seiner Abreise in heftiges Klagen aus (58,3.9; 59,2f.), dem auch der apostolische Hinweis auf „Gott, der uns nicht im Stich läßt" sowie die den Laodicenern bleibende Gegenwart Christi (58,7f.10) kein Ende zu bereiten vermag.[45] Nicht minder geht die enge Bindung des Heils an die Präsenz des Apostels aus dessen Begründung für seine Rückkehr nach Ephesus hervor: Es gilt der Gefahr zu begegnen, daß man dort aufgrund seiner langen Abwesenheit wieder der ῥαθυμία – für den Verfasser der Johannesakten Inbegriff des Unheils – verfällt (58,5f.). Die Zeit der Anwesenheit des Apostels ist also eine Zeit besonderer Heilspräsenz und -sicherheit. Daß Smyrna und den „übrigen Städten" der ihnen jeweils zustehende Anteil an dieser kostbaren Zeit zugunsten einer Mitbewerberin um dieses Heilsgut verkürzt werden könnte, ist die Befürchtung, welche die Smyrnäer bei Johannes intervenieren und sich dabei auf den θεός ἄφθονος sowie dessen an den Apostel ergangenes Gebot μὴ ἐμφιλοχωρεῖν ἐν ἑνὶ τόπῳ berufen läßt. In solcher Berufung steckt nun keineswegs, wie von van Unnik angenommen, eine universalistische Polemik gegen die Einschränkung der Heilsweitergabe auf bestimmte Gruppen bzw. Städte. Die ἀφθονία Gottes erhält hier vielmehr dadurch, daß der Verfasser der Johannesakten sie durch die zusätzliche Bezugnahme der bei Johannes intervenierenden Smyrnäer auf das dem Apostel von eben diesem Gott erteilte Gebot, keine Stadt durch längere Aufenthalte als andernorts zu bevorzugen, interpretieren läßt[46], eine gänzlich andere Konnotation, und zwar eine Konnotation, die bei den von van Unnik untersuchten Beispielen für die Rede vom θεός ἄφθονος nirgends zu beobachten war: Der von Johannes verkündete Gott ist nach Meinung des durch den Mund der Smyrnäer sprechenden ActJoh-Verfassers nicht allein ein solcher, der durch die Evangeliumspredigt seines Apostels im Überfluß Gotteserkenntnis und Hoffnung spendet; er ist zudem ein Gott, der auch für eine gerechte – und das heißt hier: eine alle Ansprüche gleichmäßig berücksichtigende – Verteilung der von ihm ausgehenden, in der Anwesenheit seines Abgesandten präsenten und durch ihn vermittelten Heilsgaben Sorge trägt.

Das ActJoh 55 beherrschende Problem, wie lange der Abgesandte einer höheren Macht in einer einzelnen Stadt der ihm als Wirkungsbereich zugewiesenen Region[47] zu verweilen habe, ohne dabei weitere Anwärter auf seine

---

[45] Vgl. auch c. 25,5–7: ἐλπὶς ἡμῖν οὐκ ἔστιν ἐν τῷ θεῷ σου, ἀλλὰ μάτην εἴημεν ἐγηγερμένοι, ἐὰν μὴ μείνῃς παρ' ἡμῖν.

[46] Die Aussagen (θεὸς) ἄφθονός ἐστι und (θεὸς) διετάξατό σοι μὴ ἐμφιλοχωρεῖν ἐν ἑνὶ τόπῳ sind in ActJoh 55,3 durch epexegetisches καί verbunden.

[47] Da der Anfang der Johannesakten nicht erhalten ist, läßt sich freilich nur vermuten, daß auch sie wie die Thomasakten mit einem Bericht über die Aufteilung des Missionsfeldes unter die einzelnen Apostel begonnen haben, vgl. J.-D. KAESTLI, Les scènes d'attribution des champs de mission et de départ de l'apôtre dans les actes apocryphes, in: F. Bovon u. a. (Hg.), Les actes apocryphes des apôtres. Christianisme et monde païen, Genève 1981, 249–264;

Vorteile gewährende Gegenwart zu benachteiligen, ist, wie an anderer Stelle dargelegt[48], ein vom ActJoh-Verfasser konstruiertes Problem; es hat jedoch in dessen Umwelt eine sehr reale Rolle gespielt. Denn wie der Apostel durch sein Missionsgebiet reist, so unternahmen auch die römischen Statthalter jedes Jahr Reisen durch ihren jeweiligen Verwaltungsbereich, um in den Vororten der einzelnen Gerichtsbezirke (den sog. *conventus*) der von ihnen verwalteten Provinz Recht zu sprechen. Die Anwesenheit des Statthalters brachte den Conventsstädten erhebliche Vorteile[49], weshalb sie alle eifrigst darum bemüht waren, die Statthalter dazu zu bewegen, für ihre Gerichtssitzungen „von ihnen jeweils als einzigen oder doch wenigstens am meisten Gebrauch zu machen", wie Aelius Aristides in seiner Rede über die Wiederherstellung der Eintracht zwischen den heftig miteinander rivalisierenden Conventsstädten Pergamon, Ephesus und Smyrna formulierte.[50] Solches ging dann freilich auf Kosten der mit ihrer Einflußnahme auf die Statthalter weniger erfolgreichen übrigen Conventorte der betreffenden Provinz, in denen sich die gewinnbringende Zeit des statthalterlichen Aufenthaltes entsprechend verkürzte oder gar, wie für Ägypten belegt[51], gänzlich ausfallen konnte. Wie ich an anderer Stelle zu zeigen versucht habe[52], hat der Verfasser diese den Assisereisen der römischen Statthalter anhaftende Problematik auf die Missionsreise des Johannes übertragen, um den Apostel das nun auch bei seiner Reise auftretende Problem in vorbildlicher Weise regeln und – anders als die Statthalter – jeder Stadt den ihr gerechterweise zustehenden gleichen Anteil an der heilbringenden Gegenwart des Apostels zukommen zu lassen. Was die von Aristides darob heftig getadelten Städte Pergamon, Ephesus und Smyrna im Hinblick auf die Vorteile verheißende Anwesenheit der Statthalter eigenmächtig und einzig auf den eigenen Vorteil bedacht zu tun versuchten, nämlich „die Zeit festzulegen, die man [sc. der Statthalter] bei ihnen bleiben muß"[53], das sollte dem Apostel in vergleichbarer Situation durch Einvernehmlichkeit erzielende Verhandlungen mit den Betroffenen gelingen, wie noch aus ActJoh 58,4f. hervorgeht, wo Johannes den Zeitpunkt seiner Abreise aus Laodicea als Ergebnis solcher Verhandlungen kennzeichnet: „Brüder", so läßt ihn der Verfasser der Johannesakten hier den Laodicenern mitteilen, „nunmehr ist der Zeitpunkt da, daß ich (wieder) nach Ephesus gehe, denn so bin ich mit denen, die dort weilen,

---

JUNOD – KAESTLI (wie Anm. 1), 81–96; K. SCHÄFERDIEK, Johannesakten, in: NTApo[5] II (1989), 138–190: 156.

[48] Siehe im vorliegenden Band S. 207–211.224.

[49] Vgl. unten S. 256–258.

[50] *Or.* 23,64 (Keil): χρῆσθαι δ' αὐτοῖς μόνοις ἢ μάλιστά γε.

[51] Siehe im vorliegenden Band S. 222, Anm. 57 (Lit.).

[52] Vgl. meinen oben Anm. 42 genannten Beitrag.

[53] *Or.* 23,64 (Keil): χρόνον δὲ τάττωσιν ὅσον χρὴ μένειν παρ' ἑαυτοῖς.

übereingekommen."[54] Den Hintergrund für das in ActJoh 55 Geschilderte bildet also ein bestimmter Aspekt der römischen Provinzialwirklichkeit, vor dem sich das aus ActJoh 58 zu erschließende Tun des Apostels und ebenso das Handeln der wahrer Gotteserkenntnis entgegenstrebenden Smyrnäer nach dem Willen des ActJoh-Verfassers positiv abheben sollte; was Letztere angeht, so fordern sie ja, anders als bei Aristides, keine Vorzugs-, sondern lediglich Gleichbehandlung, und statt mit ihren Nachbarstädten zu konkurrieren, setzen sie sich generös für die unverkürzte Anteilhabe auch der λοιπαὶ πόλεις an der Gotteserkenntnis und Hoffnung vermittelnden Gegenwart des Apostels ein.[55]

Wenn sich der Verfasser der Johannesakten hier, wie auch von van Unnik ansatzweise schon gesehen, um einen sorgsam bedachten, freilich erst bei näherer Betrachtung erkennbaren polemisch-antithetischen Bezug des von ihm Geschilderten auf ein bestimmtes Phänomen seiner paganen Umwelt bemüht hat, steht zu vermuten, daß noch weitere Elemente seiner Darstellung einen solchen Bezug aufweisen. Ein derartiges Element ist, wie zu zeigen sein wird, des Autors Rede vom θεὸς ἄφθονος.

IV

Auch die Statthalter, mit denen der Apostel in ActJoh 55 in Hinblick auf die korrekte Durchführung von ‚Dienstreisen' konkurriert, hatten einen Herrn, der ihnen befahl wie der θεὸς ἄφθονος dem Johannes: den Kaiser, der sie auch, ganz wie Gott den Johannes, an ihre jeweilige Wirkungsstätte entsandte. Denn wie der Verfasser der Johannesakten seinen Apostel zu Beginn der Epiklese c. 112–114 Gott als denjenigen preisen ließ, der ὁ ἐκλεξάμενος ἡμᾶς εἰς ἀποστολὴν ἐθνῶν sowie ὁ πέμψας ἡμᾶς εἰς τὴν οἰκουμένην θεός war[56], so hatte lange zuvor schon ein Beschluß des asiatischen Koinon den in der Asia amtierenden Statthalter Paullus Fabius Maximus als ἀνθύπατος ... ἀπὸ τῆς ἐκείνου [sc. θεοῦ (d. i. Augustus)] δεξιᾶς καὶ γνώμης ἀπεσταλμένος bezeichnet[57] und ein memphitisches Psephisma mit der Aussage begonnen, daß der ἀγαθὸς δαίμων τῆς οἰκουμένης Nero „in äußerst bemerkenswerter Fürsorge uns den Tiberius Claudius Balbillus als Statthalter gesandt hat

---

[54] Ἀδελφοί, ἤδη με καιρὸς τὴν Ἔφεσον καταλαβεῖν· συντίθεμαι γὰρ τοῖς ἐκεῖ μένουσι.

[55] Eine Parallele hierzu bei Philostrat, *Vit. Soph.* I 21 (p. 33,15–19 Kayser): Der Sophist Skopelian, der in der Regel einzig die Interessen Smyrnas beim Kaiser vertrat, übernahm einmal auch eine Kaisergesandtschaft (an Domitian) οὐ ... ὑπὲρ Σμυρναίων μόνων, ὥσπερ αἱ πλείους, ἀλλ' ὑπὲρ τῆς Ἀσίας ὁμοῦ πάσης ἐπρεσβεύθη.

[56] 112,1f. Vgl. 33,4: ἀπέσταλμαι ... ἀποστολὴν οὐκ ἀνθρωπίνην.

[57] Inschr. Priene 105 (= OGIS 458 = R. K. Sherk, Roman Documents from the Greek East, Baltimore [MD] 1969, Nr. 65), 40f.44f.

(ἔπεμψεν)"[58]. Zudem war der Kaiser, wie bereits den eben zitierten Inschriften zu entnehmen, gleich dem Herrn des Johannes eine – als solche von den Christen freilich grundsätzlich bestrittene – Gestalt von göttlichem oder doch wenigstens der göttlichen Sphäre nahestehendem Wesen, deren kultische Verehrung sich gerade im 2. Jahrhundert, aus dessen zweiter Hälfte die Johannesakten stammen, auf einem nie wieder erreichten Höhepunkt befand.[59]

In unserem Zusammenhang dürfte es nun von erheblichem Interesse sein, daß sich eine ganze Reihe von Texten finden läßt, die das Handeln eben dieser Kaiser bzw. Kaisergötter mit dem in ActJoh 55 zur Charakterisierung des johanneischen Gottes verwandten Begriff der ἀφθονία in Verbindung gebracht haben.

Zunächst sei hier auf einen inschriftlich überlieferten kyzikenischen Volksbeschluß vom Jahre 37 verwiesen, der u. a. die Einsetzung dreier Klientelkönigssöhne in ihr väterliches Reich durch den νέος ῞Ηλιος Caligula als „göttliche Wohltat" (εὐχαριστία τηλικούτου θεοῦ) feiert. Der Verfasser des Inschriftentextes fährt dann fort: „Nun genießen sie [sc. die neuen Klientelkönige] die Überfülle der göttlichen Gnade" (οἱ δὲ τῆς ἀθανάτου χάριτος

---

[58] OGIS 666 (= E. M. SMALLWOOD, Documents Illustrating the Principates of Gaius, Claudius and Nero, Cambridge 1967, Nr. 418), 1–4. Vgl. auch Aristides' Rede von den Statthaltern als ἄρχοντες οἱ πεμπόμενοι ἐπὶ τὰς πόλεις τε καὶ τὰ ἔθνη (*Or.* 26,31 [Keil]) sowie die fast gleichlautende Aussage bei Menander von Laodicea, Περὶ ἐπιδεικτικῶν (ed. L. Spengel, Rhetores Graeci, Vol. 3, Leipzig 1856), 375,19: ἄρχοντας κατὰ ἔθνη καὶ γένη καὶ πόλεις ἐκπέμπει [sc. ὁ βασιλεύς].

[59] „Die antoninische Zeit stellte den Kulminationspunkt der Herrscherverehrung in der griech.-röm. Welt dar. Auf allen Ebenen, im Staatskult, in Stadt- u. Provinzialkulten u. privat, wurde die Verehrung sowohl lebender als auch verstorbener Kaiser mit niemals mehr erreichter Intensität betrieben" – so J. R. FEARS, Art. Herrscherkult, RAC 14 (1988), 1047–1093: 1063. Höchst instruktiv auch M. LE GLAY, Hadrien et l'Asklépieion de Pergame, BCH 100 (1976), 347–372. Entsprechend wurden seinerzeit die Kaiser tituliert, z. B. ὁ θεὸς ἐπιφανέστατος αὐτοκράτωρ (Hadrian, BGU 19, I 21); θεὸς Αὐρήλιος Ἀντωνῖνος (Mark Aurel, PTebt 320,12); θεὸς Κόμοδος (SGUÄ 7366,52); θεῶν ἐνφανέστατος αὐτοκράτωρ (derselbe, Inschr. Ephesus 26,9); θεὸς Σεουῆρος (Septimius Severus, C. WESSELY, Studien zur Palaeographie und Papyruskunde 20 [1921], 19,11); θειότατος αὐτοκράτωρ (derselbe, PAchmîm 8,14); οἱ κύριοι ἡμῶν θιότατοι αὐτοκράτορες (Septimius Severus und Caracalla, SGUÄ 4284,6) oder οἱ θεοὶ Σεβαστοί (3. Jh., BGU 1,9). Weiteres bei LE GLAY, a. a. O., und P. BURETH, Les Titulatures impériales dans les papyrus, les ostraca et les inscriptions d'Égypte (30 a. C. – 294 p. C.) (Papyrologica Bruxellensia 2), Brüssel 1964, passim. Differenzierungen wie die zwischen *Divus* und *Deus*, die den Kaiserkult von den Kulten der traditionellen Gottheiten unterschieden (vgl. FEARS, a. a. O. 1070f.), oder die zwischen dem zum θεός konsekrierten Kaiser und seinem *Divi filius* bzw. θεοῦ υἱός titulierten Nachfolger waren für Christen bedeutungslos: Es blieb „Grundüberzeugung der Alten Kirche, daß dem Kaiser keine Menschenmaß überschreitende Ehre erwiesen werden dürfe" (W. PÖHLMANN, Art. Herrscherkult II, TRE 15 [1986], 248–253: 251). – Zur Datierung der Johannesakten s. JUNOD – KAESTLI (wie Anm. 1), 694–700.

τὴν ἀφθονίαν καρπούμενοι)[60], was nichts anderes heißt, als daß Caligula in dem Bestreben, als νέος "Ηλιος „mit seinen Strahlen auch die der kaiserlichen Herrschaft unterworfenen Königreiche zu erleuchten"[61], jenen Kleinkönigen gegenüber die Rolle eines θεὸς ἄφθονος gespielt hat.[62]

Knapp drei Jahrhunderte später sollte dann eine andere Sonne das Reich wohltätig bescheinen: Konstantin. In seiner Lebensbeschreibung pries ihn Euseb zwar nicht mehr, wie es pagane Zeitgenossen durchaus noch taten, als neuen Helios[63], wohl aber verglich er Konstantins allumfassende Euergesie in bezeichnender Weise mit der ἀφθονία, mit der die Sonne ihr Licht spende[64]: „Wie die über dem Erdball aufgehende Sonne im Überfluß (ἀφθόνως) allen die Strahlen ihres Lichtes schenkt, gerade so ließ Konstantin ... über alle, die vor sein Angesicht kamen, die Lichtstrahlen der ihm eigenen Güte leuchten (τοῖς εἰς πρόσωπον αὐτῷ παριοῦσιν ἅπασι φωτὸς αὐγὰς τῆς οἰκείας ἐξέλαμπε καλοκαγαθίας). Es war unmöglich, sich ihm zu nahen, ohne irgend eine gute Gabe zu erhalten."[65]

Das nächste uns hier interessierende Dokument, ein Volksbeschluß der Stadt Thyatira, stammt aus wesentlich früherer, nämlich hadrianischer, Zeit.[66] Im Hinblick auf die ihnen von Hadrian verschiedentlich erwiesenen Euergesien ehren die Thyatirener den Kaiser durch Errichtung einer die kaiserliche Freigebigkeit rühmenden Inschriftenstele auf der athenischen Akropolis. Die Inschrift soll, so der Beschluß, πάσας δωρεὰς ὡς ἕκασται ἐδόθησαν ὑπὸ

---

[60] SIG 798,3–8.

[61] Συναναλάμψαι ταῖς ἰδίαις αὐγαῖς καὶ τὰς δορυφόρους τῆς ἡγεμονίας ... βασιλήας: ebd. Z. 2f.

[62] Dabei ging die kaiserliche ἀφθονία sogar soweit, die Könige an der göttlichen Herrschaftssphäre teilhaben zu lassen – waren sie doch „durch die Gnade des Gaius Caesar zur Mitherrschaft mit solchen Göttern als Könige berufen" (ἐκ τῆς Γαίου Καίσαρος χάριτος εἰς συναρχίαν τηλικούτων θεῶν γεγόνασι βασιλεῖς, ebd. Z. 9).

[63] Vgl. die Dedikation Κωνσταντείνῳ νέῳ Ἡλίῳ παντεπόπτῃ ὁ δῆμος aus Termessos (K. GRAF LANCKORONSKI, Städte Pamphyliens und Pisidiens, Bd. 2 [Pisidien], Wien/Prag/Leipzig 1892, Nr. 82).

[64] *Vit. Const.* I 43,3. – Zum Sonnenvergleich und seiner Benutzung in der Propaganda der römischen Kaiser s. H. HALFMANN, Itinera principum. Geschichte und Typologie der Kaiserreisen im Römischen Reich (Heidelberger Althistorische Beiträge u. Epigraphische Studien 2), Stuttgart 1986, 148–151. Siehe außerdem J. STRAUB, Vom Herrscherideal der Spätantike, Darmstadt 1964, 129–134.

[65] "Αφθονος in Verbindung mit einzelnen Akten der Euergesie Konstantins: *Vit. Const.* III 22 (Anordnung von ἄφθονοι διαδόσεις in Stadt und Land aus Anlaß des zwanzigjährigen Regierungsjubiläums) und III 29 (χορηγίαι ἄφθονοι für den Bau der Grabeskirche sowie Weisung an die Statthalter im Osten des Reiches, zum gleichen Zweck ἀφθόνοις καὶ δαψιλέσι χορηγίαις beizutragen). – Eine Bauinschrift Justinians aus der Umgebung Apameas feiert diesen als τὰς πόλεις σώζων ἁπάσας ἀφθόνῳ χορηγείᾳ (L. JALABERT – R. MOUTERDE [Hg.], Inscriptions grecques et latines de la Syrie, Tom. 4, Paris 1955, Nr. 1809).

[66] J. H. OLIVER, Documents Concerning the Emperor Hadrian, Hesp. 10 (1941), 361–370: 366f. Terminus post quem der Inschrift ist das Jahr 132 (OLIVER ebd. 368).

τοῦ μεγίστου τῶν ποτε βασιλέων Αὐτοκράτορος Καίσαρος Τραιανοῦ Ἀδριανοῦ Σεβαστοῦ verzeichnen, darunter auch eine reichlich bemessene Getreidespende: τὴν περὶ τὸν πυρὸν ἀφθονίαν ... τῆς τοῦ βασιλέως φιλοδωρίας.[67] Und auch hier ist der ἀφθόνως gewährende Kaiser wie im Falle Caligulas zugleich ein Gott – zwar nicht νέος Ἥλιος, wohl aber, wie aus der Fortsetzung der eben zitierten Kaisertitulatur hervorgeht, Ὀλύμπιος Πάνελλήνιος Ζεύς.[68]

Daß auch in alltäglicheren Zusammenhängen von der kaiserlichen ἀφθονία gesprochen werden konnte, zeigt ein aus Hermopolis Magna stammendes Papyrusdokument, das Streitigkeiten um die anstehende Besetzung eines der zahlreichen Polisämter, der Kosmetie, verhandelt.[69] Im Verlauf der Auseinandersetzung, die offenbar von dem Problem bestimmt war, den für das betreffende Amt nominierten Kandidaten auch zu dessen Übernahme zu bewegen, protokolliert die Aufzeichnung die Bemerkung eines der Beteiligten: ἡ τύχη τοῦ κυρίου ἡμῶν Αὐτοκράτορος ἀφθόνως ἀρχὰς παρέχει καὶ τῆς πόλεως αὐξάνει τὰ πράγματα, τί τ' οὐκ ἤμελλεν ἐπὶ τῇ ἐπαφροδείτῳ ἡγεμονίᾳ Λαρκίου Μέμορος, „die Tyche unseres Herrn (und) Kaisers [sc. Commodus] trägt in überreichem Maße Sorge für die (städtischen) Ämter und läßt (so) die Angelegenheiten der Stadt gedeihen[70], und wie sollte sie [sc. die Tyche des Kaisers] solches nicht (auch jetzt) unter der schätzenswerten Statthalterschaft des Larcius Memor tun können?"

Besondere Beachtung verdienen in unserem Zusammenhang jedoch die Aussagen, die Philo in seiner *Legatio ad Gaium* zur Sache gemacht hat. Dem vom Göttlichkeitswahn besessenen und sich u. a. auch als Inkarnation des Herakles wähnenden Kaiser[71] stellt der alexandrinische Gelehrte in § 90 dieser Schrift mit deutlicher Anspielung auf den herakleischen Dodekathlos, von dem in § 81 expressis verbis die Rede war, die ironische Frage: καὶ Ἡρακλέα ἐζήλωσας τοῖς ἀκαμάτοις σαυτοῦ πόνοις καὶ ταῖς ἀτρύτοις ἀνδραγαθίαις, um im Anschluß hieran fortzufahren: εὐνομίας καὶ εὐδικίας εὐθηνίας τε καὶ εὐετηρίας καὶ τῆς τῶν ἄλλων ἀγαθῶν ἀφθονίας, ὧν ἡ βαθεῖα

---

[67] Z. 8–9.26f. – Wichtiger war dem Kaiser allerdings die Getreideversorgung Roms, s. Inschr. Ephesus 211,7–11: ἀναγκαῖον πρῶτον τῇ βασιλευούσῃ πόλει ἄφθονον εἶναι τὸν ... πυρόν (dazu M. Wörrle, Ägyptisches Getreide für Ephesos, Chiron 1 [1971], 325–340).

[68] Z. 10. – Zur häufig belegten Identifikation Hadrians mit Zeus Olympios s. Le Glay (wie Anm. 59), 355f.359–364.

[69] PRyl 77 aus dem Jahre 192. Die unten zitierte Passage col. II, 35f.

[70] Vgl. hierzu die zahlreichen alexandrinischen Kaiserprägungen mit dem Reversbild der sitzenden oder stehenden Tyche mit Füllhorn (dem Sinnbild des Überflusses) und Ruder; Nachweise bei A. Geissen – W. Weiser, Katalog alexandrinischer Kaisermünzen der Sammlung des Instituts für Altertumskunde der Universität zu Köln (Papyrologica Coloniensia V), 5 Bde., Opladen 1974–1983, Bd. 5: Indices, 90f. Zwei Prägungen Domitians (ebd. Nr. 398f.) tragen sogar die Reverslegende Τύχη Σεβαστ(ή).

[71] Siehe Philo, *Leg. Gai.* 78f.; 81; 92, sowie Dio Cassius LIX 26,6f.

εἰρήνη δημιουργός, ἀναπλήσας ἠπείρους τε καὶ νήσους, „fülltest du die Kontinente und Inseln mit guter Ordnung von Gesetz und Recht, mit Wohlstand, Fruchtbarkeit und der Fülle der anderen Güter, die ein ungestörter Friede schafft?" Beim Weiterlesen stellt sich heraus, daß die Aussage über die aus dem Frieden resultierende Fülle der Güter, die zu gewähren Philo als Aufgabe des Kaisers ansieht, nicht etwa eine Näherbestimmung der zuvor ins Blickfeld des Lesers gerückten herakleischen πόνοι καὶ ἀνδραγαθίαι ist, sondern vielmehr eine Kontrastaussage zu der im folgenden gegen Caligula erhobenen Anklage, dieser habe die Städte von allem Guten entblößt und in ihnen stattdessen den Keim für ταραχὰς καὶ θορύβους καὶ τὴν ἀνωτάτω βαρυδαιμονίαν – für Aufruhr, Tumult und schlimmstes Unheil – gelegt.[72] Was Philo hier zum Ausdruck bringen will, ist klar: Caligula hat seine Aufgabe als Kaiser, in reicher Fülle für die aus einem friedlichen Gang der Dinge resultierenden ἀγαθά zu sorgen, verfehlt.[73] Daß diese Interpretation zutrifft, lehrt ein Blick auf *Leg. Gai.* 141. Hier konfrontiert Philo Caligula mit dessen Vorgänger Tiberius und preist letzteren als Herrscher nach seinem Geschmack, nämlich als τὴν δὲ εἰρήνην καὶ τὰ τῆς εἰρήνης ἀγαθὰ παρασχόμενον ἄχρι τῆς τοῦ βίου τελευτῆς ἀφθόνῳ καὶ πλουσίᾳ χειρὶ καὶ γνώμῃ, als einen Kaiser also, der den Frieden und die aus dem Frieden resultierenden Güter bis an sein Lebensende mit Herz und Hand in Hülle und Fülle gewährt habe. An beiden Stellen umreißt Philo in knappen Worten sein Idealbild vom Tun eines Kaisers[74], und es scheint mir bezeichnend, daß er in beiden Fällen des Ideals kaiserlichen Handelns nicht gedenken kann, ohne der reichen Fülle herrscherlichen Gewährens Erwähnung zu tun.[75] Solches wäre umso bedeutsamer, wenn

---

[72] Philo denkt hier natürlich an die vor allem den Juden Beschwernis schaffenden Unruhen, die sich während der Regierungszeit Caligulas in Alexandria und Palästina ereigneten, s. E. M. SMALLWOOD, Philonis Alexandrini Legatio ad Gaium, ed. with an Introduction, Translation and Commentary, Leiden 1961, 198f.

[73] Der Vorwurf wiegt umso schwerer, als das Geschlecht, dem Caligula entstammt, τὸ ὑμέτερον γένος τὸ Σεβαστόν, Philo zufolge die Mißgunst (φθόνος) in ungewöhnlichem Maße aus seinem Herrschaftsgebiet vertrieben hatte (*Leg. Gai.* 48). Vgl. hierzu die Romrede des Aelius Aristides (*Or.* 26,65 [Keil]): φθόνος δὲ οὐδεὶς ἐπιβαίνει τῆς ἀρχῆς· αὐτοὶ γὰρ ὑπήρξατε τοῦ μὴ φθονεῖν.

[74] Vgl. E. R. GOODENOUGH, The Politics of Philo Judaeus. Practice and Theory, New Haven 1938 (Repr. Hildesheim 1967), 102f.

[75] Auch an zwei weiteren Stellen der *Legatio*, nämlich am Ende einer längeren Passage, in der Philo seinem Herrscherideal durch den Mund des Caligula zu Besserem mahnenden Prätorianerpräfekten Macro Ausdruck gibt, sowie in seinem Preis des Augustus als idealen Herrschers fehlt der Hinweis auf die Fülle des Gewährens, die kaiserliches Handeln auszeichnet, nicht. Allerdings findet sich in den einschlägigen Aussagen beide Male nicht ἄφθονος, sondern dessen Synonym ἀταμίευτος. § 51: Der Herrscher soll ἀταμίευτα προφέρειν τὰ ἀγαθὰ πλουσίᾳ χειρὶ καὶ γνώμῃ; § 147: Augustus als ὁ τὰς χάριτας ἀταμιεύτους εἰς μέσον προθείς, ὁ μηδὲν ἀποκρυψάμενος ἀγαθὸν ἢ καλὸν ἐν ἅπαντι τῷ ἑαυτοῦ βίῳ. Zur idealisierenden Tendenz beider Passagen GOODENOUGH (wie Anm. 74), 102–105.

man mit Erwin R. Goodenough[76] annehmen könnte, Philo habe die *Legatio ad Gaium* gewissermaßen als Herrscherspiegel für Caligulas Nachfolger Claudius verfaßt.

Sowenig das Element der mit Hilfe von Derivaten vom Wortstamme ἀφθον- ausgedrückten Fülle des Gewährens einzig im Kontext der Beschreibung kaiserlichen Handelns begegnet, so eng ist es andererseits doch – diesen Schluß lassen die oben vorgelegten Texte wohl zu – mit dem Bild verknüpft, das man sich weithin vom Handeln des (idealen) Herrschers machte. Dies kommt schließlich auch darin zum Ausdruck, daß die ἀφθονία kaiserlichen Gewährens in Gestalt der *Abundantia*, der „Personification des glücklichen Zustandes, in dem das Volk die Segnungen der Kultur in reichem Masse geniesst"[77], sowie in derjenigen der *Ops Augusta* Eingang in die offizielle Kaiserpropaganda fand. Die *Abundantia* hat hier zunächst unter Trajan und dann wieder im 3. Jahrhundert, beginnend mit Septimius Severus, «le plus actif propagandiste d'A.[bundantia] publique»[78], eine Rolle gespielt; belegt ist dies durch die zeitgenössische kaiserliche Reliefplastik sowie durch Münzen mit der Abbildung der *Abundantia*, die im 3. Jahrhundert auch die Legende ABUNDANTIA AUG tragen.[79] Die *Ops*, ursprünglich eine altrömische Gottheit des Erntesegens, die sich unter dem Einfluß der großen *gentes* der späteren Republik „politisierte" und Rom Reichtum und Wohlstand garantieren sollte, begegnet in der Münzprägung des Antoninus Pius als *Ops Augusta* (Reverslegende OPI AUG) und nochmals im Jahre 193 als *Ops Divina* (Reverslegende OPI DIVIN) in der des Pertinax.[80]

V

Wie oben festgestellt, zeichnete sich der θεὸς ἄφθονος von ActJoh 55 nach Ansicht des ActJoh-Verfassers indes auch dadurch aus, daß er die Eigenschaft, in Fülle zu gewähren, gerecht bewies, und zwar dergestalt, daß er seine Zuwendung bzw. die von ihm veranlaßte Zuwendung seines Apostels denjenigen, die Anspruch auf sie hatten, sämtlich in gleichem Maße zuteil werden lassen wollte. Auch hierin entspricht sein Handeln wieder ganz demjenigen, das man seinerzeit von einem ‚guten' Kaiser erwartete: daß dieser nämlich bei der Ausübung seiner Freigebigkeit (*liberalitas*)[81] keine Gruppe bevorzugte,

---

[76] GOODENOUGH (wie Anm. 74), 19.

[77] E. AUST, Art. Abundantia, PRE 1 (1894), 125f.: 125.

[78] R. F. BARREIRO, Art. Abundantia, LIMC I/1 (1981), 7–10: 10.

[79] Sämtliche Belege bei BARREIRO (wie Anm. 78), 9f.

[80] P. POUTHIER, Art. Ops, LIMC VII/1 (1994), 59f.

[81] Zur *liberalitas* als Kaisertugend s. H. KLOFT, Liberalitas principis. Herkunft und Bedeutung. Studien zur Prinzipatsideologie (KHAb 18), Köln/Wien 1970. Zu beachten sind

sondern die jeweiligen Adressaten seiner Freigebigkeit alle gleichermaßen bedachte.

Ein eindrückliches Zeugnis für diese Erwartung findet sich im *Panegyricus* des jüngeren Plinius auf Kaiser Trajan. Darin kommt der Autor auch auf die bei bestimmten Anlässen – hier: bei Trajans Rückkehr in die Hauptstadt – geübte *liberalitas* des Kaisers zu sprechen, die sich einerseits in den *congiaria,* Geldspenden an die *plebs urbana,* andererseits in den dem Militär gleichfalls in Form von Geld gewährten *donativa* manifestierte. Obwohl die Beträge, die den Angehörigen der beiden Gruppen ausbezahlt wurden, unterschiedlich hoch waren, behauptet Plinius, daß der Kaiser den Grundsatz der Gleichbehandlung beider Gruppen, die *ratio aequalitatis,* dennoch nicht verletzt habe, weil „die Soldaten . . . insofern mit der Bevölkerung gleichgestellt" wurden, „als sie zwar nur einen Teil ihres [ihnen zuvor versprochenen] Geldes empfingen, den aber sofort, die Bevölkerung hingegen zwar später bedacht wurde als die Soldaten, aber gleich die ganze Summe erhielt"[82]. Sonderlich überzeugend ist diese Beweisführung nicht; daß Plinius sie gleichwohl versuchte, zeigt umso deutlicher, wie wesentlich der Nachweis der Wahrung der *ratio aequalitatis* durch den Kaiser war, wenn man ein rundum positives Kaiserbild zeichnen wollte.

Die Absicht des Kaisers, bei der Ausübung seiner *liberalitas* dem Gleichheitsprinzip Genüge zu tun, dürfte auch den Hintergrund für eine von Sueton in seiner Vita Domitians berichtete – eher erheiternde – Episode bilden. Sueton erzählt hier, wie Domitian anläßlich der zum „Fest der sieben Hügel" veranstalteten Spiele einmal *missilia,* kleine Geschenke oder Gutscheine zum Erhalt solcher, unter die Zuschauer habe werfen lassen. Weil die wohltätigen Wurfgeschosse aber größtenteils (*pars maior*) über den Sitzreihen des Volkes und nicht, wie offenbar geplant, gleichmäßig über alle Ränge verteilt niedergingen, fühlte sich der Kaiser – sozusagen *ratione aequalitatis* – zu der Bekanntmachung genötigt, daß für die benachteiligten Ränge der Ritter und Senatoren noch je fünfzig weitere Gutscheine verteilt werden würden.[83]

---

außerdem die äußerst zahlreichen römischen Münzprägungen, die die personifizierte *Liberalitas* mit Füllhorn sitzend oder stehend zeigen und häufig auch mit der Legende LIBERALITAS AUG versehen sind; näheres hierzu bei R. VOLLKOMMER, Art. Liberalitas, LIMC VI/1 (1992), 274–278.

[82] *Paneg.* 25,2: *quamquam in hac quoque diversitate aequalitatis ratio servata est. Aequati sunt enim populo milites eo quod partem sed priores, populus militibus quod posterior sed totum statim accepit.* Übersetzung nach W. KÜHN, Plinius der Jüngere. Panegyrikus. Lobrede auf den Kaiser Trajan. Hg., übers. u. mit Erläuterungen versehen, Darmstadt 1985, 55.

[83] *Domitian* 4,5: *omne genus rerum missilia sparsit, et quia pars maior intra popularia deciderat, quinquagenas tessaras in singulos cuneos equestris ac senatorii ordinis pronuntiavit.* Der Gedanke, daß die *liberalitas* des Kaisers *omnes ordines* zu bedenken habe, ist häufig belegt; vgl. Sueton, *Augustus* 41,1 und *Vespasian* 17; Velleius Paterculus II 130,2; Dio Cassius LXIX 5,1; Eutrop 8,4; auch Tacitus, *Ann.* XII 41,1 (Gleichordnung von Militär und *plebs*).

Eine Stimme aus dem Osten des Reiches belegt, daß entsprechende (und wie bei Plinius als erfüllt ausgegebene) Erwartungen an die kaiserliche *liberalitas* nicht nur im stadtrömischen Kontext, sondern darüber hinaus auch im Kontext der Beziehungen Roms zu den griechischen Poleis bestanden, und zwar auf der Empfängerseite der kaiserlichen Zuwendungen. Das in unserem Zusammenhang gewichtige Faktum erhellt aus der berühmten, im Jahre 143 – vielleicht sogar vor dem Kaiser Antoninus Pius selbst – gehaltenen Romrede des Aelius Aristides[84], die in einer „begeisterten Schilderung des goldenen Zeitalters" ausklingt, das die römische Herrschaft Aristides zufolge für alle diejenigen bedeutete, die an ihr teilhatten (§ 92–107).[85] In diesem Rahmen hebt der Autor auch die Fürsorge der Römer für die griechischen Poleis hervor, welche unter der römischen Ägide sämtlich aufgeblüht seien (§ 94), zumal aller [sc. früher üblich gewesen] Streit[86] zwischen ihnen erloschen sei, die nunmehr sämtlich nur noch einen einzigen Ehrgeiz verspürten: denjenigen, „daß jede von ihnen möglichst schön und einladend erscheine". Das Ergebnis: „Überall gibt es Gymnasien, Brunnen, Vorhallen, Tempel, Werkstätten und Schulen", ja man könne sogar sagen, „daß der am Anfang gleichsam kranke Erdkreis [sc. durch Roms Hilfe] gesund geworden" sei (§ 97). Dann folgt die Passage, auf die es hier ankommt: δωρεαὶ δ' οὔποτε λείπουσιν εἰς ταύτας παρ' ὑμῶν ἰοῦσαι, οὐδ' ἔστιν εὑρεῖν τοὺς μειζόνων τετυχηκότας διὰ τὴν ὁμοίαν εἰς ἅπαντας ὑμῶν φιλανθρωπίαν, „niemals hört der Strom der Geschenke auf, welcher von eurer Seite diesen zufließt, und es ist unmöglich herauszufinden, wer mehr bekommen hat, da eure Menschenfreundlichkeit gegen alle gleich ist" (§ 98).[87]

Auf den ersten Blick wird in dieser Aussage freilich nicht recht deutlich, von wem genau die Geschenkflut ausgeht, die sich εἰς ταύτας, womit einzig

---

Domitian war es auch, der die Gestalt der *Moneta Augusti* in die römische Münzprägung einführte. Die Attribute, mit denen sie abgebildet wird, Füllhorn und Waage sowie nicht selten noch *modius* und Münzstoß (oder Geldsack), erweisen sie als Personifikation der reichliche Fülle ebenso wie Gerechtigkeit (im Sinne der *Aequitas*, der Billigkeit, mit der *Moneta* zunehmend verschmilzt) für sich beanspruchenden kaiserlichen Getreide- und Geldspenden (F. KENNER, Moneta Augusti, NZ 18 [1886], 7–42; E. MARBACH, Art. Moneta, PRE 16,1 [1933], 113–119: 118f.). Zur Zeit Mark Aurels sowie des Commodus findet sich Moneta auch auf alexandrinischen Münzen: GEISSEN – WEISER (wie Anm. 70), Nr. 2005.2012f.2142.2237.

[84] *Or.* 26 (Keil). – Zum Abfassungsdatum s. J. H. OLIVER, The Ruling Power. A Study of the Roman Empire in the Second Century after Christ through the Roman Oration of Aelius Aristides, TAPhS.NS 43 (1953), 871–1003: 886f.; R. KLEIN, Die Romrede des Aelius Aristides. Einführung, Darmstadt 1981, 77.

[85] KLEIN (wie Anm. 84), 136.

[86] Vgl. § 69.

[87] Text und Übersetzung nach R. KLEIN, Die Romrede des Aelius Aristides. Hg., übers. u. mit Erläuterungen versehen, Darmstadt 1983, 58f.

die zuvor in § 97 genannten πόλεις gemeint sein können[88], ergießt. Adressat der Rede ist formal das von Aristides allenthalben in der 2. Person Plural angesprochene Volk von Rom (οἱ τῆς μεγάλης ἔνοικοι πόλεως, § 3), das allerdings nicht befugt war, δωρεαί zu verteilen. Solche kamen, wie James H. Oliver zu Recht erklärt, "from the emperor, not the Roman People"[89], was Inschriften und Papyri ebenso erweisen[90] wie einmal mehr die Tatsache, daß die φιλανθρωπία, von der in unserer Passage ja gleichfalls gesprochen wird, eher eine Herrscher- bzw. Kaisertugend war[91] als die eines ganzen Volkes. Wenn Aristides „die φιλανθρωπία, welche durch das am Satzbeginn stehende δωρεαί eindeutig im Sinne der lateinischen _liberalitas_ bestimmt ist, vom römischen Kaiser, dessen Tugend sie eigentlich ist, auf das römische Volk als ganzes übertragen" hat[92], so deswegen, weil er anders als Plinius keine Kaiserpanegyrik treiben, sondern einen – in mancher Hinsicht noch vom traditionellen ἔπαινος πόλεως beeinflußten – Lobpreis auf die Herrschaftsprinzipien der Weltpolis Rom verfassen wollte, in der der Kaiser nicht offensichtlich im Mittelpunkt der Ausführungen stehen konnte.[93] Daß in § 98 dennoch, obschon verhüllt, von der durch die _ratio aequalitatis_ bestimmten _liberalitas_ bzw., was

---

[88] Vgl. die Übersetzung OLIVERS (wie Anm. 84), 906: "Gifts never cease from you to the cities." Anders KLOFT (wie Anm. 81), 168, der εἰς ταύτας auf die in § 97 genannten Gymnasien, Brunnen usw. bezieht: „Unablässig kommen eure Geschenke diesen Dingen zugute (sc. Gymnasien, Tempel, Bauwerke und Schulen)". Wäre das richtig, müßte im Text statt εἰς ταύτας aber εἰς ταῦτα stehen. Vermutlich ist die Nennung der Gymnasien, Brunnen und anderen Bauten bzw. Einrichtungen, die sich ja alle in Städten befinden, als proleptische Spezifizierung der diesen gewährten δωρεαί zu verstehen.

[89] OLIVER (wie Anm. 84), 945.

[90] SIG 814,10.44; 839,9f.; 880,8.25; SEG XVII, 528,12.15; OLIVER (wie Anm. 66), S. 366,5; BGU 1652,1; PWürzburg 9,26; Preisigke, WGPU s. v. δωρεά. Siehe auch Dion von Prusa, _Or._ 40,14; 45,3; numismatische Belege bei WÖRRLE (wie Anm. 67), 336, Anm. 45.

[91] Vgl. z. B. SIG 888,102f.; BGU 140,18–20; PFay 20,15f.; PHerm 119 verso III, 16; POxy 705,21; 3366,46; SEG XIX, 476 C 10f.; einzelne kaiserliche Gnadenerweise (φιλάνθρωπα) z. B. Inschr. Ephesus 18a,15f.; BGU 1074,2; SEG XVII, 755,9f.; kultische Verehrung der φιλανθρωπία des Tiberius: Dio Cassius LIX 16,10; bezeichnend auch Dion von Prusa, _Or._ 1,23; 2,26; 40,15; Dio Cassius LXIX 2,5; LXXII 14,2; LXXVIII 19,4 sowie Euseb, _Hist. Eccl._ VIII 12,9f.; φιλανθρωπία in der Kaiser- bzw. Herrscherpanegyrik: Pseudo-Aristides, _Or._ 35 (Keil), 1f.8f.14–24, und Menander von Laodicea (wie Anm. 58), p. 374,25–375,4. Siehe ferner OGIS 139,20; Xenophon, _Cyrop._ I 2,1 und _Ag._ 1,22; Diodor XVII 2,2; 24,1; 2Makk 9,27; Aristeasbrief 290; Josephus, _Ant._ XIV 298, sowie C. SPICQ, La Philanthropie hellénistique, vertu divine et royale, StTh 12 (1958), 169–191, und H. I. BELL, Philanthropia in the Papyri of the Roman Period, in: Hommages à J. Bidez et à F. Cumont, Brüssel 1949, 31–37.

[92] KLOFT (wie Anm. 81), 168. – Die gleiche Übertragung findet sich auch in § 66.

[93] Hierzu J. BLEICKEN, Der Preis des Aelius Aristides auf das römische Weltreich (or. 26K), NAWG.PH 1966, 223–277: 225f.; KLEIN (wie Anm. 84), 114f. 128f.

sachlich dasselbe ist, von der ὁμοία εἰς ἅπαντας φιλανθρωπία des Kaisers gegenüber den griechischen Poleis die Rede ist, sollte keinen Zweifel leiden.[94]

<h1 style="text-align:center">VI</h1>

Literarische und inschriftliche Zeugnisse belegen indes sehr deutlich, wie wenig die Kaiser de facto geneigt waren, bei der Ausübung ihrer *liberalitas* der *ratio aequalitatis* zu folgen. Das gilt sowohl hinsichtlich der *congiaria* und *donativa* für *plebs* bzw. Militär[95] als auch für die δωρεαί, die sie den griechischen Städten gewährten. Diese beobachteten einander mit Argusaugen und verglichen eifersüchtig das, was andere bekommen hatten, mit dem, was der eigenen Polis zuteil geworden war, wobei Gerüchte und Übertreibungen das Ihre dazu beitrugen, den Neid aufeinander noch zu verstärken.

Ein bezeichnendes Schlaglicht auf diese Zustände werfen die Ausführungen, die Dion von Prusa in einer wenige Jahre nach dem Regierungsantritt Trajans in seiner Vaterstadt gehaltenen Rede gemacht hat.[96] Darin wendet er sich u. a. gegen von seinen Gegnern in Umlauf gebrachte Gerüchte, er habe als Leiter einer prusanischen Gesandtschaft an den Kaiser von diesem nicht genug an Vergünstigungen für Prusa erlangt; hätte an Dions Stelle ein anderer mit Trajan verhandelt, so hätte der Kaiser diesem gewiß „zehntausend Ratsherren bewilligt, einen Strom von Gold in die Stadt leiten lassen und ihr unzählige Myriaden Geld geschenkt"[97], zumal der Kaiser, wie die von Dion sichtlich karikierten Gerüchte weiter wissen wollten, ja auch „die Leute aus

---

[94] Für die Gleichbehandlung der Städte durch den Kaiser plädiert später noch Dio Cassius; in seiner Römischen Geschichte läßt er Maecenas dem Augustus raten, der Kaiser solle den griechischen Poleis nie erlauben, irgend etwas zu tun, was diese untereinander in Streit bringen könne. Dann werde man ihm gern gehorchen, dies freilich nur solange, als der Kaiser niemandem je ein Zugeständnis mache, das den zuvor empfohlenen Grundsätzen widerspreche: „denn Ungleichheit zerstört auch das Wohlgeordnete" (ἡ γὰρ ἀνωμαλία καὶ τὰ καλῶς πεπηγότα διαλύει, LII 37,10). Dios einschlägige Äußerungen sind allerdings zugleich von einer "rigidly repressive attitude" gegenüber den Städten geprägt (F. MILLAR, A Study of Cassius Dio, Oxford 1964, 108); alles in allem rät Dio dem Kaiser nämlich dazu, den Poleis am besten gleichermaßen *wenig* zu gewähren.

[95] Vgl. KLOFT (wie Anm. 81), 89f.105.

[96] *Or.* 40,13–15. Zum Datum der Rede H. VON ARNIM, Leben und Werke des Dio von Prusa, Berlin 1898, 336, Anm. 2.

[97] 40,14: ὡς ἄλλου τινὸς διαλεχθέντος μυρίους μὲν αὐτῷ συνεχώρησε βουλευτάς, χρυσίου δ' ἐκέλευσε ποταμὸν εἰς τὴν πόλιν τραπῆναι καὶ μυριάδες ἄπειροί τινες ἐδόθησαν (Übersetzung W. ELLIGER, Dion Chrysostomos. Sämtliche Reden, eingel., übers. u. erl., Zürich/Stuttgart 1967, 568). Der Kaiser hatte Dion u. a. die Vergrößerung der prusanischen βουλή um hundert zusätzliche Ratsherren zugestanden (*Or.* 45,7). Zu den mit solcher Erweiterung des Rats einhergehenden Vorteilen s. C. P. JONES, The Roman World of Dio Chrysostom, Cambridge (MA)/London 1978, 107f.

Smyrna überreich beschenkt und ihnen unsagbare Reichtümer … geschickt" habe.[98] Allen Dementis („nichts davon ist wahr") zum Trotz muß Dion im folgenden jedoch indirekt einräumen, daß andere Städte von Trajan möglicherweise besser bedacht worden sein könnten als Prusa; denn, wie Dion die Größenordnung des jeweils Gewährten offenlassend erklärt, „in seiner Menschenfreundlichkeit und Weisheit ohnegleichen hat der Kaiser mir gewährt, worum ich gebeten hatte, und anderen, worum sie gebeten hatten"[99]. Das heißt: Um die Dinge gegenüber denjenigen unter seinen Mitbürgern zurechtzurücken, die sich vom Kaiser im Vergleich zu anderen Städten unzureichend bedacht fühlten, vermag Dion eben nicht zu behaupten, der Kaiser habe den Prusanern keineswegs weniger gewährt als anderen (sich also um Gleichbehandlung der Städte bemüht). Was Dion den Vorwürfen seiner Gegner entgegenhalten kann, ist – neben allgemeinen Wahrheiten wie der, daß man nicht verlangen dürfe, die Sonne solle nur für einen selbst scheinen – lediglich dies, daß der Kaiser doch jedem das Seine gewährt habe (wieviel der einen und wie wenig der anderen Polis auch immer).[100]

Wie Dion bei Trajan für die Interessen Prusas tätig war, so der Sophist Polemon bei Hadrian für diejenigen Smyrnas.[101] Welch großen Erfolg er dabei hatte, geht einmal aus der inschriftlich erhaltenen Aufstellung über Stiftungen zum Besten Smyrnas hervor, die auch eine Auflistung dessen enthält, ὅσα ἐπετύχομεν [sc. die Smyrnäer] παρὰ τοῦ κυρίου Καίσαρος Ἀδριανοῦ διὰ Ἀντωνίου Πολέμωνος[102], zum anderen ist hier auf den einschlägigen Abschnitt in Philostrats Vita Polemons zu verweisen.[103] Beide Texte wissen von sehr erheblichen Vergünstigungen des Kaisers für die Stadt zu berichten, deren größte sicherlich die Erlaubnis zur Errichtung eines weiteren Kaisertempels[104] sowie die Gewährung bedeutender Geldmittel gewesen sind.[105]

---

[98] 40,14: οἱ δὲ ἐλογοποίουν ὅτι τοῖς Σμυρναίοις παμπόλλας δωρεὰς δοίη καὶ χρήματα ἀμύθητα πέμψειε.

[99] 40,15: ἀλλ' ὁμοῦ φιλανθρωπότατος ὢν ὁ αὐτοκράτωρ καὶ συνετώτατος ἁπάντων ἐμοί τε παρέσχεν ὧν ἐγὼ ἐδεόμην καὶ ἄλλοις ὧν ἐκεῖνοι ἐδέοντο.

[100] In *Or.* 45,3f. kommt Dion ebenfalls auf die mit seiner Hilfe für Prusa erlangten Vergünstigungen zu sprechen. Hier zeigt er sich bestrebt, die Prusa gewährten Privilegien durch deren Parallelisierung mit denjenigen, die Trajan einer der bekanntesten Städte der Asia (C. P. JONES, An Oracle Given to Trajan, Chiron 5 [1975], 403–406: Milet; ebenso N. EHRHARDT – P. WEISS, Trajan, Didyma und Milet. Neue Fragmente von Kaiserbriefen und ihr Kontext, Chiron 25 [1995], 315–355) bewilligt hatte, in ihrem Gewicht zu erhöhen – war Prusa doch des Gleichen gewürdigt worden wie eine wesentlich bedeutendere Stadt, der der Kaiser noch dazu persönlich verpflichtet war.

[101] Zur Tätigkeit der Sophisten für bestimmte Städte s. G. W. BOWERSOCK, Greek Sophists in the Roman Empire, Oxford 1969, 43–58.

[102] Inschr. Smyrna 697 (= IGRR IV, 1431), 33–42, Zitat: 33–36.

[103] *Vit. Soph.* I 25 (p. 43,6–12 Kayser).

[104] Zu den Neokorien s. S. MITCHELL, Anatolia. Land, Men, and Gods in Asia Minor, Vol. 1, Oxford 1993, 100–117, und S. [J.] FRIESEN, The Cult of the Roman Emperors in

Letztere wurden Philostrat zufolge zum Bau eines Kornmarktes, des pracht-
vollsten Gymnasiums in der Asia und eines schon von weitem sichtbaren
Tempels verwandt – zu Zwecken also, für die später auch Aristides die den
Poleis zugewandte φιλανθρωπία der Kaiser am Werke sah.[106] Am interes-
santesten ist für uns jedoch die Bemerkung, mit der Philostrat seine Erwähnung der erfolgreichen Tätigkeit Polemons für Smyrna bei Hadrian einleitet:
Ἀδριανὸν γοῦν προσκείμενον τοῖς Ἐφεσίοις οὕτω τι μετεποίησε τοῖς
Σμυρναίοις, ὡς ἐν ἡμέρᾳ μιᾷ μυριάδας χιλίας ἐπαντλῆσαι αὐτὸν τῇ
Σμύρνῃ, Polemon habe es vermocht, Hadrian, der sonst stets eher den Ephesern geneigt gewesen sei, so sehr zur Sache der Smyrnäer zu bekehren, daß
der Kaiser Smyrna an ein und demselben Tag mit zehn Millionen (Drachmen)
überschüttet habe.[107] Die Tendenz dieser Aussage scheint mir eindeutig; was
Philostrat zum Ausdruck bringen will, ist, daß Hadrian hinsichtlich der von
ihm gewährten Vergünstigungen zunächst Ephesus bevorzugt und die
Smyrnäer benachteiligt hatte, nach der Intervention Polemons aber genau umgekehrt verfuhr: Nun genossen die Smyrnäer eine Vorzugsbehandlung, während die Epheser wie zuvor die Smyrnäer zurückstehen mußten. Von einer
Gleichbehandlung der Poleis durch den Kaiser, wie sie Aristides so über-
schwenglich pries, findet sich auch in diesem Text keine Spur.

Die Schriftstücke aus der Feder kaiserlicher Kanzleien enthalten ebenfalls
wenig, was die Annahme stärken könnte, die Kaiser hätten ihre Euergesie gegenüber den Poleis tatsächlich nach dem Grundsatz der Gleichbehandlung zu
regeln versucht. Ein Brief der Kaisermutter Julia Domna an die Epheser[108] läßt
eher auf das Gegenteil schließen, zumal die in Rede stehenden Zeilen dieses
Briefes, wie Louis Robert wohl zu Recht angenommen hat, lediglich «géné-
ralités polies» enthalten[109]: In solchen finden sich allgemein übliche Gepflogenheiten oft am deutlichsten ausgedrückt. Julia Domna schreibt: πάσαις μὲν
πόλεσιν καὶ σύμπασι δήμοις εὐεργεσιῶν τυγχάνειν τοῦ γλυκυτάτου μου
υἱοῦ τοῦ αὐτοκράτορος συνεύχομαι, μάλιστα δὲ τῇ ὑμετέρᾳ [sc. πόλει],
„es ist auch mein Wunsch, daß mein über alles geliebter Sohn, der Kaiser [sc.

Ephesos. Temple Wardens, City Titles, and the Interpretation of the Revelation of John, in:
H. Koester (Hg.), Ephesos. Metropolis of Asia. An Interdisciplinary Approach to its Archaeology, Religion, and Culture (HThS 41), Valley Forge (PA), 1995, 229–250.

[105] Während Philostrat lediglich das Geldgeschenk erwähnt, zählt die Inschrift außerdem
noch auf: δεύτερον δόγμα συνκλήτου, καθ’ ὃ δὶς νεωκόροι γεγόναμεν· ἀγῶνα ἱερὸν,
ἀτέλειαν, θεολόγους, ὑμνωδοὺς ... κείονας εἰς τὸ ἀλειπτήριον (Z. 36–41).

[106] Siehe oben S. 247f.

[107] *Vit. Soph.* I 25 (p. 43,6–8 Kayser). Inschr. Smyrna 697,39f. nennt lediglich die Summe
von eineinhalb Millionen Drachmen. Entweder handelt es sich bei den von Philostrat erwähnten Geldern um eine andere Zuwendung des Kaisers oder um Übertreibung des Autors.

[108] Inschr. Ephesus 212,9–14.

[109] L. ROBERT, Sur des Inscriptions d'Éphèse. 6. Lettres impériales à Éphèse, RPh 93
(1967), 44–64: 61 (= DERS., Opera minora selecta, Tom. 5, Amsterdam 1989, 384–404: 401).

Caracalla], allen Städten und allen Völkern Wohltaten zukommen läßt, am meisten aber eurer Stadt." Hier wird der wie ernst auch immer gemeinte Wunsch, der Kaiser möge eine bestimmte Stadt bevorzugen, von seiten des kaiserlichen Hofes klar ausgesprochen.[110]

Ein gewisses Problembewußtsein zeigt immerhin ein aus dem Jahre 255 stammendes Reskript der Kaiser Valerian und Gallienus an das lydische Philadelphia.[111] Darin geben die Kaiser der Bitte Philadelphias statt, von den Beitragszahlungen zur Finanzierung bestimmter Oberpriester- und Panegyriarchenämter[112] befreit zu werden, die die Stadt gleich anderen nachrangigen Poleis der Asia an die Metropolen der Provinz zu leisten hatte, welche selbst, wie aus der Begründung des philadelphischen Antrags – die Stadt sei einst ebenfalls Metropolis gewesen[113] – hervorgeht, zur Finanzierung der genannten Ämter nichts beizutragen brauchten. In dem Reskript heißt es:

„Empfangt also auf angemessene Art und Weise diese Gunst so, als wäret ihr gemeinsam mit den Metropolen zu diesem Entschluß gelangt und nicht (etwa) in der Absicht, diesen etwas fortzunehmen (οὐχ ὡς ἀφελόμενοί τι αὐτάς) ... Es darf dabei weder aus dieser Vergünstigung noch aufgrund irgend eines anderen Privilegs einer anderen Stadt irgend ein Nachteil (βλάβη μηδεμία) entstehen. Zudem sollen die Metropolen eben dies nicht als einen Schaden (ζημία) für sich ansehen, wenn wir euch, die ihr dessen würdig seid, einen Erlaß der genannten Liturgie gewährt haben."[114]

---

[110] Andere Inschriftentexte, in denen das kaiserliche Wohlwollen gegenüber den Städten ebenfalls in allgemein gehaltenen Wendungen zum Ausdruck gebracht wird, formulieren allerdings erheblich vorsichtiger; vgl. z. B. das aus neronischer Zeit stammende Schreiben eines moesischen Legaten an die Stadt Istria, in dem es heißt, der Kaiser treffe vor allem Vorsorge, ἵνα μὴ μόνον διαφυλαχθῇ ἀλλὰ καὶ αὐξηθῇ τὰ τῶν πόλεων δίκαια (SEG I, 329,34f.), sowie den Auszug aus einem Erlaß Domitians an einen syrischen Procurator, der wie folgt beginnt: ἐν τοῖς ἐξαιρέτοις καὶ μεγάλης χρῄζουσιν φροντίδος, ὑπὸ τοῦ θεοῦ πατρὸς Οὐεσπασιανοῦ Καίσαρος ἐπιμελείας τετυχέναι γεινώσκω τὰ τῶν πόλεων φιλάνθρωπα (SEG XVII, 755,5–10). Die Gunst des Kaisers gilt hier stets den Städten insgesamt, ohne daß eine von ihnen besonders hervorgehoben würde. Ein allgemein formuliertes Hilfsversprechen für eine einzelne Stadt ohne den Gedanken der Bevorzugung vor anderen Poleis z. B. ILS 9463.

[111] J. Keil – F. Gschnitzer, Neue Inschriften aus Lydien, AÖAW.PH 93 (1956), 219–231, Nr. 8 (= SEG XVII, 528 = J. H. Oliver, Greek Constitutions of Early Roman Emperors from Inscriptions and Papyri [Memoirs of the American Philosophical Society 178], Philadelphia 1989, Nr. 285); dazu J. u. L. Robert, Bulletin épigraphique, REG 71 (1958), 311 (Nr. 438).

[112] J. Deininger zufolge handelte es sich um Beitragszahlungen für Kult und Spiele des asiatischen Landtags (Die Provinziallandtage der römischen Kaiserzeit von Augustus bis zum Ende des dritten Jahrhunderts n. Chr. [Vestigia 6], München/Berlin 1965, 59.96.147).

[113] In der Regierungszeit Elagabals, s. den numismatischen Beleg Cat. of the Greek Coins in the Brit. Mus. Lydia, p. 204, Nr. 92.

[114] Z. 9–20: δέχεσθε δὴ κοσμίως τὴν χάριν ὡσανεὶ συμψηφισαμένων ὑμεῖν ταῦτα καὶ τῶν μητροπόλεων οὐχ ὡς ἀφελόμενοί τι αὐτάς· πρέπειε γὰρ οὕτω καὶ τοὺς διά τι

Da in dem Reskript nichts darüber verlautet, daß die Kosten der Ämter, für deren Finanzierung die in Rede stehenden Beträge eingezogen wurden, gesunken oder reduziert worden wären, ist anzunehmen, daß der Philadelphia erlassene Kostenanteil künftig von den anderen zur Finanzierung jener Ämter herangezogenen Städten zusätzlich aufgebracht werden mußte. Durch das Philadelphia gewährte Privileg drohten aber auch den Metropolen Nachteile – waren sie doch mit der Statusverbesserung einer ehemaligen Konkurrentin konfrontiert und hatten angesichts der Begründung des philadelphischen Antrags unter Umständen gar noch zu befürchten, Philadelphia eines Tages wieder in den Rang einer mit ihnen rivalisierenden Metropole erhoben sehen zu müssen.[115] Die Mahnungen des Reskripts, weder den Metropolen noch einer anderen Stadt dürfe aus der Privilegierung Philadelphias ein Schade erwachsen, können sich nur auf diese oder ähnliche Mißhelligkeiten beziehen. Die Kaiser wußten also durchaus, daß ihre Maßnahme zugunsten Philadelphias andere Städte in der einen oder anderen Weise schädigen würde. Ihre Fürsorglichkeit ausstrahlenden Mahnungen erweisen sich mithin als bloße Rhetorik, die nur schlecht verhüllen kann, daß die Kaiser eben das, was sie mit ihren Ermahnungen angeblich zu verhindern suchten, gar nicht verhindern konnten: Die Privilegierung einer Stadt mußte allermeist eine wie auch immer geartete Benachteiligung anderer Städte nach sich ziehen.[116] Die Feststellung, die Hans

---

χρηστὸν τυχόντας δωρεᾶς· ἐπιεικεστάτην χρὴ τὴν παράλημψιν αὐτῆς καὶ ἀξίαν τῶν διδομένων ποιεῖσθαι, βλάβης μὲν μηδεμιᾶς μήτε ἐκ ταύτης τῆς δωρεᾶς μήτε ἐξ ἄλλης ἡστινοσοῦν ἑτέρᾳ πόλει συμβαίνειν ὀφειλούσης, αὐτὸ δὲ τοῦτο οὐχ ὑπολογιουμένων τῶν μητροπόλεων ἑαυτῶν ζημίαν, εἰ τῆς περὶ τὰ ῥηθέντα λιτουργίας ἀξίοις οὖσιν ὑμεῖν ἄφεσιν ἔδομεν.

[115] Vergegenwärtigt man sich die von Eifersucht und Neid regierten Streitereien um Rang und Titel, die die provinzialrömischen Poleis allenthalben untereinander ausfochten, liegt es nahe, solche Befürchtungen anzunehmen. Vgl. hierzu z. B. SIG 849 (= Inschr. Ephesus 1489); Inschr. Ephesus 802; Dion von Prusa, *Or.* 38,24–40; Aristides, *Or.* 23,62 (Keil) und Dio Cassius LII 37,10; LIV 23,8, sowie, hinsichtlich des Metropolis-Titels, Dion von Prusa, *Or.* 38,39 und G. W. Bowersock, Hadrian and Metropolis, in: Bonner Historia-Augusta-Colloquium 1982/83 (Ant. R. 4, Bd. 17), Bonn 1985, 75–88.

[116] Derlei geschah am drastischsten dann, wenn eine Stadt im Bürgerkrieg auf der falschen Seite gestanden hatte und vom Sieger anschließend ihrer Privilegien zugunsten einer Nachbarstadt beraubt wurde, s. z. B. R. Ziegler, Antiochia, Laodicea und Sidon in der Politik der Severer, Chiron 8 (1978), 493–514. – Bereits Augustus hatte „hier Freiheit (ἐλευθερία) und Bürgerrecht (πολιτεία) verliehen, dort genommen": Dio Cassius LIV 25,1. Auch die Bitte der Samier um Verleihung der ἐλευθερία (d. h. um den Status einer *civitas libera*) schlug er zunächst ab: τὸ πάντων μέγιστον φιλάνθρωπον aufs Geratewohl und ohne gute Gründe, wie sie im Falle der Stadt Aphrodisias vorgelegen hätten, zu gewähren, sei nicht recht (οὐ δίκαιον). Für das von Rivalität geprägte Verhältnis der Poleis untereinander ist es äußerst bezeichnend, daß dieser Bescheid, obwohl an die Samier adressiert und die Privilegierung Aphrodisias' nur erwähnend, nicht gewährend, von den Aphrodisiern inschriftlich veröffentlicht wurde, s. J. Reynolds, Aphrodisias and Rome. Documents from the Excavation of the Theatre at Aphrodisias (JRS Monographs 1), London 1982, Nr. 13.

Kloft im Hinblick auf die kaiserlichen *congiaria* und *donativa* getroffen hat, gilt mithin ganz offensichtlich auch für die δωρεαί der kaiserlichen φιλανθρωπία gegenüber den griechischen Poleis: „Die *ratio aequalitatis*, die Plinius im *panegyricus* ... beschworen hatte", mußte „bei der Verwirklichung stets auf unüberwindliche Schwierigkeiten stoßen" und konnte somit nur „den Charakter der Utopie besitzen".[117]

VII

Wie oben bereits erwähnt, legten die Städte aus im folgenden noch näher darzulegenden Gründen großen Wert darauf, von den Statthaltern ihrer Provinz – möglichst lange und möglichst oft – besucht zu werden. Die Entscheidungsbefugnis darüber, ob solche Besuche stattfanden oder nicht, scheint indes häufig nicht den Statthaltern selbst, sondern einzig dem Kaiser zugestanden zu haben.

Dies geht zunächst aus einem in der Umgebung des phrygischen Aizanoi gefundenen und wahrscheinlich in die trajanische Zeit zu datierenden Inschriftenfragment hervor, das Teile eines Briefes enthält, den der Prokonsul Postuminus an Rat und Volk von Aizanoi geschrieben hat.[118] Darin blickte der Statthalter auf den Besuch zurück, den er der Stadt gemacht hatte: „Weil ich vom allerersten Anfang meines Prokonsulats an der Meinung war, es sei den Weisungen (ταῖς ἐντολαῖς) Folge zu leisten und für die Stadt [sc. Aizanoi] notwendig, den Besuch bei euch (τὴν παρ' ὑμεῖν ἐπιδημίαν) zu machen, bin ich bereitwillig gekommen."[119] Da ein Prokonsul von niemand anderem als dem Kaiser Anweisungen erhalten konnte, muß der Besuch des Postuminus in Aizanoi auf kaiserliche Anordnung zurückgegangen sein.

Daß die Entscheidung darüber, ob ein Statthalter eine in seinem Amtsbereich befindliche Stadt besuchte oder nicht, tatsächlich vom Kaiser abhängen konnte, läßt sich indes auch explizit belegen. Ein erstes Beispiel hierfür stellt ein von Commodus an die Stadt Aphrodisias gesandter Brief dar, demzufolge sich die Aphrodisier mit einem Psephisma an den Kaiser gewandt und darin um einen mehrtägigen Besuch des Prokonsuls der Asia gebeten hatten, damit dieser sich – in nicht mehr präzise zu klärender Weise – ordnend und helfend der öffentlichen (Finanz-?)Angelegenheiten der Stadt annehmen könne.[120]

---

[117] Kloft (wie Anm. 81), 105.

[118] IGRR IV, 572; ingeniös ergänzt von L. Robert, Études anatoliennes, Paris 1937 (Repr. Amsterdam 1970), 302; zur Datierung ebd. 305, Anm. l.

[119] Was folgt, ist ein aus traditionellen Elementen bestehendes Stadtlob, s. Robert (wie Anm. 118), 303–305.

[120] Reynolds (wie Anm. 116), Nr. 16,6f.: ἐνέτυχον τῷ ψηφίσματι δι' οὗ ἠξιοῦτε τὸν τῆς Ἀσίας ἀνθύπατον ἐπιδημεῖν ἐν τῇ πόλει τῇ ὑμετέρᾳ καὶ διατρείβειν ἡμερῶν τινων

Leider ist die Inschrift im folgenden recht defekt; doch läßt sich ihr mit einiger
Sicherheit soviel entnehmen, daß der Kaiser den erbetenen Besuch des Prokonsuls mit dem Hinweis auf den Status Aphrodisias' als einer *civitas libera*,
den statthalterliche Besuche auszuhöhlen geeignet seien, nicht erlaubt hat; als
Kompromiß bot er an, anstelle des Prokonsuls einen anderen hohen Beamten
(und Freund des Kaisers) für eine gewisse Zeit (χρόνον αὐτάρκη) nach
Aphrodisias zu senden.[121]

Ein Menschenalter jünger ist eine weitere Inschrift aus Aphrodisias, die das
Antwortschreiben eines unter Alexander Severus in der Asia amtierenden
Prokonsuls (Sulpicius Priscus) an die Stadt wiedergibt, die ihn zu einem Besuch Aphrodisias' und der Teilnahme an dort stattfindenden Kaiseropfern eingeladen hatte. Der Prokonsul sagt sein Kommen höflich zu, freilich mit der
Einschränkung, εἰ μήτε νόμος τῆς πόλεως ὑμῶν μήτε δόγμα συνκλήτου
μήτε διάταξις μήτε θεία ἐπιστολὴ κωλύει τὸν ἀνθύπατον ἐπιδημεῖν τῇ
πόλει ὑμῶν.[122] Wieder werden als mögliche Hinderungsgründe für den statthalterlichen Besuch der Status der Stadt und, neben einem Beschluß des Senats, die kaiserliche Willensbekundung genannt, die entweder in Gestalt einer
kaiserlichen Anordnung (διάταξις) oder in der eines Kaiserbriefes (θεία
ἐπιστολή) vorliegen konnte.[123]

Wenn die Statthalter der Provinzen also, wie es ein etwa 44 n. Chr. erlasse-
nes Edikt[124] des Prokonsuls von Asien, Paullus Fabius Persicus, vollmundig
formulierte, „dem Beispiel des besten und wahrhaft gerechtesten Princeps"
folgend „für den Nutzen der ganzen Provinz und jeder einzelnen Polis Sorge
tragen"[125] wollten, so scheint dies – jedenfalls in späterer Zeit – noch lange
nicht bedeutet zu haben, daß die τῶν ἐπαρχειῶν προεστῶτες ἄρχοντες[126]
im Rahmen solcher Fürsorge für Stadt und Land auch die Befugnis besaßen,
jede Polis, sofern sie es nur wünschte, besuchen (und dadurch auszeichnen) zu
dürfen. Zumindest dann, wenn es sich um eine *civitas libera* handelte, muß
die kaiserliche Zustimmung notwendig gewesen sein; im Falle Aphrodisias'
wurde sie, gewiß nicht zur Freude der Stadt, wenigstens einmal versagt. Aizanoi war keine autonome Polis; dennoch fand der Besuch des Prokonsuls auch

---

ἐπισκοποῦντα καὶ ἐξετάζοντα τὰ δημόσια πράγματα. Dafür, daß Finanzprobleme Anlaß
des Schreibens waren, spricht die Erwähnung zuvor getroffener Regelungen eines in der Stadt
tätig gewesenen *curator reipublicae*, vgl. REYNOLDS, S. 121.

[121] Z. 13–15; vgl. REYNOLDS (wie Anm. 116), S. 122f.

[122] REYNOLDS (wie Anm. 116), Nr. 48,19–22.

[123] Letzteres war ja tatsächlich der Fall, da Commodus einen Statthalterbesuch in Aphrodisias brieflich abgelehnt hatte, s. oben.

[124] SEG IV, 516 = Inschr. Ephesus 17–19.

[125] Inschr. Ephesus 18a,8–13: τοῦ … χρησίμου τοῦ τε καθ' ὅλην τὴν ἐπαρχείαν τοῦ
τε κατὰ πόλιν προνοεῖ.

[126] Ebd. Z. 6.

in dieser Stadt nicht aufgrund von dessen Entschluß, sondern auf kaiserliche Weisung statt.

Bestimmte Städte besaßen allerdings das Privileg, daß sie der Statthalter (oder wenigstens sein Legat) besuchen mußte: die Vororte der als *conventus iuridici* bzw. διοικήσεις bezeichneten Gerichtsbezirke einer jeden römischen Provinz. In diesen Städten hatte ein Statthalter auf seinen der Rechtsprechung dienenden Assisereisen regelmäßig Station zu machen, um Gerichtssitzungen, die ἀγοραὶ δικῶν bzw. ἀγοραῖα, abzuhalten – ein Verfahren, das aus dem Fehlen eines ständigen Gerichtshofes für die der römischen Jurisdiktion vorbehaltenen Fälle in der Hauptstadt oder einem anderen Ort der Provinz resultierte.[127] Conventsort zu sein, brachte einer Stadt mannigfache Vorteile, über die wir vor allem durch Dion von Prusa unterrichtet sind: Vorteile wirtschaftlicher Natur, die Möglichkeit begünstigender Einflußnahme auf Prozesse, in die Bürger der eigenen Polis involviert waren, und schließlich ein im Vergleich mit den rivalisierenden Nachbarstädten der Provinz wesentlich größeres Prestige.

Die wirtschaftlichen Vorteile hat Dion besonders lebendig beschrieben:

„Gerichtsverhandlungen ... locken eine unübersehbare Menschenmenge herbei[128], Prozessierende, Richter, Redner, leitende Beamte, Diener, Sklaven, Kuppler, Maultiertreiber, Händler, Dirnen, Handwerker. So können die Besitzer ihre Waren um einen recht hohen Preis an den Mann bringen, und nichts in der Stadt ist unbeschäftigt, weder die Zugtiere noch die Häuser noch die Frauen – und das ist kein geringer Beitrag zum allgemeinen Wohlstand. Wo nämlich die größte Menschenmenge zusammenkommt, da muß auch das meiste Geld zusammenfließen, und man kann erwarten, daß der Ort gedeiht."[129]

---

[127] Hierzu G. P. BURTON, Proconsuls, Assizes and the Administration of Justice under the Empire, JRS 65 (1975), 92–106; R. HAENSCH, Capita provinciarum. Statthaltersitze und Provinzialverwaltung in der römischen Kaiserzeit (Kölner Forschungen 7), Mainz 1997, 307–312; s. auch die in meinem Beitrag *Apostolische Missionsreise und statthalterliche Assisetour*, im vorliegenden Band S. 207–228: 218–221, genannte Literatur. – Wie häufig die Gerichtssitzungen in den einzelnen Conventsorten stattfanden, ist strittig, vgl. JONES (wie Anm. 97), 68 mit Anm. 25, und W. AMELING, Drei Studien zu den Gerichtsbezirken der Provinz Asia in republikanischer Zeit, Epigraphica Anatolica 12 (1988), 9–24: 9, Anm. 2.

[128] Vgl. bereits Cicero, der bei gleichem Anlaß bemerkt: *itaque incredibilem in modum concursus fiunt ex agris, ex vicis, ex oppidis omnibus (Att.* V 16,3), sowie Plutarch, *Animine an corporis affectiones sint peiores* 4 (= *Mor.* 501e–f): ὁρᾶτε τὸν πολὺν τοῦτον καὶ παμμιγῆ, τὸν ἐνταῦθα συνηραγμένον καὶ κυκώμενον ὄχλον περὶ τὸ βῆμα καὶ τὴν ἀγοράν; ... ὥσπερ ἐτησίοις περιόδοις ἀκμὴ νοσήματος ἐκτραχύνουσα τὴν Ἀσίαν ἐπὶ δίκας καὶ ἀγῶνας ἐμπροθέσμους ἤκουσαν ἐνταῦθα συμβάλλει καὶ πλῆθος ὥσπερ ῥευμάτων ἀθρόον εἰς μίαν ἐμπέπτωκεν ἀγορὰν καὶ φλεγμαίνει καὶ συνέρρωγεν ‘ὀλλύντων τε καὶ ὀλλυμένων’. Daß Plutarch hier die Situation eines *conventus* im Auge hat, ist klar, nicht freilich dessen Ort, vgl. K. ZIEGLER, Art. Plutarchos von Chaironeia, PRE 21 (1952), 636–962: 730.731f.

[129] *Or.* 35,15f. Dion fährt fort: „Man sagt ja auch, ... daß das Feld, auf dem die meisten Schafe eingepfercht sind, durch den Mist für den Landmann am fruchtbarsten werde, weshalb

Hinsichtlich der Einflußnahme auf Prozesse zugunsten von Bürgern einer Conventsstadt äußert sich Dion nicht gar so deutlich. In *Or.* 40,10 bezeichnet er die in einer Conventsstadt stattfindende prokonsularische Rechtsprechung als τὸ δικάζειν αὐτοὶ καὶ τὸ μὴ παρ' ἑτέροις ἐξετάζεσθαι, d. h. als eigene Gerichtsbarkcit (des betreffenden Conventsorts) mit dem Vorteil, sich gegebenenfalls nicht auswärts vernehmen lassen zu müssen. Ähnlich heißt es an einer anderen Stelle dieser Rede: τὰς δίκας ὑμεῖς ἀποδέχεσθε καὶ παρ' ὑμῖν αὐτοὺς ἀνάγκη κρίνεσθαι, „Ihr [sc. die Bürger des soeben Conventsstadt gewordenen Prusa] habt die Gerichtsbarkeit erhalten, und die anderen [sc. die Bürger der übrigen im – nunmehrigen – prusanischen Gerichtsbezirk gelegenen Städte] sind gezwungen, sich bei euch Recht sprechen zu lassen."[130] Nimmt man nun mit Christopher P. Jones[131] an, daß Beisitzer und/oder Geschworene des statthalterlichen Gerichts aus praktischen Gründen ganz oder doch zum größeren Teil aus der jeweiligen Conventsstadt ausgewählt worden sein dürften, werden Dions Aussagen über die „eigene" Gerichtsbarkeit einer Conventsstadt verständlich – standen ihren Bürgern im Falle der Verstrickung in einschlägige Verfahren doch fast automatisch Einflußmöglichkeiten auf die aus der gleichen Stadt stammenden Mitglieder des Gerichtshofs offen[132], wie sie Auswärtige in der Regel nicht besessen haben werden. Was schließlich das Prestige einer Conventsstadt angeht, hören wir von Dion, daß es einzig αἱ πρῶται πόλεις seien, die den statthalterlichen Gerichtshof beherbergen dürften[133], und an anderer Stelle zählt er die „eigene" Gerichtsbarkeit zu denjenigen Dingen, die dazu geeignet seien, „das Selbstbewußtsein (φρόνημα) einer Polis zu heben, das Ansehen (ἀξίωμα) ihrer Bürgerschaft zu steigern sowie dazu, sowohl von den sich in der Stadt aufhaltenden Fremden als auch von den Statthaltern größere Wertschätzung (τιμή) zu erfahren"[134]. So wundert es

---

auch viele Bauern die Hirten bitten, doch auf ihrem Land die Schafe einzupferchen" (Übersetzung ELLIGER [wie Anm. 97], 503). Die Tatsache, daß Dion hier deutlich ironisiert, macht seine Aussage über die wirtschaftlichen Vorteile, die eine Stadt aus ihrer Funktion als Conventsort ziehen konnte, durchaus nicht weniger gewichtig oder gar unglaubwürdig (gegen HAENSCH [wie Anm. 127], 310f.); Dions Ironie dient hier allein dem Zweck, sich von dem, was er beschreibt, den betriebsamen Niederungen des von ihm und seinesgleichen als höchst verächtlich angesehenen Kleinhandels und -gewerbes, zu distanzieren. Vgl. noch meinen Beitrag *Apostolische Missionsreise und statthalterliche Assisetour*, im vorliegenden Band S. 207–228: 220 mit Anm. 46.

[130] *Or.* 40,33.

[131] JONES (wie Anm. 97), 108.

[132] Von entsprechenden Unregelmäßigkeiten berichtet Philostrat, *Vit. Ap.* V 36 (p. 197,27–198,5 Kayser); Augustus suchte solche durch bestimmte, per Edikt erlassene Maßnahmen jedenfalls in der Cyrenaica auszuschließen (SEG IX, 8 I). Warnung vor Richterbestechung in einem präfektorialen Edikt anläßlich der Vorbereitung eines *conventus*: POxy 2754 (111 n. Chr.).

[133] *Or.* 35,17.

[134] *Or.* 40,10. – Dions Urteil wird durch den Juristen Modestinus bestätigt, der in einer in

denn nicht, wenn Dion den Schluß zog: τοιγαροῦν μέγιστον νομίζεται
πρὸς ἰσχὺν πόλεως τὸ τῶν δικῶν καὶ πάντες ἐσπουδάκασιν ὑπὲρ οὐδενὸς οὕτω, „daher kommt es, daß man hinsichtlich der Geltung einer Polis der
Einrichtung von Gerichtshöfen ein derartiges Gewicht beimißt, daß sich alle
um nichts so sehr bemühen wie um eben dies"[135], und zudem konstatierte, daß
alle jene, die Bürger solcher Städte waren, die das Privileg, Conventsort zu
sein, nicht besaßen, von peinigenden Neidgefühlen geplagt wurden: τὸ νῦν
συμβεβηκὸς περὶ τὴν ἡμετέραν πόλιν [sc. die Erhebung Prusas zur Con-
ventsstadt] ... κνίζει τοὺς ἄλλους πάντας.[136]

Was viele Städte begehrten, konnte nur einer gewähren: der Kaiser, der
solche Privilegierung allerdings, nachdem die Gerichtsbezirke zu Beginn der
römischen Herrschaft einmal eingerichtet waren[137], nur noch selten vergeben
zu haben scheint. Wenn Prusa nach mancherlei vergeblichen Anläufen[138] doch
Conventsstadt geworden war, dann offenbar nur, weil es sich der Fürsprache
eines berühmten Bürgers, nämlich Dions, bei Trajan erfreuen konnte, der jenem anscheinend nicht leicht etwas abschlagen mochte.[139] Ähnlich erfolgreich
war über ein Jahrhundert später noch Thyatira, wo man einen Aufenthalt
Caracallas in der Stadt dazu zu nutzen verstand, von ihm zum Conventsort
erhoben zu werden.[140] Aus dem Text der thyatirenischen Inschrift, die dieses
Faktum bezeugt, geht im übrigen deutlich hervor, daß die Erhebung zum
Conventsort zu den δωρεαί kaiserlicher Euergesie gehörte, zu jenen Dingen

---

die Digesten aufgenommenen Passage seiner *Libri de excusationibus* (*Dig.* XXVII 1,6,2) im
Anschluß an eine ἐπιστολή des Kaisers Antoninus Pius den Conventsstädten rangmäßig lediglich die μητροπόλεις τῶν ἐθνῶν überordnete. Alle anderen Städte waren ἐλάττους bzw.
λοιπαὶ πόλεις.

[135] *Or.* 35,17. – Dions Schluß macht auch verständlich, weshalb die Gerasener Kaiser Hadrian, der in ihrer Stadt – normalerweise kein Conventsort – während seiner gesamten Anwesenheit Assise gehalten hatte, durch eine Ehreninschrift auszeichneten: αὐτοκράτορα κτλ. ἡ
βουλὴ καὶ ὁ δῆμος τῶν Γερασηνῶν διὰ παντὸς τοῦ χρόνου τῆς ἐπιδημίας αὐτοῦ
καθίσαντα ἐνθάδε ἀγορὰν δικῶν, s. L. ROBERT, Études d'épigraphie grecque. 37. Inscription
de Gerasa, RPh 60 (1934), 276–278 (= DERS., Opera minora selecta. Tom. 2, Amsterdam
1969, 1175–1177).

[136] *Or.* 40,33.

[137] Zu Asien vgl. AMELING (wie Anm. 127), 14–24.

[138] Vgl. Dion von Prusa, *Or.* 45,4–6; JONES (wie Anm. 97), 108 mit Anm. 25.

[139] Siehe *Or.* 40,13–15.33; 45,2f.; 48,11. Von ARNIM (wie Anm. 96), 328, meinte zwar,
daß es keine Stelle gebe, „wo Dio sich ausdrücklich auch dieses Verdienst [sc. die Erhebung
Prusas zum Conventsort] zuschriebe". Doch dürfte διοίκησις in 48,11 (und ebenso in
45,6.10) kaum „Finanzreform" oder „Staatshaushalt" heißen (so ELLIGER), sondern vielmehr
„Gerichtsbezirk", vgl. BURTON (wie Anm. 127), 97, und C. HABICHT, New Evidence on the
Province of Asia, JRS 65 (1975), 64–91: 67f.

[140] Entsprechendes gilt auch für Philadelphia und Kyzikos, vgl. L. ROBERT, Le culte de
Caligula à Milet et la province d'Asie, Hell(P) 7 (1949), 206–238: 229–232. Über die Umstände, unter denen die beiden Städte Conventsorte wurden, ist freilich so gut wie nichts bekannt.

also, die aufgrund ihres Geschenkcharakters zu gewähren oder auch nicht zu gewähren ganz in das Belieben des Kaisers gestellt war.[141]

Solches erhellt mit besonderer Klarheit aus einer in Kyrene gefundenen Inschrift[142], die u. a. Auszüge eines Briefes enthält, den Antoninus Pius an diese und eine weitere, namentlich nicht genannte Stadt der Cyrenaica gerichtet hat. Dem kaiserlichen Schreiben zufolge war Berenike, eine Nachbarstadt Kyrenes, mit der Bitte an Antoninus Pius herangetreten, wie andere Städte der Cyrenaica[143] auch, Conventsort zu werden. Der Kaiser schlug das Begehren der Berenikäer jedoch mit dem Hinweis darauf ab, daß der zuständige Statthalter nicht imstande sei, auf der Assisetour durch seinen Amtsbezirk (Kreta und Cyrenaica) noch mehr Zeit in der Cyrenaica zu verbringen, als er es bereits tue (οὐκ ἔστιν ἱκανὸς πλείω χρόνον διάγειν ἐν ὑμεῖν ἢ νῦν ποιεῖ). Der anschließende Kompromißvorschlag Berenikes, die ἀγοραῖα dann wenigstens abwechselnd (παρὰ μέρος) in den bisherigen cyrenäischen Conventsstädten *und* Berenike stattfinden zu lassen, fand ebensowenig des Kaisers Billigung. Das bedeute, so schrieb Antoninus Pius zurück, daß die derzeitigen Conventsorte das Privileg verlören, wie bisher jedes Jahr (κατ᾽ ἐνιαυτόν) einen Convent in ihren Mauern zu beherbergen, weshalb es auch recht ungewiß sei, wie die jetzigen Conventsorte den Vorschlag der Berenikäer aufnehmen würden. Und den Besitzenden ohne deren Zustimmung etwas zugunsten der Habenichtse fortzunehmen, sei unrecht (ἄδικον εἶναί μοι δοκεῖ). Es gehört wenig Phantasie dazu, anzunehmen, daß die Berenikäer diese Ansicht nicht geteilt haben dürften.

Mit den gewichtige Vorteile verheißenden Besuchen der Statthalter in den Poleis, die im Falle, daß es sich um von den Städten erbetene Ad-hoc-Besuche handelte, zumindest häufig, im anderen Falle, nämlich dem der im Rahmen der Assisetour stattfindenden Aufenthalte, ausschließlich vom Willen des Kaisers abhingen, stand es also genauso wie mit den übrigen kaiserlichen δωρεαί auch: Sie wurden ohne Berücksichtigung des von Plinius so hoch gelobten Prinzips der Gleichbehandlung den einen gewährt, anderen nicht.

---

[141] OGIS 517 = IGRR IV, 1287; die einschlägige Passage lautet: κατὰ τὴν τοῦ Σεβαστοῦ πατρὸς αὐτοῦ αὐτοκράτορος ᾽Αντωνίνου ἐπιδημίαν, ὁπότε ἐδωρήσατο τῆι πατρίδι ἡμῶν τὴν ἀγορὰν τῶν δικῶν.

[142] SEG XXVIII, 1566 (= OLIVER [wie Anm. 111], Nr. 123), 69–77; dazu J. REYNOLDS, Hadrian, Antoninus Pius and the Cyrenaican Cities, JRS 68 (1978), 111–121, und W. WILLIAMS, Antoninus Pius and the Conventus of Cyrenaica, ZPE 48 (1982), 205–208.

[143] D. h. Kyrene und die nicht genannte Stadt (REYNOLDS [wie Anm. 142], 120: Ptolemais?).

VIII

Angesichts des in den Abschnitten IV bis VII vorgelegten Materials scheint mir nunmehr die Annahme begründet, der Verfasser der Johannesakten habe dem von seinem Apostel verkündeten Gott in c. 55,3 das Prädikat ἄφϑονος deshalb beigelegt, weil er meinte, ihn auf solche Weise als (überlegenen) Konkurrenten des θεὸς αὐτοκράτωρ[144] kenntlich machen zu können.

Ausgangspunkt für diesen Schluß ist der Johannes von eben jenem θεὸς ἄφϑονος erteilte Befehl, sich nicht mit Vorliebe nur an einem Ort aufzuhalten. Die Weisung läßt sich nur dann verstehen, wenn man sie als polemischen Bezug auf die Assisereisen der römischen Statthalter deutet.[145] Insofern ist die Notwendigkeit, bei der Interpretation von ActJoh 55 den zeitgeschichtlichen Kontext zu berücksichtigen, erwiesen. Bereits van Unnik hatte vorgeschlagen, diesen Kontext auch in Hinblick auf das Verständnis dessen, was der Autor der Johannesakten durch die Charakterisierung des von Johannes verkündeten Gottes als ἄφϑονος zum Ausdruck bringen wollte, mit ins Kalkül zu ziehen, und auch van Unnik ging hierbei von dem – von ihm freilich mißverstandenen – Inhalt der Johannes vom θεὸς ἄφϑονος zuteil gewordenen Weisung aus.[146] Versteht man diese richtig, qualifiziert sie Gottes ἄφϑονος-Sein im Hinblick auf die Art und Weise, in der er seine Gaben – Gotteserkenntnis und, daraus resultierend, ἐλπίς – durch den Apostel gewährt wissen will: Deren Zuwendung soll gerecht erfolgen, wobei der Akzent darauf gelegt ist, daß alle, die auf jene Gaben Anspruch haben, in gleichem Maße, ohne Bevorzugung und Benachteiligung, zu bedenken sind.[147] Damit tritt der θεὸς ἄφϑονος nun in doppelter Weise zum θεὸς αὐτοκράτωρ in Konkurrenz.

Zunächst: Mit der Prinzipatsideologie untrennbar verbunden war die Verpflichtung eines jeden Kaisers, nach allen Seiten hin großzügig Freigebigkeit (*liberalitas* bzw. φιλανθρωπία) zu üben[148], und in einer ganzen Reihe von Texten findet sich im Zusammenhang einschlägiger Aussagen der Hinweis darauf, daß der Kaiser ἀφθόνως, ἀφθόνῳ χειρί bzw. in reichlicher Fülle (ἀφθονία) von diesem oder jenem gewähre bzw. zu gewähren habe. Zu diesen Texten gehört auch die Gesandtschaftsschrift Philos. In ihr ist, wie oben[149] dargelegt, zweimal vom ἀφθόνως ἀγαθά gewährenden Kaiser die Rede. Indes ist der Kaiser hier keineswegs der einzige, den solches Tun auszeichnet; wie der Kaiser handelt Philo zufolge auch und gerade Gott – bezeichnet ihn der

---

[144] Zu entsprechenden Kaisertitulaturen s. o. Anm. 59.

[145] Dazu oben S. 238–240.

[146] Siehe oben S. 236f.

[147] Siehe oben S. 237f.

[148] Hierzu sei nochmals auf die grundlegende Studie von KLOFT über die *liberalitas* der Kaiser (wie Anm. 81) verwiesen.

[149] Siehe S. 243–245.

Verfasser der *Legatio ad Gaium* doch (charakteristischerweise an einer Stelle, an der er sich mit dem Göttlichkeitswahn Caligulas auseinandersetzt) als „Wohltäter (εὐεργέτης) des ganzen Kosmos, der durch seine eigene [!] Macht allen Teilen der Welt unendlichen Reichtum an Gutem (ἀφθόνους περιουσίας ἀγαθῶν) schenkt"[150]. Das von Philo beabsichtigte Resultat dieser Aussage ist, daß Gott hier ganz offensichtlich als (Euergesie-)Konkurrent des (auf Göttlichkeit Anspruch erhebenden) Kaisers erscheint. Ausdruck eines solchen auf die Euergesie bezogenen Konkurrenzverhältnisses zwischen ἀφθόνως gewährendem (Gott-)Kaiser und seine Gaben ebenfalls in Fülle schenkendem Gott will m. E. nun auch – freilich ohne daß es expressis verbis ausgesprochen würde – die in ActJoh 55 vorliegende Aussage über den von Johannes verkündeten Gott, ὅτι ἄφθονός ἐστι, sein.[151] Daß in Wahrheit sogar nur er allein und kein einziger Kaiser auf die Tugend der εὐεργεσία bzw. der φιλανθρωπία Anspruch erheben kann, bringt der Verfasser der Johannesakten an anderer Stelle, in der Epiklese c. 108, deutlich zum Ausdruck. Hier läßt er seinen Apostel den θεὸς Ἰησοῦς Χριστὸς κύριος u. a. als ὁ μόνος εὐεργέτης und als ὁ μόνος ... φιλάνθρωπος anrufen[152], was nichts anderes bedeutet, als daß er die – sich in der Euergesie manifestierende – Philanthropie, dies Charakteristikum des ‚guten‘ Herrschers[153], den κύριοι αὐτοκράτορες[154] gänzlich abspricht, um sie allein für seinen κύριος, und das heißt: niemanden anders als den θεὸς ἄφθονος von c. 55, zu reklamieren.

Sodann: Dadurch, daß der θεὸς ἄφθονος seine – durch den Apostel zu vermittelnden – Gaben allen Städten, die sich zu ihrem Empfang berechtigt glaubten, gleichermaßen zuteil werden zu lassen wünschte, mußte er nach dem Willen des ActJoh-Verfassers noch ein weiteres Mal mit dem θεὸς αὐτοκράτωρ in Konkurrenz geraten. Plinius' Preis der *ratione aequalitatis* gewährenden kaiserlichen *liberalitas* gegenüber *plebs* und Militär sowie den entsprechenden Aussagen des Aristides hinsichtlich der kaiserlichen

---

[150] *Leg. Gai.* 118. Ähnlich, aber nicht in zeitgeschichtlichem Kontext, *Leg. all.* I 80 und III 203.

[151] Wie die Spannung zwischen den beiden Euergeten später aufgelöst werden wird, zeigt Eusebs Konstantinvita; ihr Autor unterstellt dem Kaiser, der „allen Provinzen, Völkern und Demen seine wohltätige Rechte (τὴν εὐεργετικὴν δεξιάν) öffnet und allen alles in reicher Fülle gibt", er tue solches „in Nachahmung der Euergesie des Erlösers" (τὰς σωτηρίους εὐεργεσίας μιμούμενος, IV 22,2).

[152] 108,5–9. Vgl. die Akklamationen Vespasians in Alexandria und bei seinem Einzug in Rom; hier begrüßte man ihn als εὐεργέτην καὶ σωτῆρα καὶ μόνον ἄξιον ἡγεμόνα τῆς Ῥώμης (Josephus, *Bell.* VII 71), dort als κύριε Καῖσαρ Οὐεσπασιανὸς εἷς [!] σωτὴρ καὶ εὐεργέτης (PFouad 8 = CPJud 418a).

[153] Vgl. KLOFT (wie Anm. 81), passim, sowie oben Anm. 91.

[154] In singularischer Kaisertitulatur z. B. Inschr. Ephesus 27,16 (Trajan); SGUÄ 9328,23 (Mark Aurel); BGU 12,2f. (Commodus); PAchmîm 8,13f. (Septimius Severus); Plural: z. B. POxy 502,11f. (Mark Aurel und Verus); PSI 447,5 (dieselben); PRyl 273 II, 3 (Mark Aurel und Commodus); 181,6 (Septimius Severus und Caracalla).

φιλανθρωπία gegenüber den griechischen Poleis ist zu entnehmen, daß das Gleichheitsprinzip beim Gewähren der herrscherlichen φιλάνθρωπα zur Kaiserideologie gehörte.[155] Inschriften und andere Texte erweisen die Praxis der kaiserlichen Philanthropie jedoch als sehr viel weniger ausgewogen, als die idealisierende Panegyrik glauben machen wollte. So scheuten sich die einzelnen Kaiser durchaus nicht, diese oder jene Stadt zu bevorzugen, andere hingegen zu benachteiligen[156], und das galt auch – in unserem Zusammenhang von besonderem Interesse – für ihre Zustimmung zu den von den Poleis so heiß begehrten Statthalterbesuchen sowie die solche Besuche garantierende Erhebung der einen oder anderen Stadt zum Vorort eines Gerichtsbezirks.[157] Im Vergleich mit den θεοὶ αὐτοκράτορες machte der θεὸς ἄφθονος der Johannesakten auch hier die entschieden bessere Figur: Während beispielsweise Antoninus Pius den Berenikäern die Einbeziehung ihrer Polis in die bislang nur nach Kyrene sowie in eine weitere Stadt der Cyrenaica führende prokonsularische Assisetour mit der Begründung abschlug, es dünke ihn unrecht, die Besitzenden ohne deren Einwilligung zugunsten von Habenichtsen in ihrem Besitzstand zu schmälern[158], ließ der Autor der Johannesakten seinen θεὸς ἄφθονος sogar dafür noch Sorge tragen, daß die heilbringenden Besuche seines Apostels in den Poleis des ihm zugewiesenen Missionsgebietes anders als die Aufenthalte der Statthalter in den Conventsorten[159] allenthalben von gleich langer Dauer waren und insofern ganz der von Plinius gepriesenen *ratio aequalitatis* kaiserlichen Gewährens bzw. der von Aristides an der römischen Herrschaft gerühmten ὁμοία εἰς ἅπαντας φιλανθρωπία entsprachen. So durfte sich der ActJoh-Verfasser durchaus im Recht fühlen, wenn er seinen κύριος in der eben bereits herangezogenen Epiklese von Johannes als ὁ μόνος σωτὴρ καὶ δίκαιος bezeichnen[160] und ihn auf diese Weise hoch über die in seiner Umwelt als σωτῆρες geehrten sowie die Tugend der Gerechtigkeit für sich beanspruchenden κύριοι αὐτοκράτορες hinausheben ließ.[161]

---

[155] Siehe oben S. 245–249.

[156] Siehe oben S. 249–254.

[157] Siehe oben S. 254–259.

[158] Siehe oben S. 259.

[159] Siehe oben S. 238f.

[160] c. 108,6f. – Σωτήρ, δίκαιος (als Prädikat einer Person) und φιλάνθρωπος in den Johannesakten nur hier (zwei Handschriftenlesarten nicht mitgezählt).

[161] Σωτήρ wird von den Kaisern nicht titular gebraucht, begegnet aber umso häufiger als ehrende Bezeichnung, vgl. z. B. SIG 791; SEG XXVI, 1392,30 (Tiberius); XXXVII, 1221 (Claudius, dazu V. M. SCRAMUZZA, Claudius Soter Euergetes, HSCP 51 [1940], 261–266); OGIS 668 (Nero); Josephus, *Bell.* III 459; CPJud 418a, 12 (Vespasian); Inschr. Ephesus 274,8; Inschr. Smyrna 622,5; 623–625; SEG XXXVII, 1304 (Hadrian; s. auch W. WEBER, Untersuchungen zur Geschichte des Kaisers Hadrianus, Leipzig 1907 [Repr. Hildesheim/New York 1973], 225–229); XIX, 476 A 5 (Antoninus Pius); XL, 349 (severisch, ca. 205–221); XXVI, 526; XXXVI, 1096 (Caracalla). Inwieweit die Verwendung von σωτήρ im christlichen Sprachgebrauch an pagane Vorbilder anknüpft, ist umstritten. Zumindest für die späteren

IX

Für die Interpretation von ActJoh 55 ist noch ein weiterer Faktor von erheblichem Gewicht, nämlich die Tatsache, daß die Rede vom θεὸς ἄφθονος und dessen Weisung an den Apostel, den Städten seines Missionsgebietes strikte Gleichbehandlung widerfahren zu lassen, nicht als Referat des ActJoh-Verfassers begegnet, sondern von ihm den Johannes aufsuchenden smyrnäischen Gesandten in den Mund gelegt worden ist. Damit hatte er für eben jene Aussagen, mit denen er antithetisch auf das Handeln der Kaiser und ihrer Statthalter gegenüber den griechischen Poleis Bezug zu nehmen gedachte, die am besten zu diesem Vorhaben passenden Sprecher gefunden: solche, die zu den Kreisen der Polisnotabeln gehörten. Denn Leiter bzw. Teilnehmer der in großer Zahl belegten πρεσβεῖαι, die die Poleis seinerzeit an andere Städte, an die römischen Statthalter und insbesondere an den Kaiser zu senden pflegten[162], waren aufgrund der mit der Übernahme einer Gesandtschaft verbundenen hohen Kosten ausnahmslos Angehörige der städtischen Eliten – ein von

---

Schriften des Neuen Testaments (Pastoral- und Petrusbriefe) und erst recht für die christliche Literatur der folgenden Zeit darf man dies annehmen. Vgl. P. WENDLAND, ΣΩΤΗΡ. Eine religionsgeschichtliche Untersuchung, ZNW 5 (1904), 335–353: 349–351, und aus neuerer Zeit das – eine Spur zu vorsichtige – Urteil von K. H. SCHELKLE: „Wenn gerade die der griechischen Welt zugewandten Schriften des NT die Wörter [sc. σῴζειν, σωτήρ, σωτηρία] so häufig benützen, so mag dies geschehen, weil die Missionare jener Welt sagen wollten, daß das Evangelium den wahren Heiland und das wahre Heil zu verkünden hat. Vielleicht wollten sie zudem ihre Botschaft der politisch-religiösen des Herrscherkultes entgegenstellen" (Die Petrusbriefe. Der Judasbrief [HThK XIII/2], Freiburg/Basel/Wien ⁵1980, 33f.). Die derzeit jüngsten Untersuchungen zum Thema korrigieren diese Sicht nicht wesentlich, s. M. KARRER, Jesus, der Retter *(Sôtêr).* Zur Aufnahme eines hellenistischen Prädikats im Neuen Testament, ZNW 93 (2002), 153–176: 174 (zum 2. Petrusbrief), sowie F. JUNG, ΣΩΤΗΡ. Studien zur Rezeption eines hellenistischen Ehrentitels im Neuen Testament (NTA.NF 39), Münster 2002, 331f. (Pastoralbriefe) und 342 (2. Petrusbrief).

Gerechtigkeit als Kaisertugend: Vgl. z. B. Inschr. Ephesus 18a,12f.; Dion von Prusa, *Or.* 2,26; Pseudo-Aristides, *Or.* 35,8.14–20 (Keil); Menander von Laodicea (wie Anm. 58), p. 374–376; Theophilus, *Autol.* I 11; L. WICKERT, Art. Princeps, PRE 22 (1954), 1998–2296: 2248–2253, sowie die numismatischen Belege bei B. LICHOCKA, Justitia sur les monnaies impériales romaines, Warschau 1974.

[162] Zum Gesandtschaftswesen in der römischen Kaiserzeit s. D. KIENAST, Art. Presbeia, PRE.S 13 (1973), 499–628, insbes. 514. 525f. 532. 574f. 580f. 587–593, und QUASS (wie Anm. 4), 168–176. 192–195. – Gesandtschaften an andere Städte: Cicero, *Verr.* II 1,52; Plutarch, *Praecepta gerendae rei publicae* 13 *(Mor.* 808b–c); Dion von Prusa, *Or.* 34,46; an den Statthalter: IGRR I, 867; SEG I, 329,50–61; A. BALLAND, Fouilles de Xanthos, Tom. 7, Paris 1981, Nr. 75; Plinius, *Epist.* X 43,3; Plutarch, a. a. O. c. 20 *(Mor.* 816d) und *An seni sit gerenda res publica* 19 *(Mor.* 794a); an den Kaiser: s. die in der folgenden Anmerkung genannten Inschriften. Zur Häufigkeit von Gesandtschaften W. WILLIAMS, Antoninus Pius and the Control of Provincial Embassies, Hist. 16 (1967), 470–483.

zahlreichen Inschriften bestätigtes Faktum[163], das dem Verfasser der Johannesakten kaum verborgen geblieben sein kann. So darf als sicher gelten, daß er
sich (genauso wie seine Leser) als Mitglieder auch der smyrnäischen Gesandtschaft an Johannes ganz selbstverständlich einzig Angehörige der städtischen
Honoratiorenschicht vorgestellt hat. Da diese soziale Gruppe, soweit das im
Kaiserreich noch möglich war, die politischen Geschicke der Poleis bestimmte[164], besaßen die, die ihr angehörten, auch ein lebhaftes Interesse an
allen Fragen, die Rang und Status ihrer Heimatpolis betrafen, darunter gewiß
nicht zuletzt an der Frage, ob ein Statthalter ihrer Stadt die Auszeichnung eines längeren oder kürzeren, in jedem Falle aber Vorteile mit sich bringenden
Besuchs zuteil werden ließ oder nicht.[165] Aus dem Munde solcher Honoratioren mußte die antithetische Bezüge auf die vergleichsweise mangelhafte Euergesie der θεοὶ αὐτοκράτορες nahelegende Rede von einem wahrhaft reichlich gewährenden Gott, der allen Poleis den Heil verheißenden Besuch seines
Abgesandten gleichermaßen unverkürzt zuteil werden lassen wollte, sehr viel
plausibler wirken als eine entsprechende Aussage des ActJoh-Verfassers
selbst: Sprachen hier doch jene, die mit der von ihnen nur zu oft als unzureichend empfundenen und zudem kaum je unter Beachtung des Gleichheitsprin-
zips geübten Euergesie der Kaiser hinreichend Erfahrung besaßen.

Erfahrung besaßen die Polishonoratioren natürlich auch mit der kaiserlichen Verwaltungstätigkeit, und auf sie könnte in ActJoh 55 einmal auch terminologisch Bezug genommen sein: in
der Bezeichnung des göttlichen Anordnens als διατάσσεσθαι (55,3).
    Die Edikte und Reskripte, mit denen die Kaiser anordnend und auslegend in Verwaltung
und Rechtspflege auch der Provinzen und ihrer Poleis eingriffen, wurden im Griechischen
διατάγματα bzw. διατάξεις genannt und waren termini technici der Verwaltungssprache.[166]
Das Verb διατάσσειν bzw. διατάσσεσθαι hat die gleiche Bedeutung ‚bestimmen‘, ‚anord-

---

[163] Ἐκ τῶν ἀρίστων bzw. ἐκ τῶν πρώτων καὶ ἀρίστων zusammengesetzte Gesandtschaften bezeugen z. B. IGRR IV, 1756 I, 18, bzw. Inschr. Assos 26 (= SIG 797). Vor allem
beweisen die Ehreninschriften für städtische Gesandte, daß diese ihren Poleis in aller Regel
auch in anderen den Honoratioren vorbehaltenen Funktionen gedient hatten, vgl. z. B. IGRR
III, 534; 589; 590; 596; IV, 1247; Inschr. Ephesus 728; 983; 2069; 3066; Inschr. Iasos 87;
113; Inschr. Stratonikeia 1025. Siehe außerdem noch KIENAST (wie Anm. 162), 532, und
QUASS (wie Anm. 4), 169–171.

[164] Hierfür sei an dieser Stelle lediglich auf die neueste Untersuchung zur Sache, die oben
(Anm. 4) genannte Arbeit von QUASS, verwiesen.

[165] Insofern ist es durchaus bezeichnend, wenn das Antwortschreiben des Prokonsuls Sulpicius Priscus (?) an die Stadt Aphrodisias, die ihn zu einem Besuch eingeladen hatte, die
πρῶτοι τῆς λαμπροτάτης ὑμῶν πόλεως als Adressaten benennt (REYNOLDS [wie Anm. 116],
Nr. 48,30–32). – Zu den Vorteilen eines Statthalterbesuchs s. oben S. 256–258.

[166] F. PREISIGKE, Fachwörter des öffentlichen Verwaltungsdienstes Ägyptens in den griechischen Papyrusurkunden der ptolemäisch-römischen Zeit, Göttingen 1915, 56, und ders.,
WGPU s. v. Natürlich gab es auch statthalterliche διατάγματα bzw. διατάξεις: Belege ebd.

nen', ist indes auch außerhalb der Verwaltungssprache weit verbreitet.[167] Wo es in der Literatur begegnet, kann es jedoch durchaus im technischen Sinne (wie διάταξις oder διάταγμα) gebraucht werden. So formuliert der Verfasser der Apostelgeschichte in 18,2 im Hinblick auf die antijüdischen Maßnahmen des Claudius zutreffend τὸ διατεταχέναι Κλαύδιον χωρίζεσθαι πάντας τοὺς Ἰουδαίους ἀπὸ τῆς Ῥώμης, und entsprechend liest man bei Dio Cassius über von Augustus getroffene Bestimmungen zur Militärorganisation διέταξε τά τε ἔτη ὅσα οἱ πολῖται στρατεύσοιντο, καὶ τὰ χρήματα ὅσα παυσάμενοι τῆς στρατείας ... λήψοιντο.[168] Zwei Verwaltungsakte spiegelnde Inschriftentexte mögen das Vorkommen von διατάσσω κτλ. in diesem Bereich veranschaulichen. Das erste Beispiel findet sich in dem an die Mitglieder der delphischen Amphiktyonie gerichteten Brief eines namentlich nicht mehr bekannten Statthalters der Provinz Achaia. Darin bezieht sich der Prokonsul mit der Formulierung καθὼς ὁ αὐτοκράτωρ διατέτακται auf ein ihm zuvor zugegangenes Reskript Domitians, in dem dieser angeordnet hatte, die Pythischen Spiele unverändert in der bisher üblichen Weise durchzuführen.[169] Das zweite Beispiel entstammt einem 39 v. Chr. gefaßten *senatus consultum* über die Erneuerung des römischen Bündnisses mit der Stadt Aphrodisias. Dabei sollen auch ältere Privilegien der Stadt bestätigt werden, nämlich τά τε λοιπὰ ὅσα θεὸς Ἰούλιος περὶ ἐκείνων τῶν πραγμάτων διετάξατο.[170]

In den Johannesakten begegnet das Verb διατάσσεσθαι nur ein einziges Mal: in den Worten der smyrnäischen Gesandten, mit denen sie den Apostel an den Befehl des θεὸς ἄφθονος erinnern, er möge sich nicht mit Vorliebe nur an einem Ort aufhalten (55,3). Ausdrücklich befohlen wird in den Johannesakten allerdings noch häufiger. Dabei erscheint viermal Johannes als Befehlsgeber, je einmal Christus, der κύριος sowie eine himmlische Gestalt.[171] In all diesen Fällen ist das Allerweltswort κελεύειν Ausdruck des Befehlens. Der Inhalt sämtlicher dieser Befehle ist völlig unspezifisch und resultiert aus der jeweiligen Situation. Im Unterschied hierzu ist in c. 55,3 deutlich von einer zwar zur Situation passenden, jedoch nicht durch sie veranlaßten und schon länger zurückliegenden Anordnung des θεὸς ἄφθονος die Rede, auf die sich die smyrnäische Gesandtschaft genauso bezieht wie der eben erwähnte Senatsbeschluß auf die gleichfalls schon länger zurückliegenden Anordnungen des θεὸς Ἰούλιος.

Die Folgerung, die aus dem Voranstehenden zu ziehen ist, besteht in der Erwägung, ob der Verfasser der Johannesakten in c. 55,3 das Befehlen des θεὸς ἄφθονος nicht vielleicht mit Vorbedacht als διατάσσεσθαι statt, wie bei ihm üblich, als κελεύειν bezeichnet haben könnte. Er hätte dann die Absicht besessen, das Anordnen seines θεὸς ἄφθονος von allem sonstigen Befehlen in den Johannesakten zu unterscheiden, um so dessen Tun durch die smyrnäischen Gesandten, die sich als Polishonoratioren in der Terminologie der kaiserlichen Verwaltung auszudrücken wußten, einmal mehr in die Nähe der gleichfalls anordnenden αὐτοκράτορες rücken lassen zu können.

---

[167] Vgl. z. B. 1Kor 11,34 sowie G. DELLING, Art. τάσσω κτλ., ThWNT 8 (1969), 27–49: 34.

[168] LIV 25,5.

[169] SIG 821 E 2f. Der Prokonsul schrieb auch an die Delphier, ἵνα μέντοι εἰδῆτε, ὅτι ὅ τε κύριος διατέτακται; ebd. D 2f.

[170] REYNOLDS (wie Anm. 116), Nr. 8,41.

[171] 30,1; 32,2; 57,5f.; 110,7 bzw. 94,4; 48,8 und 74,17.

X

Trifft die Annahme zu, daß in den Worten der Johannes aufsuchenden Honoratiorengesandtschaft Bezugnahmen auf den Kaiser (und seine Statthalter)
eine Rolle spielen, läßt sich fragen, ob ein solcher Bezug nicht auch in dem
von den Smyrnäern an den Apostel herangetragenen Wunsch stecken könnte,
ihnen sowie den λοιπαὶ πόλεις an den von ihm zu vermittelnden Heilsgaben
Teilhabe zu gewähren. Das Begehren der smyrnäischen Notabeln richtet sich
dabei auf zweierlei: Erstens wünschen sie, den von Johannes verkündeten
(und mit dem Kaiser konkurrierenden) θεὸς ἄφθονος kennenzulernen, sodann
möchten sie der Hoffnungen (ἐλπίδες) teilhaftig werden, die aus der Erkenntnis dieses Gottes resultieren (55,5–7).

Im öffentlichen Leben der Welt, der die zu Johannes gesandten Honoratioren entstammten, spielte nun aber gerade derjenige, mit dem der θεὸς
ἄφθονος in ActJoh 55 konkurriert, der Kaiser, auch als Rezipient und Spender von Hoffnungen aller Art eine erhebliche und in dieser Hinsicht von offiziellen wie von literarischen Texten gut bezeugte Rolle; zudem war der gleich
jenem θεὸς ἄφθονος göttlichen Rang beanspruchende Kaiser in der Lage,
mittels der „Loyalitätsreligion" des Spes-Augusta-Kultes[172] sowie mit Hilfe
der die *Spes Augusta* bzw. die Ἐλπὶς Σεβαστή propagierenden Münzprägung[173] hinreichend dafür zu sorgen, daß niemand vergaß, auf ihn zu hoffen.

---

[172] „In der Kaiserzeit tritt S[pes] als *S[pes] augusta* in besondere Beziehung zum Kaiser-
haus und ihr Kult wird eine Ausdrucksform jener Loyalitätsreligion, die für die offizielle Re-
ligiosität der Zeit bezeichnend ist": K. Latte, Art. Spes, PRE 3A (1929), 1634–1636: 1635.
Vgl. noch J. R. Fears, The Cult of Virtues and Roman Imperial Ideology, ANRW II 17,2
(1981), 827–948, bes. 889–910, sowie M. E. Clark, Spes in the Early Imperial Cult: 'The
Hope of Augustus', Numen 30 (1983), 80–105.

[173] Siehe die Nachweise bei F. W. Hamdorf, Art. Elpis, LIMC III/1 (1986), 722–725:
723f.; ders., Art. Spes, ebd. VII/1 (1994), 804–806: 805f.; weitere Spes-Prägungen aus dem
2. und 3. Jahrhundert bei H. Mattingly – E. A. Sydenham, The Roman Imperial Coinage,
Vol. 2; 3; 4/1, London 1926–1936 (Rückseitenlegende SPES P[OPULI] R[OMANI]: Vol. 2,
Hadrian Nr. 274f., 790, 834; Vol. 3, Antoninus Pius Nr. 672; SPES PUBLICA: Vol. 3, Mark
Aurel Nr. 1530, 1543–1545 [Commodus als Caesar]; Vol. 4/1, Caracalla Nr. 22A, 26, 46,
330B, 333, 406, 406A; Geta Nr. 4, 21A; SPES AUG[USTA]: Vol. 4/1, Clodius Albinus
Nr. 42). Daß diese Spes-Prägungen in großer Stückzahl gemünzt worden sein müssen, resultiert bereits aus der Häufigkeit ihres Vorkommens in einschlägigen Auktionskatalogen. Zu den
seit flavischer Zeit zu beobachtenden ἐλπίς-Prägungen in Kleinasien und Alexandria s. Fears
(wie Anm. 172), 938, bzw. Geissen – Weiser (wie Anm. 70), Bd. 5: Indices, 76f.; eine augu-
steische Prägung aus Pella mit der Reverslegende COLONIAE PELLENSIS SPES bei
H. Gaebler, Die antiken Münzen von Makedonia und Paionia, Abt. 2, Berlin 1935, 97. Eine
– freilich äußerst seltene – Kleinbronze Konstantins (Mattingly – Sydenham, Vol. 7 [1966],
572, Nr. 19 [Konstantinopel, ca. 327/328]) lehrt, wie die SPES später verchristlicht werden
konnte: Die Rückseite des in Rede stehenden *nummus* zeigt das mit dem Christogramm be-
krönte *labarum* (Feldzeichen) des Kaisers und die Aufschrift SPES PUBLIC/A (vgl. dazu
B. Overbeck, Christliche Symbolik auf spätrömischen Münzen, in: G. Gottlieb und P. Bar-

So hieß es bereits in dem Dekret zur Einführung eines neuen Kalenders in Asien vom Καῖσαρ und θεός Augustus, er habe die von allen früheren Frohbotschaften (εὐαγγέλια) geweckten Hoffnungen (τὰς ἐλπίδας) übertroffen, da er nicht nur die vor ihm lebenden Wohltäter (εὐεργέται) überrage, sondern auch den zukünftigen keinerlei Aussicht lasse, ihn zu übertreffen.[174] Ein anläßlich der Thronbesteigung des θεός Caligula ergangenes Psephisma der Stadt Assos bezeichnete dessen Herrschaft als eine πᾶσιν ἀνθρώποις ἐλπισθεῖσα[175], und der Gesandte, den der achäische Koinonverband zur Gratulation an den als νέος θεός Σεβαστός apostrophierten Kaiser geschickt hatte, kehrte von diesem mit einem ἀπόκριμα πρὸς τὸ ἔθνος πάσης φιλανθρωπίας καὶ ἐλπίδων ἀγαθῶν πλῆρες zurück.[176] Die auf einem offiziellen Dokument basierende Papyrusnotiz POxy 1021 pries Nero – ebenfalls aus Anlaß seines Regierungsantritts – als τῆς οἰκουμένης καὶ προσδοκηθεὶς καὶ ἐλπισθεὶς αὐτοκράτωρ sowie als ἀγαθὸς δαίμων und ἀρχὴ ... πάντων ἀγαθῶν.[177] Dazu, sich von dem soeben an die Regierung gelangten ἐπιλάμψας ἡμεῖν ἐπὶ σωτηρία τοῦ παντὸς ἀνθρώπων γένους εὐεργέτης Galba auch für das eigene Heil (σωτηρία) und den eigenen Lebensunterhalt (ἀπόλαυσις) „alles zu erhoffen" (πάντα ἐλπίζητε), forderte ein Edikt des ägyptischen Präfekten Tiberius Julius Alexander allgemein auf[178], nur wenig später war es dann Vespasian, der die Alexandriner in einer Rede dazu aufrief, ihre Hoffnungen auf ihn zu setzen: καὶ αὐτὸς δὲ ἐξ ἀρχῆς ἐξαίρετον σῴζων, ἄνδρες Ἀλεξανδρεῖς, τὴν πρὸς τὴν πόλιν ὑμῶν διάθεσιν προστίθημι τῇ προτέρᾳ μου γνώμῃ καὶ τὸν νῦν λόγον, ἐξ οὗ πάντα ἐλπίζειν ὀφείλετε τὰ κάλλιστα.[179] Sein Sohn, der „von Natur überaus gütige" Titus,

---

celó [Hg.], Christen und Heiden in Staat und Gesellschaft des zweiten bis vierten Jahrhunderts. Gedanken und Thesen zu einem schwierigen Verhältnis [Schriften der Philosoph. Fakultäten der Universität Augsburg 44], München 1992, 131–149: 135.; s. jedoch auch P. Bruun, The Christian Signs on the Coins of Constantine, in ders., Studies in Constantinian Numismatics. Papers from 1954 to 1988 [AIRF 12], Rom 1991, 53–74: 61f.).

[174] Inschr. Priene 105 (= OGIS 458 = Sherk [wie Anm. 57], Nr. 65), 36–41; vgl. auch BMI 894 (= V. Ehrenberg – A. H. M. Jones, Documents illustrating the Reigns of Augustus and Tiberius, Oxford ²1976, Nr. 98a), 9–12: πόλεις δὲ ἀνθοῦσιν εὐνομίᾳ, ὁμονοίᾳ τε καὶ εὐετηρίᾳ, ἀκμή τε καὶ φορᾷ παντός ἐστιν ἀγαθοῦ, ἐλπίδων μὲν χρηστῶν πρὸς τὸ μέλλον.

[175] Inschr. Assos 26 (= SIG 797), 5.8. – Starb hingegen der Thronfolger, so mußte dies umgekehrt als gravierender Verlust an Hoffnung angesehen werden; im Blick auf den Tod des Germanicus schrieb noch Tacitus: *miles ... magistratus, populus ... concidisse rem publicam, nihil spei reliquum clamitabant (Ann. III 4,1).*

[176] IG VII, 2711 (= Oliver [wie Anm. 111], Nr. 18), 60.68f.; vgl. ebd. 107–109. Zu Caligula als Gegenstand der Hoffnung aller bzw. der ganzen Welt Philo, *Leg. Gai.* 11; 16; ironisch 348: καλὰς ὑπογράφεις τῷ γένει τῶν ἀνθρώπων ἐλπίδας.

[177] Zu den auf Nero gesetzten Zukunftshoffnungen s. auch Seneca, *De clementia* 1,7; 2,1f.

[178] OGIS 669 (= IGRR I, 1263) II, 7f.

[179] SGUÄ 9528 (= Oliver [wie Anm. 111], Nr. 297).

achtete laut Sueton streng darauf, niemanden ohne Hoffnung von sich zu lassen[180], Statius redete Domitian in einem dem Kaiser gewidmeten *euchari-sticon* als *magne parens, te, spes hominum* an[181], und in Plinius' *Panegyricus* findet sich die Bemerkung, Trajan tue recht daran, sich mit seinen menschen-freundlichen *congiaria* um die *spes Romani nominis* zu kümmern.[182] In der Annahme, Commodus werde in die Fußstapfen seines Vaters Mark Aurel treten, hegte der römische δῆμος im Hinblick auf dessen künftige Regierung, wie Herodian zu berichten wußte, χρησταὶ ἐλπίδες[183], und demselben Autor ist zu entnehmen, daß auch Pertinax und Septimius Severus zu Beginn ihrer Herrschaft ἐλπίδες ἀγαθαί bzw. χρησταὶ ἐλπίδες für die Zukunft zu wecken verstanden.[184] Als einen von jedermann ersehnten Tag (ὑπὸ πάντων ἐλπισθεῖσα) feierte ein athenisches Dekret das Datum der Ernennung des θειότατος αὐτοκράτωρ Καῖσαρ Γέτα zum Augustus[185], Decius und Heren-nius beschieden eine zu ihrem Regierungsantritt erschienene Gratulations-gesandtschaft aus Aphrodisias u. a. mit der Versicherung ihrer Bereitschaft, „auch eure Hoffnungen für die Zukunft (τὰς πρὸς τὸ μέλλον ἐλπίδας) zu vermehren"[186], und die οὐράνιος μεγαλοφροσύνη der die ganze οἰκουμένη und jeden einzelnen Ort mit ihrer φιλανθρωπία beglückenden Kaiser Valeri-an und Gallienus erfüllte noch den Verfasser einer aus Oxyrhynchos stam-menden Petition mit εὐελπιστία.[187] Schließlich sei hier noch auf Konstantin verwiesen; bei Euseb heißt es, er habe gleich der ἀφθόνως strahlenden Sonne über alle, die vor ihn traten, seine Güte aufleuchten lassen; wer immer ihm genaht sei, habe eine gute Gabe erhalten, und auch eine berechtigte Hoffnung (ἐλπὶς χρηστή) auf Hilfe sei von Konstantin nie enttäuscht worden.[188]

Zu denen, die ihre Hoffnung auf den Kaiser gesetzt hatten, gehörten – jedenfalls in den sieb-ziger Jahren des zweiten Jahrhunderts – auch die Smyrnäer. Nach einem schweren Erdbeben, das die Stadt im Jahre 177 heimgesucht hatte, machte sich der Smyrna eng verbundene Aelius Aristides zum Anwalt der Stadt und wandte sich mit einem kunstvollen Schreiben an Mark Aurel und Commodus, um die Kaiser im Vertrauen auf τὴν ὑμετέραν φιλανθρωπίαν um Hilfe für die stark zerstörte Stadt zu bitten. In dem Bittgesuch ist zweimal von der Hoffnung

---

[180] *Titus* 8,1: *in ceteris vero desideriis hominum obstinatissime tenuit, ne quem sine spe dimitteret.*

[181] *Silvae* IV 2,15.

[182] 26,4: *recte, Caesar, quod spem Romani nominis sumptibus tuis suscipis.*

[183] I 7,1. – Dem korrespondieren gewissermaßen die zwischen 184 und 185 herausge-brachten Sesterzen des Kaisers, die auf ihrer Rückseite die thronende *Salus* mit einer Statuette der *Spes* zeigen, s. Coins of the Roman Emp. in the Brit. Mus. IV, p. 799f.

[184] II 4,5 und 14,3.

[185] IG II² 1077 (= J. H. OLIVER, Marcus Aurelius. Aspects of Civic and Cultural Policy in the East [Hesp.S 13], Princeton 1970, Nr. 23), 18.

[186] REYNOLDS (wie Anm. 116), Nr. 25 (= OLIVER [wie Anm. 111], Nr. 284), 14f.

[187] POxy 3366,45–48.

[188] *Vit. Const.* I 43,3.

auf die Kaiser die Rede. Er glaube, so führt Aristides zunächst aus, mit Recht hoffen (ἐλπίζειν) zu dürfen, daß, wenn die Kaiser sich nach den ihnen eigenen Normen richteten und lediglich ihren Willen zur Wiederherstellung Smyrnas bekundeten, sie die Smyrnäer schnell schauen lassen könnten, was diese ersehnten (nämlich die Wiederherstellung ihrer Stadt).[189] Gipfeln läßt Aristides sein eindringliches Schreiben dann in der appellierenden Fest-stellung ἡ δὲ παϱ' ὑμῶν ἐλπὶς λείπεται: es bleibe nur noch eine Hoffnung – die auf die Kaiser.[190]

Die Welt, in der der Verfasser der Johannesakten samt den von ihm zu Johan-nes beorderten smyrnäischen Honoratioren lebte, war also eine solche voller mit dem Kaiser verbundener Hoffnungen: Von ihm ging Hoffnung aus, und auf ihn hoffte man. Die oben vorgelegten Zeugnisse lassen freilich erkennen, daß diese Hoffnung, von konkreten Einzelfällen abgesehen, ein gleichsam ritualisiertes Element im seinerzeitigen öffentlichen Leben darstellte; auf den Kaiser zu hoffen war wie der Spes-Augusta-Kult Ausdruck der Loyalität – daher die zahlreichen Hoffnungsbekundungen beim Regierungsantritt eines Kaisers bzw. bei der Ernennung eines Mitregenten. Den Kaisern wiederum oblag es, sich für die auf sie gesetzten Hoffnungen dadurch zu revanchieren, daß sie ihrerseits Hoffnungen weckten, und zwar Hoffnungen auf ihre Fähig-keit zur Euergesie; die einschlägigen Texte sprechen fast alle mehr oder min-der deutlich von den ἀγαθά, der σωτηϱία oder der φιλανϑϱωπία, deren nie versiegende Quelle der Kaiser nach allgemeiner Ansicht zu sein hatte. Daß solche Hoffnungen dann jedoch, wenn sie sich zu konkreten Wünschen kri-stallisierten – wie etwa dem, nicht geringere kaiserliche Gunstbeweise als konkurrierende Städte zu erhalten, oder dem, wie andere Poleis auch in den Rang eines Conventsorts erhoben zu werden –, nur allzu oft enttäuscht wur-den, geht allein schon aus den oben[191] in anderen Zusammenhängen verhan-delten Beispielen mangelhafter bzw. als mangelhaft empfundener kaiserlicher Euergesiebetätigung zur Genüge hervor.

Im Kontext dieser von der Euergesiepraxis der Kaiser enttäuschten Hoff-nungen ist m. E. nun auch die den smyrnäischen Honoratioren vom Verfasser der Johannesakten in den Mund gelegte Äußerung zu verstehen, ihre Hoff-nungen künftig auf den von Johannes verkündeten ϑεὸς ἄφϑονος setzen zu wollen. Dafür, daß hier eine gegen die *Spes Augusta* gerichtete Kontrastaussa-

---

[189] *Or.* 19,9 (Keil): οἶμαι πεϱί γε ὑμῶν εἰκότως ἂν ἐλπίζειν ὅτι σπουδάζοντες καὶ τοῖς ὑμετέϱοις αὐτῶν ἤθεσι χϱώμενοι καὶ τοσοῦτον μόνον εἰπόντες καὶ πϱοδείξαντες ὅτι βούλεσθε Σμύϱναν εἶναι, ταχέως ἅπασιν ἡμῖν ὃ ποθοῦμεν δείξετε. – Kaiserliche Philanthropie: ebd. 7.

[190] Ebd. 12. – In der ein Jahr später verfaßten „Palinodie für Smyrna" kommt Aristides auf die der Stadt von seiten der Kaiser zuteil gewordene Hilfe zu sprechen: Sie sei Anlaß dafür, daß die Smyrnäer nunmehr den Wunsch verspürten, „wenn überhaupt, dann wegen der Hoff-nungen auf die Zukunft (ἐπὶ ταῖς μελλούσαις ἐλπίσιν) jetzt zu leben" (*Or.* 20,11 [Keil]).

[191] Siehe S. 249–254 und 255–259. Weiteres in meinem oben Anm. 42 genannten Aufsatz, im vorliegenden Band S. 213f., und in der dort genannten Literatur.

ge vorliegt[192], spricht auch die innere Logik des in ActJoh 55 Geschilderten – handelte es sich bei den smyrnäischen Gesandten doch um noch nicht Bekehrte, deren Absichten deshalb im Rahmen ihrer herkömmlichen Vorstellungen und Erfahrungen zu interpretieren sind.[193] Die Bereitschaft der Smyrnäer, nunmehr (statt auf den Kaiser) auf den von Johannes verkündeten Gott zu hoffen, mußte, wenn man den Kontext ihrer bisherigen Erfahrungen berücksichtigt, zudem noch dadurch gefördert werden, daß sie den ϑεὸς ἄφϑονος ja schon ein erstes Mal als dem Kaiser überlegenen Euergeten hatten kennenlernen können: Schließlich war er es gewesen, der seinem Apostel die – dem kaiserlichen Gebieten auch terminologisch angeglichene? – Weisung erteilt hatte, seine der Vermittlung von Gotteserkenntnis und neuer Hoffnung dienende Gegenwart sämtlichen Poleis, die Ansprüche auf sie erheben konnten, in völligem Gleichmaß zu gewähren und insofern strikt nach dem Prinzip der Gleichbehandlung aller zu verfahren, deren die Praxis der kaiserlichen φιλανϑρωπία so sehr ermangelte.

XI

Als Ergebnis der voranstehenden Untersuchung möchte ich festhalten, daß der Verfasser der Johannesakten ganz offensichtlich ein erhebliches Interesse daran besessen hat, das Christentum – _sein_ Christentum – einer bestimmten gesellschaftlichen Gruppe nahezubringen: den Polishonoratioren, zu denen er vielleicht selbst gehörte bzw. einmal gehört hatte. Unter den von seinem ‚Helden‘ Johannes Bekehrten spielen Vertreter dieser Gruppe eine herausragende, vom Autor der Johannesakten gewiß als Aufforderung dazu, sich gleichfalls zu bekehren, gedachte Rolle, und die Erfahrungen und Vorstellungen von Polishonoratioren sind es denn auch, die den oben eingehend interpretierten Erzählabschnitt ActJoh 55 geprägt haben. Hier läßt der Verfasser Angehörige eben jener Gruppe expressis verbis zu Wort kommen, um zu be-

---

[192] Entsprechendes nimmt C. Spicq bereits für Kol 1,27 und 1Tim 1,1 an: «la personnification de l'Espérance = Christ semble vouloir exprimer une apologétique anti-impériale, car les Romains applaudissaient leur Souverain comme espérance de l'univers» (Notes de lexicographie néo-testamentaire. Supplément [OBO 22,3], Fribourg/Göttingen 1982, 268, Anm. 1).

[193] Noch nicht Bekehrte bleiben in den Johannesakten auch dann, wenn ihnen die Wohltaten des von Johannes verkündeten Gottes bereits verheißen oder gar schon zuteil geworden sind, noch ganz den Gewohnheiten jener Welt verhaftet, der sie bislang angehörten. Obwohl dem Strategen Lykomedes die Genesung seiner todkranken Frau durch einen göttlichen Boten bereits angekündigt ist (19,4–13), beklagt er sein Los ganz so, wie es pagane Romanhelden in vergleichbarer Situation zu tun pflegen (c. 20; s. Junod – Kaestli [wie Anm. 1], 516f.), und obwohl Johannes die Untat eines Vatermörders ungeschehen macht und diesem dadurch σωτηρία verschafft (53,1f.), hört der Vatermörder noch keineswegs auf, sich von der ihn bestimmenden κίνησις αἰσχρά (54,8) umtreiben zu lassen.

gründen, weshalb sie an dem Gott, den Johannes verkündet, Gefallen finden. Die hier sprechen, sind indes noch keineswegs Bekehrte, und so muß ihre Rede vom θεὸς ἄφθονος und dessen Absicht, durch seinen Apostel Gotteserkenntnis und ἐλπίδες allen Poleis, die Anspruch auf diese von Johannes zu vermittelnden Heilsgüter haben, reichlich und insbesondere in völligem Gleichmaß zuteil werden zu lassen, von dem Kontext her interpretiert werden, aus dem die Johannes aufsuchenden Gesandten stammen: dem Kontext der kaiserzeitlichen Polis.

In ihm spielten die Hoffnungen, die man auf die Euergesie der θεοί bzw. θειότατοι αὐτοκράτορες setzte, eine kaum zu überschätzende Rolle, zumal die einschlägigen Erwartungen durch die Prinzipatsideologie, die die Kaiser als reichlichst – ἀφθόνως – gewährend und alle Poleis in gleichem Maße bedenkend propagierte, noch weiter gesteigert wurden. Inschriftliche wie literarische Texte zeigen jedoch, daß die auf den Kaiser gerichteten und von seiner Seite bestärkten Hoffnungen nur selten oder nie zur allgemeinen Zufriedenheit erfüllt wurden. Die kaiserliche Philanthropie gegenüber den Poleis verhieß mehr, als die einzelnen Inhaber des kaiserlichen Amtes in Wirklichkeit leisten konnten. Die Kluft zwischen kaiserlicher Verheißung und vom Kaiser tatsächlich gewährter Erfüllung war für Polishonoratioren am deutlichsten wahrnehmbar, weil sie in ihren Amtsgeschäften direkt mit ihr konfrontiert waren. Eben diese Kluft ist es, auf die der Autor der Johannesakten mit den der smyrnäischen Honoratiorengesandtschaft in den Mund gelegten Worten zielt. Was er dabei zum Ausdruck bringen will, ist dies: Die smyrnäischen Honoratioren sind nach eigenem Bekunden bereit, Christen zu werden, weil der Gott, den Johannes verkündet und auf den sie nunmehr ihre Hoffnungen setzen wollen, ein solcher ist, von dem sie annehmen, er werde die von ihm zu erlangenden Gaben – anders als ihr bisheriger Hoffnungsträger, der Kaiser, die seinen – nicht nur ἀφθόνως verheißen, sondern auch ἀφθόνως gewähren, und dies in beiderlei Hinsicht, für die das Wort ἄφθονος in ActJoh 55 steht, nämlich rückhaltlos schenkend und dabei gegenüber sämtlichen Poleis, die nach Gotteserkenntnis und (neuer) Hoffnung verlangten, strikte Verteilungsgerechtigkeit übend, für die sein Gebot an Johannes, der Apostel solle seine der Vermittlung von Gotteserkenntnis und Hoffnung dienende Gegenwart – anders als die Statthalter des Kaisers – allen Poleis gleich lange gewähren, gewissermaßen das beweisende Exempel darstellt.

Man kann freilich fragen, warum der Verfasser der Johannesakten den antithetischen Bezug, den er hier in polemischer Absicht zwischen dem θεὸς ἄφθονος und dem Kaiser knüpft, nicht deutlicher ausgesprochen hat. Die Antwort ist, daß er seiner Fähigkeit zum Erzählen äußerst drastischer Episoden[194] zum Trotz in anderer Hinsicht eher ein Mann der leiseren Töne

---

[194] Siehe ActJoh 53; 70f.; 74–76.

war: Seine strikte Ablehnung eines übersteigerten Enkratismus hat ihn keineswegs dazu bewogen, diejenigen, gegen die er sich in ActJoh 48–54 wendet[195], auch beim Namen zu nennen, und ebenso zurückhaltend äußert er seine Kritik am nicht nur von christlicher Seite der Gewinnsucht bezichtigten Heros eponymos des Asklepioskults einzig dadurch, daß er Jesus von Johannes mehrfach als Arzt, der umsonst heile, bezeichnen läßt, zuletzt in der Epiklese c. 108: ὁ μόνος … ἰατρὸς δωρεὰν ἰώμενος.[196]

In eben dieser Epiklese finden sich für den in 108,8f. von Johannes als θεὸς Ἰησοῦς Χριστὸς κύριος Angerufenen nun auch die Bezeichnungen ὁ μόνος εὐεργέτης καὶ ἀνυπερήφανος, ὁ μόνος ἐλεήμων καὶ φιλάνθρωπος und ὁ μόνος σωτὴρ καὶ δίκαιος (108,5–7). Enthält die Bezeichnung Jesu als ὁ μόνος ἰατρὸς δωρεὰν ἰώμενος eine polemische Spitze, so wird man dies im Falle der übrigen Gottesprädikate ebenfalls anzunehmen haben, da ja auch sie sämtlich mit der jeden Anspruch anderer auf die Inhalte dieser Prädikationen kategorisch negierenden Exklusivformel ὁ μόνος beginnen. Die Titulierung Jesu als ὁ μόνος σωτὴρ καὶ δίκαιος kann sich indes nicht gegen Asklepios richten, da dieser paganerseits zwar durchaus als σωτήρ bezeichnet werden konnte[197], nicht aber als σωτὴρ καὶ δίκαιος: δίκαιος ist als Prädikat für Asklepios nicht belegt. Hingegen waren Gerechtigkeit und Philanthropie im Umfeld des ActJoh-Verfassers zwar keineswegs nur vom ‚guten‘ Herrscher ausgesagte, wohl aber, wie z. B. Pseudo-Aristides und Menander von Laodicea besonders eindrücklich bezeugen, zu dessen charakteristischen Eigenschaften zählende Tugenden[198] – genauso, wie σωτήρ ein gerade auch den Kaisern immer wieder beigelegter Ehrentitel war.[199] Wenn der Autor der Johannesakten in c. 108,6f. eben diese Tugenden und eben diesen Titel als einzig seinem θεὸς Ἰησοῦς Χριστὸς κύριος zustehend reklamiert, dann scheint

---

[195] Vgl. meinen Aufsatz *Paignion und Biberfabel. Zum literarischen und popularphilosophischen Hintergrund von Acta Johannis 60f. und 48–54*, im vorliegenden Band S. 171–206: 191–206.

[196] 108,4f., außerdem 22,5f. und 56,19. – Clemens Alexandrinus bezeichnete Asklepios als ἰατρὸς φιλάργυρος (*Prot.* II 30,1); des aus dem paganen Bereich stammenden und schon von Pindar (*Pyth.* III 54–58) gegen Asklepios erhobenen Vorwurfs der Gewinnsucht bedienten sich ebenfalls Athenagoras (*Suppl.* 29), Euseb (*Praep. Ev.* III 13,19), Tertullian (*Apol.* 14,5; *Nat.* II 14,12) und Arnobius (*Adv. nationes* IV 24); vgl. auch Plinius d. Ä., *Hist. Nat.* XXIX 16, und den Apologeten Aristides, der die Göttlichkeit des Asklepios u. a. mit dem Argument bestritt, dieser habe sich seinen Lebensunterhalt verdienen müssen (*Apol.* 10,5), sowie Junod – Kaestli (wie Anm. 1), 526, und G. Dumeige, Le Christ médecin dans la littérature chrétienne des premiers siècles, RivAC 48 (1972), 115–141: 123f.

[197] Vgl. F. J. Dölger, Der Heiland, AuC 6, Münster 1950 (= ²1976), 241–272: 259–263. – Zur Bezeichnung des Asklepios und anderer Gottheiten als φιλάνθρωπος s. U. Luck, Art. φιλανθρωπία κτλ., ThWNT 9 (1973), 107–111: 108f.

[198] Vgl. die Belege oben Anm. 91 und 161 sowie die Charakteristik, die Dio Cassius LXXIV 5,2 vom ἀγαθὸς αὐτοκράτωρ Pertinax gibt.

[199] Belege oben Anm. 161.

mir das am ehesten darauf hinzudeuten, daß es auch der κύριος αὐτοκράτωρ gewesen ist, der hier zugunsten des von Johannes angerufenen κύριος jedweden Anspruchs auf jene Tugenden und jenen Titel beraubt werden soll. Für die Annahme, in ActJoh 108,5–7 werde solcherart gegen den Kaiser polemisiert, spricht zudem die Qualifizierung des μόνος εὐεργέτης (ʾΙησοῦς) als ἀνυπερήφανος in 108,5f.: Die ὑπερηφανία – Hochmut bzw. Überheblichkeit – ist seinerzeit als charakteristische Herrscher-Untugend vielfach bezeugt[200], nicht jedoch als pejorative Aussage über Gottheiten.

Die antithetisch-polemischen Bezüge, die ActJoh 55 prägen, scheinen in den Johannesakten also in ähnlich verhaltener Weise auch an anderer Stelle noch auf. Ihr Zweck besteht darin, jenen Polishonoratioren, die der Autor für sein Christentum gewinnen wollte, die Überlegenheit des von Johannes verkündeten Gottes und der von diesem angebotenen Hoffnungen mit Bezug auf eben den Kontext plausibel zu machen, in dem sie lebten: dem Kontext der von ihnen beherrschten, aber in vielerlei Hinsicht vom – aus ihrer Sicht nur unzureichend und ungleichmäßig gewährten – Wohlwollen der Kaiser und ihrer Statthalter abhängigen Poleis des griechischen Ostens. Trotz des in den Johannesakten allenthalben spürbaren Spiritualismus[201] hat sich der Verfasser der Johannesakten mithin keineswegs der Aufgabe entzogen, bei der Verkündigung seiner Botschaft den konkreten Ort zu berücksichtigen, an dem diese Glauben finden sollte.

---

[200] So z. B. Plato, *Leg.* III 691a; Xenophon, *Cyrop.* V 2,27; Polybios XXIV 1,2; Diodor X 14,1; XV 30,3; Dionys von Halikarnass, *Ant. Rom.* XVII/XVIII 4,5; Dion von Prusa, *Or.* 1,13.84; 61,13; Dio Cassius II 11,6; LVIII 26,1; Aristeasbrief 211.262; Josephus, *Bell.* I 344; III 1. – Eine ActJoh 108,5f. analoge Aussage über den κύριος ʾΙησοῦς Χριστός in 1Clem 16,2: τὸ σκῆπτρον τῆς μεγαλωσύνης τοῦ θεοῦ, ὁ κύριος ʾΙησοῦς Χριστός, οὐκ ἦλθεν ἐν κόμπῳ ἀλαζονείας οὐδὲ ὑπερηφανίας, καίπερ δυνάμενος, ἀλλὰ ταπεινοφρονῶν. Auch hier steht der κύριος der Christen – jedenfalls als Inkarnierter – der in herrscherlicher Sphäre üblichen ὑπερηφανία gegenüber.

[201] Dazu Junod – Kaestli (wie Anm. 1), 680f. Daß auch dieser Spiritualismus an zeitgenössische pagane Anschauungen anknüpft, sei hier nur nebenbei vermerkt; vgl. z. B. meine oben Anm. 195 genannte Arbeit (im vorliegenden Band S. 187–190 und 193–195).

English Summaries

Acts as historical monograph

Attempts to define the literary genre of the Lukan historical work within the framework of classical biography have thus far not led to a satisfactory conclusion. Consequently, it would seem expedient to search for parallels in 'form' for the works of Luke within Greco-Roman historiography. When this is undertaken, it emerges that, in form, Acts is most closely aligned with the historical monograph, in particular as this genre is outlined by Cicero in a letter to the historian Lucceius, as well as by Sallust in his essays on the intrigue of Catilina or, alternatively, as this genre is illustrated by his *Jugurthinian War*; Cicero, in fact, refers to other examples of this form in his letter. Of special interest also is the dividing up of extensive historical material into monographs, as evidenced, for example, in Diodore. The distribution of the material resembles Luke's historical work in so far as the material treated in the latter is divided into two, relatively independent λόγοι (volumes) – though, to be sure, the first book of the Lukan work can not be considered a historical monograph, since the genre "Gospel" had already been designated to characterize its content.

Cicero and Luke.
Comments on the style and purpose of the historical monograph

Although Cicero was an adherent of pragmatic historiography, he recommended to the historian Lucceius, who was to write a historical monograph on the deeds and fortunes of Cicero in the years 66–57, that, whenever expedient, he should neglect the laws of (pragmatic) historiography. The reason for this was that the planned work had been devised to promote both the political justification and the glorification of Cicero's actions in those years. For this objective, the form of the historical monograph seemed to Cicero the most suitable, since for him this form of historiography was inextricably tied to engaging the forms and content of the psychagogic traditions of mimetic historiography. Three examples of such historical monographs, used for apologetic-propagandist purposes, have survived: Second Maccabees, Cicero's ὑπόμνημα concerning his consulate year (preserved in Plutarch's Cicero vita), and the Lukan Acts.

Τεϱατεία. Fiction and miracles
in Greco-Roman historiography and in Acts

Because Luke's style of narration in Acts inclines toward the spectacular and does not stop short of fiction and miracle, the historiographical character of Acts has from time to time been denied. This verdict, however, is unjustified. The presence of fictional elements, whether in exaggerated accounts or even in fabricated details and events, was, in any case, normal within a great number of historical works, especially in Greco-Roman historiography with what used to be called the "tragic-pathetic" – better termed "mimetic" or "sensational" – mode of historiography. The same holds for "the miraculous," so long as the histories do not attempt to describe "impossible miracles," the so-called *miracula praeter naturam*. But even here, the recounting of such miracles as the Lukan resurrection and ascension accounts could still be tolerated when the purpose of the narrative was to inspire a life of godly piety (εὐσέβεια) (as evident especially in Polybius and Diodore). Here the Lukan τεϱατεία – the term which best captures the substance and function of the miraculous within "mimetic historiography" – is not far from the mainstream of Hellenistic-Roman historiography, particularly considering the character of Acts as "Erbauungsbuch" ("a book of edification", Ernst Haenchen). – The study ends with the attempt to ascertain just how it was that Luke became familiar with "mimetic historiographical" works and why he, in the first place, would be attracted to this form of historiography.

Experience of reality and historiography in Luke.
Considerations about the 'We-Passages' in Acts

When one looks at the history of research it becomes clear that the puzzle of the "we" sections in Acts has not in all respects been convincingly solved. The solution presented here is based on two observations as the point of departure: first, that the author of Acts employed the "we" which implies his status as eyewitness – it indicates a circle of unspecified companions of Paul – almost exclusively in the depiction of sea voyages; second, that travelling the sea is the sole characteristic of the persons referred to as "we". Since Hellenistic historiographical theory (most poignantly articulated in Polybius and Lucian) demanded that every serious historian demonstrate ἐμπειρία or αὐτοπάτεια and since sea voyages, including all of their harrowing details, played an extremely important role in the perception of a historian's ability to reflect real life in a way befitting his profession, the conclusion emerges that Luke, especially through the "we" sections which allegedly included himself, wanted to be identified by his readers as a historian.

The mission speeches of Acts and Dionysius of Halicarnassus

Like all the other speeches of Acts, the so-called "mission speeches" are creations of the author of Acts. They are placed at important turning points of the history as narrated by Luke and are intended – as an analysis of Acts 10 and 13 can at once demonstrate – to place before the readers' eyes the express content of what was so decisive in motivating the events: namely, the mission sermons of the apostles and those of Paul. Luke was not alone in the conviction that certain speeches were important stimuli in the shaping of the historical events, and therefore must, by all means, be communicated to the readers; in addition to Livy it was especially Dionysius of Halicarnassus, who, regarding speeches as motivating causes (αἰτίαι) of subsequent events, and structuring them himself, inserted speeches into the historical account of his *Roman Archaeology* and reflected upon the theory of this practice here and there in the *Archaeology*, as well as in his treatise on Thucydides. Moreover, Luke and Dionysius are linked by the fact that they have accorded the speeches – which they demonstrate to be decisive in determining the sequence of their histories – a specific function within their framing of the larger purposes for their works. The speeches are thus intended by the authors to contribute to the legitimation of the current circumstances of those for whom Dionysius and Luke, respectively, have written the histories of their beginnings: on the one hand, Rome, which has risen to the status of a world power, and, on the other, the Lukan church which now consists only of Gentile Christians.

A reminiscence of Thucydides in Acts (Acts 20:33–35 – Thuc. II 97.3f.)

In Acts 20:35 Luke closes the farewell speech of Paul (a Lukan composition) with an aphorism identified as a 'word of the Lord' concerning the better alternative of "giving" over "receiving." What looks at first to be a simple transfer to Jesus of a well-known maxim in the Graeco-Roman world (cf. the parallel Acts 26:14), turns out to be a deliberate reference to the Thucydides' passage listed above when it is taken into account that the two preceding verses, Acts 20:33–34, should also be tied to this 'word' as well: Paul had "coveted no one's silver or gold or clothing" either for himself or for his colleagues. The almost ubiquitous presence of Thucydides' imitation in the Greco-Roman literature of the first century – which Josephus did not shy away from either – makes it all the more likely that Luke wanted to conclude Paul's speech with a burst of literary brilliance, a speech, which, in all other respects, is based on the Old Testament Jewish type of 'farewell discourse'.

Rome in Acts

Concerning the beginnings of Christianity, Acts is not all that forthcoming. Nonetheless, the *urbs* is of crucial importance in the portrayal of the author of Acts. As the destination prescribed by Providence for Paul's journeys, this goal forms the reader's horizon of expectation from 19:21 on. In no less a way has Luke associated the actions of Paul in Rome with the announcement that his arrival there completes a necessary component in the history of salvation (23:11). In Rome Paul pronounces his final word (28:25–28). Not until then has it become apparent why Paul's mission to the Jews described in Acts had finally to come to an end. At the same time, this word proclaims the beginning of a new epoch of church history, characterized by the circumstances that, from now on, there would be only one mission, the Gentile mission. This Gentile mission produced the specific form of Gentile Christianity which, in the overall experience of the author, had come to exist everywhere, and whose legitimizing aetiology Acts is designed to present. This final authoritative word, the significance of which can hardly be overestimated, is the driving purpose for Paul's journey to Rome. Why Luke was of the opinion that only the *urbs* could be the appropriate place to pronounce such a word, can only be gleaned by an analysis of the Lukan idea of Rome throughout the two Lukan volumes.

Paignion and beaver fable. On the literary and popular philosophical background of *Acts of John* 60f. and 48–54

Both behind the anecdote of the obedient bugs (ch. 60f.) and the story of the self-emasculating adulterer and father-murderer (ch. 48–54) are texts of pagan

Greek literature: On the one side, a mimic Paignion, which treats animals that behave like human beings (similar, for instance, to such a type which has also influenced chapters 46–50 of the novel Λούκιος ἢ ὄνος which was handed down in the literary works of Lucian); on the other, a widely known fable in ancient literature down to the Christian *Physiologus*, namely, that of the beaver that emasculates himself for his own salvation's sake. In both cases, however, the author of the Acts of John incorporated the pagan texts not for their own sake, but in order to make them the bearers of messages which originally were quite foreign to them. The bug-paignion was used to illustrate once again the popularly propagated philosophic ideal of a way of life divorced from all the emotions and ambitions evoked by worldly passion; the act of the beaver is transferred to the behaviour of the adulterer, so that, within the context of the above-mentioned (to be sure, Christianized) ideal, a negative stance might all the better be made against an excessive encratism, a way of life in which the fable of the beaver was judged positively.

Apostolic mission journey and governorial assize tour.
An interpretation of *Acts of John* 37, 45, 55, and 58:1–6

Although it is true in the Acts of John, as in all the other apocryphal Acts of the Apostles, that the apostle's missionary journeys are guided by God who has also assigned a specific mission field, yet the Acts of John take up the issue (in the chapters mentioned above) concerning the appropriate length of time that the apostle, who grants salvation, should stay in any one of the several locales of his mission district. According to God's will, none of the individual localities should be either favoured or deprived. By making his apostle solve this problem through mutual agreement with all persons concerned, the author of the Acts of John makes the apostle's actions look far better than the intent of the Roman governors, who also journey from place to place within their jurisdiction, in order to execute justice (*assize*). By contrast to the apostle of the Acts of John, these officials, who by their presence bestow status and economic benefit to the individual towns of jurisdiction, do not treat everyone concerned with the same standards of justice. The backdrop for this indirect polemic against the Roman system of provincial government is the fractious rivalry among cities of Asia Minor during the imperial period, as evidenced, especially, in the relations between Smyrna and Ephesus.

The θεὸς ἄφθονος of *Acts of John* 55 and its historical context

As addressees of his work, the author of the Acts of John particularly had in view the group of *polis* dignitaries. The narrative section which constitutes ch. 55 has been significantly stamped by their experiences and ideas, especially considering that within this passage representatives of the aforementioned social group speak *expressis verbis*. Their speech about the θεὸς ἄφθονος is therefore to be interpreted within this group's horizon of experience. Through this it becomes clear that, with polemical intent, the author of the Acts of John has forged an antithetical relation between the θεὸς ἄφθονος and another 'God,' that is, Caesar. In contrast to the former, the latter, despite his own claims, is neither in the position to grant ἀφθόνως nor capable in either respect of fulfilling the hopes aroused by him which are represented in ch. 55 by the word ἄφθονος – a *hapax legomenon* of the Acts of John – namely, to "bestow without reservation" and, in this way, at the same time "to practice a strictly equitable distribution" vis-à-vis all who are under his authority.

Nachweis der Erstveröffentlichungen

Die Apostelgeschichte als historische Monographie

J. Kremer (Hg.), Les Actes des Apôtres. Traditions, rédaction, théologie (BEThL 48), Gembloux/Leuven 1979, 457–466.

Cicero und Lukas

Bemerkungen zu Stil und Zweck der historischen Monographie

J. Verheyden (Hg.), The Unity of Luke-Acts (BEThL 142), Leuven 1999, 759–775.

Τερατεία

Fiktion und Wunder in der hellenistisch-römischen Geschichtsschreibung und in der Apostelgeschichte

ZNW 89 (1998), 66–90.

Wirklichkeitserfahrung und Geschichtsschreibung bei Lukas

Erwägungen zu den Wir-Stücken der Apostelgeschichte

ZNW 68 (1977), 2–22.

Die Missionsreden der Apostelgeschichte und Dionys von Halikarnass

NTS 39 (1993), 161–177.

Eine Thukydidesreminiszenz in der Apostelgeschichte
(Apg 20,33–35 – Thuk. II 97,3f.)

ZNW 83 (1992), 270–275.

Rom in der Apostelgeschichte

Unveröffentlicht.

Paignion und Biberfabel
Zum literarischen und popularphilosophischen Hintergrund von Acta Johannis 60f.
und 48–54

Apocrypha. Revue Internationale des Littératures apocryphes 3 (1992), 69–109.

Apostolische Missionsreise und statthalterliche Assisetour
Eine Interpretation von Acta Johannis c. 37; 45; 55 und 58,1–6

ZNW 85 (1994), 259–278.

Der θεὸς ἄφθονος von Acta Johannis 55 und sein historischer Kontext

D. Wyrwa (Hg.), Die Weltlichkeit des Glaubens in der Alten Kirche. Festschrift für Ulrich
Wickert zum siebzigsten Geburtstag (BZNW 85), Berlin/New York 1997, 249–301.

Nachwort des Verfassers

Was zu der hier vorgelegten Aufsatzsammlung zu sagen ist, haben die Herausgeber auf den Eingangsseiten dieses Buches bereits hinreichend zum Ausdruck gebracht. Einiges bleibt indes noch zu ergänzen.

Die Idee, meine Aufsätze zur Apostelgeschichte und zu den Johannesakten in einem Band vereint noch einmal zu publizieren, stammt von Jens Schröter, der mir vor einigen Jahren zugleich mit dieser Idee auch das Angebot unterbreitete, gegebenenfalls die Herausgeberschaft für die von ihm ins Auge gefaßte Aufsatzsammlung übernehmen zu wollen. Ich habe seinerzeit keinen Augenblick gezögert, ein solch generöses Angebot zu akzeptieren, und diesen Entschluß auch seitdem nie bereut. Ich kann nur hoffen, daß es Jens Schröter ebenso ergeht. Darüber, daß eine erneute Publikation der Aufsätze nur sinnvoll sei, wenn sie gründlich überarbeitet, ergänzt und wo möglich auch sachlich erweitert würden, waren wir uns schnell einig; ebenso darüber, Ralph Brucker zu bitten, sich als zweiter Herausgeber an dem geplanten Unternehmen zu beteiligen. Jens Schröter war es dann auch, der die Verbindung zu den Herausgebern der *Wissenschaftlichen Untersuchungen zum Neuen Testament* sowie zum Verlag Mohr Siebeck geknüpft hat. Für all dies gebührt ihm mein Dank, ein Dank, der umso herzlicher ausfallen muß, als er auch für solche Unternehmungen wie die häufigen und nicht selten ausgedehnten Symposien gilt, während deren wir Gelegenheit nahmen, zahlreiche Probleme – insbesondere solche der Acta-Forschung – zu traktieren und dies auch mit der hierfür gelegentlich unabdingbaren Heiterkeit zu tun.

Nicht minder angenehm und fruchtbar war die Zusammenarbeit mit Ralph Brucker. Ihm verdankt der vorliegende Band die Einheitlichkeit und insbesondere die gediegene äußere Gestalt; darüber hinaus verdanke ich auch ihm mancherlei sachliche Hinweise, die zu vernachlässigen mehr als eine läßliche Sünde gewesen wäre.

Im Blick auf die Herausgeber des Bandes muß schließlich auch dies noch bemerkt werden: Geduld ist eine überaus lobenswerte Tugend – weniger lobenswert ist es, solche Tugend anderen abzuverlangen. Letzteres habe ich gegenüber den Herausgebern mit teils guten, teils von ihnen weniger goutierten Gründen immer wieder getan. Sowohl Jens Schröter als auch Ralph Brucker sind hierüber zwar gelegentlich in Sorge geraten, haben mir aber nie ernstlich gezürnt, was beweist, daß sie – genauso wie der Verlag – die Tugend der Geduld zu bewähren in hohem Maße fähig und vor allem auch willens waren. Ihnen und dem Verlag bin ich für diese Großzügigkeit sehr dankbar.

Die hier vorgelegte Aufsatzsammlung wäre wohl kaum zustande gekommen, hätten mir nicht meine Mitarbeiterinnen und Mitarbeiter in der Zweigbibliothek Theologie der Humboldt-Universität während der letzten Jahre soviel an Arbeit abgenommen, wie nur irgend möglich und verantwortbar war. Dankbar nenne ich deshalb alle, die mir bis zu meinem Ausscheiden aus dem Bibliotheksdienst mit Rat und Tat zur Seite gestanden haben: Eva-Maria Bätcher, Christine Hetey, Gudrun Woyke, Ina Ziegler, Udo Hartmann sowie Hein Ammerlahn, der mich drei Jahrzehnte lang als Stellvertreter begleitet hat.

Dankbar nennen möchte ich hier auch die beiden Institutionen, deren Bibliotheksdirektor ich gewesen bin: die Kirchliche Hochschule Berlin und die Theologische Fakultät der Humboldt-Universität zu Berlin. Beide haben mir uneingeschränkt ihr Vertrauen geschenkt, so daß ich ohne Reibungsverluste kontinuierlich und vor allem mit viel Gestaltungsfreiheit meiner Arbeit nachgehen konnte. Selbstverständlich ist derlei – leider – nicht.

Vier der hier vorgelegten Aufsätze besaßen an ihrem ursprünglichen Erscheinungsort Widmungen, einer erschien als Bestandteil einer Festschrift. Der Aufsatz *Wirklichkeitserfahrung und Geschichtsschreibung bei Lukas* war Otto Luschnat († 1990) zugeeignet, derjenige über die *Missionsreden der Apostelgeschichte und Dionys von Halikarnass* meiner Tochter Johanna; mit der Arbeit *Apostolische Missionsreise und statthalterliche Assisetour* habe ich Walter Schmithals zu seinem 70. Geburtstag gratuliert; der Aufsatz über den ϑεὸς ἄφϑονος ist erstmals in der Festschrift für Ulrich Wickert erschienen, und die Τερατεία sollte Uwe Jessen erfreuen. Hinweise auf diese Zueignungen mußten bei der Wiederveröffentlichung der Aufsätze aus formalen Gründen unterbleiben. Umso nachdrücklicher sei darum an dieser Stelle betont, daß die in jenen Zueignungen zum Ausdruck gebrachte Empfindung von Hochschätzung und Dankbarkeit allen Genannten gegenüber unvermindert fortbesteht.

Schließlich: Hochschätzung und Dankbarkeit schulde ich in höchstem Maße auch meiner Frau Doris Fouquet-Plümacher. Eben deswegen kann ich ihr diese Aufsatzsammlung nicht widmen: Eine solche Widmung wäre in ihrem Fall ein viel zu konventioneller, viel zu schwacher Ausdruck dessen, was ich für sie empfinde und ihr verdanke.

Berlin, am 6. Februar 2004   Eckhard Plümacher

Stellenregister

1. Altes Testament (LXX)

2. Neues Testament

3. Jüdische Literatur außerhalb der LXX

4. Frühchristliche Literatur außerhalb des Neuen Testaments

5. Griechische und römische Literatur

6. Inschriften, Papyri, Münzen

SEG			140	248
I, 329	252, 263		1074	248
IV, 516	255		1652	248
IX, 8 I	257			
XVII, 528	248, 252f.		CPJud	
XVII, 755	248, 252		418a	261f.
XIX, 476	248, 262			
XXVI, 526	262		PAchmîm	
XXVI, 1392	262		8	241, 261
XXVIII, 1566	219, 259			
XXXVI, 1096	262		PBerol	
XXXVII, 1221	262		9780	198
XXXVII, 1304	262		13927	181f.
XL, 349	262			
			PFay	
SIG			20	163, 165, 248
791	262			
797	264, 267		PFouad	
798	241f.		8	261
814	248			
821	265		PGrenf	
839	248		II 73	144
849	213, 253			
880	248		PHerm	
888	248		119	248
TAM			PLond	
II, 146	232		1912	166
II, 189	232			
II, 495	233		POsl	
II, 905	232		1621	90
			POxy	
Senatus consultum de Cn. Pisone patre			413	181f., 186
Z. 170f.175	165		502	261
			705	248
Tabula Siarensis			1242	63
Frgm. II, col. b	165		2719	90
			2754	257
Volksbeschluß der Stadt Thyatira			3366	248, 268
zu Ehren Hadrians				
passim	242f.		PPetr	
			II, 45	87
			III, 144	87
Papyri				
			PRyl	
BGU			77	243
1	241		181	261
12	261		273	261
19	241		627–638	88f.

PSI (= PGreci e Latini)
447   261

PTebt
320   241

PWürzburg
9   248

PYale
61   220

SGUÄ (= F. PREISIGKE, Sammelbuch
griechischer Urkunden aus Ägypten)
4284   241
7366   241
9328   261
9528   267

Münzen: 214, 243, 245ff.,
                        252, 263, 266f.

7. Fragmentensammlungen

Fragmente griechischer Historiker
(FGrHist)
39   71
70, F 31b   48
70, F 110   100
76, F 1   35
76, F 36   42
76, F 67   36
76, F 70   36, 55
87, F 36   36
91   49
115, T 20   102
115, T 20[a],11   66
115, F 75c   66
115, F 342   101f.
124, F 1   7
137, T 7   106
137, F 34   106

151, F 1,2   46
160   87
173   7
183, T 1   105
183, F 2   105
184, F 2   105
268, F 4   16
306   47
566, T 9   7
566, F 36   7

Stoikerfragmente (SVF)
I, Nr. 205   193
I, Nr. 566   194
III, Nr. 117   194
III, Nr. 377   193
III, Nr. 476   193f.
III, Nr. 661   194

Namenregister

1. Antike Namen
(soweit nicht über das Stellenregister zu finden)

Abundantia 245
Achill 103
Achilles Tatius 233
Aelian 202
Aeneas 61
Aesculapius s. Asklepios
Agatharchides von Knidos 36, 41ff., 45, 51, 56, 59, 66, 74
Agathokles 36, 42, 44, 54f.
Agrippa II. 55
Aischylos 48
Alexander d. Gr. 34, 46f., 79, 106
Alexander Severus 163, 255
Alkestis 60
Alkmene 61
Ammianus Marcellinus 87f., 97
Antigonos Doson 42, 57
Antinoos 63, 67
Antiochos IV. Epiphanes 180
Antoninus Pius 213f., 245, 247, 258f., 262
Antonius, Marcus 18, 122
Antonius Felix 161
Aphrodite 65
Apollodoros 38
Apollon 58
Apollonius von Tyana 193, 214f.
Apuleius 176
Aristeas von Prokonnesos 61
Aristomachos von Argos 40, 42, 45
Aristoteles XIV, 35
Arrian 97
Artemis 65
Artemis Ephesia 54, 207f., 213
Asklepiades von Myrlea 9
Asklepios/Aesculapius 60f., 89, 227, 272

Aspasia 184
Athena 65
Athenion 36, 43, 54
Atlas 64
Atticus 31
Attis 197
Augustus (Octavian) XVII, 122, 162f., 165f., 168, 179, 230, 240, 244, 249, 253, 257, 265, 267
Ausonius 90

Basilius von Caesarea 206
Baton von Sinope 16
Berenike 55
Bona Dea 51, 58
Brutus 69

Caecilius von Kaleakte 105
Caligula (Gaius Caesar) 11, 189, 241–245, 261, 267
Calvisius 163
Camillus 64
Caracalla 214, 241, 252, 258, 261f.
Carus 181
Cassius 69
Catilina 17, 21, 24, 43, 58f.
Celsus 62, 75, 206
Chariton von Aphrodisias 186f., 233
Chrysipp 193f.
Cicero XIII, XIV, 13, 41, 51, 58f., 80, 82
Claudius 52, 135, 164ff., 245, 262, 265
Claudius Balbillus, Tiberius 240
Clemens von Alexandria 204
Cocceius Honorinus 218, 223
Cocceius Severianus Honorinus, Sextus 218, 222f.

2. Neuzeitliche Namen

Wissenschaftliche Untersuchungen zum Neuen Testament

Alphabetische Übersicht der ersten und zweiten Reihe

Ådna, Jostein: Jesu Stellung zum Tempel. 2000. *Band II/119.*

Ådna, Jostein und *Kvalbein, Hans* (Hrsg.): The Mission of the Early Church to Jews and Gentiles. 2000. *Band 127.*

Alkier, Stefan: Wunder und Wirklichkeit in den Briefen des Apostels Paulus. 2001. *Band 134.*

Anderson, Paul N.: The Christology of the Fourth Gospel. 1996. *Band II/78.*

Appold, Mark L.: The Oneness Motif in the Fourth Gospel. 1976. *Band II/1.*

Arnold, Clinton E.: The Colossian Syncretism. 1995. *Band II/77.*

Ascough, Richard S.: Paul's Macedonian Associations. 2003. *Band II/161.*

Asiedu-Peprah, Martin: Johannine Sabbath Conflicts As Juridical Controversy. 2001. *Band II/132.*

Avemarie, Friedrich: Die Tauferzählungen der Apostelgeschichte. 2002. *Band 139.*

Avemarie, Friedrich und *Hermann Lichtenberger* (Hrsg.): Auferstehung - Ressurection. 2001. *Band 135.*

Avemarie, Friedrich und *Hermann Lichtenberger* (Hrsg.): Bund und Tora. 1996. *Band 92.*

Baarlink, Heinrich: Verkündigtes Heil. 2004. *Band 168.*

Bachmann, Michael: Sünder oder Übertreter. 1992. *Band 59.*

Back, Frances: Verwandlung durch Offenbarung bei Paulus. 2002. *Band II/153.*

Baker, William R.: Personal Speech-Ethics in the Epistle of James. 1995. *Band II/68.*

Bakke, Odd Magne: 'Concord and Peace'. 2001. *Band II/143.*

Balla, Peter: Challenges to New Testament Theology. 1997. *Band II/95.*

– *The Child-Parent Relationship in the New Testament and its Environment. 2003. Band 155.*

Bammel, Ernst: Judaica. Band I 1986. *Band 37.*
– Band II 1997. *Band 91.*

Bash, Anthony: Ambassadors for Christ. 1997. *Band II/92.*

Bauernfeind, Otto: Kommentar und Studien zur Apostelgeschichte. 1980. *Band 22.*

Baum, Armin Daniel: Pseudepigraphie und literarische Fälschung im frühen Christentum. 2001. *Band II/138.*

Bayer, Hans Friedrich: Jesus' Predictions of Vindication and Resurrection. 1986. *Band II/20.*

Becker, Michael: Wunder und Wundertäter im frührabbinischen Judentum. 2002. *Band II/144.*

Bell, Richard H.: Provoked to Jealousy. 1994. *Band II/63.*
– No One Seeks for God. 1998. *Band 106.*

Bennema, Cornelis: The Power of Saving Wisdom. 2002. *Band II/148.*

Bergman, Jan: siehe *Kieffer, René*

Bergmeier, Roland: Das Gesetz im Römerbrief und andere Studien zum Neuen Testament. 2000. *Band 121.*

Betz, Otto: Jesus, der Messias Israels. 1987. *Band 42.*
– Jesus, der Herr der Kirche. 1990. *Band 52.*

Beyschlag, Karlmann: Simon Magus und die christliche Gnosis. 1974. *Band 16.*

Bittner, Wolfgang J.: Jesu Zeichen im Johannesevangelium. 1987. *Band II/26.*

Bjerkelund, Carl J.: Tauta Egeneto. 1987. *Band 40.*

Blackburn, Barry Lee: Theios Anēr and the Markan Miracle Traditions. 1991. *Band II/40.*

Bock, Darrell L.: Blasphemy and Exaltation in Judaism and the Final Examination of Jesus. 1998. *Band II/106.*

Bockmuehl, Markus N.A.: Revelation and Mystery in Ancient Judaism and Pauline Christianity. 1990. *Band II/36.*

Bøe, Sverre: Gog and Magog. 2001. *Band II/ 135.*

Böhlig, Alexander: Gnosis und Synkretismus. Teil 1 1989. *Band 47* – Teil 2 1989. *Band 48.*

Böhm, Martina: Samarien und die Samaritai bei Lukas. 1999. *Band II/111.*

Böttrich, Christfried: Weltweisheit – Menschheitsethik – Urkult. 1992. *Band II/50.*

Bolyki, János: Jesu Tischgemeinschaften. 1997. *Band II/96.*

Bosman, Philip: Conscience in Philo and Paul. 2003. *Band II/166.*

Bovon, François: Studies in Early Christianity. 2003. *Band 161.*

Brocke, Christoph vom: Thessaloniki – Stadt des Kassander und Gemeinde des Paulus. 2001. *Band II/125.*

Brunson, Andrew: Psalm 118 in the Gospel of John. 2003. *Band II/158.*

Büchli, Jörg: Der Poimandres – ein paganisiertes Evangelium. 1987. *Band II/27.*

Bühner, Jan A.: Der Gesandte und sein Weg im 4. Evangelium. 1977. *Band II/2.*

Burchard, Christoph: Untersuchungen zu Joseph und Aseneth. 1965. *Band 8.*

– Studien zur Theologie, Sprache und Umwelt des Neuen Testaments. Hrsg. von D. Sänger. 1998. *Band 107.*

Burnett, Richard: Karl Barth's Theological Exegesis. 2001. *Band II/145.*

Byron, John: Slavery Metaphors in Early Judaism and Pauline Christianity. 2003. *Band II/162.*

Byrskog, Samuel: Story as History – History as Story. 2000. *Band 123.*

Cancik, Hubert (Hrsg.): Markus-Philologie. 1984. *Band 33.*

Capes, David B.: Old Testament Yaweh Texts in Paul's Christology. 1992. *Band II/47.*

Caragounis, Chrys C.: The Development of Greek and the New Testament. 2004. *Band 167.*

– The Son of Man. 1986. *Band 38.*

– siehe *Fridrichsen, Anton.*

Carleton Paget, James: The Epistle of Barnabas. 1994. *Band II/64.*

Carson, D.A., O'Brien, Peter T. und Mark Seifrid (Hrsg.): Justification and Variegated Nomism: A Fresh Appraisal of Paul and Second Temple Judaism. Band 1: The Complexities of Second Temple Judaism. *Band II/140.*

Ciampa, Roy E.: The Presence and Function of Scripture in Galatians 1 and 2. 1998. *Band II/102.*

Classen, Carl Joachim: Rhetorical Criticsm of the New Testament. 2000. *Band 128.*

Colpe, Carsten: Iranier – Aramäer – Hebräer – Hellenen. 2003. *Band 154.*

Crump, David: Jesus the Intercessor. 1992. *Band II/49.*

Dahl, Nils Alstrup: Studies in Ephesians. 2000. *Band 131.*

Deines, Roland: Jüdische Steingefäße und pharisäische Frömmigkeit. 1993. *Band II/52.*

– Die Pharisäer. 1997. *Band 101.*

Dettwiler, Andreas und Jean Zumstein (Hrsg.): Kreuzestheologie im Neuen Testament. 2002. *Band 151.*

Dickson, John P.: Mission-Commitment in Ancient Judaism and in the Pauline Communities. 2003. *Band II/159.*

Dietzfelbinger, Christian: Der Abschied des Kommenden. 1997. *Band 95.*

Dobbeler, Axel von: Glaube als Teilhabe. 1987. *Band II/22.*

Du Toit, David S.: Theios Anthropos. 1997. *Band II/91*

Dunn, James D.G. (Hrsg.): Jews and Christians. 1992. *Band 66.*

– Paul and the Mosaic Law. 1996. *Band 89.*

Dunn, James D.G., Hans Klein, Ulrich Luz und Vasile Mihoc (Hrsg.)*:* Auslegung der Bibel in orthodoxer und westlicher Perspektive. 2000. *Band 130.*

Ebel, Eva: Die Attraktivität früher christlicher Gemeinden. 2004. *Band II/178.*

Ebertz, Michael N.: Das Charisma des Gekreuzigten. 1987. *Band 45.*

Eckstein, Hans-Joachim: Der Begriff Syneidesis bei Paulus. 1983. *Band II/10.*

– Verheißung und Gesetz. 1996. *Band 86.*

Ego, Beate: Im Himmel wie auf Erden. 1989. *Band II/34*

Ego, Beate und Lange, Armin sowie Pilhofer, Peter (Hrsg.): Gemeinde ohne Tempel – Community without Temple. 1999. *Band 118.*

Eisen, Ute E.: siehe *Paulsen, Henning.*

Ellis, E. Earle: Prophecy and Hermeneutic in Early Christianity. 1978. *Band 18.*

– The Old Testament in Early Christianity. 1991. *Band 54.*

Endo, Masanobu: Creation and Christology. 2002. *Band 149.*

Ennulat, Andreas: Die 'Minor Agreements'. 1994. *Band II/62.*

Ensor, Peter W.: Jesus and His 'Works'. 1996. *Band II/85.*

Eskola, Timo: Messiah and the Throne. 2001. *Band II/142.*

– Theodicy and Predestination in Pauline Soteriology. 1998. *Band II/100.*

Fatehi, Mehrdad: The Spirit's Relation to the Risen Lord in Paul. 2000. *Band II/128.*

Feldmeier, Reinhard: Die Krisis des Gottessohnes. 1987. *Band II/21.*

– Die Christen als Fremde. 1992. *Band 64.*

Feldmeier, Reinhard und Ulrich Heckel (Hrsg.)*:* Die Heiden. 1994. *Band 70.*

Fletcher-Louis, Crispin H.T.: Luke-Acts: Angels, Christology and Soteriology. 1997. *Band II/94.*

Förster, Niclas: Marcus Magus. 1999. *Band 114.*

Forbes, Christopher Brian: Prophecy and Inspired Speech in Early Christianity and its Hellenistic Environment. 1995. *Band II/75.*

Fornberg, Tord: siehe *Fridrichsen, Anton.*
Fossum, Jarl E.: The Name of God and the Angel of the Lord. 1985. *Band 36.*
Foster, Paul: Community, Law and Mission in Matthew's Gospel. *Band II/177.*
Fotopoulos, John: Food Offered to Idols in Roman Corinth. 2003. *Band II/151.*
Frenschkowski, Marco: Offenbarung und Epiphanie. Band 1 1995. *Band II/79 –* Band 2 1997. *Band II/80.*
Frey, Jörg: Eugen Drewermann und die biblische Exegese. 1995. *Band II/71.*
– Die johanneische Eschatologie. Band I. 1997. *Band 96.* – Band II. 1998. *Band 110.*
– Band III. 2000. *Band 117.*
Freyne, Sean: Galilee and Gospel. 2000. *Band 125.*
Fridrichsen, Anton: Exegetical Writings. Hrsg. von C.C. Caragounis und T. Fornberg. 1994. *Band 76.*
Garlington, Don B.: 'The Obedience of Faith'. 1991. *Band II/38.*
– Faith, Obedience, and Perseverance. 1994. *Band 79.*
Garnet, Paul: Salvation and Atonement in the Qumran Scrolls. 1977. *Band II/3.*
Gese, Michael: Das Vermächtnis des Apostels. 1997. *Band II/99.*
Gheorghita, Radu: The Role of the Septuagint in Hebrews. 2003. *Band II/160.*
Gräbe, Petrus J.: The Power of God in Paul's Letters. 2000. *Band II/123.*
Gräßer, Erich: Der Alte Bund im Neuen. 1985. *Band 35.*
– Forschungen zur Apostelgeschichte. 2001. *Band 137.*
Green, Joel B.: The Death of Jesus. 1988. *Band II/33.*
Gregory, Andrew: The Reception of Luke and Acts in the Period before Irenaeus. 2003. *Band II/169.*
Gundry Volf, Judith M.: Paul and Perseverance. 1990. *Band II/37.*
Hafemann, Scott J.: Suffering and the Spirit. 1986. *Band II/19.*
– Paul, Moses, and the History of Israel. 1995. *Band 81.*
Hahn, Johannes (Hrsg.): Zerstörungen des Jerusalemer Tempels. 2002. *Band 147.*
Hannah, Darrel D.: Michael and Christ. 1999. *Band II/109.*
Hamid-Khani, Saeed: Relevation and Concealment of Christ. 2000. *Band II/120.*
Harrison, James R.: Paul's Language of Grace in Its Graeco-Roman Context. 2003. *Band II/172.*

Hartman, Lars: Text-Centered New Testament Studies. Hrsg. von D. Hellholm. 1997. *Band 102.*
Hartog, Paul: Polycarp and the New Testament. 2001. *Band II/134.*
Heckel, Theo K.: Der Innere Mensch. 1993. *Band II/53.*
– Vom Evangelium des Markus zum viergestal- tigen Evangelium. 1999. *Band 120.*
Heckel, Ulrich: Kraft in Schwachheit. 1993. *Band II/56.*
– Der Segen im Neuen Testament. 2002. *Band 150.*
– siehe *Feldmeier, Reinhard.*
– siehe *Hengel, Martin.*
Heiligenthal, Roman: Werke als Zeichen. 1983. *Band II/9.*
Hellholm, D.: siehe *Hartman, Lars.*
Hemer, Colin J.: The Book of Acts in the Setting of Hellenistic History. 1989. *Band 49.*
Hengel, Martin: Judentum und Hellenismus. 1969, ³1988. *Band 10.*
– Die johanneische Frage. 1993. *Band 67.*
– Judaica et Hellenistica . Kleine Schriften I. 1996. *Band 90.*
– Judaica, Hellenistica et Christiana. Kleine Schriften II. 1999. *Band 109.*
– Paulus und Jakobus. Kleine Schriften III. 2002. *Band 141.*
Hengel, Martin und *Ulrich Heckel* (Hrsg.): Paulus und das antike Judentum. 1991. *Band 58.*
Hengel, Martin und *Hermut Löhr* (Hrsg.): Schriftauslegung im antiken Judentum und im Urchristentum. 1994. *Band 73.*
Hengel, Martin und *Anna Maria Schwemer:* Paulus zwischen Damaskus und Antiochien. 1998. *Band 108.*
– Der messianische Anspruch Jesu und die Anfänge der Christologie. 2001. *Band 138.*
Hengel, Martin und *Anna Maria Schwemer* (Hrsg.): Königsherrschaft Gottes und himm- lischer Kult. 1991. *Band 55.*
– Die Septuaginta. 1994. *Band 72.*
Hengel, Martin; Siegfried Mittmann und *Anna Maria Schwemer* (Ed.): La Cité de Dieu / Die Stadt Gottes. 2000. *Band 129.*
Herrenbrück, Fritz: Jesus und die Zöllner. 1990 *Band II/41.*
Herzer, Jens: Paulus oder Petrus? 1998. *Band 103.*
Hoegen-Rohls, Christina: Der nachösterliche Johannes. 1996. *Band II/84.*
Hofius, Otfried: Katapausis. 1970. *Band 11.*
– Der Vorhang vor dem Thron Gottes. 1972. *Band 14.*
– Der Christushymnus Philipper 2,6-11. 1976, ²1991. *Band 17.*

– Paulusstudien. 1989, ²1994. *Band 51.*
– Neutestamentliche Studien. 2000. *Band 132.*
– Paulusstudien II. 2002. *Band 143.*
Hofius, Otfried und *Hans-Christian Kammler:* Johannesstudien. 1996. *Band 88.*
Holtz, Traugott: Geschichte und Theologie des Urchristentums. 1991. *Band 57.*
Hommel, Hildebrecht: Sebasmata. Band 1 1983. *Band 31* – Band 2 1984. *Band 32.*
Hvalvik, Reidar: The Struggle for Scripture and Covenant. 1996. *Band II/82.*
Johns, Loren L.: The Lamb Christology of the Apocalypse of John. 2003. *Band II/167.*
Joubert, Stephan: Paul as Benefactor. 2000. *Band II/124.*
Jungbauer, Harry: „Ehre Vater und Mutter". 2002. *Band II/146.*
Kähler, Christoph: Jesu Gleichnisse als Poesie und Therapie. 1995. *Band 78.*
Kamlah, Ehrhard: Die Form der katalogischen Paränese im Neuen Testament. 1964. *Band 7.*
Kammler, Hans-Christian: Christologie und Eschatologie. 2000. *Band 126.*
– Kreuz und Weisheit. 2003. *Band 159.*
– siehe *Hofius, Otfried.*
Kelhoffer, James A.: Miracle and Mission. 1999. *Band II/112.*
Kieffer, René und *Jan Bergman (Hrsg.)*: La Main de Dieu / Die Hand Gottes. 1997. *Band 94.*
Kim, Seyoon: The Origin of Paul's Gospel. 1981, ²1984. *Band II/4.*
– "The 'Son of Man'" as the Son of God. 1983. *Band 30.*
Klauck, Hans-Josef: Religion und Gesellschaft im frühen Christentum. 2003. *Band 152.*
Klein, Hans: siehe *Dunn, James D.G..*
Kleinknecht, Karl Th.: Der leidende Gerechtfertigte. 1984, ²1988. *Band II/13.*
Klinghardt, Matthias: Gesetz und Volk Gottes. 1988. *Band II/32.*
Koch, Stefan: Rechtliche Regelung von Konflikten im frühen Christentum. 2004. *Band II/174.*
Köhler, Wolf-Dietrich: Rezeption des Matthäusevangeliums in der Zeit vor Irenäus. 1987. *Band II/24.*
Kooten, George H. van: Cosmic Christology in Paul and the Pauline School. 2003. *Band II/171.*
Korn, Manfred: Die Geschichte Jesu in veränderter Zeit. 1993. *Band II/51.*
Koskenniemi, Erkki: Apollonios von Tyana in der neutestamentlichen Exegese. 1994. *Band II/61.*

Kraus, Thomas J.: Sprache, Stil und historischer Ort des zweiten Petrusbriefes. 2001. *Band II/136.*
Kraus, Wolfgang: Das Volk Gottes. 1996. *Band 85.*
– und *Karl-Wilhelm Niebuhr* (Hg.): Frühjudentum und Neues Testament im Horizont Biblischer Theologie. 2003. *Band 162.*
– siehe *Walter, Nikolaus.*
Kreplin, Matthias: Das Selbstverständnis Jesu. 2001. *Band II/141.*
Kuhn, Karl G.: Achtzehngebet und Vaterunser und der Reim. 1950. *Band 1.*
Kvalbein, Hans: siehe *Ådna, Jostein.*
Laansma, Jon: I Will Give You Rest. 1997. *Band II/98.*
Labahn, Michael: Offenbarung in Zeichen und Wort. 2000. *Band II/117.*
Lambers-Petry, Doris: siehe *Tomson, Peter J.*
Lange, Armin: siehe *Ego, Beate.*
Lampe, Peter: Die stadtrömischen Christen in den ersten beiden Jahrhunderten. 1987, ²1989. *Band II/18.*
Landmesser, Christof: Wahrheit als Grundbegriff neutestamentlicher Wissenschaft. 1999. *Band 113.*
– Jüngerberufung und Zuwendung zu Gott. 2000. *Band 133.*
Lau, Andrew: Manifest in Flesh. 1996. *Band II/86.*
Lawrence, Louise: An Ethnography of the Gospel of Matthew. 2003. *Band II/165.*
Lee, Pilchan: The New Jerusalem in the Book of Relevation. 2000. *Band II/129.*
Lichtenberger, Hermann: siehe *Avemarie, Friedrich.*
Lichtenberger, Hermann: Das Ich Adams und das Ich der Menschheit. 2004. *Band 164.*
Lierman, John: The New Testament Moses. 2004. *Band II/173.*
Lieu, Samuel N.C.: Manichaeism in the Later Roman Empire and Medieval China. ²1992. *Band 63.*
Loader, William R.G.: Jesus' Attitude Towards the Law. 1997. *Band II/97.*
Löhr, Gebhard: Verherrlichung Gottes durch Philosophie. 1997. *Band 97.*
Löhr, Hermut: Studien zum frühchristlichen und frühjüdischen Gebet. 2003. *Band 160.*
– : siehe *Hengel, Martin.*
Löhr, Winrich Alfried: Basilides und seine Schule. 1995. *Band 83.*
Luomanen, Petri: Entering the Kingdom of Heaven. 1998. *Band II/101.*
Luz, Ulrich: siehe *Dunn, James D.G.*
Maier, Gerhard: Mensch und freier Wille. 1971. *Band 12.*

– Die Johannesoffenbarung und die Kirche. 1981. *Band 25.*

Markschies, Christoph: Valentinus Gnosticus? 1992. *Band 65.*

Marshall, Peter: Enmity in Corinth: Social Conventions in Paul's Relations with the Corinthians. 1987. *Band II/23.*

Mayer, Annemarie: Sprache der Einheit im Epheserbrief und in der Ökumene. 2002. *Band II/150.*

McDonough, Sean M.: YHWH at Patmos: Rev. 1:4 in its Hellenistic and Early Jewish Setting. 1999. *Band II/107.*

McGlynn, Moyna: Divine Judgement and Divine Benevolence in the Book of Wisdom. 2001. *Band II/139.*

Meade, David G.: Pseudonymity and Canon. 1986. *Band 39.*

Meadors, Edward P.: Jesus the Messianic Herald of Salvation. 1995. *Band II/72.*

Meißner, Stefan: Die Heimholung des Ketzers. 1996. *Band II/87.*

Mell, Ulrich: Die „anderen" Winzer. 1994. *Band 77.*

Mengel, Berthold: Studien zum Philipperbrief. 1982. *Band II/8.*

Merkel, Helmut: Die Widersprüche zwischen den Evangelien. 1971. *Band 13.*

Merklein, Helmut: Studien zu Jesus und Paulus. Band 1 1987. *Band 43.* – Band 2 1998. *Band 105.*

Metzdorf, Christina: Die Tempelaktion Jesu. 2003. *Band II/168.*

Metzler, Karin: Der griechische Begriff des Verzeihens. 1991. *Band II/44.*

Metzner, Rainer: Die Rezeption des Matthäusevangeliums im 1. Petrusbrief. 1995. *Band II/74.*

– Das Verständnis der Sünde im Johannesevangelium. 2000. *Band 122.*

Mihoc, Vasile: siehe *Dunn, James D.G.*.

Mineshige, Kiyoshi: Besitzverzicht und Almosen bei Lukas. 2003. *Band II/163.*

Mittmann, Siegfried: siehe *Hengel, Martin.*

Mittmann-Richert, Ulrike: Magnifikat und Benediktus. *1996. Band II/90.*

Mußner, Franz: Jesus von Nazareth im Umfeld Israels und der Urkirche. Hrsg. von M. Theobald. 1998. *Band 111.*

Niebuhr, Karl-Wilhelm: Gesetz und Paränese. 1987. *Band II/28.*

– Heidenapostel aus Israel. 1992. *Band 62.*

– siehe *Kraus, Wolfgang*

Nielsen, Anders E.: "Until it is Fullfilled". 2000. *Band II/126.*

Nissen, Andreas: Gott und der Nächste im antiken Judentum. 1974. *Band 15.*

Noack, Christian: Gottesbewußtsein. 2000. *Band II/116.*

Noormann, Rolf: Irenäus als Paulusinterpret. 1994. *Band II/66.*

Novakovic, Lidija: Messiah, the Healer of the Sick. 2003. *Band II/170.*

Obermann, Andreas: Die christologische Erfüllung der Schrift im Johannesevangelium. 1996. *Band II/83.*

Öhler, Markus: Barnabas. 2003. *Band 156.*

Okure, Teresa: The Johannine Approach to Mission. 1988. *Band II/31.*

Onuki, Takashi: Heil und Erlösung. 2004. *Band 165.*

Oropeza, B. J.: Paul and Apostasy. 2000. *Band II/115.*

Ostmeyer, Karl-Heinrich: Taufe und Typos. 2000. *Band II/118.*

Paulsen, Henning: Studien zur Literatur und Geschichte des frühen Christentums. Hrsg. von Ute E. Eisen. 1997. *Band 99.*

Pao, David W.: Acts and the Isaianic New Exodus. 2000. *Band II/130.*

Park, Eung Chun: The Mission Discourse in Matthew's Interpretation. 1995. *Band II/81.*

Park, Joseph S.: Conceptions of Afterlife in Jewish Insriptions. 2000. *Band II/121.*

Pate, C. Marvin: The Reverse of the Curse. 2000. *Band II/114.*

Peres, Imre: Griechische Grabinschriften und neutestamentliche Eschatologie. 2003. *Band 157.*

Philonenko, Marc (Hrsg.): Le Trône de Dieu. 1993. *Band 69.*

Pilhofer, Peter: Presbyteron Kreitton. 1990. *Band II/39.*

– Philippi. Band 1 1995. *Band 87.* – Band 2 2000. *Band 119.*

– Die frühen Christen und ihre Welt. 2002. *Band 145.*

– siehe *Ego, Beate.*

Plümacher, Eckhard: Geschichte und Geschichten. Aufsätze zur Apostelgeschichte und zu den Johannesakten. Herausgegeben von Jens Schröter und Ralph Brucker. 2004. *Band 170.*

Pöhlmann, Wolfgang: Der Verlorene Sohn und das Haus. 1993. *Band 68.*

Pokorný, Petr und *Josef B. Souček:* Bibelauslegung als Theologie. 1997. *Band 100.*

Pokorný, Petr und *Jan Roskovec* (Hrsg.): Philosophical Hermeneutics and Biblical Exegesis. 2002. *Band 153.*

Porter, Stanley E.: The Paul of Acts. 1999. *Band 115.*

Prieur, Alexander: Die Verkündigung der Gottesherrschaft. 1996. *Band II/89.*

Probst, Hermann: Paulus und der Brief. 1991. *Band II/45.*

Räisänen, Heikki: Paul and the Law. 1983, [2]1987. *Band 29.*

Rehkopf, Friedrich: Die lukanische Sonderquelle. 1959. *Band 5.*

Rein, Matthias: Die Heilung des Blindgeborenen (Joh 9). 1995. *Band II/73.*

Reinmuth, Eckart: Pseudo-Philo und Lukas. 1994. *Band 74.*

Reiser, Marius: Syntax und Stil des Markusevangeliums. 1984. *Band II/11.*

Richards, E. Randolph: The Secretary in the Letters of Paul. 1991. *Band II/42.*

Riesner, Rainer: Jesus als Lehrer. 1981, [3]1988. *Band II/7.*

– Die Frühzeit des Apostels Paulus. 1994. *Band 71.*

Rissi, Mathias: Die Theologie des Hebräerbriefs. 1987. *Band 41.*

Röhser, Günter: Metaphorik und Personifikation der Sünde. 1987. *Band II/25.*

Roskovec, Jan: siehe *Pokorný, Petr.*

Rose, Christian: Die Wolke der Zeugen. 1994. *Band II/60.*

Rothschild, Clare K.: Luke Acts and the Rhetoric of History. 2004. *Band II/175.*

Rüegger, Hans-Ulrich: Verstehen, was Markus erzählt. 2002. *Band II/155.*

Rüger, Hans Peter: Die Weisheitsschrift aus der Kairoer Geniza. 1991. *Band 53.*

Sänger, Dieter: Antikes Judentum und die Mysterien. 1980. *Band II/5.*

– Die Verkündigung des Gekreuzigten und Israel. 1994. *Band 75.*

– siehe *Burchard, Christoph*

Salzmann, Jorg Christian: Lehren und Ermahnen. 1994. *Band II/59.*

Sandnes, Karl Olav: Paul – One of the Prophets? 1991. *Band II/43.*

Sato, Migaku: Q und Prophetie. 1988. *Band II/29.*

Schäfer, Ruth: Paulus bis zum Apostelkonzil. 2004. *Band II/179.*

Schaper, Joachim: Eschatology in the Greek Psalter. 1995. *Band II/76.*

Schimanowski, Gottfried: Die himmlische Liturgie in der Apokalypse des Johannes. 2002. *Band II/154.*

– Weisheit und Messias. 1985. *Band II/17.*

Schlichting, Günter: Ein jüdisches Leben Jesu. 1982. *Band 24.*

Schnabel, Eckhard J.: Law and Wisdom from Ben Sira to Paul. 1985. *Band II/16.*

Schutter, William L.: Hermeneutic and Composition in I Peter. 1989. *Band II/30.*

Schwartz, Daniel R.: Studies in the Jewish Background of Christianity. 1992. *Band 60.*

Schwemer, Anna Maria: siehe *Hengel, Martin*

Schwindt, Rainer: Das Weltbild des Epheserbriefes. 2002. *Band 148.*

Scott, James M.: Adoption as Sons of God. 1992. *Band II/48.*

– Paul and the Nations. 1995. *Band 84.*

Shum, Shiu-Lun: Paul's Use of Isaiah in Romans. 2002. *Band II/156.*

Siegert, Folker: Drei hellenistisch-jüdische Predigten. Teil I 1980. *Band 20* – Teil II 1992. *Band 61.*

– Nag-Hammadi-Register. 1982. *Band 26.*

– Argumentation bei Paulus. 1985. *Band 34.*

– Philon von Alexandrien. 1988. *Band 46.*

Simon, Marcel: Le christianisme antique et son contexte religieux I/II. 1981. *Band 23.*

Snodgrass, Klyne: The Parable of the Wicked Tenants. 1983. *Band 27.*

Söding, Thomas: Das Wort vom Kreuz. 1997. *Band 93.*

– siehe *Thüsing, Wilhelm.*

Sommer, Urs: Die Passionsgeschichte des Markusevangeliums. 1993. *Band II/58.*

Souček, Josef B.: siehe *Pokorný, Petr.*

Spangenberg, Volker: Herrlichkeit des Neuen Bundes. 1993. *Band II/55.*

Spanje, T.E. van: Inconsistency in Paul? 1999. *Band II/110.*

Speyer, Wolfgang: Frühes Christentum im antiken Strahlungsfeld. Band I: 1989. *Band 50.*

– Band II: 1999. *Band 116.*

Stadelmann, Helge: Ben Sira als Schriftgelehrter. 1980. *Band II/6.*

Stenschke, Christoph W.: Luke's Portrait of Gentiles Prior to Their Coming to Faith. *Band II/108.*

Sterck-Degueldre, Jean-Pierre: Eine Frau namens Lydia. 2004. *Band II/176.*

Stettler, Christian: Der Kolosserhymnus. 2000. *Band II/131.*

Stettler, Hanna: Die Christologie der Pastoralbriefe. 1998. *Band II/105.*

Stökl Ben Ezra, Daniel: The Impact of Yom Kippur on Early Christianity. 2003. *Band 163.*

Strobel, August: Die Stunde der Wahrheit. 1980. *Band 21.*

Stroumsa, Guy G.: Barbarian Philosophy. 1999. *Band 112.*

Stuckenbruck, Loren T.: Angel Veneration and Christology. 1995. *Band II/70.*

Stuhlmacher, Peter (Hrsg.): Das Evangelium und die Evangelien. 1983. *Band 28.*

– Biblische Theologie und Evangelium. 2002. *Band 146.*

Sung, Chong-Hyon: Vergebung der Sünden. 1993. *Band II/57.*

Tajra, Harry W.: The Trial of St. Paul. 1989.
 Band II/35.
– The Martyrdom of St.Paul. 1994. *Band II/67.*
Theißen, Gerd: Studien zur Soziologie des
 Urchristentums. 1979, ³1989. *Band 19.*
Theobald, Michael: Studien zum Römerbrief.
 2001. *Band 136.*
Theobald, Michael: siehe *Mußner, Franz.*
Thornton, Claus-Jürgen: Der Zeuge des
 Zeugen. 1991. *Band 56.*
Thüsing, Wilhelm: Studien zur neutestamentli-
 chen Theologie. Hrsg. von Thomas Söding.
 1995. *Band 82.*
Thurén, Lauri: Derhethorizing Paul. 2000.
 Band 124.
Tomson, Peter J. und *Doris Lambers-Petry*
 (Hg.): The Image of the Judaeo-Christians in
 Ancient Jewish and Christian Literature.
 2003. *Band 158.*
Trebilco, Paul: The Early Christians in Ephesus
 from Paul to Ignatius. 2004. *Band 166.*
Treloar, Geoffrey R.: Lightfoot the Historian.
 1998. *Band II/103.*
Tsuji, Manabu: Glaube zwischen Vollkommen-
 heit und Verweltlichung. 1997. *Band II/93*
Twelftree, Graham H.: Jesus the Exorcist. 1993.
 Band II/54.
Urban, Christina: Das Menschenbild nach dem
 Johannesevangelium. 2001. *Band II/137.*
Visotzky, Burton L.: Fathers of the World. 1995.
 Band 80.
Vollenweider, Samuel: Horizonte neutestamentli-
 cher Christologie. 2002. *Band 144.*
Vos, Johan S.: Die Kunst der Argumentation bei
 Paulus. 2002. *Band 149.*
Wagener, Ulrike: Die Ordnung des „Hauses
 Gottes“. 1994. *Band II/65.*
Walker, Donald D.: Paul's Offer of Leniency
 (2 Cor 10:1). 2002. *Band II/152.*

Walter, Nikolaus: Praeparatio Evangelica. Hrsg.
 von Wolfgang Kraus und Florian Wilk.
 1997. *Band 98.*
Wander, Bernd: Gottesfürchtige und Sympathi-
 santen. 1998. *Band 104.*
Watts, Rikki: Isaiah's New Exodus and Mark.
 1997. *Band II/88.*
Wedderburn, A.J.M.: Baptism and Resurrection.
 1987. *Band 44.*
Wegner, Uwe: Der Hauptmann von Kafarnaum.
 1985. *Band II/14.*
Weissenrieder, Annette: Images of Illness in the
 Gospel of Luke. 2003. Band II/164.
Welck, Christian: Erzählte ‚Zeichen‘. 1994.
 Band II/69.
Wiarda, Timothy: Peter in the Gospels . 2000.
 Band II/127.
Wilk, Florian: siehe *Walter, Nikolaus.*
Williams, Catrin H.: I am He. 2000.
 Band II/113.
Wilson, Walter T.: Love without Pretense. 1991.
 Band II/46.
Wisdom, Jeffrey: Blessing for the Nations and
 the Curse of the Law. 2001. *Band II/133.*
Wucherpfennig, Ansgar: Heracleon Philologus.
 2002. *Band 142.*
Yeung, Maureen: Faith in Jesus and Paul. 2002.
 Band II/147.
Zimmermann, Alfred E.: Die urchristlichen
 Lehrer. 1984, ²1988. *Band II/12.*
Zimmermann, Johannes: Messianische Texte
 aus Qumran. 1998. *Band II/104.*
Zimmermann, Ruben: Christologie der Bilder
 im Johannesevangelium. 2004. *Band 171.*
–: Geschlechtermetaphorik und Gottes-
 verhältnis. 2001. *Band II/122.*
Zumstein, Jean: siehe *Dettwiler, Andreas*

Einen Gesamtkatalog erhalten Sie gerne vom Verlag
Mohr Siebeck – Postfach 2040 – D–72010 Tübingen
Neueste Informationen im Internet unter www.mohr.de